AF725597

राम, रावण
और
सार्वभौम एकात्म

notionpress
.com

राम, रावण
और
सार्वभौम एकात्म

लव कुश सिंह "विश्वमानव"

सत्यकाशी पीठ

पांचवां और अन्तिम शंकराचार्य पीठ

Notion Press

Old No. 38, New No. 6
McNichols Road, Chetpet
Chennai - 600 031

First Published by Notion Press 2020

Copyright © Lava Kush Singh "Vishwmanav" 2020
All Rights Reserved.

ISBN 978-16-49511-99-7

This book has been published with all reasonable efforts taken to make the material error-free after the consent of the author. No part of this book shall be used, reproduced in any manner whatsoever without written permission from the author, except in the case of brief quotations embodied in critical articles and reviews.

The Author of this book is solely responsible and liable for its content including but not limited to the views, representations, descriptions, statements, information, opinions and references ["Content"]. The Content of this book shall not constitute or be construed or deemed to reflect the opinion or expression of the Publisher or Editor. Neither the Publisher nor Editor endorse or approve the Content of this book or guarantee the reliability, accuracy or completeness of the Content published herein and do not make any representations or warranties of any kind, express or implied, including but not limited to the implied warranties of merchantability, fitness for a particular purpose. The Publisher and Editor shall not be liable whatsoever for any errors, omissions, whether such errors or omissions result from negligence, accident, or any other cause or claims for loss or damages of any kind, including without limitation, indirect or consequential loss or damage arising out of use, inability to use, or about the reliability, accuracy or sufficiency of the information contained in this book.

समर्पण

यह पुस्तक समर्पित है -

उन सभी खोजी आत्माओं को,

जो सत्य की ज्योति को अपने भीतर

और संसार के हर कोने में जलाना चाहते हैं।

भारतीय संविधान के धारा-51 (ए)

नागरिक का मौलिक कर्तव्य के अनुसार

01. संविधान के प्रति प्रतिबद्धता, इसके आदर्शों, धाराओं, राष्ट्रीय ध्वज व राष्ट्रीय गान का आदर करना।
02. स्वतंत्रता के लिए संघर्ष हेतु प्रेरित करने वाले सुआदर्शों का अनुकरण करना व उन्हें चिरस्थायी बनाना।
03. भारत की सर्वोच्चता, एकता और अखण्डता की रक्षा करना तथा समर्थन करना।
04. जब भी आवश्यकता पड़े देश की रक्षा करना व राष्ट्रीय सेवाओं हेतु समर्पित होना।
05. समाज में भाई-चारें की भावना का विस्तार करना, मातृत्व भाव, धार्मिक, भाषायिक, क्षेत्रीय विभिन्नताओं में एकता कायम करना तथा नारी सम्मान आदि का ध्यान देना।
06. अपने मिश्रित संस्कृति का मूल्यांकन करना उसको स्थायित्व देना और इसकी परम्परा को कायम रखना।
07. प्राकृतिक सम्पदा की रक्षा करना जिसमें जलवायु, जंगल, झील, नदियां, जंगली जीवों व समस्त जीवों के प्रति दया का भाव सम्मिलित है।
08. वैज्ञानिक भावना को प्रोत्साहित करना, मानवीय भावनाओं के स्वरूप की परख करते रहना।
09. जन सम्पत्ति की सुरक्षा करना और हिंसा आदि का परित्याग करना।
10. व्यक्तिगत, सामूहिक गतिविधियों के प्रत्येक क्षेत्र में सर्वोच्चता हासिल करना, जिससे राष्ट्र शतत उत्थान, प्रयत्न व प्राप्ति की ओर अग्रसर होता रहे।
11. जो कि माता-पिता या अभिभावक हो, वे अपने 6 साल से 14 साल के बच्चों को शिक्षा या अन्य ऐसे सुअवसरों का लाभ उन्हें मुहैया करावें।

मूल जीवन मंत्र

"हे प्रभु, तेरे प्यार में बस दो ही बातें है। एक तो अपना कल्याण करूँ, दूसरा तुझ जैसा बन सबका कल्याण करूँ"

विषय- सूची

भाग-5: सार्वभौम एकात्म

सांख्य दर्शन
धर्म विज्ञान (स्वामी विवेकानन्द)
आत्मा और विश्वात्मा

1. रज मन
2. तम मन
3. सत्व मन
    क. निवृत्ति मार्गी
    ख. प्रवृत्ति मार्गी

अवतारी मन
विकासवाद
अवतारवाद
स्वामी विवेकानन्द
    स्वामी विवेकानन्द की वाणीयाँ जो सत्य हुईं - व्यक्तिगत जीवन के सम्बन्ध में
    स्वामी विवेकानन्द की वाणीयाँ जो सत्य हुईं - सामाजिक जीवन के सम्बन्ध में
    विश्वमानव: "वेदान्त की व्यावहारिकता", "विश्वधर्म" और दर्शन
श्रीकृष्ण
    बुङ्ढा कृष्ण: कृष्ण का भाग-दो और अन्तिम
रावण
    भोगेश्वर: रावण का भाग-दो और अन्तिम

भाग-6: लव कुश सिंह "विश्वमानव

सार्वभौम सत्य-सिद्धान्त अनुसार "रामायण"
ऋषि और लव कुश सिंह "विश्वमानव"
विद्रोही या सार्वजनिक प्रमाणित कृष्णकला समाहित विश्वमानव कला
जन्म
लव कुश सिंह "विश्वमानव"
समाज रचना और व्यापार का आधार
सृष्टि, ईश्वरीय समाज और व्यापार
विश्व सरकार के लिए पुन: भारत द्वारा शून्य आधारित अन्तिम आविष्कार
सार्वभौम सत्य-सिद्धान्त के अनुसार काल, युग बोध एवं अवतार
"सम्पूर्ण मानक" का विकास भारतीय आध्यात्म-दर्शन का मूल और अन्तिम लक्ष्य

भाग-7: पाँचवाँयुग: सत्ययुग/स्वर्णयुग

सन् 2015 ई0 - सन् 2019 ई0
वर्ष 2020 ई0 में खगोलिय घटना: 6 ग्रहण (4 चंद्र ग्रहण, 2 सूर्य ग्रहण)
वर्ष 2020 ई0 में प्राकृतिक घटना: कोरोना (COVID-19) वायरस से वैश्विक महामारी

वर्ष 2020 ई0: सार्वभौम एकात्मता-मानवता का सन्देश
वर्ष 2020 ई0 का खगोलिय सन्देश
वर्ष 2020 ई0 का प्राकृतिक सन्देश
वर्ष 2020 ई0 का सार्वभौम सन्देश
वर्ष 2020 ई0 का अवतारी सन्देश

भाग-8: समष्टि धर्म दृष्टि

अनिर्वचनीय कल्कि महाअवतार भोगेश्वर श्री लव कुश सिंह "विश्वमानव" का मानवों के नाम खुला चुनौती पत्र
अनिर्वचनीय कल्कि महाअवतार का काशी-सत्यकाशी क्षेत्र से विश्व शान्ति का अन्तिम सत्य-सन्देश

भाग-9: परिवर्तन

सीधी समझ
नये भारत में, नये मनुष्य के उदय के लिए
व्यवस्था के परिवर्तन या सत्यीकरण का पहला प्रारूप और उसकी कार्य विधि
वे शब्द जिसके बिना युग परिवर्तन सम्भव नहीं

भाग-10: केन्द्र या मध्य (भारत) में पांचवां और अन्तिम सत्यकाशी पीठ

सत्यकाशी पीठ: स्थान
सत्यकाशी पीठ: इतिहास और उद्देश्य
पाँचवाँ और अंतिम शंकराचार्य पीठ: इसकी विशेषता

भाग-11: सत्यकाशी पीठ के कार्य

धारा-उद्धार: धर्म की पुनर्स्थापना
मनुष्य चेतना का रूपांतरण
साधना, दीक्षा और आध्यात्मिक अनुष्ठान
वैश्विक कार्य: मानवता के लिए संदेश
शिव-तत्व और कल्कि-तत्व का मिलन
"सार्वभौम सत्य-सिद्धान्त" पर आधारित "युग परिवर्तन श्रृंखला" के नवयुग के शास्त्र-साहित्य

मुख पृष्ठ की व्याख्या

यह आवरण रामायण के दो महान ध्रुवों-*राम* और *रावण*-के माध्यम से सम्पूर्ण मानवता के उस गहन सत्य को प्रकट करता है, जिसमें अच्छाई और बुराई, धर्म और अधर्म, प्रकाश और अंधकार-सभी एक ही सार्वभौमिक चेतना के दो रूप बनकर उभरते हैं। कवर के शीर्ष पर बड़े, चमकीले पीले अक्षरों में लिखा शीर्षक तुरंत ध्यान खींचता है और यह स्पष्ट करता है कि यह ग्रंथ केवल राम-रावण कथा का पुनर्कथा-लेखन नहीं, बल्कि *उनके माध्यम से ब्रह्माण्डीय एकात्म-तत्त्व* की खोज है।

आवरण के मध्य में तीन चित्रों का त्रिपिटक एक गहरी आध्यात्मिक व्याख्या को सामने रखता है।

बाएँ चित्र में दिव्य, शांत, मर्यादा-पुरुषोत्तम *भगवान श्रीराम* खड़े हैं-दया, संयम, सत्य, नीति और आदर्श मानव चरित्र के प्रत्यक्ष प्रतीक।

बीच में रावण का उग्र, प्रचंड, दस-मुखी स्वरूप-अत्यंत प्रतिभाशाली, विद्वान, शिवभक्त, परंतु अहंकार और असंतुलित शक्ति का प्रतिनिधि। यह छवि दिखाती है कि रावण केवल "राक्षस" नहीं, बल्कि *विकसित बुद्धि का पथभ्रष्ट रूप* है।

तीसरा चित्र, दाएँ ओर, सबसे महत्वपूर्ण है-एक दिव्य *एकात्म-बोध वृक्ष* जिसके नीचे कई ऋषि-मनीषी और साधक एक वृत्त में खड़े हैं। उनके बीच उभरता हुआ प्रकाश यह बताता है कि राम और रावण-दोनों ही-एक ही सार्वभौमिक सत्ता के अभिव्यक्त रूप हैं, और मनुष्य का अंतिम लक्ष्य इन द्वैतों से ऊपर उठकर *सर्वभौमिक एकात्म-सत्य* का अनुभव करना है।

नीचे लाल और पीले रंगों में अंकित "सत्यकाशी पीठ – पाँचवाँ और अन्तिम शंकराचार्य पीठ" यह संकेत देता है कि यह पुस्तक किसी एक धर्म, परंपरा या पौराणिक दृष्टिकोण तक सीमित नहीं, बल्कि *समूची मानवता* के लिए एक नई आध्यात्मिक समझ का द्वार खोलती है।

समग्र रूप से यह आवरण *रामायण के गूढ़ तत्वों की नई व्याख्या* को प्रस्तुत करता है-जहाँ राम और रावण विरोधी नहीं, बल्कि एक ही ब्रह्म-सत्य के दो छोर हैं; और मनुष्य का विकास इन दोनों को समझकर ही पूर्णता पाता है। यह कवर रहस्य, दर्शन, अध्यात्म और विश्व-एकता के उदय-सबको एक साथ समाहित करता है।

भूमिका

मानव सभ्यता का इतिहास केवल राजनीतिक घटनाओं, युद्धों और साम्राज्यों की उत्थान–पतन यात्रा नहीं है; यह मूलतः मानव–चेतना के विकास की वह गहरी अन्तर्धारा है जिसमें प्रकृति, धर्म, विज्ञान, दर्शन और साहस–चेतना मिलकर एक ऐसी सतत प्रक्रिया बनाते हैं जो व्यक्ति और समाज दोनों को निरंतर नये रूपों में जन्म देती रहती है। भारतीय ज्ञान–परंपरा इस विकास–यात्रा को अनेक स्तरों पर व्याख्यायित करती है-विकासवाद, अवतारवाद, मानस–शक्ति, ब्रह्म–सृष्टि और प्राकृतिक सृष्टि जैसे विविध दृष्टिकोणों के माध्यम से मानव–अस्तित्व के क्रमिक उत्कर्ष की खोज करती है। पुस्तक की मूल प्रेरणा इसी व्यापक खोज से निकलती है, जहाँ राम और रावण केवल दो पौराणिक पात्र नहीं रह जाते, बल्कि मनुष्य के भीतर निरंतर चलने वाले दो ध्रुव-धर्म और अहंकार, मर्यादा और महत्वाकांक्षा, एकात्म और विभाजक प्रवृत्ति-के प्रतीक बनकर उभरते हैं। यह पुस्तक राम–रावण कथा को उसकी पारंपरिक सीमा से बाहर निकालकर एक Universal Human Framework में रखती है, जहाँ यह कथा मनुष्य की आत्मिक, नैतिक और बौद्धिक यात्रा का दर्पण बन जाती है।

पुस्तक बताता है कि भारतीय अवतार–परंपरा का उद्देश्य चमत्कारों का दर्शन कराना नहीं, बल्कि मानव–चेतना के उन चरणों का संकेत देना है जिनसे होकर समाज सभ्य रूप धारण करता है। इसी कड़ी में यह ग्रंथ विष्णु को 'एकात्म–कर्म' और लक्ष्मी को 'एकात्म–प्रेम' के अव्यक्त रूप के रूप में रखकर कर्म और प्रेम की परस्पर सह–सर्जनात्मक एकता का दार्शनिक प्रतिपादन करता है । यहाँ अवतार वह अद्‌भुत शक्ति नहीं है जो ईश्वर से पृथक खड़ी हो, बल्कि वह मन है जो कर्म और प्रेम की चरम एकता को शरीरधारी मनुष्य में व्यक्त कर सके। यही कारण है कि पुस्तक विकासवाद को भी अवतारवाद का पूरक मानता है-सृष्टि के क्रमिक विकास, तत्वों की उत्पत्ति, प्रकृति से पुरुष तक के उद्भव, और मनुष्य की चेतना में क्रमशः बढ़ती जटिलता को अवतारत्व के क्रमिक प्रस्फुटन के रूप में देखता है । इस दृष्टि से राम–रावण कथा केवल इतिहास या मिथक नहीं बल्कि मनुष्य के मन की यात्रा है-अज्ञान, अहंकार और विभाजन से निकलकर समभाव, धर्म और एकात्म की ओर बढ़ने की यात्रा।

ग्रंथ का सबसे महत्वपूर्ण पक्ष यह है कि यह रामायण की महागाथा को केवल एक नैतिक युद्ध के रूप में नहीं, बल्कि एक सार्वभौम घटना–चेतना के रूप में प्रस्तुत करता है। पुस्तक में वर्णित राम–सीता–रावण प्रसंग, विशेषकर सीता का अग्नि–परीक्षा प्रसंग, मानवीय पवित्रता और सत्य–प्रतिष्ठा के प्रतीक के रूप में उभरता है, जहाँ अग्नि केवल एक देवता नहीं बल्कि सत्य का शुद्धतम रूप बनकर सामने आता है । यह दृष्टि रामायण को कर्म–दर्शन और चेतना–विज्ञान की पुस्तक बना देती है, जहाँ प्रत्येक पात्र मनुष्य के भीतर छिपे किसी न किसी पक्ष का प्रतिनिधित्व करता है। रावण केवल एक दैत्य नहीं, बल्कि उस असाधारण प्रतिभा का प्रतीक है जो ज्ञान और साधना के बावजूद अहंकार के कारण प्रकाश से दूर हो सकती है। इसी प्रकार राम केवल एक

राजा नहीं बल्कि मर्यादा–मूल्यों की वह धुरी हैं जो मानव–समाज को स्थिर और न्यायपूर्ण बनाती है। इस द्वंद्व से उभरने वाला संदेश यह है कि मानव–चेतना का अंतिम विकास एकात्म में है-जहाँ कर्म और प्रेम, कर्तव्य और करुणा, विज्ञान और अध्यात्म, व्यक्ति और समाज-सभी एक ही अखंड सत्य में गुंथे हुए दिखाई देते हैं।

इस पुस्तक में व्यक्त व्यापक दृष्टिकोण का चरम उस विचार में दिखाई देता है जहाँ युग–परिवर्तन को केवल खगोलीय या पौराणिक घटना न मानकर मानवीय चेतना के उत्कर्ष की प्रक्रिया माना गया है। ग्रंथ के अनुसार जब मानव–समाज सत्य–चेतना, निष्कलंक कर्म, और सार्वभौम सहजीवन की दिशा में आगे बढ़ता है तो युग स्वतः बदल जाता है। इसी संदर्भ में पुस्तक "सार्वजनिक प्रमाणित पूर्ण प्रेरक अवतार" की अवधारणा रखता है और इस विचार को पुष्ट करता है कि प्रत्येक युग में मानवता एक ऐसे आदर्श चरित्र की ओर उन्मुख होती है जो युग के संपूर्ण गुणों को अपने भीतर समाहित कर सके । यह दृष्टि अवतार को अलौकिक शक्तियों वाले चमत्कारिक व्यक्तित्व की नहीं, बल्कि मानवीय चेतना के चरम स्वरूप की संज्ञा देती है-एक ऐसा स्वरूप जो सम्पूर्ण मानवता के लिए मार्गदर्शन बने।

इस प्रकार "राम, रावण और सार्वभौम एकात्म" केवल धार्मिक पुस्तक नहीं बल्कि मानव–विकास, युग–बोध, एकात्म–दर्शन और सार्वभौम मानव की अवधारणा का समन्वित ग्रंथ है। यह पाठक को परंपरा और आधुनिकता के बीच पुल बनाते हुए यह समझने में सहायता करता है कि भारतीय आध्यात्मिक परंपरा का वास्तविक उद्देश्य मनुष्य को धर्म के संकीर्ण रूपों में बाँधना नहीं, बल्कि उसे एक ऐसी चेतना तक ले जाना है जहाँ वह पूरे विश्व को अपने भीतर समाहित अनुभव कर सके। यही 'सार्वभौम एकात्म' इस पुस्तक का मूल संदेश है-कि राम और रावण दोनों हमारे भीतर हैं, और उनके संघर्ष का अंतिम लक्ष्य किसी एक की हार या जीत नहीं बल्कि मनुष्य में स्थित दिव्यता का उदय है।

✍ ***लव कुश सिंह "विश्वमानव"***

एक शोधक, चिंतक और मार्गदर्शक, जिन्होंने अपना जीवन *मानवता, आत्मा और नव-सृष्टि* के अध्ययन एवं लेखन को समर्पित किया है।

- प्रमुख ग्रंथ: *विश्वशास्त्र*
- दृष्टि: *नव-मनुष्य और नव-संसार का निर्माण*

लेखक/शास्त्राकार

किसी भाषा के शब्दों से अपने विचार को लिखित रूप से प्रस्तुत करने वाले चरित्र को लेखक कहते हैं। एक लेखक शब्दों को एक सही क्रम में रखकर कुछ अर्थ और समझ को व्यक्त करने वाला कलाकार होता है।

एक लेखक, शास्त्राकार नहीं हो सकता लेकिन एक शास्त्राकार, लेखक होता है। एक लेखक, लेखन की कला को जानता है यदि उसे शास्त्राकार बनना है तो उसे अपने मन को ऊँचाई को समग्रता, सार्वभौमिकता, रचनात्मकता और एकात्मता की ओर ले जाना पड़ेगा। सामान्य रूप में एक लेखक विशेषीकृत विषय का लेखक होता है तो शास्त्राकार समग्रता, सार्वभौमिकता, रचनात्मकता और एकात्मता को धारण किया हुआ एकात्मता को विकसित करने के लिए लिखता है। दोनों में अन्तर मात्र मन की ऊँचाई का होता है। एक लेखक नीचे का पायदान है तो शास्त्राकार उसका सर्वोच्च मानक है। जो लेखक शब्दों का जितना व्यापक कलाकार होगा जिससे समझ विकसित हो वह उतना ही लम्बे समय तक याद किया जाने वाला लेखक बनता है।

शास्त्र

सार्वभौम सत्य-सिद्वान्त अर्थात् सार्वभौम एकात्म की ओर ले जाने वाले और उसके प्रति समझ को विकसित करने वाले विचार को शास्त्र कहते हैं तथा यह विचार जिस पुस्तक में संग्रहित किया जाता है उसे शास्त्र-साहित्य कहते हैं। शास्त्र-साहित्य, आध्यात्म अर्थात् अदृश्य विज्ञान तथा भौतिक विज्ञान अर्थात् दृश्य विज्ञान दोनों की ओर से हो सकते हैं। आध्यात्म की ओर से शास्त्र रचना करने वाले को "व्यास" उपाधि नाम दिया गया है।

वेदव्यास

श्री विष्णु पुराण (तृतीय अंश, अध्याय-दो) में लिखा है कि-स्थितिकारक भगवान विष्णु चारों युगों में इस प्रकार व्यवस्था करते हैं-समस्त प्राणियों के कल्याण में तत्पर वे सर्वभूतात्मा सत्ययुग में कपिल आदिरूप धारणकर परम ज्ञान का उपदेश करते हैं। त्रेतायुग में वे सर्वसमर्थ प्रभु चक्रवर्ती भूपाल होकर दुष्टों का दमन करके त्रिलोक की रक्षा करते हैं। तदन्तर द्वापरयुग में वे वेदव्यास रूप धारण कर एक वेद के चार विभाग करते हैं और

सैकड़ों शाखाओं में बाँटकर बहुत विस्तार कर देते हैं। इस प्रकार द्वापर में वेदों का विस्तार कर कलियुग के अन्त में भगवान कल्किरूप धारणकर दुराचारी लोगों को सन्मार्ग में प्रवृत्त करते हैं। इसी प्रकार, अनन्तात्मा प्रभु निरन्तर इस सम्पूर्ण जगत् के उत्पत्ति, पालन और नाश करते रहते हैं। इस संसार में ऐसी कोई वस्तु नहीं है जो उनसे भिन्न हो।

श्री विष्णु पुराण (तृतीय अंश, अध्याय-तीन) में लिखा है कि-वेद रूप वृक्ष के सहस्त्रों शाखा-भेद हैं, उनका विस्तार से वर्णन करने में तो कोई भी समर्थ नहीं है अत-संक्षेप यह है कि प्रत्येक द्वापरयुग में भगवान विष्णु व्यासरूप से अवतीर्ण होते हैं और संसार के कल्याण के लिए एक वेद के अनेक भेद कर देते हैं। मनुष्यों के बल, वीर्य और तेज को अलग जानकर वे समस्त प्राणियों के हित के लिए वेदों का विभाग करते हैं। जिस शरीर के द्वारा एक वेद के अनेक विभाग करते हैं भगवान मधुसूदन की उस मूर्ति का नाम वेदव्यास है।

इस वैवस्वत मनवन्तर (सातवाँ मनु) के प्रत्येक द्वापरयुग में व्यास महर्षियों ने अब तक पुन-पुन-28 बार वेदों के विभाग किये हैं। पहले द्वापरयुग में ब्रह्मा जी ने वेदों का विभाग किया। दूसरे द्वापरयुग के वेदव्यास प्रजापति हुए। तीसरे द्वापरयुग में शुक्राचार्य जी, चौथे द्वापरयुग में बृहस्पति जी व्यास हुए, पाँचवें में सूर्य और छठें में भगवान मृत्यु व्यास कहलायें। सातवें द्वापरयुग के वेदव्यास इन्द्र, आठवें के वशिष्ठ, नवें के सारस्वत और दसवें के त्रिधामा कहे जाते हैं। ग्यारहवें में त्रिशिख, बारहवें में भरद्वाज, तेरहवें में अन्तरिक्ष और चैदहवें में वर्णी नामक व्यास हुए। पन्द्रहवें में त्रव्यारूण, सोलहवें में धनंन्जय, सत्रहवे में क्रतुन्जय और अठ्ठारवें में जय नामक व्यास हुए। फिर उन्नीसवें व्यास भरद्वाज हुए, बीसवें गौतम, इक्कीसवें हर्यात्मा, बाइसवें वाजश्रवा मुनि, तेइसवें सोमशुष्पवंशी तृणाबिन्दु, चैबीसवें भृगुवंशी ऋक्ष (वाल्मीकि) पच्चीसवें मेरे (पराशर) पिता शक्ति, छब्बीसवें मैं पराशर, सत्ताइसवें जातुकर्ण और अठ्ठाइसवें कृष्णद्वैपायन। अगामी द्वापरयुग में द्रोणपुत्र अश्वत्थामा वेदव्यास होंगे।

हिन्दू धर्म शास्त्रों के अनुसार महर्षि व्यास त्रिकालज्ञ थें तथा उन्होंने दिव्य-दृष्टि से देख कर जान लिया कि कलियुग में धर्म क्षीण हो जायेगा। धर्म के क्षीण होने के कारण मनुष्य नास्तिक, कर्तव्यहीन और अल्पायु हो जायेंगे। एक विशाल वेद का सांगोपांग अध्ययन उनके सामथ्र्य से बाहर हो जायेगा। इसलिए महर्षि व्यास ने वेद का चार भागों में विभाजन कर दिया जिससे कि कम बुद्धि एवं कम स्मरण शक्ति रखने वाले भी वेदों का अध्ययन कर सके। व्यास जी ने उनका नाम रखा-ऋग्वेद, यजुर्वेद, सामवेद और अथर्ववेद। वेदों का विभाजन करने के कारण ही व्यास जी वेदव्यास नाम से विख्यात हुये। ऋग्वेद, यजुर्वेद, सामवेद और अथर्ववेद को क्रमश-अपने शिष्य पैल, जैमिनि, वैशम्पायन और सुमन्तुमुनि को पढ़ाया। वेद में निहित ज्ञान के अत्यन्त गूढ़ तथा शुष्क होने के कारण वेद व्यास ने पाँचवें वेद के रूप में पुराणों की रचना की जिनमें वेद के ज्ञान को रोचक कथाओं के रूप में बताया गया है। पुराणों को उन्होंने अपने शिष्य रोम हर्षण को पढाया। व्यास जी के शिष्यों ने अपनी अपनी बुद्धि के अनुसार उन वेदों की अनेक शाखाएँ बना दी। व्यास जी ने महाभारत की रचना तीन वर्षो के अथक परिश्रम से की थी। व्यास जी का उद्देश्य महाभारत लिखकर युद्ध का वर्णन करना नहीं, बल्कि इस भौतिक जीवन की निःसारता को दिखाना है। उनका कथन है कि भले ही कोई पुरूष वेदांग तथा उपनिषदों को जाने लें, लेकिन वह कभी विचक्षण नहीं हो सकता क्योंकि यह महाभारत एक ही साथ अर्थशास्त्र, धर्मशास्त्र तथा कामशास्त्र है। महाभारत के सम्बन्ध में स्वयं व्यास जी की ही उक्ति सटिक है-"इस ग्रन्थ में जो कुछ है, वह अन्यत्र हैं परन्तु जो इसमें नहीं, वह अन्यत्र कहीं भी नहीं है।" श्रीमद्भागवतगीता विश्व के सबसे बड़े महाकाव्य "महाभारत" का ही अंश है। व्यासजी ने पुराणों तथा महाभारत की रचना के पश्चात् ब्रह्मसूत्रों की रचना भी यहाँ की थी। वाल्मीकि की ही तरह व्यास भी संस्कृत कवियों के लिए पूज्य हैं। महाभारत में उपाख्यानों का अनुसरण कर अनेक संस्कृत कवियों ने काव्य, नाटक आदि की सृष्टि की है। संस्कृत साहित्य में वाल्मीकि के बाद व्यास ही श्रेष्ठ कवि हुए हैं। इनके लिए काव्य "आर्य काव्य" के नाम से विख्यात है।

पौराणिक-महाकाव्य युग की महान विभूति महाभारत, 18 पुराण, श्रीमदभागवत, ब्रह्मसूत्र, मीमांसा जैसे अद्वितीय साहित्य दर्शन के प्रणेता वेदव्यास का जन्म आषाढ़ पूर्णिमा को लगभग 3000 ई0पू0 में हुआ था। वेदांत दर्शन-अद्वैतवाद के संस्थापक वेदव्यास ऋषि पराशर के पुत्र थे। पत्नी आरूणी से उत्पन्न इनके पुत्र थे-महान बालयोगी शुकदेव।

वेदव्यास जन्म कथा

पौराणिक कथाओं के अनुसार प्राचीन काल में सुधन्वा नाम के एक राजा थे। वे एक दिन आखेट के लिए वन जाने के बाद ही उनकी पत्नी रजस्वला हो गई। उसने इस समाचार को अपनी शिकारी पक्षी के माध्यम से राजा के पास भिजवाया। समाचार पाकर महाराज सुधन्वा ने एक दोने में अपना वीर्य निकालकर पक्षी को दे दिया। पक्षी उस दोने को राजा की पत्नी के पास पहुँचाने के लिए आकाश में उड़ चला। मार्ग में उस शिकारी पक्षी को एक दूसरी शिकारी पक्षी मिल गया। दोनों पक्षियों में युद्ध होने लगा। युद्ध के दौरान वह दोना पक्षी के पंजे से छूट कर यमुना में जा गिरा। यमुना में ब्रह्मा के शाप से मछली बनी एक अप्सरा रहती थी। मछली रूपी अप्सरा दोने में बहते हुए वीर्य को निगल गयी तथा उसके प्रभाव से वह गर्भवती हो गई। गर्भ पूर्ण होने पर एक निषाद ने उस मछली को अपने जाल में फँसा लिया। निषाद ने जब मछली को चीरा तो उसके पेट से एक बालक तथा एक बालिका निकली। निषाद उन शिशुओं को लेकर महाराज सुधन्वा के पास गया। महाराज सुधन्वा के पुत्र न होने के कारण उन्होंने बालक को अपने पास रख लिया जिसका नाम मत्स्यराज हुआ। बालिका निषाद के पास रह गई और उसका नाम मत्स्यगंधा रखा गया क्योंकि उसके अंगो से मछली की गंध निकलती थी। उस कन्या को सत्यवती के नाम से भी जाना जाता है। बड़ी होने पर वह नाव खेने का कार्य करने लगी। एक बार पराशर मुनि को उसकी नाव पर बैठकर यमुना पार करना पड़ा। पराशर मुनि सत्यवती के रूप-सौन्दर्य पर आसक्त हो गये और बोले,-देवी! मैं तुम्हारे साथ सहवास करना चाहता हूँ।, सत्यवती ने कहा-मुनिवर! आप ब्रह्म ज्ञानी हैं और मैं निषाद कन्या। हमारा सहवास सम्भव नहीं।, तब पराशर मुनि बोले-बालिके! तुम चिन्ता मत करो। प्रसुति होने पर भी तुम कुमारी ही रहोगी। इतना कहकर उन्होंने अपने योगबल से चारों ओर घने कुहरे का जाल रच दिया और सत्यवती के साथ भोग किया। तत्पश्चात् उसे आशीर्वाद देते हुए कहा-तुम्हारे शरीर से जो मछली की गंध निकलती है वह सुगन्ध में परिवर्तित हो जायेगी।

समय आने पर सत्यवती के गर्भ से वेद-वेदांगों में पारंगत एक पुत्र हुआ। जन्म होते ही वह बालक बड़ा हो गया और अपनी माता से बोला,-माता तू जब भी कभी भी विपत्ति में मुझे स्मरण करेगी, मैं उपस्थित हो जाउँगा। इतना कहकर वे तपस्या करने के लिए द्वैपायन द्वीप चले गये। द्वैपायन द्वीप में तपस्या करने तथा उनके शरीर का रंग काला होने के कारण उन्हें कृष्ण द्वैपायन कहा जाने लगा। आगे चलकर वेदों के भाष्य करने के कारण वे वेदव्यास के नाम से विख्यात हुये।

ऋषि वेदव्यास महाभारत ग्रन्थ के रचयिता थे। वेदव्यास महाभारत के रचयिता ही नहीं, बल्कि उन घटनाओं के साक्षी भी रहे हैं, जो क्रमानुसार घटित हुई है। अपने आश्रम से हस्तिनापुर की समस्त गतिविधयों की सूचना उन तक तो पहुँचती थी। वे उन घटनाओं पर अपना परामर्श भी देते थे। जब-जब अन्तद्रवन्द और संकट की स्थिति आती थी, माता सत्यवती उनसे विचार-विमर्श के लिए कभी आश्रम पहुँचती, तो कभी हस्तिनापुर के राजभवन में आमंत्रित करती थी। वे धृतराष्ट्र, पाण्डु तथा विदुर के जन्मदाता ही नहीं, अपितु विपत्ति के समय छाया की तरह पाण्डवों का साथ भी देते थे।

काशी (वाराणसी) के रामनगर किले में और व्यास नगर (रामनगर व मुगलसराय के बीच) में वेदव्यास का मन्दिर है जहाँ माघ में प्रत्येक सोमवार मेला लगता है। गुरू पूर्णिमा (आषाढ़ पूर्णिमा) का प्रसिद्ध पर्व व्यास जी की जयंती के उपलक्ष्य में मनाया जाता है। पुराणों तथा महाभारत के रचयिता महर्षि का मन्दिर व्यासपुरी में विद्यमान है जो काशी से 5 मील की दूरी पर पूर्व स्थित है। महाराज काशी नरेश के रामनगर दुर्ग के पश्चिम भाग में भी व्यासेश्वर की मूर्ति विराजमान है जिसे साधारण जनता छोटा वेदव्यास के नाम से जानती है। वास्तव में वेदव्यास की यह सबसे प्राचीन मूर्ति है। व्यासजी द्वारा काशी को शाप देने के कारण विश्वेश्वर ने व्यासजी को काशी से निष्कासित कर दिया था। तब व्यासजी लोलार्क मन्दिर के आग्नेय कोण में गंगाजी के पूर्वी तट पर स्थित हुए। इस घटना का उल्लेख काशी खण्ड में इस प्रकार है-

लोलार्कादं अग्निदिग्भागे, स्वर्धुनी पूर्वरोधसि।
स्थितो ह्यद्यापि पश्चेत्स-काशीप्रासाद राजिकाम्।। **-स्कन्दपुराण, काशी खण्ड 96/201**

लेखकों/शास्त्राकारों के आदि पुरूष प्रतीक व्यास

किसी संस्था का मुख्य व्यक्ति, व्यक्ति नहीं बल्कि संस्था होता है। उसका पद ही उसका पहचान होता है और उसके द्वारा की गई समस्त कार्यवाही व्यक्ति की नहीं बल्कि संस्था की होती है। व्यक्ति की मृत्यु हो जाती है परन्तु संस्थायें लम्बी अवधि तक चलती रहती है। उदाहरणस्वरूप वर्तमान समय में देश, संस्थायें और पीठ हैं। जैसे विदेशों में जाने पर जब किसी देश का मुख्य व्यक्ति कोई समझौता करता है तब वह देश होता है न कि व्यक्ति। प्राचीन समय में भी इसी प्रकार के अनेक पीठ थे और बनते चले गये जैसे-ब्राह्मण, परशुराम, विश्वामित्र, व्यास, वशिष्ठ, नारद, इन्द्र, गोरक्षपीठ (क्षत्रिय पीठ), शंकराचार्य पीठ (ब्राह्मण पीठ) इत्यादि। जब तक संस्था नहीं रहती तब तक व्यक्ति, व्यक्ति रहता है जब उसके द्वारा संस्था स्थापित हो जाती है तब व्यक्ति, व्यक्ति न रहकर संस्था हो जाता है। उस संस्थापक व्यक्ति के जीवन काल तक उसे साकार रूप में फिर उसके उपरान्त उसके निराकार रूप विचार का साकार रूप संस्था के रूप में समाज याद करता है। ऐसी स्थिति में जब संस्थापक व्यक्ति का नाम ही संस्था का नाम हो तब संस्था द्वारा किये गये समस्त कार्य एक भ्रमात्मक स्थिति को उत्पन्न करते हैं और एक लम्बे समय के उपरान्त यह नहीं समझ में आता कि वह संस्थापक व्यक्ति इतने लम्बे समय तक कैसे जिवित था? सत्य तो यह है कि शरीर मर जाता है लेकिन विचार या विचार पर किये गये कार्य नहीं मरते। इस सत्य के आधार की दृष्टि से यदि हम देखें तो स्थिति स्पष्ट हो जायेगी कि-

01. **वशिष्ठ के सम्बन्ध में-** सर्वप्रथम वशिष्ठ सूर्यवंश के प्रथम पुरूष महाराज इच्छवांकु के सामने प्रकट होते हैं। दूसरी बार वशिष्ठ मैथिली वंश के यज्ञ में ऋत्विक कार्य सम्पन्न कराते हैं। इच्छवांकु से मैथिली वंश में चौथी पीढ़ी का अन्तर है। तीसरी बार वशिष्ठ राजा त्रिशंकु के समय में प्रकट होते हैं। चौथी बार वशिष्ठ राजा दिलीप के समय भी होते हैं। पाँचवीं बार महाराजा दशरथ के समय उपस्थित होते हैं। छठवीं बार महाभारत काल में होते हैं जो आबू पर्वत पर अग्नि पैदा करके अग्नि से क्षत्रिय पैदा करते हैं।

02. **नारद के सम्बन्ध में-**युग कोई भी हो वहाँ नारद की उपस्थिति सदैव रहती है। नारद त्रेता के राम काल में भी हैं तो द्वापर के कृष्ण काल में भी और इनसे प्राचीन ब्रह्मा-विष्णु-महेश काल में भी।

03. **विश्वामित्र के सम्बन्ध में-**विश्वामित्र सूर्यवंश के 32वीं पीढ़ी के राजा हरिश्चन्द्र का राज्य दान में लेते हैं। फिर इसी वंश की 62वीं पीढ़ी में राजा दशरथ से यज्ञ रक्षार्थ उनके पुत्र राम और लक्ष्मण को साथ ले गये थे।

04. **ब्राह्मण के सम्बन्ध में-**यह एक विद्यापीठ था जो उस समय राजर्षि, ब्रह्मर्षि, देवऋषि इत्यादि उपाधियों को प्रदान करता था जैसे वर्तमान समय के शिक्षा संस्थान उपाधियाँ प्रदान कर रहीं हैं। संस्कृत विश्वविद्यालयों से आज भी शास्त्री, आचार्य, शिक्षा शास्त्री इत्यादि उपाधि उनको दी जा रहीं हैं जो इसके योग्य हैं। बिना कोई परीक्षा उत्तीर्ण किये विशेषज्ञता के आधार पर विश्वविद्यालय मानद उपाधि भी प्रदान करती हैं।

05. **परशुराम के सम्बन्ध में-**त्रेता युग में जनकपुरी में सीता स्वयंवर के समय परशुराम उपस्थित होते हैं और द्वापर युग में भीष्म और कर्ण को भी शिक्षा देते हैं। साथ ही भविष्य के एक मात्र शेष अन्तिम अवतार कल्कि के भी वे गुरू होंगे, ऐसा पुराण में है।

06. **दुर्वासा के सम्बन्ध में-**दुर्वासा ऋषि राम काल के थे जो अत्रि-अनुसूईया के पुत्र थे और राम वनवास समय में श्री राम से मिले भी थे। फिर दुर्वासा महाभारत काल में द्वापर के अन्त तक भी उपस्थित रहते हैं।

07. व्यास के सम्बन्ध में-समाज को एकात्म करने के लिए शास्त्र की रचना करना व उसका प्रचार-प्रसार करने के लिए व्यास सदैव हर युग में उपस्थित रहते हैं।

वैदिक काल में ऋषियों का वर्णन आया है। कुछ को छोड़कर सभी ऋषि परिवार वाले थे। वैदिक काल के ऋषि दार्शनिक, विद्वान, योद्धा एवं कृषक तीनों थे। ऋचाओं को लिखने वाले ऋषियों को देवर्षि की संज्ञा प्राप्त थी। प्राचीन ऋषियों में बहुत से ऋषि, राजर्षि से ब्रह्मर्षि हो गये तथा ब्रह्मर्षि से राजर्षि भी हुए लेकिन इनकी संख्या कम है। आरम्भ में ब्राह्मण कोई जाति नहीं थी बल्कि यह विद्यापीठ था। यही कारण है कि अनेक राजर्षि, ब्रह्मर्षि उपाधि प्राप्त किये। यही नहीं प्राचीन वंशावली में भी सूर्य के 12 पुत्रों में बहुत से अग्निहोत्र करने के कारण ब्राह्मण की उपाधि धारण किये। सूर्य के पुत्र वरूण से ही ब्रह्म वंश चला जिसमें भृगु, वशिष्ठ, वाल्मिकि, जमदग्नि, पुलस्त्य थे जबकि ब्रह्म वंशीय भी विशुद्ध सूर्यवंशीय ही है। केवल अग्निहोत्र करने के कारण ही ये ब्राह्मण कहलाये।

जिस प्रकार लोग आत्मा की महत्ता को न समझकर शरीर को ही महत्व देते हैं उसी प्रकार लोग भले ही पढ़कर ही विकास कर रहें हो परन्तु वे शास्त्राकार लेखक की महत्ता को स्वीकार नहीं करते। जबकि वर्तमान समय में चाहे जिस विषय में हो प्रत्येक विकास कर रहे व्यक्ति के पीछे शास्त्राकार, लेखक, आविष्कारक, दार्शनिक की ही शक्ति है जिस प्रकार शरीर के पीछे आत्मा की शक्ति है।

सदैव मानव समाज को एकात्म करने के लिए शास्त्र-साहित्य की रचना करना लेखक का काम रहा है। सामूहिक रूप से ऐसे कार्य करने वाले को व्यास कहते हैं। चाहे वह आध्यात्म दर्शन (अदृश्य विज्ञान) के क्षेत्र में हो या पदार्थ विज्ञान (दृश्य विज्ञान) के क्षेत्र में हो। इस प्रकार सभी लेखकों के आदर्श आदि पुरूष व्यास ही हैं।

समग्र धर्म वेदान्त में ही है अर्थात् वेदान्त दर्शन के द्वैत, विशिष्टाद्वैत और अद्वैत। इन तीन स्तरों या भूमिकाओं में है और ये एक के बाद एक आते हैं तथा मनुष्य की आध्यात्मिक उन्नति के क्रम से तीन भूमिकाएं हैं। प्रत्येक भूमिका आवश्यक है। यहीं सार रुप से धर्म है भारत के नाना प्रकार के जातीय आचार व्यवहारों और धर्म मतों में वेदान्त के प्रयोग का नाम है- हिन्दू धर्म। यूरोप की जातियों के विचारों ने उसकी पहली भूमिका अर्थात् द्वैत का प्रयोग है- ईसाई धर्म। सेनेटिक जातियों में उसका ही प्रयोग है- इस्लाम धर्म। अद्वैतवाद ही अपनी योगानुभूति के आकार में हुआ- बौद्ध धर्म। इत्यादि, इत्यादि। धर्म का अर्थ है वेदान्त, उसका प्रयोग विभिन्न जातियों के विभिन्न प्रयोजन, पारिपार्शिवक अवस्था एवं अन्यान्य अवस्थाओं के अनुसार विभिन्न रुपों में बदलता ही रहेगा। मूल दार्शनिक तत्व एक होने पर भी तुम देखोगे कि शैव, शाक्त आदि हर एक ने अपने विशेष धर्ममत और अनुष्ठान पद्धति में उसे रुपान्तरित कर लिया है।

- स्वामी विवेकानन्द

विज्ञान एकत्व की खोज के सिवा और कुछ नहीं है। ज्योंही कोई विज्ञान शास्त्र पूर्ण एकता तक पहुँच जायेगा, त्योंहीं उसका आगे बढ़ना रुक जायेगा क्योंकि तब तो वह अपने लक्ष्य को प्राप्त कर चुकेगा। उदाहरणार्थ रसायनशास्त्र यदि एक बार उस एक मूल द्रव्य का पता लगा ले, जिससे वह सब द्रव्य बन सकते हैं तो फिर वह और आगे नहीं बढ़ सकेगा। पदार्थ विज्ञान शास्त्र जब उस एक मूल शक्ति का पता लगा लेगा जिससे अन्य शक्तियां बाहर निकली हैं तब वह पूर्णता पर पहुँच जायेगा। वैसे ही धर्म शास्त्र भी उस समय पूर्णता को प्राप्त हो जायेगा जब वह उस मूल कारण को जान लेगा। जो इस मत्र्यलोक में एक मात्र अमृत स्वरुप है जो इस नित्य परिवर्तनशील जगत का एक मात्र अटल अचल आधार है जो एक मात्र परमात्मा है और अन्य सब आत्माएं जिसके प्रतिबिम्ब स्वरुप हैं। इस प्रकार अनेकेश्वरवाद, द्वैतवाद आदि में से होते हुए इस अद्वैतवाद की प्राप्ति होती है। धर्मशास्त्र इससे आगे नहीं जा सकता। यहीं सारे विज्ञानों का चरम लक्ष्य है।

- स्वामी विवेकानन्द

वेदव्यास शास्त्र लेखन कला

मानव सभ्यता के विकास के कालक्रम में कर्म कर अनुभव के ज्ञान सूत्र का संकलन ही वेद के रूप में व्यक्त हुआ जिससे आने वाली पीढ़ी मार्गदर्शन को प्राप्त कर सके और अपना समय बचाते हुए कर्म कर सके। अर्थात् प्रत्येक साकार सफल नेतृत्व के साथ उसके अनुभव का निराकार ज्ञान सूत्र के संकलन की समानान्तर प्रक्रिया भी चलती रही। और यह सभी प्रक्रिया मानव जाति के श्रेष्ठतम विकास के लिए ही की जा रही थी। मनुष्य को युगानुसार शास्त्र का अध्ययन करना चाहिए लेकिन समाज पुराने में ही उलझ जाता है इसलिए ही विकास अवरूद्ध होता है। समाज को एकात्म करने के लिए शास्त्र की रचना करना व उसका प्रचार-प्रसार करने वाले व्यास कहलाये। एकात्म करने की यह कला और कुछ नहीं वर्तमान अर्थो में "मानकीकरण" करना है। व्यास द्वारा शास्त्र रचना के युगानुसार निम्न चरण पूरे हुए।

1.सार्वभौम आत्मा के "ज्ञान"द्वारा समाज को एकात्म (मानकीकरण) करने के लिए शास्त्र-वेद

वेदों को मूलत-सार्वभौम ज्ञान का शास्त्र समझना चाहिए। जिनका मूल उद्देश्य यह बताना था कि "एक ही सार्वभौम आत्मा के सभी प्रकाश हैं अर्थात् बहुरूप में प्रकाशित एक ही सत्ता है। इस प्रकार हम सभी एक ही कुटुम्ब के सदस्य है।"

जब वेद लोंगो के समझ में कम आने लगा या समाज उसी में उलझ गया और उससे समाज को एकात्म करना कठिन होने लगा तब उसके व्याख्या का शास्त्र उपनिषद् की रचना की गई।

2.सार्वभौम आत्मा के "नाम" द्वारा समाज को एकात्म (मानकीकरण) करने के लिए शास्त्र-उपनिषद्

उपनिषदों की शिक्षा उस सार्वभौम आत्मा के नाम के अर्थ की व्याख्या के माध्यम से उस सार्वभौम आत्मा को समझाना है।

जब उपनिषद् लोंगो के समझ में कम आने लगा या समाज उसी में उलझ गया और उससे समाज को एकात्म करना कठिन होने लगा तब पौराणिक वंशावली में हुए साकार विष्णु कर्तार, कमल कर्तार, ब्रह्मा कर्तार और रूद्र-शिव के निराकार एवं साकार रूप को प्रक्षेपित कर मानक चरित्र (व्यक्तिगत, सामाजिक और वैश्विक) का शास्त्र पुराण की रचना की गई।

3.सार्वभौम आत्मा के "कृति" कथा द्वारा समाज को एकात्म (मानकीकरण) करने के लिए शास्त्र-पुराण

वेद के ज्ञान सूत्र व उपनिषद् की वार्ता के अलावा मनुष्य को एकात्म करने के लिए दृश्य चित्र या वस्तु की आवश्यकता की विधि का प्रयोग ही पौराणिक देवी-देवता हैं। सार्वभौम आत्मा के कृति कथा द्वारा समाज को एकात्म करने के लिए पुराण शास्त्र ही देवी-देवताओं के उत्पत्ति का कारण है। जिसे उत्पन्न करने का कारण मानव को एक आदर्श मानक पैमाना व लक्ष्य देना था जिससे वे मार्गदर्शन प्राप्त कर सकें। वेद और उपनिषद् शास्त्र में देवी-देवता के स्थान पर मात्र प्रकृति-पुरूष का प्रतीक चिन्ह-शिवलिंग ही व्यक्त था। मनुष्य या कोई भी जीव जब अपने ईश्वर का रूप निर्धारित करेगा तब वह अपनी ही शारीरिक संरचना रूप में ही कल्पना कर सकता है। इस मानवीय रूप के निर्धारण में गुणों को वस्त्र-आभूषण, वाहन इत्यादि के प्रतीक के माध्यम से व्यक्त किया गया। पुराणों में निम्नलिखित विधि से देवी-देवताओं की उत्पत्ति की गयी है-

1. **सार्वभौम आत्मा से ब्रह्माण्ड और उसके परिवार** जैसे सूर्य, चाँद, ग्रह, नक्षत्र, नदी, समुद्र, पर्वत इत्यादि को देवी-देवता के रूप में एक मानवीय रूप द्वारा गुणों के अनुसार निरूपित कर प्रक्षेपित किया गया। जिससे यह ज्ञान प्राप्त हो सके कि उस अदृश्य ईश्वर की कृति यह ब्रह्माण्ड उसका दृश्य रूप है अर्थात् यह दृश्य ब्रह्माण्ड ही हमारा दृश्य ईश्वर है। अर्थात् जिस प्रकार हम ईश्वर से प्रेम करते हैं उसी प्रकार हमें इस दृश्य ईश्वर-ब्रह्माण्ड से प्रेम करना चाहिए जो हमें प्रत्यक्ष रूप में जीवन संसाधन उपलब्ध कराता है।

2. **सार्वभौम आत्मा से मनुष्य और उसके परिवार** को देवी-देवता के रूप में एक मानवीय रूप द्वारा गुणों के अनुसार निरूपित कर प्रक्षेपित किया गया। जिससे यह ज्ञान प्राप्त हो सके कि उस अदृश्य ईश्वर की कृति यह मनुष्य उसका दृश्य रूप है अर्थात् यह दृश्य मनुष्य ही हमारा दृश्य ईश्वर है। अर्थात् जिस प्रकार हम ईश्वर से प्रेम करते हैं उसी प्रकार हमें इस दृश्य ईश्वर-मानव से प्रेम करना चाहिए जो हमें प्रत्यक्ष रूप में जीवन संसाधन उपलब्ध कराता है।

मनुष्य को उसके कार्य क्षेत्र के अनुसार सर्वोच्च आदर्श मानक चरित्र प्रक्षेपित किये गये जिससे मनुष्य मार्गदर्शन प्राप्त कर सके। कार्य क्षेत्र अनुसार सर्वोच्च आदर्श मानक चरित्र निम्नवत् हैं-
अ. व्यक्तिगत कार्य क्षेत्र स्तर-ब्रह्मा अर्थात् एकात्मज्ञान परिवार
ब. सामाजिक कार्य क्षेत्र स्तर-विष्णु अर्थात् एकात्म ज्ञान सहित एकात्म कर्म परिवार
स. वैश्विक/ब्रह्माण्डीय कार्य क्षेत्र स्तर-शिव-शंकर अर्थात् एकात्म ज्ञान और एकात्म कर्म सहित एकात्म

ध्यान परिवार

उपरोक्त के अनुसार यह स्पष्ट है कि शास्त्राकार लेखक द्वारा पौराणिक देवी-देवताओं में ब्रह्मा-विष्णु-शिवशंकर परिवार के कार्य क्षेत्रानुसार मानक के रूप में प्रक्षेपित किये गये थे। मनुष्य की इच्छा "पाने" की अधिक होती है अलावा इसके कि "हो जाने" की। ऐसे व्यक्ति जो "हो जाने" में विश्वास रखते थे वे ही धरती पर मनुष्य रूप में आये और अवतार हो कर चले गये। अवतार का अर्थ ही होता है सर्वोच्च लक्ष्य सिद्धान्त के अनुसार नीचे उतरना जबकि मनुष्य का अर्थ होता है नीचे से ऊपर की ओर बढ़ना। शास्त्राकार लेखक ने मानव जाति को ईश्वर की ओर विकास करने या ईश्वर के रूप में बन जाने के लिए इन देवी-देवताओं का रूप प्रक्षेपित किया था लेकिन ये पूजा और आयोजन में बदल गया और अन्य धर्म-सम्प्रदाय के आ जाने से यह एक विशेष धर्म का ही जाना जाने लगा। जिस प्रकार आम की लकड़ी से कुर्सी, मेज, दरवाजा, खिड़की बनाया गया और आम गायब होकर कुर्सी, मेज, दरवाजा, खिड़की हो गया उसी प्रकार सम्पूर्ण पृथ्वी के मनुष्य के मागदर्शन के लिए व्यक्त मानक देवी-देवताओं का अर्थ गायब होकर मूर्तिपूजा में बदलकर एक धर्म का हो गया।

पुराण लिखने का मुख्य आधार-

जब पुराण लोंगो के समझ में कम आने लगा या समाज उसी में उलझ गया और उससे समाज को एकात्म करना कठिन होने लगा तब मानवीय वंशावली में हुए अनेक विभिन्न प्रकृति-चरित्र के साकार मानव और उनके निराकार एवं साकार रूप को प्रक्षेपित कर प्रकृति-चरित्र (व्यक्तिगत, सामाजिक और वैश्विक) का शास्त्र महाभारत की रचना की गई।

1. **सार्वभौम आत्मा के प्रकृति द्वारा समाज को एकात्म (मानकीकरण) करने के लिए शास्त्र-महाभारत**

महाभारत की शिक्षा अपनी प्रकृति में स्थित रहकर व्यक्तिगत प्रमाणित स्वार्थ (लक्ष्य) को प्राप्त करने के अनुसार सम्बन्धों का आधार बनाने की शिक्षा है। गीता की शिक्षा-गीता की मूल शिक्षा प्रकृति में व्याप्त मूल तीन सत्व, रज और तम गुण के आधार पर व्यक्त विषयों जिसमें मनुष्य भी शामिल है, की पहचान करने की शिक्षा दी

गयी है और उससे मुक्त रहकर कर्म करने को निष्काम कर्मयोग तथा उसमें स्थित रहने को स्थितप्रज्ञ और ईश्वर से साक्षात्कार करने का मार्ग समझाया गया।

महाभारत पुराण लिखने का मुख्य आधार-

शरीर- क्षेत्र (10 इन्द्रियाँ, मन, बुद्धि, अहंकार, 5 विकार और 3 गुण) जो प्रकृति के तीन गुणों से परवश होकर कर्म करता है।

दैवी शरीर या धर्मक्षेत्र- हृदय देश में दैवी सम्पत्ति का बाहुल्य शरीर
आसुरी शरीर या कुरूक्षेत्र- हृदय देश में आसुरी सम्पत्ति का बाहुल्य शरीर

धृतराष्ट्र- अज्ञान रूपी
संजय- संयम रूपी
पाण्डव- दैवी सम्पत्ति

भीम- महान ईश में वास दिलाने वाला भाव
अर्जुन- अनुराग रूपी
सात्यकि- सात्विकता रूपी
विराट- सर्वत्र ईश्वरीय प्रवाह
द्रुपद- अचल स्थिति
द्रौपदी- ध्यान रूपी

वात्सल्य- द्रौपदी का पुत्र (ध्यान से उत्पन्न गुण)
लावण्य- द्रौपदी का पुत्र (ध्यान से उत्पन्न गुण)
सहृदयता- द्रौपदी का पुत्र (ध्यान से उत्पन्न गुण)
सौम्यता- द्रौपदी का पुत्र (ध्यान से उत्पन्न गुण)
स्थिरता- द्रौपदी का पुत्र (ध्यान से उत्पन्न गुण)

सुभद्रा- शुभ आधार
धृष्टकेतू- दृढ़ कर्तव्य
चेकितान- चित्त को खिंचकर इष्ट में लाना
पुरूजित- स्थूल, सूक्ष्म व कारण शरीर पर विजय पाना
काशिराज- कायारूपी काशी का सम्राज्य
कुन्तिभोज- कर्तव्य से भव पर विजय
शैव्य- नरो में श्रेष्ठ
युधामन्यु- युद्ध के अनुरूप मन की धारणा
उत्तमौजा- शुभ की मस्ती
अभिमन्यु- अभय मन। सुभद्रा का पुत्र (शुभ आधार से उत्पन्न गुण)

कौरव- आसुरी सम्पत्ति

दुर्योधन- मोह या दूशित मन
द्रोणाचार्य- द्वैत का आचरण
धृष्टधुम्र- शाश्वत अचल पद में आस्था रखने वाला मन
भीष्म- भ्रम रूपी
कर्ण- कर्म रूपी
कृपाचार्य- साधक द्वारा कृपा का आचरण
अश्वत्थामा- आसक्ति रूपी

विकर्ण- विकल्प रूपी
भूरिश्रवा- भ्रममयी श्वास
शिखण्डी- शिखा-सूत्र का त्याग

जब महाभारत लोंगो के समझ में कम आने लगा या समाज उसी में उलझ गया और उससे समाज को एकात्म करना कठिन होने लगा तब काल, चेतना, कर्मज्ञान एवं सार्वभौम सत्य-सिद्धान्त और मानवी सिद्धान्त के एकीकरण सहित पूर्व के शास्त्र रचना का उद्देश्य का शास्त्र विश्वभारत समाहित विश्वशास्त्र की रचना की गई जिसका मुख्य गुण "सार्वभौम" है और महायोग-महामाया का अन्तिम उदाहरण बनाया गया।

2. सार्वभौम आत्मा के काल, चेतना और कर्मज्ञान द्वारा समाज को एकात्म करने के लिए शास्त्र-विश्वशास्त्र-द नालेज आफ फाइनल नालेज

विश्वशास्त्र की शिक्षा, उपरोक्त सभी को समझाना है और पूर्ण सार्वजनिक प्रमाणित काल, चेतना और ज्ञान-कर्मज्ञान से युक्त होकर कर्म करने की शिक्षा है। जिससे भारतीय शास्त्रों की वैश्विक स्वीकारीता स्थापित हो और देवी-देवताओं के उत्पत्ति के उद्देश्य से भटक गये मनुष्य को शास्त्रों के मूल उद्देश्य की मुख्यधारा में लाया जा सके। विश्वभारत की शिक्षा-विश्वभारत, विश्वशास्त्र के स्थापना की योजना का शास्त्र है, जो विश्वशास्त्र का ही एक भाग है। विश्वभारत, की शिक्षा अपनी प्रकृति में स्थित रहकर सार्वजनिक प्रमाणित स्वार्थ (लक्ष्य) को प्राप्त करने के अनुसार सम्बन्धों का आधार बनाने की शिक्षा है।

श्री विष्णु पुराण (अध्याय-दो) में लिखा है कि-यह सम्पूर्ण विश्व उन परमात्मा की ही शक्ति से व्याप्त है, अत-वे "विष्णु" कहलाते हैं। समस्त देवता, मनु, सप्तर्षि तथा मनुपुत्र और देवताओं के अधिपति इन्द्रगण, ये सब भगवान विष्णु की ही विभूतियाँ हैं।

सूर्य अपनी पत्नी छाया से शनैश्चर, एक और मनु तथा तपती, तीन सन्तानें उत्पन्न कीं। सूर्य-छाया का दूसरा पुत्र आठवाँ मनु, अपने अग्रज मनु का सवर्ण होने से सावर्णि कहलाया। नवें मनु दक्ष सावर्णि होंगे दसवें मनु ब्रह्मसावर्णि होंगे, ग्यारहवाँ मनु धर्म सावर्णि बारहवा मनु रूद्रपुत्र सावर्णि तेरहवा रूचि रूद्रपुत्र सावर्णि चौदहवा मनु भीम सावर्णि।

प्रत्येक चतुर्युग के अन्त में वेदों का लोप हो जाता है, उस समय सप्तर्षिगण ही स्वर्गलोक से पृथ्वी में अवतीर्ण होकर उनका प्रचार करते हैं। प्रत्येक सत्ययुग के आदि में (मनुष्यों की धर्म-मर्यादा स्थापित करने के लिए) स्मृति-शास्त्र के रचयिता मनु का प्रादुर्भाव होता है।

इन चौदह मनवन्तरों के बीत जाने पर एक सहस्त्र युग रहने वाला कल्प समाप्त हुआ कहा जाता है। फिर इतने समय की रात्रि होती है।

स्थितिकारक भगवान विष्णु चारों युगों में इस प्रकार व्यवस्था करते हैं-समस्त प्राणियों के कल्याण में तत्पर वे सर्वभूतात्मा सत्ययुग में कपिल आदिरूप धारणकर परम ज्ञान का उपदेश करते हैं। त्रेतायुग में वे सर्वसमर्थ प्रभु चक्रवर्ती भूपाल होकर दुष्टों का दमन करके त्रिलोक की रक्षा करते हैं। तदन्तर द्वापरयुग में वे वेदव्यास रूप धारण कर एक वेद के चार विभाग करते हैं और सैकड़ों शाखाओं में बाँटकर बहुत विस्तार कर देते हैं। इस प्रकार द्वापर में वेदों का विस्तार कर कलियुग के अन्त में भगवान कल्किरूप धारणकर दुराचारी लोगों को सन्मार्ग में प्रवृत्त करते हैं। इसी प्रकार, अनन्तात्मा प्रभु निरन्तर इस सम्पूर्ण जगत् के उत्पत्ति, पालन और नाश करते रहते हैं। इस संसार में ऐसी कोई वस्तु नहीं है जो उनसे भिन्न हो।

"कल्कि" अवतार के सम्बन्ध में कहा गया है कि उसका कोई गुरू नहीं होगा, वह स्वयं से प्रकाशित स्वयंभू होगा जिसके बारे में अथर्ववेद, काण्ड 20, सूक्त 115, मंत्र 1 में कहा गया है कि "ऋषि-वत्स, देवता इन्द्र, छन्द गायत्री। अहमिद्धि पितुष्परि मेधा मृतस्य जग्रभ। अहं सूर्य इवाजिनि।। "अर्थात् "मैं परम पिता परमात्मा से सत्य ज्ञान की विधि को धारण करता हूँ और मैं तेजस्वी सूर्य के समान प्रकट हुआ हूँ।" जबकि सबसे प्राचीन वंश स्वायंभुव मनु के पुत्र उत्तानपाद शाखा में ब्रह्मा के 10 मानस पुत्रों में से मन से मरीचि व पत्नी कला के पुत्र कश्यप व पत्नी

अदिति के पुत्र आदित्य (सूर्य) की चौथी पत्नी छाया से दो पुत्रों में से एक 8वें मनु-सावर्णि मनु होंगे जिनसे ही वर्तमान मनवन्तर 7वें वैवस्वत मनु की समाप्ति होगी। ध्यान रहे कि 8वें मनु-सावर्णि मनु, सूर्य पुत्र हैं। अर्थात् कल्कि अवतार और 8वें मनु-सावर्णि मनु दोनों, दो नहीं बल्कि एक ही हैं और सूर्य पुत्र हैं।

"सार्वभौम" गुण 8वें सावर्णि मनु का गुण है। अवतारी श्रृंखला अन्तिम होकर अब मनु और मनवन्तर श्रृंखला के भी बढ़ने का क्रम है क्योंकि यही क्रम है। वैदिक-सनातन-हिन्दू धर्म के पुराणों में 14 मनुओं का वर्णन किया गया है। इन्हीं के नाम से मन्वन्तर चलते हैं। जो निम्नलिखित हैं-

1.मनुर्भरत वंश की प्रियव्रत शाखा

अ.पौराणिक वंश

वंश	अवतार	काल
01.स्वायंभुव मनु	यज्ञ	भूतकाल
02.स्वारचिष मनु	विभु	भूतकाल
03.उत्तम मनु	सत्यसेना	भूतकाल
04.तामस मनु	हरि	भूतकाल
05.रैवत मनु	वैकुण्ठ	भूतकाल
2.मनुर्भरत वंश की उत्तानपाद शाखा		
06.चाक्षुष मनु	अजित	भूतकाल
ब.ऐतिहासिक वंश		
07.वैवस्वत मनु	वामन	वर्तमान
स.भविष्य के वंश		
08.सावर्णि मनु	सार्वभौम	भविष्य
09.दत्त सावर्णि मनु	रिषभ	भविष्य
10.ब्रह्म सावर्णि मनु	विश्वकसेन	भविष्य
11.धर्म सावर्णि मनु	धर्मसेतू	भविष्य
12, रूद्र सावर्णि मनु	सुदामा	भविष्य
13.दैव सावर्णि मनु	योगेश्वर	भविष्य
14.इन्द्र सावर्णि मनु	वृहद्धानु	भविष्य

पहले मनु-स्वायंभुव मनु से 7वें मनु-वैवस्वत मनु तक शारीरिक प्राथमिकता के मनु का कालक्रम हैं। 8वें मनु-सावर्णि मनु से 14वें और अन्तिम-इन्द्र सावर्णि मनु तक बौद्धिक प्राथमिकता के मनु का कालक्रम है इसलिए ही 9वें मनु से 14वें मनु तक के नाम के साथ में "सावर्णि मनु" उपनाम की भाँति लगा हुआ है। अर्थात् 9वें मनु से 14वें मनु में सार्वभौम गुण विद्यमान रहेगा और बिना "विश्वशास्त्र" के उनका प्रकट होना मुश्किल होगा।

मात्र एक विचार-"ईश्वर ने इच्छा व्यक्त की कि मैं एक हूँ, अनेक हो जाऊँ" और "सभी ईश्वर हैं" , यह प्रारम्भ और अन्तिम लक्ष्य है। मनुष्य की रचना "पावर और प्राफिट (शक्ति और लाभ)" के लिए नहीं बल्कि असीम मस्तिष्क क्षमता के विकास के लिए हुआ है। फलस्वरूप वह स्वयं को ईश्वर रूप में अनुभव कर सके, जहाँ उसे किसी गुरू की आवश्यकता न पड़ें, वह स्वंयभू हो जाये, उसका प्रकाश वह स्वयं हो। एक गुरू का लक्ष्य भी यही होता है कि शिष्य मार्गदर्शन प्राप्त कर गुरू से आगे निकलकर, गुरू तथा स्वयं अपना नाम और कृति इस संसार में फैलाये, ना कि जीवनभर एक ही कक्षा में (गुरू में) पढ़ता रह जाये। एक ही कक्षा में जीवनभर पढ़ने वाले को समाज क्या नाम देता है, समाज अच्छी प्रकार जानता है। "विश्वशास्त्र" से कालक्रम को उसी मुख्यधारा में मोड़ दिया गया है। एक शास्त्राकार, अपने द्वारा व्यक्त किये गये पूर्व के शास्त्र का उद्देश्य और उसकी सीमा तो बता ही सकता है परन्तु व्याख्याकार ऐसा नहीं कर सकता।

स्वयं द्वारा व्यक्त शास्त्र के प्रमाण से ही स्वयं को व्यक्त और प्रमाणित करूँगा

-शास्त्राकार महर्षि व्यास (वर्तमान में लव कुश सिंह "विश्वमानव")

शब्द से सृष्टि की ओर...
सृष्टि से शास्त्र की ओर...
शास्त्र से काशी की ओर...
काशी से सत्यकाशी की ओर...
और सत्यकाशी से अनन्त की ओर...
एक अन्तहीन यात्रा.......................

वर्तमान सृष्टि चक्र की स्थिति भी यही हो गयी है कि अब अगले अवतार के मात्र एक विकास के लिए सत्यीकरण से काल, मनवन्तर व मनु, अवतार, व्यास व शास्त्र सभी बदलेगें। इसलिए देश व विश्व के धर्माचार्यें, विद्वानों, ज्योतिषाचार्यों इत्यादि को अपने-अपने शास्त्रों को देखने व समझने की आवश्यकता आ गयी है क्योंकि कहीं श्री लव कुश सिंह "विश्वमानव" और "आध्यात्मिक सत्य" आधारित कार्य "विश्वशास्त्र" वही तो नहीं है? और यदि नहीं तो वह कौन सा कार्य होगा जो इन सबको बदलने वाली घटना को घटित करेगा?

शनिवार, 22 दिसम्बर, 2012 सेप्रारम्भ हो चुका है-

1.काल के प्रथम रूप अदृश्य काल से दूसरे और अन्तिम दृश्य काल का प्रारम्भ।

-इसलिए कि अधिकतम व्यक्ति व समाज का मन दृश्य विषयों पर केन्द्रित है।

2.मनवन्तर के वर्तमान 7वें मनवन्तर वैवस्वत मनु से 8वें मनवन्तर सावर्णि मनु का प्रारम्भ।

-इसलिए कि सावर्णि मनु के "सार्वभौम" गुण का प्रयोग कर श्री लव कुश सिंह "विश्वमानव" व्यक्त हैं।

3.अवतार के नवें बुद्ध से दसवें और अन्तिम अवतार-कल्कि महावतार का प्रारम्भ।

-इसलिए कि आधुनिक युग के लिए एकीकरण व मानकीकरण के सभी प्रणाली व्यष्टि व समष्टि के लिए संयुक्त एवं अन्तिम रूप से कल्कि अवतार द्वारार व्यक्त है।

4.युग के चौथे कलियुग से पाँचवें युग स्वर्ण युग का प्रारम्भ।

-इसलिए कि युग परिवर्तन के लिए कल्कि अवतार का आगमन हो चुका है।

5.व्यास और द्वापर युग में आठवें अवतार श्रीकृष्ण द्वारा प्रारम्भ किया गया कार्य "नवसृजन" के प्रथम भाग "सार्वभौम ज्ञान" के शास्त्र "गीता" से द्वितीय अन्तिम भाग "सार्वभौम कर्मज्ञान", पूर्णज्ञान का पूरक शास्त्र", लोकतन्त्र का "धर्मनिरपेक्ष धर्मशास्त्र" और आम आदमी का "समाजवादी शास्त्र" द्वारा व्यवस्था सत्यीकरण और मन के ब्रह्माण्डीयकरण और नये व्यास का प्रारम्भ।

-इसलिए कि नया और अन्तिम शास्त्र "विश्वशास्त्र" प्रकाशित हो चुका है।

जिस प्रकार लोग आत्मा की महत्ता को न समझकर शरीर को ही महत्व देते हैं उसी प्रकार लोग भले ही पढ़कर ही विकास कर रहें हो परन्तु वे शास्त्राकार लेखक की महत्ता को स्वीकार नहीं करते। जबकि वर्तमान समय में चाहे जिस विषय में हो प्रत्येक विकास कर रहे व्यक्ति के पीछे शास्त्राकार, लेखक, आविष्कारक, दार्शनिक की ही शक्ति है जिस प्रकार शरीर के पीछे आत्मा की शक्ति है।

भाग-1

रामायण

चौबीसवें व्यास - भृगुवंशी ऋक्ष (वाल्मीकि)

रामायण

रामायण की सीख

रामायण का रचनाकाल

रामायण की विश्व यात्रा

वर्तमान समय में भारत में रामायण

रामायण द्वारा प्रेरित अन्य साहित्यिक महाकाव्य

चौबीसवें व्यास - भृगुवंशी ऋक्षः वाल्मीकि

वाल्मीकि प्राचीन भारतीय महर्षि हैं। ये आदिकवि के रूप में प्रसिद्ध है। उन्होंने संस्कृत में रामायण की रचना की। उनके द्वारा रची गई रामायण "वाल्मीकि रामायण" कहलाई। रामायण एक महाकाव्य है जो कि श्रीराम के जीवन के माध्यम से हमें जीवन के सत्य व कर्तव्य से परिचित करवाता है।

हिन्दुओं के प्रसिद्ध महाकाव्य वाल्मीकि रामायण, जिसे कि "आदिरामायण" भी कहा जाता है और जिसमें भगवान श्रीरामचन्द्र के निर्मल एवं कल्याणकारी चरित्र का वर्णन है, के रचयिता महर्षि वाल्मीकि के विषय में अनेक प्रकार की भ्रांतियाँ प्रचलित हैं जिसके आधार पर उन्हें निम्नवर्ग का बताया जाता है जबकि वास्तविकता इसके विरूद्ध हे। ऐसा प्रतीत होता है हिन्दुओं के द्वारा हिन्दू संस्कृति को भूला दिये जाने के कारण ही इस प्रकार की भ्रांतियाँ फैली हैं। वाल्मीकि रामायण में स्वयं वाल्मीकि ने श्लोक संख्या 7/94/16, 7/96/18 और 7/111/11 में लिखा है कि वे प्रचेता के पुत्र हैं। मनुस्मृति में प्रचेता को वशिष्ठ, नारद, पुलस्त्य आदि का भाई बताया गया है। बताया जाता है कि प्रचेता का एक नाम वरूण भी है और वरूण ब्रह्माजी के पुत्र थे। यह भी माना जाता है कि वाल्मीकि वरूण अर्थात् प्रचेता के 10वें पुत्र थे और उन दिनों के प्रचलन के अनुसार उनके भी दो नाम "अग्निशर्मा" और "रत्नाकर" थे। श्री विष्णु पुराण (तृतीय अंश, अध्याय-तीन) के अनुसार- चौबीसवें भृगुवंशी ऋक्ष (वाल्मीकि) हैं।

किंवदन्ती है कि बाल्यावस्था में ही रत्नाकर को एक निःसन्तान भीलनी ने चुरा लिया और प्रेमपूर्वक उनका लालन-पोषण किया। जिस वन प्रदेश में उस भीलनी का निवास था वहाँ का भील समुदाय असभ्य था और वन्य प्राणियों का आखेट एवं दस्युकर्म ही उनके लिए जीवन यापन का मुख्य साधन था। हत्या जैसा जघन्य अपराध उनके लिए सामान्य बात थी। उन्हीं क्रूर भीलों की संगति में रत्नाकर पले, बढ़े और दस्युकर्म में लिप्त हो गये। युवा हो जाने पर रत्नाकर का विवाह उसी समुदाय की एक भीलनी से कर दिया गया और गृहस्थ जीवन में प्रवेश के बाद वे अनेक सन्तानों के पिता बन गये। परिवार में वृद्धि के कारण अधिक धनोपार्जन करने के लिए वे और भी अधिक पापकर्म करने लगें।

एक दिन नारद ऋषि उस वन प्रदेश से गुजर रहे थे। रत्नाकर ने उनसे धन की माँग की और धन न देने की स्थिति में हत्या कर देने की धमकी भी दी। नारदमुनि के यह पूछने पर कि वह ये पाप कर्म किसके लिए करते

हो, रत्नाकर ने बताया कि परिवार के लिए। इस पर नारद जी ने पूछा कि जिस तरह तुम्हारे पाप कर्म से प्राप्त धन का उपभोग तुम्हारे समस्त परिजन करते हैं क्या उसी तरह तुम्हारे पापकर्मों के दण्ड में भी वे भागीदार होगें? रत्नाकर ने कहा कि न तो मुझे पता है और न ही कभी मैंने इस विषय में सोचा है। नारदजी ने कहा कि जाकर अपने परिवार के लोगों से पूछ कर आओ और यदि वे तुम्हारे पापकर्म के दण्ड के भागीदार होने के लिए तैयार हैं तो अवश्य लूटमार करते रहना वरना इस कार्य को छोड़ देना। यदि तुम्हें सन्देह है कि हम भाग जायेंगें तो हमें वृक्षों से बाँधकर चले जाओ। नारदजी को पेड़ से बाँधकर रत्नाकर अपने परिजनों के पास पहुँचे। पत्नी, सन्तान, माता-पिता आदि में से कोई भी उनके पापकर्म के फल में भागीदार होने के लिए तैयार न था, सभी का कहना था कि भला किसी एक के कर्म का फल दूसरा कैसे भोग सकता है? रत्नाकर को अपने परिजनों की बातें सुनकर बहुत दुःख हुआ और नारद जी से क्षमा माँग कर उन्हें छोड़ दिया। नारदजी से रत्नाकर ने अपने पापों से उद्धार का उपाय पूछा। नारदजी ने उन्हें तमसा नदी के तट पर जाकर "राम-राम" का जाप करने का परामर्श दिया। रत्नाकर ने वैसा ही किया परन्तु वे राम शब्द को भूल जाने के कारण "मरा-मरा" का जाप करते हुए अखण्ड तपस्या में लीन हो गये। तपस्या के फलस्वरूप उन्हें दिव्य ज्ञान की प्राप्ति हुई और वे वाल्मीकि के नाम से प्रसिद्ध हुये।

एक बार महर्षि वाल्मीकि एक क्रौंच (सारस) पक्षी के जोड़े को निहार रहे थे। वह जोड़ा प्रेमालाप में लीन था, तभी उन्होंने देखा कि एक बहेलिये ने कामरत क्रौंच पक्षी के जोड़े में से नर पक्षी का वध कर दिया और मादा पक्षी विलाप करने लगी। उसके इस विलाप को सुन कर महर्षि की करूणा जाग उठी और द्रवित अवस्था में उनके मुख से स्वतः ही यह श्लोक फूट पड़ा-

मां निषाद प्रतिष्ठां त्वमगतः शाश्वतीः समाः।
यत्क्रौचमिथुनादेकम् अवधीः काममोहितम्।।

अर्थात् - "अरे बहेलिए, तूने काममोहित मैथुनरत क्रौंच पक्षी को मारा है। जा तुझे कभी भी प्रतिष्ठा की प्राप्ति नहीं हो पायेगी।"

ज्ञान प्राप्ति के बाद उन्होंने प्रसिद्ध महाकाव्य "रामायण" (जिसे कि "वाल्मीकि रामायण" के नाम से भी जाना जाता है) की रचना की और "आदिकवि वाल्मीकि" के नाम से अमर हो गये। अपने महाकाव्य "रामायण" में अनेक घटनाओं के घटने के समय सूर्य, चन्द्र तथा अन्य नक्षत्र की स्थितियों का वर्णन किया है। इससे ज्ञात होता है कि वे ज्योतिष विद्या एवं खगोल विद्या के भी प्रकाण्ड पण्डित थे। अपने वनवास काल के मध्य "राम" वाल्मीकि ऋषि के आश्रम में भी गये थे। तथा जब "राम" ने अपनी पत्नी सीता का परित्याग कर दिया तब वाल्मीकि ने ही सीता को प्रश्रय दिया था। उपरोक्त उद्धरणों से सिद्ध है कि वाल्मीकि "राम" के समकालिन थे तथा जीवन में घटित प्रत्येक घटनाओं का पूर्णरूपेण ज्ञान वाल्मीकि ऋषि को था। उन्हें "राम" के चरित्र को इतना महान समझा कि उनके चरित्र को आधार मान कर अपने महाकाव्य "रामायण" की रचना की।

रामायण

रामकथा का कथा

हिन्दू शास्त्रों के अनुसार भगवान राम, विष्णु के अवतार थे। इस अवतार का उद्देश्य मृत्युलोक में मानवजाति को आदर्श जीवन के लिये मार्गदर्शन देना था। अन्ततः श्रीराम ने राक्षस जाति के राजा रावण का वध किया और धर्म की पुनर्स्थापना की।

बालकाण्ड

अयोध्या नगरी में दशरथ नाम के राजा हुये जिनकी कौशल्या, कैकेयी और सुमित्रा नामक पत्नियाँ थीं। सन्तान प्राप्ति हेतु अयोध्यापति दशरथ ने अपने गुरु श्री वशिष्ठ की आज्ञा से पुत्रकामेष्टि यज्ञ करवाया, जिसे कि ऋंगी ऋषि ने सम्पन्न किया। भक्तिपूर्ण आहुतियाँ पाकर अग्निदेव प्रसन्न हुये और उन्होंने स्वयं प्रकट होकर राजा दशरथ को हविष्यपात्र (खीर, पायस) दिया जिसे कि उन्होंने अपनी तीनों पत्नियों में बाँट दिया। खीर के सेवन के परिणामस्वरूप कौशल्या के गर्भ से राम का, कैकेयी के गर्भ से भरत का तथा सुमित्रा के गर्भ से लक्ष्मण और शत्रुघ्न का जन्म हुआ। राजकुमारों के बड़े होने पर आश्रम की राक्षसों से रक्षा हेतु ऋषि विश्वामित्र राजा दशरथ से राम और लक्ष्मण को मांग कर अपने साथ ले गये। राम ने ताड़का और सुबाहु जैसे राक्षसों को मार डाला और मारीच को बिना फल वाले बाण, से मार कर समुद्र के पार भेज दिया। उधर लक्ष्मण ने राक्षसों की सारी सेना का संहार कर डाला। धनुषयज्ञ हेतु राजा जनक के निमन्त्रण मिलने पर विश्वामित्र राम और लक्ष्मण के साथ उनकी नगरी मिथिला (जनकपुर) आ गये। रास्ते में राम ने गौतम मुनि की स्त्री अहल्या का उद्धार किया। मिथिला में राजा जनक की पुत्री सीता जिन्हें कि जानकी के नाम से भी जाना जाता है का स्वयंवर का भी आयोजन था जहाँ कि जनक प्रतिज्ञा के अनुसार शिव धनुष को तोड़ कर राम ने सीता से विवाह किया। राम और सीता के विवाह के साथ ही साथ गुरु वशिष्ठ ने भरत का माण्डवी से, लक्ष्मण का उर्मिला से और शत्रुघ्न का श्रुतकीर्ति से करवा दिया।

अयोध्याकाण्ड

राम के विवाह के कुछ समय पश्चात् राजा दशरथ ने राम का राज्याभिषेक करना चाहा। इस पर देवता लोगों को चिन्ता हुई कि राम को राज्य मिल जाने पर रावण का वध असम्भव हो जायेगा। व्याकुल होकर उन्होंने देवी सरस्वती से किसी प्रकार के उपाय करने की प्रार्थना की। सरस्वती नें मन्थरा, जो कि कैकेयी की दासी थी, की बुद्धि को फेर दिया। मन्थरा की सलाह से कैकेयी कोपभवन में चली गई। दशरथ जब मनाने आये तो कैकेयी ने उनसे वरदान मांगे कि भरत को राजा बनाया जाये और राम को चौदह वर्षों के लिये वनवास में भेज दिया जाये। राम के साथ सीता और लक्ष्मण भी वन चले गये। ऋंगवेरपुर में निषादराज गुह ने तीनों की बहुत सेवा की। कुछ आनाकानी करने के बाद केवट ने तीनों को गंगा नदी के पार उतारा। प्रयाग पहुँच कर राम ने भारद्वाज मुनि से भेंट की। वहाँ से राम यमुना स्नान करते हुये वाल्मीकि ऋषि के आश्रम पहुँचे। वाल्मीकि से हुई मन्त्रणा के अनुसार राम, सीता और लक्ष्मण चित्रकूट में निवास करने लगे। अयोध्या में पुत्र के वियोग के कारण दशरथ का स्वर्गवास हो गया। वशिष्ठ ने भरत और शत्रुघ्न को उनके ननिहाल से बुलवा लिया। वापस आने पर भरत ने अपनी माता कैकेयी की, उसकी कुटिलता के लिये, बहुत भर्तस्ना की और गुरुजनों के आज्ञानुसार दशरथ की अन्त्येष्टि क्रिया कर दिया। भरत ने अयोध्या के राज्य को अस्वीकार कर दिया और राम को मना कर वापस लाने के लिये समस्त स्नेहीजनों के साथ चित्रकूट चले गये। कैकेयी को भी अपने किये पर अत्यन्त पश्चाताप हुआ। सीता के माता-पिता सुनयना एवं जनक भी चित्रकूट पहुँचे। भरत तथा अन्य सभी लोगों ने राम के वापस अयोध्या जाकर राज्य करने का प्रस्ताव रखा जिसे कि राम ने, पिता की आज्ञा पालन करने और रघुवंश की रीति निभाने के लिये, अमान्य कर दिया। भरत अपने स्नेही

जनों के साथ राम की पादुका को साथ लेकर वापस अयोध्या आ गये। उन्होंने राम की पादुका को राज सिंहासन पर विराजित कर दिया स्वयं नन्दिग्राम में निवास करने लगे।

अरण्यकाण्ड

कुछ काल के पश्चात राम ने चित्रकूट से प्रयाण किया तथा वे अत्रि ऋषि के आश्रम पहुँचे। अत्रि ने राम की स्तुति की और उनकी पत्नी अनसूया ने सीता को पातिव्रत धर्म के मर्म समझाये। वहाँ से फिर राम ने आगे प्रस्थान किया और शरभंग मुनि से भेंट की। शरभंग मुनि केवल राम के दर्शन की कामना से वहाँ निवास कर रहे थे, अतः राम के दर्शनों की अपनी अभिलाषा पूर्ण हो जाने से योगाग्नि से अपने शरीर को जला डाला और ब्रह्मलोक को गमन किया। और आगे बढ़ने पर राम को स्थान-स्थान पर हड्डियों के ढेर दिखाई पड़े जिनके विषय में मुनियों ने राम को बताया कि राक्षसों ने अनेक मुनियों को खा डाला है और उन्हीं मुनियों की हड्डियाँ हैं। इस पर राम ने प्रतिज्ञा की कि वे समस्त राक्षसों का वध करके पृथ्वी को राक्षस विहीन कर देंगे। राम और आगे बढ़े और पथ में सुतीक्ष्ण, अगस्त्य आदि ऋषियों से भेंट करते हुये दण्डक वन में प्रवेश किया जहाँ पर उनकी मुलाकात जटायु से हुई। राम ने पंचवटी को अपना निवास स्थान बनाया।

पंचवटी में रावण की बहन शूर्पणखा ने आकर राम से प्रणय निवेदन-किया। राम ने यह कह कर कि वे अपनी पत्नी के साथ हैं और उनका छोटा भाई अकेला है उसे लक्ष्मण के पास भेज दिया। लक्ष्मण ने उसके प्रणय-निवेदन को अस्वीकार करते हुये शत्रु की बहन जान कर उसके नाक और कान काट लिये। शूर्पणखा ने खर-दूषण से सहायता की मांग की और वह अपनी सेना के साथ लड़ने के लिये आ गया। लड़ाई में राम ने खर-दूषण और उसकी सेना का संहार कर डाला। शूर्पणखा ने जाकर अपने भाई रावण से शिकायत की। रावण ने बदला लेने के लिये मारीच को स्वर्णमृग बना कर भेजा जिसकी छाल की मांग सीता ने राम से की। लक्ष्मण को सीता के रक्षा की आज्ञा दे कर राम स्वर्णमृग रूपी मारीच को मारने के लिये उसके पीछे चले गये। मारीच राम के हाथों मारा गया पर मरते-मरते मारीच ने राम की आवाज बना कर 'हा लक्ष्मण' का क्रन्दन किया जिसे सुन कर सीता ने आशंकावश होकर लक्ष्मण को राम के पास भेज दिया। लक्ष्मण के जाने के बाद अकेली सीता का रावण ने छलपूर्वक हरण कर लिया और अपने साथ लंका ले गया। रास्ते में जटायु ने सीता को बचाने के लिये रावण से युद्ध किया और रावण ने उसके पंख काटकर उसे अधमरा कर दिया। सीता को न पा कर राम अत्यन्त दुःखी हुये और विलाप करने लगे। रास्ते में जटायु से भेंट होने पर उसने राम को रावण के द्वारा अपनी दुर्दशा होने व सीता को हर कर दक्षिण दिशा की ओर ले जाने की बात बताई। ये सब बताने के बाद जटायु ने अपने प्राण त्याग दिये और राम उसका अन्तिम संस्कार करके सीता की खोज में सघन वन के भीतर आगे बढ़े। रास्ते में राम ने दुर्वासा के शाप के कारण राक्षस बने गन्धर्व कबन्ध का वध करके उसका उद्धार किया और शबरी के आश्रम जा पहुँचे जहाँ पर कि उसके द्वारा दिये गये झूठे बेरों को उसके भक्ति के वश में होकर खाया। इस प्रकार राम सीता की खोज में सघन वन के अंदर आगे बढ़ते गये।

किष्किन्धाकाण्ड

राम ऋष्यमूक पर्वत के निकट आ गये। उस पर्वत पर अपने मन्त्रियों सहित सुग्रीव रहता था। सुग्रीव ने, इस आशंका में कि कहीं बालि ने उसे मारने के लिये उन दोनों वीरों को न भेजा हो, हनुमान को राम और लक्ष्मण के विषय में जानकारी लेने के लिये ब्राह्मण के रूप में भेजा। यह जानने के बाद कि उन्हें बालि ने नहीं भेजा है हनुमान ने राम और सुग्रीव में मित्रता करवा दी। सुग्रीव ने राम को सान्त्वना दी कि जानकी जी मिल जायेंगी और उन्हें खोजने में वह सहायता देगा साथ ही अपने भाई बालि के अपने ऊपर किये गये अत्याचार के विषय में बताया। राम ने बालि का छलपूर्वक वध कर के सुग्रीव को किष्किन्धा का राज्य तथा बालि के पुत्र अंगद को युवराज का पद दे दिया। राज्य प्राप्ति के बाद सुग्रीव विलास में लिप्त हो गया और वर्षा तथा शरद् ऋतु व्यतीत हो गई। राम के नाराजगी पर सुग्रीव ने वानरों को सीता की खोज के लिये भेजा। सीता की खोज में गये वानरों को एक गुफा में एक तपस्विनी के

दर्शन हुये। तपस्विनी ने खोज दल को योगशक्ति से समुद्रतट पर पहुँचा दिया जहाँ पर उनकी भेंट सम्पाती से हुई। सम्पाती ने वानरों को बताया कि रावण ने सीता को लंका अशोकवाटिका में रखा है। जाम्बवन्त ने हनुमान को समुद्र लांघने के लिये उत्साहित किया।

सुंदरकाण्ड

हनुमान ने लंका की ओर प्रस्थान किया। सुरसा ने हनुमान की परीक्षा ली और उसे योग्य तथा सामर्थ्यवान पाकर आशीर्वाद दिया। मार्ग में हनुमान ने छाया पकड़ने वाली राक्षसी का वध किया और लंकिनी पर प्रहार करके लंका में प्रवेश किया। उनकी विभीषण से भेंट हुई। जब हनुमान अशोक वाटिका में पहुँचे तो रावण सीता को धमका रहा था। रावण के जाने पर त्रिजटा ने सीता को सान्तवना दी। एकान्त होने पर हनुमान ने सीता से भेंट करके उन्हें राम की मुद्रिका दी। हनुमान ने अशोक वाटिका का विध्वंस करके रावण के पुत्र अक्षय कुमार का वध कर दिया। मेघनाथ हनुमान को नागपाश में बांध कर रावण की सभा में ले गया। रावण के प्रश्न के उत्तर में हनुमान ने अपना परिचय राम के दूत के रूप में दिया। रावण ने हनुमान की पूँछ में तेल में डूबा हुआ कपड़ा बांध कर आग लगा दिया, इस पर हनुमान ने लंका का दहन कर दिया। हनुमान सीता के पास पहुंचे। सीता ने अपनी चूड़ामणि दे कर उन्हें विदा किया। वे वापस समुद्र पार आकर सभी वानरों से मिले और सभी वापस सुग्रीव के पास चले गये। हनुमान के कार्य से राम अत्यन्त प्रसन्न हुये। राम वानरों की सेना के साथ समुद्रतट पर पहुँचे। उधर विभीषण ने रावण को समझाया कि राम से बैर न लें इस पर रावण ने विभीषण को अपमानित कर लंका से निकाल दिया। विभीषण राम के शरण में आ गया और राम ने उसे लंका का राजा घोषित कर दिया। राम ने समुद्र से रास्ता देने की विनती की। विनती न मानने पर राम ने क्रोध किया और उनके क्रोध से भयभीत होकर समुद्र ने स्वयं आकर राम की विनती करने के पश्चात् नल और नील के द्वारा पुल बनाने का उपाय बताया।

लंकाकाण्ड

जाम्बवन्त के आदेश से नल-नील दोनों भाइयों ने वानर सेना की सहायता से समुद्र पर पुल बांध दिया। श्री राम ने श्री रामेश्वर की स्थापना करके भगवान शंकर की पूजा की और सेना सहित समुद्र के पार उतर गये। समुद्र के पार जाकर राम ने डेरा डाला। पुल बंध जाने और राम के समुद्र के पार उतर जाने के समाचार से रावण मन में अत्यन्त व्याकुल हुआ। मन्दोदरी के राम से बैर न लेने के लिये समझाने पर भी रावण का अहंकार नहीं गया। इधर राम अपनी वानर सेना के साथ सुबेल पर्वत पर निवास करने लगे। अंगद राम के दूत बन कर लंका में रावण के पास गये और उसे राम के शरण में आने का संदेश दिया किन्तु रावण ने नहीं माना। शान्ति के सारे प्रयास असफल हो जाने पर युद्ध आरम्भ हो गया। लक्ष्मण और मेघनाद के मध्य घोर युद्ध हुआ। शक्तिबाण के वार से लक्ष्मण मूर्छित हो गये। उनके उपचार के लिये हनुमान सुषेण वैद्य को ले आये और संजीवनी लाने के लिये चले गये। गुप्तचर से समाचार मिलने पर रावण ने हनुमान के कार्य में बाधा के लिये कालनेमि को भेजा जिसका हनुमान ने वध कर दिया। औषधि की पहचान न होने के कारण हनुमान पूरे पर्वत को ही उठा कर वापस चले। मार्ग में हनुमान को राक्षस होने के सन्देह में भरत ने बाण मार कर मूर्छित कर दिया परन्तु यथार्थ जानने पर अपने बाण पर बिठा कर वापस लंका भेज दिया। इधर औषधि आने में विलम्ब देख कर राम प्रलाप करने लगे। सही समय पर हनुमान औषधि लेकर आ गये और सुषेण के उपचार से लक्ष्मण स्वस्थ हो गये। रावण ने युद्ध के लिये कुम्भकर्ण को जगाया। कुम्भकर्ण ने भी रावण के शरण में जाने की असफल मन्त्रणा दी। युद्ध में कुम्भकर्ण ने राम के हाथों परमगति प्राप्त की। लक्ष्मण ने मेघनाद से युद्ध करके उसका वध कर दिया। राम और रावण के मध्य अनेकों घोर युद्ध हुये और अन्त में रावण, राम के हाथों मारा गया। विभीषण को लंका का राज्य सौंप कर राम, सीता और लक्ष्मण के साथ पुष्पक विमान पर चढ़ कर अयोध्या के लिये प्रस्थान किया।

उत्तरकाण्ड

उत्तरकाण्ड, राम कथा का उपसंहार है। सीता, लक्ष्मण और समस्त वानर सेना के साथ राम अयोध्या वापस पहुँचे। राम का भव्य स्वागत हुआ, भरत के साथ सर्वजनों में आनन्द व्याप्त हो गया। वेदों और शिव की स्तुति के साथ राम का राज्याभिषेक हुआ। अभ्यागतों की विदाई दी गई। राम ने प्रजा को उपदेश दिया और प्रजा ने कृतज्ञता प्रकट की। चारों भाइयों के दो-दो पुत्र हुये। रामराज्य एक आदर्श बन गया।

उपरोक्त बातों के साथ ही साथ गोस्वामी तुलसीदास जी ने उत्तरकाण्ड में श्री राम-वशिष्ठ संवाद, नारद जी का अयोध्या आकर रामचन्द्र जी की स्तुति करना, शिव-पार्वती संवाद, गरुड़ मोह तथा गरुड़ जी का काकभुशुण्डि जी से रामकथा एवं राम-महिमा सुनना, काकभुशुण्डि जी के पूर्वजन्म की कथा, ज्ञान-भक्ति निरूपण, ज्ञानदीपक और भक्ति की महान महिमा, गरुड़ के सात प्रश्न और काकभुशुण्डि जी के उत्तर आदि विषयों का भी विस्तृत वर्णन किया है।

जहाँ तुलसीदास जी ने उपरोक्त वर्णन लिखकर रामचरितमानस को समाप्त कर दिया है वहीं आदिकवि वाल्मीकि अपने रामायण में उत्तरकाण्ड में रावण तथा हनुमान के जन्म की कथा सीता का निर्वासन, राजा नृग, राजा निमि, राजा ययाति तथा रामराज्य में कुत्ते का न्याय की उपकथायें, लवकुश का जन्म, राम के द्वारा अश्वमेघ यज्ञ का अनुष्ठान तथा उस यज्ञ में उनके पुत्रों लव तथा कुश के द्वारा महाकवि वाल्मिक रचित रामायण गायन, सीता का रसातल प्रवेश, लक्ष्मण का परित्याग का भी वर्णन किया है। वाल्मीकि रामायण में उत्तरकाण्ड का समापन राम के महाप्रयाण के बाद ही हुआ है।

रामायण की सीख

सनातन धर्म के धार्मिक लेखक तुलसीदास जी के अनुसार सर्वप्रथम श्री राम की कथा भगवान श्री शंकर ने माता पार्वती जी को सुनायी थी। जहाँ पर भगवान शंकर पार्वती जी को भगवान श्री राम की कथा सुना रहे थे वहाँ कागा (कौवा) का एक घोसला था और उसके भीतर बैठा कागा भी उस कथा को सुन रहा था। कथा पूरी होने के पहले ही माता पार्वती को नींद आ गई पर उस पक्षी ने पूरी कथा सुन ली। उसी पक्षी का पुनर्जन्म काकभुशुण्डि के रूप में हुआ। काकभुशुण्डि जी ने यह कथा गरुड़ जी को सुनाई। भगवान श्री शंकर के मुख से निकली श्रीराम की यह पवित्र कथा "अध्यात्म रामायण" के नाम से प्रख्यात है। "अध्यात्म रामायण" को ही विश्व का सर्वप्रथम रामायण माना जाता है।

भारत देश में विदेशियों का सत्ता हो जाने के बाद देव भाषा संस्कृत का ह्रास हो गया और भारतीय लोग उचित ज्ञान के अभाव तथा विदेशी सत्ता के प्रभाव के कारण अपनी ही संस्कति को भूलने लग गये। ऐसी स्थिति को अत्यन्त विकट जानकर जनजागरण के लिए सन्त श्री तुलसीदसा जी ने एक बार फिर से भगवान श्री राम की पवित्र कथा को देसी भाषा में लिपिबद्ध किया। सन्त तुलसीदास जी ने अपने द्वारा लिखित भगवान श्री राम की कल्याणकारी कथा से परिपूर्ण इस ग्रन्थ का नाम "रामचरित्रमानस" रखा। सामान्य रूप से इसे "तुलसी रामायण" के नाम से जाना जाता है। कालान्तर में भगवान श्रीराम की कथा अनेक विद्वानों ने अपने बुद्धि, ज्ञान तथा मतानुसार अनेक बार लिखा है। इस तरह से अनेकों रामायणों की रचना हुई है। दृश्य पदार्थ विज्ञान के इस काल में विज्ञान के द्वारा आयी तकनीकों से दृश्य-श्रव्य (आडियो-विजुअल) माध्यम के आ जाने के बाद सभी रामायणों का अध्ययन व विवादित अंशों को त्यागते हुए श्री रामानन्द सागर ने श्री राम के इस कथा का "रामायण" नाम से उसका दृश्य-श्रव्य रूपान्तरण कर दूरदर्शन के माध्यम से प्रसारित कराया। जिसके फलस्वरूप वर्तमान में शायद ही कोई बचा हो जो रामकथा से परिचित न हो। इसके उपरान्त भी अन्य ने भी दृश्य-श्रव्य माध्यम में इस कथा का प्रस्तुतिकरण करने का प्रयत्न किये परन्तु रामानन्द सागर कृत "रामायण" एक मानक बन चुका है और जनमानस में उसके जीवन्त पात्रों के प्रति ऐसी छवि बन गई कि वे उसके पात्रों के रूप में ही राम के जीवन काल के पात्रों को सत्य रूप में

देखते हैं। फलस्वरूप चाहे जितनी बार रामायण का दृश्य-श्रव्य रूपान्तरण क्यों न हो, पर जनमानस में वह रूप नहीं उतरता।

हिन्दू शास्त्रों के अनुसार भगवान राम, विष्णु के अवतार थे, इस अवतार का उद्देश्य मृत्युलोक में मानवजाति को आदर्श जीवन के लिए मागदर्शन देना था। इस प्रकार अन्ततः श्रीराम ने राक्षस जाति के राजा रावण का वध किया और धर्म की पुर्नस्थापना की। आदिकवि वाल्मीकि ने अपने रामायण के उत्तरकाण्ड में रावण तथा हनुमान की जन्म कथा, साता का निर्वासन, राजा नृग, राजा निमि, राजा ययाति तथा रामराज्य में कुत्ते का न्याय की उपकथायें, लव-कुश का जन्म, राम के द्वारा अश्वमेध यज्ञ का अनुष्ठान तथा उस यज्ञ में उनके पुत्रों लव और कुश के द्वारा रामायण गायन, सीता का रसातल प्रवेश, लक्ष्मण का परित्याग का भी वर्णन किया है। और इसका राम के महाप्रयाण के बाद इसका समापन हुआ है।

राम कथा के रामायण में सारे चरित्र अपने धर्म का पालन करते हैं-

1. **राम**-एक आदर्श पुत्र हैं। पिता की आज्ञा उनके लिए सर्वोपरि है। पति के रूप में राम ने सदैव एक पत्नीव्रत का पालन किया। राजा के रूप में प्रजा के हित के लिए स्वयं के हित को तुच्छ समझते हैं। विलक्षण व्यक्तित्व है उनका। वे अत्यन्त वीर्यवान, तेजस्वी, विद्वान, धैर्यशील, जितेन्द्रिय, बुद्धिमान, सुन्दर, पराक्रमी, दुष्टों का दमन करने वाले, युद्ध एवं नीतिकुशल, धर्मात्मा, मर्यादापुरूषोत्तम, प्रजावत्सल, शरणागत को शरण देने वाले, सर्वशास्त्रों के ज्ञाता एवं प्रतिभा सम्पन्न हैं।
2. **सीता**-महान पतिव्रता नारी। सारे वैभव और ऐश्वर्य को ठुकरा कर वे पति के साथ वन चली गई।
3. **भातृ प्रेम**-रामायण भातृ प्रेम का उत्कृष्ट उदाहरण है। जहाँ बड़े भाई के प्रेम के कारण लक्ष्मण उनके साथ वन चले जाते हैं वहीं भरत अयोध्या की राज गद्दी पर, बड़े भाई का अधिकार होने के कारण, स्वयं न बैठ कर राम की पादुका को प्रतिष्ठित कर देते हैं।
4. **कौशल्या**-एक आदर्श माता। अपने पुत्र राम पर कैकेयी के द्वारा किये गये अन्याय को भुला कर वे कैकेयी के पुत्र भरत पर उतनी ही ममता रखतीं हैं जितनी कि अपने पुत्र राम पर।
5. **हनुमान**-एक आदर्श भक्त हैं, वे राम की सेवा के लिए अनुचर के समान सदैव तत्पर रहतें हैं। शक्तिबाण से मूर्छित लक्ष्मण को उनकी सेवा के कारण ही प्राणदान प्राप्त होता है।
6. **रावण**-रावण के चरित्र से सीख मिलती है कि अहंकार नाश का कारण होता है।

रामायण के अन्य चरित्र भी इसी भाँति अपने अपने सद्‌गुणों व दुर्गुणों के क्षेत्र में आदर्श हैं।

रामायण का रचनाकाल

'रामायण' का संधि विच्छेद करने है 'राम' + 'अयन'। 'अयन' का अर्थ है 'यात्रा', इसलिये रामायण का अर्थ है राम की यात्रा। इसमें 4,80,002 शब्द हैं जो महाभारत का चौथाई है। रामायण, आदि कवि वाल्मीकि द्वारा लिखा गया संस्कृत का एक अनुपम महाकाव्य है। इसके 24,000 श्लोक हैं। यह हिन्दू स्मृति का वह अंग हैं जिसके माध्यम से रघुवंश के राजा राम की गाथा कही गयी। इसे आदिकाव्य भी कहा जाता है। रामायण के सात अध्याय हैं जो काण्ड के नाम से जाने जाते हैं। जो ये है-बालकाण्ड, अयोध्याकाण्ड, अरण्यकाण्ड, किष्किन्धाकाण्ड, सुन्दरकाण्ड, लंकाकाण्ड (युद्धकाण्ड), उत्तरकाण्ड।

पद्मपुराण, श्रीमद्भागवत पुराण, कूर्मपुराण, महाभारत, आनन्द रामायण, दशावतारचरित एवं रामचरितमानस में राम के विष्णु का अवतार होने का स्पष्ट उल्लेख है, किन्तु वाल्मीकि रामायण में केवल इसका संकेत मात्र ही है।

रामचरितमानस = राम + चरित + मानस। रामचरितमानस का अर्थ है राम के चरित्र का सरोवर। रामचरितमानस के बालकाण्ड के दोहा क्रमांक 35 से दोहा क्रमांक 42 में तुलसीदास जी ने इस सरोवर के स्वरूप

का वर्णन किया है। काकभुशुण्डि की विस्तृत कथा का वर्णन तुलसीदास जी ने रामचरितमानस के उत्तरकाण्ड के दोहा क्रमांक 96 से दोहा क्रमांक 115 तक में किया है।

तुलसीदास कृत "रामचरित्रमानस" के अनुसार, सर्वप्रथम श्री राम की कथा भगवान शंकर ने माता पार्वती जी को सुनाया था। जहाँ पर भगवान शंकर, पार्वती जी को भगवान श्री राम की कथा सुना रहे थे, वहाँ कागा (कौवा) का एक घोसला था और उसके भीतर बैठा कागा भी उस कथा को सुन रहा था। कथा पूरी होने के पहले ही माता पार्वती को ऊँघ आ गई पर उस पक्षी ने पूरी कथा सुन ली। उसी पक्षी का पुनर्जन्म काकाभुषुण्डि के रूप में हुआ। काकभुषुण्डि जी ने यह कथा गरूड़ जी को सुनाई। भगवान श्री शंकर के मुख से निकली श्रीराम की यह पवित्र कथा "आध्यात्म रामायण" के नाम से प्रख्यात है। "आध्यात्म रामायण" को ही विश्व का सर्वप्रथम रामायण माना जाता है। वाल्मीकि ने भगवान श्री राम के इसी वृतान्त को पुनः श्लोकबद्ध किया जिसे "वालमीकि रामायण" के नाम से जाना जाता है।

"आचार्य चतुरसेन" ने अपने ग्रंथ 'वयं रक्षामः' में राक्षसजाति एवं राक्षस संस्कृति का विस्तृत वर्णन किया है।

रामायण का समय त्रेतायुग माना जाता है। कुछ भारतीय विद्वान कहते हैं कि यह 600 ई.पू. से पहले लिखा गया है। उसके पीछे युक्ति यह है कि महाभारत जो इसके बाद आया बौद्ध धर्म के बारे में मौन है यद्यपि उसमें जैन, शैव, पाशुपात आदि अन्य परम्पराओं का वर्णन है। अतः रामायण गौतम बुद्ध के काल के पूर्व का होना चाहिए। भाषा शैली से भी यह पाणिनी के समय से पहले का होना चाहिये।

रामायण का पहला और अन्तिम कांड संभवतः बाद में जोड़ा गया था। अध्याय दो से सात तक ज्यादातर इस बात पर बल दिया जाता है कि राम विष्णु के अवतार थे। कुछ लोगों के अनुसार इस महाकाव्य में यूनानी और कई अन्य सन्दर्भों से पता चलता है कि यह पुस्तक दूसरी सदी ईसा पूर्व से पहले की नहीं हो सकती पर यह धारणा विवादस्पद है। 600 ई.पू. से पहले का समय इसलिये भी ठीक है कि बौद्ध जातक रामायण के पात्रों का वर्णन करते हैं जबकि रामायण में जातक के चरित्रों का वर्णन नहीं है।

रामायण का समय त्रेतायुग का माना जाता है। भारतीय कालगणना के अनुसार समय को चार युगों में बाँटा गया है-सतयुग, त्रेतायुग, द्वापर युग एव कलियुग। एक कलियुग 4,32,000 वर्ष का, द्वापर 8,64,000 वर्ष का, त्रेता युग 12,96,000 वर्ष का तथा सतयुग 17,28,000 वर्ष का होता है। इस गणना के अनुसार रामायण का समय न्यूनतम ८,७०,००० वर्ष (वर्तमान कलियुग के 5,250 वर्ष + बीते द्वापर युग के 8,64,000) सिद्ध होता है। बहुत से विद्वान इसका तात्पर्य इसा पू. 8,000 से लगाते है जो आधारहीन है। अन्य विद्वान इसे इससे भी पुराना मानते हैं।

रामायण की विश्व यात्रा

भारत के इतिहास में राम जैसा विजेता कोई नहीं हुआ। उन्होंने रावण और उसके सहयोगी अनेक राक्षसों का वध कर के न केवल भारत में शांति की स्थापना की बल्कि सुदूर पूर्व और आस्ट्रेलिया तक में सुख और आनंद की एक लहर व्याप्त कर दी। श्री राम अदभुत सामरिक पराक्रम व्यवहार कुशलता और विदेश नीति के स्वामी थे। उन्होंने किसी देश पर अधिकार नहीं किया लेकिन विश्व के अनेकों देशों में उनकी प्रशंसा के विवरण मिलते हैं जिससे पता चलता है कि उनकी लोकप्रियता दूर-दूर तक फैली हुई थी। आजकल मेडागास्कर कहे जाने वाले द्वीप से लेकर आस्ट्रेलिया तक के द्वीप समूह पर रावण का राज्य था। राम विजय के बाद इस सारे भू-भाग पर राम की कीर्ति फैल गयी। राम के नाम के साथ रामकथा भी इस भाग में फैली और बरसों तक यहां के निवासियों के जीवन का प्रेरक अंग बनी रही। श्री लंका और बर्मा में रामायण कई रूपों में प्रचलित है। लोक गीतों के अतिरिक्त रामलीला की तरह के नाटक भी खेले जाते हैं। बर्मा में बहुत से नाम राम के नाम पर हैं। रामावती नगर तो राम नाम के ऊपर ही स्थापित हुआ था। अमरपुर के एक विहार में राम, लक्ष्मण, सीता और हनुमान के चित्र आज तक अंकित हैं। मलयेशिया में रामकथा का प्रचार अभी तक है। वहां मुस्लिम भी अपने नाम के साथ अक्सर राम, लक्ष्मण

और सीता नाम जोडते हैं। यहां रामायण को "हिकायत सेरीराम" कहते हैं। थाईलैंड के पुराने रजवाड़ों में भरत की भांति राम की पादुकाएं लेकर राज्य करने की परंपरा पाई जाती है। वे सभी अपने को रामवंशी मनते थे। यहां "अजुधिया" "लवपुरी" और "जनकपुर" जैसे नाम वाले शहर हैं। यहां पर राम कथा को "रामकीर्ति" कहते हैं और मंदिरों में जगह-जगह रामकथा के प्रसंग अंकित हैं। हिन्द चीन के अनाम में कई शिलालेख मिले हैं जिनमें राम का यशोगान है। यहां के निवासियों में ऐसा विश्वास प्रचलित है कि वे वानर कुल से उत्पन्न हैं और श्रीराम नाम के राजा यहां के सर्वप्रथम शासक थे। रामायण पर आधारित कई नाटक यहां के साहित्य में भी मिलते हैं। कम्बोडिया में भी हिन्दू सभ्यता के अन्य अंगों के साथ-साथ रामायण का प्रचलन आज तक पाया जाता है। छठी शताब्दी के एक शिलालेख के अनुसार वहां कई स्थानों पर रामायण और महाभारत का पाठ होता था। जावा में रामचंद्र राष्ट्रीय पुरूषोत्तम के रूप में सम्मानित हैं। वहां की सबसे बड़ी नदी का नाम सरयू है। "रामायण" के कई प्रसंगों के आधार पर वहां आज भी रात-रात भर कठपुतलियों का नाच होता है। जावा के मंदिरों में वाल्मीकि रामायण के श्लोक जगह-जगह अंकित मिलते हैं। सुमात्रा द्वीप का वाल्मीकि रामायण में "स्वर्णभूमि" नाम दिया गया है। रामायण यहां के जन-जीवन में वैसे ही अनुप्राणित है जैसे भारतवासियों के। बाली द्वीप भी थाईलैंड, जावा और सुमात्रा की तरह आर्य संस्कृति का एक दूरस्थ सीमा स्तम्भ है। "रामायण" का प्रचार यहां भी घर घर में है। इन देशों के अतिरिक्त फिलीपाइन, चीन, जापान और प्राचीन अमेरीका तक राम कथा का प्रभाव मिलता है। मैक्सिको और मध्य अमेरीका की मय सभ्यता और इन्का सभ्यता पर प्राचीन भारतीय संस्कृति की जो छाप मिलती है उसमें रामायण कालीन संस्कारों का प्राचुर्य है। पेरू में राजा अपने को सूर्यवंशी ही नहीं "कौशल्यासुत राम" वंशज भी मानते हैं। "रामसीतव" नाम से आज भी "रामसीता उत्सव" मनाया जाता है।

रामकथा के अनेक पात्रों का वर्णन वैदिक साहित्य में भी देखने को मिलता है। उदाहरणार्थ इक्ष्वाकु (अर्थर्ववेद 19-39-9), दशरथ (ऋग्वेद 1-126-4), कैकेय (शतपथ ब्राह्मण 10-6-1-2) तथा जनक (शतपथ ब्राह्मण) आदि। सम्भव है कि तत्कालीन भारत में इस नाम के अन्य पात्र भी रहे हों। उनके साथ जुड़े गुण उन्हें रामकथा से संबंधित करते अवश्य प्रतीत होते हैं, परन्तु यह उल्लेखनीय है कि राम-जन्म की घटना, वैदिक साहित्य के बहुत बाद की है। यह भी सम्भव है कि कालान्तर में इन नामों से संबधित अंश वैदिक साहित्य में जोड़ दिये गए हों। वैदिक साहित्य के बाद जो राम कथाएं लिखी गयीं, उनमें वाल्मीकि रामायण सर्वोपरि है। यह इसी कल्प की कथा है। चूंकि वाल्मीकि ने सम्पूर्ण घटनाचक्र को स्वयं देखा या व्यक्तिशः सुना था, इसलिए उसे सत्य माना जा सकता है। मूल रामकथा के रूप में वाल्मीकि रामायण के अतिरिक्त जो अन्य रामायण लोकप्रिय हैं, उनमें आध्यात्म रामायण, आनन्द रामायण, अद्भुत रामायण, तथा तुलसीकृत रामचरित मानस आदि विशेष उल्लेखनीय हैं। रामकथा पर लिखे गये ग्रन्थों की इस अधिकता के कारण ही गोस्वामी तुलसीदास ने कहा था-'रामायण सत कोटि अपारा'। वाल्मीकि रामायण के उपरान्त रामकथा में दूसरा प्राचीन ग्रन्थ है "आध्यात्म रामायण"। वाल्मीकि में जहां हमें इतिहास का अधिक प्रभाव परिलक्षित होता है, वहीं "आध्यात्म रामायण" में राम का ईश्वरत्व उभरता दृष्टिगत होता है। इस रामायण को ब्रह्मांड-पुराण के उत्तर-खंड के रूप में भी स्वीकारा जाता है। इसकी कथावस्तु लगभग वाल्मीकि रामायण के समान ही है। मगर इसमें नाम के अनुरूप आध्यात्मिकता अधिक हावी है। "आनन्द रामायण" में भक्ति की प्रधानता है। इसमें राम की विभिन्न लीलाओं तथा उपासना सम्बन्धी अनुष्ठानों की विशेष चर्चा है। इसकी शैली रोचक और मधुर है। इसके प्रत्येक सर्ग में इति श्री शतकोटि रामचरितान्तर्गत श्रीमदानन्द रामायण वाल्मीकिये। लिखा गया है। इससे यह विचार बनता है कि यह ग्रन्थ भी शायद महर्षि वाल्मीकि द्वारा रचित है। मगर कथावस्तु, तथ्य, शैली आदि से यह प्रमाणित नहीं होता। ऐसा लगता है कि इसके रचयिता ने महर्षि वाल्मीकि के प्रति अपनी श्रद्धा व्यक्त करने के लिए ही ऐसा लिख दिया होगा। "अद्भुत रामायण" अपने नाम के अनुरूप कथा-प्रसंगों और वर्णन शैली में अद्भुत ही है। इसमें सीता की महत्ता विशेष रूप में प्रस्तुत की गयी है। उन्हें "आदिशक्ति और आदिमाया" बतलाया गया है, जिसकी स्तुति स्वयं राम भी सहस्रनाम स्तोत्र द्वारा करते हैं। इसमें 27 सर्ग और लगभग 14 हजार श्लोक हैं। इसमें अनेक अद्भुत अन्तर्कथाओं की भी चर्चा है। उदाहरण के लिए लक्ष्मी के अंश से उत्पन्न

कन्या के स्वयंवर के समय विष्णु द्वारा देवर्षि नारद और पर्वत ऋषि दोनों का रूप बन्दर के समान करके स्वयं उस कन्या से विवाह कर लेना और बाद में नारद द्वारा विष्णु को पत्नी-वियोग का शाप दिया जाना आदि।

लोकप्रियता की दृष्टि से तुलसीकृत "रामचरित मानस" सबसे आगे है। लोकभाषा में होने के कारण इसने रामकथा को जनसाधारण में अत्यधिक लोकप्रिय बना दिया। इसमें भक्ति-भाव की प्रधानता है तथा राम का ईश्वरत्व पूरी तरह उभर आया है। रामलीलाओं का मंचन भी "रामचरित मानस" के बाद ही प्रारम्भ हुआ। रामलीलाओं के मंचन की दृष्टि से राधेश्याम कृत रामायण का विशेष स्थान है। बरेली (उ.प्र.) निवासी प. राधेश्याम कथावाचक ने अपनी यह रामायण हिन्दी क्षेत्रों की अपेक्षाकृत कम पढ़ी-लिखी जनता के लिए लिखी और तदनुसार इसे पर्याप्त लोकप्रियता भी प्राप्त हुई। रामकथा के विभिन्न संस्कृत ग्रन्थों पर आधारित होकर विभिन्न प्रादेशिक भाषाओं में भी रामायण लिखी गयीं। नौवीं शताब्दी में तमिल कवि कम्बन ने तमिल भाषा में रामकथा पर अपना ग्रन्थ तैयार किया, जो "कम्ब रामायण" के नाम से विख्यात है। इसी प्रकार तेलुगु भाषा में तीन रामायणों की रचना की गयी, जो आन्ध्रप्रदेश में विशेष रूप से लोकप्रिय हैं। इनमें सर्वप्रथम स्थान "रंगनाथ रामायण" का है, जिसकी रचना 13वीं शताब्दी में तेलुगु कवि श्री गोनबुद्ध रेड्डी ने की। तेलुगु क्षेत्रों में यह रामायण उसी प्रकार लोकप्रिय है, जिस प्रकार हिन्दी क्षेत्रों में रामचरितमानस है। दूसरी "मोल्डा रामायण" है जिसे कवयित्री मोल्डा ने 16वीं शताब्दी में लिखा। इसमें भक्ति भाव के साथ ही साहित्यिक प्रतिभा के भी स्पष्ट दर्शन होते हैं। अन्य प्रादेशिक भाषाओं के समान उड़िया भाषा में भी रामकथा पर काफी बड़ा साहित्य देखने को मिलता है। वहां अब तक रामकथा पर सैकड़ों पुस्तकें लिखी जा चुकी हैं, जिनमें कुछ मौलिक हैं तथा कुछ अनुदित। इनमें सर्वाधिक प्राचीन ग्रन्थ "रूइपादकातेणपदी रामायण" है, जो नौवीं शताब्दी में लिखी गयी। 16वीं शताब्दी में श्री बलराम दास ने "जगमोहन रामायण" की रचना की। श्री पीताम्बर की "दांडी रामायण" तथा श्री अर्जुन दास की "रामविभा रामायण" आदि बहुचर्चित और लोकप्रिय है। इसी प्रकार गुजरात में श्री गिरधारी की "गिरधर रामायण", मराठी में श्री एकनाथ की "भावार्थ रामायण", कन्नड़ में कवि नागचन्द्र की "रामचंद्र चरित पुराण" तथा कुमुदेन्दु की "कुमुदेन्दु रामायण" आदि बहुचर्चित और लोकप्रिय ग्रन्थ हैं। कश्मीरी भाषा में दिवाकर प्रकाश भट्ट ने भी 18वीं शताब्दी के अन्त में रामायण लिखी थी। फादर डाक्टर कामिल बुल्के ने नयी दृष्टि से रामायण की रचना की और रामकथा पर अपने विचार प्रस्तुत किये। निश्चित ही विश्व में रामकथा पर जितने ग्रन्थों की रचना हुई, उतने ग्रन्थ किसी भी भाषा में एक कथा पर नहीं लिखे गये। विश्व की विभिन्न भाषाओं में लगभग पांच सौ अलग-अलग प्रकार की रामायण प्रकाशित की जा चुकी हैं, जिनमें कुछ बहुत अधिक प्रसिद्ध हैं। बड़ी संख्या में रामायण के अन्य भाषाओं में अनुवाद भी प्रकाशित होते रहे हैं। मुगल काल में रामायण का फारसी अनुवाद "मसीही रामायण" भी प्रकाशित हुआ था जो रामकथा की लोकप्रियता का एक प्रमाण है।

1623 ईस्वी में फारसी के प्रसिद्ध कवि शेख साद मसीहा ने भी "दास्ताने राम व सीता" शीर्षक से रामकथा लिखी थी। उर्दू में भी राम कथा पर एक ग्रन्थ रघुवंशी उर्दू रामायण वर्ष 1996 में प्रकाशित हुआ, जिसके लेखक श्री बाबू सिंह बाल्यान हैं। यह एक प्रकार का शोधग्रन्थ है, जिसमें सभी प्रकार की उपलब्ध रामकथाओं तथा उनके लेखकों का विवरण दिया गया है। इस ग्रन्थ में राम के विश्वरूप को अभिव्यक्त करते हुए कहा गया है कि राम ने ईसामसीह, पैगम्बर मोहम्मद, गुरु नानक तथा गौतम बुद्ध के समान किसी प्रकार का कोई नया मत, सम्प्रदाय या धर्म नहीं चलाया। इसलिए वे विश्वव्यापी और महान् हैं। वे सभी धर्मों के अपने हैं। प्राचीन भारत और उसके निकटवर्ती क्षेत्रों में आर्य संस्कृति तथा उसके साथ रामकथा का जो प्रचार-प्रसार हुआ, वह आज भी यथावत कायम है। युग, परिस्थिति और धर्म परिवर्तन के बावजूद विभिन्न क्षेत्रों में रामकथा के प्रभाव में कोई कमी नहीं आयी है। इसके विपरीत उसमें वृद्धि ही हुई है। मुस्लिम बहुल इंडोनेशिया में तो रामायण को राष्ट्रीय पवित्र पुस्तक का गौरव प्राप्त है। वहां अदालतों में प्राय: रामायण पर ही हाथ रखकर शपथ ली जाती है। वहां इस ग्रन्थ का नाम है "काकाविन रामायण" इसमें 26 सर्ग तथा 2778 पद हैं। इंडोनेशिया में राम की अनेक प्रस्तर प्रतिमाएं भी हैं।

मलेशिया में रामकथा के ग्रन्थ का नाम है "हिकायत सिरी राम"। वहां अनेक मुसलमानों के साथ लक्ष्मण या सीता आदि के नाम जुड़े रहते हैं। वहां राम कथा का अक्सर मंचन होता है, जिसमें मुसलमान भी बड़ी

संख्या में कलाकार, दर्शक और आयोजक के रूप में भाग लेते हैं। थाईलैंड में रामकथा को "रामकियेन" या "रामकीर्ति" कहा जाता है। यह ग्रन्थ 1807 ईस्वी में लिखा गया था। इस पर वाल्मीकि रामायण का विशेष प्रभाव है। यहां पर हमें अजुधिया, लवपुर तथा जनकपुर जैसे नाम वाले क्षेत्र मिलते हैं। यहां के अधिकांश निवासी बौद्ध धर्म के उपासक हैं। फिर भी यहां राम को बड़ी श्रद्धा के साथ देखा जाता है और उनमें से अनेक अपने नाम के साथ "राम" भी लगाते रहे हैं। उदाहरणार्थ 13वीं शताब्दी के नरेश खुन-राम-खम्हेड़े, "राम" के नाम से ही प्रतिष्ठित थे। राजा भूमिबल-अतुलंतेज भी अपने नाम के साथ "राम" लगाते थे। थाइलैंड के लोगों का यह विश्वास है कि रामायण की सम्पूर्ण घटना उन्हीं के यहां घटित हुई थी। वहां के अनेक मन्दिरों में राम की मूर्तियां आज भी स्थापित हैं। थाइलैंड के निकटवर्ती देश कम्बोडिया पर हिन्दू धर्म का विशेष प्रभाव है और इसलिए वहां रामकथा का भी काफी अधिक प्रचार-प्रसार हैं। वहां रामकथा के ग्रन्थ का नाम है "रामकोर"। वहां रामायण और महाभारत के पाठ भी होते रहते हैं। वहां के मन्दिरों की दीवारों पर रामायण की कथा से सम्बन्धित अनेक प्रसंगों को उत्कीर्ण किया गया है। एक प्राचीन अभिलेख में "रामायण" के रचयिता महर्षि वाल्मीकि का भी उल्लेख आता है। जावा में राम को पुरुषोत्तम के रूप में सम्मानित किया जाता है। वहां अनेक मन्दिरों में वाल्मीकि-रामायण के श्लोक उद्धृत हैं। रामकथा के प्रसंगों के आधार पर वहां कठपुतलियों के नाम होते हैं। वहां "सरयू" नाम से एक नदी भी है। लाओस में रामकथा पर दो ग्रन्थ उपलब्ध हैं। प्रथम "फालाक फालाम" तथा दूसरा "फोमचक्र"। वियतनाम (प्राचीन नाम चम्पा) में प्राचीन काल में हिन्दू राज्य स्थापित था। उस समय वहां रामकथा का बहुत अधिक प्रभाव था, जिसके प्रमाण हमें आज भी यत्र-तत्र देखने को मिलते हैं। बर्मा में 1800 ई. के लगभग "रामायागन" के नाम से रामकथा लिखी गयी। इस ग्रन्थ ने वहां पर्याप्त लोकप्रियता प्राप्त की है। बर्मा में अनेक नाम "राम" पर आधारित हैं। वहां एक गांव का नाम रामवती है। वहां अमरपुर के एक बिहार में राम, लक्ष्मण, सीता और हनुमान के चित्र भी अंकित हैं। राम कथा का प्रचार-प्रसार चीन और जापान में भी विपुल मात्रा में हुआ। मैक्सिको और मध्य अमरीका में भी रामकथा की चर्चा होती है। पेरू में तो राजा अपने को सूर्यवंशीय राम के वंशज ही मानते थे। अंग्रेजी भाषा में वाल्मीकि रामायण का प्रथम अनुवाद फ्रेडरिक सालमन ने 1883 में किया। "रामचरित मानस" का अंग्रेजी अनुवाद सर्वप्रथम एफ.एस. ग्राउज ने सन् 1871 में किया। फैंच भाषा के विद्वान "गार्सा द तासी" ने सुन्दर कांड का अनुवाद किया और डेनीविलि ने फ्रेंच भाषा में स्वतंत्र रूप से रामकथा लिखी। इटली के विद्वान डॉ. लुहजीपियो टे सीटेरी, रामकथा पर शोध करके फ्लोरेंस विश्वविद्यालय से पीएच.डी. की उपाधि प्राप्त कर चुके हैं। हालैंड, जर्मनी और पुर्तगाल में भी रामकथा के अनुवाद हुए हैं तथा मौलिक रचनाएं भी छपी हैं। रूस के प्रसिद्व हिन्दी समर्थक अलैक्सेई बारान्निकोव ने रामचरित मानस का रूसी भाषा में अनुवाद किया और सम्पूर्ण रूस तथा निकटवर्ती अन्य देशों में रामकथा का प्रचार किया। सोवियत लेखिका श्रीमती नतलिया गुलेवा ने रामकथा पर बच्चों के लिए रंगमंचीय नाटक तैयार किये हैं। रूस में तीसरी से नौंवी शताब्दी के बीच तिब्बती और खेतानी भाषा में लिखी संक्षिप्त रामकथाएं प्राप्त होती हैं, जो उन दिनों काफी लोकप्रिय थीं। अमरीकी विद्वान मीलो क्लेवलैंड ने बाल साहित्य के रूप में रामकथा को "एडवेंचर आफ राम" शीर्षक से लिखकर प्रकाशित करवाया। इस प्रकार यह सूची काफी लम्बी हो सकती है, जो तुलसीदास के इन्हीं शब्दों को प्रमाणित करती है कि "रामायण सतकोटि अपारा"।

विभिन्न भाषाओं में रामायण

भिन्न-भिन्न प्रकार से गिनने पर रामायण तीन सौ से लेकर एक हजार तक की संख्या में विविध रूपों में मिलता है। इनमें से संस्कृत में रचित वाल्मीकि रामायण सबसे प्राचीन माना जाता है। साहित्य शोध भगवान राम के बारे में अधिकारिक रूप से जानने का मूल स्त्रोत महर्षि वाल्मीकि द्वारा रचित रामायण है। इस गौरव ग्रंथ के कारण वाल्मीकि दुनिया के आदि कवि माने जाते हैं। श्रीराम कथा केवल वाल्मीकि रामायण तक सीमित न रही बल्कि मुनि व्यास रचित महाभारत में भी चार स्थलों-रामोपाख्यान, आरण्यकपर्व, द्रोण पर्व तथा शांतिपर्व पर वर्णित है। बौद्ध परंपरा में श्रीराम संबंधित दशरथ जातक, अनामक जातक तथा दशरथ कथानक नामक तीन जातक कथाएं उपलब्ध हैं। रामायण से थोडा भिन्न होते हुए भी वे इतिहास के स्वर्णिम पृष्ठ हैं।

जैन साहित्य में राम कथा संबंधी कई ग्रंथ लिखे गए, जिनमें मुख्य हैं-विमलसूरि कृत पदमचरित्र (प्राकृत), रविषेणाचार्य कृत पद्म पुराण (संस्कृत), स्वयंभू कृत पदमचरित्र (अपभ्रंश), रामचंद्र चरित्र पुराण तथा गुणभद्र कृत उत्तर पुराण (संस्कृत)। जैन परंपरा के अनुसार राम का मूल नाम "पदम" था। दूसरे, अनेक भारतीय भाषाओं में भी राम कथा लिखी गई। हिंदी में कम से कम 11, मराठी में 8, बंगला में 25, तमिल में 12, तेलुगु में 12 तथा उडिया में 6 रामायणें मिलती हैं। हिंदी में लिखित गोस्वामी तुलसीदास कृत रामचरित मानस ने उत्तर भारत में विशेष स्थान पाया। इसके अतिरिक्त भी संस्कृत, गुजराती, मलयालम, कन्नड, असमिया, उर्दू, अरबी, फारसी आदि भाषाओं में राम कथा लिखी गई। महाकवि कालिदास, भास, भट्ट, प्रवरसेन, क्षेमेन्द्र, भवभूति, राजशेखर, कुमारदास, विश्वनाथ, सोमदेव, गुणादत्त, नारद, लोमेश, मैथिलीशरण गुप्त, केशवदास, गुरु गोविंद सिंह, समर्थगुरु रामदास, संत तुकडोजी महाराज आदि चार सौ से अधिक कवियों ने, संतों ने अलग-अलग भाषाओं में राम तथा रामायण के दूसरे पात्रों के बारे में काव्योंध्कविताओं की रचना की है।

विदेशों में भी तिब्बती रामायण, पूर्वी तुर्किस्तानकी खोतानीरामायण, इंडोनेशिया की ककबिनरामायण, जावा का सेरतराम, सैरीराम, रामकेलिंग, पातानीरामकथा, इण्डोचायनाकी रामकेर्ति (रामकीर्ति), खमैररामायण, बर्मा (म्यांम्मार) की यूतोकी रामयागन, थाईलैंड की रामकियेनआदि रामचरित्र का बखूबी बखान करती है। इसके अलावा विद्वानों का ऐसा भी मानना है कि ग्रीस के कवि होमर का प्राचीन काव्य इलियड, रोम के कवि नोनस की कृति डायोनीशिया तथा रामायण की कथा में अद्‌भुत समानता है।

विश्व साहित्य में इतने विशाल एवं विस्तृत रूप से विभिन्न देशों में विभिन्न कवियों/लेखकों द्वारा राम के अलावा किसी और चरित्र का इतनी श्रद्धा से वर्णन न किया गया।

वर्तमान समय में भारत में रामायण

01. वाल्मीकि रामायण-वाल्मीकि-संस्कृत
02. योगवासिष्ठ या "वशिष्ठ रामायण"-वाल्मीकि-संस्कृत
03. आध्यात्म रामायण-वेद व्यास-संस्कृत
04. आनन्द रामायण-वाल्मीकि-संस्कृत
05. अगस्त्य रामायण-वाल्मीकि-संस्कृत
06. अद्‌भुत रामायण-वाल्मीकि-संस्कृत
07. रघुवंश-कालिदास-संस्कृत
08. रामचरितमानस-हिन्दी (अवधी)
09. राधेश्याम रामायण-हिन्दी
10. पउमचरिउ या पद्मचरित (जैनरामायण)-अपभ्रंश (विमलसूरि कृत)-हिन्दी
11. जगमोहन रामायण या दाण्डि रामायण या ओड़िआ रामायण-बलराम दास-ओड़िया
12. बिशि रामायण-बिश्वनाथ खुण्टिआ-ओड़िया
13. सुचित्र रामायण-हरिहर-ओड़िया
14. कृष्ण रामायण-कृष्ण चरण पट्टनायक-ओड़िया
15. केशब रामायण-केशब पट्टनायक-ओड़िया
16. रामचन्द्र बिहार-चिन्तामणी-ओड़िया
17. रघुनाथ बिलास-धनञ्जय भञ्ज-ओड़िया
18. बैदेहीशबिलास-उपेन्द्र भञ्ज-ओड़िया
19. नृसिंह पुराण-पीताम्बर दास-ओड़िया
20. रामरसामृत सिन्धु-काह्नु दास-ओड़िया
21. रामरसामृत-राम दास-ओड़िया
22. रामलीला-पीताम्बर राजेन्द्र-ओड़िया
23. बाल रामायण-बलराम दास-ओड़िया
24. बिलंका रामायण-भक्त कवि शारलादास-ओड़िया
25. भास्कर रामायण-तेलुगु
26. रंगनाथ रामायण-तेलुगु
27. रघुनाथ रामायण-तेलुगु
28. भास्कर रामायण-तेलुगु
29. भोल्ल रामायण-तेलुगु
30. कुमुदेन्दु रामायण-कन्नड़
31. तोरवे रामायण-कन्नड़
32. रामचन्द्र चरित पुराण-कन्नड़
33. बत्तलेश्वर रामायण-कन्नड़

34. कथा रामायण-असमिया
35. कृत्तिवास रामायण-बांग्ला
36. भावार्थ रामायण-मराठी
37. राम बालकिया-गुजराती
38. रामावतार या गोबिन्द रामायण-पंजाबी (गुरु गोबिन्द सिंह द्वारा रचित)
39. रामावतार चरित-कश्मीरी
40. रामचरितम्-मलयालम
41. रामावतारम् या कंबरामायण-तमिल
42. मन्त्र रामायण-
43. गिरिधर रामायण
44. चम्पू रामायण
45. आर्ष रामायण या आर्प रामायण
46. अनामक जातक-बौद्ध परंपरा
47. दशरथ जातक-बौद्ध परंपरा
48. दशरथ कथानक-बौद्ध परंपरा
49. रामायण-मैथिली (चन्दा झा)

भारत के बाहर रामायण

01. नेपाली-भानुभक्तकृत रामायण
02. नेपाली-सुन्दरानन्द रामायण
03. नेपाली-आदर्श राघव
04. नेपालभाषा-सिद्धिदास महाजु
05. कंबोडिया-रामकर
06. तिब्बती रामायण
07. पूर्वी तुर्किस्तान-खोतानीरामायण
08. इंडोनेशिया-ककबिनरामायण
09. जावा-सेरतराम, सैरीराम, रामकेलिंग, पातानीरामकथा
10. इण्डोचायना-रामकेर्ति (रामकीर्ति), खमैररामायण
11. बर्मा (म्यांम्मार)-यूतोकी रामयागन
12. थाईलैंड-रामकियेन

रामायण द्वारा प्रेरित अन्य साहित्यिक महाकाव्य

वाल्मीकि रामायण से प्रेरित होकर सन्त तुलसीदास ने रामचरितमानस जैसे महाकाव्य की रचना की जो कि वाल्मीकि के द्वारा संस्कृत में लिखे गये रामायण का हिंदी संस्करण है। रामचरितमानस में हिंदू आदर्शों का उत्कृष्ट वर्णन है इसीलिये इसे हिंदू धर्म के प्रमुख ग्रंथ होने का श्रेय मिला हुआ है और प्रत्येक हिंदू परिवार में भक्तिभाव के साथ इसका पठन-पाठन किया जाता है। रामायण से ही प्रेरित होकर मैथिलीशरण गुप्त ने पंचवटी तथा साकेत नामक खंडकाव्यों की रचना की। रामायण में लक्ष्मण की पत्नी उर्मिला के उल्लेखनीय त्याग को शायद भूलवश अनदेखा कर दिया गया है और इस भूल को साकेत खंडकाव्य रचकर मैथिलीशरण गुप्त जी ने सुधारा है। इनके अलावा और भी अनेक साहित्यकारों ने रामायण से प्रेरणा ले कर अनेक कृतियों की रचना की है।

भाग-2

राम

03. वैदिक धर्म-श्रीराम-ईसापूर्व 6000-2500

स. सार्वजनिक प्रमाणित पूर्ण प्रत्यक्ष अवतार

07. अदृश्य काल के सार्वजनिक प्रमाणित काल में सार्वजनिक प्रमाणित अदृश्य प्राकृतिक चेतना से युक्त यज्ञ (अदृश्य कर्म) आधारित त्रेता युग में विष्णु के सातवें अवतार - श्री राम अवतार- रामायण (मानक व्यक्ति चरित्र)

मुख्य-गुण सिद्धान्त - आदर्श चरित्र के गुण तथा छठें अवतार तक के समस्त गुण को प्रसार करने वाला गुण (व्यक्तिगत आदर्श चरित्र के आधार पर विचार प्रसार का सिद्धान्त) सातवें अवतार श्रीराम का गुण था जो अगले अवतार में संचरित हुई।

सातवां अवतार: श्रीराम अवतार

श्रीरामचंद्र की वाणी

श्री राम जन्मभूमि

मुंगेर - राम का जन्म स्थान

दूसरा युगः त्रेतायुग

सार्वजनिक प्रमाणित अदृश्य मार्ग से मन का आत्मीय केन्द्रित स्थिति अर्थात्

सार्वजनिक प्रमाणित माध्यम – प्रकृति व ब्रह्माण्ड द्वारा आत्मा पर केन्द्रित मन।

यह स्थिति त्रेतायुग की अन्तिम स्थिति है।

7. सातवां अवतार : श्रीराम अवतार
(मानक व्यक्ति चरित्र–रामायण)
सार्वजनिक प्रमाणित पूर्ण प्रत्यक्ष अवतार

सातवां अवतारः श्रीराम अवतार

दूसरायुगः त्रेतायुग
स. सार्वजनिक प्रमाणित पूर्ण प्रत्यक्ष अवतार
७. सातवां अवतार : श्री राम अवतार
(मानक व्यक्ति चरित्र-रामायण)

ईश्वर के अंश अवतार
ब्रह्मा के पूर्ण अवतार
विष्णु के अंश अवतार
महेश के अंश अवतार

शरीर धारण तिथि–
चैत्र शुक्ल पक्ष–नवमी

moralrenew.com

श्रीराम का जन्म

वैज्ञानिक तथा प्लेनिटेरियम सॉफ्टवेयर के अनुसार राम जन्म 4 दिसम्बर 7,393 ई पूर्व हुआ था, यह गणना हिन्दू कालगणना से मेल खाता है। वाल्मीकि पुराण के अनुसार राम जन्म के दिन पाँच ग्रह अपने उच्च स्थान में स्थापित थे, नौमी तिथि चैत्र शुक्लपक्ष तथा पुनर्वसु नक्षत्र था। जिसके अनुसार सूर्य मेष में 10 डिग्री, मंगल मकर में 28 डिग्री, ब्रहस्पति कर्क में 5 डिग्री पर, शुक्र मीन में 27 डिग्री पर एवं शनि तुला राशि में 20 डिग्री पर था।

वाल्मीकि तथा तुलसीदास नें अपने ग्रंथों में लिखा है कि रामजन्म मध्यान्ह में हुआ था। शोधकर्ता डा0 पी. वी वर्तक के अनुसार वाल्मीकि रामायण जैसी परिस्थितियाँ राम जन्म के दिन दोपहर 12:25 बजे दृश्य थीं।

भगवान राम का जन्म कब हुआ था? पुराण इस बारे में कुछ और कहते हैं जबकि रामायण पर आधारित शोधानुसार नई बात निकलकर सामने आई है। इस शोधानुसार 5114 ईसा पूर्व 10 जनवरी को दिन के 12:05 पर भगवान राम का जन्म हुआ।

हालांकि कुछ शोधकर्ता मानते हैं कि भगवान राम का जन्म 7323 ईसा पूर्व हुआ था। चैत्र मास की नवमी को रामनवमी के रूप में मनाया जाता है। लेकिन असल में वैज्ञानिक शोधकर्ताओं अनुसार राम की जन्म दिनांक वाल्मीकि द्वारा बताए गए ग्रह-नक्षत्रों के आधार पर प्लैनेटेरियम सॉफ्टवेयर अनुसार 4 दिसंबर 7323 ईसा पूर्व अर्थात् आज से 9339 वर्ष पूर्व हुआ था।

वाल्मीकि के अनुसार श्रीराम का जन्म चैत्र शुक्ल नवमी तिथि एवं पुनर्वसु नक्षत्र में जब पांच ग्रह अपने उच्च स्थान में थे तब हुआ था। इस प्रकार सूर्य मेष में 10 डिग्री, मंगल मकर में 28 डिग्री, ब्रहस्पति कर्क में 5 डिग्री पर, शुक्र मीन में 27 डिग्री पर, शनि तुला राशि पर 20 डिग्री पर था। (बाल काण्ड-18, श्लोक 8-9)

शोधकर्ता डा0 पी. वी वर्तक के अनुसार ऐसी स्थिति 7323 ईसा पूर्व दिसम्बर में ही निर्मित हुई थी। लेकिन प्रो0 तोबियस के अनुसार जन्म के ग्रहों के विन्यास के आधार पर राम के जन्म का 7130 वर्ष पूर्व अर्थात् 10 जनवरी 5114 ई0 पूर्व हुआ था उनके अनुसार तब भी ऐसी ही स्थिति बनी थी। तब 12 बजकर 25 मिनट पर आकाश में ऐसा ही दृश्य था जैसा वाल्मिकि रामायण में वणित है।

श्रीराम का परिचय

प्रत्येक निष्ठावान हिन्दू यह विश्वास करता है कि सर्वव्यापी ब्रह्म-भगवान विष्णु-उस समय लौकिक रूप धारण कर प्रकट होते हैं, जब पृथ्वी पर महान पापों के विनाश के लिए तथा धर्म की संस्थापना के लिए उनका अवतरण आवश्यक हो जाता है। यह विश्वास किया जाता है कि अयोध्या के युवराज श्रीराम वस्तुतः भगवान विष्णु के

अवतार थे और वे उनके सप्तम अवतरण थे। वे भारत को राक्षसों के नरमेध और उत्पीड़न से बचाने के लिए, सन्त और साधुओं की रक्षा करने के लिए तथा पूर्ण मर्यादा के आदर्श को प्रदर्शित करने के लिए आये थे।

त्रेतायुग में अयोध्या में दशरथ नामक एक धर्म परायण राजा राज्य करते थे, जो केवल एक महिमावान राजा ही नहीं, प्रत्युत एक महान योद्धा भी थे। वे सूर्यवंश की महान परम्परा के थे। यद्यपि दशरथ की तीन पतिव्रता पत्नियाँ-कौसल्या, कैकेयी और सुमित्रा थी, पर उन्हें अपने सिंहासन के उत्तराधिकार के लिए किसी पुत्र की प्राप्ति नहीं हुई थी। इसलिए उन्होंने प्रसिद्ध ऋषि ऋष्यश्रृंग के निर्देशन में अश्वमेध यज्ञ का आयोजन किया। यज्ञाग्नि से एक भव्य मूर्ति खीर से भरे चरू के साथ प्रकट हुई। रानियों ने इसे ग्रहण किया और कालक्रम से कौसल्या से श्रीराम, कैकेयी से भरत और सुमित्रा से लक्ष्मण और शत्रुघ्न का जन्म हुआ। ये पुत्र भगवान विष्णु के अंश माने जाते हैं। ज्येष्ठ पुत्र राम समस्त दैवी गुणों के आकार थे तथा सभी के प्रेम, वात्सल्य और श्रद्धा के पात्र थे। राजकुमारों को दिया जाने वाला समस्त प्रशिक्षण चारो भाईयों को प्राप्त हुआ। लक्ष्मण की जहाँ राम के प्रति विशेष श्रद्धा थी, वहीं शत्रुघ्न की भरत के प्रति।

जिस समय राम मात्र सोलह वर्ष के थे, उस समय एक दिन ऋषि विश्वामित्र अयोध्या आये और उन्होंने दशरथ से राक्षसों का संहार करने के लिए राम और लक्ष्मण को उनके साथ भेजने के लिए कहा। ये राक्षस उपद्रव किया करते थे तथा ऋषियों को यज्ञ कार्य नहीं करने देते थे। ऋषि विश्वामित्र के आशीर्वाद से तथा शस्त्र विद्या में अपनी शक्ति और निपुणता से राम ने समस्त राक्षसों को मार डाला। ऋषियों का आशीर्वाद प्राप्त कर दोनों भाई प्रसिद्ध नरेश जनक की राजधानी मिथिला में लाये गये। यहाँ राम ने भगवान रूद्र के अलौकिक धनुष को उठाने और उसकी प्रत्यंचा में विलक्षण शक्ति एवं नैपुण्य का प्रदर्शन किया, जहाँ अनेक शक्तिशाली राजा ऐसा करने में असफल हो गये थे। श्रीराम ने धनुष की प्रत्यंचा को इतनी शक्ति के साथ खींचा कि वह महान आयुध एक भयंकर टंकार के साथ टूट गया। राजा जनक ने अपनी प्रतिज्ञा का निर्वाह करते हुए अपनी लाडली और अपार सुन्दर कन्या सीता का विवाह श्रीराम के साथ सम्पन्न किया।

समय बीतने पर दशरथ वृद्ध हो गये और उन्होंने श्रीराम को युवराज पद पर अभिषेक करना चाहा। सारी व्यवस्थाएँ कर ली गयीं, किन्तु एकाएक निष्ठुरहृदया रानी कैकेयी ने अपनी भ्रष्टबुद्धि दासी मन्थरा के भड़काने में आकर दशरथ से दो वरदान माँग लिये, जो उन्होंने कभी देना स्वीकार किया था। पहले वरदान के अनुसार राम को चैदह वर्षो का वनवास करना था और दूसरे वरदान के अनुसार उनके स्वयं के पुत्र भरत को युवराज के रूप में अभिषेक किया जाना था। राम अपने पिता के अत्यन्त आज्ञाकारी थे, अतः वे तत्काल सीता और लक्ष्मण के साथ वनवास के लिए प्रस्थित हुए। इस कठोर आघात को न सह सकने के कारण दशरथ ने अपने प्राणों का परित्याग कर दिया। भरत राम के प्रति अत्यन्त श्रद्धा और प्रेम करते थे। उन्होंने राम को वापस लौटाने का बड़ा प्रयत्न किया, किन्तु इसमें असफल होने पर अन्ततोगत्वा उन्होंने राम की चरणपादुकाओं को ही सिंहासन पर स्थापित किया और राम के नाम पर राज्य का शासन करना प्रारम्भ किया।

राम, लक्ष्मण और सीता पंचवटी में निवास करने लगे। जब राम मारीच राक्षस की माया से कुटी से दूर चले गये थे, तब लंकाधिपति राक्षसराज रावण ने वहाँ से सीता को हर लिया। रावण ने सीता को अपनी रानी बनाने का शक्तिभर प्रयास किया परन्तु राम के चिन्तन में पूर्णतया निमग्न सीता ने अत्यन्त रोष के साथ उसके बुरे प्रस्तावों को तिरस्कृत कर दिया। इसलिए सीता को अशोकवाटिका में बन्दिनी बना लिया गया। राम, लक्ष्मण के साथ सीता की खोज में व्याकुल होकर निकल पड़े, उन्हें मुमूर्षु जटायु और वानरराज सुग्रीव से कुछ सूत्र प्राप्त हुए। उन्होंने सुग्रीव के साथ मैत्री की, उसका अधिकार छीनने वाले भाई बाली के नाश में उसकी सहायता की और सुग्रीव द्वारा प्रदत्त वानरों की सेना के साथ सीता का उद्धार करने के लिए लंका पहुँचे।

राम और रावण के बीच महान युद्ध हुआ और अन्त में रावण अपने सभी निपुण योद्धाओं के साथ मारा गया और सीता को मुक्त किया गया। परन्तु राम आरम्भ में सीता को ग्रहण करने के लिए सहमत नहीं हुए क्योंकि वे इतने दिनों तक रावण द्वारा बन्दिनी रखी गयी थीं। अपनी पवित्रता का प्रमाण देने के लिए सीता ने अग्नि में प्रवेश

किया। जब अग्निदेव स्वंय सीता को लेकर प्रकट हुए और उन्हें निष्कलंक रूप से पवित्र घोषित करते हुए, राम से उन्हें पत्नी के रूप में स्वीकार करने के लिए कहा, तो प्रत्येक व्यक्ति अवर्णनीय उल्लास से भर उठा।

राम के भी हर्ष की कोई सीमा नहीं रही। रावण के भाई विभीषण को लंका के सिंहासन पर आरूढ़ करने के उपरान्त श्रीराम, सीता, लक्ष्मण, विभीषण, सुग्रीव तथा अपने अत्यन्त विश्वस्त एवं प्रकाण्ड भक्त हनुमान के साथ अयोध्या लौटे। चैदह सुदीर्घ वर्षो के उपरान्त वशिष्ठ मुनि ने सीता सहित राम को अयोध्या के अधिपति के रूप में सिंहासन पर बिठाया। इस प्रकार राम के सुदीर्घ समृद्धशाली शासन का प्रारम्भ हुआ, जिसे चारणों ने एक स्वर से अयोध्या का "स्वर्णयुग" निरूपित किया है। वे कहते हैं-

"राम की प्रजा में किसी की अकाल मृत्यु नहीं होती थी। वे लोग रोगों से मुक्त थे। स्त्रियों को अपने पतियों या सन्तानों के अवसान का दुःख नहीं उठाना पड़ता था। कहीं भी कोई लुटेरा, धोखेबाज और झूठा व्यापारी नहीं था, क्योंकि प्रत्येक व्यक्ति अपने पड़ोसी से अपने समान प्रेम करता था। वृक्ष अपनी ऋतु में फलयुक्त होते थे। अन्नागारों को भरने में कभी भी फसल असफल नहीं हुई तथा लोग अपने परिश्रम के फल से सन्तुष्ट थे। सर्वत्र उल्लास, स्वास्थ्य औा आनन्द परिव्याप्त था।"

अमर कवि वाल्मिकि ने श्रीराम के इस दैवी एवं विलक्षण जीवन का वर्णन अपने प्रख्यात महाकाव्य रामायण में किया है, जो आज भी सभी हिन्दुओं का चिरन्तन सहचर बना हुआ है।

श्रीराम अवतार (प्रचलित कथा)

प्रभुत्व को लेकर ब्राह्मण-क्षत्रियों का आपसी विवाद समाप्त हो चुका था सब लोग समझ गये थे कि धर्मसाधना तथा भगवत्प्राप्ति ही मानव-जीवन का एकमात्र लक्ष्य है। समाज की रक्षा के लिए सम्पूर्ण मानव-जाति चार वर्णों में विभक्त हो चुकी थी; सभी वर्ण अपने-अपने कार्य को स्वधर्म मानकर श्रद्धापूर्वक सम्पन्न कर रहे थे। समाज में शान्ति विराज रही थी। साधुगण ईश्वर की प्राप्ति के लिए कठोर तपस्या में लगे थे। परन्तु भगवान की कृपा के बिना उनका दर्शन नहीं मिलता; भगवान यदि स्वयं गुरू रूप में धरा पर अवतीर्ण होकर शिक्षा न दें, तो केवल शास्त्र तथा बुद्धि के द्वारा उन्हें पाने का मार्ग नहीं मिल सकता। अतएव मनुष्य व्याकुल होकर भगवान को पुकारने लगे।

पुलस्त्य-वंशीय विश्वश्रवा के पुत्र रावण, कुम्भकर्ण तथा विभीषण ब्राह्मणोचित शास्त्र आदि की शिक्षा प्राप्त करने के बाद कठोर तपस्या में लग गये। रावण तथा कुम्भकर्ण के मन में भगवत्प्राप्ति की इच्छा न होने के कारण तपस्या के फलस्वरूप उन्हें विभिन्न प्रकार की शक्तियाँ प्राप्त हुई। शक्तिलाभ के पश्चात् वे लंका द्वीप के राजा होकर भोगसुख में दिन बिताने लगे। राक्षसी प्रकृति के सभी लोग उनके पास आ जुटे। धन-जन की दृष्टि से वह सोने की लंका हो गई; परन्तु धर्मरूपी मानव-जीवन की सार-वस्तु वहाँ नहीं रही। रावण अहंकार में उन्मत्त होकर सबको तुच्छ समझता था। उसके अनुचर भारत में जाकर ऋषि-मुनियों पर अत्याचार करने लगे। दक्षिणी भारत में अत्याचार करते-करते वे लोग विंध्य-गिरि को पार कर उत्तरी भारत के तपस्वी ब्राह्मणों के योग-यज्ञ में भी बाधाएँ उत्पन्न करने लगे। रावण इतना शक्तिशाली था कि उसके भय से कोई भी राजा इस अत्याचार का प्रतिकार नहीं कर सका। असहाय, आर्त, उत्पीड़ितों तथा साधुओं की कातर प्रार्थना भगवान तक जा पहुँची।

सूर्यवंशी महाराज दशरथ भारतवर्ष के सर्वश्रेष्ठ राजा थे। उनकी राजधानी अयोध्या आज की किसी भी नगरी की अपेक्षा सौन्दर्य तथा स्वच्छता में हीन नहीं थी। देव-द्विज के प्रति उनमें अचल भक्ति थी। यथासमय सन्तान न होने पर उन्होंने अनेक योग-यज्ञ किये। इसके फलस्वरूप उनके चार पुत्र जन्में-कौशल्या के गर्भ से श्रीराम, सुमित्रा के गर्भ से लक्ष्मण तथा शत्रुधन और कैकेयी के गर्भ से भरत। श्रीराम आयु में बड़े तथा सौन्दर्य-बल-बुद्धि आदि सब विषयों में श्रेष्ठ थे। छोटे भाई उन्हें खूब मानते थे। उपयुक्त आयु होने पर राजा ने उनकी शास्त्र तथा अस्त्र-शिक्षा की समुचित व्यवस्था की। चारों भाई चन्द्रकला की नाईं बढ़ने लगे।

विश्वामित्र मुनि अपनी तपस्या के प्रभाव से सम्पूर्ण भारत में विख्यात थे, परन्तु राक्षसगण अहंकार में उन्मत्त हो उनके तपोवन में तरह तरह के उत्पात करने लगे; यहाँ तक कि उनके लिए यज्ञ करना भी कठिन हो गया

था। विश्वामित्र अपने तपोबल से जान गए कि साधुओं के परित्राण तथा दुष्कर्मियों के विनाश हेतु श्रीहरि दशरथ के घर मानव-शरीर में अवतीर्ण हुये हैं। अतः वे राक्षसों के विनाश हेतु श्रीरामचन्द्र को लेने अयोध्या आए। श्रीराम तब बालक मात्र थे, परन्तु विश्वामित्र के भय से दशरथ ने अपनी अनिच्छा के बावजूद श्रीराम तथा लक्ष्मण को राक्षस-वध के लिए उनके साथ भेजा। श्रीराम-लक्ष्मण ने ताड़का, सुबाहु आदि राक्षसों का विनाश कर अद्भुत शक्ति का प्रदर्शन किया। मायावी मारीच को श्रीराम ने एक ऐसा बाण मारा कि वह आकाश में घूमता हुआ सागर में जा गिरा। तदुपरान्त विश्वामित्र श्रीराम-लक्ष्मण को गौतम मुनि के आश्रम में ले गये। गौतम ने किसी अपराध के कारण अपनी पत्नी को शाप देकर त्याग दिया था। श्रीरामचन्द्र के कृपापूर्वक उनका शापमोचन कर देने पर गौतम ने उन्हें पुनः स्वीकार किया। पतितों का उद्धार ही तो अवतार का कार्य है।

मिथिला का राज्य भी समीप ही था। मिथिला नरेश जनक की सीता नाम की एक कन्या थी। राजा जनक ने एक विशाल लौह धनुष बनवाकर यह घोषणा की कि जो भी इस धनुष पर डोरी चढ़ा देगा, वही सीता का पति होगा। अनेक राजा-महाराजा उस धनुष पर डोरी चढ़ाने को आकर लज्जित हो लौट गये थे। लंकेश्वर रावण भी आकर उस धनुष को थोड़ा-सा टेढ़ा भर कर सका था। विश्वामित्र श्रीराम-लक्ष्मण को मिथिला ले गये। उस धनुष पर डोर चढ़ाना तो सामान्य बात थी; श्रीराम ने धनुष को नचाकर तोड़ डाला। जनक की दो तथा उनके भाई की दो पुत्रियों के साथ श्रीराम आदि चारों भाईयों का विवाह हो गया।

राजा दशरथ अब वृद्ध हो चले थे। अतः राज्यभार उन्होंने ज्येष्ठ पुत्र श्रीराम को सौंपने की इच्छा व्यक्त की। अभिषेक का सारा आयोजन हो गया। सम्पूर्ण राज्य में उत्सव चल रहा था। परन्तु सहसा एक बाधा के कारण सारा आनन्द दारूण शोक में परिणत हो गया।

एक बार दशरथ युद्ध में अत्यन्त घायल हो गये थे। उस समय रानी कैकेयी के काफी प्रयास से उन्हें आरोग्यलाभ हुआ था। उस समय दशरथ द्वारा दो वर देने की इच्छा व्यक्त करने पर कैकेयी ने कहा था कि जब जरूरत होगी तो माँग लेंगी। अब उन्होंने अपने एक वर के द्वारा श्रीराम को चौदह वर्ष के लिए वनवास तथा दूसरे वर से भरत को राजा बनाने की इच्छा प्रकट की। अब सत्य की रक्षा करे या पुत्र की-दशरथ इसका निर्णय करने में असमर्थ होकर बड़े कातर हुये। यह समाचार सुनते ही श्रीराम ने संन्यासी का वेश धारण किया और अयोध्या से निकल पड़े। उनके साथ सीता और लक्ष्मण भी गए। पुत्रशोक में दशरथ का देहावसान हो गया।

भरत उस समय मामा के घर थे। घर लौटकर यह भयानक समाचार पाते ही वे मर्माहत हुये। माता को खूब खरी-खोटी सुनाने के बाद वे श्रीराम को वापस लाने चले। राज्य की समस्त प्रजा भी उनके साथ श्रीराम को लौटा लाने गई। परन्तु श्रीराम किसी भी हालत में पिता का वचन भंग करने को तैयार नहीं हुये। आखिरकार भरत श्रीराम की एक जोड़ी खड़ाऊँ लेकर लौटे। उस खड़ाऊँ को सिंहासन पर रखकर वे संन्यासी के वेश में प्रतिनिधि के समान राज्य चलाने लगे।

श्रीराम ने पहले तो जाकर चित्रकूट पर्वत पर निवास किया और उसके बाद दस वर्ष दण्डकारण्य में शरभंग, सुतीक्ष्ण, अगस्त्य आदि सैकड़ों मुनियों के साथ धर्मचर्चा में बिताए। मुनिगण उनकी कृपा से ईश्वर का दर्शन पाकर कृतार्थ हुये। तदुपरान्त उन्होंने पंचवटी नामक एक अत्यन्त सुन्दर स्थान में अपने निवास हेतु एक कुटीर का निर्माण किया।

दण्डकारण्य में उन्होंने विराध आदि केवल दो-चार दुष्टों का ही संहार किया। वहाँ कोई विशेष युद्ध नहीं हुआ। शूपर्णखा नामक रावण की बहन ने पंचवटी में आकर श्रीराम तथा लक्ष्मण के समक्ष विवाह का प्रस्ताव रखा। तेजस्वी लक्ष्मण ने नाराज होकर शूपर्णखा के नाक व कान काट लिए। इसी पर उनका रावण के साथ मनोमालिन्य हुआ। रावण एक दिन छद्म वेश में आकर सीता को उठा ले गया।

वन में सीता को खोजते-खोजते श्रीराम-लक्ष्मण की सुग्रीव तथा हनुमान के साथ भेंट हुई। प्रथम दर्शन के बाद से ही सुग्रीव तथा हनुमान श्रीराम के बड़े अनुरागी हो गये। सुग्रीव के भाई बाली किष्किन्धा के राजा थे। किसी कारणवश विवाद हो जाने पर बाली ने सुग्रीव को राज्य से बाहर खदेड़ दिया था। सुग्रीव तभी से हनुमान आदि कुछ मित्रों के साथ वन-वन भटक रहे थे। श्रीराम के साथ उनकी मित्रता हो गई। श्रीराम ने प्रतिज्ञा की कि वे बाली

को मारकर सुग्रीव को किष्किन्धा का राजा बनाएँगे और सुग्रीव ने प्रतिज्ञा की कि वे सीता की खोज कराकर उन्हें श्रीराम के पास पहुँचा देंगे।

श्रीराम ने बाली को मारकर सुग्रीव को किष्किन्धा का राजा बना दिया। सुग्रीव ने भी वानरकुल के सैकड़ों लोगों को सीता की खोज में चारों ओर भेजा। काफी तलाश के बाद हनुमान लंका द्वीप गए, सीता को देखा और लौटकर समाचार दिया। फिर श्रीराम, लक्ष्मण तथा सुग्रीव ने अपनी वानर सेना के साथ लंका पर आक्रमण कर दिया। वानर दक्षिणापथ की एक पर्वतीय जाति है। वे लोग धनुष के द्वारा युद्ध करना नहीं जानते थे, परन्तु उनके शरीर में प्रचण्ड बल था। वे लोग पत्थर तथा वृक्षों की डाल फेंककर शत्रुओं पर प्रहार करते थे। असंख्य वानरों ने लंका को घेर लिया। विभीषण बड़े धर्मपरायण थे। उन्होंने रावण को श्रीराम के साथ सन्धि कर लेने की सलाह दी। रावण इस बात पर बड़ा ही क्रुद्ध हुआ और उसने लात मारकर विभीषण को सभा से बाहर निकाल दिया। अपमानित होकर विभीषण श्रीराम की ओर जा मिले। दस महीनों तक युद्ध होने के बाद रावण के पक्ष में कोई भी पुरूष नहीं बचा। सीता का उद्धार हुआ। विभीषण लंका के राजा हुये।

चौदह वर्ष पूरा हो जाने पर श्रीराम अयोध्या लौट आए। अयोध्या में आनन्दोत्सव मनाया जाने लगा। अयोध्या नगरी स्वर्ग में परिणत हुई। अब भी लोग उसे "श्रीरामराज्य" कहते है। जब स्वयं भगवान ही राजा हों, तो वह राज्य ही तो वैकुण्ठ होगा।

परन्तु सुख के साथ दुःख भी लगा ही रहता है। दुष्ट लोग कहने लगे, जो स्त्री एक राक्षस के साथ चली गई थी, श्रीराम ने उसे फिर लाकर क्यों पटरानी बना दिया? यह बात श्रीराम के भी कानों तक पहुँची। श्रीराम ने प्रजा को सन्तुष्ट करने के लिए अपने प्राणों से भी प्रिय सती साध्वी सीता को वाल्मीकि के तपोवन में भेज दिया। उस समय सीता गर्भवती थी; तपोवन में उनके दो जुड़वे पुत्र हुये। वाल्मीकि ने उनका नाम कुश तथा लव रखा। वे बड़े यत्नपूर्वक इनका पालन करते हुये यथाविधि शिक्षा प्रदान करने लगे। वाल्मीकि मुनि ने श्रीराम के बारे में एक काव्य लिखा और लव-कुश को उसे सुरसहित गाना सिखा दिया।

इधर श्रीराम ने एक यज्ञ किया और उसी उपलक्ष्य में अयोध्या में एक बड़ा उत्सव हुआ। लव तथा कुश ने राजसभा में रामायण गाकर सबको मुग्ध कर लिया। उन दिनांक संगीतकला की उतनी उन्नति नहीं हुई थी। बालकों के मुख से रामायण गायन सुनकर उस समय के लोगों को बड़ा आश्चर्य हुआ। दोनों बालकों को लेकर हलचल मच गई। उनका परिचय अब छिपा न रह सका। श्रीराम ने सीता को वाल्मीकि के तपोवन से बुलवाया। श्रीराम का दर्शन करने के पश्चात् सीता समाधियोग से देहत्याग कर चली गई।

एक दिन एक तपस्वी ने आकर श्रीराम से कहा कि वे उन्हें एक गोपनीय बात बताना चाहते है; परन्तु किसी की उपस्थिति में वह बात नहीं हो सकती; बातचीत के दौरान यदि कोई आ पड़े, तो श्रीराम उसका वध या त्याग करने को राजी हों, तभी तपस्वी अपनी बात कहेंगे। श्रीराम इस पर सहमत हुये और लक्ष्मण को पहरे पर नियुक्त कर दिया। परन्तु दुर्भाग्यवश महाक्रोधी दुर्वासा मुनि ने उसी समय आकर श्रीराम से मिलने की इच्छा व्यक्त की। बड़ी समस्या थी। लक्ष्मण धर्मसंकट में पड़े-दुर्वासा नाराज हुये, तो सम्भव है कि राज्य भर को शाप दे दें। अतः "अपने को जो होना है हो"-यह सोचकर लक्ष्मण तपस्वी की बात पूरी होने के पूर्व ही श्रीराम के सम्मुख जा पहुँचे। अतः श्रीराम उनका त्याग करने को बाध्य हुये। लक्ष्मण सरयू नदी में प्रविष्ट होकर समाधियोग से वैकुण्ठ चले गए।

सीता और लक्ष्मण के शोक में श्रीराम, भरत तथा शत्रुधन सभी ने मानव-देह त्याग दिया। अयोध्या के लोगों का श्रीराम के साथ इतना लगाव था कि बहुत से लोग श्रीराम को छोड़कर नहीं रह सके और उनके चिन्तन में देह त्यागकर बैकुण्ठ चले गए, क्योंकि श्रीराम पूर्णब्रह्म भगवान थे।

श्रीरामचंद्र की वाणी

इस पृथ्वी का कोई भी व्यक्ति प्रकृति के इस नियम से मुक्त नहीं हो सकता। अतएव मृतक के लिए शोक करना व्यर्थ है। जब समय आ जाता है तब कोई व्यक्ति बच नहीं पाता। मूढ़ अपने हृदय में अनुभव करता है कि धन परम कल्याणकारी तथा सुख का एकमात्र मार्ग है। वास्तव में वह अज्ञान दुःख और सभी प्रकार की

दुर्भाग्यपूर्ण स्थितियों का जनक है। इस संसार में ऐसा कोई भी व्यक्ति नहीं है जो इस सर्वग्राही काल के मुख का कौर नहीं बनता। काल बड़ा भयंकर है जो भी दृश्यमान है, उसमें से किसी को काल नहीं छोड़ता और उन्हें निगल जाता है। यह महानतम पुरूषों को भी नहीं छोड़ता। परमात्मा स्थिर आकाश है इसके प्रतिबिम्ब शाश्वत नहीं है। जिस प्रकार मात्र आकाश की सत्ता है उसी प्रकार परब्रह्म परमात्मा ही एकमात्र सत्य है समस्त दृश्यमान वस्तुएँ इसके ही प्रतिबिम्ब है। मैं परमात्मा हूँ और तुम मेरे प्रतिबिम्ब हो। मैनें अभी तुम्हें जिस महान गुह्य तत्व को बताया है, उसे उन लोगों में कभी प्रकट न करना जिनकी मुझ पर भक्ति नहीं है। भले ही वे तुम्हें इसके बदले में एक साम्राज्य ही क्यों न दे दे। इससे बढ़कर और उपदेश नहीं है जो तुम्हें प्रदान कर सकता हूँ। अपने गुरू के विवेकयुक्त वचनों को श्रद्धापूर्वक सुनते हुए परमात्मा और जीवात्मा के अभेदत्व का अनुभव करने का प्रयास करो। उनका उपदेश है "तत् त्वम् असि" (तू वह है)। इस स्थिति तक पहुँचने के लिए सर्वोपरि तुम्हें गुरू कृपा प्राप्त करना आवश्यक है। यह शरीर पाँच तत्वों से निर्मित शान्त और नाशवान है। यह आत्मा से भिन्न है। आत्मा, अनादि और अनन्त है। यह अविनाशी है। इसने ही इस शरीर का सृजन किया है। इस पर समुचित रूप से विचार करो और आत्मा को जानने का प्रयास करो। यदि तुम निरन्तर आत्मा का चिन्तन करोगे तो तुम्हारा मन पवित्र हो जायेगा और तुम्हारा अज्ञान तुम्हारे विगत संस्कारों के साथ ठीक वैसे ही उन्मूलित हो जाएगा जैसे प्रतिदिन औषधि लेने से तुम्हारी व्याधि पूर्णतया विलीन हो जाती है। जब मन शुद्ध होता है तब तुम्हें विशुद्ध आनन्द की उपलब्धि होगी। जो योगी मात्र आत्मतत्व पर चिन्तन करते हुए अपने दिन बिताता है, उसे प्रारब्ध के समाप्त होने तक जीवित रहना पड़ता है। उसके बाद वह मुझ परमात्मा मे लीन हो जाता है। जब व्यक्ति गुरू के या ग्रन्थों के उपदेशों के द्वारा जीवात्मा और परमात्मा के एकत्व की अनुभूति करता है तो तत्क्षण अज्ञान का स्रोत कारण और कार्य के साथ, परमात्मा में विलीन हो जाता है। इस स्थिति को मोक्ष कहते हैं। आत्मा चिर मुक्त होती है। जो योगियो की सेवा करता है। जो मेरा अत्यन्त भक्त है और जो विशुद्ध ज्ञान एवं परमानन्द से युक्त है, उसके हाथ की हथेली में मुक्ति रखी हुई है। जो मुझ पर भक्ति करते हैं, वे ज्ञान और वैराग्य प्राप्त करेंगे तथा उन्हें जन्म और मृत्यु के चक्र से मुक्ति मिलेगी। अपने पूर्वजन्म में तुम मुझ पर उत्कट भक्ति करते थे इसीलिए तुम मुझे देख पाए हो। समस्त दुःखों का परित्याग करके मेरे इसी स्वरूप का ध्यान करो। मैनें तुम्हें जो उपदेश दिया है उसे मन में धारण कर लो और तुम मोक्ष प्राप्त करोगे। यह कोई व्यर्थ आशा नहीं प्रत्युत ध्रुव सत्य है। माया के दो रूप है-विक्षेप और आवरण। विक्षेप के द्वारा माया महत्तत्व से ब्रह्म तक सारे संसार की तथा साथ ही स्थूल और सूक्ष्म शरीरों की सर्जना करती है। आवरण के द्वारा माया आत्मा के ज्ञान को ढाँक लेती है। जिन दार्शनिकों का मन मेरी अपनी माया के द्वारा विभ्रमित है वे मुझे जिसने यह मानव शरीर धारण किया है, नहीं पहचान सकते। वे सोचते हैं कि मैं हर्ष और विशाद से प्रभावित हूँ। मैं यह शरीर हूँ। ऐसा विचार अविद्या है तथा भ्रम की जननी है। मैं शरीर नहीं हूँ। मैं आत्मा हूँ ऐसा अनुभव ही विद्या है तथा यह भ्रम को नष्ट करने वाली होती है। अविद्या संसार का कारण है तथा विद्या संसार की विनाशक है। इसलिए जो मोक्ष पाना चाहते हैं उन्हें एकाग्र चित्त से इस ज्ञान को प्राप्त करने का प्रयास करना चाहिए। मैं स्पष्टतः देखता हूँ ऐसे व्यक्ति विरले हैं जो विपत्ति का सामना करते समय हताश नहीं होते या भ्रम से आच्छन्न नहीं होते जो अपने स्वार्थपूर्ण उद्देश्य के पूर्ण हो जाने पर घमण्ड नहीं करते और जो स्त्री के कटाक्ष से विचलित नहीं होते। हम विरले ही ऐसे व्यक्तियो को पाते हैं। वह व्यक्ति "प्रशान्त" की संज्ञा के योग्य होता है जो विलक्षण घटनाओं से परिपूर्ण यौवन के अरण्य को सुरक्षित रूप से पार कर लेता है। जीवन उन लोगों के दुःख का कारण है जिन्होंने विवेक की शक्ति को विकसित नहीं किया है। और जिनका हृदय इन्द्रियों के विषय के सम्पर्क में आने के कारण उत्पीड़ित हो गया है। इसके विपरीत उन लोगों के लिए जीवन का अर्थ आनन्द है, जिन्होंने चरमतत्व के ज्ञान मे प्रशान्ति की उपलब्धि की है। जैसे वर्षा काल मे नदी में भँवरों की एक श्रृंखला पैदा हो जाती है, वैसे ही धन भी मूढ़ जनों को अहंकार और दर्प के भंवर मे चक्राकार घुमाता रहता है। प्रकृति की सुन्दरता बिजली की कौंध के समान अस्थिर है। सभी प्राणी यहाँ तक कि ब्रह्मा, विष्णु एवं रूद्र भी ठीक वैसे ही विनाश की ओर अनुधावित है, जैसे मरूस्थल मे प्रवाहित होने वाली जलधारा। कल्प के बाद कल्प व्यतीत हो जाते हैं, किन्तु काल कहा जाने वाला प्रवाह अप्रभावित और यथावत बना रहता है इस प्रकार काल न तो उत्थान है, न आन्दोलन और न एक स्थिर स्थिति है। जब तक व्यक्ति अंहकारयुक्त होता है तब तक वह दुःख भोगने के लिए

बाध्य है और जब अहंकार नहीं रह जाता है। तब कोई कष्ट नहीं होता है। अतः उत्तम यह है कि बिना अहंकार के रहा जाए। सांसारिक व्यक्ति अपने अपने पूर्व जन्मों में अर्जित पुण्यों के फलस्वरूप ही पतात्मा साधुओं और महात्माओं का सत्संग प्राप्त करते हैं। मैं ईश्वर सबको समदृष्टि से देखता हूँ। कोई विशेष व्यक्ति न तो मेरा अत्यन्त प्रिय है और न मैं किसी से घृणा ही करता हूँ। कल्पवृक्ष के समान मैं वही प्रदान करता हूँ जिसकी मुझसे याचना की जाती है।

भगवान श्रीराम के संबंध में स्वामी विवेकानन्द के उद्गार

"वीर-युग के प्राचीन आदर्श राम, सत्य और मर्यादा के विग्रह, आदर्श पुत्र, आदर्श पति, आदर्श पिता और सर्वोपरि, आदर्श राजा राम को महान ऋषि वाल्मिकी ने हमारे समक्ष प्रस्तुत किया है। कोई भी भाषा इतनी विशुद्ध, इतनी पवित्र, इतनी सुन्दर और इसके साथ ही इतनी सहज नहीं हो सकती, जितनी कि वह भाषा जिसमें महाकवि ने राम का जीवन वर्णित किया है।"

श्री राम जन्मभूमि

हिन्दुओं की मान्यता है कि श्री राम का जन्म अयोध्या में हुआ था और उनके जन्मस्थान पर एक भव्य मन्दिर विराजमान था जिसे मुगल आक्रमणकारी बाबर ने तोड़कर वहाँ एक मस्जिद बना दी।

राष्ट्रीय स्वयंसेवक संघ और भारतीय जनता पार्टी की अगुवाई में इस स्थान को मुक्त करने एवं वहाँ एक नया मन्दिर बनाने के लिये एक लम्बा आन्दोलन चला। 6 दिसम्बर सन् 1992 को यह विवादित ढ़ांचा गिरा दिया गया और वहाँ श्री राम का एक अस्थायी मन्दिर निर्मित कर दिया गया।

इतिहास

राम जन्मभूमि विवाद का संक्षिप्त इतिहास इस प्रकार से है

1. 1528 में राम जन्म भूमि पर मस्जिद बनाई गई थी। हिन्दुओं के पौराणिक ग्रन्थ रामायण और रामचरित मानस के अनुसार यहां भगवान राम का जन्म हुआ था।
2. 1853 में हिन्दुओं और मुसलमानों के बीच इस जमीन को लेकर पहली बार विवाद हुआ।
3. 1859 में अंग्रेजों ने विवाद को ध्यान में रखते हुए पूजा व नमाज के लिए मुसलमानों को अन्दर का हिस्सा और हिन्दुओं को बाहर का हिस्सा उपयोग में लाने को कहा।
4. 1949 में अन्दर के हिस्से में भगवान राम की मूर्ति रखी गई। तनाव को बढ़ता देख सरकार ने इसके गेट में ताला लगा दिया।
5. सन् 1986 में जिला न्यायाधीश ने विवादित स्थल को हिंदुओं की पूजा के लिए खोलने का आदेश दिया। मुस्लिम समुदाय ने इसके विरोध में बाबरी मस्जिद एक्शन कमेटी गठित की।
6. सन् 1989 में विश्व हिन्दू परिषद ने विवादित स्थल से सटी जमीन पर राम मंदिर की मुहिम शुरू की।
7. 6 दिसम्बर 1992 को अयोध्या में बाबरी मस्जिद गिराई गई। परिणामस्वरूप देशव्यापी दंगों में करीब दो हजार लोगों की जानें गईं।
8. उसके दस दिन बाद 16 दिसम्बर 1992 को लिब्रहान आयोग गठित किया गया। आंध्र प्रदेश उच्च न्यायालय के सेवानिवृत मुख्य न्यायाधीश एम.एस. लिब्रहान को आयोग का अध्यक्ष बनाया गया।
9. लिब्रहान आयोग को 16 मार्च 1993 को यानि तीन महीने में रिपोर्ट देने को कहा गया था, लेकिन आयोग ने रिपोर्ट देने में 17 साल लगाए।

10. 1993 में केंद्र के इस अधिग्रहण को सुप्रीम कोर्ट में चुनौती मिली। चुनौती देने वाला शख्स मोहम्मद इस्माइल फारुकी था। मगर कोर्ट ने इस चुनौती को ख़ारिज कर दिया कि केंद्र सिर्फ इस जमीन का संग्रहक है। जब मलिकाना हक का फैसला हो जाएगा तो मालिकों को जमीन लौटा दी जाएगी। हाल ही में केंद्र की और से दायर अर्जी इसी अतिरिक्त जमीन को लेकर है।
11. 1996 में राम जन्मभूमि न्यास ने केंद्र सरकार से यह जमीन मांगी लेकिन मांग ठुकरा दी गयी। इसके बाद न्यास ने हाई कोर्ट का दरवाजा खटखटाया जिसे 1997 में कोर्ट ने भी ख़ारिज कर दिया।
12. 2002 में जब गैर-विवादित जमीन पर कुछ गतिविधियां हुई तो असलम भूरे ने सुप्रीम कोर्ट में याचिका लगाई।
13. 2003 में इस पर सुनवाई के बाद सुप्रीम कोर्ट ने यथास्थिति कायम रखने का आदेश दिया। कोर्ट ने कहा कि विवादित और गैर-विवादित जमीन को अलग करके नहीं देखा जा सकता।
14. 30 जून 2009 को लिब्रहान आयोग ने चार भागों में 700 पन्नों की रिपोर्ट प्रधानमंत्री डॉ0 मनमोहन सिंह और गृह मंत्री पी. चिदम्बरम को सौंपा।
15. जांच आयोग का कार्यकाल 48 बार बढ़ाया गया।
16. 31 मार्च 2009 को समाप्त हुए लिब्रहान आयोग का कार्यकाल को अंतिम बार तीन महीने अर्थात् 30 जून तक के लिए बढ़ा गया।
17. 2010 में इलाहाबाद उच्च न्यायालय की लखनऊ पीठ ने निर्णय सुनाया जिसमें विवादित भूमि को रामजन्मभूमि घोषित किया गया। न्यायालय ने बहुमत से निर्णय दिया कि विवादित भूमि जिसे रामजन्मभूमि माना जाता रहा है, उसे हिंदू गुटों को दे दिया जाए। न्यायालय ने यह भी कहा कि वहाँ से रामलला की प्रतिमा को नहीं हटाया जाएगा। न्यायालय ने यह भी पाया कि चूंकि सीता रसोई और राम चबूतरा आदि कुछ भागों पर निर्मोही अखाड़े का भी कब्जा रहा है इसलिए यह हिस्सा निर्मोही अखाड़े के पास ही रहेगा। दो न्यायधीशों ने यह निर्णय भी दिया कि इस भूमि के कुछ भागों पर मुसलमान प्रार्थना करते रहे हैं इसलिए विवादित भूमि का एक तिहाई हिस्सा मुसलमान गुटों को दे दिया जाए। लेकिन हिंदू और मुस्लिम दोनों ही पक्षों ने इस निर्णय को मानने से अस्वीकार करते हुए सर्वोच्च न्यायालय का दरवाजा खटखटाया।
18. उच्चतम न्यायालय ने 7 वर्ष बाद निर्णय लिया कि 11 अगस्त 2017 से तीन न्यायधीशों की पीठ इस विवाद की सुनवाई प्रतिदिन करेगी। सुनवाई से ठीक पहले शिया वक्फ बोर्ड ने न्यायालय में याचिका लगाकर विवाद में पक्षकार होने का दावा किया और 70 वर्ष बाद 30 मार्च 1946 के ट्रायल कोर्ट के फैसले को चुनौती दी जिसमें मस्जिद को सुन्नी वक्फ बोर्ड की सम्पत्ति घोषित अर दिया गया था।
19. सर्वोच्च न्यायालय ने कहा है कि 5 दिसंबर 2017 से इस मामले की अंतिम सुनवाई शुरू की जाएगी।
20. सर्वोच्च न्यायालय ने कहा है कि 5 फरवरी 2018 से इस मामले की अंतिम सुनवाई शुरू की जाएगी।
21. 9 नवंबर 2019 को सुप्रीम कोर्ट अर्थात् सर्वोच्च न्यायालय के आदेश देने के बाद यह विवादित मामला सदैव के लिए हल हो गया और जन्मभूमि स्थान पर श्रीराम मन्दिर निर्माण का रास्ता खुल गया।

मुंगेर - राम का जन्म स्थान

(साभार- प्रस्तुत शोध-सत्य पं0 नरेश चन्द्र मिश्र, निवासी - लखी सराय, बिहार प्रदेश, भारत द्वारा प्रस्तुत है जो जौनपुर, उत्तर प्रदेश, भारत से प्रकाशित "खुला सच" मासिक पत्रिका के अप्रैल, 2001 के अंक में प्रकाशित हुई थी।)

प्रचलित अयोध्या की बाबरी मस्जिब और उसी में श्रीराम की जन्मभूमि प्रसंग पर धर्म की आड़ में मजहबी जुनून में कितनी खून की होली खेली गयी है, कहना व्यर्थ है। फिर भी प्रशासन मौन है, इतिहास और पुरातत्वविद् किंकर्तव्यविमूढ़ है। किसी ने भी कभी इतिहास और पुरातत्व के आईने में देखने और जानने का प्रयत्न नहीं किया कि अयोध्या विवादास्पद भी तो हो सकती है। रामायण के अन्त में कह दिया गया है कि राम के स्वर्गारोहण पर अयोध्या लुप्त हो गयी। पुनः कृतयुग में राजा ऋषभ इसे बसायेंगे। अतएव वह अयोध्या अद्यतन भविष्य के गर्भ में है। दीर्घ अन्तराल पर रामायण कालीन साक्ष्य हमें सही रूप में प्राप्त हो सकते हैं, यदि उनके भौगोलिक परिवेश पर सावधानीपूर्वक ध्यान दिया जाये।

आज की आम धारणा है कि रामायण कल्पना प्रसूत है। कतिपय स्थानों के उत्खनन से भी साक्ष्य नहीं मिलने के कारण उक्त धारणा को बल मिला है। डा0 बी0 बी0 लाल के सहयोग के रूप में वर्षों तक उत्खनन के अनन्तर भी रामायण कालीन साक्ष्य प्राप्त नहीं करने पर डा0 स्वरूप प्रसाद गुप्त अपनी झुंझलाहट व्यक्त करते हुये कहते हैं-"तब क्या ये सब स्थान वे नहीं, जिनका नाम हमें रामायण में मिलता है? तो कौन से नये नन्दिग्राम, श्रृंगेश्वरपुर, प्रयाग और चित्रकूट हैं, वहाँ हम जायें? बतलायें न ये इतिहासकार, हम वहीं चलें। (साभार-पांचजन्य, 11 फरवरी, 1990, पृष्ठ-9)"

उत्खनन के बाद भी साक्ष्य प्राप्त नहीं करने पर अयोध्या, चित्रकूट आदि की गरिमा पर प्रश्नवाचक चिन्ह लगाना प्रस्तुत आलेख का अभीष्ट नहीं। हमारी धार्मिक मान्यता उनसे जुड़ी है, पर इतिहास को हमारी धार्मिक मान्यता नहीं चाहिए, उसे पुरातत्व साक्ष्य चाहिए। ये साक्ष्य चाहे कल्प-भेद के ही नाम पर क्यों न हो। यद्यपि इतिहास में कल्पभेद का स्थान नहीं, पर इससे क्या? इतिहास को साक्ष्य चाहिए और उसे प्रस्तुत करना ही मेरे प्रयत्न का अभिष्ट है।

महर्षि वाल्मीकि ने सर्वप्रथम रामायण की रचना की। "रामायण सत कोटि अपारा" का वही उत्स बनी। मगर उसकी मूल प्रति आज है कहाँ? प्रो0 जैकोबी और फ्रांस के पुरातत्वविद् लेवी आदि विद्वानों ने स्वीकार किया है कि वाल्मीकि ने रामायण में सिर्फ पाँच काण्डों की ही रचना की थी। बालकाण्ड और उत्तरकाण्ड बाद में जोड़े गये, जिनकी रचना उन्होंने नहीं की थी। रेवरेण्ड फादर बुल्के ने अपनी पुस्तक "राम कथा" में लिखा है कि रामायण वस्तुतः राम के वनवास काल के पर्यटन का प्रतीक है। आगे चलकर लोगों में जब क्रमशः इस भावना ने जन्म लिया कि रावण कौन था, दशरथ की किस पत्नी से किस पुत्र का जन्म हुआ आदि जिज्ञासा शान्ति हेतु बालकाण्ड और उत्तरकाण्ड रचे गये। इस प्रकार वाल्मीकि ने सिर्फ राम के वनवास काल का वर्णन किया। बाद में लोगों ने तोड़-मरोड़कर राम का सम्पूर्ण चरित्र उपस्थित करने के नाम पर जिस रामायण की रचना की, वही प्रति वाल्मीकि कृत अभिहित हुई। इसी आधार पर बाद की लिखी रामायण तो "हिज मास्टर्स वायस" मात्र रही। इतिहास भी साक्षी है, मौर्य शासन काल से रामायण में संशोधन सह परिवर्द्धन होता रहा, जो 16वीं शताब्दी तक रहा। इसी अन्तराल में सम्राट विक्रमादित्य ने वीरान सरयू नदी के तट पर एक मन्दिर की स्थापना की और वहीं अयोध्या नाम की नगरी बसी। यह मात्र जनश्रुति है, जिसका उद्घाटन मार्टिन, टिफेन्थेलर और कर्निंधम ने किया। फिर तो बिना भू-भाग की पहचान किये जनश्रुति को ही आधार मानकर यत्र-तत्र रामायण कालीन स्थान के कल्पना तीर्थ की स्थापना कर ली गयी।

गड़बड़ी वहीं से शुरू होती है जब महाराज दशरथ अपनी पुत्री शान्ता अपने मित्र अंगाधिपति लोमपाद को गोद देते हैं। इसके साथ ही रामायण में लोमपाद की भूमिका समाप्त कर दी गयी। फिर कहीं उस नाम की चर्चा तक नहीं होती। यह कैसा दोनों के बीच मित्रता का विचित्र सम्बन्ध था, चिन्त्य है। अगर दशरथ अपना पुत्र गोद देते

तो कम से कम लोमपाद का उत्तराधिकारी तो बनता, किन्तु पुत्री को गोद देना अपने में विचित्र घटना है। बाद में तो दशरथ को चार पुत्र हुए, मित्रता के नाम पर एक भी तो लोमपाद को गोद देते, पर ऐसा नहीं हुआ।

मत्स्य पुराण अध्याय-48 में लिखा है-आनववंशी राजा बलि के ज्येष्ठ पुत्र अंग अंगाधिपति हुए। उनकी छठीं पीढ़ी में राजा दशरथ हुए, जिनकी पुत्री शान्ता थी। यथा-

तस्य सत्यरथः पुत्रस्तस्माद् दशरथ किल।
लोमपाद इति ख्यातस्तस्य शान्ता सुता भवत्।।
अथ दाशरथीवीरः चतुरंगो महायशः।
ऋष्यश्रृंग प्रसादेन यज्ञे स्वकुलवर्धन।।

अर्थात् - उनका (चित्राथ का) पुत्र सत्यरथ हुआ। उससे दशरथ का जन्म हुआ, जो लोमपाद के नाम से विख्यात थे। उनको शान्ता नाम की एक कन्या हुई। ऋष्यश्रृंग के प्रसाद से कुलवर्धन चतुरंग का जन्म हुआ।

महर्षि सूत जी का यह कथन बड़ा महत्व रखता है। यह बड़ी विचित्र बात है कि एक दशरथ ने दूसरे दशरथ को अपनी पुत्री शान्ता गोद दी। दोनों निःसन्तान दशरथ की पुत्री थी? रामायण के अनुसार भी अगर शान्ता उस दशरथ की पुत्री थी, जिसके पुत्र राम, लक्ष्मण, भरत और शत्रुध्न हुए, तब भी स्वीकार करना होगा कि लोमपाद ही वह दशरथ थे।

इसी तरह दशरथ कोशलेश नहीं, अंगाधिपति थे। दशरथ और उनकी पत्नी कौशल्या दोनों का सम्बन्ध कौशल से हो, जंचने वाली बात नहीं है। यद्यपि रामायणकार ने इस भ्रम के निवाराणार्थ दो कोशल की रचना कर डाली है। यदि वे इक्ष्वाकुकुल से सम्बन्धित रहते, तो यज्ञ रक्षार्थ सिद्धाश्रम जाते हुए महर्षि विश्वामित्र, मार्ग में राम से यह कभी नहीं कहते कि यह देश पहले कुकुत्स्थ (इक्ष्वाकु पौत्र) के वंश में था। जैसा कि वाल्मीकि रामायण में लिखा है। यहाँ यह भी विचारणीय है कि इक्ष्वाकु के पुत्र निमि ही प्रथम जनक हुए, जिनकी परम्परा के जनक की पुत्री ही और भतीजियों की दशरथ के पुत्रों से शादी हुई। इस तरह दोनों का कुल इक्ष्वाकु हो जाता और संगोत्रीय विवाह का दोष होता है।

प्रचलित रामायण के अनुसार इक्ष्वाकु ने अयोध्या नाम की नगरी बसायी थी। मत्स्य पुराण अध्याय-12 के अनुसार इक्ष्वाकु के पौत्रों ने सुमेरू पर्वत के उत्तर और दक्षिण पाश्र्व में अपनी राजधानी बनायी थी। यथा-

इक्ष्वाकोः पुत्रतामाप विकुक्षिर्नाम देवराष्ट्र।
ज्येष्ठः पुत्र शतस्यासीद दशपंच च तत्सुता।।
मेरोरूत्तर तस्ते तु जाताः पार्थिव सत्तमाः।
चतुर्दशोत्तरचान्यच्छतमस्य तथा भवन्।
मेरोर्दक्षिण तौ वे राजानः सम्प्रकीर्तिता।।

अर्थात्-देवराज विकुक्षि इक्ष्वाकु के पुत्र के रूप में उत्पन्न हुये। वे इक्ष्वाकु के सौ पुत्रों में ज्येष्ठ थे। उनके पन्द्रह पुत्र थे, जो सुमेरू गिरि की उत्तर दिशा में श्रेष्ठ राजा हुए। विकुक्षि के एक सौ चौदह पुत्र और हुए थे, जो सुमेरू गिरि की दक्षिण दिशा के शासक कहे गये हैं।

मत्स्य आदि पुराणों में मेरू-सुमेरू पर्वत की जो भौगोलिक स्थिति दी गयी है, उसके अनुसार बिहार राज्य के अन्तर्गत मुंगेर प्रमण्डल मुख्यालय से दक्षिण-पश्चिम आज मैरा पहाड़ के नाम से जाना जाता है। उक्त पुराणों के अनुसार मेरू पर्वत की पश्चिम दिशा में विपुल पर्वत (राजगृह का), पूर्व दिशा में मन्दराचल (भागलपुर के बांसी का), दक्षिण दिशा में गन्धमादन (जमुई जिला का) और उत्तर दिशा में सुपाश्र्व (लखीसराय का) है। आनन्द रामायण के अनुसार राम, सीता के साथ पुष्पक विमान द्वारा गया शहर से पूर्व दिशा की ओर चलकर मगध होते मेरू पर्वत पर आये थे। इस पर्वत के उत्तर और दक्षिण में बहने वाली नदी "मोरवे" कहलाती है। मैरा पहाड़ और मोरवे नदी, मेरू का अपभ्रंश है। स्थानीय इसे श्रृंगी ऋषि पहाड़ कहते हैं क्योंकि यही विभाण्डक ऋषि के पुत्र श्रृंगी ऋषि का आश्रम था। वाल्मीकि रामायण बालकाण्ड के अनुसार अंगाधिपति लोमपाद की राजधानी से इसकी दूरी 3

योजन (12 कोस) बतलायी गयी है, जो मुंगेर शहर से ठीक मिल जाती है। आज भी इस पर्वत के उत्तर पाश्र्व में सुमेरू बाबा की पूजा होती है।

इसी पर्वत के उत्तर दिशा में दो कोस की दूरी पर "अयोध्या" नामक गाँव है। पुनः उत्तर दिशा में दो कोस की दूरी पर गंगा नदी के तट पर "सूर्यगढ़ा" नामक प्रसिद्ध स्थान है, जो सूर्य और सूर्यवंशी राजाओं के गढ़ के नाम मत्स्य पुराण उक्ति सार्थक करता है। सरकार ने तो इसे पर्यटन केन्द्र के रूप में विकसित करना भी प्रारम्भ कर दिया है। सूर्यगढ़ा से लगभग 3 कोस पश्चिम "मानो" नामक गाँव सूर्यपुत्र, वैवश्यत मनु का तथा यहाँ से 4 कोस पश्चिम "नरीगढ़" मनुपुत्र नरिष्यन्त के गढ़ का प्रतीक है, जो कोसों के क्षेत्र में जंगल में परिणत है। गाँव "अयोध्या" से 2 कोस पश्चिम "गोहरी" नामक गाँव है। "गोहरी", "गो" और "हरी" से बना है। यहीं पर महर्षि वशिष्ठ का आश्रम था। यहीं से उनकी गौ (कामधेनु) हरी (हरण) गयी थी। पुत्रशोकार्थ महर्षि वशिष्ठ जिस सुमेरू पर्वत के श्रृंग से कूदकर प्राणान्त करना चाहते थे, वह गोहरी गाँव से मात्र दो कोस पूर्व दिशा में है। कालिदास प्रणीत "रघुवंश" के दिलीप वृत्त के अनुसार अयोध्या और वशिष्ठ आश्रम के मध्य वन खण्ड का प्रसंग है, वह इस स्थान को देखने से यथार्थ प्रतीत होता है।

उक्त मेरू पर्वत के दक्षिण पाश्र्व में भी इक्ष्वाकु राजा की राजधानी थी। जमुई जिले का सम्पूर्ण भू-भाग दण्डकाय था। अरण्य तो आज कट चुका है परन्तु दण्ड के नाम पर "दण्ड" नामक गाँव है। इसी के समीप "काकन" नामक गाँव है। जनश्रुति के अनुसार यही किष्किन्धा है। पुरातत्वविद् बी0 सी0 भट्टाचार्य ने भी "द जैन आइकानोग्राफी" के पृष्ठ-65 में इसे किष्किन्धा ही स्वीकार किया है।

उक्त मेरू पर्वत का उत्तरी श्रृंग "नीलगिरि" कहलाता था। शिखर पर स्वच्छ जलपूर्ण सरोवर है। यही पर ऋक्षराज से बालि और सुग्रीव का जन्म हुआ था। काकभुशुण्डि जी ने भी राम की बाल लीला के दर्शन हेतु यहीं जन्म लिया था। दुर्गम चढ़ाई के बाद सन् 1938 में मुझे इस सरोवर के दर्शन का सौभाग्य प्राप्त हुआ था। उसी के समीप प्रस्तर निर्मित कूप तथा प्रस्तर निर्मित गदा है जो 30-35 लोगों से भी नहीं उठ सके। इसी पर्वत पर विभाण्डक, श्रृंगी, पुलस्य, विश्रवा आदि ऋषियों के आश्रम थे। यहीं कुबेर, विभीषण और सूपर्णखा ने जन्म लिया था।

इसी पर्वत के उत्तर-दक्षिण पाश्र्व में "उरेन पहाड़ी" पर वनवास काल में राम ने चित्रकूट की पर्णशाला बनायी थी। इसलिए तो वाल्मीकि ने चित्रकूट में भरत और सीताजी को नीलगिरि कानन का दर्शन कराया है। तुलसीदास ने भी लिखा है-

गिरि सुमेरू उत्तर दिसि दूरी। नील सैल इक सुन्दर भूरि।

रामायण काल से पीछे की ओर मुड़कर देखें तो यहीं भगवान शंकर और पार्वती का क्रीड़ास्थल था। यहीं उन्होंने कामदेव को जलाया था, इसलिए इसका नाम "अंग देश" पड़ा। यहीं पर मनुपुत्र सुद्युम्न का लिंग परिवर्तन हुआ था क्योंकि सुमेरू गिरि की तलहटी में सुद्युम्न शिकार खेलने आये थे और शिवजी द्वारा उनका स्थान प्रभावित था कि जो नरसंज्ञक जीव इस क्षेत्र में प्रवेश करेगा, उसका लिंग परिवर्तित हो जायेगा। भागवत पुराण स्कन्ध-9, अध्याय-1 में इसकी विशेष चर्चा है। राजधानी से चलकर विश्वामित्र के साथ राम और लक्ष्मण ने यहीं रात्रिवास किया था। इस स्थान का परिचय देते हुए विश्वामित्र ने राम से कहा था-

अनंग, इति विश्यातस्तदा प्रभूति राघव।
सचांग विषयः श्रीमान् यत्रांगं स मुमोचह।।

(वाल्मीकि रामायण, बालकाण्ड)

अर्थात्-हे राम! तबसे (कामदेव के जलने पर) वह अनंग नाम से विख्यात हुआ और यह स्थान अंग देश कहलाया क्योंकि यहीं उसने अपना अंग त्यागा था।

वाल्मीकि रामायण के अनुसार राजधानी से सिद्धाश्रम विश्वामित्र के यज्ञ रक्षार्थ राम और लक्ष्मण पैदल चले। प्रथम रात्रिवास दो कोस की दूरी पर गंगा नदी के तट पर किया और दूसरा रात्रिवास यहाँ (उरेन पहाड़ी पर) किया। राम की राजधानी मुंगेर शहर से दो कोस की दूरी पर सीताकुण्ड के पास थी। वहाँ से इस स्थान की दूरी लगभग 12 कोस की है। प्रातः काल यहाँ से प्रस्थान कर सायंकाल के पूर्व ताड़का को राम ने मारा। वह स्थान यहाँ

से 6 कोस दक्षिण की टेका पहाड़ी है। यहाँ रात्रिवास कर प्रातः काल राम सिद्धाश्रम पहुँचे थे। यहीं महर्षि विश्वामित्र के यज्ञ की रक्षा राम-लक्ष्मण ने लगातार 6 दिनों तक की। विश्वामित्र ने दशरथ से सिर्फ 10 दिनों के लिए राम और लक्ष्मण को माँगा था, जिसमें पूरे 6 दिना यज्ञ रक्षार्थ व शेष चार दिन मार्ग तय हेतु थे। महर्षि के साथ पैदल चलकर राम तीसरे दिन सिद्धाश्रम पहुँच गये थे। राम की राजधानी से इसकी दूरी लगभग 20 कोस की है। इससे भी राजधानी से तीसरे दिन यहाँ पहुँचने की बात पुष्ट होती है। वाल्मीकि रामायण के अरण्य काण्ड में सिद्धाश्रम को दण्डकारण्य में बतलाया गया हे। इससे भी सिद्धाश्रम के अंग क्षेत्र में तथा दण्डकारण्य में होने की पुष्टि होती है। सिद्धाश्रम का वह स्थान वर्तमान "अड़सार", "अमरथ", "अगहरा" और "मरिचा" नामक गाँवों का क्षेत्र है, जो जमुई जिला मुख्यालय से पश्चिम की ओर लगभग 5 कोस की दूरी पर है। पुराण पुरूष (विष्णु) के आँखों से निःसृत अश्रु से बना सरोवर अश्रुसर अपभ्रंश होकर आज "अड़सार" कहा जाता है। सिद्धाश्रम में एक दिव्य आम्रवृक्ष पर दिव्य शिवलिंग उद्भूत हुआ, वही आम्रस्थ शिव का प्रतीक "अमरथ" गाँव है। एक बार वशिष्ठ जी ने राम से कहा था कि सिद्धाश्रम की भूमि पापों को हरने वाली "धहरा" है, वही अधहारा का प्रतीक "अगहरा" गाँव है। ताड़का पुत्र मारीच सिद्धाश्रम में रहता था। "मरिचा" नामक गाँव उसकी याद दिलाता है। "एकात्म उपपुराण" से सिद्धाश्रम को जाना जा सकता है।

मेरू पर्वत के उत्तर जिस "उरेन" की चर्चा उपर कर आया हूँ, वहीं चित्रकूट में राम ने वनवास काल में अपनी पर्णकुटी बनायी थी। चित्रकूट को "उत्पलारण्य" कहा जाता है। वहीं अरण्य का अपभ्रंश आज "उरेन" है। मेरू गिरि के उत्तर नीलगिरि कानन में चित्रकूट में राम की पर्णकुटी थी। चित्रकूट के पूर्व दिशा में कज्जल पर्वत का नाम आया है। (देखें "माया" पत्रिका, 31 दिसम्बर, 1990, पृष्ठ-15)। उक्त कज्जल गिरि और उसी के नाम पर "कजरा" नामक स्टेशन है जो किउल-जमालपुर पूर्वी रेलमार्ग पर अवस्थित है। इसी चित्रकूट से चलकर राम ने अत्रि ऋषि से भेंट की थी। वह अत्रिवन अपभ्रंश होकर अटवन/ईटीन कहा जाता है। यहाँ रात्रिवास कर राम प्रातः काल प्रस्थान कर दण्डकारण्य में प्रवेश कर जाते हैं। यहाँ से दो कोस की दूरी पर दण्डकारण्य की सीमा दक्षिण में शुरू हो जाती है। बिहार राष्ट्र भाषा परिषद्, पटना से प्रकाशित ग्रन्थ "पुराण परिशीलन" में भी चित्रकूट और दण्डकारण्य को सटा हुआ बताया गया है।

दक्षिण दिशा में जहाँ दण्डकारण्य की सीमा प्रारम्भ होती है, वहाँ से लगभग 4 कोस दक्षिण में विन्ध्याचल है। "महाभारत" में दी गयी भौगोलिक स्थिति के अनुसार आज यह मगध के दक्षिण सीमा का काम करता है। इसी पर्वत पर गिद्धराज जटायु का ज्येष्ठ बन्धु "सम्पाति" का निवास स्थान था। ये दोनों भाई दशरथ के परम मित्र थे। यह स्थान गिद्धेश्वर कहा जाता है। आज भी यहाँ बहुसंख्यक गिद्धों का वास रहता है। यहाँ रहस्यमयी गुफा है जिसका जिक्र रामायण में आया है। इसी विन्ध्य पर्वत पर वानरों ने "लोध्रवनी" में सीता की खोज की थी। वह स्थान गिद्धेश्वर से लगभग 3 कोस पर दुर्गम पहाड़ पर स्थित लोधवनी/लोधापानी है, जहाँ अति प्राचीन गढ़ का भग्नावशेष तथा प्रस्तर कूप आदि हैं। "इन्द्र लिवन" में हनुमान जी के पहुँचने का प्रसंग रामायण में आया है। लोधवनी से 3 कोस पश्चिम का "शक्र-शक्राणी (इन्द्र-इन्द्राणी)" नामक पर्वत है। एक स्वतन्त्र लेख में मैंने इसे इन्द्र की पुरी सप्रमाण सिद्ध की है यहाँ इसकी विशेष चर्चा अप्रासंगिक होगी।

सिद्धाश्रम में महर्षि विश्वामित्र का यज्ञ सम्पन्न होने पर महर्षि के साथ राम और लक्ष्मण धनुर्यज्ञ में सम्मिलित होने जनकपुर के लिए प्रस्थान करते हैं। 12 कोस की दूरी तय करने पर उत्तर दिशा में शिलवे पहाड़ तले आते हैं और वहाँ शिला बनी अहल्या का राम उद्धार करते हैं। अहल्या के शिला होने के कारण यह पहाड़ "शिलवे" कहा जाने लगा। यहीं गौतम ऋषि का आश्रम था। उनकी तपस्या से प्रसन्न होकर शिवजी ज्योतिर्लिंग के रूप में प्रकट हुए थे। स्थानीय "पंचवदन" के नाम से इनकी पूजा करते हैं। वरूण के कहने पर गौतम ने एक हाथ गहरा गड्ढा खोदा था जिसे वरूण ने अक्षय जल से भर दिया था। आज भी वह अक्षय जल ज्यों का त्यों स्वच्छ, शीतल और स्वादिष्ट है।

इसी पर्वत पर मुद्गल ऋषि का भी आश्रम था। जनकपुर से बारात सहित राम जब इस स्थान के समीप पहुँचे, धनुर्यज्ञ में पराजित राजाओं ने भयानक आक्रमण कर बाण से भरत को मूर्छित कर दिया। राम के

आदेशानुसार लक्ष्मण इसी आश्रम से संजीवनी आदि बूटी ले गये थे। आज भी वह पर्वत जड़ी-बूटीयों तथा मधु से मीठे क्षीरी वृक्षों से भरा है। बाहर के लोग पर्याप्त मात्रा में वहाँ से संजीवनी और लक्ष्मण आदि बूटी ले जाते हैं। आनन्द रामायण में इसका पूरा विवरण है। विन्ध्य गिरि संलग्न शिलवे पर्वत स्थिति मुद्गल ऋषि के नाम पर मुद्गलपुर आज "मुंगेर" के नाम से विख्यात है। शिलवे पहाड़ अंजना नदी के तट पर है। इसी नदी के तट पर श्वेताम्बर जैन के 24वें तीर्थंकर महावीर केवली (कैवल्य प्राप्त) हए थे। तब से यह केवली का अपभ्रंश किउली नदी कहलाती है। अंजना मुद्गल ऋषि की पोती तथा गौतम की पुत्री थी इसलिये यह गौतमी नदी भी कहलायी।

अंजना से हनुमान जी का जन्म हुआ था। जमुई पूर्वी रेलवे स्टेशन से एक माइल की दूरी पर दक्षिण दिशा में आज भी अंजना नदी बहती है। उसी के "बनरीदह" नामक स्थान में हनुमान जी का जन्म हुआ था। प्रतिवर्ष मकर संक्रान्ति के अवसर पर बड़ा भारी मेला वहाँ लगता है। उसी के समीपवर्ती मेरू पर्वत पर उनके पिता केशरी का राज्य था। वाल्मीकि रामायण, उत्तर काण्ड के पंचतिस सर्ग में इसका उल्लेख है। पाश्चात्यविद् W.W. Hunter ने Statistical Account of Bengal Vol.XV, Page-22 में पूरा विवरण देकर उसी स्थान को हनुमान जी का जन्म स्थान बतलाया है।

अंजना नदी के समीपस्थ पर्वत पर मोहिनी के प्रभाव से शिवजी के अमोघ वीर्य का पतन हुआ था। इसे सप्तर्षियों ने पत्रसम्पुट द्वारा अंजना के कर्णरन्ध्र में प्रवेश कराया था जिससे हनुमान जी की उत्पत्ति हुई थी। आज भी उक्त पर्वत पर पतनेश्वर महादेव का मन्दिर है जो अमोघ वीर्य पतन की याद दिलाता है।

महर्षि विश्वामित्र के आश्रम सिद्धाश्रम की चर्चा उपर कर चुका हुँ। महर्षि अगस्त्य का आश्रम भी उसी के पास था क्योंकि महर्षिद्वय समानरूप से ताड़का राक्षसी से प्रभावित थे। इसीलिए तो ताड़का के पति सुन्द को अगस्त्य ने मारा तथा ताड़का को विश्वामित्र ने राम से मरवाया। इसे दूसरे रूप में यों समझा जा सकता है-राम, सीता और लक्ष्मण के साथ मन्दाकिनी गंगा के तट पर सुतीक्ष्ण ऋषि से मिलकर अगस्त्य जी से मिलने को उनके आश्रम का पता पूछते हैं। सुतीक्ष्ण जी कहते हैं-यहाँ से सीधे दक्षिण की ओर 16 कोस की दूरी पर पिप्पली वन है, जहाँ मारकण्डेय ऋषि का आश्रम है। वहाँ से 4 कोस दूर दक्षिण में अगस्त्य का आश्रम है। आज भी गंगा से लगभग 16 कोस की दूरी पर "पिपरा" नामक गाँव पिप्पली वन की याद दिलाता है और "कण्डे" गाँव मार्कण्डेय का स्थान सूचित करता है। यहाँ से 4 कोस दक्षिण विन्ध्य पर्वत है। इसी के तलहटी में अगस्त्य ऋषि का आश्रम था। विश्वामित्र का सिद्धाश्रम भी इसी विन्ध्य की तलहटी में मात्र 3 कोस पूर्व दिशा में था। जहाँ अगस्त्य जी का आतिथ्य ग्रहण तथा रात्रिवास कर प्रातः काल ऋषि के परामर्श के अनुसार राम पंचवटी के लिए प्रस्थान किये। महुआ के जंगल को पारकर सीधे उत्तर दिशा में पाकड़ वन पार कर 8 कोस की दूरी पर पंचवटी वन में पहुँचे। आज का "पंचमहुआ" गाँव तथा "पकड़ीबरावां" स्थान महुआ और पाकड़ वन की याद दिलाता है। पंचवटी का वन बड़ा भयानक तथा सघन था। ब्रह्माजी ने उस सघन वन को काटने हेतु लक्ष्मण को तीक्ष्ण धार का दिव्यास्त्र दिया। जंगल की कटाई के क्रम में तपस्यारत शूपर्णखा के पुत्र साम्ब का सर कट गया। वहीं पर स्वच्छ जल पूर्ण कमल के फूलों से सुशोभित सरोवर के तट पर लक्ष्मण ने गिद्धराज जटायु की सहायता से पर्णकुटी बनायी। पंचवटी का वह स्थान नवादा जिला के अन्तर्गत साम्बे, सरकटी और अपसर गाँवों के नाम पर पहचाना जा सकता है। साम्बे गाँव शूपर्णखा पुत्र साम्ब का, सरकटी उसके सर कटने का तथा अपसर सरोवर का प्रतीक है। आज भी वहाँ बहुत दूर तक फैला सरोवर है। वहाँ उत्खनन से सातवीं शताब्दी की प्रस्तर मूर्तियाँ मिली हैं जो राम, लक्ष्मण और सीता की हैं। (देखें-नवभारत टाइम्स, पटना, 10 जून 1990, पृष्ठ-2)

सीता हरण के बाद राम पम्पासर पहुँचे। वह पम्पासर आज के बड़े गाँव का प्रसिद्ध सरोवर है। यह नालन्दा के पास है। बुकानन ने भी अपने यात्रा वृतान्त में बड़ागाँव का प्राचीन नाम पम्पापुर बतलाया है। सूर्यपुराण (भाषा) में इसी सरोवर को पम्पासर कहा है। देखें- Journal of Francis Buchartan Kept During The Survey of the Districe of Patna and Gaya in 1811-1812, P.P.95.

रावण वध के अनन्तर ब्रह्महत्या पाप की निवृत्ति हेतु अगस्त्य मुनि के परामर्श पर राम ने मुंगेर के सीताकुण्ड स्थान पर एक सौ अश्वमेध यज्ञ किया। यज्ञ स्थल से दो कोस की दूरी पर उत्तरवाहिनी गंगा तट पर

वाल्मीकि का आश्रम था तथा यज्ञ स्थल के समीप ही राम की राजधानी थी। सीता ने एक बार संयोग व्रत का नौ दिनों का अनुष्ठान किया। वह वाल्मीकि आश्रम में रहती थी। उस व्रत के लिए नित्य कमल का फूल लाने राम की राजधानी के सरोवर पर ठीक मध्यान्हकाल में लव पहुँच जाता था। यह सब आनन्द रामायण से जाना जा सकता है। आज भी सीताकुण्ड के समीप वृहत् स्तूप है जिसे गढ़ की संज्ञा दी जाती है। उत्खनन से साक्ष्य प्राप्त हो सकते हैं।

रामायण कालीन साक्ष्य/प्रमाण मत्स्य पुराण और वाल्मीकि रामायण में हैं। उक्त ग्रन्थों की प्रचलित प्रतियों के सावधानीपूर्वक अध्ययन से रामायण कालीन स्थलों पर कोई सहज ही पहुँच सकता है जो मुंगेर के भू-भाग में लुप्त और सहस्त्राब्दियों से सुप्त पड़े हैं। यहाँ की फिजा, यहाँ की मिट्टी, आज स्वयं अपनी कहानी सुना रही है। इसकी कहानी सुनिये और यहाँ की मिट्टी देखिये।

भाग-3

रावण

परिचय

रावण श्रीरामायण का एक केंद्रीय प्रतिचरित्र है। रावण लंका का राजा था। वह अपने दस सिरों के कारण भी जाना जाता था, जिसके कारण उसका नाम दशानन (दश = दस, आनन = मुख) भी था। किसी भी कृति के लिये नायक के साथ ही सशक्त खलनायक का होना अतिआवश्यक है। श्रीरामकथा में रावण ऐसा पात्र है, जो श्रीराम के उज्ज्वल चरित्र को उभारने काम करता है। किंचित मान्यतानुसार रावण में अनेक गुण भी थे। वह एक कुशल राजनीतिज्ञ, महापराक्रमी, अत्यन्त बलशाली, अनेकों शास्त्रों का ज्ञाता प्रकान्ड विद्वान पंडित एवं महाज्ञानी था। रावण के शासन काल में लंका का वैभव अपने चरम पर था इसलिये उसकी लंकानगरी को सोने की लंका अथवा सोने की नगरी भी कहा जाता है। वर्तमान श्रीलंका के प्राचीन तमिल पोर्ट त्रिंकोमाली में रावण की मूर्ति आज भी स्थापित है।

रावण के दस सिर

रावण के दस सिर होने की चर्चा श्रीरामायण में आती है। वह कृष्णपक्ष की अमावस्या को युद्ध के लिये चला था तथा एक-एक दिन क्रमशः एक-एक सिर कटते हैं। इस तरह दसवें दिन अर्थात् शुक्लपक्ष की दशमी को रावण का वध होता है। श्रीरामचरितमानस में यह भी वर्णन आता है कि जिस सिर को श्रीराम अपने बाण से काट देते हैं पुनः उसके स्थान पर दूसरा सिर उभर आता था। विचार करने की बात है कि क्या एक अंग के कट जाने पर वहाँ पुनः नया अंग उत्पन्न हो सकता है? वस्तुतः रावण के ये सिर कृत्रिम थे-आसुरी माया से बने हुये। मारीच का चाँदी के बिन्दुओं से युक्त स्वर्ण मृग बन जाना, रावण का सीता के समक्ष श्रीराम का कटा हुआ सिर रखना आदि से सिद्ध होता है कि राक्षस मायावी थे। वे अनेक प्रकार के इन्द्रजाल (जादू) जानते थे। तो रावण के दस सिर और बीस हाथों को भी कृत्रिम माना जा सकता है। कुछ विद्वान मानते हैं कि रावण के दस सिरों की बात प्रतीकात्मक है-उसमें दस मनुष्यों की जितनी बुद्धि थी और दस आदमियों का बल था!

रावण द्वारा भगवान शंकर की स्तुति

उसने भगवान महादेव की सुंदर स्तुती की "जटाटवीगलज्जलप्रवाहपावितस्थले गलेऽवलम्ब्य लम्बितां भुजङ्गतुङ्गमालिका... भोलेनाथ ने स्तुति से प्रसन्न होके उससे कहा कि रावण यद्यपि मैं नृत्य तभी करता हूँ जब क्रोध में होता हूँ, इसलिये क्रोध में किये नृत्य को तांडव नृत्य नाम से संसार जानता है. किंतु आज तुमने अपनी इस सुंदर स्रोत से और सुंदर गायन से मेरा मन प्रसन्नता पूर्वक नृत्य करने को हो गया। रावण द्वारा रचित और गाया हुआ यह स्रोत शिव तांडव स्रोत कहलाया क्युँकि भगवान शिव का नृत्य तांडव कहलाता है परन्तु वह क्रोध में होता है लेकिन इस स्रोत में भगवान प्रसन्नता पूर्वक नृत्य करते हैं। इसके उपरांत भगवान शिव ने रावण को प्रसन्न होके चंद्रहास नामक तलवार दी, जिसके हाथ में रहने पर उसे तीन लोक में कोई युद्ध में नहीं हरा सकता था।

रावण का अत्याचार

रावण के नाम का फायदा ऊठाया दूसरे राक्षसों ने, उसके नाम पर कर वसूली, सिद्ध, संतों, मुनि जनों का अपमान होने लगा। राक्षसों ने देवताओं से अपना बैर निकालने के लिये, वो कभी गायों को (पृथ्वी समझ कर कि ब्रह्मा जी के पास गयी थी, इसका भेद पूछने के लिये) और ब्राह्मणों इसलिये कि स्वर्ग में बहुत कम देवता ही रह गये हैं शायद ये रूप बदल कर देवता ही ब्राह्मण हैं और संत बन के देवताओं की मदद कर रहे हैं, राक्षस जहाँ तहाँ सभी को त्रास देने और मारने लगे। जिससे पृथ्वी पर भार और बढ गया लेकिन रावण ने इन सब पर ध्यान नहीं दिया।

रावण के गुण

रावण में कितना ही राक्षसत्व क्यों न हो, उसके गुणों विस्मृत नहीं किया जा सकता। ऐसा माना जाता है कि रावण शंकर भगवान का बड़ा भक्त था। वह महा तेजस्वी, प्रतापी, पराक्रमी, रूपवान तथा विद्वान था।

वाल्मीकि उसके गुणों को निष्पक्षता के साथ स्वीकार करते हुये उसे चारों वेदों का विश्वविख्यात ज्ञाता और महान विद्वान बताते हैं। वे अपने श्रीरामायण में हनुमान का रावण के दरबार में प्रवेश के समय लिखते हैं-

अहो रूपमहो धैर्यमहोत्सवमहो द्युतिः।
अहो राक्षसराजस्य सर्वलक्षणयुक्तता।

आगे वे लिखते हैं "रावण को देखते ही श्रीराम मुग्ध हो जाते हैं और कहते हैं कि रूप, सौन्दर्य, धैर्य, कान्ति तथा सर्वलक्षणयुक्त होने पर भी यदि इस रावण में अधर्म बलवान न होता तो यह देवलोक का भी स्वामी बन जाता।"

रावण जहाँ दुष्ट था और पापी था, वहीं उसमें शिष्टाचार और ऊँचे आदर्श वाली मर्यादायें भी थीं। श्रीराम के वियोग में दुःखी सीता से रावण ने कहा है, "हे सीते! यदि तुम मेरे प्रति काम-भाव नहीं रखती तो मैं तुझे स्पर्श नहीं कर सकता।" शास्त्रों के अनुसार वन्ध्या, रजस्वला, अकामा आदि स्त्री को स्पर्श करने का निषेध है अतः अपने प्रति अ-कामा सीता को स्पर्श न करके रावण शास्त्रोचित मर्यादा का ही आचरण करता है।

वाल्मीकि श्रीरामायण और श्रीरामचरितमानस दोनों ही ग्रंथों में रावण को बहुत महत्त्व दिया गया है। राक्षसी माता और ऋषि पिता की सन्तान होने के कारण सदैव दो परस्पर विरोधी तत्त्व रावण के अन्तःकरण को मथते रहते हैं।

बौद्धिक संपदा का संरक्षणदाता-रावण

रावण के ही प्रसंग में श्रीकृष्ण जुगनू का अभिमत है-"....लंकापति रावण पर विजय का पर्व अक्सर यह याद दिलाता है कि रावण की सभा बौद्धिक संपदा के संरक्षण की केंद्र थी। उस काल में जितने भी श्रेष्ठजन थे, बुद्धिजीवी और कौशलकर्ता थे, रावण ने उनको अपने आश्रय में रखा था। रावण ने सीता के सामने अपना जो परिचय दिया, वह उसके इसी वैभव का विवेचन है। अरण्यकाण्ड का 48वां सर्ग इस प्रसंग में द्रष्टव्य है।

उस काल का श्रेष्ठ शिल्पी मय, जिसने स्वयं को विश्वकर्मा भी कहा, उसके दरबार में रहा। उस काल की श्रेष्ठ पुरियों में रावण की राजधानी लंका की गणना होती थी-यथेन्द्रस्यामरावती। मय के साथ रावण ने वैवाहिक संबंध भी स्थापित किया। मय को विमान रचना का भी ज्ञान था। कुशल आयुर्वेदशास्त्री सुषेण उसके ही दरबार में था जो युद्धजन्य मूर्च्छा के उपचार में दक्ष था और भारतीय उपमहाद्वीप में पाई जाने वाली सभी औषधियों को उनके गुणधर्म तथा उपलब्धि स्थान सहित जानता था। शिशु रोग निवारण के लिए उसने पुख्ता प्रबंध किया था। स्वयं इस विषय पर ग्रंथों का प्रणयन भी किया।

श्रेष्ठ वृक्षायुर्वेद शास्त्री उसके यहाँ थे जो समस्त कामनाओं को पूरी करने वाली पर्यावरण की जनक वाटिकाओं का संरक्षण करते थे-सर्वकाफलैर्वृक्षैः संकुलोद्यान भूषिता। इस कार्य पर स्वयं उसने अपने पुत्र को तैनात किया था। उसके यहाँ रत्न के रूप में श्रेष्ठ गुप्तचर, श्रेष्ठ परामर्शदाता और कुलश संगीतज्ञ भी तैनात थे। अंतपुर में सैकड़ों औरतें भी वाद्यों से स्नेह रखती थीं।

उसके यहाँ श्रेष्ठ सड़क प्रबंधन था और इस कार्य पर दक्ष लोग तैनात थे तथा हाथी, घोड़े, रथों के संचालन को नियमित करते थे। वह प्रथमतः भोगों, संसाधनों के संग्रह और उनके प्रबंधन पर ध्यान देता था। इसी कारण नरवाहन कुबेर को कैलास की शरण लेनी पड़ी थी। उसका पुष्पक नामक विमान रावण के अधिकार में था और इसी कारण वह वायु या आकाशमार्ग उसकी सत्ता में था-यस्य तत् पुष्पकं नाम विमानं कामगं शुभ्। वीर्यावर्जितं भद्रे येन यामि विहायस्।

उसने जल प्रबंधन पर पूरा ध्यान दिया, वह जहां भी जाता, नदियों के पानी को बांधने के उपक्रम में लगा रहता था-नद्यश्च स्तिमतोदकाः, भवन्ति यत्र तत्राहं तिष्ठामि चरामि च। कैलास पर्वतोत्थान के उसके बल के प्रदर्शन का परिचायक है, वह "माउंट लिफ्ट" प्रणाली का कदाचित प्रथम उदाहरण है। भारतीय मूर्तिकला में उसका यह स्वरूप बहुत लोकप्रिय रहा है। बस.... उसका अभिमान ही उसके पतन का कारण बना। वरना नीतिज्ञ ऐसा कि श्रीराम ने लक्ष्मण को उसके पास नीति ग्रहण के लिए भेजा था, विष्णुधर्मोत्तरपुराण में इसके संदर्भ विद्यमान हैं।

रावण के अवगुण

वाल्मीकि, रावण के अधर्मी होने को उसका मुख्य अवगुण मानते हैं। उनके श्रीरामायण में रावण के वध होने पर मन्दोदरी विलाप करते हुये कहती है, "अनेक यज्ञों का विलोप करने वाले, धर्म व्यवस्थाओं को तोड़ने वाले, देव-असुर और मनुष्यों की कन्याओं का जहाँ-तहाँ से हरण करने वाले! आज तू अपने इन पाप कर्मों के कारण ही वध को प्राप्त हुआ है।" तुलसीदास जी केवल उसके अहंकार को ही उसका मुख्य अवगुण बताते हैं। उन्होंने रावण को बाहरी तौर से श्रीराम से शत्रु भाव रखते हुये हृदय से उनका भक्त बताया है। तुलसीदास के अनुसार रावण सोचता है कि यदि स्वयं भगवान ने अवतार लिया है तो मैं जा कर उनसे हठपूर्वक वैर करूंगा और प्रभु के बाण के आघात से प्राण छोड़कर भव-बन्धन से मुक्त हो जाऊंगा।

रावण का उदय

पद्मपुराण, श्रीमद्भागवत पुराण, कूर्मपुराण, श्रीरामायण, महाभारत, आनन्द श्रीरामायण, दशावतारचरित आदि ग्रंथों में रावण का उल्लेख हुआ है। रावण के उदय के विषय में भिन्न-भिन्न ग्रंथों में भिन्न-भिन्न प्रकार के उल्लेख मिलते हैं।

वाल्मीकि द्वारा लिखित श्रीरामायण महाकाव्य के समय में, रावण लंकापुरी का सबसे शक्तिशाली राजा था।

पद्मपुराण तथा श्रीमद्भागवत पुराण के अनुसार हिरण्याक्ष एवं हिरण्यकशिपु दूसरे जन्म में रावण और कुम्भकर्ण के रूप में पैदा हुये।

वाल्मीकि श्रीरामायण के अनुसार रावण पुलस्त्य मुनि का पोता था अर्थात् उनके पुत्र विश्रवा का पुत्र था। विश्वश्रवा की वरवर्णिनी और कैकसी नामक दो पत्नियां थी। वरवर्णिनी के कुबेर को जन्म देने पर सौतिया डाहवश

कैकसी ने कुबेला (अशुभ समय-कु-बेला) में गर्भ धारण किया। इसी कारण से उसके गर्भ से रावण तथा कुम्भकर्ण जैसे क्रूर स्वभाव वाले भयंकर राक्षस उत्पन्न हुये।

तुलसीदास जी के श्रीरामचरितमानस में रावण का जन्म शाप के कारण हुआ था। वे नारद एवं प्रतापभानु की कथाओं को रावण के जन्म कारण बताते हैं।

भागवत पुराण, मार्कण्डेय पुराण के अनुसार महर्षि कश्यप का विवाह दक्ष वंश की 13 कन्याओं से हुआ जिनके नाम हैं-1. दिति, 2. दनु, 3. क्रोधवशा, 4. ताम्रा, 5. काष्ठा, 6. अरिष्ठा, 7. सुरसा, 8. इला, 9. मुनी, 10. सुरभि, 11. शरमा और 12. तिमिय 13. अदिति। इन 13 स्त्रीयों से 13 मानव जातियाँ बनीं और इनसे इस वंश का विस्तार होता गया। ये वंश ईरान तथा मध्य ऐशिया में अपना राज्य कायम किये हुये थे। कश्यप एक गोत्र का भी नाम है। यह बहुत व्यापक गोत्र है। जिसका गोत्र नहीं मिलता उसके लिए कश्यप गोत्र की कल्पना कर ली जाती है, क्योंकि एक परम्परा के अनुसार सभी जीवधारियों की उत्पत्ति कश्यप से हुई। इन्ही से ही सृष्टि का सृजन हुआ और जिसके परिणामस्वरूप महर्षि कश्यप जी "सृष्टि के सृजक" कहलाए।

रावण के माता पक्ष वंश

कश्यप की 1. दिति नामक स्त्री के दूसरे पुत्र दैत्य से दैत्य जाति की स्थापना हुई। दैत्यों की एक शाखा मय सभ्यता के रूप में जानी जाती थी। मय का राज्य मयेरिका जाना जाता था जिसकी राजधानी मयसिको तथा वर्तमान नाम अमेरिका हो गया। दूसरी शाखा मेसोपोटामिया तथा तीसरी शाखा बेबीलोन में थी। जो असुर सभ्यता के नाम से जानी जाती थी। असुरों की राजधानी असीरिया थी। दिति के गर्भ से परम् दुर्जय हिरण्यकश्यपु और हिरण्याक्ष नामक दो पुत्र एवं सिंहिका नामक एक पुत्री पैदा की। श्रीमद्भागवत् के अनुसार इन तीन संतानों के अलावा दिति के गर्भ से कश्यप के 49 अन्य पुत्रों का जन्म भी हुआ, जोकि मरून्दण कहलाए। कश्यप के ये पुत्र निःसंतान रहे। देवराज इन्द्र ने इन्हें अपने समान ही देवता बना लिया। जबकि हिरण्याकश्यपु को चार पुत्रों अनुहल्लाद, हल्लाद, परम भक्त प्रहल्लाद, संहल्लाद आदि की प्राप्ति हुई। इसी वंश में राजा बलि, बाणासुर, कुंभ, निकुंभ थे। राजा बलि, प्रहल्लाद के पुत्र विरोचन के पुत्र थे और बलि के पुत्र का नाम वाणासुर था। बलि का राज्य वर्तमान केरल प्रदेश में था जिसे पाताल लोक कहा गया है।

इसी वंश के सुमाली की चार कन्याओं (1. कैकसी, 2. कुम्भीनर्सी, 3. राका 4. पुष्पोत्कटा) का विवाह पुलस्त्य के पुत्र विश्रवा (रावण के पिता) से हुआ था। भृगु ऋषि तथा हिरण्यकश्यपु की पुत्री दिव्या के पुत्र शुक्राचार्य दैत्यों के गुरू थे। शुक्राचार्य की पुत्री का नाम देवयानी व पुत्र शंद और अर्मक थे। देवयानी का विवाह चन्द्रवंशी राजा ययाति से हुआ था।

रावण के पिता पक्ष वंश

ब्रह्मा के 10 मानस पुत्रों में से चौथे कान (ज्ञान के मानकीकरण के अनुसार सुनकर ज्ञान प्राप्त करने वाले) से पुलस्त्य थे। पुलस्त्य के पुत्र विश्रवा थें। विश्रवा का विवाह सुमाली की चार कन्याओं से हुआ था जिनकी 1. कैकसी रानी से रावण, 2. कुम्भीनसी रानी से कुम्भकर्ण, 3. राका रानी से विभीषण और 4. पुष्पोत्कटा रानी से सूपर्णखा का जन्म हुआ था। इस प्रकार रावण के पिता शुद्ध आर्य वंश और माता शुद्ध दैत्य वंश की थी।

श्रीराम-रावण युद्ध

जाम्बवन्त के आदेश से नल-नील दोनों भाइयों ने वानर सेना की सहायता से समुद्र पर पुल बांध दिया। श्री राम ने श्री रामेश्वर की स्थापना करके भगवान शंकर की पूजा की और सेना सहित समुद्र के पार उतर गये। समुद्र के पार जाकर राम ने डेरा डाला। पुल बंध जाने और राम के समुद्र के पार उतर जाने के समाचार से रावण मन में अत्यन्त व्याकुल हुआ। मन्दोदरी के राम से बैर न लेने के लिये समझाने पर भी रावण का अहंकार नहीं गया। इधर राम अपनी वानरसेना के साथ सुबेल पर्वत पर निवास करने लगे। अंगद राम के दूत बन कर लंका में रावण के पास

गये और उसे राम के शरण में आने का संदेश दिया किन्तु रावण ने नहीं माना। शान्ति के सारे प्रयास असफल हो जाने पर युद्ध आरम्भ हो गया। लक्ष्मण और मेघनाद के मध्य घोर युद्ध हुआ। शक्तिबाण के वार से लक्ष्मण मूर्छित हो गये। उनके उपचार के लिये हनुमान सुषेण वैद्य को ले आये और संजीवनी लाने के लिये चले गये। गुप्तचर से समाचार मिलने पर रावण ने हनुमान के कार्य में बाधा के लिये कालनेमि को भेजा जिसका हनुमान ने वध कर दिया। औषधि की पहचान न होने के कारण हनुमान पूरे पर्वत को ही उठा कर वापस चले। मार्ग में हनुमान को राक्षस होने के सन्देह में भरत ने बाण मार कर मूर्छित कर दिया परन्तु यथार्थ जानने पर अपने बाण पर बिठा कर वापस लंका भेज दिया। इधर औषधि आने में विलम्ब देख कर राम प्रलाप करने लगे। सही समय पर हनुमान औषधि लेकर आ गये और सुषेण के उपचार से लक्ष्मण स्वस्थ हो गये। रावण ने युद्ध के लिये कुम्भकर्ण को जगाया। कुम्भकर्ण ने भी रावण के शरण में जाने की असफल मन्त्रणा दी। युद्ध में कुम्भकर्ण ने राम के हाथों परमगति प्राप्त की। लक्ष्मण ने मेघनाद से युद्ध करके उसका वध कर दिया। राम और रावण के मध्य अनेकों घोर युद्ध हुये और अन्त में रावण राम के हाथों मारा गया। विभीषण को लंका का राज्य सौंप कर राम, सीता और लक्ष्मण के साथ पुष्पक विमान पर चढ़ कर अयोध्या के लिये प्रस्थान किया।

भाग-4

लव और कुश

लव और कुश (त्रेतायुग)

लव कुश द्वारा प्रस्तुत रामायण

“लव कुश” नाम की स्थिति

लव कुश पर आधारित निर्मित सिनेमा

लव-कुश जन्म भूमि

लव और कुश (त्रेतायुग)

चौदह वर्ष के पश्चात् जब श्री राम अयोध्या लौटे तो प्रजा ने उनका स्वागत किया व उन्हें अपना राजा स्वीकार किया। श्रीराम के राज्य में प्रजा सुखी व सुरक्षित थी। राम अपनी प्रजा के सुख-दु:ख का ध्यान रखते थे। सायं काल में वह अपनी महारानी "सीता" के साथ अपने दूतों से मिलते थे जो उन्हें अयोध्या के बारे में जानकारी देते थे। एक दिन उनके दूत ने बताया कि उनके राज्य में एक धोबी है जो कल अपनी पत्नी को पीट रहा था। और पीटते-पीटते बोल रहा था कि मैं राम नहीं हूँ। जो दूसरे के घर रही औरत को अपना लूँ। यह सुनकर राम चिन्तित हो गए। उन्होंने सोचा कि यदि आज यह विचार एक व्यक्ति का है और कल कहीं पूरी प्रजा इस बात को स्वीकार कर ले तो। प्रजा का मेरे प्रति विश्वास समाप्त हो जाएगा। और प्रजा के प्रति मेरा कर्तव्य सर्वोपरि है। इसलिए मुझे सीता का त्याग करना होगा। वह चिन्तित थे कि वह यह बात सीता को कैसे कहें। इसलिए राम ने लक्ष्मण को बुलवाया और कहा कि तुम सीता को वन में छोड़ आओ। लक्ष्मण ने इस बात का विरोध किया परन्तु श्रीराम ने कहा कि यह मेरा आदेश है। लक्ष्मण न चाहते हुए रथ ले आए और कुछ ही क्षण में वह सीता को लेकर वन की ओर चल दिए। वन पहुँच कर लक्ष्मण के हृदय में विचार आने लगे कि वह सीता को इस भयानक वन में कैसे छोड़ दें परन्तु भईया का आदेश तो मानना ही होगा।

अश्वमेध यज्ञ का अनुष्ठान

सब भाइयों के आग्रह को मानकर रामचन्द्र जी ने वशिष्ठ, वामदेव, जाबालि, कश्यप आदि ऋषियों को बुलाकर परामर्श किया। उनकी स्वीकृति मिल जाने पर वानरराज सुग्रीव को सन्देश भेजा गया कि वे विशाल वानर सेना के साथ यज्ञोत्सव में भाग लेने के लिये आवें। फिर विभीषण सहित अन्य राज-महाराजाओं को भी इसी प्रकार के सन्देश और निमन्त्रण भेजे गये। संसार भर के ऋषि-महर्षियों को भी सपरिवार आमन्त्रित किया गया। कुशल कलाकारों द्वारा नैमिषारण्य में गोमती तट पर विशाल एवं कलापूर्ण यज्ञ मण्डप बनाने की व्यवस्था की गई। विशाल हवन सामग्री के साथ आगन्तुकों के भोजन, निवास आदि के लिये बहुत बड़े पैमाने पर प्रबन्ध किया गया। नैमिषारण्य में दूर-दूर तक बड़े-बड़े बाजार लगवाये गये। सीता की सुवर्णमय प्रतिमा बनवाई गई। लक्ष्मण को एक विशाल सेना और शुभ लक्षणों से सम्पन्न कृष्ण वर्ण अश्व के साथ विश्व भ्रमण के लिये भेजा गया। देश-देश के राजाओं ने श्रीराम को अद्‌भुत उपहार भेंट करके अपने पूर्ण सहयोग का आश्वासन दिया। आगत याचकों को मनचाही वस्तुएँ संकेतमात्र से ही दी जा रही थीं। उस यज्ञ को देखकर ऋषि-मुनियों का कहना था कि ऐसा यज्ञ पहले कभी नहीं हुआ। यह यज्ञ एक वर्ष से भी अधिक समय तक चलता रहा। इस यज्ञ में सम्मिलित होने के लिये महर्षि वाल्मीकि भी अपने शिष्यों सहित पधारे। जब उनके निवास की समुचित व्यवस्था हो गई तो उन्होंने अपने दो शिष्यों लव और कुश को आज्ञा दी कि वे दोनों भाई नगर में सर्वत्र घूमकर रामायण काव्य का गान करें। उनसे यह भी कहा

कि जब तुमसे कोई पूछे कि तुम किसके पुत्र हो तो तुम केवल इतना कहना कि हम ऋषि वाल्मीकि के शिष्य हैं। यह आदेश पाकर सीता के दोनों पुत्र रामायण का सस्वर गान करने के लिये चल पड़े।

भरत व लक्ष्मण के पुत्रों के लिये राज्य व्यवस्था

यज्ञ की समाप्ति पर सुग्रीव, विभीषण आदि सहित राजाओं तथा ऋषि-मुनियों एवं निमन्त्रित जनों को अयोध्यापति राम ने सब प्रकार से सन्तुष्ट कर विदा किया। इसके पश्चात् उन्होंने राजकाज में मन लगाया। प्रजा का पालन करते हुये उन्होंने असंख्य यज्ञ एवं धार्मिक अनुष्ठान किये। उनके राज्य की महिमा दूर-दूर तक फैल रही थी। प्रजा सब प्रकार से सुखी और सम्पन्न थी पुत्रों एवं पौत्रों की समृद्धि एवं श्रद्धा से घिरी हुई माता कौसल्या ने इस संसार का त्याग किया। उनकी मृत्यु के पश्चात् कैकेयी, सुमित्रा भी परलोकगामिनी हो गईं। भरत के पुत्र तक्ष और पुष्कल जब बड़े हुये तो कैकेयनरेश तथा भरत के मामा युधाजित ने श्रीराम के पास सन्देश भेजा कि सिन्धु नदी के दोनों तटों पर गन्धर्व देश बसा हुआ है। उस प्रदेश में गन्धर्वराज शैलूष अपने तीन करोड़ महापराक्रमी गन्धर्वों के साथ राज्य करते हैं। यदि आप उस प्रदेश को जीत कर सिन्धु देश के दोनों ओर के प्रान्तों को तक्ष और पुष्कल को सौंप दें तो अति उत्तम हो। कैकेय नरेश की आज्ञा को शिरोधार्य कर श्रीराम ने भरत को गन्धर्व देश पर आक्रमण का आदेश दिया। कैकेय नरेश युधाजित भी अपनी सेना लेकर भरत के साथ आ मिले। दोनों सेनाओं ने मिलकर गन्धर्वों की राजधानी पर धावा बोल दिया। दोनों ओर की सेनाएँ भयंकर गर्जन-तर्जन करती हुई परस्पर युद्ध करने लगी। देखते-देखते समर भूमि में रक्त की नदियाँ बह गईं। सैनिकों के रुण्ड-मुण्ड उस शोणित-सरिता में जल-जन्तुओं की भाँति बहते दिखाई देने लगे। सात दिन तक यह भयानक युद्ध चलता रहा। अन्तिम दिन वीर भरत ने संवर्त नामक अस्त्र का प्रयोग करके गन्धर्व सेना का सर्वनाश कर दिया। इस प्रकार गन्धर्वों को परास्त कर भरत ने दो सुन्दर नगरों की स्थापना की। एक का नाम तक्षशिला रखा और तक्ष को वहाँ का राजा बनाया। दूसरे का नाम पुष्कलावत रखकर उस पुष्कल को सौंप दिया। नये अधिपतियों के शासन में दोनों नगरों ने अभूतपूर्व उन्नति की। पाँच वर्ष पश्चात् भरत अयोध्या लौट आये। इसके पश्चात् श्रीरामचन्द्र ने भरत के परामर्श से लक्ष्मण के पुत्र अंगद के लिये कारूमथ में और चन्द्रकान्त के लिये चन्द्रकान्त नगर का निर्माण किया और उन्हें वहाँ का राजा बनाया। राजाकाज की समुचित व्यवस्था करने के लिये उन्होंने अंगद के साथ लक्ष्मण को और चन्द्रकान्त के साथ भरत को भेजा जो एक वर्ष तक वहाँ का समुचित प्रबन्ध करके अयोध्या लौट आये।

लव-कुश द्वारा रामायण गान

जब लव-कुश अपने रामायण गान से पुरवासियों एवं आगन्तुकों का मन मोहने लगे तब एक दिन श्रीराम ने उन दोनों बालकों को अपनी राजसभा में बुलाया। उस समय राजसभा में श्रेष्ठ नैयायिक, दर्शन एवं कल्पसूत्र के विद्वान, संगीत तथा छन्द कला मर्मज्ञ, विभिन्न शास्त्रों के ज्ञाता, ब्रह्मवेत्ता आदि मनीषि विद्यमान थे। लव-कुश को देखकर सबको ऐसा प्रतीत होता था मानो दोनों श्रीराम के ही प्रतिरूप हैं। यदि इनके सिर पर जटाजूट और शरीर पर वल्कल न होते तो इनमें और श्रीराम में कोई अन्तर दिखाई न देता। दोनों भाइयों ने अपराह्ण तक प्रारम्भिक बीस सर्गों का गान किया और उस दिन का कार्यक्रम समाप्त किया। पाठ समाप्त होने पर श्रीराम ने भरत को आदेश दिया कि दोनों भाइयों को अट्ठारह हजार स्वर्ण मुद्राएँ दी जायें, किन्तु लव-कुश ने उसे लेने से इन्कार कर दिया और कहा कि हम वनवासी हैं, हमें धन की क्या आवश्यकता है? इससे श्रीराम सहित सब श्रोताओं को भारी आश्चर्य हुआ। उन्होंने पूछा, यह काव्य किसने लिखा है और इसमें कितने श्लोक हैं? यह सुनकर उन मुनिकुमारों ने बताया, महर्षि वाल्मीकि ने इस महाकाव्य की रचना की है। इसमें चौबीस हजार श्लोक और एक सौ उपाख्यान हैं। इसमें कुल पाँच सर्ग और छः काण्ड हैं। इसके अतिरिक्त उत्तरकाण्ड इसका सातवाँ काण्ड है। आपका चरित्र ही इस महाकाव्य का विषय है। यह सुनकर रघुनाथ जी ने यज्ञ समाप्त होने के पश्चात् सम्पूर्ण महाकाव्य सुनने की इच्छा प्रकट की। इस काव्य-कथा को सुनकर उन्हें पता चला कि कुश और लव सीता के ही सुपुत्र हैं।

सीता का रसातल प्रवेश

सीता के त्याग और तपस्या का वृतान्त सुनकर रामचन्द्रजी ने अपने विशिष्ट दूत के द्वारा महर्षि वाल्मीकि के पास सन्देश भिजवाया, "यदि सीता का चरित्र शुद्ध है और वे आपकी अनुमति ले यहाँ आकर जन समुदाय में अपनी शुद्धता प्रमाणित करें और मेरा कलंक दूर करने के लिये शपथ करें तो मैं उनका स्वागत करूँगा।" यह सन्देश सुनकर वाल्मीकि ने कहलवाया, "ऐसा ही होगा। सीता वही करेंगीं जो श्रीराम चाहेंगे क्योंकि पति स्त्री के लिये परमात्मा होता है।" यह उत्तर पाकर सीता शपथ के अवसर पर राजा राम ने सब ऋषि-मुनियों, नगरवासियों आदि को उस समय सभागार में उपस्थित रहने के लिये निमन्त्रित किया।

दूसरे दिन सीता जी का शपथ ग्रहण देखने के लिये नाना देशों से पधारे ऋषि-मुनि, विद्वान, नागरिक सहस्त्रों की संख्या में उस सभा भवन में आकर उपस्थित हो गये। निश्चित समय पर वाल्मीकि सीता को लेकर आये। आगे-आगे महर्षि वाल्मीकि थे और उनके पीछे दोनों हाथ जोड़े, नेत्रों में आँसू बहाती सीता आ रही थीं। वे मन ही मन श्रीराम का चिन्तन कर रही थीं। उस समय महर्षि के पीछे आती हुई सीता इस प्रकार जान पड़ती थीं मानो सृष्टिकर्ता ब्रह्माजी के पीछे श्रुति चली आ रही हो। काषायवस्त्रधारिणी सीता की दीन-हीन दशा देखकर वहाँ उपस्थित सभी लोगों का हृदय दुःख से भर आया और वे शोक से विकल हो आँसू बहाने लगे। वाल्मीकि बोले, "श्रीराम! मैं तुम्हें विश्वास दिलाता हूँ कि सीता पवित्र और सती है। कुश और लव आपके ही पुत्र हैं। मैं कभी मिथ्याभाषण नहीं करता। यदि मेरा कथन मिथ्या हो तो मेरी सम्पूर्ण तपस्या निष्फल हो जाय। मेरी इस साक्षी के बाद सीता स्वयं शपथपूर्वक आपको अपनी निर्दोषिता का आश्वासन देंगीं।" महर्षि के इन उत्तम वचनों को सुनकर और सभा के मध्य में जानकी को प्रांजलिभूत खड़ी देखकर रघुनन्दन बोले, "हे ऋषिश्रेष्ठ! आपका कथन सत्य है और आपके निर्दोष वचनों पर मुझे पूर्ण विश्वास है। वास्तव में वैदेही ने अपनी सच्चरित्रता का विश्वास मुझे अग्नि के समक्ष दिला दिया था परन्तु लोकापवाद के कारण ही मुझे इन्हें त्यागना पड़ा। आप मुझे इस अपराध के लिये क्षमा करें।"

तत्पश्चात् श्रीराम सभी ऋषि-मुनियों, देवताओं और उपस्थित जनसमूह को लक्ष्य करके बोले, हे मुनि एवं विज्ञजनों! मुझे महर्षि वाल्मीकि जी के कथन पर पूर्ण विश्वास है परन्तु यदि सीता स्वयं सबके समक्ष अपनी शुद्धता का पूर्ण विश्वास दें तो मुझे प्रसन्नता होगी। राम का कथन समाप्त होते ही सीता हाथ जोड़कर, नेत्र झुकाये बोलीं, "मैंने अपने जीवन में यदि श्रीरघुनाथजी के अतिरिक्त कभी किसी दूसरे पुरुष का चिन्तन न किया हो तो मेरी पवित्रता के प्रमाणस्वरूप भगवती पृथ्वी देवी अपनी गोद में मुझे स्थान दें।"

सीता के इस प्रकार शपथ लेते ही पृथ्वी फटी। उसमें से एक सिंहासन निकला। उसी के साथ पृथ्वी की अधिष्ठात्री देवी भी दिव्य रूप में प्रकट हुईं। उन्होंने दोनों भुजाएँ बढ़ाकर स्वागतपूर्वक सीता को उठाया और प्रेम से सिंहासन पर बिठा लिया। देखते-देखते सीता सहित सिंहासन पृथ्वी में लुप्त हो गया। सारे दर्शक स्तब्ध से यह अभूतपूर्व दृश्य देखते रहे। सम्पूर्ण वातावरण मोहाच्छन्न सा हो गया। इस सम्पूर्ण घटना से राम को बहुत दुःख हुआ। उनके नेत्रों से अश्रु बहने लगे। वे दुःखी होकर बोले, "मैं जानता हूँ, माँ वसुन्धरे! तुम ही सीता की सच्ची माता हो। राजा जनक ने हल जोतते हुये तुमसे ही सीता को पाया था, परन्तु तुम मेरी सीता को मुझे लौटा दो या मुझे भी अपनी गोद में समा लो।" श्रीराम को इस प्रकार विलाप करते देख ब्रह्मादि देवताओं ने उन्हें नाना प्रकार से सान्त्वना देकर समझाया।

लक्ष्मण का परित्याग एवं महाप्रयाण

जब इस प्रकार राज्य करते हुये श्रीरघुनाथजी को बहुत वर्ष व्यतीत हो गये तब एक दिन काल तपस्वी के वेश में राजद्वार पर आया। उसने सन्देश भिजवाया कि मैं महर्षि अतिबल का दूत हूँ और अत्यन्त आवश्यक कार्य से श्री रामचन्द्र जी से मिलना चाहता हूँ। सन्देश पाकर राजचन्द्रजी ने उसे तत्काल बुला भेजा। काल के उपस्थित होने पर श्रीराम ने उन्हें सत्कारपूर्वक यथोचित आसन दिया और महर्षि अतिबल का सन्देश सनाने का आग्रह किया। यह सुनकर मुनिवेषधारी काल ने कहा, यह बात अत्यन्त गोपनीय है। यहाँ हम दोनों के अतिरिक्त कोई तीसरा व्यक्ति नहीं रहना चाहिये। मैं आपको इसी शर्त पर उनका सन्देश दे सकता हूँ कि यदि बातचीत के समय कोई

व्यक्ति आ जाये तो आप उसका वध कर देंगे। श्रीराम ने काल की बात मानकर लक्ष्मण से कहा, तुम इस समय द्वारपाल को विदा कर दो और स्वयं ड्योढ़ी पर जाकर खड़े हो जाओ। ध्यान रहे, इन मुनि के जाने तक कोई यहाँ आने न पाये। जो भी आयेगा, मेरे द्वारा मारा जायेगा। जब लक्ष्मण वहाँ से चले गये तो उन्होंने काल से महर्षि का सन्देश सुनाने के लिये कहा। उनकी बात सुनकर काल बोला, मैं आपकी माया द्वारा उत्पन्न आपका पुत्र काल हूँ। ब्रह्मा जी ने कहलाया है कि आपने लोकों की रक्षा करने के लिये जो प्रतिज्ञा की थी वह पूरी हो गई। अब आपके स्वर्ग लौटने का समय हो गया है। वैसे आप अब भी यहाँ रहना चाहें तो आपकी इच्छा है। यह सुनकर श्रीराम ने कहा, जब मेरा कार्य पूरा हो गया तो फिर मैं यहाँ रहकर क्या करूँगा? मैं शीघ्र ही अपने लोक को लौटूँगा। जब काल रामचन्द्र जी से इस प्रकार वार्तालाप कर रहा था, उसी समय राजप्रासाद के द्वार पर महर्षि दुर्वासा रामचन्द्र से मिलने आये। वे लक्ष्मण से बोले, मुझे

तत्काल राघव से मिलना है। विलम्ब होने से मेरा काम बिगड़ जायेगा। इसलिये तुम उन्हें तत्काल मेरे आगमन की सूचना दो। लक्ष्मण बोले, वे इस समय अत्यन्त व्यस्त हैं। आप मुझे आज्ञा दीजिये, जो भी कार्य हो मैं पूरा करूँगा। यदि उन्हीं से मिलना हो तो आपको दो घड़ी प्रतीक्षा करनी होगी। यह सुनते ही मुनि दुर्वासा का मुख क्रोध से तमतमा आया और बोले, तुम अभी जाकर राघव को मेरे आगमन की सूचना दो। यदि तुम विलम्ब करोगे तो मैं शाप देकर समस्त रघुकुल और अयोध्या को अभी इसी क्षण भस्म कर दूँगा। ऋषि के क्रोधयुक्त वचन सुनकर लक्ष्मण सोचने लगे, चाहे मेरी मृत्यु हो जाये, रघुकुल का विनाश नहीं होना चाहिये। यह सोचकर उन्होंने रघुनाथजी के पास जाकर दुर्वासा के आगमन का समाचार जा सुनाया। रामचन्द्र जी काल को विदा कर महर्षि दुर्वासा के पास पहुँचे। उन्हें देखकर दुर्वासा ऋषि ने कहा, रघुनन्दन! मैंने दीर्घकाल तक उपवास करके आज इसी क्षण अपना व्रत खोलने का निश्चय किया है। इसलिये तुम्हारे यहाँ जो भी भोजन तैयार हो तत्काल मँगाओ और श्रद्धापूर्वक मुझे खिलाओ। रामचन्द्र जी ने उन्हें सब प्रकार से सन्तुष्ट कर विदा किया। फिर वे काल कि दिये गये वचन को स्मरण कर भावी भ्रातृ वियोग की आशंका से अत्यन्त दुःखी हुये। अग्रज को दुःखी देख लक्ष्मण बोले, प्रभु! यह तो काल की गति है। आप दुःखी न हों और निश्चिन्त होकर मेरा वध करके अपनी प्रतिज्ञा पूरी करें। लक्ष्मण की बात सुनकर वे और भी व्याकुल हो गये। उन्होंने गुरु वशिष्ठ तथा मन्त्रियों को बुलाकर उन्हें सम्पूर्ण वृतान्त सुनाया। यह सुनकर वशिष्ठ जी बोले, राघव!

आप सबको शीघ्र ही यह संसार त्याग कर अपने-अपने लोकों को जाना है। इसका प्रारम्भ सीता के प्रस्थान से हो चुका है। इसलिये आप लक्ष्मण का परित्याग करके अपनी प्रतिज्ञा पूरी करें। प्रतिज्ञा नष्ट होने से धर्म का लोप हो जाता है। साधु पुरुषों का त्याग करना उनके वध करने के समान ही होता है। गुरु वशिष्ठ की सम्मति मानकर श्री राम ने दुःखी मन से लक्ष्मण का परित्याग कर दिया। वहाँ से चलकर लक्ष्मण सरयू के तट पर आये। जल का आचमन कर हाथ जोड़, प्राणवायु को रोक, उन्होंने अपने प्राण विसर्जन कर दिये।

महाप्रयाण

लक्ष्मण का त्याग करके अत्यन्त शोक विह्वल हो रघुनन्दन ने पुरोहित, मन्त्रियों और नगर के श्रेष्ठिजनों को बुलाकर कहा, आज मैं अयोध्या के सिंहासन पर भरत का अभिषेक कर स्वयं वन को जाना चाहता हूँ। यह सुनते ही सबके नेत्रों से अश्रुधारा बह चली। भरत ने कहा, मैं भी अयोध्या में नहीं रहूँगा, मैं आपके साथ चलूँगा। आप कुश और लव का अभिषेक कीजिये। प्रजाजन भी कहने लगे कि हम सब भी आपके साथ चलेंगे। कुछ क्षण विचार करके उन्होंने दक्षिण कौशल का राज्य कुश को और उत्तर कौशल का राज्य लव को सौंपकर उनका अभिषेक किया। कुश के लिये विन्ध्याचल के किनारे कुशावती और लव के लिये श्रावस्ती नगरों का निर्माण कराया फिर उन्हें अपनी-अपनी राजधानियों को जाने का आदेश दिया। इसके पश्चात् एक द्रुतगामी दूत भेजकर मधुपुरी से शत्रुघ्न को बुलाया। दूत ने शत्रुघ्न को लक्ष्मण के त्याग, लव-कुश के अभिषेक आदि की सारी बातें भी बताईं। इस घोर कुलक्षयकारी वृतान्त को सुनकर शत्रुघ्न अवाक् रह गये। तदन्तर उन्होंने अपने दोनों पुत्रों सुबाहु और शत्रुघाती को अपना राज्य बाँट दिया। उन्होंने सबाहु को मधुरा का और शत्रुघाती को विदिशा का राज्य सौंप तत्काल अयोध्या के लिये प्रस्थान

किया। अयोध्या पहुँचकर वे बड़े भाई से बोले, मैं भी आपके साथ चलने के लिये तैयार होकर आ गया हूँ। कृपया आप ऐसी कोई बात न कहें जो मेरे निश्चय में बाधक हो। इसी बीच सुग्रीव भी आ गये और उन्होंने बताया कि मैं अंगद का राज्यभिषक करके आपके साथ चलने के लिये आया हूँ। उनकी बात सुनकर रामचन्द्रजी मुस्कुराये और बोले, बहुत अच्छा। फिर विभीषण से बोले, विभीषण! मैं चाहता हूँ कि तुम इस संसार में रहकर लंका में राज्य करो। यह मेरी हार्दिक इच्छा है। आशा है, तुम इसे अस्वीकार नहीं करोगे। विभीषण ने भारी मन से रामचन्द्र जी का आदेश स्वीकार कर लिया। श्रीराम ने हनुमान को भी सदैव पृथ्वी पर रहने की आज्ञा दी। जाम्बवन्त, मैन्द और द्विविद को द्वापर तथा कलियुग की सन्धि तक जीवित रहने का आदेश दिया। अगले दिन प्रातःकाल होने पर धर्मप्रतिज्ञ श्री रामचन्द्र जी ने गुरु वशिष्ठ जी की आज्ञा से महाप्रस्थानोचित सविधि सब धर्मकृत्य किये। तत्पश्चात् पीताम्बर धारण कर हाथ में कुशा लिये राम ने वैदिक मन्त्रों के उच्चारण के साथ सरयू नदी की ओर प्रस्थान किया। नंगे पैर चलते हुये वे सूर्य के समान प्रकाशमान मालूम पड़ रहे थे। उस समय उनके दक्षिण भाग में साक्षात् लक्ष्मी, वाम भाग में भूदेवी और उनके समक्ष संहार शक्ति चल रही थी। उनके साथ बड़े-बड़े ऋषि-मुनि और समस्त ब्राह्मण मण्डली थी। वे सब स्वर्ग का द्वार खुला देख उनके साथ चले जाते थे। उनके साथ उनके राजमहल के सभी आबालवृद्ध स्त्री-पुरुष भी चल रहे थे। भरत व शत्रुघ्न भी अपने-अपने रनवासों के साथ श्रीराम के संग-संग चल रहे थे। सब मन्त्री तथा सेवकगण अपने परिवारों सहित उनके पीछे हो लिये। उन सबके पीछे मानो सारी अयोध्या ही चल रही थी। मस्त ऋक्ष और वानर भी किलकारियाँ मारते, उछलते-कूदते, दौड़ते हुये चले। इस समस्त समुदाय में कोई भी दुःखी अथवा उदास नहीं था, बल्कि सभी इस प्रकार प्रफुल्लित थे जैसे छोटे बच्चे मनचाहा खिलौना पाने पर प्रसन्न होते हैं। इस प्रकार चलते हुये वे सरयू नदी के पास पहुँचे। उसी समय सृष्टिकर्ता ब्रह्माजी सब देवताओं और ऋषियों के साथ वहाँ आ पहुँचे। श्रीराम को स्वर्ग ले जाने के लिये करोड़ों विमान भी वहाँ उपस्थित हुये। उस समय समस्त आकाशमण्डल दिव्य तेज से दमकने लगा। शीतल-मंद-सुगन्धित वायु बहने लगी, आकाश में गन्धर्व दुन्दुभियाँ बजाने लगे, अप्सराएँ नृत्य करने लगीं और देवतागण फूल बरसाने लगे। श्रीरामचन्द्रजी ने सभी भाइयों और साथ में आये जनसमुदाय के साथ पैदल ही सरयू नदी में प्रवेश किया। तब आकाश से ब्रह्माजी बोले, हे राघव! हे विष्णु! आपका मंगल हो। हे विष्णुरूप रघुनन्दन! आप अपने भाइयों के साथ अपने स्वरुपभूत लोक में प्रवेश करें। चाहें आप चतुर्भुज विष्णु रूप धारण करें और चाहें सनातन आकाशमय अव्यक्त ब्रह्मरूप में रहें। पितामह ब्रह्मा जी की स्तुति सुनकर श्रीराम वैष्णवी तेज में प्रविष्ट हो विष्णुमय हो गये। सब देवता, ऋषि-मुनि, मरुदगण, इन्द्र और अग्नदेव उनकी पूजा करने लगे। नाग, यक्ष, किन्नर, अप्सराएँ तथा राक्षस आदि प्रसन्न हो उनकी स्तुति करने लगे। तभी विष्णुरूप श्रीराम ब्रह्माजी से बोले, हे सुव्रत! ये जितने भी जीव स्नेहवश मेरे साथ चले आये हैं, ये सब मेरे भक्त हैं, इस सबको स्वर्ग में रहने के लिये उत्तम स्थान दीजिये। ब्रह्मा जी ने उन सबको ब्रह्मलोक के समीप स्थित संतानक नामक लोक में भेज दिया। वानर और ऋक्ष आदि जिन-जिन देवताओं के अंश से उत्पन्न हुये थे, वे सब उन्हीं में लीन हो गये। सुग्रीव ने सूर्यमण्डल में प्रवेश किया। उस समय जिसने भी सरयू में डुबकी लगाई वहीं शरीर त्यागकर परमधाम का अधिकारी हो गया।

लव कुश द्वारा प्रस्तुत रामायण

हम कथा सुनाते राम सकल गुणधाम की,
हम कथा सुनाते राम सकल गुणधाम की,
ये रामायण है पुण्य कथा श्री राम की,
जम्बुद्वीपे, भरत खंडे. आर्यावर्ते, भारतवर्षे,
इक नगरी है विख्यात अयोध्या नाम की,
यही जन्म भूमि है परम पूज्य श्री राम की,
हम कथा सुनाते राम सकल गुणधाम की,
ये रामायण है पुण्य कथा श्री राम की,
ये रामायण है पुण्य कथा श्री राम की,
रघुकुल के राजा धर्मात्मा, चक्रवर्ती दशरथ पुण्यात्मा,
संतति हेतु यज्ञ करवाया, धर्म यज्ञ का शुभ फल पाया,
नृप घर जन्मे चार कुमारा, रघुकुल दीप जगत आधारा,
चारों भ्रातों के शुभ नामा, भरत, शत्रुध्न, लक्ष्मण रामा,
गुरु वशिष्ठ के गुरुकुल जाके, अल्प काल विद्या सब पाके,
पूरण हुयी शिक्षा, रघुवर पूरण काम की,
हम कथा सुनाते राम सकल गुणधाम की,
ये रामायण है पुण्य कथा श्री राम की,
मृदु स्वर, कोमल भावना, रोचक प्रस्तुति ढंग,
इक इक कर वर्णन करें, लव कुश राम प्रसंग,
विश्वामित्र महामुनि राई, तिनके संग चले दोउ भाई,
कैसे राम ताड़का मारी, कैसे नाथ अहिल्या तारी,
मुनिवर विश्वामित्र तब, संग ले लक्ष्मण राम,
सिया स्वयंवर देखने, पहुंचे मिथिला धाम,
जनकपुर उत्सव है भारी,
जनकपुर उत्सव है भारी,
अपने वर का चयन करेगी सीता सुकुमारी,
जनकपुर उत्सव है भारी,
जनक राज का कठिन प्रण, सुनो सुनो सब कोई,
जो तोड़े शिव धनुष को, सो सीता पति होई,
को तोरी शिव धनुष कठोर, सबकी दृष्टि राम की ओर,
राम विनय गुण के अवतार, गुरुवार की आज्ञा शिरधार,
सहज भाव से शिव धनु तोड़ा, जनकसुता संग नाता जोड़ा,
रघुवर जैसा और न कोई, सीता की समता नही होई,
दोउ करें पराजित कांति कोटि रति काम की,
हम कथा सुनाते राम सकल गुणधाम की,
ये रामायण है पुण्य कथा सिया राम की,
सब पर शब्द मोहिनी डारी, मन्त्र मुग्ध भये सब नर नारी,
यूँ दिन रैन जात हैं बीते, लव कुश ने सबके मन जीते,

वन गमन, सीता हरण, हनुमत मिलन,
लंका दहन, रावण मरण, अयोध्या पुनरागमन.
सविस्तार सब कथा सुनाई, राजा राम भये रघुराई,
राम राज आयो सुख दाई, सुख समृद्धि श्री घर घर आई,
काल चक्र नें घटना क्रम में ऐसा चक्र चलाया,
राम सिया के जीवन में फिर घोर अँधेरा छाया,
अवध में ऐसा, ऐसा इक दिन आया,
निष्कलंक सीता पे प्रजा नें मिथ्या दोष लगाया,
अवध में ऐसा, ऐसा इक दिन आया,
चल दी सिया जब तोड़ कर सब नेह नाते मोह के,
पाषाण हृदयों में न अंगारे जगे विद्रोह के,
ममतामयी माँओं के आँचल भी सिमट कर रह गए,
गुरुदेव ज्ञान और नीति के सागर भी घट कर रह गए,
न रघुकुल न रघुकुलनायक,
कोई न सिय का हुआ सहायक,
मानवता को खो बैठे जब, सभ्य नगर के वासी,
तब सीता को हुआ सहायक, वन का इक सन्यासी,
उन ऋषि परम उदार का वाल्मीकि शुभ नाम,
सीता को आश्रय दिया ले आए निज धाम,
रघुकुल में कुलदीप जलाए,
राम के दो सुत सिय नें जाए,

श्रोतागण, जो एक राजा की पुत्री है, एक राजा की पुत्रवधू है, और एक चक्रवर्ती राजा की पत्नी है, वही महारानी सीता वनवास के दुःखों में अपने दिन कैसे काटती है. अपने कुल के गौरव और स्वाभिमान के रक्षा करते हुए, किसी से सहायता मांगे बिना कैसे अपना काम वो स्वयं करती है, स्वयं वन से लकड़ी काटती है, स्वयं अपना धान कूटती है, स्वयं अपनी चक्की पीसती है, और अपनी संतान को स्वावलंबी बनने की शिक्षा कैसे देती है अब उसकी एक करुण झांकी देखिये-

जनक दुलारी कुलवधू दशरथजी की,
राजरानी होके दिन वन में बिताती है,
रहते थे घेरे जिसे दास दासी आठों याम,
दासी बनी अपनी उदासी को छिपती है,
धरम प्रवीना सती, परम कुलीना,
सब विधि दोष हीना जीना दुःख में सिखाती है,
जगमाता हरिप्रिया लक्ष्मी स्वरूपा सिया,
कूटती है धान, भोज स्वयं बनती है,
कठिन कुल्हाड़ी लेके लकड़ियाँ काटती है,
करम लिखे को पर काट नहीं पाती है,
फूल भी उठाना भारी जिस सुकुमारी को था,
दुःख भरे जीवन का बोझ वो उठाती है,

अर्धांगिनी रघुवीर की वो धर धीर,
भरती है नीर, नीर नैन में न लाती है,
जिसकी प्रजा के अपवादों के कुचक्र में वो,
पीसती है चाकी स्वाभिमान को बचाती है,
पालती है बच्चों को वो कर्मयोगिनी की भाँति,
स्वाभिमानी, स्वावलंबी, सबल बनाती है,
ऐसी सीता माता की परीक्षा लेते दुःख देते,
निठुर नियति को दया भी नही आती है,
उस दुखिया के राज दुलारे, हम ही सुत श्री राम तिहारे,
सीता मां की आँख के तारे, लव कुश हैं पितु नाम हमारे,
हे पितु, भाग्य हमारे जागे, राम कथा कही राम के आगे।
पुनि पुनि कितनी हो कही सुनाई, हिय की प्यास बुझत न बुझाई।
सीता राम चरित अतिपावन, मधुर सरस अरु अति मनभावन।

लव और कुश ने कहा, महर्षि वाल्मीकि रचित रामायण महाकाव्य यहाँ समाप्त होता है। यह महाकाव्य आयु तथा सौभाग्य को बढ़ाता है और पापों का नाश करता है। इसका नियमित पाठ करने से मनुष्य की सभी कामनाएँ पूरी होती हैं और अन्त में परमधाम की प्राप्ति होती है। सूर्यग्रहण के समय कुरुक्षेत्र में एक बार स्वर्ण का दान करने से जो फल मिलता है, वही फल प्रतिदिन रामायण का पाठ करने या सुनने से होता है। यह रामायण काव्य गायत्री का स्वरूप है। यह चरित्र धर्म, अर्थ, काम और मोक्ष चारों पुरुषार्थों को देने वाला है। इस प्रकार इस पुराण महाकाव्य का आप श्रद्धा और विश्वास के साथ नियमपूर्वक पाठ करें। आपका कल्याण होगा।

लव-कुश जन्म भूमि

त्रेता युग के श्रीराम के काल से स्थापित और रामायण का अन्त जिस नाम से होता है वह है-लव और कुश है। सर्वप्रथम श्रीराम कथा लव और कुश ने कही थी और सुनने वाले स्वयं भगवान श्रीराम ही थे। वर्तमान समय में "लव-कुश विचारधारा" पत्रिका, "लव-कुश समाज", "लव-कुश छात्रावास", वाराणसी में नई सड़क पर शाकाहारी भोजन का प्रसिद्ध "लव कुश होटल", उदयपुर(राजस्थान, भारत) में "लव कुश स्टेडियम" भी स्थापित है। दिल्ली में "लव कुश रामलीला कमेटी" वर्षों से रामलीला आयेजित करती आ रही है। "लव-कुश" पर कई बार फिल्में भी बन चुकी हैं। प्रायः जुड़वा पुत्रों के नाम लव और कुश ही लोग रखना चाहते हैं।

लव-कुश का जन्म कहां हुआ, सीता पाताल में कैसे और कहां समाईं इसका रहस्य बरकरार है। देश के अनेक स्थल सबूत भी देते हैं लेकिन इन सबूतों में कहां तक सच्चाई है ये बताने वाला तो यहां फिलहाल कोई नहीं है और लव-कुश जन्मभूमि के रूप में अनेक स्थल भारत देश के अनेक प्रदेशों में उपलब्ध हैं कुछ का विवरण निम्न प्रकार है-

1.बिठूर (कानपुर, उ0 प्र0)

उत्तर प्रदेश के कानपुर शहर से 17 किलोमीटर दूर बिठूर में महर्षि वाल्मीकि आश्रम है। लव-कुश की जन्म स्थली कही जाने वाले बिठूर में हर दिन हजारों की संख्या में लोग यहां दर्शन के लिए आते हैं। केवल शहर के ही नहीं, बल्कि कानपुर आने वाले सैलानी भी भगवान राम से जुड़ी इस स्थली के मोह से दूर नहीं हो पाते हैं। सीता रसोई, वाल्मीकि आश्रम आदि के अस्तित्व आज भी यहां विराजमान हैं। यहां माता सीता का एक मंदिर भी है। मंदिर में माता सीता की प्रतिमा अपने पुत्र लव और कुश के साथ है। मंदिर के पुजारी के मुताबिक आठ लाख साल पहले माता सीता बिठूर आईं थी और यहीं पर लव-कुश का जन्म हुआ था। लव-कुश ने इसी स्थान पर वाल्मीकि से शिक्षा भी प्राप्त की थी। वहीं राम जानकी मन्दिर में लव-कुश के बाण आज भी रखे हुए हैं। गंगा नदी के किनारे बसे इस स्थान पर एक ओर सीता रसोई भी बनी हुई है। यहीं पर सीता जी भोजन बनाती थीं। उस समय उपयोग किए गए बर्तन भी सीता रसोई में मौजूद हैं। पुजारी ने बताया कि लव-कुश यहीं पर मां गंगा में स्नान करते थे और यहीं पर बाण चलाना, घुड़सवारी आदि भी सीखी थी।

भगवान राम ने जब अश्वमेघ यज्ञ कराया था, तो कोई भी राजा उस समय उनके घोड़े को पकड़ने की हिम्मत नहीं कर पाया था। वाल्मीकि रामायण में उल्लेख है कि जब वह घोडा बिठूर पहुंचा तो लव-कुश ने उसे बांध लिया था। इसके बाद राम भक्त हनुमान यहां घोड़ा छुडाने के लिए आये थे। लव-कुश से युद्ध में वह परास्त हो गए और उन्हें यहीं पर बंधक बना लिया गया था। आज भी यहां पर वह स्थल बना हुआ है, जहां पर हनुमान जी को कैद किया गया था। इसके बाद घोड़ा छुड़ाने पहुंचे लक्ष्मण जी को भी यहीं पर बंधक बना लिया गया था।

बताया जाता है कि यहीं पर सीता जी पाताल में समाई थीं। हनुमान और लक्ष्मण की कोई खबर न मिलने पर भगवान राम स्वयं युद्ध के लिए यहां पहुंचे थे। युद्ध के बीच में ही उन्हें पता चला था कि जिन लव-कुश से वे युद्ध कर रहे हैं, वे उनके ही पुत्र हैं। इसके बाद माता सीता से राम की मुलाकात भी यहीं पर हुई थी। जब राम ने माता सीता को स्पर्श करने की कोशिश की तो वे धरती में समा गईं। यह स्थान भी यहां मौजूद हैं। सुबह शाम इस स्थल पर पूजा की जाती है।

नई पीढ़ी को शायद न पता हो कि जब राजा रामचंद्र जी ने मां सीता का अयोध्या से परित्याग किया। तब लक्ष्मण जी उनको वन में छोड़ने के लिए रथ से निकले। मार्ग में उन्नाव के निकट (कुशुम्भी) नामक स्थान पर माता सीता को प्यास लगी। इस पर लक्ष्मण जी ने उन्हें यहीं पर जल पिलाया और तब सीता ने लक्ष्मण जी को बताया कि राजा राम ने उनका परित्याग कर दिया है। इसके बाद सीता माता बिठूर (कानपुर) पहुंची जहां पर आज भी वाल्मीकि आश्रम स्थित है। यहीं पर लव-कुश का जन्म हुआ और उनका पूरा बचपन भी यहीं व्यतीत हुआ था।

विशेष बात यह है कि कानपुर के बिरहाना रोड पर स्थित तपेश्वरी मंदिर में ही लव-कुश का मुंडन और कर्ण छेदन हुआ था। इसी कारण इस पूरे क्षेत्र को कर्णपुर कहा जाता था, जो बाद में कानपुर हो गया।

2.बालैनी (बागपत, उ0 प्र0)

मेरठ के पास स्थित बागपत का नाम तो सभी ने सुना होगा। वहां एक बहुत ही प्रसिद्ध मंदिर है, पुरा महादेव। कांवड़ के समय वहां पर लाखों श्रद्धालु गंगाजल लाकर भोले शंकर का जलाभिषेक करते हैं। लेकिन क्या आपको पता है कि बागपत में ही एक जगह ऐसी भी है, जहां भगवान राम और माता सीता के बेटे लव व कुश का जन्म हुआ था। मेरठ से करीब 27 किलोमीटर दूर बागपत का एक गांव है बालैनी। यह गांव बागपत शहर से भी करीब 23 किलोमीटर दूर है। मेरठ से बागपत की तरफ जाते समय करीब 27 किलोमीटर दूर अंदर की तरफ एक रास्ता कटता है। इस रास्ते पर आप चलेंगे तो आखिर में आपको एक आश्रम दिखाई देगा। बताते हैं कि इस आश्रम को पहले ब्रह्मतुंग नाम से जाना जाता था। बाद में इसे नागेश्वर महादेव के नाम से पहचान मिली। वहीं, बाल्मीकि आश्रम के नाम से प्रसिद्ध यह स्थान अब बालैनी कहा जाने लगा है। हर साल आखातीज यानि अक्षय तृतीया के अवसर पर यहां लव-कुश का जन्मदिवस मनाया जाता है।

3.सीतामढ़ी (संत रविदास नगर भदोही, उ0 प्र0)

धर्मनगरी काशी-प्रयागराज के मध्य भदोही के दक्षिणांचल में गंगा तट पर बसा सीतामढ़ी महर्षि बाल्मिकी की तपोस्थली है। धार्मिक मान्यता के अनुसार तेत्रायुग में इसी पवित्र स्थली पर लव-कुश कुमारों ने प्रभु श्रीराम के अश्वमेध यज्ञ के घोड़े को बांधा था और उनकी चतुरंगिणी सेना को पराजित किया था। मां सीता अग्नि परीक्षा के दौरान यहीं धरती में समाहित हुई थीं। अनादिकाल से अषाढ़ मास की शुक्लपक्ष को नवमी मेले का आयोजन होता है। यह मेला पूरे नौ दिन चलता है। भागीरथी यानी मां गंगा इस पवित्र तीर्थ स्थल को छूती हुई चंद्राकार होते हुए निकलती हैं। महर्षि बाल्मिकी की तपोस्थली ठीक गंगा तट पर है। जहां आप पहुंच कर उस तेत्रायुग की तपोस्थली का अवलोकन कर सकते हैं।

जब प्रभु श्रीराम ने अयोध्या की प्रजा के विश्वास की रक्षा के लिए मां सीता का अग्नि परीक्षा के लिए निर्वासन किया था तो घोर जंगल था। तुलसीदास ने अपनी कवितावली में इस स्थान का उल्लेख भी किया है, 'जहां बाल्मिकी भयो व्याध ते मुनींद्र, साधुए सिय को निवास लव-कुश जनम थलु। बारिपुर, दिगपुर बीच बिलसति भूमि। ये सभी सभी गांव आज भी मौजूद हैं। जंगल होने के प्रमाण भी मिलते हैं। निर्वासन के दौरान इसी तपोभूमि में लव-कुश कुमारों का जन्म हुआ था। बाद में जब प्रभु श्रीराम ने अश्वमेध का यज्ञ का घोड़ा छोड़ा तो उसे बांधने वाले लव-कुश कुमार ही थे।

अखिल भारतीय रामायण मेले को स्थानीय लोग नवमी या फिर लव-कुश मेले के रुप में पुकारते हैं। पूरे नौ दिन तक धार्मिक प्रवचन का आयोजन होता है। मेले का आयोजन अनादिकाल से होता चला आ रहा है। अंतिम दिन भव्य मेला लगता है, जिसे देखने कई जिलों से लोग पहुंचते हैं। जिला प्रशासन की तरफ से बिजली, पानी के साथ साफ-सफाई का विशेष ख्याल रखा जाता है। पर्यटक स्थल पर पहुंचने के बाद पूरा प्राकृतिक वातावरण आपको मिलेगा। प्रयागराज से राष्टीय राजमार्ग से चल कर भीटी और वाराणसी से आने पर जंगीगंज नामक स्थल पर उतर कर सड़क मार्ग से पहुंचा जा सकता है। दोनों स्थलों से सीतामढ़ी की दूरी 11 किमी के आसपास है। पर्यटन स्थल तक निजी साधन चलते हैं।

भारत के पर्यटन मानचित्र पर सीता समाहित स्थल बेहद तेजी से उभरा है। पूरे साल देश और दुनिया से पर्यटक आते हैं, अब तो विदेशी सैलानियों की भी आमद बढ़ने लगी है। इस पूरे इलाके को दिल्ली के उद्योगपति पुंज परिवार ने विकसित किया है। सबसे बड़ा वातानुकूलित हाल के साथ सीबीएसई आधारित कॉलेज, बीएड कालेज जैसी सुविधाएं हैं। तीन सितारा होटल भी है, पर्यटक भोजन और रात्रि विश्राम भी कर सकते हैं। पूरे इलाके

को पुंज परिवार ने बेहद अच्छे तरीके से विकसित किया है। लायड पुंज ट्रस्ट की तरफ से हर साल गरीब बेटियों के सामूहिक विवाह का आयोजन होता है। बेहद रमणीक और प्राकृतिक छटा से सम्पन्न सुरम्य स्थल है।

दिल्ली की पुंज लायड संस्था ने अच्छा विकास कराया है। जिस जगह मां सीता धरती में समाहित हुई थीं एक दो मंजिला भव्य मंदिर का निर्माण कराया है। मंदिर के नीचले तल में धरती में समाहित होती मां सीता की भव्य प्रतिमा है। जबकि उपरी तल पर कांच की कलात्मक के साथ मां सीता की मनमोहक प्रतिमा स्थापित की गई है। परिसर में 108 फीट आसमान को नापती महाबली बजरंगबली की प्रतिमा पर्यटकों को दूर से अपनी तरफ आकर्षित करती है। यह एशिया की सबसे उंची हनुमान प्रतिमा है। कैलाश पर्वत पर शिव की जटा से निकलती गंगा मन को मोह लेती हैं। सीता माता के केश भी एक घास के रुप में बिखरी पड़े हैं। मान्यता है कि उसे आपस में बांधने से सारी मनोकामनाएं पूरी होती हैं। इसे बगही माता केस के नाम से लोग जानते हैं। झील और फौव्वारे रात की रोशनी में सुंदरता नयनाभिराम बनाते हैं।

4.वनदेवी मंदिर कहीनौर, (मऊ, उ0 प्र0)

जनपद मुख्यालय से लगभग 12 किलोमीटर दूर दक्षिण पश्चिम दिशा में प्रकृति के मनोरम एवं रमणीय परिवेश में स्थित है जगत जननी सीता माता का मन्दिर वनदेवी। आज यह स्थान श्रद्धालुओं के आकर्षण का केन्द्र बिन्दु है। वनदेवी मन्दिर अपनी प्राकृतिक गरिमा के साथ-साथ पौराणिक एवं सांस्कृतिक मूल्यों का प्रेरणा स्रोत भी है। जनश्रुतियों एवं भौगोलिक साक्ष्यों के आधार पर यह स्थान महर्षि वाल्मीकि की साधना स्थली के रूप में विख्यात रहा है। महर्षि का आवास इसी स्थान के आस-पास कहीं रहा होगा। कहा जाता है कि माता सीता ने भी अपने अखण्ड पतिव्रत धर्म का पालन करते हुए यहीं पर अपने पुत्रों लव-कुश को जन्म दिया था। यह स्थान साहित्य साधना के आदि पुरुष महर्षि वाल्मीकि एवं सम्पूर्ण भारतीयता का प्रतीक भगवान राम तथा माता सीता से जुड़ा हुआ है।

जनश्रुति के अनुसार नर्वर के रहने वाले सिधनुआ बाबा को स्वप्न दिखाई दिया कि देवी की प्रतिमा जंगल में जमीन के अन्दर दबी पड़ी है। देवी ने बाबा को उक्त स्थल की खुदाई कर पूजा पाठ का निर्देश दिया। स्वप्न के अनुसार बाबा ने निर्धारित स्थल पर खुदाई प्रारम्भ की तो उन्हें मूर्ति दिखाई दी। बाबा के फावड़े की चोट से मूर्ति क्षतिग्रस्त भी हो गयी। बाबा जीवन पर्यन्त वहाँ पूजन-अर्चन करते रहे। वृद्धावस्था में उन्होंने उक्त मूर्ति को अपने घर लाकर स्थापित करना चाहा लेकन वे सफल नहीं हुए और वहीं उनका प्राणांत हो गया। बाद में वहाँ मन्दिर बनवाया गया। वनदेवी मन्दिर अनेक साधु-महात्मा एवं साधकों की तपस्थली भी रहा है। इस क्षेत्र में रहे अनेक साधु-महात्माओं में लहरी बाबा की विशेष ख्याति है। यहाँ श्रद्धालुओं को मानसिक एवं शारीरिक व्याधि से छुटकारा मिलता है।

5.वाल्मीकि आश्रम (चित्रकूट, उ0 प्र0)

मर्यादा पुरुषोत्तम भगवान श्रीराम की तपोभूमि चित्रकूट के प्रवेश द्वार के नाम से विख्यात झांसी-मिर्जापुर राष्ट्रीय राजमार्ग में जिले के बगरेही गांव के समीप स्थित लव-कुश की जन्मभूमि एवं रामायण के रचयिता महर्षि वाल्मीकि की कर्मस्थली वाल्मीकि आश्रम केंद्र और प्रदेश सरकारों की उपेक्षा का शिकार है। रामायण की रचना कर भगवान श्रीराम के आदर्श और चरित्र की गौरवगाथा को जन-जन तक पहुंचाने वाले आदि कवि महर्षि वाल्मीकि ने इसी आश्रम में रहकर रामायण की रचना की थी। इसके अलावा इस आश्रम की सबसे बड़ी विशेषता यह है कि अयोध्या लौटने के बाद जब भगवान श्रीराम ने माता सीता को अपने राज्य से निकाला था, तब उन्होंने इसी आश्रम में शरण ली थी। इसी आश्रम में लव और कुश का जन्म हुआ। इसी आश्रम ने महर्षि वाल्मीकि की देख-रेख में राजकुमार लव और कुश की शिक्षा-दीक्षा हुई थी।

6.प्रतापगढ़ (उ0 प्र0)

रामायण काल के दौरान जब राम ने सीता को वनवास दिया तो उस कालखंड में सीता माता ने जिस स्थान पर लव और कुश को जन्म दिया वह स्थान आज भी प्रतापगढ़ में मौजूद है। यहां पर सीता माता का मंदिर बना हुआ है. जहां प्रतिवर्ष मेला लगता है और लाखों की संख्या में श्रद्धालु पहुंचते हैं। सीता माता मेले के नाम से प्रसिद्ध इस मेले में दूर-दूर से सीता माता के दर्शन के लिए श्रद्धालु आते हैं और मन्नते मांगते हैं। यह वह स्थान है जहां पर लव और कुछ ने अश्वमेध के घोड़ों को पकड़ा था और राम को युद्ध के लिए ललकारा था। वह पेड़ आज भी यहां पर मौजूद है, जिस पर हनुमान जी को बांधा गया था। सीता माता का मंदिर जहां बना हुआ है वहां से देखने पर साफ तौर पर पता चलता है कि यही वह स्थान है जहां पर धरती दो भागों में फटी और सीता माता उसमें समा गई। यहां पर स्थित वाल्मीकि आश्रम में आज भी लोग लव-कुश पालने को झूला झूलाते हुए देखे जा सकते हैं। इतने सारे पौराणिक स्थानों के होने के कारण इस इलाके का नाम सीतामाता वन्य जीव अभ्यारण रखा गया है।

7. वाल्मीकि नगर (बिहार)

वाल्मीकि नगर जो वर्तमान में बिहार प्रान्त के अंतर्गत राष्ट्रीय अंतर्राष्ट्रीय सीमाओं को छूती एक-दूसरे से गले मिलते बिहार, नेपाल और उत्तर प्रदेश के बीच वाल्मीकि नगर का यह स्थान महर्षि वाल्मीकि स्थान के नाम से जाना जाता है। वन और नदियाँ यहां की शोभा में चार में चाँद लगाती है।

प्राचीन मिथिला की पश्चमी सीमा पश्चिमी चंपारण में पड़ने वाला यह पावन तीर्थ स्थल है। त्रेता काल से लेकर आज तक यहाँ की महिमा का गुणगान हम अपने धर्म शास्त्रों के माध्यम से सुनते और पढ़ते चले आ रहे हैं। यही पर माता जानकी वणदेवी बनकर महर्षि वाल्मीकि के आश्रम में लव और कुश को जन्म दिया। यहीं अश्वमेघ का घोड़ा लव और कुश ने पकड़ा था जिसे मर्यादा पुरुषोत्तम श्री राम ने छोड़ा था। यहीं माता सीता धरती में समाई थी।

यहीं वह पवित्र भूमि है जहाँ आल्हा और उदल की कुलदेवी माता नरदेवी का प्राचीन मंदिर विद्यमान है। प्रकृति के प्रांगण में बसा यह स्थान अपनी कहानी अपने आप कहती प्रतीत होती है। वास्तव में यहीं त्रिवेणी संगम है।

स्वर्ण भद्रा, ताम्रभाद्र और नारायणी जैसी प्राचीन देव नदियां का संगम इसी स्थान पर है। आज स्वर्ण भद्रा को सरस्वती, ताम्रभद्रा को तमसा कहा जाता है। सदानीरा नारायणी से मिलकर ये दोनों नदियां त्रिवेणी संगम बनाती हैं। यहाँ से आगे बिहार में बहने वाली एक प्रसिद्ध नदी निकलती है जिसे गंडक नदी के नाम से जाना जाता है। वैसे गज और ग्राह की प्रिसिद्ध लड़ाई भी इसी क्षेत्र से शुरू हुई थी। आदि कवि वाल्मीकि ने रामायण जैसी महान कृति की रचना इसी आश्रम में की थी। खुदाई में यहाँ से निकली कई भव्य मूर्तियां इस स्थान की प्रमाणिकता प्रदर्शित करती नजर आती हैं।

यहाँ की सबसे अधिक पूजनीय एवं प्रसिद्ध है- सीता माता का समाधी स्थल। कहा जाता है अंत समय में जब सीता ने धरती माता से अपने गोद में लेने के लिए प्रार्थना की। धरती माता प्रकट होकर सीता को लेकर देखते ही देखते जमीन के भीतर लेकर चली गई। यहाँ का चन्देश्वर महादेव मंदिर यहाँ आने वालों केलिए श्रद्धा और आस्था का केंद्र बना हुआ है। प्राचीन काल से आराधित इस शिवालय में अंकुरित महादेव हैं। इस जगह महात्मा गांधी एवं आजादी के बाद प्रथम प्रधान मंत्री पं० जवाहरलाल नेहरू भी आए। कहा जाता है की स्वप्न देखने के बाद जब खुदाई की गई तो उसमें से यह शिव लिंग निकला। जनश्रुति के अनुसार आदि कवि वाल्मीकि के द्वारा यह शिव लिंग सेवित था, जो कालांतर में जमींदोज हो गया था।

8.तुरतुरिया (छत्तीसगढ़)

छत्तीसगढ़ के दक्षिण कौशल के दण्डकारण्य में स्थित तुरतुरिया रायपुर से कोई 125 किलोमीटर पूर्वोत्तर में स्थित है। यहां रायपुर से जाने के लिए राष्ट्रीय राजमार्ग 53 में पटेवा से रायतुम बार नवापारा होते हुए तुरतुरिया पहुँचा जा सकता है। यहा प्रतिवर्ष पौष पूर्णिमा में तीन दिवसीय मेले का आयोजन भी किया जाता है। यह

क्षेत्र अभ्यारण्य के अंतर्गत है। धूल भरी कच्ची सड़कों से सैकड़ों वाहनों में लोग मेला सहित अन्य दिनों में भी यहां की खूबसूरती एवं मेला के दिन मन्नत पूरी होने की किवदन्तियों के कारण आते हैं और यहां के मंदिरों के दर्शन लाभ लेते हुए मन्नत मांग कर लौटते हैं।

सनातन धर्म की आस्था इस धरती से जुड़ी है रामायण कालीन महर्षि वाल्मिकी आश्रम एवं वैदेही विहार के रूप में माता सीता तथा लव-कुश की यादों को सहेजे यह धरती शांत मन को प्रफुल्लित करने वाली है। यहां शक्तिस्वरूपा मां काली की प्रतिमा सघन वृक्षों एवं पहाड़ों में विराजित है, जहां क्षेत्रवासी अपनी मुरादें पूरी करने प्रति वर्ष छेरछेरा पुन्नी मेले में आते हैं और इन्हें तुरतुरिया माता के नाम से पुकारते हैं। ग्राम ठाकुर दिया से तुरतुरिया पहुंचने के 4 किमी. मार्ग पर जान-लेवा घाटियों से होकर गुजरना पड़ता है। बलौदा बाजार जिले का और महासमुंद जिले की सरहद पर तुरतुरिया स्थित है। माना जाता है इसी जगह वाल्मीकी के आश्रम में माता सीता ने लव-कुश को जन्म दिया था। सुप्रीम कोर्ट से राम मंदिर निर्माण के फैसले के कुछ दिनों बाद ही छत्तीसगढ़ सरकार ने रामवनगमन के स्थलों की पहचान कर इन्हें पर्यटन स्थल के रुप में विकसित करने की घोषणा की है। इसके बाद से यहां के लोगों में लव-कुश जन्म स्थली तुरतुरिया में भी भव्य मंदिर निर्माण एवं इसे प्रदेश के प्रमुख पर्यटन स्थल बनाने की उम्मीद जाग गयी है।

यह स्थान रामचरित मानस में भी (त्रेतायुग) उल्लखित है। इस उल्लेख में दण्डकारण्य दक्षिण कौसल में स्थित तुरतुरिया में महर्षि वाल्मीकि आश्रम का वर्णन किया गया है। माना जाता है कि इसी स्थान पर भगवान राम ने माता सीता को वन में छोड़ने सुमन्त को भेजा था। यहीं महर्षि वाल्मीकि आश्रम आज भी मौजूद है। माना जाता है कि इसी स्थान पर माता सीता ने लव-कुश को जन्म भी दिया था।

वैदेही मंदिर

तुरतुरिया में माता सीता के निवास स्थान के पास वाल्मीकि आश्रम के पास ही वैदेही विहार है। वैदेही (बिना शरीर वाली) यानी माता सीता इसी स्थान पर निवासरत थी। माना जाता है कि माता सीता अपने जीवन के अंतकाल में यही धरती के गर्भ में समा गई थी।

काली मंदिर

वैदेही विहार के पास ही मां काली का मंदिर भी है। यहां मां काली की काफी पुरातन मूर्ति स्थापित है। यहां मान्यता अनुसार प्रतिवर्ष हजारों दर्शनार्थी मन्दिर दर्शन के लिए आते हैं और मन्नते मांगने नवरात्र में ज्योत भी जलवाते हैं।

लव-कुश की मूर्ति

वैदेही मन्दिर के पास ही लव-कुश की एक मूर्ति घोड़े को पकड़े खड़े रहने की है। ये मूर्ति यहां खुदाई के दौरान मिली है। जानकारों के अनुसार लव-कुश जिस घोड़े को पकड़े हैं, वह अश्वमेघ का घोड़ा है। ये मूर्तियां ही भगवान राम एवं सीता के यहां प्रवास का प्रणाण माना जाता है।

मातागढ़

वैदेही विहार से लगभग 800 सीढ़ी ऊपर मातागढ़ मन्दिर है। यहां चारों ओर आम, कटहल जैसे फल सब्जियों के पेड़-पौधे देखकर ऐसा लगता है कि जंगल में समय गुजारते वक्त यहां जंगल के बीचों बीच फल एवं सब्जियों के पेड़ पौधे लगाए गए थे। इस मंदिर की देवी को सन्तान दात्री भी कहा जाता है। जानकारों के अनुसार इस मंदिर में सन्तान की मन्नत के लिए लोग अधिक आते हैं। यहां मन्नते पूरी होने की चर्चा भी आम है। नीचे वैदेही विहार का मुख्य मंदिर मातागढ़ को ही माना जाता है।

9.सीताबाड़ी (राजस्थान)

भारत में कई मेले और त्योहार मनाए जाते हैं। जिनके पीछे एक पूरा इतिहास छिपा होता है। भारत के प्रत्येक त्योहार और मेले के पीछे एक रोचक कहानी और कारण होता है, जो उस त्योहार की महत्ता को प्रदर्शित

करता है। भारत में सीताबाड़ी का मेला एक ऐसा ही उत्सव है जो भगवान राम की पत्नी देवी सीता को समर्पित है। सीता माता को एक आदर्श पत्नी के रूप में जाना जाता है, जिन्होंने कभी अपने सतीत्व को भंग नहीं किया। रावण की कैद में रहने के बाद भी वह सदैव पतिव्रता नारी रहीं। बारां जिले में केलवाड़ा कस्बे के पास स्थित सीताबाड़ी मंदिर भारत के प्रसिद्ध धार्मिक स्थलों में से एक माना जाता है। इसका हिंदूओं के लिए धार्मिक और ऐतिहासिक महत्त्व है। सीताबाड़ी को वो पवित्र जगह माना जाता है जहां भगवान श्री राम ने अपनी पत्नी को समाज से निकालने के बाद रहने की शरण दी थी। कहा जाता है जब भगवान राम ने सीता का त्याग कर दिया था, तब माता सीता अपने निर्वासन के बाद यहीं ठहरी थी, यहां महर्षि वाल्मीकि का आश्रम था और इसी आश्रम में माता सीता ने अपने दोनों पुत्र लव और कुश को जन्म दिया था, महर्षि वाल्मीकि ने लव-कुश को यहीं शिक्षा-दीक्षा दी और उन्हें धनुर्विद्या में पारंगत किया। श्रीराम की सेना और लव-कुश के बीच युद्ध भी यहीं हुआ माना जाता है जिसमें लव-कुश ने विजय प्राप्त की थी। मंदिर में भगवान राम, माता सीता और लक्ष्मण की बहुत ही सुंदर मूर्तियां विराजित हैं। यहां भक्त दूर-दूर से माता सीता और भगवान राम के दर्शन करने आते हैं। सीताबाड़ी के प्रसिद्ध जल कुंड में स्नान करके अपने मोक्ष की कामना करते हैं। यह मेला प्रतिवर्ष जून के महीने में सीताबाड़ी मेला नाम से लगता है, जिसमें दूर दराज से बड़ी संख्या में लोग पहुंचते हैं।

प्राकृतिक सौंदर्य से भरपूर और मन को हर्षित करने वाला वनवासी क्षेत्र केलवाड़ा राजस्थान की आदिवासी संस्कृति की छटा तो बिखेरता ही है, वहीं कस्बे के पास स्थित सीताबाड़ी मंदिर त्रेता युग की यादें लोगों के मन में उद्वेलित कर देता है। भक्त मंदिर में दर्शन कर अपने आपको सभी भगवानों की कृपा का पात्र मानते हैं। सीताबाड़ी मंदिर के पास माता सीता और श्रीराम के अनुज लक्ष्मण के खूबसूरत मंदिर स्थित हैं। यहां सात जलकुंड बने हैं, जिनमें वाल्मीकि कुंड, सीता कुंड, लक्ष्मण कुंड, सूरज कुंड और लव-कुश कुंड प्रमुख जलकुंड हैं। सीताबाड़ी मंदिर के पास घने जंगल में सीता कुटी बनी हुई है। कहा जाता है कि निर्वासन के दौरान माता सीता रात्रि में यहीं विश्राम किया करती थीं।

सीताजी को उनके देवर लक्ष्मण जी ने उनके निर्वासन की अवधि में सेवा के लिए इसी स्थान पर जंगल में वाल्मीकि ऋषि के आश्रम में छोड़ा था। एक किंवदंती है कि जब सीताजी को प्यास लगी, तो सीताजी के लिए पानी लाने के लिए लक्ष्मणजी ने इस स्थान पर धरती में एक तीर मार कर जलधारा उत्पन्न की थी, जिसे लक्ष्मण बभुका कहा जाता है। इस जलधारा से निर्मित कुंड को लक्ष्मण कुंड कहा जाता है। लव-कुश का जन्म स्थान होने के कारण सीताबाड़ी को लव-कुश नगरी भी कहा जाता है।

10.पल्पल्ली (वायनाड, केरल)

केरल का वायनाड जिला रामायण काल से ही महत्वपूरण स्थान है और राम भक्तों के लिए यह जगह तीर्थस्थल है। केरल का एकमात्र लव-कुश मंदिर वायनाड जिले के कलपेट्टा से 32 किलोमीटर की दूरी पर और सुल्तान बाथरी से 25 किलोमीटर की दूरी पर सेठा लव-कुश मंदिर, पल्पल्ली में स्थित है। यह केरल राज्य में एकमात्र ज्ञात मंदिर है, जो भगवान राम के पुत्रों लव और कुश को समर्पित है। मानी जाती है लव-कुश की जन्म स्थली पल्पल्ली मंदिर की प्राथमिक आराध्य सीता देवी हैं। जानकारी के अनुसार, जब माता सीता को अयोध्या का त्याग करना पड़ा, उस समय वह गर्भवती थीं और उन्हें वाल्मीकि आश्रम में शरण मिली। यहीं उन्होंने अपने जुड़वा पुत्रों लव और कुश को जन्म दिया। वायनाड में प्रचलित लोक कथाओं की मानें तो सीता ने एक लंबा अरसा अपने दोनों पुत्रों लव और कुश के साथ वायनाड में बिताया था। यहां स्थित सीता देवी की मूर्ति को स्थानीय भाषा में जदयथा अम्मा के नाम से जाना जाता है। यह माना जाता है कि लव और कुश इस स्थान पर अपनी धनुर्विद्या को नए आयाम दिए। बताया जाता है कि इस स्थान का मूल नाम सिसुमाला था और बाद में इसका नाम बदलकर ससीमला हो गया। वायनाड के लोक साहित्य में लव-कुश की धनुर्विद्या की कई कहानियां सुनने को मिलती हैं। लव-कुश की तीरंदाजी की निशानी कलपेट्टा से करीब 25 किलोमीटर की दूरी पर स्थित हैं एडक्कल की गुफाएं। इन गुफाओं के बारे में कहा जाता है कि इनका निर्माण लव और कुश ने अपनी तीरंदाजी धार देते समय अपने वाणों से किया था।

बाद में अपने वाणों की क्षमता से इन गुफाओं को उन्होंने विस्तार दिया। इन गुफाओं में 400 से अधिक सांकेतिक चिन्ह और नक्काशीदार आकृतियां मौजूद हैं। लव और कुश के साथ ही माता सीता की तपस्थली होने के कारण ससीमला को एक पवित्र स्थान माना जाता है। यह पजहस्सी राजा का प्रिय तीर्थ था। यहां बड़ी संख्या में श्रद्धालु और पर्यटक आते हैं। पल्पल्ली, कलपेट्टा और सुल्तान बाथरी से बस सेवा द्वारा जुड़ा हुआ है। एडक्कल की गुफाओं और लव-कुश के संबंध के बारे में लिखित में बहुत कुछ नहीं मिलता है लेकिन वायनाड की लोक कथाएं इनके आपसी संबंध को पुख्ता करती हैं।

11.रामतीर्थ (अमृतसर, पंजाब)

जिले में स्थित रामतीर्थ वह स्थान है जहां मर्यादा पुरुषोत्तम भगवान श्रीराम की पत्नी सीता ने परित्यक्ता का जीवन व्यतीत किया था। श्री वाल्मीकि तीर्थ के नाम से विख्यात यह पावन स्थल पंजाब के अमृतसर से करीब 10 किमी दूर राम तीर्थ में स्थित है। मान्यता है कि इसी स्थान पर आदि कवि महर्षि वाल्मीकि ने रामायण की रचना की थी।

धूना साहिब के महंत मलकीत नाथ कहते हैं कि इस स्थान की मान्यता सतयुग से है। यहीं बैठकर भगवान वाल्मीकि ने आदि ग्रंथ रामायण की रचना की थी। मलकीत नाथ कहते हैं कि यह वही स्थल है जहां मर्यादा पुरुषोत्तम भगवान श्रीराम द्वारा माता सीता का त्याग किए जाने पर वह इसी जगह पर रहीं और यहीं पर उन्होंने दो पुत्रों लव और कुश को जन्म दिया था। धूना साहिब के ही एक अन्य सेवादार कहते हैं कि मंदिर के सामने सीता कुंड है। इसी कुंड से पानी लाकर माता सीता रसोई बनाती थीं। यह मंदिर आज भी यहां मौजूद हैं। वे कहते हैं कि यहां से करीब दो किमी दूर पर सीतलानी गांव है। मान्यता है कि उसी जगह पर श्रीराम के कहने पर लक्ष्मण और सुमंत ने माता को लाकर छोड़ा था। इस गांव का नाम सीतलानी भी माता सीता के नाम पर पड़ा है।

रामायण और रामचरित मानस के उत्तरकांड की घटनाओं का उल्लेख करते हुए मलकीत नाथ कहते हैं कि रामतीर्थ ही वह स्थान है जो त्रेतायुग में भगवान श्रीराम से जुड़ी कई घटनाओं का साक्षी रहा है। वे कहते हैं कि यहीं पर भगवान वाल्मीकि जी ने लव और कुश को धनुर्विद्या सिखाई थी।

ऐसे हुआ था कुश का जन्म

श्री वाल्मीकि तीर्थ के संतों ने एक कथा का उल्लेख करते हुए बताया कि एक बार माता सीता और उनकी देख-रेख में लगी ऋषि पत्नी रजनी लव को महर्षि वाल्मीकि के पास छोड़ नहाने चलीं गईं। वहां सीता ने देखा कि एक बंदरी अपने दो बच्चों के साथ पानी पीने आई है। पानी में उसके दोनों बच्चे अठखेलियां कर रहे थे। इसे देख सीता के भी मन में हुआ कि उनके भी दो बच्चे होते। इधर, जब सीता स्नान के बाद आश्रम में लौटीं तो देखा कि लव के साथ एक बच्चा और खेल रहा है। पूछने पर वाल्मीकि ने कहा कि बेटी यह भी तुम्हारा ही बच्चा है और इसे मैंने अपने आसन के कुशा से जीवन दिया है। इसलिए इसका नाम कुश होगा।

लवकुश ने रोका था अश्वमेध का घोड़ा

रामतीर्थ के सांधु संतों ने श्री रामकथा का उल्लेख करते हुए कहा कि यहीं पर लव कुश ने भगवान श्रीराम के अश्वमेधघ यज्ञ का घोड़ा रोका था। वो इस कथा को प्रमाणिकता देते हुए कहते हैं कि अमृतसर में स्थित श्री दुग्र्याणा मंदिर के पास आज का जो बड़ा हनुमान मंदिर है वहीं पर लव कुश ने हनुमान को बरगद के पेड़ में बांधा था। इसके अलावा लक्ष्मणसर, राम तलाई और रामतीर्थ भगवान श्रीराम की सेना, भगवान के तीनों भाइयों और हनुमान के साथ हुए युद्ध का साक्षी है। यही नहीं, इसी राम तीर्थ में माता सीता लव और कुश को भगवान श्रीराम को सौंपकर खुद धरती में समा गई थी। भगवान श्री वाल्मीकि, राम, सीता, लव-कुश और श्रीराम से जुड़ी घटनाएं और रामतीर्थ शोध एवं अनुसंधान का विषय हो सकता है, लेकिन लोगों का यह भी तर्क है कि आस्था को किसी प्रमाण या अनुसंधान और अन्वेषण की आवश्यकता नहीं होती।

लोग बनाते हैं घरौंदा, मांगते हैं मन्नत

धूना साहिब और सीता रसोई के पास ही लोग ईंटों का घरौंदा बनाकर अपना घर होने या फिर विदेश जाने की मन्नत मांगते हैं। यही नहीं सीता माता मंदिर में लोग गुल्ली-डंडा चढ़ाकर संतान सुख की मन्नत मांगते हैं। मन्नत पूरी होने पर यहां आकर लोग भगवान की पूजा-अर्चना करते हैं।

अन्य दर्शनीय स्थल

लगभग 40 बीघे में फैले वाल्मीकि तीर्थ परिसर में मंदिरों की लंबी श्रृंखला है। यहां 80 फुट ऊंची हनुमान जी की प्रतिमा दूर से ही श्री रामधुन की अलख जगा रही है। यहां कार्तिक पूर्णिमा को पांच दिन का मेला लगता है। इस मेले में देश-विदेश के श्रद्धालु और सैलानी भाग लेते हैं।

भव्य है भगवान वाल्मीकि का मंदिर

रामतीर्थ में सरोवर के बीचों-बीच भगवान वाल्मीकि का भव्य मंदिर बना है। दूर से किसी राजमहल का आभास कराते इस मंदिर का निर्माण पंजाब की तत्कालीन अकाली-भाजपा सरकार ने करीब तीन सौ करोड़ रुपये की लागत से करवाया था। रामतीर्थ में स्थित मंदिर और परिक्रमा की डिजाइन गुरुनानक देव विश्वविद्यालय के आर्किटेक्ट विभाग ने किया था और निर्माण पीडब्ल्यूडी ने करवाया था।

वाल्मीकि मंदिर के गर्भगृह में स्थापित अष्टधातु से बनी 800 किलो वजन की करीब 5 फुट पांच इंच ऊंची भगवान भगवान वाल्मीकि की मूर्ति की प्राण प्रतिष्ठा पूर्व मुख्यमंत्री प्रकाश सिंह बादल ने की थी। इसके पीछे मुख्यमंत्री प्रकाश सिंह बादल का उद्देश्य प्रदेश के धार्मिक स्थलों को पर्यटन के नक्शे पर लाना और राज्य में टूरिज्म उद्योग को बढ़ावा देना था। वाल्मीकि मंदिर के पुजारी हीरा नाथ ने बताया कि इस मंदिर की देखरेख के लिए तत्कालीन बादल सरकार ने श्राइनबोर्ड का गठन कर रखा है।

12.सीता धाम (अशोक नगर)

अशोक नगर जिला स्थित जिले की मुंगावली जनपद की ग्राम पंचायत जसैया में मौजूद है करीला की पहाड़ी। इसी पहाड़ी पर स्थित है सीता धाम। कुछ लोग वैदेही धाम भी कहते हैं। सीता धाम मंदिर अपने आप में विशिष्ट है क्योंकि यहां माता सीता, लव, कुश और ऋषि वाल्मीकि की मूर्तियां विराजमान हैं। प्रभु राम की मूर्ति नहीं है। इसके उलट देश के विभिन्न मंदिरों में श्रीराम-जानकी साथ विराजमान हैं। मान्यता है कि इसी जगह माता सीता ने लव-कुश को जन्म दिया था। शनिवार को रंग-पंचमी के हजारों रंग यहां दिखे। रंग-बिरंगे परिधानों में मृदंग और नगड़िया की थाप पर गायक दल के साथ के साथ थिरकती बेड़िया समुदाय की राई नृत्यांगनाएं, भक्तिभाव से नृत्य करते युवा और बुजुर्ग, मनौती पूरी होने पर सिर पर पूजन की थाल लिए मंगल गीत गाते मंदिर में प्रवेश करतीं महिलाएं और जयकारों से गूंजता वैदेही धाम...। जहां देखो वहां भीड़ ही भीड़। करीला ट्रस्ट के अनुसार करीब 30 लाख लोगों के जुटने का अनुमान है। सुरक्षा में 2500 पुलिसकर्मी लगाए गए हैं। 10 एम्बुलेंस हैं। पानी का इंतजाम करने 250 टैंकर लगाए गए हैं। मुख्य अस्पताल के साथ 10 अस्थाई अस्पताल बनाए गए। इस साल मेले में मध्य प्रदेश उप्र, गुजरात, राजस्थान व महाराष्ट्र सहित देशभर से लगभग 30 लाख लोग पहुंचे हैं। -महेंद्र सिंह यादव, अध्यक्ष, करीला ट्रस्ट

13.अघोरा पर्वत (ठाणे, महाराष्ट्र)

ठाणे जिले के शाहपुर शहर से 48 किमी ऊपर अघोरा पर्वत है। श्री राम के समय सीता माता इस पर्वत पर आई थीं। लव और कुश का जन्म पहाड़ के इस पथरीले हिस्से में हुआ था। ऐसा पवित्र स्थान ठाणे जिले के एक छोर पर है और पर्यटक, राज्य और देश के भक्त राम नवमी के साथ-साथ छुट्टियों पर भी इस पर्वत पर आ रहे हैं।

माता सीता ने जिस स्थान पर श्री राम के समय लव-कुश को जन्म दिया था, उस पहाड़ पर पत्थर पर नक्काशी की गई है। यहीं पर सीता माई अपने दो बच्चों के साथ रहती थीं। इस पर्वत के तल पर वाल्मीकि ऋषि का आश्रम है। इस आश्रम में लव-कुश ने धनुर्विद्या का ज्ञान ऋषि वाल्मीकि से सीखा है। वाल्मीकि ऋषियों को लव और

कुश दादा कहा जाता था, इसलिए इसका नाम अजोबा पर्वत पड़ा। इस आश्रम में ऋषि वाल्मीकि की समाधि है। ऐतिहासिक काल के वीरगाल हैं, जिस स्थान पर ऋषि तपस्या करते थे, वह स्थान भी भगवान शिव का ही है। भक्त आज भी उस स्थान पर लव और कुश के पैरों के निशान देख सकते हैं। इसलिए, भक्त ऋषि वाल्मीकि के आश्रम में आ रहे हैं और आश्रम की सेवा कर रहे हैं।

यह अजोबा पर्वत सह्याद्री पर्वत श्रृंखला की एक सीधी रेखा में है। इसके एक तरफ, रतनगढ़, अलंग मदन कुलंग, कोंकणडाडा, सांदंडारी के साथ-साथ राज्य की सबसे ऊँची कलसुबाई चोटी को इस अजोबा पर्वत से देखा जा सकता है। साथ ही पहाड़ के दक्षिण में मालशेज घाट का क्षेत्र है।

लव कुश पर आधारित निर्मित सिनेमा

Lav Kush (1951) - Hindi - Cast - Prem Adib, Nirupa Roy, Amirbai Karnataki, Umakant, Badri Prasad, Dinesh, Mahesh etc.

Lava Kusa (1963) -Telugu and Tamil - Cast - N. T. Rama Rao, Anjali Devi, Kanta Rao, Sobhan Babu, Chittor V. Nagaiah etc.

Lav Kush (1967) - Hindi - Cast - Ashim Kumar, Jayshree Gadkar, Babloo etc.

Lab Kush (1997) - Bengali - Cast - Jaya Prada, Jeetendra etc.

Lav Kush (1997) - Hindi - Cast - Jaya Prada, Jeetendra etc.

Lav Kush (1997) - Bengali - Stars: Master Adil, Beena Banerjee, Aditi Chatterji etc.

Luv Kush (2007) - Hindi - Animated

Luv Kush(2010) - Nepali - Cast: Rajesh Hamal, Niruta Singh, Rekha Thapa, Ramit Dhungana, Mithala Sharma etc.

भाग-5
सार्वभौम एकात्म

सांख्य दर्शन

धर्म विज्ञान (स्वामी विवेकानन्द)

आत्मा और विश्वात्मा

1. रज मन
2. तम मन
3. सत्व मन
    - क. निवृत्ति मार्गी
    - ख. प्रवृत्ति मार्गी

अवतारी मन

विकासवाद

अवतारवाद

स्वामी विवेकानन्द

स्वामी विवेकानन्द की वाणीयाँ जो सत्य हुईं - व्यक्तिगत जीवन के सम्बन्ध में

स्वामी विवेकानन्द की वाणीयाँ जो सत्य हुईं - सामाजिक जीवन के सम्बन्ध में

विश्वमानव: "वेदान्त की व्यावहारिकता", "विश्वधर्म" और दर्शन

श्रीकृष्ण

बुड्ढा कृष्ण: कृष्ण का भाग-दो और अन्तिम

रावण

भोगेश्वर: रावण का भाग-दो और अन्तिम

सांख्य दर्शन

सांख्य दर्शन भारत का अत्यंत प्राचीन और प्रमुख दार्शनिक संप्रदाय है इसके प्रवर्तक महर्षि कपिल थे, जिन्होंने सम्भवतः सातवीं शताब्दी ई0 पू0 में इस दर्शन के सूत्रों की रचना की। सांख्य शब्द का तात्पर्य सम्यक ज्ञान से है। सम्यक ज्ञान का तात्पर्य पुरूष और प्रकृति के मध्य की भिन्नता के ज्ञान से है। सांख्य दर्शन का आधार कार्य-कारण सिद्धान्त है। इस सिद्धान्त को सत्कार्यवाद के नाम से जाना जाता है। कार्य-कारण सिद्धान्त के सम्मुख उठने वाले मूल प्रश्न - क्या कार्य की सत्ता उत्पत्ति के पूर्व उपादान कारण में वर्तमान रहती है? का सांख्य दर्शन का सत्कार्यवाद भावात्मक उत्तर है। इसके अनुसार कार्य प्रकार सत्कार्यवाद उत्पत्ति कारण में अव्यक्त रूप में मौजूद रहता है। इस प्रकार सत्कार्यवाद उत्पत्ति के पूर्व कारण में कार्य की सत्ता स्वीकार करता है। कार्य और कारण में सिर्फ आकार का भेद है। कारण अव्यक्त कार्य और कार्य का जो अभिव्यक्त कारण है। वस्तु के निर्माण का अर्थ अव्यक्त कार्य जो कारण में निहित है कार्य में पूर्णतः अभिव्यक्त होना। उत्पत्ति का अर्थ अव्यक्त का व्यक्त होना है और विनाश का अर्थ अव्यक्त हो जाना है अर्थात् उत्पत्ति आविर्भाव और विनाश तिरोभाव है। सांख्य दर्शन के अनुसार सम्पूर्ण विश्व कार्य का प्रवाह है। जहाँ तक विश्व के कारण का प्रश्न है तो सांख्य दर्शन न तो परमाणु को मानता है और न ही चेतना को बल्कि इसका आधार या मूल कारण प्रकृति को मानता है प्रकृति, जड़ और सूक्ष्म दोनों है परन्तु वह स्वयं कारणहीन है। सांख्य दर्शन में प्रकृति को प्रधान जड़ माया शक्ति आदि कहा गया है। वह एक अदृश्य अव्यक्त अचेतन व्यक्तित्वहीन और शाश्वत है। यद्यपि प्रकृति एक है लेकिन उसमे तीन प्रकार के गुण है सत्व, रजस् और तमस् गुण प्रकृति के तत्व या द्रव्य है। गुण अत्यंत सूक्ष्म है जिनका ज्ञान अनुमान से प्राप्त होता है। विश्व की प्रत्येक वस्तु में सुख-दुःख और उदासीनता का भाव उत्पन्न करने की शक्ति मौजूद है। इन तीनों भावों का कारण तीन गुण सत्व, रजस् और तमस ही है।

सत्व ज्ञान का प्रतीक और श्वेत रंग का है जिससे सभी प्रकार की सुखात्मक अनुभूति होती है। रजस क्रिया प्रेरक है जो वस्तुओं को भी उत्तेजित करता है इसका रंग लाल है। तमस अज्ञान या अंधकार का प्रतीक है जो निष्क्रियता और जड़ता का द्योतक है। इसका रंग काला है ये तीनों गुण प्रकृति के अलावा विश्व की प्रत्येक वस्तु में अन्तर्भूत है। इसलिए प्रकृति तथा विश्व की सभी वस्तुओं को त्रिगुणात्मक कहा जाता है। लेकिन किसी वस्तु में कोई एक गुण तो किसी अन्य वस्तु में अन्य गुण प्रबल होता है। ये गुण निरंतर परिवर्तनशील है।

सांख्य दर्शन पुरूष की व्यापक व्याख्या करता है। वास्तव में अन्य दर्शनों ने जिसे आत्मा कहा है। उसे ही सांख्य ने पुरूष कहा है। पुरूष चेतन है वह सत्व, रजस और तमस से शून्य है, इसीलिए उसे त्रिगुणतीत कहा गया है। वह त्राता है। सक्रिय है, अनेक कार्य-कारण से मुक्त है। उसकी सत्ता स्वयं सिद्ध है। आत्मा अर्थात पुरूष शरीर से भिन्न है जहाँ शरीर भौतिक है, वहीं पुरूष अभौतिक अर्थात आध्यात्मिक है। वह पाप पुण्य से मुक्त अर्थात निर्गुण है। सांख्य दर्शन विश्व की उत्पत्ति के लिए ईश्वर को उत्तरदायी नहीं मानता उसके अनुसार यह संसार विकास का फल है। प्रकृति ही वह मूल तत्व है जिससे संसार की समस्त वस्तुएँ विकसित होती है। इस प्रकार सांख्य दर्शन विकासवाद का समर्थन करता है। विकास की प्रक्रिया तभी प्रारम्भ हो सकती है। जब पुरूष और प्रकृति का संयोग हो। अकेली प्रकृति या पुरूष विकास नहीं कर सकते क्योंकि वे क्रमशः अचेतन और निष्क्रिय है प्रकृति देखे जाने के लिए पुरूष पर और पुरूष कैवल्य अर्थात मोक्ष प्राप्ति के लिए प्रकृति पर आश्रित है दोनों को एक दूसरे की आवश्यकता है परन्तु विरोधी गुणों से युक्त होने के कारण दोनों का सन्सर्ग अत्यन्त कठिन है इस कठिनाई के समाधान के लिए सांख्य दर्शन उपमाओं का प्रयोग करता है। सांख्य का मत है कि पुरूष और प्रकृति के बीच यथार्थ संयोग नहीं होता अपितु सिर्फ निकटता का सम्बन्ध होता है ज्यों ही पुरूष प्रकृति के समीप आता है। प्रकृति की साम्यवास्था भंग हो जाती है। और उसके गुणों में विरूप परिवर्तन आरम्भ हो जाता है। और उसके तीनों गुणों में परिवर्तन होने लगता है। तत्पश्चात् नये पदार्थों का आविर्भाव होता है। सांख्य दर्शन संसार को दुःखमय मानता है। उसके अनुसार तीन प्रकार के दुःख है- आध्यात्मिक, आधिभौतिक और आधिदैविक इन तीनों दुःखों से छुटकारा ही

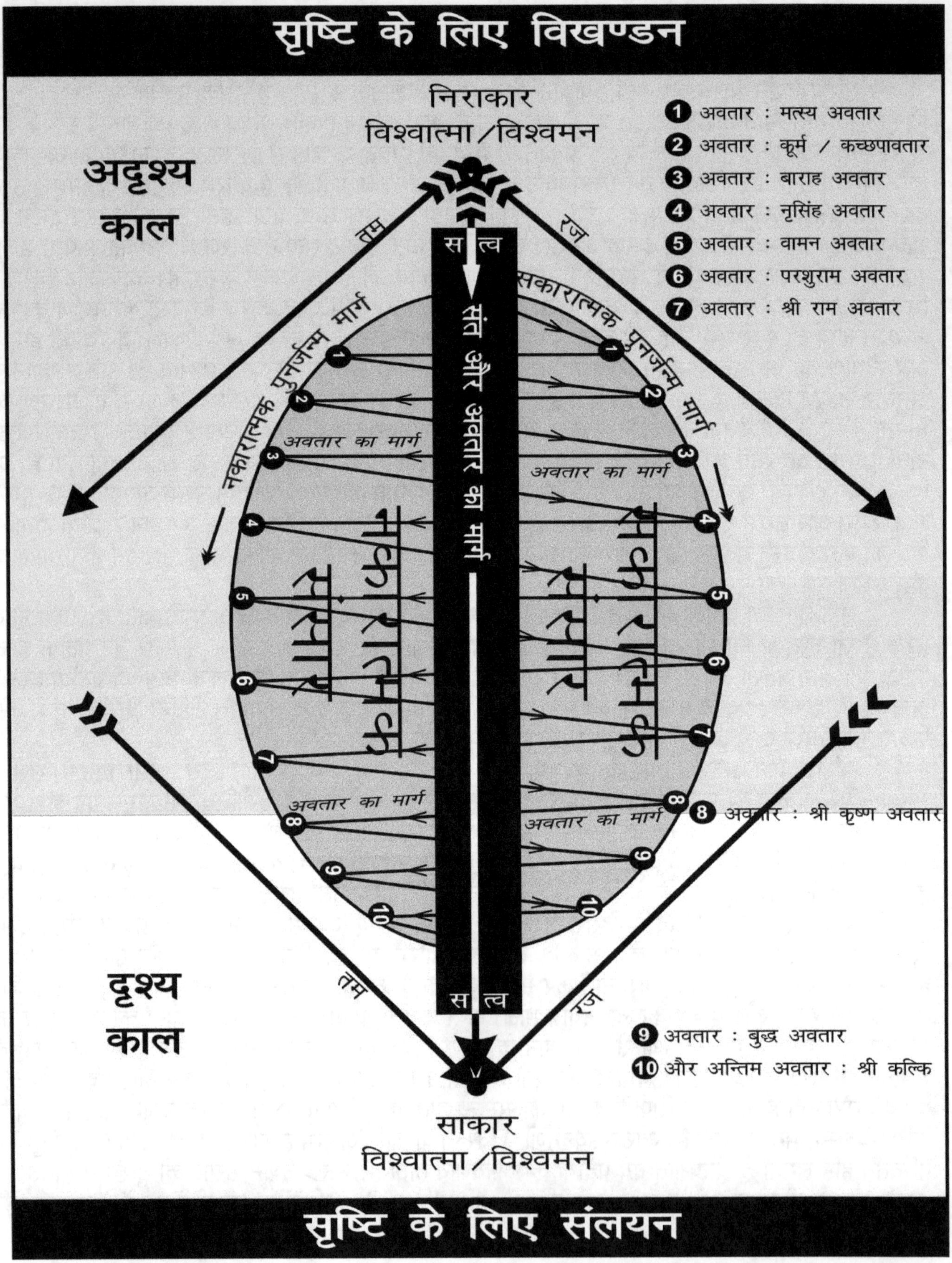
सृष्टि के लिए विखण्डन
निराकार
विश्वात्मा/विश्वमन
1 अवतार : मत्स्य अवतार
2 अवतार : कूर्म / कच्छपावतार
3 अवतार : बाराह अवतार
4 अवतार : नृसिंह अवतार
5 अवतार : वामन अवतार
6 अवतार : परशुराम अवतार
7 अवतार : श्री राम अवतार
अदृश्य काल
तम
रज
सत्व
संत और अवतार का मार्ग
सकारात्मक पुनर्जन्म मार्ग
नकारात्मक पुनर्जन्म मार्ग
अवतार का मार्ग
नकारात्मक संसार
सकारात्मक संसार
8 अवतार : श्री कृष्ण अवतार
दृश्य काल
9 अवतार : बुद्ध अवतार
10 और अन्तिम अवतार : श्री कल्कि
साकार
विश्वात्मा/विश्वमन
सृष्टि के लिए संलयन

मोक्ष तथा उसका साधन ज्ञान है। ज्ञान के द्वारा ही आत्मा और अनात्मा का भेद स्पष्ट होता है। अज्ञान ही बंधन का कारण है। इस बंधन को कर्म से नहीं तोड़ा जा सकता है बल्कि इसके लिए ज्ञान मार्ग ही अपनाना होगा। मोक्ष की अवस्था त्रिगुणातीत है। ईश्वर के सम्बन्ध में सांख्य दर्शन स्पष्टता नहीं दर्शाता कुछ विद्वान उसे अनीश्वरवादी और कुछ ईश्वरवादी मानते हैं। परन्तु उसका अनीश्वरवादी पक्ष ही अधिक मजबूत है।

धर्म विज्ञान (स्वामी विवेकानन्द)

01. अंग्रेजी में हम सब नेचर शब्द का व्यवहार करते हैं। प्राचीन हिन्दू दार्शनिकगण उसके लिए दो विभिन्न संज्ञाओं का प्रयोग करते थे; प्रथम- "प्रकृति " और दूसरा उसकी अपेक्षा अधिक वैज्ञानिक नाम है- "अव्यक्त ", जो व्यक्त अथवा प्रकाशित अथवा भेदात्मक नहीं है-उससे ही सब पदार्थ उत्पन्न हुये है, उससे अणु-परमाणु सब आये हैं; उससे ही भूत, शक्ति, मन, बुद्धि सब आये हैं। यह अत्यन्त विस्मयकारक है कि भारतीय दार्शनिकगण अनेक युग पहले ही कह गये है कि मन सूक्ष्म जड़मात्र है।
02. प्राचीन आचार्यगण ने इस अव्यक्त का लक्षण बताया है- "तीन शक्तियों की साम्यावस्था "। उनमें से एक का नाम सत्व, दूसरी का रजः और तीसरी का तमः है। तमः निम्नतम शक्ति है- आकर्षणस्वरूप, रजः उसकी अपेक्षा किंचित् उच्चतर है- विकर्षणस्वरूप; तथा सर्वोच्च जो शक्ति है वह इन दोनों की संयमस्वरूप है-वहीं सत्व है। अतएव ज्योंहि ये आकर्षण और विकर्षण दोनों शक्तियां सत्त्व के द्वारा पूर्णतः संयत होती है अथवा सम्पूर्ण साम्यावस्था में रहती है, तब सृष्टि अथवा विकार का अस्तित्व नहीं रहता, किन्तु ज्योंहि यह साम्यावस्था नष्ट होती है, ज्योंहि उनका सामंजस्य नष्ट होता है और उनमें से एक शक्ति दूसरी शक्तियों की अपेक्षा प्रबलतर हो उठती है, त्योंहि परिवर्तन तथा गति का आरम्भ होता है और इन सब का परिणाम चलता रहता है। इसी प्रकार व्यापार चक्रगति से चल रहा है।
03. ब्रह्माण्ड के सम्पूर्ण बाह्य भाग को-आजकल हम जिसे स्थूल जड़ कहते हैं- प्राचीन हिन्दूगण भूत कहते थे। उनके मतानुसार उनमें से एक ही, शेष सब का कारण है; क्योंकि अन्यान्य सब भूत इसी एक भूत से उत्पन्न हुए हैं। इस भूत को आकाश की संज्ञा प्राप्त है तथा उसके साथ प्राण नाम की एक और वस्तु रहती है।
04. जितने दिन सृष्टि रहती है, उतने दिन में प्राण और आकाश रहते हैं। कल्पान्त में प्राण और आकाश तक उसी अनन्त पुरुष में सुप्त भाव में थे, किन्तु किसी प्रकार का व्यक्त प्रपंच नहीं था। इस अवस्था को अव्यक्त कहते हैं- उसका ठीक शब्दार्थ स्पन्दन रहित अथवा अप्रकाशित है।
05. प्राण स्वयं आकाश की सहायता के अभाव में कोई काम नहीं कर पाता। यह प्राण स्वयं नहीं रह सकता अथवा किसी मध्यवर्ती के बिना काम नहीं कर सकता। वह कभी आकाश से पृथक् नहीं रह सकता। शक्ति और भूत की अति सूक्ष्मावस्था को ही प्राचीन दार्शनिकगण ने प्राण और आकाश की संज्ञा दी है। प्राण को आप जीवनीशक्ति कह सकते हैं, किन्तु उसको केवल मनुष्य के जीवन में सीमाबद्ध करने से अथवा आत्मा के साथ अमिट समझने से भी काम नहीं चलेगा। अतएव सृष्टि प्राण और आकाश के संयोग से उत्पन्न है तथा उसका आदि भी नहीं है, अन्त भी नहीं है।
06. अतः अव्यक्त प्रकृति, यह सर्वव्यापी बुद्धित्व में अथवा महत्त में परिणत होती है, यह फिर सर्वव्यापी अहंतत्व अथवा अहंकार में और यह परिणाम प्राप्त करके फिर सर्वव्यापी इन्द्रियग्राह भूत (इन्द्रिय और तन्मात्रा) में परिणत होता है। यही भूत-समष्टि इन्द्रिय अथवा केन्द्र समूह में और समष्टि सूक्ष्म परमाणु समूह में परिणत होती है। फिर इन सब के मिलने पर इस स्थूल जगत-प्रपंच की उत्पत्ति होती है। सांख्य मत के अनुसार यही सृष्टि का क्रम है और बृहत् ब्रह्माण्ड में जो है, वह व्यष्टि अथवा क्षुद्र ब्रह्माण्ड में भी अवश्य रहेगा।
07. सांख्यवादियों का एक मत अनन्यसाधारण है। उनके मतानुसार एक मनुष्य अथवा कोई भी एक प्राणी जिस नियम से गठित है, समग्र विश्व ब्रह्माण्ड भी ठीक उसी नियम से विरचित है। इसलिए हमारा जैसे एक मन है, उसी प्रकार एक विश्वमन भी है।

08. जितने दिनों से जगत् है उतने दिनों से मन का अभाव-उस एक विश्वमन का अभाव-कभी नहीं हुआ। प्रत्येक मानव, प्रत्येक प्राणी उस विश्वमन से ही निर्मित हो रहा है, क्योंकि वह सदा ही वर्तमान हैं और उन सब के निर्माण के लिए उपादान प्रदान कर रहा है।
09. जगत में प्रकृति के प्रथम विकास को सांख्यवादीगण महत् या समष्टि बुद्धि कहते हैं। इसका ठीक शब्दार्थ है-सर्वश्रेष्ठ तत्व। इसे अहंज्ञान नहीं कहा जा सकता, कहने पर भूल होगी। अहंज्ञान इस बुद्धितत्व का अंशविशेष मात्र है, परन्तु बुद्धितत्व सार्वजनिन तत्व है। अहंज्ञान, अव्यक्त ज्ञान और ज्ञानातीत अवस्था-ये सब ही उसके अन्तर्गत आते हैं।
10. महत्तत्व ही उन सब परिवर्तनों का कारण है जिनके फलस्वरूप यह शरीर निर्मित हुआ है। महतत्व या समष्टि बुद्धि के भीतर ज्ञान की निम्न भूमि, साधारण ज्ञान की अवस्था और ज्ञान से अतीत अवस्था में सब ही विद्यमान है।
11. ज्ञान की निन्म भूमि हम पशुओं में देखते हैं और उसे-सहजात ज्ञान कहते हैं। सहजात ज्ञान में प्रायः कभी भूल नहीं होती। एक पशु इस सहजात ज्ञान के प्रभाव से कौन सी घास खाने योग्य है, कौन सी घास विषाक्त है, यह सुविधापूर्वक समझ लेता है।
12. उनके पश्चात् हमारा (मानव का) साधारण ज्ञान आता है-यह सहजात ज्ञान की अपेक्षा उच्चतर अवस्था है। हमारा साधारण ज्ञान भ्रान्तिमय है, यह पग-पग पर भ्रम में जा पड़ता है। इसे ही आप युक्ति अथवा विचारशक्ति कहते हैं। अवश्य सहजात ज्ञान की अपेक्षा उसका प्रसार अधिक दूर तक है, किन्तु सहजात ज्ञान की अपेक्षा युक्ति विचार में अधिक भ्रम की आशंका है।
13. मन की और एक उच्चतर अवस्था विद्यमान है,-ज्ञानातीत अवस्था-इस अवस्था में केवल योगीगण का ही अर्थात् जिन्होंने यत्न करके इस अवस्था को प्राप्त किया है, उनका ही अधिकार है। वह सहजात ज्ञान के समक्ष भ्रान्ति से विहिन है और युक्तिविचार से भी उसका अधिक प्रसार है। वह सर्वोच्च अवस्था है।
14. जिस प्रकार मनुष्य के भीतर महत् ही ज्ञान की निम्नभूमि, साधारण ज्ञानभूमि और ज्ञानातीत भूमि है, उसी प्रकार इस बृहत् ब्रह्माण्ड में भी यही सर्वव्यापी बुद्धितत्व अथवा महत्-सहजात ज्ञान, युक्ति विचार से उत्पन्न ज्ञान और विचार से अतीत ज्ञान, इन तीन प्रकारों से स्थित है।
15. ज्ञान का अर्थ है- सदृश वस्तु के साथ उसका मिलन। कोई नया संस्कार आने पर यदि आप लोगों के मन में उसके सदृश सब संस्कार पहले से ही वर्तमान रहे, तभी आप तृप्त होते हैं, और इस मिलन अथवा सहयोग को ही ज्ञान कहते हैं। अतएव ज्ञान का अर्थ, पहले से ही हमारी जो अनुभूति-समष्टि विद्यमान है, उसके साथ और एक सजातीय अनुभूति को एक ही कोष में प्रतिष्ठित कर देना है। तथा पहले से ही आपका एक ज्ञान भण्डार न रहने पर कोई नया ज्ञान ही आपका नहीं हो सकता, यही उसका सर्वोत्तम प्रबल प्रमाण है।
16. सांख्यमत के अनुसार सृष्टिवाद में सृष्टि अथवा क्रम विकास और प्रलय अथवा क्रम संकोच-ये दोनों स्वीकृत हुये हैं। सभी उसी अव्यक्त प्रकृति के क्रम विकास से उत्पन्न है, और ये सब क्रम संकुचित होकर व्यक्त आकार धारण करते हैं। सांख्य मत के अनुसार ऐसी किसी जड़ अथवा भौतिक वस्तु का अस्तित्व सम्भव नहीं है, ज्ञान का कोई अंशविशेष जिसका उपादान न हो। ज्ञान ही वह उपादान है, जिससे यह प्रपंच निर्मित हुआ है।
17. कपिल का प्रधान मत है- परिणाम। वे कहते हैं, एक वस्तु दूसरी वस्तु का परिणाम अथवा विकार स्वरूप है क्योंकि उनके मत के अनुसार कार्य-कारण भाव का लक्षण यह है कि-कार्य अन्य रूप में परिणत कारण मात्र है।
18. कपिल का मत है कि समग्र ब्रह्माण्ड ही एक शरीर स्वरूप है जो कुछ हम देखते हैं, वे सब स्थूल शरीर है, उन सबके पश्चात् सूक्ष्म शरीर समूह और उनके पश्चात् समष्टि अहंतत्व, उसके भी पश्चात् समष्टि बुद्धि है। किन्तु यह सब ही प्रकृति के अन्तर्गत हैं। उसमें से जो हमारे प्रयोजन का है, हम ग्रहण कर रहे हैं; इसी प्रकार जगत के भीतर समष्टि मनस्तत्व विद्यमान है, उससे भी हम चिरकाल से प्रयोजन के अनुसार ले रहे हैं। किन्तु देह का

बीज माता-पिता से प्राप्त होना चाहिए। इससे वंश की अनुक्रमणिकता और पुर्नजन्मवाद दोनों ही तत्व स्वीकृत हो जाते हैं।

19. समग्र प्रकृति के पश्चात् निश्चित रूप में कोई सत्ता है, जिसका आलोक उन पर पड़कर महत्, अहंज्ञान और यह सब नाना वस्तुओं के रूप में प्रतीत हो रहा है। और इस सत्ता को ही कपिल पुरुष अथवा आत्मा कहते है। वेदान्ती भी उसे आत्मा कहते हैं। कपिल के मत के अनुसार पुरुष अमिश्र पदार्थ है। वह यौगिक पदार्थ नहीं है। वही एकमात्र व जड़ पदार्थ है और सब प्रपंच-विकार ही जड़ है। पुरुष ही एकमात्र ज्ञाता है।
20. समस्त प्रकृति आत्मा के भोग अथवा अभिज्ञता का संचय करने के लिए काम करती जा रही है, और आत्मा उसी चरम लक्ष्य में जाने के लिए यह अभिज्ञता संचय कर रही है तथा मुक्ति ही यह चरम लक्ष्य है। सांख्य दर्शन के मत के अनुसार इस आत्मा की संख्या बहुत है। अनन्त संख्यक आत्माएं विद्यमान है। उसका और एक सिद्धान्त यह है कि "ईश्वर नहीं है ", जगत् का सृष्टिकर्ता कोई नहीं है। सांख्यवादी कहते हैं प्रकृति ही जब इन सब विभिन्न रूपों का सृजन करने में समर्थ है तब ईश्वर स्वीकार करने का प्रयोजन नहीं है।
21. साख्य दर्शन सब आत्माओं के एकत्व के प्रति विश्वासी नहीं है। वेदान्त के मतानुसार सब जीवात्माएं ब्रह्मनामधेय एक विश्वात्मा में अमिश्र है, किन्तु सांख्य दर्शन के प्रतिष्ठाता कपिल द्वैतवादी थे। अवश्य उन्होंने जगत का विश्लेषण जहाँ तक किया है, वह अत्यन्त अद्भुत है। वे हिन्दू परिणामवादियों के जनक स्वरूप हैं, और परिवर्ती सब दार्शनिक शास्त्र उनकी ही चिन्तन प्रणाली के परिणाम मात्र हैं।
22. ज्ञान चौतन्य सम्पूर्ण रूप से प्रकृति के अधिकार में हैं, आत्मा में ज्ञान चौतन्य नहीं है। वेदान्त कहता है- आत्मा का स्वरूप असीम है अर्थात् वह पूर्णसत्ता, ज्ञान और आनन्द स्वरूप है। तथापि हमारा सांख्य के साथ इस विषय में एक मत है कि वे जिसे ज्ञान कहते हैं, वह एक यौगिक पदार्थ मात्र है।
23. जैसे सोना गलाना हो तो उसमें पोटैशियम साइनाइड मिलाना होता है। पोटैशियम साइनाइड अलग रह जाता है, उस पर कोई रासायनिक कार्य नहीं होता, किन्तु सोना गलाने का काम सफल करने के लिए उसके सान्निध्य का प्रयोजन है। पुरुष के सम्बन्ध में भी यही बात है। वह प्रकृति के साथ मिश्रित नहीं होता, वह बुद्धि या महत् अथवा किसी प्रकार का विकार नहीं है, वह शुद्ध पूर्ण आत्मा है- "मेरे साक्षी स्वरूप विद्यमान रहने के कारण प्रकृति यह सब चेतन और अचेतन का सृजन कर रही है।" (गीता, अध्याय-9, श्लोक-10)
24. पुरुष में चौतन्य है, किन्तु पुरुष को बुद्धिमान अथवा ज्ञानवान नहीं कहा जा सकता, किन्तु वह ऐसी वस्तु है, जिसके रहने पर ही ज्ञान सम्भव होता है। पुरुष में जो चित्त है, वह प्रकृति से मिलकर हमारे निकट बुद्धि अथवा ज्ञान के नाम से परिचित होता है। जगत् में जो कुछ सुख, आनन्द एवं शान्ति है, सब पुरुष की है; परन्तु वह सब मिश्र है क्योंकि उसमें पुरुष और प्रकृति का मिश्रण है। "जहाँ किसी प्रकार का सुख है, जहाँ किसी प्रकार का आनन्द है वहाँ उस अमृत स्वरूप पुरुष का एक कण विद्यमान है, यह समझ लेना होगा। " (बृहदारण्यक उपनिषद्)
25. यदि हम एक मानव का विश्लेषण कर सकें तो समग्र जगत् का विश्लेषण कर लिया क्योंकि वे सब एक ही नियम से निर्मित हैं। अतएव यदि यह सत्य हो कि इस व्यष्टि श्रेणी के पीछे ऐसे एक व्यक्ति विद्यमान है जो समस्त प्रकृति से अतीत है, जो किसी प्रकार के उपादान से निर्मित नहीं है अर्थात्- पुरुष, तो यह एक ही युक्ति समष्टि ब्रह्माण्ड पर भी घटित होगी तथा उसके पश्चात् भी एक चौतन्य स्वीकार करने का प्रयोजन होगा। जो सर्वव्यापी चौतन्य प्रकृति के समग्र विकारों के पश्चात् भाग में विद्यमान है, उसे वेदान्त सब का नियन्ता- ईश्वर कहता है।
26. पहले यह स्थूल शरीर, उसके पश्चात् सूक्ष्म शरीर, उसके पश्चात् जीव अथवा आत्मा-यही मानव का यथार्थ स्वरूप है। मनुष्य का एक सूक्ष्म शरीर और एक स्थूल शरीर है, ऐसा नहीं है। शरीर एक ही है तथापि सूक्ष्म आकार में वह स्थूल की अपेक्षा दीर्घ काल तक रहता है, तथा स्थूल शीघ्र नष्ट हो जाता है। द्वैतवादियों के मतानुसार यह जीव अर्थात् मनुष्य का यथार्थ स्वरूप जो है वह अणु अर्थात् अति सूक्ष्म है।

27. सूक्ष्म शरीर भी दीर्घकाल के पश्चात् विश्लिष्ट हो जायेगा, किन्तु जीव अयौगिक पदार्थ है, इसलिए वह कभी ध्वंस प्राप्त नहीं होगा। किसी अयौगिक पदार्थ का जन्म नहीं हो सकता, केवल जो यौगिक है उसका ही जन्म हो सकता है।
28. लाख-लाख प्रकार के आकार में मिश्रित यह समग्र प्रकृति ईश्वर की इच्छा के अधीन है। ईश्वर सर्वव्यापी, सर्वज्ञ और निराकार है, एवं वह दिन-रात इस प्रकृति को परिचालित करता है। समस्त प्रकृति ही उसके शासन के अधीन विद्यमान है। किसी प्राणी को स्वाधीनता नहीं है, वह हो ही नहीं सकती। ईश्वर ही रास्ता है। यही द्वैतवादात्मक वेदान्त का उपदेश है।
29. इस मानव देह को कर्मदेह कहते हैं, इस मानवदेह में ही हम अपना भविष्यत् दृष्ट स्थिर किया करते हैं। हम एक बृहत् वृत्त के आकार में भ्रमण कर रहे हैं, तथा मानवदेह ही उस वृत्त के मध्य में एक बिन्दु है, जहाँ हमारी भविष्यत् अवस्था स्थिर होती है। इस कारण ही अन्यान्य सब प्रकार की देहों की अपेक्षा मानवदेह ही श्रेष्ठतम् निर्दिष्ट की जाती है। देवतागण भी मनुष्य जन्म ग्रहण किया करते है। द्वैत वेदान्त यहाँ तक कहता है।
30. तथापि ईश्वर की कृपा एवं शुभ कर्म के अनुष्ठान के द्वारा वे (जीवात्मा) पुनः विकास प्राप्त होगी। प्रत्येक जीवात्मा को मुक्तिलाभ के समान सुयोग और सम्भावना प्राप्त है एवं काल में सब ही शुद्धस्वरूप होकर प्रकृति के बन्धन से मुक्त होंगी। किन्तु इतना होने पर भी इस जगत का लोप नहीं होगा, क्योंकि वह अनन्त है। यही वेदान्त का द्वितीय प्रकार का सिद्धान्त है-जिसके मतानुसार ईश्वर, आत्मा और प्रकृति है, तथा आत्मा और प्रकृति ईश्वर का देहस्वरूप है और ये तीनों मिलकर एक है- विशिष्टाद्वैत वेदान्त कहते हैं।
31. यह समग्र जगत् एक अखण्ड स्वरूप है, और उसे ही अद्वैत वेदान्त-दर्शन में ब्रह्म कहते हैं। ब्रह्म जब ब्रह्माण्ड के पश्चात् प्रदेश में है ऐसा लगता है, तब उसे ईश्वर कहते हैं। अतएव यह आत्मा ही मानव का अभ्यन्तरस्थ ईश्वर है। केवल एक पुरुष-उन्हें ईश्वर कहते हैं, तथा जब ईश्वर और मानव दोनों के स्वरूप का विश्लेषण किया जाता है तब दोनों को एक के रूप में जाना जाता है।
32. "सभी हाथों से आप काम कर रहे हैं, सभी मुखों से आप खा रह रहे हैं, सब नासिकाओं से आप श्वास-प्रश्वास ले रहे हैं, सब मन से आप चिन्ता अथवा विचार कर रहे हैं।" (गीता, अध्याय-13) समग्र जगत ही आप है। जो कुछ है, सब आप है, यथार्थ "आप" -वह एक अविभक्त आत्मा-जिस क्षुद्र सीमाबद्ध व्यक्ति विशेष को आप "आप" समझते हैं, वह नहीं। तथा आप जो अमुक राम, श्याम, हरि है, यह बात भी किसी काल में सत्य नहीं है, यह केवल स्वप्न मात्र है। यही जानकर मुक्त होइए। यह अद्वैतवादियों का सिद्धान्त है।
33. यदि आप अपने को बद्ध के रूप में सोंचे तो आप बद्ध ही रहेंगे; आप स्वतः ही अपने बन्धन के कारण होंगे तथा यदि आप उपलब्धि करें कि आप मुक्त हैं तो इसी मुहुर्त आप मुक्त हैं। यही ज्ञान है-मुक्तिप्रद ज्ञान, तथा समग्र प्रकृति का चरम लक्ष्य ही मुक्ति है।
34. एक ही सूर्य विविध जल बिन्दुओं में प्रतिबिम्बित होकर नाना रूप दिखा रहा है। लाख-लाख जल कणों में लाख-लाख सूर्य का प्रतिबिम्ब पड़ा है तथा प्रत्येक जल कण में ही सूर्य की सम्पूर्ण प्रतिमूर्ति विद्यमान है; किन्तु सूर्य वास्तव में एक है। इन सब जीवगण के सम्बन्ध में भी यही बात है-वे उसी एक अनन्त पुरुष के प्रतिबिम्ब मात्र है। स्वप्न कदापि सत्य के बिना रह नहीं सकता, और वह सत्य-वही एक अनन्त सत्ता है। शरीर, मन अथवा आत्मा भाव में मानने पर आप स्वप्न मात्र हैं, किन्तु आपका यथार्थ स्वरूप अखण्ड सच्चिदानन्द है। अद्वैतवादी यही कहते है। यह सब जन्म, पुर्नजन्म, यह आना-जाना यह सब उस स्वप्न का अंशभाग है। आप अनन्त स्वरूप है। आप फिर कहाँ जायेंगे? आत्मा कभी उत्पन्न नहीं होती, कभी मरेगी भी नहीं, आत्मा के किसी काल में माता-पिता, शत्रु-मित्र कुछ भी नहीं हैं; क्योंकि आत्मा अखण्ड सच्चिदानंद स्वरूप है। जिस व्यक्ति ने इसका साक्षात्कार किया है उसने ही मुक्तिलाभ किया है, वह इस स्वप्न को भंग करके उसके बाहर चला गया है, उसने अपना यथार्थ स्वरूप जाना है। अद्वैत वेदान्त का यही उपदेश है।

35. वेदान्त दर्शन एक-एक करके इन तीन सोपानों (द्वैत, विशिष्टद्वैत, अद्वैत) का अवलम्बन करके अग्रसर हुआ है तथा हम इस तृतीय सोपान (अद्वैत) को पार करके अधिक अग्रसर नहीं हो सकते, क्योंकि हम एकत्व के उपर अधिक जा नहीं सकते।
36. जो व्यक्ति कहता है, इस जगत् का अस्तित्व है, किन्तु ईश्वर नहीं है, वह निर्बोध है, क्योंकि यदि जगत् हो, तो जगत् का एक कारण रहेगा और उसक कारण का नाम ही ईश्वर है। कार्य रहने पर ही उसका कारण है, यह जानना होगा। जब यह जगत् अन्तर्हित होगा, तब ईश्वर भी अन्तर्हित होंगे। जब आप ईश्वर के सहित अपना एकत्व अनुभव करेंगे, तब आपके पक्ष में यह जगत् फिर नहीं रहेगा। जिसे हम इस क्षण जगत् के रूप में देख रहे हैं, वही हमारे सम्मुख ईश्वर के रूप में प्रतिभासित होगा, एवं जिनको एक दिन हम बहिर्देश में अवस्थित समझते थे, वे ही हमारी आत्मा के अन्तरात्मा रूप में प्रतीत होंगे।- "तत्वमसि" - वही तुम हो।
37. धर्म मनुष्य के भीतर से ही उत्पन्न है, वह बाहर की किसी वस्तु से उत्पन्न नहीं है। हमारा विश्वास है, धर्म चिन्तन मनुष्य के पक्ष में प्रकृतिगत है; वह मनुष्य के स्वभाव के सहित ऐसे अविच्छिन्न भाव से जड़ित है कि जब तक मनुष्य अपनी देह तथा मन का त्याग नहीं कर पाता, जब तक वह चिन्ता और जीवन त्याग नहीं कर पाता, तब तक उसके लिए धर्मत्याग असम्भव है।
38. यदि मनुष्य वर्तमान लेकर सन्तुष्ट रहे और जगदातीत सत्ता के समस्त अनुसंधान का एकदम परित्याग कर दे, तो मानव जाति को पशु की भूमि में फिर से आना होगा। धर्म-जगदातीत सत्ता का अनुसंधान ही-मनुष्य और पशु में प्रभेद बनाये रखता है।
39. अब प्रश्न आता है, धर्म के द्वारा क्या वास्तव में कोई फल होता है? हाँ होता है। उससे मानव अनन्त जीवन प्राप्त करता है! मनुष्य वर्तमान में जो है, वह इस धर्म की ही शक्ति से हुआ है, और इससे ही यह मनुष्य नामक प्राणी देवता बनेगा। धर्म यही करने में समर्थ है।
40. प्रश्न है- हमारा चरम लक्ष्य क्या है? जहाँ से हमने आरम्भ किया है, वहीं अवश्य ही अन्त करना होगा; और जब ईश्वर से आपकी गति आरम्भ हुई है, तब ईश्वर में ही अवश्य फिर लौटना होगा।
41. एक और प्रश्न आता है- हम उन्नति पथ में अग्रसर होते-होते क्या धर्म के नये सत्य का आविष्कार नहीं करेंगे? हाँ भी, नहीं भी। प्रथमतः यह समझना होगा कि धर्म के सम्बन्ध में अधिक और कुछ जानने को नहीं है, सभी कुछ जाना जा चुका है। जगत् के सभी धर्म में, आप देखियेगा कि उस धर्म के अवलम्बनकारी सदैव कहते हैं, हमारे भीतर एक एकत्व है। अतएव ईश्वर के सहित आत्मा के एकत्व-ज्ञान की अपेक्षा और अधिक उन्नति नहीं हो सकती। ज्ञान का अर्थ इस एकत्व का आविष्कार ही है। हम आप सब को नर-नारी रूप में पृथक् देखते हैं- यही बहुत्व है।
42. "ईश्वर को जब तक आप नहीं जान लेते, तब तक मनुष्य को किस प्रकार जानियेगा?" -ये ईश्वर, यही अनन्त, अज्ञात या निरपेक्ष सत्ता या अनन्त या नामातीत वस्तु- उन्हें जिस नाम से इच्छा हो, उसी नाम से पुकारा जाता है- ये ही वर्तमान जीवन के, जो कुछ ज्ञात है और जो कुछ ज्ञेय है, सब के ही एकमात्र युक्तियुक्त व्याख्यास्वरूप है। चाहे जिस वस्तु की बात-सम्पूर्ण जड़ वस्तु की कोई बात लीजिए। केवल जड़तत्त्व सम्बन्धी विज्ञान में से कोई भी एक, जैसे- रसायन, पदार्थ विद्या, गणित, ज्योतिष या प्राणितत्व विद्या की बात लिजिये- उसकी विशेष रूप से आलोचना किजिये, क्रमशः यह तत्वानुसन्धान अग्रसर हो, देखियेगा-स्थूल क्रमशः सूक्ष्म, अतिसूक्ष्म पदार्थ में लय हो रहा है- अन्त में आपको ऐसे स्थान में आना होगा, जहाँ इन सब जड़ वस्तुओं को छोड़कर इन्हें अतिक्रमण करके अर्थात् फाँदकर अजड़ में जाना ही होगा। सब विधाओं में ही स्थूल क्रमशः सूक्ष्म में मिल जाता है, पदार्थ विद्या, दर्शन में पर्यवसित हो जाती है। इसी प्रकार मनुष्य को बाध्य होकर जगदातीत सत्ता की आलोचना में उतरना होता है।
43. यह बात कहने में अच्छी है कि वर्तमान में जो देख रहे हो वह सब लेकर ही तृप्त रहो; गाय, कुत्ते और अन्यान्य पशुगण इसी प्रकार वर्तमान के द्वारा ही सन्तुष्ट हैं, और इसी कारण वे पशु बने हैं। सब प्राणियों में से मनुष्य ही स्वभावतः उपर की ओर दृष्टि उठाकर देखता है। इसी उध्र्वदृष्टि ऊपर की ओर गमन और पूर्णत्व के अनुसन्धान

को ही "परिमाण" अथवा "उद्धार" कहते हैं और ज्योंहि मनुष्य उच्चतर दिशा की ओर गमन करना प्रारम्भ करता है, त्योंहि वह इस परिमाणस्वरूप सत्य की धारणा की दिशा में अपने को अग्रसर करता है। परिमाण-अर्थ, वेशभूषा अथवा घर पर निर्भर नहीं करता, यह मानव मस्तिष्क के भीतर की आध्यात्मिक भाव रत्नराशि के तारतम्य पर निर्भर करता है।

44. शिशु गुण अपनी निज की दृष्टि से अर्थात् किस वस्तु से कितनी मिठाई मिलती है, इस हिसाब से समग्र जगत् का विचार कर लेते हैं जो लोग अज्ञान से घिरे होने के कारण शिशु सदृश है, जगत् में उन सब शिशुओं का विचार भी उसी प्रकार का है। निम्न वस्तु की दृष्टि से उच्चतर वस्तु का विचार करना कदापि उचित नहीं है। प्रत्येक विषय का विचार उसकी गुरुता के हिसाब से करना होगा। अनन्त का विचार अनन्त की गुरुता के हिसाब से करना होगा। धर्म मानव जीवन का सर्वांश है-केवल वर्तमान नहीं-भूत, भविष्यत्, वर्तमान-सर्वांशव्यापी है। अतएव यह, अनन्त आत्मा और अनन्त ईश्वर के बीच अनन्त सम्बन्ध स्वरूप है।

45. रासायनिक गण सब प्रकार की ज्ञात वस्तुओं को उनके मूल धातुओं का रूप देने का यत्न कर रहे हैं। यदि इस अवस्था पर कभी वे पहुंचे, तब फिर इससे ऊपर और आगे नहीं बढ़ सकेंगे; तब रसायन विद्या सम्पूर्ण होगी। धर्म विज्ञान के सम्बन्ध में भी यही बात है। यदि हम पूर्ण एकत्व का अविष्कार कर सकें तो उससे अधिक उन्नति फिर नहीं हो सकती।

46. हमारे सम्मुख दो शब्द हैं- क्षुद्र ब्रह्माण्ड और बृहत् ब्रह्माण्ड; अन्तः और बहिः हम अनुभूति के द्वारा ही इन दोनों से सत्य लाभ करते हैं; अभ्यान्तर अनुभूति और बाह्य अनुभूति। आभ्यान्तर अनुभूति के द्वारा संगृहीत सत्य समूह मनोविज्ञान, दर्शन और धर्म के नाम से परिचित हैं, और बाह्य अनुभूति से भौतिक विज्ञान की उत्पत्ति हुई है। अब बात यह है कि जो सम्पूर्ण सत्य है, उसका इन दोनों जगत् की अनुभूति के साथ समन्वय होगा। क्षुद्र ब्रह्माण्ड, बृहत् ब्रह्माण्ड के सत्यसमूह को साक्षी प्रदान करेगा, उसी प्रकार बृहत् ब्रह्माण्ड की क्षुद्र ब्रह्माण्ड के सत्य को स्वीकार करेगा। चाहे जिस विद्या में हो, प्रकृत सत्य में कभी परस्पर विरोध रह नहीं सकता, आभ्यान्तर सत्य समूह के साथ बाह्य सत्य का समन्वय है।

47. जिस व्यक्ति की आत्मा से दूसरी आत्मा में शक्ति का संचार होता है वह गुरु कहलाता है और जिसकी आत्मा में यह शक्ति संचारित होती है उसे शिष्य कहते हैं। "यथार्थ धर्म गुरु" में अपूर्व योग्यता होनी चाहिए, और उसके शिष्य को भी कुशल होना चाहिए। जब दोनों ही अद्भुत और असाधारण होते हैं तभी अद्भुत आध्यात्मिक जागृति होती है अन्यथा नहीं।

48. सत्य स्वयं ही प्रमाण है उसे प्रमाणित करने के लिए किसी दूसरे साक्षी की आवश्यकता नहीं, वह स्व प्रकाश है। वह हमारी प्रकृति के अन्तः स्थल तक प्रवेश कर जाता है और उसके समक्ष सारी दुनियाँ उठ खड़ी होती है और कहती है- "यहीं सत्य है" जिन आचार्यों के हृदय में सत्य और ज्ञान सूर्य के समान दैदिप्यमान होते हैं, वे संसार में सर्वोच्च महापुरुष हैं और अधिकांश मानव जाति द्वारा उनकी उपासना ईश्वर के रुप में होती है।

49. शिष्य के लिए यह आवश्यक है कि उसमें पवित्रता, सच्ची ज्ञान पिपासा और अध्यवसाय हो। अपवित्र आत्मा कभी यथार्थ धार्मिक नहीं हो सकती। धार्मिक होने के लिए तन, मन और वचन की शुद्धता नितान्त आवश्यक है। गुरु के सम्बन्ध में यह जान लेना आवश्यक है कि उन्हें शास्त्रो का मर्म ज्ञात हो। वैसे तो सारा संसार ही बाइबिल, वेद, पुराण पढ़ता है, पर वे तो केवल शब्द राशि है। धर्म की सूखी ठठरी मात्र है। जो गुरु शब्दाडंबर के चक्कर में पड़ जाते हैं, जिनका मन शब्दों की शक्ति में बह जाता है, वे भीतर का मर्म खो बैठते हैं। जो शास्त्रों के वास्तविक मर्मज्ञ हैं, वे ही असल में सच्चे धार्मिक गुरु हैं।

50. संसार के प्रधान आचार्यों में से कोई भी शास्त्रों की इस प्रकार नानाविध व्याख्या करने के झमेले में नहीं पड़ा। उन्होनें श्लोकों के अर्थ में खींचातानी नहीं की। वे शब्दार्थ और भावार्थ के फेर में नहीं पड़े। फिर भी उन्होंने संसार को बड़ी सुन्दर शिक्षा दी। इसके विपरीत, उन लोगों ने जिनके पास सिखाने को कुछ भी नहीं, कभी एकाध शब्द को ही पकड़ लिया और उस पर तीन भागों की एक मोटी पुस्तक लिख डाली, जिसमें सब अनर्थक बातें भरी हैं।

51. धर्म ही सर्वोच्च ज्ञान है- वहीं सर्वोच्च विद्या है। वह पैसों से नहीं मिल सकता और न पुस्तकों से ही। तुम भले ही संसार का कोना-कोना छान डालो, जब तक गुरु का आगमन नहीं होता, जब जक तुम धर्म को कहीं ना पाओगे। और ये विधाता- निर्दिष्ट गुरु प्राप्त हों जाय जो उनके निकट बालकवत् विश्वास और सरलता के साथ अपना हृदय खोल दो और साक्षात् ईश्वर ज्ञान से उनकी सेवा करो। जो लोग इस प्रकार प्रेम और श्रद्धा सम्पन्न होकर सत्य की खोज करते हैं, उनके निकट सत्य स्वरुप भगवान सत्य, शिव और सौन्दर्य के अलौकिक तत्वों को प्रकट कर देते हैं।

52. वह भक्त सचमुच ही भाग्यशाली है जिसे ऐसा गुरु मिलता है जिसे साक्षात्कार हो गया हो या परम पुरुष हो क्योंकि ऐसे गुरु केवल शिक्षा ही नहीं देते बल्कि अपने शिष्यों में शिक्षा के पालन हेतु शक्ति का संचार भी करते हैं। ऐसे आध्यात्मिक आचार्यों के शब्दों में दृढ़ विश्वास रहता है जो दूसरे साधनों से प्राप्त नहीं हो सकता और शिष्य ऐसे गुरु से दीक्षित होकर कभी अंधेरे में भटकता नहीं है बल्कि कठिन से कठिन पथ पर अग्रसर होता है। ऐसे आध्यात्मिक शिक्षक से एक बार सम्पर्क हुआ नहीं कि साधक की मंजिल प्राप्ति का विकास निश्चित हो जाता है। इसका अभिप्राय यह नहीं कि वह अपने उद्देश्य के लिए संघर्ष नहीं करेगा, बल्कि उसका संघर्ष सौ गुना कम हो जायेगा।

53. दो प्रकार के लोग ईश्वर की मनुष्य रुप में उपासना नहीं करते। एक तो नर पशु, जिसे धर्म का कोई ज्ञान नहीं और दूसरे परमहंस, जो मानव जाति के सारी दुर्बलताओं के उपर उठ चुके हैं और जो अपनी मानवी प्रकृति की सीमा के भी उस पार चले गये हैं। उनके लिए सारी प्रकृति आलस्यरुप हो गयी है। वे ही भगवान को उनके असल स्वरुप में भज सकते हैं।

आत्मा और विश्वात्मा

आत्मा

सांख्य दर्शन के सिद्धान्त से विश्वमन तीन मन - सत्व, रज और तम में विखण्डित होता है जिससे समस्त विश्व व्यक्त होता है अर्थात निम्नलिखित मूल प्रकार के मन से युक्त आत्मा व्यक्त होकर अनेक अंश-अंशांस के रूप में मन से युक्त आत्माएँ व्यक्त होती रहती हैं फिर इनका संलयन और संयुग्मन होता है तब व्यक्त होता हैं - "विश्व मन से युक्त आत्मा - एक पूर्ण मानव "

1. रज मन -ये मन सकारात्मक सार्वभौम और व्यक्तिगत विकासशील मन का रूप होता है। इसमें वे सभी मन आते हैं जो समाज व देश का शारीरिक, आर्थिक व मानसिक विकास करते हैं। मानव सभ्यता के संसार में इस मन को ही गृहस्थ कहते हैं।

2. तम मन - ये मन नकारात्मक सार्वभौम और व्यक्तिगत विकासशील मन का रूप होता है। इसमें वे सभी मन आते हैं जो समाज व देश का शारीरिक, आर्थिक व मानसिक नकारात्मक विकास करते हैं। भारतीय धर्मशास्त्र साहित्य के पुराणों में इस मन को ही असुर या राक्षस कहा गया है।

3. सत्व मन - ये मन सार्वभौम आत्मा पर केन्द्रित मन होते हैं। इसके निम्नलिखित दो प्रकार होते हैं।

अ. निवृत्ति मार्गी -इस प्रकार के मन समाज व देश के शारीरिक, आर्थिक व मानसिक आदान-प्रदान से उदासीन रहते हैं तथा स्वआनन्द में ही रहते हैं। मानव सभ्यता के संसार में इस मन को ही साधु-सन्त इत्यादि कहते हैं।

ब. प्रवृत्ति मार्गी - इस प्रकार के मन समाज व देश के शारीरिक, आर्थिक व मानसिक आदान-प्रदान में भाग लेते हैं तथा स्वआनन्द के साथ रहते हैं। भारतीय धर्मशास्त्र साहित्य के पुराणों में इस मन को ही देवता और राजा कहा गया है।

4. अवतारी मन - अवतारी (पुरूष), मन के तीनों गुण सत्व, रज और तम का पूर्ण संलयन का साकार रूप होता है परन्तु वह तीनों गुणों से युक्त होते हुये भी उससे मुक्त रहता है और अपने पूर्ववर्ती मन के तीनों गुण से युक्त सत्व, रज और तम मनों के सर्वोच्च अवस्था की अगली कड़ी होता है।

विश्वात्मा

भारतीय आध्यात्म दर्शन के मूल विचार "सभी ईश्वर हैं" तथा अद्वैत वेदान्त दर्शन के अनुसार "सभी ईश्वर के ही प्रकाश हैं" के अनुसार सभी में विश्वात्मा ही स्थित हैं। हम उन सभी को ईश्वर का अंश या विश्वात्मा का अंश इसलिए कहते हैं कि वे स्वयं को अपने समय के सर्वोच्च क्षेत्र तक व्यक्त नहीं कर पाते। यह ब्रह्माण्ड ईश्वर से व्यक्त है और उसमें ईश्वर समाहित और व्याप्त है। उसका प्रकाट्य सार्वभौम सत्य-सिद्धान्त का ही प्रकाट्य है। विश्वात्मा का सर्वोच्च प्रकाट्य पूर्ण सार्वभौम सत्य-सिद्धान्त का प्रकटीकरण है जो अन्तिम हो।

आत्मा और विश्वात्मा, अलग-अलग नहीं एक ही है। बस उसके प्रकटीकरण क्षेत्र अर्थात प्रभाव क्षेत्र से उसके नाम अलग हैं। आत्मा जो व्यक्तिगत और सामाजिक क्षेत्र के सीमित भौगोलिक क्षेत्र तक प्रभावी रहता है वहीं विश्वात्मा अपने समय के सर्वोच्च भौगोलिक क्षेत्र तक को प्रभावी करता है।

तात्पर्य यह है कि प्रत्येक मनुष्य ही विश्वात्मा है। उसे सार्वभौम एकात्म के लिए योजना बना कर प्रकट होने के लिए उतना ही भौगोलिक क्षेत्र प्राप्त है जितना कि किसी मनुष्य या अवतार को। जिसका जितना विशाल हृदय होगा, उसका उतना विशाल प्रेम होगा और ठीक उतना ही विशाल उसका कर्मक्षेत्र होगा। यह ब्रह्माण्ड ईश्वर के विशाल हृदय से व्यक्त प्रेम का फल है। और उसके विकास, संरक्षण, विनाश, निर्माण, नव-निर्माण और पुनर्निर्माण के लिए सदैव कर्मशील है। विश्वात्मा को जानने-समझने से वर्तमान और भविष्य के मनुष्य का मस्तिष्क विशालता की ओर प्राप्त करने का अवसर देता है जिससे हृदय की विशालता भी बढ़ती है और कर्म करने के लिए अनन्त दिशाओं और जन्मों के लिए परियोजना भी मिलती है। परियोजना का नाम होता है-"सत्य-शिव-सुन्दर" निर्माण।

विकासवाद और अवतारवाद

विकासवाद

भारतीय शास्त्रों में सृष्टि की उत्पत्ति का माध्यम निम्न प्रकार से बताया गया है-

क. प्राकृतिक सृष्टि - अजीव सृष्टि।
ख. ब्राह्मी सृष्टि - (ब्रह्मा, विष्णु, महेश) ब्रह्मा द्वाराजीव सृष्टि।
ग. मानस सृष्टि - मानस शक्ति से प्रजापति गण द्वारा।
घ. बैजी सृष्टि - स्त्री-पुरूष द्वारा।

और भारतीय शास्त्रों में सृष्टि के उत्पत्ति का कारण क्रम आकाश, वायु, अग्नि, जल, पृथ्वी, औषधि, अन्न, वीर्य और अन्त में पुरूष अर्थात शरीर के क्रम से बताया जाता है।

1. वेद में-पुरूष या हिरण्य गर्भ से।
2. उपनिषद् में-
    अ. आकाश आदि क्रम से - तैत्तिरीय उपनिषद् में,
    ब. अग्नि आदि क्रम से -छान्दोग्य उपनिषद् में,
    स. जल आदि क्रम से - ऐतरेय उपनिषद् में।

भारतीय शास्त्रों के सांख्य दर्शन में सृष्टि के उत्पत्ति का क्रम अविकारीणी

1. प्रकृति (सत्व-शुद्ध या ज्ञान, रजः-मध्या या अज्ञान तथा तमः-जड़ या राग द्वेष) कार्य करके
2. महतत्व (बुद्धि),
3. अंहकार,
5. तन्मात्रा (सूक्ष्म भूत-4. गंध, 5. स्वाद, 6. स्पर्श, 7. दृष्टि, 8. ध्वनि)

फिर मन तथा स्थूल भूत का कारण 5 ज्ञान इन्द्रिय (9. श्रोत, 10. त्वचा, 11. नेत्र, 12. जिह्वा, 13. घ्राण),
5 कर्म इन्द्रिय (14. वाक, 15. हस्त, 16. पाद. 17. उपस्थ, 18. गुदा) और

11वें इन्द्रिय मन (देश, काल, व निमित्त: क्रिया-कारण) में परिणत होता है।
जिससे 5 स्थूल भूत (20. आकाश, 21. वायु, 22. अग्नि, 23. जल, 24. पृथ्वी) व्यक्त होता है।
25. पुरूष अर्थात जीव और परमेश्वर न किसी प्रकृति का उपादान कारण और न ही किसी का कार्य है।

आधुनिक विज्ञान के अनुसार सृष्टि पर जीवों की उत्पत्ति जैविक आबादी के आनुवंशिक लक्षणों के पीढ़ी दर पीढ़ी परिवर्तन के क्रम-विकास द्वारा हुआ। क्रम-विकास की प्रक्रियाओं के फलस्वरूप जैविक संगठन के हर स्तर (जाति, सजीव या कोशिका) पर विविधता बढ़ती है। पृथ्वी के सभी जीवों का एक साझा अंतिम सार्वजानिक पूर्वज 3.5 - 3.8 अरब वर्ष पूर्व रहता था। पृथ्वी पर रही 99 प्रतिशत से अधिक जातियाँ विलुप्त हो चुकी हैं। पृथ्वी पर जातियों की संख्या 1 से 1.4 करोड़ अनुमानित है। इन में से 12 लाख की जानकारी हैं।

लैमार्क (1744–1829) ने अपने विकासवाद के संबंध में निम्नलिखित दो नियम प्रतिपादित किए हैं-

1. उस प्रत्येक जीव में, जिसने अपने विकास की आयु पार नहीं की है, किसी अंग का सतत व्यवहार उस अंग को विकसित एवं दृढ़ बनाता है और यह दृढ़ता उस काल के अनुपात में होती है जितने काल तक यह अंग व्यवहार में लाया गया है। इसके विपरीत यदि किसी अंग का व्यवहार नहीं किया जाता है, तो वह निर्बल होने लगता है और शनैः शनैः उसकी कार्यकारी क्षमता कम होती जाती है और अंत में वह अंग विलुप्त हो जाता है।
2. दीर्घकाल से किसी परिस्थिति में रहनेवाली प्रजाति के जीवों को, परिस्थिति के प्रभाव के कारण, अनेक बातें अर्जित करनी पड़ती हैं, या भुला देनी होती है। किसी अंग का प्रभावी व्यवहार, अथवा उस अंग के व्यवहार में सतत कमी, आनुवंशिकता के द्वारा सुरक्षित रहती है और ये बातें इन जीवों से उत्पन्न होनेवाले जीवों में अवतरित होती हैं, पर शर्त यह है कि अर्जित परिवर्तन नर और मादा दोनों में हुआ हो, अथवा उन नर-मादा में हुआ हो जिनसे नए जीवों की उत्पत्ति हुई है।

लैमार्क को विश्वास था कि जीवित जीवों के स्पीशीज (जीवजाति) में या तो प्राकृतिक श्रृंखला रहती है या अंतर रहता है। जीवित प्राणियों के सांतत्य के विचार ने उन्हें यह विचारने के लिए प्रेरित किया कि जीवन और वनस्पति श्रेणी किसी बिंदु पर अवश्य ही संतत होने चाहिए और इन्होंने इस बात पर जोर दिया कि जीवित प्राणियों का समग्र रूप में अध्ययन होना चाहिए। लैमार्क तीन महत्वपूर्ण एवं परस्पर संबन्धित संकल्पनाओं पर पहुँचे -

1. परिवर्तनशील बाह्य प्रभावों के अंतर्गत रहनेवाले स्पीशीज (जीवजाति) में अंतर होता है,
2. स्पीशीज (जीवजाति) की असमानताओं में भी मूलभूत एकता अंतर्निहित रहती है तथा
3. स्पीशीज (जीवजाति) में प्रगामी विकास होता है।

लैमार्क की मुख्य कल्पना यह थी कि अर्जित गुण वंशानुक्रम से प्राप्त होते हैं। अब लैमार्क का सिद्धांत मान्य नहीं है।

19 वीं सदी के मध्य में चार्ल्स डार्विन (1809-1882) ने प्राकृतिक वरण द्वारा क्रम-विकास का वैज्ञानिक सिद्धांत दिया। उन्होंने इसे अपनी किताब "जीवजाति का उद्भव (1859)" में प्रकाशित किया। प्राकृतिक चयन द्वारा क्रम-विकास की प्रक्रिया को निम्नलिखित अवलोकनों से साबित किया जा सकता है-

1. जितनी संतानें संभवतः जीवित रह सकती हैं, उस से अधिक पैदा होती हैं,
2. आबादी में रूपात्मक, शारीरिक और व्यावहारिक लक्षणों में विविधता होती है,
3. अलग-अलग लक्षण उत्तर-जीवन और प्रजनन की अलग-अलग संभावना प्रदान करते हैं, और
4. लक्षण एक पीढ़ी से अगली पीढ़ी को दिए जाते हैं।

इस प्रकार, पीढ़ी दर पीढ़ी आबादी उन शख्सों की संतानों द्वारा प्रतिस्थापित हो जाती है जो उस बाईओफीसिकल परिवेश (जिसमें प्राकृतिक चयन हुआ था) के बेहतर अनुकूलित हों। प्राकृतिक वरण की प्रक्रिया इस आभासी उद्देश्यपूर्णता से उन लक्षणों को बनाती और बरकरार रखती है जो अपनी कार्यात्मक भूमिका के अनुकूल हों। अनुकूलन का प्राकृतिक वरण ही एक ज्ञात कारण है, लेकिन क्रम-विकास के और भी ज्ञात कारण हैं। माइक्रो क्रम-विकास के अन्य गैर-अनुकूली कारण उत्परिवर्तन और जैनेटिक ड्रिफ्ट (Genetic Drift) हैं। जैव-

उद्विकास (Organic-Evolution) एवं प्राकृतिक चयन (Natural Selection) से सम्बन्धित चार्ल्स डार्विन के विचारों को डार्विनवाद कहते हैं।

प्राकृतिक वरण के सिद्धांत की पुष्टि के लिये उन्होंने "जीवन-संघर्ष (Struggle for Existence)" का एक सहायक सिद्धांत उपस्थित किया। जीवन संघर्ष, जीवविज्ञान में प्रयुक्त होने वाली एक उक्ति है, जिसका तात्पर्य है अपने अस्तित्व के लिये जीवों का परस्पर संघर्ष। इसके अनुसार जीवों में जनन बहुत ही द्रुत गति और गुणोत्तर अनुपात में होता है, किंतु जीव जितनी संख्या में उत्पन्न होते हैं, उतनी संख्या में जी नहीं पाते, क्योंकि जिस गति से उनकी संख्या में वृद्धि होती है उसी अनुपात में वास स्थान और भोजन में वृद्धि नहीं होती, वरन् स्थान और भोजन सीमित रहते हैं। अतएव वास स्थान और भोजन के लिये जीवों में अनवरत संघर्ष चलता रहता है। इस संघर्ष में बहुसंख्या में जीव मर जाते हैं और केवल कुछ ही जीवित रह पाते हैं। इस प्रकार प्रकृति में विभिन्न जीवों की संख्या में एक संतुलन बना रहता है। इस प्रकार का संघर्ष केवल एक ही वर्ग अथवा जाति के जीवों में नहीं वरन् एक वर्ग का दूसरे वर्ग या जाति के साथ भी, चलता रहता है। वस्तुतः जीवन संघर्ष तीन प्रकार के हैं-

क. अंतर्जातीय संघर्ष (Intra-specific struggle)
ख. अंतराजातीय संघर्ष (Inter-specific struggle)
ग. पर्यावरण संघर्ष (Environmental struggle)

जिस प्रकार एक कुशल माली बगीचे से, अथवा एक चतुर किसान अपने खेत से कमजोर अथवा हानिकारक पौधों को निकाल फेंकता है, उसी प्रकार प्रकृति उपर्युक्त जीवन संघर्ष द्वारा दुर्बल और अक्षम जीव को अपनी वाटिका से उखाड़ फेंकती है, योग्य और होनहार जीवों को ही विकसित होने का अवसर प्रदान करती है तथा उनकी संख्याओं में संतुलन बनाए रहती है।

जीवों में परस्पर संघर्ष के परिणामस्वरूप उनकी रचना में विशेषता अथवा भिन्नता उत्पन्न होती है तथा यह विशेषता उनकी संतान में चली जाती है। इस प्रकार पीढ़ी दर पीढ़ी उन्नत विशेषताएँ उत्पन्न होकर ऐसी जाति तैयार करती हैं, जो आदि जीवों से भिन्न प्रतीत होने लगती है और एक नई जीवजाति के रूप में स्थापित हो जाती है।

अवतारवाद

ये सृष्टि विकास क्रम की एक श्रृंखला है। सार्वभौम सत्य से सार्वभौम सत्य-सिद्धान्त का मनुष्य शरीर से प्रकटीकरण ईश्वर का अवतरण है, परन्तु ईश्वर नहीं। विकास क्रम की श्रृंखला से ही मानव समाज के एकीकरण के लिए व्यक्त सार्वभौम सत्य-सिद्धान्त ही अवतारवाद के विचार के जन्म का कारण है। अवतारवाद के विचार का जन्म वेदों और पुराणों से व्यक्त होता है और लगभग सभी वर्तमान धर्मों (या सम्प्रदाय) के द्वारा माना जाता है। अवतरण, सम्पूर्ण ब्रह्माण्ड में व्याप्त सार्वभौम सत्य-सिद्धान्त का होता है इसलिए वह मानवीय नियमों से उच्च और अटलनीय-अपरिवर्तनीय-सर्वोच्च होता है। ईश्वर के अब तक नौ अवतार हो चुके है, दसवां कल्कि अवतार होना अभी बाकी है ऐसा कहा जाता है।

जीव से पूर्ण मानव के विकास क्रम के अनुसार - जीव से पूर्ण मानव के विकास क्रम के दृष्टि के अनुसार अवतार जीवों के विकास की कहानी कहती है-

01. मत्स्यावतार- 4000 लाख वर्ष पूर्व- बहुकोशकीय जीव की उत्पत्ति (Origin of multi cellular organism)

02. कच्छप अवतार- 2250 लाख वर्ष पूर्व- उभयचर के विकास (Evolution of Amphibious)

03. बाराह अवतार- 600 लाख वर्ष पूर्व- स्तनपायी जीव की उत्पत्ति (Origin of Mammals)

04. नरसिंह अवतार- 250 लाख वर्ष पूर्व- स्तनधारियों के प्रति स्तनधारी का विकास (बड़े मस्तिष्क के साथ स्तनधारियों के एक आदेश का सदस्य और मानव, वानर और बंदर सहित पूर्ण हाथ और पैर) (Evolution of Mammals towards primatesa (a member of an order of mammals with a large brain and complete hands and feet, including humans, apesa and Monkeys))

05. वामन अवतार- 100 लाख वर्ष पूर्व- सबसे पुराना धर्माधिपति की उत्पत्ति (Origin of earliesat primate)

06. परशुराम अवतार- 20 लाख वर्ष पूर्व- शिकार के प्रति आदमी का अनुकूलन (Adaptation of man towards hunting)

07. श्रीराम अवतार- 10 लाख वर्ष पूर्व- नेतृत्व के अधीन समुदाय का निर्माण (Formation of community under leadership)

08. कृष्ण अवतार- 1 लाख वर्ष पूर्व- नदी किनारे कृषि और पशुपालन (Agriculture and Animal husbandry on the bank of river)

09. बुद्ध अवतार- 50000 वर्ष पूर्व- मानव का शारीरिक से मानसिक विकास (Human development towards mental from physical)

10. कल्कि अवतार- वर्तमान और भविष्य-आधुनिक काल (Modern era)

मानव से पूर्ण मानव के विकास क्रम के आधुनिक विचार के अनुसार - मानव से पूर्ण मानव के विकास क्रम के दृष्टि के अनुसार अवतार मानवों के सार्वभौम मस्तिष्क, सार्वभौम सत्य-सिद्धान्त और एकीकरण के लिए मानकीकरण के विकास की कहानी कहती है जो व्यावहारिक दृष्टि से अधिक उपयोगी है। अवतारों के नामकरण में उसके गुणों के तुलना के लिए प्रारम्भ में समान गुणों के जीव के नाम पर तथा बाद में स्वयं उनके व्यक्तिगत गुण के आधार पर रखे गये।

पुर्नजन्म और काल चक्र

जिस प्रकार पुर्नजन्म केवल मानसिक आधार पर ही सिद्ध हो पाता है उसी प्रकार अवतार भी केवल मानसिक आधार पर ही पहचाने जाते हैं। वे अपने से पिछले अवतार के गुण से युक्त तो होते हैं परन्तु पिछले अवतार की धर्मस्थापना की कला से अलग एक नई कला का प्रयोग करते हैं और वह प्रयोग कर देने के उपरान्त ही मानव समाज को ज्ञात होता है अर्थात् प्रत्येक अवतार का शरीर अलग-अलग व समाज के सत्यीकरण की कला अलग-अलग होती है। इस सम्बन्ध में आचार्य रजनीश "ओशो" का कहना है कि - "एक तरह का सिद्ध एक ही बार होता है, दोबारा नहीं होता। क्योकि जो सिद्ध हो गया, फिर नही लौटता। गया फिर वापस नहीं आता। एक ही बार तुम उसकी झलक पाते हो- बुद्ध की, महावीर की, क्राइस्ट की, मुहम्मद की, एक ही बार झलक पाते हो, फिर गये सो गये। फिर विराट में लीन हो गये। फिर दोबारा उनके जैसा आदमी नहीं होगा, नहीं हो सकता। मगर बहुत लोग नकलची होंगे। उनको तुम साधु कहते हो। उन नकलीची का बड़ा सम्मान है। क्योंकि वे तुम्हारे शास्त्र के अनुसार मालूम पड़ते हैं। जब भी सिद्ध आयेगा सब अस्त व्यस्त कर देगा सिद्ध आता ही है क्रान्ति की तरह ! प्रत्येक सिद्ध बगावत लेकर आता है, एक क्रान्ति का संदेश लेकर आता है एक आग की तरह आता है- एक तुफान रोशनी का! लेकिन जो अँधेरे में पड़े हैं। उनकी आँखे अगर एकदम से उतनी रोशनी न झेल सके और नाराज हो जाय तो कुछ आश्चर्य नहीं। जो एक गुरू बोल रहा है, वह अनन्त सिद्धों की वाणी है। अभिव्यक्ति में भेद होगा, शब्द अलग होंगे, प्रतीक अलग होंगे मगर जो एक सिद्ध बोलता है, वह सभी सिद्धों की वाणी है। इनसे अन्यथा नहीं हो सकता है। इसलिए जिसने एक सिद्ध को पा लिया, उसने सारे सिद्धों की परम्परा को पा लिया। क्योंकि उनका सूत्र एक ही है। कुंजी तो एक ही है, जिसमें ताला खुलता है अस्तित्व का।"

जिस प्रकार सुबह में कोई व्यक्ति यह कहे कि रात होगी तो वह कोई नई बात नहीं कह रहा। रात तो होनी है चाहे वह कहे या ना कहे और रात आ गई तो उस रात को लाने वाला भी वह व्यक्ति नहीं होता क्योंकि वह प्रकृति का नियम है। इसी प्रकार कोई यह कहे कि "सतयुग आयेगा, सतयुग आयेगा" तो वह उसको लाने वाला नहीं होता। वह नहीं भी बोलेगा तो भी सतयुग आयेगा क्योंकि वह अवतारों का नियम है। सुबह से रात लाने का माध्यम प्रकृति है। युग बदलने का माध्यम अवतार होते हैं। जिस प्रकार त्रेतायुग से द्वापरयुग में परिवर्तन के लिए वाल्मिकि रचित "रामायण" आया, जिस प्रकार द्वापरयुग से कलियुग में परिवर्तन के लिए महर्षि व्यास रचित "महाभारत"आया। उसी प्रकार प्रथम अदृश्य काल से द्वितीय और अन्तिम दृश्य काल व चौथे युग-कलियुग से पाँचवें युग-स्वर्णयुग में परिवर्तन के लिए शेष समष्टि कार्य का शास्त्र "विश्वशास्त्र" सत्यकाशी क्षेत्र जो वाराणसी-विन्ध्याचल-शिवद्वार-सोनभद्र के बीच का क्षेत्र है, से भारत और विश्व को अन्तिम महावतार श्री लव कुश सिंह "विश्वमानव" द्वारा मानवों के अनन्त काल तक के विकास के लिए व्यक्त किया गया है।

कारण, अन्तिम महावतार श्री लव कुश सिंह "विश्वमानव" और "आध्यात्मिक सत्य" आधारित क्रिया "विश्वशास्त्र" से उन सभी ईश्वर के अवतारों और शास्त्रों, धर्माचार्यों, सिद्धों, संतों, महापुरूषों, भविष्यवक्ताओं, तपस्वीयों, विद्वानों, बुद्धिजिवीयों, व्यापारीयों, दृश्य व अदृश्य विज्ञान के वैज्ञानिकों, सहयोगीयों, विरोधीयों, रक्त-रिश्ता-देश सम्बन्धियों, उन सभी मानवों, समाज व राज्य के नेतृत्वकर्ताओं और विश्व के सबसे बड़े लोकतन्त्र के संविधान को पूर्णता और सत्यता की एक नई दिशा प्राप्त हो चुकी है जिसके कारण वे अधूरे थे। इस प्रकार अन्तिम महावतार के रूप में "विश्वशास्त्र" के द्वारा स्वयं को स्थापित करने वाले श्री लव कुश सिंह "विश्वमानव" पूर्णतया योग्य सिद्ध होते हैं और शास्त्रों व अनेक भविष्यवक्ताओं के भविष्यवाणीयों को पूर्णतया सिद्ध करते हैं। भविष्यवाणीयों के अनुसार ही जन्म, कार्य प्रारम्भ और पूर्ण करने का समय और जीवन है। जिन्हें इन्टरनेट पर लव कुश सिंह "विश्वमानव", सत्यकाशी, विश्वशास्त्र, विश्वमानव (LAVA KUSH SINGH "VISHWMANAV", SATYAKASHI, VISHWSHASTRA, VISHWMANAV) इत्यादि से सर्च कर पाया जा सकता है।

व्यक्तिगत प्रमाणित अदृश्य सार्वभौम सत्य-सिद्धान्त से सार्वजनिक या ब्रह्माण्डीय प्रमाणित दृश्य सार्वभौम सत्य-सिद्धान्त तक व्यक्त होने की पूर्ण प्रक्रिया में- विष्णु के प्रथम छः अवतार एकात्म कर्म की प्रधानता

लेकर प्रत्यक्ष अंशावतार के रुप में, सातवां- एकात्म ज्ञान की प्रधानता लेकर प्रत्यक्ष अंशावतार के रुप में, आठवां- एकात्म-ज्ञान और एकात्म-कर्म की प्रधानता लेकर अद्दश्य व्यक्तिगत प्रमाणित प्रत्यक्ष एवं प्रेरक पूर्णावतार के रुप में, नौवां- एकात्म कर्म और एकात्म ध्यान की प्रधानता लेकर आठवें अवतार के प्रेरक अंशावतार के रुप में। ब्रह्मा अर्थात् एकात्म ज्ञान के अनेक अवतार तथा शंकर अर्थात् एकात्म-ध्यान के 21 अवतार अद्दश्य व्यक्तिगत प्रमाणित काल मानव समाज के वर्तमान श्रृंखला के समक्ष व्यक्त हो चुके हैं। द्दश्य सार्वजनिक प्रमाणित काल में मानव समाज के वर्तमान श्रृंखला के समक्ष-ब्रह्मा अर्थात् एकात्म-ज्ञान के अन्तिम, विष्णु अर्थात् एकात्म कर्म के दसवें अन्तिम निष्कलंक कल्कि तथा शंकर अर्थात् एकात्म ध्यान के बाइसवें अन्तिम भोगेश्वर सहित शिव-आत्मा-ईश्वर-ब्रह्म के द्दश्य सार्वजनिक या ब्रह्माण्डीय प्रमाणित सिद्धान्त से युक्त पूर्ण द्दश्य सार्वजनिक या ब्रह्माण्डीय प्रमाणित प्रथम एवं अन्तिम प्रेरक पूर्ण अवतार या द्दश्य शिव-आत्मा-ईश्वर-ब्रह्म व्यक्त हो चुके हैं। इस प्रकार ईश्वर और ईश्वर के अवतारों की श्रृंखला समाप्त होती है। और अब सम्पूर्ण मानव जाति को शिवमय होकर इस ब्रह्माण्ड को स्वर्ग में परिवर्तित करने की ओर कर्म द्वारा अग्रसर होना है। यही उसके कल्याण का अन्तिम मार्ग है।

व्यक्तिगत प्रमाणित अद्दश्य सार्वभौम सत्य-सिद्धान्त से सार्वजनिक या ब्रह्माण्डीय प्रमाणित द्दश्य सार्वभौम सत्य-सिद्धान्त तक व्यक्त होने का मार्ग ही अवतार का मार्ग है जो अलग-अलग समय में एक या एक ही समय में अनेक भी हो सकते हैं। प्रत्येक अवतार का मूल समष्टि धर्म की स्थापना रहा है। व्यष्टि धर्म (व्यक्ति-परिवार) केन्द्रित धर्म, सदैव अवतारों द्वारा या आत्मीय/प्राकृतिक बल द्वारा अवनति को प्राप्त होते रहते हैं।

अद्दश्य काल के व्यक्तिगत प्रमाणित अद्दश्य काल में प्रमाणित प्राकृतिक चेतना से युक्त विष्णु के प्रथम छः मत्स्य, कर्म, वाराह, नृसिंह, वामन और परशुराम अंशावतार एकात्म कर्म से युक्त होकर व्यक्त के सार्वजनिक प्रमाणित अद्दश्य काल के सार्वजनिक प्रमाणित प्राकृतिक चेतना से विष्णु के सातवें-श्रीराम अंशावतार एकात्मज्ञान से युक्त हुये। द्दश्य काल के व्यक्तिगत प्रमाणित द्दश्य काल में व्यक्तिगत प्रमाणित सत्य चेतना से युक्त विष्णु के आठवें- श्रीकृष्ण व्यक्तिगत प्रमाणित पूर्णावतार एकात्मज्ञान और एकात्मकर्म से तथा नवें-बुद्ध श्रीकृष्ण के अंशावतार एकात्मकर्म अैर एकात्मध्यान से युक्त हुये। सार्वजनिक या ब्रह्माण्डीय प्रमाणित वर्तमान सार्वजनिक प्रमाणित सत्य चेतना से विष्णु के दसवें और अन्तिम निष्कलंक कल्कि-श्री लव कुश सिंह "विश्वमानव" एकात्म ज्ञान, एकात्मकर्म, एकात्मध्यान से युक्त पूर्ण द्दश्य पूर्णावतार के रूप में व्यक्त हुये हैं।

श्री विष्णु पुराण (तृतीय अंश, अध्याय-दो) में लिखा है कि-स्थितिकारक भगवान विष्णु चारों युगों में इस प्रकार व्यवस्था करते हैं-समस्त प्राणियों के कल्याण में तत्पर वे सर्वभूतात्मा सत्ययुग में कपिल आदिरूप धारणकर परम ज्ञान का उपदेश करते हैं। त्रेतायुग में वे सर्वसमर्थ प्रभु चक्रवर्ती भूपाल होकर दुष्टों का दमन करके त्रिलोक की रक्षा करते हैं। तदन्तर द्वापरयुग में वे वेदव्यास रूप धारण कर एक वेद के चार विभाग करते हैं और सैकड़ों शाखाओं में बाँटकर बहुत विस्तार कर देते हैं। इस प्रकार द्वापर में वेदों का विस्तार कर कलियुग के अन्त में भगवान कल्किरूप धारणकर दुराचारी लोगों को सन्मार्ग में प्रवृत्त करते हैं। इसी प्रकार, अनन्तात्मा प्रभु निरन्तर इस सम्पूर्ण जगत् के उत्पत्ति, पालन और नाश करते रहते हैं। इस संसार में ऐसी कोई वस्तु नहीं है जो उनसे भिन्न हो।

श्री विष्णु पुराण (तृतीय अंश, अध्याय-तीन) में लिखा है कि-वेद रूप वृक्ष के सहस्त्रों शाखा-भेद हैं, उनका विस्तार से वर्णन करने में तो कोई भी समर्थ नहीं है अत-संक्षेप यह है कि प्रत्येक द्वापरयुग में भगवान विष्णु व्यासरूप से अवतीर्ण होते हैं और संसार के कल्याण के लिए एक वेद के अनेक भेद कर देते हैं। मनुष्यों के बल, वीर्य और तेज को अलग जानकर वे समस्त प्राणियों के हित के लिए वेदों का विभाग करते हैं। जिस शरीर के द्वारा एक वेद के अनेक विभाग करते हैं भगवान मधुसूदन की उस मूर्ति का नाम वेदव्यास है।

सार्वभौम आत्मा पर केन्द्रित प्रवृत्ति मार्गी अवतारों का कार्य सकारात्मक व नकारात्मक दोनों के मनों को सार्वभौम आत्मीय केन्द्रित करना होता है। सकारात्मक मन बार-बार पुर्नजन्म लेकर सार्वभौम आत्मीय केन्द्र की ओर गति करता है। इस प्रकार जो भी अन्तिम अवतार होगा व सकारात्मक मन से आये सर्वोच्च अन्तिम मन का पुर्नजन्म भी होगा और अवतारों की श्रृंखला की अगली कड़ी भी होगा। साथ ही सर्वोच्च नकारात्मक मन की अगली कड़ी भी होगा। अर्थात् सकारात्मक मन की ओर से आये वर्तमान तक के अन्तिम सार्वभौम मन स्वामी विवेकानन्द

हैं इसलिए अन्तिम कल्कि अवतार उनका पुर्नजन्म भी होगा। सार्वभौम आत्मा पर केन्द्रित प्रवृत्ति मार्ग की ओर से आये अन्तिम अवतार श्री कृष्ण हैं इसलिए अन्तिम कल्कि अवतार उनकी अगली कड़ी भी होगा। नकारात्मक मन की ओर से आये वर्तमान तक के अन्तिम रावण है इसलिए अन्तिम कल्कि अवतार उनकी अगली कड़ी भी होगा।

इसी प्रकार काल (समय) के दो रूप हैं- अदृश्य काल और दृश्य काल। अदृश्य काल व्यक्तिगत प्रमाणित आध्यात्म विज्ञान पर आधारित केन्द्रित मन है तो दृश्य काल सार्वजनिक प्रमाणित पदार्थ विज्ञान पर आधारित केन्द्रित मन है। दूसरे रूप में जब व्यक्ति का मन अन्तः विषयों पर केन्द्रित रहता है तब वह अदृश्य काल में तथा जब बाह्य विषय पर केन्द्रित रहता है तब वह दृश्य काल में स्थित रहता है। इस प्रकार अन्तिम अवतार का सम्बन्ध काल चक्र और पुर्नजन्म चक्र से निम्न प्रकार होगा-

प्रकृति चक्र

01. सत् मार्ग के श्रीकृष्ण
02. रज मार्ग के स्वामी विवेकानन्द
03. तम मार्ग के रावण

पुर्नजन्म चक्र

01. सत्व मार्ग से-श्रीकृष्ण और अन्तिम कल्कि अवतार
02. तम मार्ग से-रावण और अन्तिम कल्कि अवतार
03. रज मार्ग से-स्वामी विवेकानन्द और अन्तिम कल्कि अवतार

काल चक्र

01. प्रथम भाग-अदृश्य काल में विश्वात्मा का प्रथम जन्म-योगेश्वर श्रीकृष्ण
02. द्वितीय भाग-दृश्य काल में विश्वात्मा के जन्म का पहला भाग-स्वामी विवेकानन्द
03. द्वितीय भाग-दृश्य काल में विश्वात्मा के जन्म का अन्तिम भाग- अन्तिम कल्कि अवतार

जो भी अपने आप को कल्कि अवतार के रूप में व्यक्त करेगा वह उपरोक्त सार्वभौम सत्य-सिद्धान्त सम्बन्ध से युक्त होना चाहिए। यदि श्री लव कुश सिंह "विश्वमानव" कल्कि अवतार हैं तो उपरोक्त सम्बन्ध अवश्य होंगे और इसका विवरण "विश्वशास्त्र" में विस्तार से दिया गया है। सम्पूर्ण शास्त्र का संगठन इस पर ही आधारित है।

मनुष्य "पाने" में अधिक विश्वास करता है इसके लिए वह "दर्शन", "दान" इत्यादि का कार्य कर सब-कुछ पा लेना चाहता है जबकि जो "हो जाने या बन जाने" में विश्वास करते हैं वहीं अवतार, महापुरूष इत्यादि के रूप में व्यक्त होते हैं। शरीर प्राप्त कर, उसका पालन और संसाधन प्राप्त करना तथा पीढ़ी बढ़ाना ये सामान्य सी जैविक प्रक्रिया है, मनुष्य का शरीर पाने के कारण यह जीवन का एक अनिवार्य कर्म तो है ही परन्तु लक्ष्य नहीं। किसी अवतार, महापुरूष या कालानुसार प्रसिद्ध व्यक्ति का दर्शन या उनसे मिल लेने से कोई लाभ नहीं होता जब तक कि मनुष्य उन जैसा बनने का प्रयत्न ना करे या उनके द्वारा निर्धारित कार्य न करे।

उपरोक्त मुख्य मूल आविष्कार के उपरान्त अनेक आविष्कार पर आविष्कार होते गये और मनुष्य आविष्कारक के जीवन, ज्ञान व कर्म से सम्बन्धित व्यापार से अपने जीवन को विकास की ओर ले जा रहा है। कोई भी विचारधारा (आविष्कार) चाहे उसकी उपयोगिता कालानुसार समाज को हो या न हो, यदि वह संगठन का रूप लेकर अपना आय स्वयं संचालित करने लगती है तो उसके साथ व्यक्ति जीवकोपार्जन, श्रद्धा व विश्वास से जुड़ता है न कि ज्ञान के लिए।

अनिर्वचनीय कल्कि महाअवतार भोगेश्वर श्री लव कुश सिंह "विश्वमानव" के अवतरण से पुनः पूर्वानुसार उनके जीवन, कर्म व ज्ञान से अनेक दिशाओं में व्यष्टि व समष्टि केन्द्रित नये आविष्कार व व्यापार को दिशा मिली है।

सभी प्रकार के सत्व, रज और तम से युक्त मन और उनसे व्यक्त मनु, अवतार, संत, महापुरूष के मनों से युक्त अर्थात् "विश्व मन से युक्त आत्मा - एक पूर्ण मानव", विश्वात्मा मैं (लव कुश सिंह "विश्वमानव") ही हूँ।

भगवान श्री रामकृष्ण ने नरेन्द्र नाथ दत्त (स्वामी विवेकानन्द का पूरव नाम) को सर्वस्व त्याग द्वारा पूर्णज्ञान दिये। नरेन्द्र नाथ दत्त द्वारा रामकृष्ण परमहंस से शरीर त्याग के अन्तिम दिनों में पूछे जाने पर कि आप कौन हैं। उन्होंने कहा- "जो राम है, जो कृष्ण है, अब दोनों ही इस शरीर में है" अर्थात् "जो एकात्म ज्ञान है, जो एकात्म ज्ञान सहित एकात्म कर्म है अब दोनों ही इस शरीर में है"। (स्वामी विवेकानन्द के संग में, पृष्ठ संख्या-54) तथा फिल्म "स्वामी विवेकानन्द" में फिल्मांकन भी किया गया है। स्वामी विवेकानन्द इस पूर्णज्ञान को 100 वर्ष पूर्व ही प्राप्त कर चुके थे लेकिन उसकी स्थापना नहीं कर सकते थे क्योंकि उस वक्त न तो भारत स्वतन्त्र था न ही समष्टि आधारित विश्व स्तरीय संगठन - संयुक्त राष्ट्र संघ का ही जन्म हुआ था परिणामस्वरूप उस समय के लिए जितना कार्य आवश्यक था पूर्ण करके अन्तिम इच्छा, सूक्ष्म शरीर के रूप में रही और समयानुसार आत्मा के दृश्य रूप और बहुरूप में प्रकाशित एक सत्ता- श्री लव कुश सिंह "विश्वमानव" के रूप में अब व्यक्त हुई है।

स्वामी विवेकानन्द के ये दो कथन - "सम्भव है काल के प्रवाह में, कभी कभी ऐसा भास होता है कि वेदान्त का महाप्रकाश अब बुझा और जब ऐसी स्थिति आती है, तब भगवान मानवदेह धारण कर, पृथ्वी पर आते है और फिर धर्म में पुनः एक ऐसी शक्ति ऐसे जीवन का संचार हो जाता है कि वह फिर एकाध युग तक अदम्य उत्साह से आगे बढ़ता जाता है। आज वही शक्ति और जीवन उसमें फिर आ गया है। (विवेकानन्द जी के सन्निध्य में, पृष्ठ संख्या-6) और मुझे अपनी मुक्ति की इच्छा अब बिल्कुल नहीं। सांसारिक भोग तो मैंने कभी चाहा नहीं। मुझे सिर्फ अपने यन्त्र को मजबूत और कार्योपयोगी देखना है और फिर निश्चित रूप से यह जानकर कि कम से कम भारत में मैंने मानव जाति के कल्याण का एक ऐसा यंत्र स्थापित कर दिया है, जिसका कोई शक्ति नाश नहीं कर सकती, मैं सो जाउँगा और आगे क्या होने वाला है, इसकी परवाह नहीं करूँगा। मेरी अभिलाषा है कि मैं बार बार जन्म लूँ और हजारों दुःख भोगता रहूँ, ताकि मैं उस एक मात्र सम्पूर्ण आत्माओं के समिष्टरूप ईश्वर की पूजा कर सकूँ जिसकी सचमुच सत्ता है और जिसका मुझे विश्वास है। सबसे बढ़कर सभी जातियों और वर्गों के पापी और दरिद्र रूपी ईश्वर ही मेरा विशेष उपास्य है।" (स्वामी विवेकानन्द का मानवतावाद, पृष्ठ संख्या-38) स्वंय प्रमाण है।

भविष्यवाणीयों के अनुसार ही आज विश्व में घटनाएँ घट रही हैं। युग परिवर्तन प्रकृति का अटल सिद्धान्त है। वैदिक दर्शन के अनुसार चार युगों- सतयुग, त्रेतायुग, द्वापरयुग और कलियुग की व्यवस्था है। जब पृथ्वी पर पापियों का एक छत्र साम्राज्य हो जाता है, तब भगवान पृथ्वी पर मानव रूप में प्रकट होते हैं। मानवता के इस पूर्ण विकास का कार्य अनादि काल से भारत ही करता आया है। इसी पुण्य भूमि पर अवतारों का अवतरण अनादि काल से होता रहा है। लेकिन कैसी बिडम्बना है कि ऋषि-मुनियों, महापुरूषों व अवतारों के जीवन काल में उनके अधिकतम उपयोग के लिए उस समय के शासन व्यवस्था व जनता ने उनकी दिव्य बातों व आदर्शों पर ध्यान नहीं दिया और उनके अन्र्तध्यान होने पर दुगने उत्साह से उनकी पूजा शुरू कर पूजने लग गये। यह भी एक बिडम्बना ही है कि हम जीवन व समय रहते उनकी नहीं मानते अपितु उनका विरोध व अपमान ही करते रहते हैं। कुल मिलाकर "कारवाँ गुजर गया, गुबार पूजते रह गये" वाली स्थिति मनुष्यों की रहती है।

पुर्नजन्म चक्र मार्ग के

सत्व मार्ग से –
श्रीकृष्ण और श्री लव कुश सिंह "विश्वमानव"

तम मार्ग से –
रावण और श्री लव कुश सिंह "विश्वमानव"

रज मार्ग से –
स्वामी विवेकानन्द और श्री लव कुश सिंह "विश्वमानव"

काल चक्र मार्ग के

01. काल चक्र के प्रथम भाग
अदृश्य काल में विश्वात्मा का प्रथम जन्म –
योगेश्वर श्रीकृष्ण
(पूर्ण ब्रह्म की प्रथम कड़ी)

02. काल चक्र के द्वितीय और अन्तिम भाग
दृश्य काल में विश्वात्मा के जन्म का पहला भाग –
स्वामी विवेकानन्द
(प्रथम एवं अन्तिम पूर्ण ब्रह्म के बीच की कड़ी)

03. काल चक्र के द्वितीय और अन्तिम भाग
दृश्य काल में विश्वात्मा के जन्म का अन्तिम भाग –
भोगेश्वर श्री लव कुश सिंह "विश्वमानव"
(स्वामी विवेकानन्द की अगली एवं पूर्ण ब्रह्म की अन्तिम कड़ी)

काल चक्र मार्ग के
(विस्तृत विवरण अध्याय – पाँच में उपलब्ध है। संक्षिप्त रूप से यहाँ दिया गया है।)

02. काल चक्र के द्वितीय और अन्तिम भाग
दृश्य काल में विश्वात्मा के जन्म का पहला भाग – स्वामी विवेकानन्द
(प्रथम एवं अन्तिम पूर्ण ब्रह्म के बीच की कड़ी)

शरीर नाम :

धर्मयुक्त नाम – नरेन्द्र नाथ दत्त
धर्मनिरपेक्ष एवं समभाव युक्त नाम – स्वामी विवेकानन्द

1. जन्म परिचय

– तिथि – मास – सोमवार, 12 जनवरी 1863
– समय – – स्थान – पश्चिम बंगाल
– अस्थायी निवास – सम्पूर्ण भारत
– स्थायी निवास – हावड़ा (बेलूर मठ)
– गुरु – कर्म गुरु – कोई नहीं – ज्ञान गुरु – श्री राम कृष्ण "परमहंस"
– शिक्षा – ब्रह्मज्ञान और विश्व इतिहास
– स्वरुप – धर्म (व्यक्त रुप), धर्मनिरपेक्ष एवं सर्वधर्मसमभाव (अव्यक्त रुप), मानवता का पुजारी (समष्टि धर्म)
– सर्वोच्च व्यक्त रुप – सन्यासी, दार्शनिक, वक्ता, शास्त्र–साहित्यकार, समाजशास्त्री, भविष्यवक्ता, योगी।
– व्यक्त रुप का स्थल – शिकागो का विश्वधर्म संसद, दिनांक 11 सितम्बर,1893 (उम्र 30 वर्ष 7 माह 29 दिन)
– जन्म समय के महत्व पूर्ण सम्बन्धों की स्थिति :–
देश सम्बन्ध – खराब था। रिश्ता सम्बन्ध – खराब था।
रक्त सम्बन्ध – ठीक था। समाज और राज्य सम्बन्ध – खराब था।
– जीवन नीति– शैव रुप में ज्ञान प्राप्ति एवं वैष्णव रुप में धर्म प्रचार।

2. ज्ञान परिचय :

– सर्वोच्च कथन :–"सम्भवतः यह अच्छा होगा कि मैं इस शरीर से बाहर निकल आऊँ और इसे जीर्ण वस्त्र की भाँति उतार फेकूँ परन्तु मैं फिर भी कार्य करते रहने से रुकूँगा नहीं। मानव समाज में मैं तब तक सर्वत्र प्रेरणा प्रदान करता रहूँगा जब तक कि संसार यह भाव आत्मसात् न कर ले कि वे ईश्वर के साथ एक है।"

– सर्वोच्च संदेश :– हिन्दू भावों को अंग्रेजी में व्यक्त करना, फिर शुष्क दर्शन, जटिल पौराणिक कथाएं और अनूठे आश्चर्यजनक मनोविज्ञान से ऐसे धर्म का निर्माण करना, जो सरल, सहज और लोकप्रिय हो और उसके साथ ही उन्नत मस्तिष्क वालों को संतुष्ट कर सके– इस कार्य की कठिनाइयों को वे ही समझ सकते हैं, जिन्होंने इसके लिए प्रयत्न किया हो। अद्वैत के गुढ़ सिद्धान्त में नित्य प्रति के जीवन के लिए कविता का रस और जीवनदायिनी शक्ति उत्पन्न करनी है। अत्यन्त उलझी हुई पौराणिक कथाओं में से जीवन प्रकृत चरित्रों के उदाहरण समूह निकालने हैं और बुद्धि को भ्रम में डालने वाली योगविद्या से अत्यन्त वैज्ञानिक और क्रियात्मक मनोविज्ञान का विकास करना है और इन सब को एक ऐसे रुप में लाना पड़ेगा कि बच्चा–बच्चा इसे समझ सके।

– धर्म स्थापना की आवश्यकता की पहचान –
देश सम्बन्ध, रिश्ता सम्बन्ध तथा समाज और राज्य सम्बन्ध खराब होना।
– ज्ञान से व्यक्त साहित्य –
ज्ञान योग, राज योग, प्रेम योग, कर्म योग, भक्ति योग एवं विश्व व्यवस्था के लिए साहित्य।
– लेखक – स्वयं
– ज्ञान को व्यक्त करने के लिए प्रयुक्त धर्म / धर्मनिरपेक्ष / सर्वधर्मसमभाव शब्द –
"एक शब्द में वेदान्त का आदर्श है– मनुष्य के सच्चे स्वरुप को जानना।"

3. कर्म परिचय :

– सर्वोच्च कर्म –
धर्म (समष्ठि) अद्वैत वेदान्त, मानवता, समता, एकता तथा प्राच्य एवं पाश्चात्य में एकता का प्रयत्न।
– कर्म की नीति :– मानसिक वध (बदलाव)
– कर्म द्वारा निर्माण :– सत्य धर्म आधारित मिशन– राम कृष्ण मिशन (अपने गुरु के नाम पर) राम अर्थात् प्राकृतिक टर्थात् व्यष्टि अर्थात् समय पर निर्भर, कृष्ण अर्थात् सत्य अर्थात् समष्टि अर्थात् समय का निर्माणकर्ता।

स्वामी विवेकानन्द

परिचय

स्वामी विवेकानन्द, वेदान्त के विख्यात और प्रभावशाली आध्यात्मिक गुरू थे। उनका वास्तविक नाम नरेन्द्र नाथ दत्त था। उन्होंने अमेरिका स्थित शिकागों में सन् 1893 में आयोजित विश्व धर्म महासम्मेलन में सनातन धर्म का प्रतिनिधत्व किया था। भारत का वेदान्त अमेरिका और यूरोप के हर देश में स्वामी विवेकानन्द की वकृतता के कारण ही पहुँचा। उन्होंने रामकृष्ण मिशन की स्थापना की थी जो आज भी अपने उद्देश्य "शिव भाव से जीव सेवा" के अनुसार काम कर रहा है। वे रामकृष्ण परमहंस के सुयोग्य शिष्य थे। रामकृष्ण जी बचपन से ही एक पहुँचे हुए सिद्ध पुरूष थे। स्वामी जी ने कहा था की जो व्यक्ति पवित्र ढंग से जीवन निर्वाह करता है उसी के लिए अच्छी एकाग्रता प्राप्त करना सम्भव है।

भारतीय आध्यात्म और व्यवहारिक वेदांत आकाश का यह दीप्तिमान नक्षत्र 12 जनवरी, 1863 के दिन पिता श्री विश्वनाथ एवं माता श्रीमती भुवनेश्वरी के कलकत्ता स्थित परिवार में अवतरित हुआ। वाराणसी के वीरेश्वर महादेव की अराधना से प्राप्त होने के कारण, माता ने वीरेश्वर नाम दिया और प्रेम से "विले" पुकारती, परन्तु पिता ने नरेन्द्रनाथ नाम दिया। बचपन से ही ये नटखटी और जिज्ञासु प्रकृति के थे। नरेन्द्र की बुद्धि बचपन से ही तीव्र थी और परमात्मा को पाने की लालसा भी प्रबल थी। इस हेतु वे "ब्रह्म समाज" में गये किन्तु वहाँ उनके चित्त को सन्तोष नहीं हुआ। श्री विश्वनाथ दत्त की मृत्यु हो गई। घर का भार नरेन्द्र पर आ गया। घर की दशा बहुत खराब थी। अत्यन्त गरीबी में भी नरेन्द्र बड़े अतिथि सेवी थे। स्वयं भूखे रहकर अतिथि को भोजन कराते, स्वयं बाहर वर्षा में रात भर भींगते-ठिठुरते पड़े रहते और अतिथि को अपने बिस्तर पर सुला देते।

शिक्षा के साथ-साथ जीवन के गहन प्रश्नों की ललक से वे रामकृष्ण परमहंस के सम्पर्क में आये और उन्हीं के अंतरंग बन गये। आर्थिक संकट से घिरने के पश्चात् रामकृष्ण जी के कहने पर माँ काली की प्रतिमा के सामने प्रार्थना करने गये, परन्तु भौतिक सुखों की अपेक्षा माँ से ज्ञान, भक्ति और वैराग्य का ही वरदान माँग सके। स्वामी विवेकानन्द अपना जीवन अपने गुरूदेव को रामकृष्ण परमहंस को समर्पित कर चुके थे। गुरूदेव के शरीर त्याग के दिनों में अपने घर और कुटुम्ब की नाजुक हालत की परवाह किये बिना, स्वयं भोजन की परवाह किये बिना वे गुरू सेवा में सतत संलग्न रहे। गुरूदेव का शरीर अत्यन्त रूग्ण हो गया था। एक बार किसी ने गुरूदेव की सेवा में घृणा और लापरवाही दिखायी तथा घृणा से नाक-भौं सिकोड़ी। यह देखकर विवेकानन्द को गुस्सा आ गया। उस गुरू भाई को पाठ पढ़ाते और गुरूदेव की प्रत्येक वस्तु के प्रति प्रेम दर्शाते हुए उनके बिस्तर के पास रक्त, कफ आदि से भरी थुकदान उठाकर फेंकते थे। गुरू के प्रति ऐसी अनन्य भक्ति और निष्ठा के प्रताप से ही वे अपने गुरू के शरीर और उनके दिव्यतम आदर्शों की उत्तम सेवा कर सके। गुरूदेव को वे समझ सके, स्वयं के अस्तित्व को गुरूदेव के स्वरूप में विलीन कर सके। समग्र विश्व में भारत के अमूल्य खजाने की सुगन्ध को फैला सके। उनके इस महान व्यक्तित्व की नींव मे थी ऐसी गुरूभक्ति, गुरूसेवा और गुरू के प्रति अनन्य निष्ठा।

रामकृष्ण ने पूर्ण पात्र जानकर, अपनी समस्त आध्यात्मिक शक्तियाँ नरेन्द्र को समर्पित कर दीं। 25 वर्ष की अवस्था में नरेन्द्र ने गेरूआ वस्त्र धारण किया। तत्पश्चात् उन्होंने सम्पूर्ण भारत का भ्रमण किया। राजस्थान में, अलवर के खेतड़ी नरेश ने उन्हें अपना गुरू स्वीकार किया। 1893 में खेतड़ी नरेश अजीत सिंह के विशेष अनुरोध पर "विवेकानन्द" की संज्ञा पाकर शिकागो विश्वधर्म सम्मेलन में भाग लेने हेतु अमेरिका पहुँचे। यूरोप-अमेरिका के लोग उस समय पराधीन भारतवासीयों को बहुत ही हीन दृष्टि से देखते थे। वहाँ के लोगों ने बहुत प्रयत्न किया कि स्वामी विवेकानन्द को सर्वधर्म परिषद् में बोलने का समय ही न मिले। एक अमेरिकन प्रोफेसर के सहयोग से उन्हें थोड़ा समय मिला किन्तु उनके विचार सुनकर सभी विद्वान चकित हो गये। धर्म सम्मेलन में स्वामीजी का अलौकिक व्याख्यान सुनकर अमेरिकावासी श्रद्धावनत् हो गये। तीन वर्ष तक अमेरिका-यूरोप की धरती पर वेदान्त का शंखनाद करते हुए वे भारत आये, तो अपूर्व सम्मान पाये। आध्यात्म विद्या और भारतीय दर्शन के बिना विश्व अनाथ हो जायेगा, यह स्वामी विवेकानन्द जी का दृढ़ विश्वास था। अमेरिका में उन्होंने रामकृष्ण मिशन की अनेक शाखाओं की स्थापना की। अनेक अमेरिकन विद्वानों ने उनका शिष्यत्व ग्रहण किया। वे सदा अपने को गरीबों का सेवक कहते थे। भारत के गौरव को देश-देशान्तरों में उज्जवल करने का उन्होंने सदा प्रयत्न किया। जब भी वो कहीं जाते थे तो लोग उनसे बहुत खुश होते थे।

दृढ़ चरित्र, प्रखर स्वदेश प्रेम, दरिद्र-नारायण की सेवा और गहन आध्यात्मिक साधना से भारत में ही नहीं अपितु सम्पूर्ण विश्व में विख्यात हुए। 1897 ई. में स्वामीजी ने "रामकृष्ण मिशन" की स्थापना कलकत्ता में की। यूरोप की सिस्टर मार्गरिट स्वामी जी से प्रभावित हुई और भगिनी निवेदिता के नाम से अनुयायी बनकर भारत आयी और उन्होंने जीवनभर भारत की सेवा का संकल्प लिया।

"उठो, जागो और जब तक अपने अन्तिम लक्ष्य तक नहीं पहुँच जाते, तब तक निश्चिन्त मत हो" का आह्वान करते हुए उन्होंने, भारतीय दर्शन की श्रेष्ठता भारतीयों में स्थापित की। मात्र लगभग 39 वर्ष की अवस्था में 4 जुलाई, 1902 को स्वामीजी ने महाप्रस्थान किया।

स्वामी विवेकानन्द की मुख्य शिक्षा

स्वामी विवेकानन्द युवाओं के लिए एक बड़ा आदर्श हैं। हालांकि उनका जीवन सिर्फ 39 वर्ष का रहा, इसके बावजूद उन्होंने अपने विचारों व कार्यों से पूरे विश्व को एक नई दिशा दी। स्वामी विवेकान्द के व्यक्तित्व के गुणों को अपनाकर कोई भी आगे बढ़ सकता है।

आत्म विश्वासी बनें - स्वामी विवेकानन्द के अनुसार आस्तिक वही है, जो खुद पर विश्वास करे। कोई व्यक्ति भगवान पर विश्वास करता है, पर वह खुद पर विश्वास नहीं करता तो वह नास्तिक है। यानी आत्म विश्वास सबसे महत्वपूर्ण है। खुद पर भरोसा रखने से ही व्यक्ति कोई भी कार्य कर सकता है।

तन-मन हो स्वस्थ - आत्मविश्वास को मजबूत करने के लिए स्वामी विवेकानन्द ने तन-मन को मजबूत बनाने की शिक्षा दी। उन्होंने कहा कि गीता वीरों के लिए है, कायरों के लिए नहीं। यानी ज्ञान प्राप्त करने के लिए पहले शरीर और मन को मजबूत बनायें।

दूर करें हीनता बोध - विवेकानन्द ने लोगों के हीनता बोध दूर करने के लिए ही सबको शिक्षा दी कि खुद को शरीर नहीं आत्मा समझें। वह आत्मा, जो शक्तिशाली परमात्मा है। इससे हीनता बोध खत्म होता है और आत्म विश्वास बढ़ता है। इसलिए कभी भी ऐसी सोच न रखें कि मैं कमजोर, पापी या दुःखी हूँ।

संयम-अनुशासन - खुद पर नियंत्रण करना संयम होता है। संयमी व्यक्ति सारी व्यवधानों के बीच भी अपने कार्य को सहजता से आगे बढ़ाता रहता है। सेवा की भावना, शान्ति, कर्मठता आदि गुण संयम से ही आते हैं। संयमी व्यक्ति तनाव से मुक्त होता है इसलिए वह हर काम गुणवत्ता से करता है। विवेकानन्द ने कहा है-किसी भी क्षेत्र में शासन वही कर सकता है, जो खुद अनुशासित है।

भय को तिलांजलि दें - स्वामी विवेकानन्द के अनुसार, हमेशा यह सोचें कि मेरा जन्म कोई बड़ा काम करने के लिए हुआ है। यह सोच कर बिना किसी से डरे, अपने काम को ईश्वर का आदेश समझ करें। भय तब दूर हो जायेगा, जब हम खुद को अनश्वर आत्मा मानेंगे, नश्वर शरीर नहीं।

स्वावलंबी बनें - स्वामी विवेकानन्द ने कहा कि भाग्य पर भरोसा न करें, बल्कि अपने कर्मों से अपना भाग्य खुद गढ़ें। "उठो, साहसी और शक्तिमान बनों।" इसमें आत्मनिर्भर बनने का सूत्र दिया गया है। स्वामी जी कहते हैं कि सारी शक्ति तुम्हारे भीतर ही है। तुम्हीं अपने मददगार हो, कोई दूसरा तुम्हरा मदद नहीं कर सकता। भगवान भी उसी की मदद करता है, जो अपनी मदद खुद करता है। यानि स्वावलम्बी बनना आवश्यक है।

सेवा परमोधर्मः - स्वामी जी ने निःस्वार्थ भाव से सेवा को सबसे बड़ा कर्म माना है। सेवा भाव का उदय होने से व्यक्ति दूसरों के दुःखों को दूर करने की चेष्टा में अपने दुःखों या परेशानियों को भूल जाता है और उसके तन-मन की सामथ्य बढ़ जाती है।

आत्मशक्ति जगायें - विवेकानन्द के अनुसार, आत्मा परमशक्तिशाली है, वही ईश्वर है। इसलिए अपने आत्मतत्व को पहचानकर उसकी शक्ति को जगायें। तब आप स्वयं को ऊर्जावान महसूस करेंगे। असफलता से परेशान होकर अपने प्रयासों को छोड़े नहीं और किंचित सफलता पाकर संतुष्ट होकर बैठें नहीं। स्वामी जी ने कहा है, उठो, जागो और लक्ष्य पाने तक रूको नहीं।

विश्वमानवः स्वामी विवेकानन्द का भाग-दो और अन्तिम

स्वामी विवेकानन्द की वाणीयाँ जो सत्य हुईं
व्यक्तिगत जीवन के सम्बन्ध में

1. आखिर इस उच्च शिक्षा के रहने या न रहने से क्या बनता बिगड़ता है? यह कहीं ज्यादा अच्छा होगा कि यह उच्च शिक्षा प्राप्त कर नौकरी के दफ्तरों को खाक छानने के बजाय लोग थोड़ी सी यान्त्रिक शिक्षा प्राप्त करें जिससे काम-धन्धे में लगकर अपना पेट तो भर सकेंगे। (विवेकानन्द जी के सान्निध्य में, पृ0-5)
2. पर ब्राह्मण का पुत्र सर्वदा ब्राह्मण ही नहीं होता, यद्यपि उसके ब्राह्मण होने की सम्भावना अवश्य रहती है। जाति से ब्राह्मण होना और गुणों से ब्राह्मण होना-ये दो भिन्न बातें हैं। भारत वर्ष में ब्राह्मण कुल में जन्म लेने से कोई ब्राह्मण कहलाने लगता है, पर पश्चिम में यदि कोई ब्राह्मण गुण युक्त हो तो उसे ब्राह्मण ही मानना चाहिए। यह स्पष्ट है कि मनुष्य के लिए एक जाति से दूसरी जाति में चला जाना सम्भव है। यदि नहीं है तो विश्वामित्र ब्राह्मण कैसे बन सके और परशुराम क्षत्रिय कैसे बन सके? (विवेकानन्द जी के सान्निध्य में, पृ0-34)
3. मन में ऐसे भाव उदय होते हैं कि यदि जगत् के दुःख दूर करने के लिए मुझे सहस्त्रों बार जन्म लेना पड़े तो भी मैं तैयार हूँ। इससे यदि किसी का तनिक भी दुःख दूर हो, तो वह मैं करूंगा और ऐसा भी मन में आता है कि केवल अपनी ही मुक्ति से क्या होगा। सबको साथ लेकर उस मार्ग पर जाना होगा। (विवेकानन्द जी के संग में, पृ0-67)
4. समस्त ब्रह्माण्ड जब नित्य आत्मा ईश्वर का ही विराट शरीर है तब विरोध-विशेष स्थानों (तीर्थस्थान) के महात्म्य में आश्चर्य की क्या बात है? विशेष स्थानों पर उनका विशेष विकास है। कहीं पर आप ही से प्रकट होते हैं और कहीं शुद्ध सत्य मनुष्य के व्याकुल आग्रह से प्रकट होते हैं। फिर भी यह तुम निश्चित जानो कि इस मानव शरीर की अपेक्षा और कोई बड़ा तीर्थ नहीं है। इस शरीर में जितना आत्मा का विकास हो सकता है उतना और कहीं नहीं। (विवेकानन्द जी के संग में, पृ0-98)

5. छात्रजीवन में (स्वामी विवेकानन्द) दिन भर अपने साथियों के साथ आमोद-प्रमोद में ही रहते थे। रात को घर के द्वार बन्द कर अपना अध्ययन करते थे। दूसरे किसी को यह नहीं जान पड़ता था कि वे कब अपना अध्ययन कर लेते थे। (विवेकानन्द जी के संग में, पृ0-102)
6. इस संसार में निरी दुनियादारी है जो यथार्थ, साहसी और ज्ञानी हैं। वह क्या ऐसी दुनियादारी से कभी घबड़ाता है? 'जगत चाहे जो कहे, क्या परवाह है, मैं अपना कर्तव्य पालन करता चला जाऊँगा' यह वीरों की बातें हैं। यदि 'वह क्या कहता है और क्या लिखता है' ऐसी ही बातों पर रात-दिन ध्यान रहे तो जगत् में कोई महान कार्य हो ही नहीं सकता। (विवेकानन्द जी के संग में, पृ0-105)
7. बहुत दिनों तक मास्टरी करने से बुद्धि बिगड़ जाती है। ज्ञान का विकास नहीं होता। दिन रात लड़कों के बीच रहने से धीरे-धीरे जड़ता आ जाती है; इसलिए आगे अब मास्टरी न कर। (विवेकानन्द जी के संग में, पृ0-126)
8. जाकर सभी को यह बात सुना 'तुम्हारे भीतर अनन्त शक्ति मौजूद है, उसी शक्ति को जागृत करो।' केवल अपनी मुक्ति प्राप्त कर लेने से क्या होगा? मुक्ति की कामना भी तो महा स्वार्थपरता है। छोड़ दे ध्यान, छोड़ दे मुक्ति की आकांक्षा- मैं जिस काम में लगा हूँ उसी में लग जा। (विवेकानन्द जी के संग में, पृ0-161)
9. अतः जब कर्म करके उसे शान्ति प्राप्त नहीं होती तभी साधक कर्मत्यागी बनता है। परन्तु देह धारण करके मनुष्य को कुछ न कुछ लेकर तो रहना ही होगा- क्या लेकर रहेगा बोल? इसलिए साधक दो चार सत्कर्म करता जाता है, परन्तु उस कर्म के फलाफल की आशा नहीं रखता, क्योंकि उस समय उसने जान लिया है कि उस कर्मफल में ही जन्म-मृत्यु के नाना प्रकार के अंकुर भरे पड़े हैं। इसलिए ब्रह्मज्ञ व्यक्ति सारे कर्म त्याग देते हैं- दिखाने के दो चार कर्म करने पर भी उनमें उनके प्रति आकर्षण बिल्कुल नहीं रहता। ये ही लोग शास्त्र में निष्काम कर्मयोगी बताये गये हैं। (विवेकानन्द जी के संग में, पृ0-193)
10. निष्क्रियता, हीनबुद्धि और कपट से देश छा गया है। क्या बुद्धिमान लोग यह देखकर स्थिर रह सकते हैं? रोना नहीं आता? मद्रास, बम्बई, पंजाब, बंगाल-कहीं भी तो जीवनी शक्ति का चिन्ह दिखाई नहीं देता। तुम लोग सोच रहे हो, 'हम शिक्षित हैं' क्या खाक सीखा है? दूसरों की कुछ बातों को दूसरी भाषा में रटकर मस्तिष्क में भरकर, परीक्षा में उत्तीर्ण होकर सोच रहे हो कि हम शिक्षित हो गये हैं। धिक्धिक्, इसका नाम कहीं शिक्षा है? तुम्हारी शिक्षा का उद्देश्य क्या है? या तो? क्लर्क बनना या एक दुष्ट वकील बनना, और बहुत हुआ तो क्लर्की का ही दूसरा रूप एक डिप्टी मजिस्ट्रेट की नौकरी यही न? इससे तुम्हें या देश को क्या लाभ हुआ? (विवेकानन्द जी के संग में, पृ0-196)
11. ब्रह्म ज्ञानी को भोजन किसी परिश्रम के बिना अपने आप मिल जाता है। वह जहाँ पाता है पानी पी लेता है, वह स्वेच्छानुसार सर्वत्र विचरण करता है- वह निर्भय, कभी जंगल में और कभी श्मशान में सो जाता है और जिस मार्ग पर जाने से वेद भी शेष हो जाते है, वहाँ वह संचरण करता है। वह बालकों की तरह दूसरों की इच्छानुसार परिचालित होता है, कभी नंगा, कभी वस्त्रालंकारमण्डित रहता है। और कभी-कभी तो उसका आच्छादन ज्ञान मात्र रहता है, कभी अबोध बालक की भाँति, कभी उन्मत्त के समान और कभी पिशाचवत् व्यवहार करता है। (पत्रावली भाग-1, पृ0-40)
12. तुमने मांस खाने वाले क्षत्रियों की बात उठाई है। क्षत्रिय लोग चाहे मांस खाये या ना खाये, वे ही हिन्दू धर्म की उन सब वस्तुओं के जन्मदाता हैं जिनको तुम महत और सुन्दर देखते हो। उपनिषद् किसने लिखे थे? राम कौन थे? कृष्ण कौन थे? बुद्ध कौन थे? जैनों के तिर्थंकर कौन थे? जब कभी क्षत्रियों ने धर्म का उपदेश दिया, उन्होंने सभी को धर्म पर अधिकार दिया। और जब कभी ब्राह्मणों ने कुछ लिखा उन्होंने औरों को सब प्रकार के अधिकारों से वंचित करने की चेष्टा की। गीता और व्यास सूत्र पढ़ो या किसी से सुन लो। गीता में मुक्ति की राह पर सभी नर-नारियों, सभी जातियों और सभी वर्णों को अधिकार दिया गया है, परन्तु व्यास गरीब शूद्रों को वंचित करने के लिए वेद की मनमानी व्याख्या कर रहे हैं। क्या ईश्वर तुम जैसा मूर्ख है कि एक टुकड़े मांस से उसकी दया रुपी नदी में बाधा खड़ी हो जायेगी? अगर वह ऐसा ही है तो उसका मोल एक फूटी कौड़ी भी नहीं। (पत्रावली भाग-1, पृ0-115)

13. मैं व्याख्यान देते-देते और इस प्रकार के निरर्थक वाद से थक गया हूँ। सैकड़ों प्रकार के मानवी पशुओं से मिलते-मिलते मेरा मन अशान्त हो गया है। मैं मेरी मनोनुकूल बात आपको बतलाता हूँ। मैं लिख नहीं सकता, मैं बोल नहीं सकता, परन्तु मैं गम्भीर विचार कर सकता हूँ और जब मुझे स्फुर्ति आ जाती है तो अग्निरूपी वचन बोल सकता हूँ। परन्तु यह होना चाहिए कुछ चुने हुए, केवल चुने हुये लोगों के सामने ही। वे यदि चाहे तो मेरे विचारों को ले जाकर चारों और फैला दे- परन्तु यह मैं नहीं कर सकता। यह तो कर्म का ठीक ही बंटवारा है, एक ही आदमी सोचने में और विचारों के प्रसार करने में सफल नहीं हो सकता। इस तरह के दिये हुए विचारों का मूल्य कुछ नहीं होता। सोचने वाले मनुष्य को अन्य कार्यों से मुक्त होना चाहिए, विशेषतः जबकि विचार आध्यात्मिक हो। (पत्रावली भाग-1, पृ0-117)
14. पूर्णता का मार्ग यह है कि स्वयं पूर्ण बनने का प्रयत्न करना तथा कुछ थोड़े से स्त्री-पुरुषों को पूर्ण बनाने का प्रयत्न करना। ‘‘भला करने’ का मेरा यह अर्थ है कि कुछ असाधारण योग्यता के मनुष्यों का विकास, न कि ‘‘भैंस के आगे बीन बजाकर’’ समय, स्वास्थ्य और शक्ति का नाश करना।(पत्रावली भाग-1, पृ0-118)
15. जिस देश में करोड़ों मनुष्य महुए के फूल खाकर दिन गुजारते हैं, और दस बीस लाख साधु और दस बारह करोड़ ब्राह्मण उन गरीबों का खून चूसकर पीते हैं और उनकी उन्नति के लिए कोई चेष्टा नहीं करते, क्या वह देश है या नरक? क्या वह धर्म है या पिशाच का नृत्य? भाई, इस बात को गौर से समझो- मैं भारत वर्ष को घूमघाम कर देख चुका और इस देश को भी देखा-क्या बिना कारण के कहीं कार्य होता है? क्या बिना पाप के सजा मिल सकती है। (पत्रावली भाग-1, पृ0-123)
16. वह हार प्रेम का हार है और वह धागा धनीभूत प्रेम का भावरूप अपूर्व धागा है। मूर्ख तुम इस रहस्य को नहीं जानते हो कि वह असीम तत्व प्रेम के बन्धन में फंसकर मेरी मुट्ठी के अन्दर आ चुका है। क्या तुम्हें यह पता नहीं है कि वे जगन्नाथ प्रेमडोर से बंध जाते हैं- क्या तुम यह नहीं जानते हो कि इस विशाल विश्व के संचालक वृन्दावन की गोपियों की नूपुरध्वनि के साथ नाचते फिरते थे। (पत्रावली भाग-1, पृ0-140)
17. यह तो तुम्हें पता ही है कि रूपया रखना, यहां तक कि रूपया छूना भी मेरे लिए कठिन है। इसे मैं अत्यन्त कष्टदायक कार्य समझता हूँ और इससे मन अधोगामी बन जाता है। अतः कार्य संचालन तथा आर्थिक मामलों की व्यवस्था के लिए तुम लोगों को संगठित होकर किसी समिति की स्थापना करनी ही होगी। यहां पर जो मेरे मित्र हैं- आर्थिक मामलों की व्यवस्था वे ही करते हैं। अर्थ-विषयक इस भयानक झंझट से मुक्ति मिलने पर ही मैं सुख के श्वास ले सकूँगा। अतः तुम लोग जितना शीघ्र संगठित होकर मन्त्री तथा कोषाध्यक्ष बनकर मेरे मित्र तथा सहायकों से स्वयं पत्र व्यवहार कर सको, उतना ही तुम्हारे तथा मेरे लिए मंगल है।(पत्रावली भाग-1, पृ0-164)
18. आलासिंगा (एक मद्रासी मित्र), यह निश्चित जानना कि भविष्य में तुमकों अनेक महान कार्य करने होंगे। यदि तुम उचित समझो तो कुछ बड़े आदमियों को राजी कर समिति के कार्यकर्ताओं के रूप में उनका नाम प्रकाशित करना-उनके नाम से बहुत कुछ कार्य होंगे, किन्तु वास्तव में कार्य तुमको ही करना होगा। (पत्रावली भाग-1, पृ0-165)
19. हम ठीक वैसे ही हैं। गुलाम कीड़े-पैर उठाकर रखने की भी ताकत नहीं-बीबी का आंचल पकड़े ताश खेलते और हुक्का गुड़गुड़ाते हुए जिन्दगी पार कर देते हैं, और अगर उनमें से कोई एक कदम बढ़ जाता है तो सब के सब उसके पीछे पड़ जाते हैं- हरे हरे! (पत्रावली भाग-1, पृ0-234)
20. सैकड़ों युगों के उद्यम से चरित्र का गठन होता है। निराश न होओ। सत्य का एक शहद भी लोप नहीं हो सकता। वह दीर्घकाल तक चाहे कूड़े के नीचे भले ही दबा पड़ा रहे, परन्तु शीघ्र हो या देर से हो, वह प्रकट होगा ही। सत्य अनश्वर है, पवित्रता अनश्वर है। मुझे सच्चे मनुष्य की आवश्यकता है, मुझे शंख-ढपोल चेले नहीं चाहिए। (पत्रावली भाग-1, पृ0-241)
21. परन्तु वही महात्मा काम कर सकता है जो दूसरों में परमाणु के बराबर गुण देखकर उसे पर्वत के समान मानता है और जिसे जगत् की भलाई छोड़कर कोई भी इच्छा नहीं है- ‘‘परगुणपरमाणु पर्वतीकृत्य’’ इसलिए

जिनकी मन्द गति है, जिनकी बुद्धि अज्ञान में डूबी हुई है और जो अनात्मा को ही सर्वस्व मानते हैं उन्हें अपनी बाल-क्रीड़ा करने दो। जब वे प्रबल कष्ट का अनुभव करेंगे तब वे उसी क्षण छोड़ देंगे। उन्हें चन्द्रमा पर थूकने दो, वह थूक उलटकर उन्हीं पर पड़ेगी। (पत्रावली भाग-1, पृ0-256)

22. मैं बराबर न्यूयार्क और बोस्टन के बीच यात्रा करता रहा। इस देश के ये दो ही बड़े केन्द्र हैं, जिनमें से बोस्टन की मस्तिष्क से तुलना की जा सकती है और न्यूयार्क की जेब से। दोनों स्थानों में आशातीत सफलता प्राप्त हुई है। मैं समाचार पत्रों के वर्णन से उदासीन हूँ, इसलिए तुम यह आशा मुझसे न करो कि उनमें से किसी के उल्लेख मैं तुम्हें भेजूंगा। काम आरम्भ करने के लिए थोड़े से शोर की आवश्यकता थी, वह जरूरत से अधिक हो चुका है। (पत्रावली भाग-1, पृ0-273)
23. मुझे चुपचाप शान्ति से काम करना अच्छा लगता है और प्रभु हमेशा मेरे साथ हैं। यदि तुम मेरे अनुगामी बनना चाहते हो तो सम्पूर्ण निष्कपट होओ, पूर्णरूप से स्वार्थ त्याग करो,...और सबसे अधिक पूर्णरूप से पवित्र बनो। मेरा आशीर्वाद हमेशा तुम्हारे साथ है। इस अल्पायु में परस्पर प्रशंसा का समय नहीं है। संग्राम के बाद किसने क्या किया इसकी तुलना करेंगे और एक दूसरे की यथेष्ट प्रशंसा करेंगे। (पत्रावली भाग-1, पृ0-275)
24. अगले जाड़े में मैं लौट रहा हूँ। दुनिया में आग फूंक दूंगा, जो मेरे साथ चाहे आये, उसका भाग्य अच्छा है; जो न आयेगा, इहकाल तथा परकाल वह पड़ा ही रह जायेगा, उसे पड़े रहने दो। कुछ परवाह नहीं, तुम लोगों के मुंह तथा हाथों पर बागदेवी का अधिष्ठान होगा, हृदय में अनन्तवीर्य श्री भगवान अधिष्ठित होंगे- तुम लोगों से ऐसे कार्य सम्पादित होंगे कि जिन्हें देखकर दुनिया आश्चर्यचकित हो उठेगी। (पत्रावली भाग-1, पृ0-281)
25. मुझे संसार से मधुर व्यवहार करने का समय नहीं है, और मधुर बनने का प्रत्येक यत्न मुझे कपटी बनाता है। चाहे स्वदेश हो या विदेश, परन्तु इस मूर्ख संसार की प्रत्येक आवश्यकता पूरी करने की अपेक्षा तथा निरन्तर स्तर का आसार जीवन व्यतीत करने की अपेक्षा मैं सहस्त्र बार मरना अच्छा समझता हूँ। (पत्रावली भाग-1, पृ0-291)
26. अन्तः प्रेरणा से मनुष्य को काम करना चाहिए और यदि वह काम शुभ और कल्याणप्रद है तो अपनी मृत्यु के पश्चात्, शताब्दियों के बाद, समाज की भावना में परिवर्तन अवश्य ही उत्पन्न होगा। मन, प्राण और शरीर से हमें काम में लग जाना चाहिए। और जब तक हम एक और एक ही आदर्श के लिए अपना सर्वस्व त्यागने को तैयार न रहेंगे तब तक हम कदापि आलोक नहीं देख पायेंगे। जो मनुष्य जाति की सहायता करना चाहते हैं उन्हें उचित है कि अपना सुख और दुःख, नाम और यश और सब प्रकार के स्वार्थ की एक पोटली बनाकर समुद्र में फेंक दे और तब वे ईश्वर के समीप आये। सब गुरुजनों ने यही कहा और किया है। (पत्रावली भाग-1, पृ0-300)
27. मैं आपकी पत्रिका सम्बन्धी विचार से पूरी तरह सहमत हूँ, परन्तु यह सब करने के लिए व्यवसाय बुद्धि का मुझमें पूरा अभाव है। मैं शिक्षा और उपदेश दे सकता हूँ और कभी-कभी लिख सकता हूँ, परन्तु सत्य पर मुझे श्रद्धा है। प्रभु मुझे सहायता देंगे और मेरे साथ काम करने के लिए मनुष्य भी वही देंगे। मैं पूर्णतः शुद्ध, पूर्णतः निष्कपट और पूर्णतः निःस्वार्थ रहूं- यही मेरी एकमेव इच्छा है। (पत्रावली भाग-1, पृ0-309)
28. श्रीरामकृष्ण की कृपा से किसी व्यक्ति के चेहरे की ओर देखते ही मैं अपने स्वाभाविक संस्कार के द्वारा तत्काल ही भांप लेता हूं कि वह व्यक्ति कैसा है और मेरी धारणा प्रायः ठीक हुआ करती है। (पत्रावली भाग-1, पृ0-313)
29. हर काम को तीन अवस्थाओं में से गुजरना होता है- उपहास, विरोध और फिर स्वीकृति। जो मनुष्य अपने समय से आगे विचार करता है, लोग उसे निश्चय ही गलत समझते हैं, इसलिए विरोध और अत्याचार हम सहर्ष स्वीकार करते हैं।(पत्रावली भाग-1, पृ0-335)
30. मैं बराबर यह देख रहा हूँ कि मानव जब वेदान्त के महान गौरव की उपलब्धि करने लगता है, तब मन्त्रतन्त्रादि अपने आप छूट जाते हैं। जिस समय मनुष्य को सत्य के किसी उच्चतर अवस्था विशेष का आभास मिलता है, तत्काल ही तद्विषयक निम्नतर अवस्था स्वतः ही विलुप्त हो जाती है। संख्या बाहुल्य का कोई महत्व नहीं है। असंगठित जनता सौ वर्ष में भी जिस कार्य को नहीं कर सकती, कुछ थोड़े से निष्कपट, संगठित तथा उत्साही

युवक एक वर्ष के अन्दर उससे कहीं अधिक कार्य कर सकते हैं। एक देह की ताप उसके निकटवर्ती अन्यान्य देहों में भी संक्रमित होता है-प्रकृति का यही नियम है। (पत्रावली भाग-1, पृ0-337)

31. जगत के लिए, जिससे कि मुझे यह शरीर मिला है, देश के लिए, जिसने कि मुझे यह भावना प्रदान की है तथा मनुष्य जाति के लिए, जिसमें कि मैं अपनी गणना कर सकता हूँ, कुछ करना है। जितनी मेरी उम्र बढ़ रही है, उतना ही मैं ''मनुष्य सब प्राणियों में श्रेष्ठ है''-हिन्दुओं की इस धारणा का तात्पर्य अनुभव कर रहा हूँ। मुसलमान भी यही कहते हैं, अल्ला ने देवदूतों से आदम को प्रणाम करने के लिए कहा था। इवलिस ने ऐसा नहीं किया, इसलिए वह शैतान बना। यह पृथ्वी सब स्वर्गों से ऊँची है। सृष्टि का यही सर्वश्रेष्ठ विद्यालय है। केवल मनुष्य ही ईश्वर बन सकता तथा अन्य लोगों को पुनः मनुष्य जन्म मिलने के बाद फिर ईश्वरत्व की प्राप्ति हो सकती है। (पत्रावली भाग-1, पृ0-348)
32. कल रात मैंने खुद भोजन बनाया था। केशर, गुलाबजल, जावित्री, जायफल, दालचीनी, लौंग, इलायची, मक्खन, नींबू का रस, प्याज, किसमिस, बदाम, काली मिर्च, तथा चावल...ये सब मिलाकर ऐसी स्वादिष्ट खिचड़ी बनायी थी कि मैं स्वयं ही उसे गले से नीचे नहीं उतार सका। घर पर हींग नहीं थी, नहीं तो कुछ हींग मिला देने पर कम से कम निगलने में सुविधा होती। (पत्रावली भाग-1, पृ0-445)
33. मेरे पिताजी यद्यपि वकील थे, फिर भी मेरी यह इच्छा नहीं कि मेरे परिवार में कोई वकील बने। मेरे गुरुदेव इसके विरोधी थे एवं मेरा भी यह विश्वास है कि जिस परिवार के कुछ लोग वकील हो उस परिवार में अवश्य ही कुछ न कुछ गड़बड़ी होगी। हमारा देश वकीलों से छा गया है-प्रतिवर्ष विश्वविद्यालयों से सैकड़ों वकील निकल रहे हैं। हमारी जाति के लिए इस समय कर्मतत्परता तथा वैज्ञानिक प्रतिभा की आवश्यकता है। (पत्रावली भाग-1, पृ0-449)
34. बीस वर्ष की अवस्था में मैं ऐसा असहिष्णु और कट्टर था कि किसी से सहानुभूति नहीं कर सकता था। कलकत्ता में रास्तों के जिस किनारे पर थियेटर है, उस किनारे से ही नहीं चलता था। अब तैंतीस वर्ष की उम्र में मैं वेश्याओं के साथ एक ही मकान में ठहर सकता हूँ- उनसे तिरस्कार का एक शब्द कहने का विचार भी मेरे मन में नहीं आयेगा। क्या यह अधोगति है? अथवा मेरा हृदय बढ़ता हुआ मुझे उस अनन्त प्रेम की ओर ले जा रहा है जो साक्षात् भगवान हैं। लोग कहते हैं कि वह मनुष्य जो अपने चारों ओर होने वाली बुराईयों को नहीं देख पाता, अच्छा काम नहीं कर सकता, वह एक तरह का अदृष्टवादी बना बैठा रहता है, मैं तो ऐसा नहीं देखता हूँ। वरन् मेरी कार्य करने की शक्ति प्रचण्ड वेग से बढ़ रही है और साथ ही असीम सफलता भी मिल रही है। (पत्रावली भाग-2, पृ0-4)
35. मैं प्रभु से प्रार्थना करता हूँ कि सैकड़ों वेश्याएं आये और उनके (श्रीरामकृष्ण) चरणों में अपना सिर नवाये और यदि एक भी सज्जन न आये तो भी कोई हानि नहीं। आओ वेश्याओं, आओ शराबियों, आओ चोरों, सब आओ, श्री प्रभु का द्वार सबके लिए खुला है- "धनवान के ईश्वर के राज्य में प्रवेश करने की अपेक्षा ऊँट का सूई के छिद्र में घुसना सहज है।" (पत्रावली भाग-2, पृ0-24)
36. किसी मत विशेष का समर्थन किया जा रहा हो, ऐसी एक भी बात उसके सम्पादकीय लेख में नहीं रहनी चाहिए और सदा यह ख्याल रखना कि केवल भारत को नहीं, अपितु समग्र जगत् को सम्बोधित कर तुम बातें कह रहे हो और तुम जो कुछ कहना चाहते हो, जगत् उसके बारे में सम्पूर्ण अज्ञ है। (पत्रावली भाग-2, पृ0-58)
37. आप तो अच्छी तरह से जानती हैं कि बाधा जितनी अधिक होती है, मेरे अन्दर की भावना भी उतनी ही जागृत हो उठती है। (पत्रावली भाग-2, पृ0-66)
38. मैं यहां बहुत अच्छा हूँ क्योंकि शहरों में मेरा जीवन कष्टप्रद सा हो गया था। यदि राह में मेरी झलक भी दिख जाती थी तो तमाशा देखने वालों का जमघट लग जाता था। विख्याति में केवल दूध और शहद घुला हुआ नहीं मिलता। अब मैं बड़ी सी दाढ़ी बढ़ाने वाला हूँ जिसके बाल तो अब सफेद हो ही रहे हैं। इससे रूप पूज्यनीय हो जाता है और वह मुझे अमेरिकन निन्दा करने वालों से भी बचाती है। हे श्वेतकेश, तुम कितना क्या न छुपा सकते हो, धन्य हो तुम! (पत्रावली भाग-2, पृ0-81)

39. बिस्तरे पर लेटने के साथ ही साथ मुझे कभी नींद नहीं आती थी, घण्टे दो घण्टे तक मुझे इधर-उधर करवट बदलनी पड़ती थी। इधर-उधर करवट बदलने की मेरी वह पुरानी आदत पुनः वापस लौट आयी है तथा रात्रि में भोजन के बाद गर्मी लगने लगती है। दिन में भोजन के बाद कोई खास गर्मी का अनुभव नहीं होता। हाँ एक बात और है, मैं सहज ही में मलेरिया ग्रस्त हो जाता हूँ। (पत्रावली भाग-2, पृ0-92)
40. मुझे अपने बारे में बहुत कुछ कहना पड़ा, क्योंकि मुझे तुमको कैफियत देनी थी। मैं जानता हूँ कि मेरा कार्य समाप्त हो चुका, अधिक से अधिक तीन या चार वर्ष आयु के और बचे हैं। (चिरशान्ति में लीन के 4 वर्ष 11 माह 25 दिन पूर्व एक पत्र में लिखित) (पत्रावली भाग-2, पृ0-115)
41. कुछ लोग किसी के नेतृत्व में सर्वोत्तम काम करते हैं। हर मनुष्य का जन्म पथ-प्रदर्शन के लिए नहीं होता है। परन्तु सर्वोत्तम नेता वह है जो "शिशुवत् मार्ग दर्शन करता है"। शिशु स्व पर आश्रित रहते हुए भी घर का राजा होता है। कम से कम मेरे विचार से यही रहस्य है--बहुतों को अनुभव होता है, पर प्रकट कोई-कोई ही कर सकते हैं। (पत्रावली भाग-2, पृ0-153)
42. महान कठिनाई यह है- मैं देखता हूँ कि लोग प्रायः अपना सम्पूर्ण प्रेम मुझे देते हैं। परन्तु इसके बदले में मैं किसी को अपना पूरा-पूरा प्रेम नहीं दे सकता, क्योंकि उसी दिन कार्य का सर्वनाश हो जायेगा। परन्तु कुछ लोग ऐसे हैं जो ऐसा बदला चाहते हैं, क्योंकि उनमें व्यक्ति निरपेक्ष सर्वव्यापक दृष्टि का अभाव होता है। कार्य के लिए यह परमाआवश्यक है कि अधिक से अधिक लोगों का मुझसे उत्साहपूर्ण प्रेम हो परन्तु मैं स्वयं बिल्कुल निःसंग व्यक्ति, निरपेक्ष होऊं। नहीं तो ईष्र्या और झगड़ों में कार्य का सर्वनाश हो जायेगा। नेता को व्यक्तिनिरपेक्ष निःसंग होना चाहिए। (पत्रावली भाग-2, पृ0-153)
43. तुम्हें मुसलमान लड़कों को भी लेना चाहिए परन्तु उनके धर्म को कभी दूषित न करना। तुम्हें यही करना होगा कि उनके भोजन आदि का प्रबन्ध अलग कर दो और उन्हें शुद्धाचरण, पुरुषार्थ और परहित में श्रद्धापूर्वक तत्परता की शिक्षा दो। यह निश्चय ही धर्म है। सब धर्मों के लड़कों को लेना हिन्दू, मुसलमान, ईसाई या कुछ भी हो, परन्तु धीरे-धीरे आरम्भ करना। (पत्रावली भाग-2, पृ0-155)
44. चाहे और कुछ भी क्यों न हो, रूपये-पैसे, मठ-मन्दिर, प्रचारादि की सार्थकता ही क्या है? क्या समग्र जीवन का एकमेव उद्देश्य शिक्षा नहीं है? शिक्षा के बिना धन-दौलत, स्त्री-पुरुषों की आवश्यकता ही क्या है? इसलिए रूपयों का नाश हुआ अथवा हार हुई-मैं इन बातों को न तो समझ ही पाता हूँ और न समझना ही चाहता हूँ। (पत्रावली भाग-2, पृ0-162)
45. मेरा स्वास्थ्य ठीक है। रात में प्रायः उठना नहीं पड़ता, सुबह-शाम भात, आलू, चीन जो कुछ मिलता है खा लेता हूँ। दवा किसी काम की नहीं है- ब्रह्म ज्ञानी के शरीर पर दवा का कोई असर नहीं होता! वह हजम हो जायेगी...कोई डर की बात नहीं है। (पत्रावली भाग-2, पृ0-197)
46. साथ ही मेरी आयु भी समाप्त हो रही है, खासकर इस बात को सत्य मानकर ही मुझे चलना होगा। (चिरशान्ति में लीन के 2 वर्ष 11 माह 20 दिन पूर्व एक पत्र में लिखित) (पत्रावली भाग-2, पृ0-206)
47. यूरोपियनों के साथ मैं भोजन करता हूँ इसलिए मुझे एक पारिवारिक देव-मंदिर से निकाल दिया गया था। मैं चाहता हूँ कि मेरी गठन इस प्रकार हो कि प्रत्येक व्यक्ति अपनी इच्छानुसार मुझे मोड़ सके। किन्तु यह दुर्भाग्य की बात है कि मुझे ऐसा व्यक्ति देखने को नहीं मिलता जिससे कि सब कोई संतुष्ट हो। खासकर जिसे अनेक स्थलों में घूमना पड़ता है, उसके लिए सब को संतुष्ट करना संभव नहीं है। (पत्रावली भाग-2, पृ0-211)
48. अपनी ओर से मैं अपने स्वभाव तथा नीति पर अवलम्बित हूँ, एक बार जिसको मैंने अपने मित्र रूप में माना है, वह सदा के लिए मेरा मित्र है। इसके अलावा भारतीय रीति के अनुसार बाहरी घटनाओं के कारणों का आविष्कार करने के लिए मैं भीतर की ओर ही देखता हूँ; मैं यह जानता हूँ कि मुझ पर चाहे जितनी भी विद्वेष व घृणा की तरंगे उपस्थित क्यों न हो, उसके लिए मैं जिम्मेदार हूँ एवं यह जिम्मेदारी एकमात्र मुझपर ही है। ऐसा न होकर उसका और कोई रूपान्तर होना संभव नहीं है। (पत्रावली भाग-2, पृ0-212)

49. मेरे जीवन में मैंने अनेक गलतियां की है; किन्तु उसमें प्रत्येक का कारण रहा है अत्यधिक प्यार। अब प्यार से मुझे द्वेष हो गया है! हाय! यदि मेरे पास वह बिल्कुल न होता! भक्ति की बात आप कह रही है! हाय, यदि मैं निर्विकार और कठोर वेदान्ती हो सकता! जाने दो, यह जीवन तो समाप्त ही हो चुका। अगले जन्म में प्रयत्न करूंगा। (पत्रावली भाग-2, पृ0-219)
50. मेरे लिए कार्य करना तभी संभव होता है, जबकि मुझे पूर्णतया: अपने पैरों पर ही खड़ा होना पड़ता है। निःसंग दशा में मेरी शक्ति का विकास अधिक होता है। (पत्रावली भाग-2, पृ0-227)
51. मुझे यह दिखायी दे रहा है कि वक्तृता-मंच से अब वाणी प्रचार करना मेरे लिए सम्भव नहीं है। इससे मैं आनन्दित ही हूँ। मैं विश्राम चाहता हूँ। मैं थक गया हूँ ऐसी बात नहीं है; किन्तु अगला अध्याय होगा, वाक्य नहीं, किन्तु अलौकिक स्पर्श, जैसा कि श्रीरामकृष्ण देव का था। (पत्रावली भाग-2, पृ0-229)
52. मेरे अन्दर एक विराट परिवर्तन की सूचना दिखाई दे रही है, मेरा मन शान्ति से परिपूर्ण होता जा रहा है। मैं जानता हूँ कि माँ ही सब कुछ उत्तरदायित्व ग्रहण करेगी। मैं एक संन्यासी के रूप में ही मृत्यु को आलिंगन करूंगा। (पत्रावली भाग-2, पृ0-247)
53. हम अपनी सारी शक्तियों को किसी एक विषय की ओर लगा देने के फलस्वरूप उसमें आसक्त हो जाते हैं तथा उसकी और भी एक दिशा है, जो नेतिवाचक होने पर भी उसके सद्दश ही कठिन है, उस ओर हम बहुत कम ध्यान देते हैं, वह यह है कि क्षण भर में किसी विषय से अनासक्त होने की, उससे अपने को पृथक कर लेने की शक्ति। आसक्ति और अनासक्ति, जब दोनों शक्तियों का पूर्ण विकास होता है, तभी मनुष्य महान एवं सुखी हो सकता है। (पत्रावली भाग-2, पृ0-248)
54. भोग अवश्यम्भावी है, वह तो करना ही होगा, अतएव जितनी जल्दी हो वह कर लिया जाय, उतना ही मंगल है। अतएव पति-पत्नी सम्बन्धी, मित्र सम्बन्धी तथा और भी जो सब छोटी छोटी प्रेम की आकांक्षाएं हैं सभी का भोग कर डालो। यदि अपना स्वरूप तुम्हें सदा याद रहे, तो तुम शीघ्र ही निर्विघ्न इसके पास हो जाओगे। भोग-सुख-दुःख का यह अनुभव ही, हमारा एकमात्र महान शिक्षक है। (राजयोग-पृ0-177)
55. सिर्फ पुस्तकों पर निर्भर रहने से मानव-मन केवल अवनति की ओर जाता है। यह कहने से और घोर नास्तिकता क्या हो सकती है कि ईश्वरीय ज्ञान केवल इस पुस्तक में या उस शास्त्र में आबद्ध है। (राजयोग-पृ0-91)
56. जो मनुष्य अपने जीवन के चौदह वर्षों तक लगातार उपवास का मुकाबला करता रहा हो, जिसे यह भी न मालूम रहा हो कि दूसरे दिन का भोजन कहां से आयेगा, सोने के लिए स्थान कहां मिलेगा, वह इतनी सरलता से धमकाया नहीं जा सकता। जो मनुष्य बिना कपड़ों के और बिना यह जाने कि दूसरे समय भोजन कहां से मिलेगा, उस स्थान पर रहा हो, जहां का तापमान शून्य से भी तीस डिग्री कम हो, वह भारतवर्ष में इतनी सरलता से नहीं डराया जा सकता। यही पहली बात है जो में उनसे कहूंगा, मुझमें अपनी थोड़ी द्दढ़ता है, मेरा थोड़ा निज का अनुभव भी है, और मुझे संसार को कुछ संदेश देना है और यह सन्देश मैं बिना किसी डर के, बिना किसी प्रकार भविष्य की चिन्ता किये सब के समक्ष घोषित करूंगा। (मेरी समर नीति-पृ0-12)
57. मेरी नीति है- प्राचीन आचार्यों के उपदेशों का अनुसरण करना। मैंने उनके कार्य का अध्ययन किया है, और जिस प्रणाली से उन्होंने कार्य किया, उसके अविष्कार करने का मुझे सौभाग्य मिला। वे सब महान समाज संस्थापक थे। बल पवित्रता और जीवन शक्ति के वे अद्भुत आधार थे। उन्होंने सब से अद्भुत कार्य किया- समाज में बल, पवित्रता और जीवन शक्ति संचारित की। हमें भी सबसे अद्भुत कार्य करना है। आज अवस्था कुछ बदल गयी है, इसलिए कार्य-प्रणाली में कुछ थोड़ा-सा परिवर्तन करना होगा; बस इतना ही, इससे अधिक कुछ नहीं। (मेरी समर नीति-पृ0-27)
58. जो भी व्यक्ति अपने शास्त्र के महान सत्यों को दूसरों को सुनाने में सहायता पहुँचाएगा, वह आज एक ऐसा कर्म करेगा, जिसके समान दूसरे कोई कर्म नहीं। महर्षि मनु ने कहा है- "इस कलियुग में मनुष्यों के लिए एक ही कर्म शेष है। आजकल यज्ञ और कठोर तपस्याओं से कोई फल नहीं होता। इस समय दान ही अर्थात् एकमात्र

कर्म है।" और दानों में धर्मदान, अर्थात् आध्यात्मिक ज्ञान का दान ही सर्वश्रेष्ठ है। दूसरा दान है विद्यादान, तीसरा प्राणदान और चौथा अन्नदान। (मेरी समर नीति-पृ0-30)

59. मैं अपने देश से प्रेम करता हूँ; मैं तुम्हें और अधिक पतित, और ज्यादा कमजोर नहीं देख सकता। अतएव तुम्हारे कलयाण के लिए, सत्य के लिए और जिससे मेरी जाति और अधिक अवनत न हो जाए इसलिए, मैं जोर से चिल्लाकर कहने के लिए बाध्य हो रहा हूँ-बस ठहरो! अवनति की ओर न बढ़ो। जहां तक गये हो, बस उतना ही काफी हो चुका। (मेरी समर नीति-पृ0-37)

60. लोग देश भक्ति की चर्चा करते हैं। मैं भी देश भक्ति में विश्वास करता हूँ और देशभक्ति के सम्बन्ध में मेरा भी एक आदर्श है। बड़े काम करने के लिए तीन बातों की आवश्यकता होती है। पहला है- हृदय-अनुभव की शक्ति। बुद्धि या विचारशक्ति में क्या धरा है? वह तो कुछ दूर जाती है और बस वहीं रूक जाती है। पर हृदय-हृदय तो महाशक्ति का द्वार है; अन्तःस्फूर्ति वहीं से आती है। प्रेम, असम्भव को भी सम्भव कर देता है। यह प्रेम की जगत के सब रहस्यों का द्वार है। अतएव, ऐ मेरे भावी सुधारकों, मेरे भावी देशभक्तों, तुम हृदयवान बनो। (मेरी समर नीति-पृ0-38)

61. एक बात पर विचार करके देखिए, मनुष्य नियमों को बनाता है या नियम मनुष्य को बनाते हैं? मनुष्य रुपया पैदा करता है या रुपया मनुष्य पैदा करता है? मनुष्य किर्ति और नाम पैदा करता है या किर्ति और नाम मनुष्य को पैदा करते हैं? मेरे मित्रों, पहले मनुष्य बनिये, तब आप देखेंगे कि वे सब बाकी चीजें स्वयं आपका अनुसरण करेंगी परस्पर के घृणित द्वेषभाव को छोड़िये और सदुद्देश्य, सदुपाय, सत्साहस एवं सदीर्घ का अवलम्बन किजिए। आपने मनुष्य योनि में जन्म लिया है तो अपनी किर्ति यहीं छोड़ जाइये। (विवेकानन्द राष्ट्र को आह्वान, पृष्ठ-55)

62. मेरी आशा मेरा विश्वास नवीन पीढ़ी के नवयुवकों पर है। उन्हीं में से मैं अपने कार्यकर्ताओं का संग्रह करुँगा। वर्तमान काल में अनुष्ठेय आदर्श को मैंने एक निर्दिष्ट रुप में व्यक्त कर दिया है और उसको कार्यान्वित करने के लिए मैने अपना जीवन समर्पित कर दिया है। वे एक केन्द्र से दूसरे केन्द्र का विस्तार करेंगे- और इस प्रकार हम धीरे-धीरे समग्र भारत में फैल जायेंगे। (विवेकानन्द राष्ट्र को आह्वान, पृष्ठ-61)

63. आत्मविश्वास रख। तुम्हीं लोग तो पूर्व काल में वैदिक ऋषि थे। अब केवल शरीर बदल कर आये हो। मैं दिव्य चक्षु से देख रहा हूँ, तुम लोगों में अनन्त शक्ति है। उस शक्ति को जगा दो। उठ, उठ, लग जा, कमर कस। क्या होगा दो दिन का धन-मान लेकर? मेरा भाव जानता है? - मैं मुक्ति आदि नहीं चाहता हूँ। मेरा काम है तुम लोगों में इन्हीं भावों को जगा देना। एक मनुष्य तैयार करने में लाख जन्म भी लेने पड़े तो मैं उसके लिए तैयार हूँ। (विवेकानन्द राष्ट्र को आह्वान, पृष्ठ-61)

64. हमें इस अवसर पर मुख्यतः आवश्यकता है एक वीर के आदर्श की- ऐसा वीर जिसके सर से लेकर पैर तक नस-नस में प्रचण्ड 'रजस' की भावना ओत-प्रोत हो- ऐसा वीर जो सत्य को जानने के लिए कूद पड़े और प्राणों तक का मोह न करे, वह वीर जिसका कवच त्याग हो खड्ग ज्ञान। हमें इस समय जीवन के युद्ध क्षेत्र में आवश्यक है बहादुर सेनानी का जोश, न कि प्रणय में दिवाने व्यक्ति की भावुकता जो जीवन में सब्जबाग ही देखता रहता है।

65. मैं जिस आत्मतत्व की बात कर रहा हूँ वही जीवन है, शक्तिप्रद है और अत्यन्त अपूर्व है। केवल वेदान्त में ही वह महान तत्व है जिससे सारे संसार की जड़ हिल जायेगी और जड़ विज्ञान के साथ धर्म की एकता सिद्ध होगी। (हिन्दू धर्म, पृष्ठ-44)

66. दान से बड़ा और धर्म नहीं। हाथ सदा देने के लिए ही बनाए गये थे। कुछ मत मांगों बदले में कुछ मत चाहो। तुम्हें जो देना है दे दो, वह तुम्हारे पास लौटकर आयेगा, पर अभी उसकी बात मत सोचो। वह वर्धिक होकर, सहस्त्र गुना वर्धिक होकर वापस आयेगा, पर ध्यान उधर न जाना चाहिए। तुममे केवल देने की शक्ति है। दे दो, बस बात वहीं पर समाप्त हो जाती है।

67. हम गुरु के बिना कोई ज्ञान प्राप्त नहीं कर सकते। अब बात यह है कि यदि मनुष्य, देवता अथवा कोई स्वर्गदूत हमारे गुरु हो, तो वे भी तो ससीम हैं, फिर उनसे पहले उनके गुरु कौन थे? हमें मजबूर होकर यह चरम सिद्धान्त स्थिर करना ही होगा कि एक ऐसे गुरु हैं जो काल के द्वारा सीमाबद्ध या अविच्छिन्न नहीं हैं। उन्हीं अनन्त ज्ञान सम्पन्न गुरु को, जिनका आदि भी नहीं और अन्त भी नहीं, ईश्वर कहते हैं। (राजयोग, पृष्ठ-134)
68. बौद्ध धर्म और नव हिन्दू धर्म के सम्बन्ध के विषय में मेरे विचारों में क्रांतिकारी परिवर्तन हुआ है। उन विचारों को निश्चित रुप देने के लिए कदाचित् मैं जिवित न रहूँ परन्तु उसकी कार्य प्रणाली का संकेत मैं छोड़ जाऊँगा और तुम्हें और तुम्हारे भातृ-गणों को उस पर काम करना होगा। (पत्रावली भाग-2, पृष्ठ-310)
69. जीवन में मेरी सर्वोच्च अभिलाषा यह है कि ऐसा चक्र प्रर्वतन कर दूँ जो कि उच्च एवं श्रेष्ठ विचारों को सब के द्वार-द्वार पर पहुंचा दे। फिर स्त्री-पुरूष को अपने भाग्य का निर्माण स्वयं करने दो। हमारे पूर्वजों ने तथा अन्य देशों ने जीवन के महत्वपूर्ण प्रश्नों पर क्या विचार किया है यह सर्वसाधारण को जानने दो। विशेषकर उन्हें देखने दो कि और लोग क्या कर रहे हैं। फिर उन्हें अपना निर्णय करने दो। रासायनिक द्रव्य इकट्ठे कर दो और प्रकृति के नियमानुसार वे किसी विशेष आकर धारण कर लेगें, परिश्रम करो, अटल रहो। 'धर्म को बिना हानि पहुँचाये जनता की उन्नति' -इसे अपना आदर्श वाक्य बना लो।(विवेकानन्द राष्ट्र को आह्वान, पृष्ठ-66)
70. जब तर्क से बुद्धि सत्य को जान लेती है, तब वह भावनाओं के स्रोत हृदय द्वारा अनुभूत होता है। इस प्रकार बुद्धि और भावना दोनों एक ही क्षण में आलोकित हो उठते है और तभी जैसे मुण्डकोपनिषद् (2-2-8) में कहा है- "हृदय ग्रन्थि खुल जाती है, सब संशय मिट जाते है। (सूक्तिया एवं सुभाषित, पृष्ठ-23)
71. यदि हृदय और बुद्धि में विरोध उत्पन्न हो तो तुम हृदय का अनुसरण करो, क्योंकि बुद्धि केवल एक तर्क के क्षेत्र में ही काम कर सकती है, वह उसके परे जा ही नहीं सकती, पर वह केवल हृदय ही है जो हमें उच्चतम भूमिका पर आरूढ़ करता है। वहाँ तक बुद्धि कभी नहीं पहुँच सकती। हृदय बुद्धि का अतिक्रमण कर जिसे हम "अन्तः स्फुर्ति" कहते है, उसे पा लेता है। ...हृदयवान व्यक्ति मक्खन पा लेते हैं और कोरे बुद्धिमानों के लिए सिर्फ छाछ बच जाती है। (आत्मानुभूति तथा उसके मार्ग, पृष्ठ-13-14)
72. ईसा के समान सहृदय बनो, तुम ईसा हो जाओंगे, बुद्ध के समान सहृदय बनो, तुम भी बुद्ध बन जाओंगे। भाव ही जीवन है, भाव ही बल है, भाव ही तेज है, भाव के बिना कितनी बुद्धि क्यों न लगाओं, ईश्वर प्राप्ति नहीं होगी। (व्यावहारिक जीवन में वेदान्त, पृष्ठ-25)
73. योग का शब्दिक अर्थ है- मिलन। दार्शनिक दृष्टि से इसका अर्थ परमात्मा से मिलन होता है और जो इस परमात्मा से हमें जोड़ता है, वह योग है। पूरे ब्रह्माण्ड में एक ही ब्रह्म है लेकिन जब यह अज्ञानवश देखा जाता है, तो वह अनेक दिखलाई पड़ता है। अज्ञान के फलस्वरूप हम अपने को परमात्मा से अलग समझते हैं। इतना ही नहीं, विविध वस्तुओं की आन्तरिक एकता को देखें बिना हम उन्हें भी भिन्न समझते हैं। यहीं दुःख का उदय होता है। (योग क्या है, पृष्ठ 13)
74. सम्भव है काल के प्रवाह में, कभी-कभी ऐसा भास होता है कि वेदान्त का महाप्रकाश अब बुझा, अब बुझा, और जब ऐसी स्थिति आती है, तब भगवान मानव देह धारण कर, पृथ्वी पर आते हैं और फिर धर्म में पुनः एक ऐसी शक्ति, ऐसे जीवन का संचार हो जाता है कि वह फिर एकाध युग तक अदम्य उत्साह से आगे बढ़ता जाता है। आज वही शक्ति और जीवन उसमें फिर आ गया है।(विवेकानन्द जी के सान्निध्य में, पृष्ठ-6)
75. किसी प्रकार की राजनीति में मुझे विश्वास नहीं है। ईश्वर तथा सत्य ही जगत में एक मात्र राजनीति है, बाकी सब कुड़ा-करकट हैं। (विवेकानन्द राष्ट्र को आह्वान, पृष्ठ-67)
76. शास्त्र कहते हैं कि कोई साधक यदि एक जीवन में सफलता प्राप्त करने में असफल होता है तो वह पुनः जन्म लेता है और अपने कार्यों को अधिक सफलता से आगे बढ़ाता है। (योग क्या है, पृष्ठ-83)
77. एक विशेष प्रवृत्ति वाला जीवात्मा 'योग्य योग्येन युज्यते' इस नियमानुसार उसी शरीर में जन्म ग्रहण करता है जो उस प्रवृत्ति के प्रकट करने के लिए सबसे उपयुक्त आधार हो। यह पूर्णतया विज्ञान संगत है, क्योंकि विज्ञान कहता है कि प्रवृत्ति या स्वभाव अभ्यास से बनता है और अभ्यास बारम्बार अनुष्ठान का फल है। इस प्रकार एक

नवजात बालक की स्वाभाविक प्रवृत्तियों का कारण बताने के लिए पुनः पुनः अनुष्ठित पूर्व कर्मों को मानना आवश्यक हो जाता है और चूंकि वर्तमान जीवन में इस स्वमाव की प्राप्ति नहीं की गयी, इसलिए वह पूर्व जीवन से ही उसे प्राप्त हुआ है। (हिन्दूधर्म, पृष्ठ-6)

78. सम्भवतः यह अच्छा होगा कि मैं अपने इस शरीर से बाहर निकल आँउ और इसे जीर्ण वस्त्र की भाँति उतार फेकूँ, किन्तु फिर भी मैं कार्य करते रहने से रूकूगां नहीं मानव समाज में मैं सर्वत्र प्रेरणा प्रदान करता रहूँगा जब तक कि संसार यह भाव आत्मसात् न कर लें कि वह ईश्वर के साथ एक है। (विवेकानन्द राष्ट्र को आहवान, पृष्ठ-23)
79. मन में ऐसे भाव उदय होते हैं कि यदि जगत का दुःख दूर करने के लिए मुझे सहस्त्रों बार जन्म लेना पड़े तो भी मैं तैयार हूँ। इससे यदि किसी का तनिक भी दुःख दूर हो तो वह मैं करूँगा, और ऐसा भी मन में आता है कि केवल अपनी ही मुक्ति से क्या होगा सबको साथ लेकर उस मार्ग पर जाना होगा। (विवेकानन्द की वाणी, पृष्ठ-67)
80. यह जो मठ आदि बनवा रहा हूँ, और दूसरों के लिए नाना प्रकार के काम कर रहा हूँ उससे प्रशंसा हो रही है। कौन जाने मुझे ही फिर इस जगत में लौटकर आना पड़े"। (विवेकानन्द जी के संग में, पृष्ठ-167)
81. मानव स्वभाव की महिमा को कभी न भूलो। हम सब सर्वोच्चि ईश्वर हैं- मैं वह अपार सागर हूँ जिसके ईसा, बुद्ध केवल तरंगे मात्र हैं। (विवेकानन्द का मानवतावाद, पृष्ठ-76)
82. कर्म के लिए अधिक भाव प्रवणता अनिष्टकर है। "वज्र के समान दृढ़ तथा कुसुम के समान कोमल" - यही सार नीति है। (पत्रावली-2, पृष्ठ-154)
83. "फलानुमेयाः प्रारम्भाः संस्कराः प्राक्तना इव" फल को देखकर ही कार्य का विचार सम्भव है। जैसे कि फल को देखकर पूर्व संस्कार का अनुमान किया जाता है। (पत्रावली-2, पृष्ठ-129)
84. वितरण करने से लोग प्रायः नहीं पढ़ते हैं इसलिए कुछ मूल्य रखना चाहिए। (पत्रावली-1, पृष्ठ-400)
85. कर्मकाण्ड को त्यागने का प्रयास करना,....जब तक ज्ञान की प्राप्ति न हो तभी तक कर्म आवश्यक है। (पत्रावली-1, पृष्ठ-328)
86. अकेले रहो, अकेले रहो। जो अकेला रहता है उसका किसी से विरोध नहीं होता, वह किसी की शान्ति भंग नही करता, न उसकी शान्ति कोई दूसरा भंग करता है। (पत्रावली-1, पृष्ठ-287)
87. हम अनजान, बिना सहानुभूति के, विलापरहित, बिना सफल हुये मर जायेंगे, परन्तु हमारा एक भी विचार नष्ट न होगा। वह कभी न कभी फल लायेगा। (पत्रावली-1, पृष्ठ-242)
88. हममें एक बड़ा दोष है, संन्यास की प्रशंसा। पहले-पहल उसकी आवश्यकता थी; अब तो हमलोग पक गये हैं, उसकी अब बिल्कुल आवश्यकता नहीं। समझे? सन्यासी और गृहस्थ में कोई भेद न देखेगा, तभी तो यथार्थ सन्यासी है। (पत्रावली-1, पृष्ठ-233)
89. श्रीकृष्ण ने आत्मस्थ होकर गीता कही थी। गीता में जिन-जिन स्थानों में 'अहम' शब्द का उल्लेख है वह 'आत्म पर' जानना। (पत्रावली-1, पृष्ठ-214)
90. तुझे प्राणपण से चेष्टा करते देखकर ही वे कृपा करेंगे। उद्यम या प्रयत्न न करके बैठे रहा तो कभी कृपा न होगी। (विवेकानन्दजी के संग में, पृष्ठ-177)
91. यह सनातन धर्म का देश है। देश गिर अवश्य गया है, परन्तु निश्चय फिर उठेगा। और ऐसा उठेगा कि दुनिया देखकर दंग रह जायेगी। (विवेकानन्दजी के संग में, पृष्ठ-159)
92. अनात्मज्ञ पुरूषों की बुद्धि एकदेश-दर्शिनी होती है। आत्मज्ञ पुरूषों की बुद्धि सर्वग्रासिनी होती है। आत्मप्रकाश होने से, देखोगे कि दर्शन, विज्ञान सब तुम्हारे अधीन हो जायेंगे। (विवेकानन्दजी के संग में, पृष्ठ-118)
93. भूत-प्रेत की चिन्ता करने से लोग भूत-प्रेत ही बन जाते हैं, और जो रात-दिन जानकर या न जानकर भी कहते हैं, "मैं नित्य शुद्ध-बुद्ध-मुक्त आत्मा हूँ" वे ही ब्रह्मज्ञ होते हैं। (विवेकानन्दजी के संग में, पृष्ठ-84)

94. किसी किसी को बिना कुछ देखे सुने ही पूर्ण विश्वास हो जाता है और किसी को बारह वर्ष तक प्रत्यक्ष सामने रहकर नाना प्रकार की विभूतियाँ देखकर भी सन्देह में पड़ा रहना होता है। (विवेकानन्दजी के संग में, पृष्ठ-55)
95. भगवान प्रकृति के सब नियमों के परे हैं अर्थात् किसी नियम के वश में नहीं है। श्री गुरूदेव जैसा कहा करते थे, "उनका स्वभाव बच्चों के समान है। (विवेकानन्दजी के संग में, पृष्ठ-55)
96. तन्त्र कहते हैं कि कलियुग में वेदमन्त्र व्यर्थ है और कलियुग में पाँच कर्म निषिद्ध है- अश्वमेघ, गोवध, श्राद्ध में मांसपिण्ड दान, सन्यास ग्रहण और पति के अभाव में देवर के प्रति प्रजोत्पादन करना। (पत्रावली-1, पृष्ठ-16)
97. जीवन की अनित्यता के कारण युवाकाल में ही धर्मशील बनो। (विवेकानन्दजी के संग में, पृष्ठ-73)
98. सच्ची शिक्षा सर्वदा प्रकृति के सम्पर्क में रहने से ही प्राप्त होती है। (विवेकानन्द के सान्निध्य में, पृष्ठ-8)
99. हमारी मानसिक व शारीरिक शाक्तियों का उचित उपयोग ही पुण्य है और उनका अनुचित उपयोग व ह्रास ही पाप है। (विवेकानन्द के सान्निध्य में, पृष्ठ-44)
100. काम करने का एक गुप्त ज्ञान यह है कि जिधर कम से कम विरोध हो उस रास्ते चलो। (विवेकानन्द के सान्निध्य में, पृष्ठ-48)
101. आज प्रत्येक सामान्य मानव को महान बनना होगा। अन्यथा वह अपने ज्ञान और असफलता की सूली पर विद्ध हो जायेगा। (विज्ञान और आध्यात्मिकता, पृष्ठ-78)
102. जाति तो व्यक्तियों की केवल समष्टि है। (प्राच्य और पाश्चात्य, पृष्ठ-3)
103. धर्म कार्यमूलक है। धार्मिक व्यक्ति का लक्षण ही सदा कर्मशीलता। इतना ही क्या, अनेक मीमांसकों का मत है कि जिस प्रसंग में कार्य करने के लिए नहीं कहा गया है वह प्रसंग वेद का अंग ही नहीं है। (प्राच्य और पाश्चात्य, पृष्ठ-9)
104. मनुष्य वही है, जिसके जीवन में समन्वय है। (समन्वयाचार्य श्री रामकृष्ण, पृष्ठ-51)
105. समयानुसार समस्त संसार को श्रीरामकृष्ण का उदार भाव ग्रहण करना पड़ेगा। इसकी अभी सूचना मात्र हुई है। इस प्रबल बाढ़ के वेग में सभी को बह जाना पड़ेगा। (विवेकानन्दजी के संग में, पृष्ठ-298)
106. कर्म करके जिसका चित्त शुद्ध होता है वही पुरूष है। (प्राच्य और पाश्चात्य, पृष्ठ-9)
107. किसी विषय पर मन को एकाग्र करने का ही नाम ध्यान है। किसी एक विषय पर भी मन की एकाग्रता होने से उसकी एकाग्रता जिसमें चाहों उसमें कर सकते हों। (विवेकानन्दजी के संग में, पृष्ठ-47)

स्वामी विवेकानन्द की वाणीयाँ जो सत्य हुईं
सामाजिक जीवन के सम्बन्ध में

1. यह भी न भूलना चाहिए कि हमारे बाद जो लोग आएंगे, वे उसी तरह हमारे धर्म और ईश्वर सम्बन्धी धारणा पर हंसेंगे, जिस तरह हम प्राचीन लोगों के धर्म और ईश्वर की धारणा पर हंसते हैं। यह सब होने पर भी, इन सब ईश्वर सम्बन्धित धारणाओं का संयोग करने वाला एक स्वर्ण सूत्र है और वेदान्त का उद्देश्य है - इस सूत्र की खोज करना। भागवान कृष्ण ने कहा है-''भिन्न भिन्न मणियां जिस प्रकार एक सूत्र में पिरोयी जा सकती हैं, उसी प्रकार इन सब विभिन्न भावों के भीतर भी एक सूत्र विद्यमान है। (ज्ञानयोग, पृष्ठ-65)
2. हिन्दू भावों को अंग्रेजी में व्यक्त करना, फिर शुष्क दर्शन, जटिल पौराणिक कथाएं और अनूठे आश्चर्यजनक मनोविज्ञान से ऐसे धर्म का निर्माण करना, जो सरल, सहज और लोकप्रिय हो और उसके साथ ही उन्नत मस्तिष्क वालों को संतुष्ट कर सके- इस कार्य की कठिनाइयों को वे ही समझ सकते हैं, जिन्होंने इसके लिए प्रयत्न किया हो। अद्वैत के गुढ़ सिद्धान्त में नित्य प्रति के जीवन के लिए कविता का रस और जीवनदायिनी शक्ति उत्पन्न करनी है। अत्यन्त उलझी हुई पौराणिक कथाओं में से जीवन प्रकृत चरित्रों के उदाहरण समूह निकालने हैं और बुद्धि को भ्रम में डालने वाली योगविद्या से अत्यन्त वैज्ञानिक और क्रियात्मक मनोविज्ञान का विकास करना है और इन सब को एक ऐसे रुप में लाना पड़ेगा कि बच्चा-बच्चा इसे समझ सके। (पत्रावली, पृष्ठ-425)
3. विज्ञान एकत्व की खोज के सिवा और कुछ नहीं है। ज्योंही कोई विज्ञान शास्त्र पूर्ण एकता तक पहुँच जायेगा, त्योंहीं उसका आगे बढ़ना रुक जायेगा क्योंकि तब तो वह अपने लक्ष्य को प्राप्त कर चुकेगा। उदाहरणार्थ रसायनशास्त्र यदि एक बार उस एक मूल द्रव्य का पता लगा ले, जिससे वह सब द्रव्य बन सकते हैं तो फिर वह और आगे नहीं बढ़ सकेगा। पदार्थ विज्ञान शास्त्र जब उस एक मूल शक्ति का पता लगा लेगा जिससे अन्य शक्तियां बाहर निकली हैं तब वह पूर्णता पर पहुँच जायेगा। वैसे ही धर्म शास्त्र भी उस समय पूर्णता को प्राप्त हो जायेगा जब वह उस मूल कारण को जान लेगा। जो इस मत्र्यलोक में एक मात्र अमृत स्वरुप है जो इस नित्य परिवर्तनशील जगत का एक मात्र अटल अचल आधार है जो एक मात्र परमात्मा हैं और अन्य सब आत्माएं जिसके प्रतिबिम्ब स्वरुप हैं। इस प्रकार अनेकेश्वरवाद, द्वैतवाद आदि में से होते हुए इस अद्वैतवाद की प्राप्ति होती है। धर्मशास्त्र इससे आगे नहीं जा सकता। यही सारे विज्ञानों का चरम लक्ष्य है। (हिन्दू धर्म, पृष्ठ-16)
4. यह समझना होगा कि धर्म के सम्बन्ध में अधिक और कुछ जानने को नहीं, सभी कुछ जाना जा चुका है। जगत के सभी धर्म में, आप देखियेगा कि उस धर्म में अवलम्बनकारी सदैव कहते हैं, हमारे भीतर एक एकत्व है अतएव ईश्वर के सहित आत्मा के एकत्व ज्ञान की अपेक्षा और अधिक उन्नति नहीं हो सकती। ज्ञान का अर्थ इस एकत्व का आविष्कार ही है। यदि हम पूर्ण एकत्व का आविष्कार कर सकें तो उससे अधिक उन्नति फिर नहीं हो सकती। (धर्म विज्ञान, पृष्ठ-7)
5. हमें देखना है कि किस प्रकार यह वेदान्त हमारे दैनिक जीवन में, नागरिक जीवन में, ग्राम्य जीवन में, राष्ट्रीय जीवन में और प्रत्येक राष्ट्र के घरेलू जीवन में परिणत किया जा सकता है। कारण, यदि धर्म मनुष्य को जहाँ भी और जिस स्थिति में भी है, सहायता नहीं दे सकता, तो उसकी उपयोगिता अधिक नहीं, तब वह केवल कुछ विशिष्ट व्यक्तियों के लिए कोरा सिद्धान्त हो कर रह जायेगा। (व्यावहारीक जीवन में वेदान्त, पृष्ठ-11)
6. प्रत्येक आत्मा अव्यक्त ब्रह्म है। बाह्य एवं अन्तः प्रकृति को वशीभूत करके आत्मा के इस ब्रह्म भाव को व्यक्त करना ही जीवन का चरम लक्ष्य है। कर्म, उपासना, मनः संयम अथवा ज्ञान, इनमें से एक, एक से अधिक या सभी उपायों का सहारा लेकर अपने ब्रह्म भाव को व्यक्त करो और मुक्त हो जाओ। बस यही धर्म का सर्वस्व है। मत, अनुष्ठान-पद्धति, शास्त्र, मन्दिर अथवा अन्य बाह्य क्रियाकलाप तो असके गौड़ अंग-प्रत्यंग मात्र हैं। (विवेकानन्द राष्ट्र को आह्वान, पृष्ठ-32)

7. तत्व समूह पहले से ही विद्यमान है, हम उसकी सृष्टि नहीं करते, केवल उसका आविष्कार करते हैं। धर्म केवल सत्य का साक्षात्कार मात्र है। विभिन्न मतवाद, विभिन्न पथ, प्रणाली मात्र है। वे धर्म नहीं है। जगत के विभिन्न धर्म विभिन्न जातियों के आवश्यकतानुसार समयोचित एक ही धर्म के प्रयोग हैं।
8. हमें दिखलाना है- हिन्दुओं की आध्यामिकता, बौद्धों की जीवदया, ईसाइयों की क्रियाशीलता एवं मुस्लिमों का बन्धुत्व, और ये सब अपने व्यावहारिक जीवन के माध्यम द्वारा। हमने निश्चय किया- हम एक सार्वभौम धर्म का निर्माण करेंगे।
9. उसी मूल सत्य की फिर से शिक्षा ग्रहण करनी होगी, जो केवल यहीं से, हमारी इसी मातृभूमि से प्रचारित हुआ था। फिर एक बार भारत को संसार में इसी मूल तत्व का, इसी सत्य का प्रचार करना होगा। ऐसा क्यों है? इसलिए नहीं कि यह सत्य हमारे शास्त्रों में लिखा है वरन् हमारे राष्ट्रीय साहित्य का प्रत्येक विभाग और हमारा राष्ट्रीय जीवन उससे पूर्णतः ओत-प्रोत है। इस धार्मिक सहिष्णुता की तथा इस सहानुभूति की, मातृभाव की महान शिक्षा प्रत्येक बालक, स्त्री, पुरुष, शिक्षित, अशिक्षित सब जाति और वर्ण वाले सीख सकते हैं। तुमको अनेक नामों से पुकारा जाता है, पर तुम एक हो। (जितने मत उतने पथ, पृष्ठ-39)
10. हम मनुष्य जाति को उस स्थान पर पहुँचाना चाहते हैं, जहाँ न वेद है, न बाइबिल है, न कुरान है परन्तु वेद, बाइबिल और कुरान के समन्वय से ही ऐसा हो सकता है। मनुष्य जाति को यह शिक्षा देनी चाहिए कि सब धर्म उस धर्म के, उस एकमेवाद्वितीय के भिन्न-भिन्न रुप हैं, इसलिए प्रत्येक व्यक्ति उन धर्मों में से अपना मनोनुकूल मार्ग चुन सकता है। (विवेकानन्द राष्ट्र को आह्वान, पृष्ठ-32)
11. आज हमे आवश्यकता है वेदान्त युक्त पाश्चात्य विज्ञान की, ब्रह्मचर्य के आदर्श और श्रद्धा और आत्मविश्वास की। वेदान्त का सिद्धान्त है कि मनुष्य के अन्तर में, एक अबोध शिशु में भी, ज्ञान का समस्त भण्डार निहित है, केवल उसके जागृत होने की आवश्यकता है और यही आचार्य का काम है। पर इस सब का मूल है धर्म-वही मुख्य है। धर्म तो भात के समान है, शेष सभी वस्तुयें तरकारी और चटनी जैसी हैं। केवल तरकारी और चटनी खाने से अपच्य हो जाता है, और केवल भात खाने से भी। (विवेकानन्द राष्ट्र को आह्वान, पृष्ठ-35)
12. सत्य, प्रचीन अथवा आधुनिक किसी समाज का सम्मान नहीं करता। समाज को ही सत्य का सम्मान करना पड़ेगा, अन्यथा समाज ध्वंस हो जाये, कोई हानि नहीं। सत्य ही हमारे सारे प्राणियों और समाजों का मूल आधार है, अतः सत्य कभी भी समाज के अनुसार अपना गठन नहीं करेगा। वही समाज सबसे श्रेष्ठ है, जहाँ सर्वोच्च सत्यों को कार्य में परिणत किया जा सकता है- यही मेरा मत है। और यदि समाज इस समय उच्चतम सत्यों को स्थान देने में समर्थ नहीं है, तो उसे इस योग्य बनाओ। और जितना शीघ्र तुम ऐसा कर सको उतना ही अच्छा। (विवेकानन्द राष्ट्र को आह्वान, पृष्ठ-36)
13. हिन्दू कहते हैं कि सामाजिक और राजनितिक सवाधीनता बहुत अच्छी चीज है किन्तु वास्तविक चीज है- आध्यात्मिक स्वाधीनता अर्थात् मुक्ति। यही जातीय जीवन का उद्देश्य है। वैदिक, जैन, बौद्ध, द्वैत, विशिष्टाद्वैत और अद्वैत सभी इस सम्बन्ध में एकमत हैं। इसमें हाथ न लगाना नहीं तो सर्वनाश हो जायेगा। (जितने मत उतने पथ, पृष्ठ-38)
14. भारत और समाजवाद विषयक अथवा राजनितिक विचारों से प्लावित करने से पहले यह आवश्यक है कि उसमें आध्यात्मिक विचारों की बाढ़ ला दी जाये। सर्वप्रथम, हमारे उपनिषदों, पुराणों और अन्य सब शास्त्रों में जो अपूर्व सत्य निहित है, उन्हें इन सब ग्रंथों के पृष्ठों से बाहर लाकर, मठों की चहारदिवारियाँ भेदकर, वनों की नीरवता से दूर लाकर, कुछ सम्प्रदाय-विशेषों के हाथों से छीनकर देश में सर्वत्र बिखेर देना होगा, ताकि ये सत्य दावानल के समान सारे देश को चारो ओर से लपेट लें- उत्तर से दक्षिण और पूरब से पश्चिम तक सब जगह फैल जायें- हिमालय से कन्याकुमारी और सिन्धु से ब्रह्मपुत्रा तक सर्वत्र वे धधक उठे। (विवेकानन्द की वाणी, पृष्ठ-56)
15. भारत के शिक्षित समाज में मैं इस बात पर सहमत हूँ कि समाज का आमूल परिवर्तन करना आवश्यक है। पर यह किया किस तरह जाये? सुधारकों की सब कुछ नष्ट कर डालने की रीति व्यर्थ सिद्ध हो चुकी है। मेरी

योजना यह है, हमने अतीत में कुछ बुरा नहीं किया। निश्चय ही नहीं किया। हमारा समाज खराब नहीं, बल्कि अच्छा है। मैं केवल चाहता हूँ कि वह और भी अच्छा हो। हमे असत्य से सत्य तक अथवा बुरे से अच्छे तक पहुँचना नहीं है। वरन् सत्य से उच्चतर सत्य तक, श्रेष्ठ से श्रेष्ठतर और श्रेष्ठतम तक पहुँचना है। मैं अपने देशवासियों से कहता हूँ कि अब तक जो तुमने किया, सो अच्छा ही किया है, अब इस समय और भी अच्छा करने का मौका आ गया है। (जितने मत उतने पथ, पृष्ठ-46)

16. यदि कभी कोई सार्वभौमिक धर्म हो सकता है, तो वह ऐसा ही होगा, जो देश या काल से मर्यादित न हो, जो उस अनन्त भगवान के समान ही अनन्त हो, जिस भगवान के सम्बन्ध में वह उपदेश देता है, जिसकी ज्योति श्रीकृष्ण के भक्तों पर और ईसा के प्रेमियों पर, सन्तों पर और पापियों पर समान रूप से प्रकाशित होती हो, जो न तो ब्राह्मणों का हो, न बौद्धों का, न ईसाइयों का और न मुसलमानों का, वरन् इन सभी धर्मों का समष्टिस्वरूप होते हुए भी जिसमें उन्नति का अनन्त पथ खुला रहे, जो इतना व्यापक हो कि अपनी असंख्य प्रसारित बाहुओं द्वारा सृष्टि के प्रत्येक मनुष्य का प्रेमपूर्वक आलिंगन करें।... वह विश्वधर्म ऐसा होगा कि उसमें किसी के प्रति विद्वेष अथवा अत्याचार के लिए स्थान न रहेगा, वह प्रत्येक स्त्री और पुरूष के ईश्वरीय स्वरूप को स्वीकार करेगा और सम्पूर्ण बल मनुष्यमात्र को अपनी सच्ची, ईश्वरीय प्रकृति का साक्षात्कार करने के लिए सहायता देने में ही केन्द्रित रहेगा।
17. ईसाई को हिन्दू अथवा बौद्ध नहीं होना पड़ेगा, और न हिन्दू या बौद्ध को ईसाई ही, परन्तु प्रत्येक धर्म दूसरे धर्मों के सारभाग को आत्मसात् करके पुष्टिलाभ करेगा और अपने वैशिष्ट्य की रक्षा करते हुए अपनी निजी प्रकृति के अनुसार वृद्धि को प्राप्त होगा। यदि इस सर्वधर्म परिषद् ने जगत् के समक्ष कुछ प्रमाणित किया है तो वह यह कि उसने यह सिद्ध कर दिखाया है कि शुद्धता, पवित्रता और दयाशीलता किसी सम्प्रदाय-विशेष की सम्पत्ति नहीं है तथा प्रत्येक धर्म ने श्रेष्ठ एवं अतिशय उन्नत-चरित्र स्त्री पुरूषों को जन्म दिया है। अब इन प्रत्यक्ष प्रमाणों के बावजुद भी यदि कोई ऐसा स्वप्न देखे कि अन्यान्य सारे धर्म नष्ट हो जायेंगे और केवल उसका धर्म ही अपना सर्वश्रेष्ठता के कारण जीवित रहेगा, तो उस पर मैं अपने हृदय के अन्तस्थल से दया करता हूँ और उसे स्पष्ट शब्दों में बतलाये देता हूँ कि वह दिन दूर नहीं हैं, जब उस जैसे लोगों के अड़ंगों के बावजूद भी प्रत्येक धर्म की पताका पर यह स्वर्णाक्षरों में लिखा रहेगा-'सहयोग, न कि विरोध', पर-भाव-ग्रहण न कि पर-भाव-विनाश, 'समन्वय और शान्ति, न कि मतभेद और कलह'!
18. एक मात्र वेदान्त ही समाज तन्त्रवाद की युक्तिसंगत दार्शनिक भित्ति होने लायक है। मानव समाज की उन्नति चाहने वाले व्यक्तिगण, कम से कम उनके परिचालक गण, यह समझने का प्रयत्न कर रहे हैं कि उनके धन साम्य एवं समान अधिकार पर आधारित मतवादों की एक आध्यात्मिक भित्ति रहना संगत है, और एक मात्र वेदान्त ही यह भित्ति होने के योग्य हैं। सामाजिक, राजनीतिक एवं आध्यात्मिक, सभी क्षेत्रों में यथार्थ संगत स्थापित करने का केवल एक सूत्र विद्यमान है, और वह सूत्र- केवल इतना जान लेना कि मैं और मेरा भाई एक हैं। सब देशों में, सभी युगों में, सभी जातियों के लिए यह महान सत्य समान रूप से लागू है।
19. अब व्यावहारिक जीवन में उसके प्रयोग का समय आया है। अब और 'रहस्य' बनाये रखने से नहीं चलेगा। अब और वह हिमालय की गुहाओं। में, वन-अरण्यों में साधु-सन्यासियों के पास न रहेगा, लोगों के दैनन्दिन जीवन में उसको कार्यन्वित करना होगा। राजा के महल में, साधु-सन्यासी की गुफा में, मजदूर की झोपड़ी में, सर्वत्र सब अवस्थाओं में, यहाँ तक कि राह के भिखारी द्वारा भी, वह कार्य में लाया जा सकता है।
20. मैं अपने मनश्चक्षुओं से देख रहा हूँ कि भावी सर्वांगपूर्ण भारत वैदान्तिक मस्तिष्क और इस्लामी देह लेकर, इस विवाद, विश्रृंखला को चीरते हुये, महामहिमान्वित और अपराजेय शक्ति से युक्त होकर जागृत हो रहा है।
21. प्राच्य और पाश्चात्य देशों के आदर्श अलग-अलग हैं। भारत धर्ममुखी है, अन्तर्मुखी है, पाश्चात्य भुखण्ड बहिर्मुखी है। पाश्चात्य देश यदि धर्म के क्षेत्र में तनीक-सी भी उन्नति करना चाहता है, तो वह समाज की उन्नति के माध्यम से ही वैसा करेगा और प्राच्य देश यदि सामाजिक क्षेत्र में थोड़ी सी भी शक्ति हासिल करना चाहता है, तो वह धर्म के माध्यम से करेगा।...आधुनिक सुधारकगण सब से पहले भारत के धर्म को नष्ट कर देना चाहता है उनके

बिना उन्हें सुधार का दूसरा कोई मार्ग नहीं दिखता। उन्होंने उस दिशा में प्रयत्न भी किये हैं, पर विफल मनोरथ हुये हैं। इसका क्या कारण है? यही कि उनमें से केवल कुछ इने गिने लोगों ने ही अपने धर्म का उत्तम रूप से अध्ययन और उसकी आलोचना की है, 'समस्त धर्मों के प्रस्त्रवण' को समझाने के लिए जिस साधना की आवश्यकता है उनमें से कोई भी उस साधना में होकर नहीं गया है। मैं कहता हूँ हिन्दू समाज की उन्नति के लिए धर्म को नष्ट करने की जरूरत नहीं। ऐसी बात नहीं कि हिन्दू धर्म प्राचीन रीति और आचार प्रथाओं को समर्थन करता रहा है, इसलिए उसके समाज की ऐसी दशा हुई है। समाज की इस दुरवस्था का कारण तो यह है कि धर्म को सामाजिक क्षेत्र में जिस प्रकार कार्यान्वित करना चाहिए था, वैसा नहीं किया गया।..... ऋषिचरित्र यथार्थ जीवन, जो शक्ति का केन्द्र बनाकर ही देवत्व और मानवत्व की मिलनभूमि है- वही राह दिखायेगा। इनको केन्द्र बनाकर ही भिन्न-भिन्न उपादान संघ बद्ध होंगे और बाद में प्रचण्ड तरंग के समान समाज पर गिरकर सब कुछ बहा ले जायेंगे-सारी अपवित्रता दूर हो जायेगी। ... यह अवस्था लोगों को अधिक धर्म-निष्ठ होने की शिक्षा देकर तथा समाज को स्वाधीनता देकर, धीरे-धीरे लानी होगी। प्राचीन धर्म से पुरोहित के इस अत्याचार और अनाचार को अलग-निकाल दो और देखोगे, यह धर्म संसार का श्रेष्ठ धर्म है।.... वही समाज सर्वश्रेष्ठ है जहाँ सत्य कार्यन्वित को सकता है, यही मेरा मत है। पृथ्वी पर ऐसा कोई धर्म नहीं जो हिन्दू धर्म के समान इतने उँचे स्वर से मानवता के गौरव का उपदेश करता हो और पृथ्वी पर ऐसा कोई धर्म नहीं जो हिन्दू धर्म के समान गरीबों और नीच जाति वालों का गला क्रुरता से घोंटता हो। प्रभु ने मुझे दिखा दिया है कि इसमें धर्म का कोई दोष नहीं है, वरन् दोष उनका है, जो ढ़ोगी और दम्भी है जो 'परमार्थिक' और 'व्यावहारिक' सिद्धान्तों के रूप में अनेक प्रकार के अत्याचार के अस्त्रों का निर्माण करते हैं।

22. मुझे उन लोगों पर तरस आता है।....उनकी नींद किसी तरह टुटती ही नहीं। सदियों के अत्याचार के फलस्वरूप जो पीड़ा, दुःख, हीनता, दारिद्रय की आह भारत-गगन मं गूंज रही है, उनसे उनके सुखकर जीवन को कोई जबरदस्त आघात नहीं लगता। युगों के जिस मानसिक, नैतिक और शारीरिक अत्याचार ने ईश्वर के प्रतिमा रूपों मनुष्य को भारवाही पशु, भवगती की प्रतिमारूपणी रमणी को सन्तान पैदा करने वाली दासी, और जीवन को अभिशाप बना दिया है, उसकी वे कल्पना भी नहीं कर पाते। परन्तु ऐसे भी अनेक मनुष्य हैं, जो देखते है अनुभव करते हैं, और दिलों में खून के आंसू बहाते हैं, जो सोचते हैं कि इसका इलाज है, और किसी कीमत पर, यहां तक कि अपने प्राणों की बाजी लगाकर भी जो इन्हें हटाने को तैयार हैं।
23. तथाकथित धनिकों पर भरोसा न करों, वे जीवित की अपेक्षा मृत ही अधिक हैं। आशा तुम लोगों से है, जो विनीत, निराभिमानी और विश्वासपरायण हैं।.... मैं देश में भूख या जाड़े से भले ही मर जाऊँ, परन्तु युवकों! मैं गरीबों, मूर्खो और उत्पीड़ितों के लिए इस सहानुभूति और प्राणपण प्रयत्न की थाती के तौर पर तुम्हें अर्पण करता हूँ। प्रतिज्ञा करो कि अपना सारा जीवन इन तीस करोड़ लोगों के उद्धार कार्य में लगा दोगे, जो दिनों दिन अवनति के गर्त में गिरते जा रहे हैं।
24. हमारे अभिजात पूर्वज साधारण जनसमुदाय को पैंरो तले कुचलते रहे। इसके फलस्वरूप वे बेचारे एक दम असहाय हो गये। यहाँ तक कि अपने आपको मनुष्य मानना भी भुल गये। भारत के इन दिन-हीन लोगों को, इन पददलित जाति के लोगों को, उनका अपना वास्तविक रूप समझा देना परमावश्यक है। जात-पात का भेद छोड़कर कमजोर और मजबुत का विचार छोड़कर हर एक स्त्री-पुरूष को, प्रत्येक बालक-बालिका को, यह संदेश सुनाओं और सिखाओं कि ऊँच-नीच, अमीर-गरीब और बड़े-छोटे में उसी एक अनन्त आत्मा का निवास है, जो सर्वव्यापी है। इसलिए सभी लोग महान तथा सभी लोग साधु हो सकते हैं। आओ हम प्रत्येक व्यक्ति में घोषित करें- उत्तिष्ठत् जाग्रत प्राप्य वरान् निबोधत् - उठो, जागो और जब तक तुम अपने अन्तिम ध्येय तक नहीं पहुँच जाते, तब तक चैन न लो। उठो, जागो! निर्बलता के इस व्यामोह से जाग जाओं वास्तव में कोई भी दुर्बल नहीं है। आत्मा अनन्त, सर्वशक्तिसम्पन्न और सर्वज्ञ है। इसलिए उठो, अपने वास्तविक रूप को प्रकट करो। तुम्हारे अन्दर जो भगवान है, उसकी सत्ता को ऊँचे स्वर में घोषित करो, उसे अस्वीकार मत करो। तुम अपने को और प्रत्येक व्यक्ति को अपने सच्चे स्वरूप की शिक्षा दो घोरतम मोहनिद्रा में पड़ी हुई जीवात्मा को इस

नींद से जगा दो। जब तुम्हारा जीवात्मा प्रबुद्ध होकर सक्रिय हो उठेगी, तब तुम आप ही शक्ति का अनुभव करोगे, महिमा और महत्ता पाओगे, साधुता आयेगी, पवित्रता भी आप ही चली आयेगी, मतलब यह है कि जो कुछ अच्छे गुण है, वे सभी तुम्हारे पास आ पहुँचेंगे।

25. वे जो लोग किसान हैं, वे कोरी, जुलाहे जो भारत के नगण्य मनुष्य हैं, विजित स्वजाति निन्दित छोटी-छोटी जातियाँ है, वही लगातार चुप-चाप काम करती जा रही हैं, अपने परिश्रम का फल भी नहीं पा रही हैं। परन्तु धीरे-धीरे प्राकृतिक नियम से दुनिया में कितने परिवर्तन होते जा रहे हैं। देश, सभ्यता तथा सत्ता उलटते-पलटते रहे हैं। हे, भारत के श्रमजीवियों, तुम्हारे नीरव, सदा ही निन्दित हुए परिश्रम के फलस्वरूप बाबिल, ईरान, अलेकजन्द्रिया, ग्रीस, रोम, वेनिस, जिनेवा, बगदाद, समरकन्द, स्पेन, पोर्तुगाल, फ्रांसीसी, दिनेमार, डच और अंगेजों का क्रमान्वय से आधिपत्य हुआ और उनको ऐश्वर्य मिला है। और तुम? कौन सोचता है उस बात को। स्वामी जी! तुम्हारे पितृपुरूष दो दर्शन लिख गये हैं, दस काव्य तैयार कर गये हैं, दस मन्दिर उठवा गये हैं और तुम्हारी बुलन्द आवाज से आकाश फट रहे हैं, और जिनके रूधिर-स्त्राव से मनुष्य जाति की यह जो कुछ उन्नति हुई है, उनके गुणों का ज्ञान कौन करता है? लोकजयी, धर्मवीर, रणवीर, काव्यवीर सबकी आँखों पर, सबके पूज्य हैं! परन्तु जहाँ कोई नहीं देखता, जहाँ कोई वाह-वाह नहीं करता जहाँ सब लोग घृणा करते हैं, वहाँ वास करती है अपार सहिष्णुता, अनन्य प्रीती और निर्भीक कार्यकारिता। हमारे गरीब घर-द्वार पर दिन रात मुँह बन्द करके कर्तव्य करते जा रहे है, उनमें क्या वीरत्व नहीं है? बड़ा काम आने पर बहुतेरे वीर हो जाते हैं, उस हजार आदमियों की वाहवाही के सामने कापुरूष भी सहज ही अपने प्राण दे देता है। घोर स्वार्थ पर भी निष्काम हो जाता है। परन्तु अत्यन्त छोटे से कार्य में भी सबसे अज्ञात भाव से जो वैसे ही निस्वार्थपरता कर्तव्यपरायणता दिखाते हैं, वे ही धन्य हैं, वे तुम लोग हो, भारत के हमेशा के पैरों तले कुचले हुए श्रमजीवियों। तुम लोगों को मैं प्रणाम करता हूँ।

26. मानवीय समाज पर चारों वर्ण-पुरोहित, सैनिक, व्यापारी और मजदूर बारी-बारी से शासन करते हैं। हर शासन का अपना गौरव, अपना दोष होता है। जब ब्राह्मण का राज होता है, तब आनुवंशिक आधार पर भयंकर पृथकता रहती है, पुरोहित स्वयं और उनके वंशज नाना प्रकार के अधिकारों से सुरक्षित रहते हैं, उनके अतिरिक्त किसी को कोई ज्ञान नहीं होता, और उनके अतिरिक्त किसी को शिक्षा देने का अधिकार नहीं है। इस विशिष्ट युग में सब विधाओं की नींव पड़ती है, यह उसका गौरव है। ब्राह्मण मन को उन्नत करते हैं क्योंकि मन द्वारा ही वे राज्य करते हैं। क्षत्रिय शासन क्रूर और अन्यायी होता है, परन्तु उनमें पृथकता नहीं रहती और उनके युग में कला और सामाजिक संस्कृति उन्नति के शिखर पर पहुँच जाती है। उसके बाद वैश्य शासन आता है। इसमें कुचलने की और खून चुसने की मौन शक्ति अत्यन्त भीषण होती है। इसका लाभ यह है कि व्यापारी सब जगह जाता है, इसलिए वह पहले दोनों युगों में एकत्र किये हुये विचारों को फैलाने में सफल होता है। उसमें क्षत्रियों से भी कम पृथकता होती है, परन्तु सभ्यता की अवनति आरम्भ हो जाता है। अन्त में आयेगा मजदूर का शासन। उसका लाभ होगा भौतिक सुखों का समान वितरण, और उससे हानि होगी, कदाचित संस्कृति का निम्न स्तर पर गिर जाना। साधारण शिक्षा का बहुत प्रचार होगा, परन्तु असामान्य प्रतिभाशाली व्यक्ति कम होते जायेंगे। यदि ऐसा राज्य स्थापित करना सम्भव हो जिसमें ब्राह्मण युग का ज्ञान, क्षत्रिय युग की सम्भता, वैश्य युग का प्रचार-भाव और शूद्र युग की समानता रखी जा सके, उसके दोषों को त्यागकर, तो वह आदर्श राज्य होगा। परन्तु क्या यह सम्भव हैं? परन्तु पहले तीनों का राज्य हो चुका है। अब शूद्र शासन का युग आ गया है- वे अवश्य राज्य करेंगे, और उन्हें कोई रोक नहीं सकता। मैं समाजवादी हूँ, इसलिए नहीं कि मैं पूर्ण रूप से निर्दोष व्यवस्था समझता हूँ परन्तु इसलिए कि रोटी न मिलने से आधी रोटी ही अच्छी है। और सब मतवाद काम में लाये जा चुके हैं और दोषयुक्त सिद्ध हुए हैं। इसकी भी अब परीक्षा होने दो, यदि और किसी कारण से नहीं तो नवीनता के लिए ही। सर्वदा एक ही वर्ग के व्यक्तियों को सुख और दुःख मिलने की अपेक्षा सुख और दुःख का बँटवारा करना अच्छा है। शुभ और अशुभ की समष्टि संसार में समान ही रहती है। नये मतवादों से वह भार कन्धे से कन्धा बदल लेगा, और कुछ नहीं। इस दुःखी संसार में सबको सुख-भोग का

अवसर दो, जिससे इस तथाकथित सुख के अनुभव के पश्चात् वे संसार, शासन-विधि और झंझटों को छोड़कर प्रभु के पास आ सकें। (विवेकानन्द का मानवतावाद, पृष्ठ-69)

27. क्या मनुष्य प्रचण्ड तुफान में ग्रस्त वह छोटी सी नौका है जो एक क्षण किसी वेगवान तरंग के फेनिल शिखर पर चढ़ जाती है और दूसरे क्षण भयानक गर्त में नीचे धकेल दी जाती है, अपनी शुभ और अशुभ कर्मों की दया पर केवल इधर-उधर भटकती फिरती है। क्या वह कार्य-कारण की सतह प्रवाही, निर्मम, भीषण तथा गर्जनशील धरा में पड़ी हुई अशक्त, असहाय भग्न पोत है, क्या वह उस कारणता के चक्र के नीचे पड़ा हुआ एक क्षुद्र शलभ है, जो विधवा के आँसुओं तथा अनाथ बालक की आहों की तनिक भी चिंता न करते हुए, अपने मार्ग में आने वाली सभी वस्तुओं को कुचल डालता हैं? इस प्रकार के विचार से अन्तःकरण काँप उठता है पर यही प्रकृति का नियम है। तो फिर क्या कोई आशा ही नहीं है? क्या इससे बचने का कोई मार्ग नहीं है? यही करूण पुकार निराशाविह्वल हृदय के अन्तस्थल से ऊपर उठी और उसी करूणामय के सिंहासन तक जा पहुँची। वहाँ से आशा और सान्तवना की वाणी निकली और उसने एक वैदिक ऋषि को अन्तः स्फूर्ति प्रदान की, और उसने संसार के सामने खड़े होकर उँचे स्वर में इस आनन्द संदेश की घोषणा की। 'हे अमृत के पुत्रों! सुनो हे दिव्यधामवासी देवगण!! तुम भी सुनो मैंने उस अनादि पुरातन पुरूष को प्राप्त कर लिया है, जो समस्त अज्ञान-अन्धकार और माया के परे है। केवल उस पुरूष को जानकर ही तुम मृत्यु के चक्र से छूट सकते हो। दूसरा कोई पथ नहीं हैं।

28. एक नवीन भारत निकल पड़े-निकले हल पकड़ कर किसानों की कुटी भेद कर, मछुआ, मोची मेहतर की झोपड़ियों से। निकल पड़े बनियों की दुकानों से भुजवा के भांड़ के पास से, कारखानों से, हाट से, बाजार से। निकले झाड़ियों से, जंगलों, पहाड़ो पर्वतों से।

29. हे भाइयों, हम सभी लोगों को इस समय कठिन परिश्रम करना होगा। अब सोने का समय नहीं है। हमारे कार्यों पर भारत का भविष्य निर्भर है। यह देखिये, भारत माता धीरे-धीरे आँखें खोल रही है। वे कुछ देर सोयी थी। उठिये, उन्हें जगाइये और पूर्वपेक्ष महागौरवमंडित करके भक्ति से उन्हें अपने चिरन्तन सिंहासन पर प्रतिष्ठित कीजिए।

30. ऐ भारत! तुम मत भूलना कि तुम्हारी स्त्रियों का आदर्श सीता, सावित्री, दमवन्ती हैं, तुम मत भूलना कि तुम्हारे उपास्य सर्वत्यागी उमानाथ शंकर हैं, मत भूलना कि तुम्हारा विवाह, धन और तुम्हारा जीवन इन्द्रियसुख के लिए, अपने व्यक्तिगत सुख के लिए नहीं है, मत भूलना कि तुम जन्म से ही "माता" के लिए बलिस्वरूप रखे गये हो।.... तुम मत भूलना कि नीच, अज्ञानी, दरिद्र, चमार और मेहतर तुम्हारा रक्त और तुम्हारे भाई हैं।

31. जहाँ पर महामारी हुई हो, जहाँ पर लोगों को दुःख हो, जहाँ दुर्भिक्ष पड़ा हो, चला जा उस ओर और उन लोगों का दुःख दूर कर। अधिक से अधिक क्या होगा, मर ही तो जाएगा। मेरे-तेरे जैसे न जाने कितने कीड़े पैदा होते रहते हैं और मरते रहते हैं। इससे दुनिया को क्या हानि-लाभ है। एक महान उद्देश्य लेकर मर जा। मर तो जायेगा ही, पर अच्छा उद्देश्य लेकर मरना ठीक है।

विश्वमानव: "वेदान्त की व्यावहारिकता", "विश्वधर्म" और दर्शन

वर्तमान समय के श्री लव कुश सिंह "विश्वमानव" भी स्वामी विवेकानन्द की भाँति ज्ञानी अर्थात् सात्विक मन एवं सात्विक कर्म से युक्त हैं। वे स्वयं नायक भी हैं और खलनायक भी। और साथ ही स्वामी विवेकानन्द के "वेदान्त की व्यावहारिकता" के बाद "विश्वधर्म" और उनके समरनीति के अनुसार योजना "पुर्ननिर्माण (RENEW-Real Education National Express Way)" के व्यक्तकर्ता भी। मूल पाशुपत शैव दर्शन सहित अनेक मतों का सफल एकीकरण के स्वरूप श्री लव कुश सिह "विश्वमानव" के जीवन, कर्म और ज्ञान के अनेक दिशाओं से देखने पर अनेक दार्शनिक, संस्थापक, संत, ऋषि, अवतार, मनु, व्यास, व्यापारी, रचनाकर्ता, नेता, समाज निर्माता, शिक्षाविद्, दूरदर्शिता इत्यादि अनेक रूप दिखते हैं। इस प्रकार श्री लव कुश सिंह "विश्वमानव", सात्विक प्रवृत्ति के महान चरित्र स्वामी विवेकानन्द की दिशा से उनकी अगली कड़ी के रूप में व्यक्त हैं।

प्रकृति प्रदत्त नाम के अलावा जब व्यक्ति को आत्मज्ञान होता है तब वह स्वयं अपने मन स्तर का निर्धारण कर एक नाम स्वयं रख लेता है। जिस प्रकार "श्रीकृष्ण" नाम है "योगेश्वर" मन की अवस्था है, "गदाधर" नाम है "रामकृष्ण परमहंस" मन की अवस्था है, "सिद्धार्थ" नाम है "बुद्ध" मन की अवस्था है, "नरेन्द्र नाथ दत्त" नाम है "स्वामी विवेकानन्द" मन की अवस्था है, "रजनीश" नाम है "ओशो" मन की अवस्था है। उसी प्रकार लव कुश सिंह नाम है "विश्वमानव" मन की अवस्था है और उसी प्रकार व्यक्तियों के नाम, नाम है "भोगेश्वर विश्वमानव" उसकी चरम विकसित, सर्वोच्च और अन्तिम अवस्था है जहाँ समय की धारा में चलते-चलते मनुष्य वहाँ विवशतावश पहुँचेगा।

स्वामी विवेकानन्द की दृष्टि में

1. यदि प्रवृत्ति बारम्बार किये हुये कर्म का परिणाम है, तो जिन प्रवृत्तियों को साथ लेकर हम जन्म धारण करते हैं, उनको समझने के लिए उस कारण का भी उपयोग करना चाहिए। यह तो स्पष्ट है कि वे प्रवृत्तियाँ हमें इस जन्म में प्राप्त हुई नहीं हो सकती; अतः हमें उनका मूल पिछले जन्म में ढूंढना चाहिए। अब यह भी स्पष्ट है कि हमारी प्रवृत्तियों में से कुछ तो मनुष्य के ही जान-बूझकर किये हुए प्रयत्नों के परिणाम हैं, और यदि यह सच है कि हम उन प्रवृत्तियों को अपने साथ लेकर जन्म लेते हैं, तब तो बिल्कुल यही सिद्ध होता है कि उनके कारण गतजन्म में जान-बूझकर किये हुये प्रयत्न ही हैं-अर्थात् इस वर्तमान जन्म के पूर्व हम उसी मानसिक भूमिका में रहे होंगे, जिसे हम मानव भूमिका कहते हैं।
2. पुनर्जन्मवादी लोग यह मानते हैं कि सभी अनुभव प्रवृत्तियों के रूप में अनुभव करने वाली जीवात्मा में संगृहीत रहते हैं और उसे अविनाशी जीवात्मा के पुनर्जन्म द्वारा संक्रमित किये जाते हैं; भौतिकवाद वाले मस्तिष्क को सभी कर्मों के आधार होने के और बीजाणुओं के द्वारा उनके संक्रमण का सिद्धान्त मानते हैं। यदि बीजाणुओं द्वारा आनुवंशिक संक्रमण समस्या को हल करने के लिए पूर्णतः पर्याप्त है, तब तो भौतिकता ही अपरिहार्य है और आत्मा के सिद्धान्त की कोई आवश्यकता नहीं है। यदि वह पर्याप्त नहीं है, तो प्रत्येक आत्मा अपने साथ इस जन्म में अपने भूतकालिक अनुभवों को लेकर आती है, यह सिद्धान्त पूर्णतः सत्य है। पुनर्जन्म या भौतिकता-इन दो में से किसी एक को मानने के सिवा और कोई गति नहीं है। प्रश्न यह है कि हम किसे मानें?
3. शास्त्र कहते हैं कि कोई साधक यदि एक जीवन में सफलता प्राप्त करने में असफल होता है तो वह पुनः जन्म लेता है और अपने कार्यों को अधिक सफलता से आगे बढ़ाता है।

काल चक्र मार्ग के

(विस्तृत विवरण अध्याय – पाँच में उपलब्ध है। संक्षिप्त रूप से यहाँ दिया गया है।)

01. काल चक्र के प्रथम भाग
अदृश्य काल में विश्वात्मा का प्रथम जन्म – योगेश्वर श्रीकृष्ण
(पूर्ण ब्रह्म की प्रथम कड़ी)

शरीर नाम :

धर्मयुक्त नाम – श्रीकृष्ण (जन्म समय धर्मनिरपेक्ष वर्तमान में धर्मयुक्त)
धर्मनिरपेक्ष एवं समभाव युक्त नाम – अदृश्य भोगेश्वर समाहित दृश्य योगेश्वर

1. जन्म परिचय

– तिथि – मास – भाद्रपद, कृष्ण पक्ष, अष्टमी
– समय – अर्धरात्रि, स्थान – मथुरा (उ0 प्र0)
– अस्थायी निवास – गोकुल
– स्थायी निवास – स्वयं द्वारा निर्मित – द्वारिका नगर (गुजरात)
– गुरु – कर्म गुरु – कोई नहीं
– ज्ञान गुरु – सांदिपनी
– शिक्षा – ब्रह्मज्ञान, शास्त्र एवं शस्त्र विद्या
– स्वरुप – धर्म (व्यक्त रुप), धर्मनिरपेक्ष एवं सर्वधर्मसमभाव (अव्यक्त रुप), मानवता का पुजारी (समष्टि धर्म)
– सर्वोच्च व्यक्त रुप :– प्रथम योगेश्वर (गीता द्वारा ज्ञान / आत्मा का विश्वरुप) अर्थात् भोगेश्वर का अदृश्य रुप, राजनीतिज्ञ, वक्ता, मनोवैज्ञानिक, गृहस्थ युक्त सन्यासी, सत्य जीवन का अभिनेता, प्रेमी, दार्शनिक
– व्यक्त रुप का स्थल :– कुरुक्षेत्र (कौरव और पाण्डव के बीच युद्ध स्थल)
– जन्म समय के महत्व पूर्ण सम्बन्धों की स्थिति :–
देश सम्बन्ध – खराब था । रिश्ता सम्बन्ध – खराब था ।
रक्त सम्बन्ध – ठीक था । समाज और राज्य सम्बन्ध – खराब था ।
– जीवन नीति– वैष्णव रुप में ज्ञान प्राप्ति एवं वैष्णव रुप में ही धर्म स्थापना ।

2. ज्ञान परिचय :

– सर्वोच्च कथन – "यदा यदा हि धर्मस्य ग्लानिर्भवति भारतः।
अभ्युत्थानमधर्मस्य तदातमानं सृजाम्यहम्।।" (गीता 4.7)
(जब–जब भारत में धर्म की हानि होती है। तब–तब मैं (आत्मा) धर्म के उत्थान के लिए मैं (आत्मा) स्वयं को सूचित कर व्यक्त होता हूँ।)
– सर्वोच्च संदेश – समभाव (अद्वैत) में स्थित होकर कर्म करो और परिणाम की इच्छा मुझ (आत्मा) पर छोड़ दो।
– धर्म स्थापना की आवश्यकता की पहचान –
देश सम्बन्ध, रिश्ता सम्बन्ध तथा समाज और राज्य सम्बन्ध खराब होना।
– ज्ञान से व्यक्त शास्त्र–साहित्य – गीता (चारों वेदों के उपनिषद् का सार), रचनाकार – महर्षि व्यास
– ज्ञान को व्यक्त करने के लिए प्रयुक्त धर्म / धर्मनिरपेक्ष / सर्वधर्मसमभाव शब्द (ईश्वर नाम)
"ओउम" (अदृश्य काल का व्यक्तिगत प्रमाणित व्यष्टि व समष्टि ईश्वर नाम)
– दर्शन – चारो वेदों के उपनिषद् के सार द्वारा योग दर्शन और निष्काम योग दर्शन।

3. कर्म परिचय :

– सर्वोच्च कर्म – धर्म (समष्टि) अद्वैत वेदान्त, मानवता, समता, एकता की स्थापना, स्वयं को ही ईश्वर के रुप में व्यक्त करना। साधु जन का मुक्तिएवं दुष्टों का वध (बदलाव)
– कर्म की नीति – राजनीतिक, शारिरिक एवं मानसिक वध (बदलाव)।
– कर्म द्वारा निर्माण – स्वयं एवं अपने उद्देश्य समाज–गणराज्य के लिए द्वारिका नगर का निर्माण।

योगेश्वर श्री कृष्ण

सार्वभौम सत्य-सिद्धान्त अनुसार कथा

दृश्य काल के व्यक्तिगत प्रमाणित काल में व्यक्तिगत प्रमाणित पूर्ण दृश्य सत्य चेतना से युक्त भक्ति और प्रेम आधारित द्वापर युग में क्षत्रिय जाति में जन्में और यादव जाति में पले विष्णु के आठवें अवतार - योगेश्वर श्री कृष्ण अवतार के जन्म तक वर्णाश्रम के चार नेतृत्व-मन खण्ड-खण्ड जन्म आधारित होकर अनेक नेतृत्व मनों जातियों में स्थापित हो चुकी थी। परिणामस्वरूप मूल मानव जाति उसमें खो चुकी थी। "परशुराम-परम्परा" टूट रही थी जहाँ थी वहाँ भी ब्राह्मण धर्म-अर्धम की व्याख्या करने में असमर्थ, जनसंख्या और समस्याओं के बढ़ने के कारण एकतन्त्रात्मक विचार को स्वीकार न करने की ओर बढ़ रही थी। बहुदेववाद भी मनों को अलग कर रखा था। देश-सम्बन्ध, रिश्ता-सम्बन्ध पूर्ण रूप से टूटकर, रक्त सम्बन्ध टूटते हुये तेजी से प्रसार की ओर था। ऐसी स्थिति में कृष्ण की आत्मा व्यक्तिगत प्रमाणित सत्य-चेतना अर्थात् स्वयं द्वारा निर्मित परिस्थितियों में प्राथमिकता से भूतकाल का ज्ञान और भविष्य की आवश्यकतानुसार वर्तमान में कार्य करते हुये अपने उद्देश्यों को व्यक्तिगत रूप से उस समय व्यक्त करना जब उद्देश्य पूर्ण होने में कोई संदेह न हो, में स्थापित हो गयी। और वे कर्तव्य पथ पर अग्रसर हुये परिणामसवरूप श्रद्धेय श्रेष्ठजनों से श्रद्धा रखते हुये उनके प्रभाव से मुक्त रहकर कार्य करना, सम्पर्क में आये हुये सभी नर-नारियों को दास्य, संख्य, वात्सल्य, मधुर और अवैध प्रेम में स्वयं को मुक्त रखते हुये बाँध देना, अपने बड़े भाई बलराम को हल व मूसल धारण कराना, रूक्मिणी के स्वयंवर चुनने पर स्वयं अपना हरण करवा उसे प्रधानता देते हुये पूर्ण गृहस्थ सुख भोग करना, मानक गणराज्य या समाज के रूप में द्वारिका का निर्माण करना, साध्य (गणराज्य) को व्यक्त और साधन (प्रजा, सेना और गणराज्यों के राजा) दोनों का अव्यक्त प्रयोग या भोग करते हुये एकतन्त्रात्मक राजाओ के चरित्र का सार्वजनिक प्रदर्शन करवाकर उनका वध या पक्ष निर्धारण करना, सभी नेतृत्वकर्ता मनों अर्थात् जातियों के स्थायी एकीकरण सहित कर्म की ओर प्रेरित करने के लिए सम्पूर्ण उपनिषदों का सार-व्यक्तिगत प्रमाणित गीतोपनिषद् सहित अव्यक्त (निराकार) एवं व्यक्त (साकार) ऐकेश्वरवाद की स्थापना करने के लिए स्वयं को व्यक्तिगत प्रमाणित ईश्वर योगेश्वर रूप में प्रस्तुत करना इत्यादि सम्भव हो सका। कृष्ण का सम्पूर्ण जीवन विवशता वश हिंसात्मक प्रधान हो गणराज्य की स्थापना में लगा रहा और अन्त में उनके द्वारा स्थापित व्यवस्था उनके जीवन में ही नष्ट हो गयी।

ईश्वर के आठवें प्रत्यक्ष एवम प्रेरक व्यक्तिगत प्रमाणित पूर्णावतार श्री कृष्ण तथा विष्णु (एकात्व वाणी, ज्ञान ,कर्म व प्रेम) कें पूर्णावतार कें रुप में व्यक्त श्री कृष्ण का मुख्य गुण आर्दश सामाजिक व्यक्ति का चरित्र तथा अवतारी गुणों में साकार शरीर आधारित "परशुराम परम्परा" की असफलता को देखते हुये उसका नाश करकें निराकार नियम आधारित "परशुराम परम्परा" को प्रारम्भ किये। जिसके लिऐ वे मानक सार्वभौम सत्य ज्ञान-गीतोपनिषद् व्यक्त किये।

श्रीकृष्ण का नाम बेचने वाले सिर्फ भक्ति में ही लीन हैं। उनके मूल कार्य मानक सार्वभौम सत्य ज्ञान तथा निराकार नियम आधारित "परशुराम परम्परा" का नाम ही नहीं लेते जबकि भारत तथा विश्वस्तर पर गणराज्य का स्वरुप निम्नलिखित रुप में व्यक्त हो चुका है।

भारत में निम्लिखित रुप व्यक्त हो चुका था।

1. ग्राम, विकास खण्ड, नगर, जनपद, प्रदेश और देश स्तर पर गणराज्य और गणसंघ का रुप।
2. सिर्फ ग्राम स्तर पर राजा (ग्राम व नगर पंचायत अध्यक्ष) का चुनाव सीधे जनता द्वारा।
3. गणराज्य को संचालित करने के लिए संचालक का निराकार रुप- संविधान।
4. गणराज्य के तन्त्रों को संचालित करने के लिए तन्त्र और क्रियाकलाप का निराकार रुप-नियम और कानून।
5. राजा पर नियन्त्रण के लिए ब्राह्मण का साकार रुप- राष्ट्रपति, राज्यपाल, जिलाधिकारी इत्यादि।

विश्व स्तर पर निम्नलिखित रुप व्यक्त हो चुका था।

1. गणराज्यों के संघ के रुप में संयुक्त राष्ट्र संघ का रुप।
2. संघ के संचालन के लिए संचालक और संचालक का निराकार रुप- संविधान।
3. संघ के तन्त्रों को संचालित करने के लिए तन्त्र और क्रियाकलाप का निराकार रुप- नियम और कानून।
4. संघ पर नियन्त्रण के लिए ब्राह्मण का साकार रुप-पाँच वीटो पावर।
5. प्रस्ताव पर निर्णय के लिए सदस्यों की सभा।
6. नेतृत्व के लिए राजा- महासचिव।

श्रीकृष्ण की दिशा से शेष कार्य मानक सार्वभौम कर्मज्ञान का प्रस्तुतीकरण द्वारा नियम आधारित "परशुराम परम्परा" को पूर्णता प्रदान करना है। जिसके लिए निम्नलिखित की आवश्यकता है-

1. गणराज्य या लोकतन्त्र के सत्य रुप- गणराज्य या लोकतन्त्र के स्वरुप का विश्व मानक।
2. राजा और सभा सहित गणराज्य पर नियन्त्रण के लिए साकार ब्राह्मण का निराकार रुप- मन का विश्व मानक।
3. गणराज्य के प्रबन्ध का सत्य रुप- प्रबन्ध का विश्व मानक।
4. गणराज्य के संचालन के लिए संचालक का निराकार रुप- संविधान के स्वरुप का विश्व मानक।
5. साकार ब्राह्मण निर्माण के लिए शिक्षा का स्वरुप- शिक्षा पाठ्यक्रम का विश्व मानक।

यहाँ ध्यान देने योग्य यह है कि कृष्ण के समय अधिकतम राज्य एकतन्त्रात्मक थी और उनका प्रसार भी तेजी से बढ़ रहा था। ऐसे में उन्हें ज्ञान द्वारा समझाकर गणराज्यों की स्थापना नहीं हो सकती थी। जो राज्य गणराज्य थे वहाँ भी राजाओं के नियन्त्रण के लिए नियुक्त ब्राह्मण भी धर्म-अधर्म की व्याख्या करने में असफल हो चुके थे। विवशतावश उनके समक्ष हिंसा का एक मात्र रास्ता ही शेष था। परिणामस्वरूप उन्होनें व्यक्तिगत रूप से मानसिक वध तथा सार्वजनिक रूप से शारीरिक वध की नीति अपनायी। कृष्ण जानते थे कि राजा के चरित्र का सार्वजनिक प्रदर्शन करा उनके प्रजा को अपनी ओर आकर्षित किया जा सकता है क्योंकि प्रजा, राजा के आदेश को वाध्यतावश मानती है, उनके अन्तरात्मा को आदेश द्वारा नियन्त्रित नहीं किया जा सकता। परिणास्वरूप प्रजा का अद्दश्य रूप से आत्मबल मेरी ओर हो जायेगा। अर्थात् मानसिक वध हो जायेगा। सिर्फ शारीरिक बल ही उनकी ओर रहेगा, और आत्मबल ही मूल है। इस ज्ञान का लाभ व्यावहारिक जीवन में प्रयोग करते हुये वे एकतन्त्रात्मक राजाओं के समक्ष स्वयं परिस्थिति उत्पन्न कर या गणराज्यों के राजा द्वारा उसे उत्पन्न करवा उनके चरित्र का सार्वजनिक प्रदर्शन चरम सीमा तक होने देकर, आवश्यक समझने पर स्वयं वध करते थे या राजाओं द्वारा वध करवाते थे या भविष्य के लिए छोड़ देते थे जिससे सर्वोच्च और अन्तिम युद्ध-महाभारत में सभी कृष्ण विरोधी एक पक्ष में हो जाये। उनका सम्पूर्ण लक्ष्य उस समय के सबसे बड़े राज्य हस्तिनापुर से ही पूर्ण हो सकता था इसलिए वहाँ वे अपनी उपस्थिति बनाये रखने के लिए रिश्ता, मित्रता, गुरू, दूत इत्यादि विभिन्न चरित्रों से जुड़ गये थे। जब कौरव और पाण्डवों के बीच युद्ध निश्चित हो गया तब वे अपने एकात्मज्ञान और एकात्मध्यान शक्ति की अटलनीय सफलता को देखते हुये उन्होंने कौरवों पक्ष के माँगने पर अपनी सेना स्वेच्छा से यह जानते हुये दे दिये कि उनका आत्मबल तो मेरे ही साथ है। और पाण्डव पक्ष के स्वयं उन्हें माँग लिये जाने पर शस्त्र न उठाने की प्रतिज्ञा के साथ

अर्जुन का सारथी इसलिए बन गये कि पाण्डवों की मुख्य शक्ति अर्जुन में ही नीहित थी, जिसके कारण युद्ध में पराजय, पलायन और आत्मबल कमजोर पड़ सकता था, युद्ध न होने के इस अन्तिम कारण को भी वे वश में कर युद्ध की अटलनीयता को मजबूती प्रदान कर दिये थे। इस स्थिति तक लाने में पक्षों का विभाजन कृष्ण ने इस प्रकार कर रखा था कि शारीरिक-शक्ति दोनों पक्षों का लगभग बराबर हो और आत्मबल पाण्डव पक्ष में हो जिससे युद्ध लम्बी अवधि तक चलकर सम्पूर्ण एकतन्त्रात्मक राज्य का नाश किया जा सके और पुनः नये सिरे से मानव की सृष्टि गीता ज्ञान द्वारा एकीकरण एवं निराकार एवं साकार ऐकेश्वरवाद की स्थापना द्वारा किया जा सके। युद्ध और विजय की सुनिश्चितता इसलिए आवश्यक थी कि तब तक कृष्ण के सम्पूर्ण योजना को दोनों पक्ष समझने लगे थे और युद्ध न होने या पराजय की स्थिति में कृष्ण ही संकट में आ जाते और जीवन भर का परिश्रम और उद्देश्य भी सफल न हो पाता। परन्तु युद्ध क्षेत्र में अर्जुन के अन्दर मोह से उत्पन्न वैराग्य के कारण जो गीता ज्ञान सार्वजनिक रूप से युद्धोपरान्त व्यक्त करना चाहते थे उसे विवशतावश अर्जुन को कर्म अर्थात युद्ध की ओर प्रेरित करने के लिए व्यक्तिगत रूप से व्यक्त करना पड़ा। परिणामस्वरूप युद्धोपरान्त सार्वजनिक प्रजा ज्ञान की महत्ता स्वीकार करने में असमर्थ हो निष्क्रिय-निर्जिव-अपुरूषार्थी और असहाय हो गयी। परिणामस्वरूप उनकी व्यवस्था यहाँ तक कि स्वयं उनका यदुवंश भी नष्ट हो गया। और कृष्ण का सम्पूर्ण नीति या पूर्ण मन का कार्य गणराज्य व्यवस्था की सर्वोच्च स्थापना, सन्यास आश्रम, प्रजा को ज्ञान की शिक्षा, सार्वजनिक प्रमाणित साकार ऐकेश्वर ध्यान और मूल मानव जाति की स्थापना के लिए अपूर्ण रह गया। यहाँ ध्यान देने योग्य यह है कि कृष्ण का ज्ञान सहित कर्म की ओर प्रेरित करता गीतोपनिषद् सार्वजनिक रूप से निराकार ऐकेश्वरवाद को ही प्रमाणित करने में सफल रहा क्योंकि ज्ञान की प्रमाणिकता ध्यान अर्थात् काल चिन्तन की प्राथमिकता के साथ सार्वजनिक प्रमाणित हो जाती है। ध्यान अर्थात् काल चिन्तन के साथ ज्ञान की व्यावहारिकता कर्मज्ञान तो कृष्ण के जीवन में था जिसके कारण वे सफल जीवन पूर्णकर व्यक्तिगत रूप से साकार ऐकेश्वर सिर्फ अर्जुन के समक्ष ही प्रस्तुत किये। सार्वजनिक प्रमाणित साकार ऐकेश्वर के बिना निराकार ऐकेश्वर भी प्रमाणित नहीं हो पाता क्योंकि गुण ही निराकार के उपस्थिति का प्रमाण है। कृष्ण स्वयं को सार्वजनिक प्रमाणित साकार ऐकेश्वर सिद्ध नहीं कर पाये वे ऐसा कर भी नहीं सकते थे क्योंकि फिर वहीं ज्ञान से सर्वोच्च ध्यान अर्थात् काल चिन्तन, धर्म की लगातार उन्नति, ज्ञान युक्त अवस्था में कर्म तथा स्थायी-स्वस्थ्य सर्वोच्च गणराज्य व्यवस्था स्थापित हो जाती फिर शेष दो विष्णु अवतारों की क्या आवश्यकता रह जाती? कृष्ण "परशुराम-परम्परा" को ही सुधार के साथ स्थापित करना चाहते थे जो एकतन्त्रात्मक राज्यों के नाश के बाद पुनः नये मानव समाज सृष्टि से प्रारम्भ होती, जिसकी आवश्यकता रामावतार में शुद्धात्मा बालकों लव और कुश द्वारा चुनौती दे व्यक्त की जा चुकी थी। रामावतार में श्रद्धेय श्रेष्ठ जनों से प्रभावित जीवन उनके कृष्णावतार में बलराम, कृष्ण, रूक्मणि और सत्यभामा का श्रद्धा पूर्वक श्रद्धेय श्रेष्ठजनों के प्रभाव से मुक्त रहकर व्यतीत हुआ। सीता के मन की पूर्णता रूक्मणि के रूप में कृष्ण के संग सुखमय गृहस्थ जीवन व्यतीत होकर पूर्ण हुआ परन्तु पुत्र शोक के कारण नया उद्देश्य इच्छा उत्पन्न हो गया और उनका मन पुनः अपूर्ण रह गया। लक्ष्मण-बलराम रूप में कृष्ण से बड़े बनकर पूर्णता को प्राप्त हुये। उर्मिला, सत्यभामा रूप में कृष्ण और रूक्मणि की सेवा कर पूर्णता प्राप्त की, परन्तु रूक्मणि के स्थान पर आने की नयी इच्छा ने उसके मन को अपूर्ण कर दिया। जिसका कारण प्रेम में शंका करना था। सीता के सूक्ष्म शरीर के स्थूल शरीर को पहचानने के लिए कृष्ण ने तब तक प्रतीक्षा की जब तक कोई स्वयं उन्हें वर न चुन ले क्योंकि कृष्ण यह जानते थे कि अपूर्ण मन या सूक्ष्म शरीर की पूर्णता के लिए स्थूल शरीर धारण करता है और वह स्वयं वर चुनेगी क्योंकि बल बिना पूर्व जन्म के प्राप्त किये प्रकट नहीं किया जा सकता। यदि ऐसा न होता तो स्वयं कृष्ण प्रेमावतार होते हुये भी उन प्रेमिकाओं में से किसी को अपनी पत्नी रूप में नही चुने बल्कि सभी को व्यक्त सान्निध्य में रख अवैध प्रेम में बाँधकर अपूर्ण कर दिये। ये सभी वह अपूर्ण-मन के स्थूल शरीर थे जो रामावतार के समय अनेक नर-नारियों के मन अव्यक्त रूप से अपूर्ण थे। अनेकों जातियों में मूल मानव जाति के मिश्रित हो जाने से मूल मानव जाति के प्रतीक को उन्होंने यदुवंशी बलराम को हल व मूसल धारण करा अलग प्रस्तुत किया।

जिस प्रकार सीमित मस्तिष्क से असीम या अपने से अधिक मस्तिष्क की सही व्याख्या नहीं की जा सकती उसी प्रकार श्री कृष्ण के मस्तिष्क को समझने के लिए श्रीकृष्ण के मस्तिष्क के बराबर या अधिक स्तर के मस्तिष्क

की आवश्यकता होगी। और श्रीकृष्ण ही एक मात्र ऐसे आठवें अवतार हुए जिन्हें समझे बिना मानव संसाधन का विकास असंभव है। यहीं कारण है कि श्रीकृष्ण जितना भक्ति के योग्य हैं उससे अनन्त गुना अधिक समझने के योग्य हैं। श्रीकृष्ण के मस्तिष्क के स्तर की व्याख्या करने वाले संबुद्ध सद्‌गुरु आचार्य रजनीश "ओशो" की सत्य दृष्टि संसार में प्रवाहित होने के बावजूद भी अधिकतम मानव का दुर्भाग्य है कि या तो वे उनकी सत्य दृष्टि से अनभिज्ञ हैं या वे समझने के लिए प्रयत्न ही नहीं करते और अपने व्यक्तित्व को संकुचित कर डालते हैं।

बुड्ढा कृष्ण: कृष्ण का भाग-दो और अन्तिम

आओ कृष्ण मैं जानती थी कि तुम आओगे, इसलिए ही तो हजारो वर्षों से मैं तुम्हारी प्रतीक्षा कर रही हूँ। मैं जानती थी कि जिस व्यक्ति का सम्पूर्ण ध्यान सदैव हस्तिनापुर में ही रमता था, जिसके समस्त लक्ष्यों की केन्द्र बिन्दू थी, वह हस्तिनापुर जरूर आयेगा। - **द्रौपदी ने कहा।**

हाँ सखी मैं आ गया, किसी को दिया हुआ वचन मैं कैसे भूल सकता हूँ? मैंने तुम्हें वचन दिया था कि इतिहास तुम्हें चाहे जो कुछ भी कहें परन्तु भविष्य तुम्हें नारी आदर्श के सर्वोच्च शिखर पर देखेगा, जिसके आगे सम्पूर्ण संसार की नारीयाँ तुम्हारें अंश रूप में जानी जायेंगी। - **मैंने कहा।**

एक लक्ष्य से दूसरे बड़े लक्ष्य की ओर मन को स्थित कर देने का स्वभाव आज भी तुममे है। - **द्रौपदी ने कहा।**

सखी, यह जीवन ही ऐसा है। जहाँ से मृत्यु होती है फिर वहीं से पूर्णता के लिए अगले लक्ष्य के लिए जीवन आरम्भ होता है और यह क्रम तब तक चलता रहता है, जब तक कि वह पूर्ण होकर मुझमें विलीन होकर मुझ जैसा नहीं हो जाता। देखो, ये मेरे सफेद हुए बाल, ये मेरे आँखों में आँसू, मेरा अकेलापन और मेरा अधूरापन। महाभारत युद्ध के बाद मैं बिल्कुल अकेला हो चुका था, न कोई लक्ष्य, न कौरवों की आवश्यकता, न पाण्डवों की आवश्यकता। जिस अवस्था में मैं तुम्हें छोड़कर गया था, अब यह संसार मुझे वहीं से आगे की ओर बढ़ते हुये देखेगा। - **मैंने कहा।**

सखी, मेरे बाल रूप को, मेरे युवा रूप को, मेरे प्रेम रूप को, मेरे गीता उपदेश को यह संसार समझने लगा है। मैं सिर्फ अपना बचा शेष कार्य पूर्ण करने आया हूँ। "नव मनुष्य और सृष्टि निर्माण", जिसमें अब न तो पाण्डवों की आवश्यकता है न ही कौरवों की। अब तो न पाण्डव हैं न ही कौरव हैं, वे तो पिछले समय में ही मुक्त हो चुके। अब तो पाण्डव व कौरव एक ही शरीर में विद्यमान हैं। जिस किसी को देखो वह कुछ समय पाण्डव रूप में दिखता है तो अगले समय में वही कौरव रूप में दिखने लगता है। फिर वही पाण्डव रूप में दिखने लगता है। सब कुछ विवशता वश एकीकरण की ओर बढ़ रहा है। अब युद्ध कहाँ, अब तो उस एकीकरण के मार्ग को दिखाना मात्र मेरा शेष कार्य हैं। और इस कार्य में मैं बिल्कुल अकेला, निःसंग, न कोई मेरे लिए जीवन की कामना करने वाला, न ही कोई मेरी मृत्यु की कामना करने वाला, न ही मुझसे मिलने की चेष्टा करने वाला, न ही मुझसे कुछ सुनने वाला, न मुझे कुछ सुनाने वाला और न ही गोपीयाँ हैं। दर असल मैं मृत ही पैदा ही हुआ था, एक मरा हुआ जीवित मनुष्य, यही मेरा इस जीवन का रूप था। और मेरे इस जीवन को संसार "बुढ़े कृष्ण" के रूप में याद करेगा जो मुझ परमात्मा के पूर्ण कार्य का भाग दो होगा, जिसे लोगों ने देख व जान नहीं पाया था। आज मैं बहुत कुछ बताना चाहता हूँ सखी क्योंकि तुम्हारे सिवा मुझे कौन सुनता ही था और कौन समझता ही था, और कौन विश्वास ही करता था। - **मैं बोलता जा रहा था।**

सखी, अब गोपीयाँ भी मेरे साथ नहीं, क्योंकि अब उन्हें हृदय से निकली उस वंशी की मधुर तान समझ में नहीं आती, न ही उस पर सारे बंधनों को तोड़कर नाचना आता है। जिस प्रकार आत्मा की उपस्थिति में प्रकृति नाचती है, उसी प्रकार अब तो मनुष्यों ने आत्मा के स्थान पर करेंसी (मुद्रा) बना लिया है जिसकी उपस्थिति में ही ये आधुनिक प्रकृति के अंश रूपी गोपीयाँ नाचती हैं। और इसलिए ही ये भोग की वस्तु बनती जा रही हैं। इसके

जिम्मेदार भी वे स्वयं ही हैं। सखी स्त्री हो या पुरूष सभी को सार्वभौम आत्मा से जुड़कर हृदय और बुद्धि के तल पर ही जीना चाहिए। शरीर और आवश्यकता के तल पर जीने से भोग ही होता है, समभोग नहीं। सार्वभौम आत्मा से जुड़कर हृदय और बुद्धि के तल पर जीने से शरीर की स्वस्थता और दीर्घायु भी प्राप्त होती है।

परन्तु तुम तो पूर्ण थे, फिर भी तुम मुक्त नहीं हुये। **-द्रौपदी ने कहा।**

सखी, मैं मुक्त कहाँ हो पाया। मुक्त तो वे लोग हुये जिनकी इच्छायें पूर्ण हुईं। तुम्हारी भी इच्छा पूर्ण नहीं हो पायी इसलिए तुम भी मुक्त नहीं हो पायी और मेरी भी इच्छा पूर्ण नहीं हुई इसलिए मैं भी मुक्त नहीं हो पाया। मेरे शरीर त्यागने के समय तुम मेरे पास थी और मैं चाहकर भी तुमसे नहीं बताया कि मेरी इच्छा क्या थी क्योंकि इससे तुम्हें दुःख होता। मैं पूर्ण परमात्मा पूर्णावतार सृष्टि करने के उद्देश्य से धरती पर अवतरित हुआ था। सखी, पूर्ण होने के बावजूद भी जब परमात्मा शरीर में होता है तब वह भी अन्य मनुष्य और प्रकृति द्वारा उत्पन्न परिस्थितियों से भी विवश हो जाता है। उस समय मेरे सामने दो स्थितियाँ ऐसी आयी, जिसके आगे मैं विवश हुआ और मैं पूर्ण होते हुये भी अपूर्ण हो गया, फलस्वरूप मुझे फिर आना पड़ा। पहला, मेरा अनुमान था कि महाभारत युद्ध शीघ्र ही समाप्त हो जायेगा और समस्या हल हो जायेगी। फिर मैं दोनों पक्षों के साथ मिल-मिलाकर, ज्ञान-कर्मज्ञान की शिक्षा से नव मनुष्य व सृष्टि निर्माण का कार्य प्रारम्भ करूँगा। परन्तु हो गया इसका उल्टा, महाविनाश। फिर मैं किसे शिक्षा देता। दूसरा, यह कि जो शिक्षा मुझे युद्ध के उपरान्त देनी थी, वह योद्धा अर्जुन के युद्ध क्षेत्र में शस्त्र रख देने के कारण मुझे ज्ञान-कर्मज्ञान में से अधूरी शिक्षा केवल ज्ञान को अर्जुन को देने पड़े शेष कर्मज्ञान की शिक्षा के लिए कोई शेष योग्य बचा ही नहीं। सखी, "गीता" में मैंने सिर्फ इतना ही तो बताया था कि प्रकृति के तीन गुणों सत्व, रज और तम से मुक्त होकर ही मुझ परमात्मा को जाना जा सकता है। अब "विश्वशास्त्र" से मैं ये बताने आया हूँ कि परमात्मा को जान लेने के बाद संसार में कर्म कैसे किया जाता है, जो परमात्मा द्वारा सम्पूर्ण ब्रह्माण्ड में क्रियाशील है। यही कर्मज्ञान है और जो कुछ भी मैंने गीता में कहा था उसका दृश्य रूप है। **- मैं बोलता गया।**

तुम नहीं जानती सखी, ये स्थिति मेरे लिए कितनी विवशतापूर्ण थी। क्या पितामह भीष्म ज्ञानी नहीं थे, क्या गुरू द्रोणाचार्य, कृपाचार्य, महाराज धृतराष्ट्र, शकुनि, कर्ण ज्ञानी नहीं थे। सब ज्ञानी थे परन्तु सभी, मनुष्य और प्रकृति द्वारा उत्पन्न परिस्थितियों से विवश थे। सखी, युद्ध में योद्धा को कभी भी हृदय की नहीं सुननी चाहिए। तुम्हारा पति और मेरा सखा ही नहीं बल्कि अर्जुन मेरी बहन सुभद्रा का भी पति था, और युद्ध क्षेत्र में मैं उसका सारथी भी था। यह सब इसलिए ही हुआ था क्योंकि मैं अर्जुन के हृदय को जानता था और युद्ध की अनिवार्यता को भी, फिर भी वह युद्ध क्षेत्र में शस्त्र रखकर मुझे विवश कर दिया, और मुझे अपनी सारी ज्ञान शक्ति उस पर खर्च करनी पड़ी जो मेरी योजना थी ही नहीं। यह ज्ञान शक्ति भी मैंने उसे अकेले में ले जाकर इसलिए कहा क्योंकि अन्य कोई उसे भ्रमित न कर सके। **- मैंने कहा।**

सखा, अगर फिर भी अर्जुन युद्ध के लिए न मानता तो क्या होता। **- द्रौपदी ने कहा।**

तो मैं अर्जुन का ही वध कर देता, क्योंकि यह भी मेरी विवशता ही होती। मैंने भी अनेकों युद्ध लड़े थे, सखी। परन्तु एक योद्धा की तरह, कहीं भी मैंने हृदय की ओर नहीं देखा। क्या कंस मेरे मामा नहीं थे। लोग यह समझते हैं कि मैंने युद्ध के डर से मथुरा छोड़ा था परन्तु मैं तुम्हें बताना चाहता हूँ कि मैं युद्ध से नहीं बल्कि गोपियों के डर से मथुरा छोड़ा था। ये गोपियाँ मेरे दिल पर युद्ध कर बार-बार मुझे परास्त कर रही थीं, और मैं पल-पल कमजोर होता जा रहा था। हृदय का भाव जब बढ़ता है तब कर्म कमजोर पड़ जाता है सखी। इसलिए ही मैंने मथुरा छोड़ा था और फिर कभी नहीं गया। जाते-जाते गोपियों से मैंने अवश्य कहा था कि जिसे द्वारिका चलना हो चले परन्तु कोई नहीं आया, यह गोपियों के प्रेम की परीक्षा ही थी। अब कोई आत्मा पर विश्वास नहीं करता सभी शरीर पर ही विश्वास करते हैं जबकि मनुष्य की समस्त अभिव्यक्ति उसी आत्मा के कारण ही प्रकाशित हो रही होती है। **- मैं लगातार बोलता जा रहा था।**

सखी, जब परमात्मा शरीर मे पूर्ण रूप से प्रकाशित होता है तब भी वह शरीर के माध्यम से ही होता है। इसलिए बहुत से मनुष्य उस पर विश्वास करते हैं, वहीं बहुत से मनुष्य विश्वास नहीं भी करते हैं। इसलिए उस पूर्ण परमात्मा को अपनी उपस्थिति बताने के लिए कर्म करने पड़ते हैं। अगर प्रारम्भ में ही सभी विश्वास कर लें तो युद्ध

कैसा और महाभारत क्यों होता। परन्तु इस बार ऐसा कुछ नहीं होगा। इस बार मैं नहीं मेरा अपना रूप, मेरा शास्त्र-"विश्वशास्त्र" अनन्त काल तक युद्ध करेगा। जिस प्रकार मेरी "गीता" आज तक युद्ध कर रही है। महाभारत युद्ध में मेरे ज्ञान के विश्वरूप योगेश्वर रूप में सभी स्थित थे और अब वर्तमान में मेरे कर्मज्ञान के विश्वरूप भोगेश्वर रूप में सभी शास्त्र, दर्शन, महापुरूष, विचारक समाहित होते चले जायेंगे। और मुझे किसी भी प्रकार की परीक्षा देने की आवश्यकता ही नहीं होगी क्योंकि जब तक मनुष्य इसे समझने की कोशिश करेंगे तब तक मैं अपना काम कर चुका रहूँगा और यह युद्ध किसी पर निर्भर भी नहीं है क्योंकि इस बार समाज स्वयं इसके लिए तैयार है और उसकी विवशता भी है। सखी, इस संसार में कोई विश्वगुरू, विश्वगुरू नहीं बना सकता। सिर्फ कोई गुरू ही विश्वगुरू बना सकता है और गुरू तो एक मात्र परमात्मा ही है। मैं ही हूँ। मेरा सार्वभौम रूप ही है। और इस प्रकार मैं पूर्ण पुरूष और तुम पूर्ण प्रकृति के रूप में सदैव इस संसार के सर्वोच्च ऊँचाई पर स्थित रहेंगे। - **मैं धारा प्रवाह बोलता जा रहा था।**

परन्तु कृष्ण ये सब तो तुम कर रहे हो, इससे मुझे कैसे मुक्ति मिलेगी ओर मैं कैसे सर्वोच्च हूँ। - **द्रौपदी बोली।**

सखी, यह शरीर पाँच तत्वों से बना है। तुमने पाँच पतियों को धारण कर एकाकार किया था और प्रकृति के गुणों की सर्वोच्च अभिव्यक्ति थी। संसार में तो स्त्रियाँ एक पति को भी संभाल सकने का गुण नहीं रख पा रही हैं फिर वे तुम से तुलना के योग्य कहाँ हैं। वे तो तुम्हारी अंश मात्र हैं। कहाँ अंश और कहाँ पूर्ण प्रकृति। अंश का लक्ष्य पूर्णता को प्राप्त करना होता है। अन्यथा जीवन यात्रा चलती रहती है। अभी तो पुरूष की पूर्णता का क्रम चल रहा है। उसके बाद प्रकृति की पूर्णता का क्रम चलेगा, और उस यात्रा के अन्त में तुम पहले से ही बैठी मिलोगी। प्रकृति की पूर्ण यात्रा के अन्तिम छोर का स्थान खाली नहीं हैं, उस पर तुम पहले ही आदर्श रूप में विराजमान हो। जब अंश प्रकृति की पूर्णता की यात्रा समाप्त होगी तब तुम्हारे जीवन से शिक्षा ग्रहण कर तुम्हें अपने आदर्श के रूप में देखेंगे। परन्तु सखी, तुमने यह कैसे जाना कि मैं हस्तिनापुर अवश्य आउँगा। - **मैं बोला।**

सखा, जो पूर्ण होता है, वह पूर्णता का ही निर्माण करता है। तुमने जो कुछ भी किया वह अंश रूप में किया, किसी को प्रेम दिया, किसी को सखा बनाया, किसी को धन दिया, किसी को ज्ञान दिया, किसी को बल दिया इत्यादि अंश रूप में ही दिया परन्तु किसी को भी अपने जैसा नहीं बनाया। इससे ही मैंने जाना कि उस पूर्णता को पूर्ण करने तुम अवश्य आओगे और इस क्रम में तुम्हारा हस्तिनापुर आना अवश्य होगा। आखिरकार मैं तुम्हारी सखी थी, तुम्हें सदैव देखती, सुनती और समझती थी। मैं सदैव तुम्हें अपने पास अनुभव करती थी। हम सदैव साथ-साथ थे। एक समानान्तर रेखा की तरह जो कभी मिलीं नहीं परन्तु रहीं साथ-साथ। - **द्रौपदी ने कहा।**

सखी, जब दो समानान्तर रेखा दूर तक साथ-साथ जाती हैं, तब रेखाएँ तो जानती हैं कि हम एकाकार नहीं हैं परन्तु दूर से देखने वाला व्यक्ति उसे एकाकार होते ही देखता है। सखी, पितामह भीष्म जब युद्ध क्षेत्र में शरशैया पर लेटे थे तो मैं उनसे मिलने गया था। उन्होंने मुझसे पूछा था। कृष्ण, मैं पिछले 71 जन्मों में झाँककर देख चुका हूँ और मैंने देखा कि मैंने ऐसी कोई गलती नहीं की है जिससे मैं इस दण्ड का भागीदार बनूँ तो तुम बताओ कृष्ण ऐसा मेरे साथ क्यों हुआ। तब मैंने कहा था सखी, पितामह, आप 72वें जन्म में जाकर देखें, आप एक तितली को काँटा चुभोये थे और इतने जन्मों के बाद वह अनेक काँटों में ब्याज के रूप में बढ़ चुका है, जो अब आपको तीर के रूप में चुभे हुये हैं। तब उन्होंने संतुष्ट होकर कहा था- मान गये द्वारिकाधीश, तुम योगेश्वर परमात्मा हो, तुम्हें प्रणाम। और वे संतोष से लेट गये थे। **सखी, तुम बताओ मैंने ऐसा क्यों कहा।**

सखा, पितामह 71 जन्म को जानते थे कि नहीं ये तो वही जान सकते हैं। और आप उनके 72वें जन्म को जानते थे कि नहीं, ये भी आप ही जान सकते हैं। दोनों बातें व्यक्तिगत रूप से प्रमाणित हैं न कि सार्वजनिक रूप से। परन्तु समाज आप दोनों को ही सार्वजनिक रूप से ज्ञानी तो समझती ही है। सखा इस समय भी आपकी उपस्थिति को लोग कैसे जान पायेंगे - **द्रोपदी ने कहा।**

सखी, तुम्हारे उत्तर से अब यह स्पष्ट हो चुका है कि तुम अब पूर्ण हो चुकी हो। अब तुममें और मुझमें कोई अन्तर नहीं है। तुममें, मैं और मुझमें, तुम। आदि में, मैं और अन्त में भी, मैं। और अब, सभी में, मैं और मुझमें,

सभी। सखी, व्यक्ति, समाज, राज्य की आवश्यकताओं को देखो, भविष्यवक्ताओं की भविष्यवाणीयों को देखो, ये सब मुझे पुकार रही हैं। ग्रहों के चालों, सूर्य व चन्द्र ग्रहण को देखो, ये सब मेरी उपस्थिति को बता रही हैं। मैं आया था, मैंने अपना कार्य पूर्ण किया मैं जा भी रहा हूँ, तुमसे एकाकार होकर। मैं मुक्त था, मैं मुक्त हूँ, मैं मुक्त ही रहूँगा। आओ सखी चलें। यह पूर्ण पुरूष और पूर्ण प्रकृति का महामिलन है। मैं ही योगेश्वर हूँ, मैं ही भोगेश्वर हूँ। आदि में योगेश्वर हूँ और अन्त में भोगेश्वर हूँ। मैं प्रकृति को नियंत्रित कर व्यक्तिगत प्रमाणित अदृश्य रूप से विकसित होकर सार्वजनिक प्रमाणित दृश्य जगत में व्यक्त होता हूँ। अब ईश्वर भी अपने कर्तव्य से मुक्त है और प्रकृति भी। जो ईश्वर है वही प्रकृति है। जो प्रकृति है वही ईश्वर है। दोनों एक-दूसरे के अदृश्य और दृश्य रूप हैं। प्रत्येक में दोनों विद्यमान हैं। यही अर्धनारीश्वर है।

ध्यान रहे कि 12 ज्योतिर्लिंग में से सोमनाथ तीर्थ (गुजरात, भारत) के "भीड़िया तीर्थ" में एक शिलालेख पर लिखा है कि-"भगवान श्रीकृष्ण ई0 पू0 3102 चौत्र शुक्ल प्रतिपदा (शुक्रवार, 18 फरवरी) के दिन और मध्यान्ह के बाद 2 बजकर 27 मिनट 30 सेकण्ड के समय इस हिरण्य के पवित्र तक से प्रस्थान किये।" जिस दिन भगवान श्रीकृष्ण धराधाम से स्वधाम गए। उसी दिन से धरती पर कलियुग का आगमन हो गया और धीरे-धीरे इसका प्रभाव बढ़ने लगा।

वर्तमान समय के श्री लव कुश सिंह "विश्वमानव" भी श्रीकृष्ण की भाँति ज्ञानी अर्थात् सात्विक मन, एवं सात्विक कर्म से युक्त हैं। वे स्वयं नायक भी हैं और खलनायक भी। और साथ ही श्रीकृष्ण के "सार्वभौम ज्ञान" के बाद "सार्वभौम कर्मज्ञान" के व्यक्तकर्ता भी। मूल पाशुपत शैव दर्शन सहित अनेक मतों का सफल एकीकरण के स्वरूप श्री लव कुश सिह "विश्वमानव" के जीवन, कर्म और ज्ञान के अनेक दिशाओं से देखने पर अनेक दार्शनिक, संस्थापक, संत, ऋषि, अवतार, मनु, व्यास, व्यापारी, रचनाकार्ता, नेता, समाज निर्माता, शिक्षाविद्, दूरदर्शिता इत्यादि अनेक रूप दिखते हैं। इस प्रकार श्री लव कुश सिंह "विश्वमानव", सात्विक प्रवृत्ति के महान चरित्र श्रीकृष्ण की दिशा से उनकी अगली कड़ी के रूप में व्यक्त हैं।

भोगेश्वर: रावण का भाग-दो और अन्तिम

शासक और मार्गदर्शक आत्मा सर्वव्यापी है। इसलिए एकात्म का अर्थ संयुक्त आत्मा या सार्वजनिक आत्मा है। जब एकात्म का अर्थ संयुक्त आत्मा समझा जाता है तब वह समाज कहलाता है। जब एकात्म का अर्थ व्यक्तिगत आत्मा समझा जाता है तब व्यक्ति कहलाता है। व्यक्ति (अवतार) संयुक्त आत्मा का साकार रुप होता है जबकि व्यक्ति (पुर्नजन्म) व्यक्तिगत आत्मा का साकार रुप होता है। शासन प्रणाली में समाज का समर्थक दैवी प्रवृत्ति तथा शासन व्यवस्था प्रजातन्त्र या लोकतन्त्र या स्वतन्त्र या मानवतन्त्र या समाजतन्त्र या जनतन्त्र या बहुतन्त्र या स्वराज कहलाता है और क्षेत्र गणराज्य कहलाता है ऐसी व्यवस्था सुराज कहलाती है। शासन प्रणाली में व्यक्ति का समर्थक असुरी प्रवृत्ति तथा शासन व्यवस्था राज्यतन्त्र या राजतन्त्र या एकतन्त्र कहलाता है और क्षेत्र राज्य कहलाता है ऐसी व्यवस्था कुराज कहलाती है। सनातन से ही दैवी और असुरी प्रवृत्तियों अर्थात् दोनों तन्त्रों के बीच अपने-अपने अधिपत्य के लिए संघर्ष होता रहा है। जब-जब समाज में एकतन्त्रात्मक या राजतन्त्रात्मक अधिपत्य होता है तब-तब मानवता या समाज समर्थक अवतारों के द्वारा गणराज्य की स्थापना की जाती है। या यूँ कहें गणतन्त्र या गणराज्य की स्थापना-स्वस्थता ही अवतार का मूल उद्देश्य अर्थात् लक्ष्य होता है शेष सभी साधन अर्थात् मार्ग।

रावण राज्य, व्यक्ति का समर्थक असुरी प्रवृत्ति तथा शासन व्यवस्था राज्यतन्त्र या राजतन्त्र या एकतन्त्र था। रावण इस कारण ही असुर की श्रेणी में रखे गये न कि माँस-मदिरा के प्रयोग के कारण। तामसिक प्रवृत्ति से युक्त रावण एक ज्ञानी ब्राह्मण थे।

परशुराम परम्परा (अवतारी परम्परा) के प्रचार-प्रसार और स्थापना के लिए निकले श्रीराम जिसका माध्यम था-वनवास, के द्वारा रावण की बहन सुपर्णखा से दुव्र्यवहार के कारण रावण ने श्रीराम की पत्नी सीता का हरण कर अपनी ताकत का प्रदर्शन किया था। इस कारण श्रीराम-रावण युद्ध हुआ और श्रीराम की विजय हुयी। फलस्वरूप रावण के राज्य लंका में परशुराम परम्परा की स्थापना हुयी। सीता के हरण के उपरान्त जब तक सीता रावण के राज्य में रहीं तब तक रावण के विभिन्न चरित्रों से परिचित भी हुईं थी।

हिन्दू धर्म में पुराणों के अनुसार शिवजी जहाँ-जहाँ स्वयं प्रगट हुए उन बारह स्थानों पर स्थित शिवलिंगों को ज्योतिर्लिंगों के रूप में पूजा जाता है। ये संख्या में 12 है। 12 ज्योतिर्लिंगों के नाम शिव पुराण (शतरुद्र संहिता, अध्याय 42/2-4) के अनुसार हैं। जिनकी अपनी-अपनी कथाएँ भी हैं। एक मतानुसार बारह ज्योतिर्लिंगों को बारह राशियों से जोड़कर भी देखा जाता है। ये राशियां इस प्रकार से हैं-1.मेष-सोमनाथ, 2.वृष-श्रीशैल, 3.मिथुन-महाकाल, 4.कर्क-अमलेश्वर, 5.सिंह-वैद्यनाथ, 6.कन्या-भीमशंकर, 7.तुला-रामेश, 8.वृश्चिक-नागेश, 9.धनु-विश्वेशं, 10.मकर-त्र्यम्बकं, 11. कुंभ-केदार, 12. मीन-घृष्णेशं। ये राशियां चंद्र राशि समझें।

साधारण भाषा व सार्वभौम परिभाषा के रूप में जिन शिवलिंगों की कथा पौराणिक या अवतारों की कथा से जुड़ी होती है सिर्फ वही ज्योर्तिलिंग की योग्यता रखते हैं।

श्रीवैद्यनाथ ज्योतिर्लिङ्ग-झारखंड देवघर जिला (झारखंड) राज्य के संथाल परगना क्षेत्र में जसीडीह स्टेशन के पास देवघर (वैद्यनाथधाम) नामक स्थान पर श्रीवैद्यनाथ ज्योतिर्लिङ्ग सिद्ध होता है, क्योंकि यही चिताभूमि है। महाराष्ट्र में पासे परभनी नामक जंक्शन है, वहां से परली तक एक ब्रांच लाइन गयी है, इस परली स्टेशन से थोड़ी दूर पर परली ग्राम के निकट श्रीवैद्यनाथ को भी ज्योतिर्लिङ्ग माना जाता है। परंपरा और पौराणिक कथाओं से देवघर स्थित श्रीवैद्यनाथ ज्योतिर्लिङ्ग को ही प्रमाणिक मान्यता है। जो रावण की एक कथा से सम्बन्धित है।

श्रीरामेश्वर ज्योतिर्लिङ्ग-तमिलनाडु रामेश्वरम श्रीरामेश्वर तीर्थ तमिलनाडु प्रांत के रामनाड जिले में है। यहाँ रावण से युद्ध के पूर्व भगवान श्रीराम ने अपने अराध्यदेव शंकर की पूजा की थी। ज्योतिर्लिङ्ग को श्रीरामेश्वर या श्रीरामलिंगेश्वर के नाम से जाना जाता है।

ज्योतिर्लिङ्ग के इतिहास में पहली बार ऐसा हुआ है कि श्रीराम-रावण की कथा में रावण को खलनायक पक्ष में रखने के बावजूद उनकी कथा से भी जुड़ा ज्योतिर्लिङ्ग है और वह श्रीराम के ज्योतिर्लिङ्ग से पहले ही स्थापित

था। जो यह सिद्ध करता है कि रावण में कोई कमी नहीं थी। वर्तमान स्थिति में भी देखा जाये तो किसी की बहन के साथ दुव्र्यवहार का परिणाम ही तो युद्ध था।

युद्धोपरान्त सीता के दो पुत्र जन्म लिये। लव और कुश राम तथा सीता के जुड़वां बेटे थे। उनका जन्म तथा पालन वन में वाल्मीकि आश्रम में हुआ था। सब भाइयों के आग्रह को मानकर रामचन्द्र जी ने अश्वमेघ यज्ञ का अनुष्ठान किये। यज्ञ एक वर्ष से भी अधिक समय तक चलता रहा। अश्वमेघ यज्ञ जो अपनी व्यवस्था की सर्वोच्चता की घोषणा का प्रतीक होता था। अश्वमेघ यज्ञ में सर्वोच्चता का प्रतीक घोड़ा छोड़ा जाता था जो घोड़ा पकड़कर युद्ध में पराजित कर देता था उसे राजा बना दिया जाता था। राम द्वारा छोड़े गये घोड़े को "लव" और "कुश" नाम के दो शुद्धात्मा बालक ने घोड़े को पकड़कर राम की सेना को लगभग हरा चुके थे। परन्तु बालकों की माता सीता जिन्हें राम द्वारा वर्णाश्रम विभाजित गुण एवं कर्मों पर आधारित जाति के प्रभाव में आकर वनगमन दिया गया था, की उपस्थिति द्वारा एक-दूसरे के पिता-पुत्र रूप में परिचय के उपरान्त यह युद्ध रूक गया।

जब राम ने वानप्रस्थ लेने का निश्चय कर भरत का राज्यभिषेक करना चाहा तो भरत नहीं माने। अतः दक्षिण कोसल प्रदेश में कुश और उत्तर कोसल में लव का अभिषेक किया गया। कुश के लिये विन्ध्याचल के किनारे कुशावती और लव के लिये श्रावस्ती नगरों का निर्माण कराया फिर उन्हें अपनी-अपनी राजधानियों को जाने का आदेश दिया।

प्रत्येक पूर्णावतार के जीवन में उसके व्यक्त होने की कला तथा अगले पूर्णावतार के व्यक्त होने की कला का संकेत रूप दिया रहता है। ब्रह्मा के पूर्णावतार श्रीराम के जीवन मे वर्तमान परिस्थितियों पर कर्म करना राम कला थी जबकि लव कुश का व्यवहार-विरूद्ध फिर समाहित होना अगले पूर्णावतार की कला का व्यक्तिगत प्रमाणित अदृश्य संकेत रूप था। विष्णु के व्यक्तिगत प्रमाणित पूर्णावतार श्रीकृष्ण के जीवन में रामकला समाहित समाज की धारा के विरूद्व चलकर समाज की धारा में ही समाहित हो जाना कृष्ण कला थी। जो कि अगले पूर्णावतार की कला का व्यक्तिगत प्रमाणित दृश्य संकेत रूप था। शिव-शंकर के पूर्णावतार तथा विष्णु के सार्वजनिक प्रमाणित पूर्णावतार के जीवन में कृष्णकला का सार्वजनिक प्रमाणित दृश्य रूप है। जबकि विश्व की धारा जहाँ तक पहुँच चुकी है, वहाँ से स्वयं को जोड़ लेना "विश्वमानव कला" है।

वर्तमान समय के श्री लव कुश सिंह "विश्वमानव" भी रावण की भाँति ज्ञानी अर्थात् सात्विक मन, एकान्त निवास, तामसिक भोजन एवं सात्विक कर्म से युक्त हैं। वे स्वयं नायक भी हैं और खलनायक भी। और साथ ही भोगेश्वर ज्योतिर्लिङ्ग (13वें और अन्तिम) और सत्यकाशी (प्रथम, अन्तिम तथा पंचम काशी) के व्यक्तकर्ता भी। मूल पाशुपत शैव दर्शन सहित अनेक मतों का सफल एकीकरण के स्वरूप श्री लव कुश सिह "विश्वमानव" के जीवन, कर्म और ज्ञान के अनेक दिशाओं से देखने पर अनेक दार्शनिक, संस्थापक, संत, ऋषि, अवतार, मनु, व्यास, व्यापारी, रचनाकर्ता, नेता, समाज निर्माता, शिक्षाविद्, दूरदर्शिता इत्यादि अनेक रूप दिखते हैं।

इस प्रकार श्री लव कुश सिंह "विश्वमानव", तामसिक और ज्ञानी प्रवृत्ति के महान चरित्र रावण की दिशा से उनकी अगली कड़ी के रूप में व्यक्त हैं।

भाग-6

लव कुश सिंह "विश्वमानव"

सार्वभौम सत्य-सिद्धान्त अनुसार "रामायण"

ऋषि और लव कुश सिंह "विश्वमानव"

विद्रोही या सार्वजनिक प्रमाणित कृष्णकला समाहित विश्वमानव कला

जन्म

लव कुश सिंह "विश्वमानव"

समाज रचना और व्यापार का आधार

सृष्टि, ईश्वरीय समाज और व्यापार

विश्व सरकार के लिए पुनः भारत द्वारा शून्य आधारित अन्तिम आविष्कार

सार्वभौम सत्य-सिद्धान्त के अनुसार काल, युग बोध एवं अवतार

"सम्पूर्ण मानक" का विकास भारतीय आध्यात्म-दर्शन का मूल और अन्तिम लक्ष्य

जग के सत्य हैं तीन नाम, लवकुश, कृष्ण और राम ।
तम, रज और सत्व के ये परिणाम। शंकर, विष्णु और ब्रह्मा के समान ।
समझो इनको मिलेगा पूर्ण ज्ञान।

moralrenew.com

सार्वभौम सत्य-सिद्धान्त अनुसार "रामायण"

अदृश्य काल के सार्वजनिक प्रमाणित काल में सार्वजनिक प्रमाणित अदृश्य प्राकृतिक चेतना से युक्त यज्ञ आधारित त्रेता युग में विष्णु के सातवें अवतार-श्री राम अवतार तक वेद, सहिंता, ब्राह्मण, अरण्यक, मूल उपनिषद्, वेदांग अर्थात् सूत्र सहित्य: शिक्षा कल्प-व्याकरण-निरूक्त-छन्द-ज्योतिष, कल्प सूत्र साहित्य: श्रोत शुल्क-गृह्य-धर्म, व्यक्त बहुदेववाद; अव्यक्त ऐकेश्वरवाद तथा अधिकतम पुराण रचना ऋषि-मुनियों, क्षत्रिय राजाओं द्वारा कर्म करते-करते उत्पन्न व्यावहारिक ज्ञान और चिन्तन द्वारा ये साहित्य पूर्ण किये जा चुके थे। जिसमें व्यक्ति के पूर्ण जीवन के लिए चार आश्रम-ब्रह्मचर्य, गृहस्थ, वानप्रस्थ और सन्यास की भी व्यवस्था थी। समाज के पूर्णता के लिए परशुराम अवतार काल के वर्णाश्रम-ब्राह्मण, क्षत्रिय, वैश्य और शूद्र के अपने-अपने गुण व कर्म आधारित उपविभाग जातियों अर्थात् कई नेतृत्व मनों या विचारों में बँटना प्रारम्भ हो गया था। परन्तु तब तक ये समाज को अपना प्रभाव नहीं डाले थें। "परशुराम परम्परा" कुछ राजाओं द्वारा स्थापित किये जा चुके थे। कुछ इसे स्वीकार न करने के लिए दृढ़ हो गये थे। साहित्यों के पूर्ण स्थापित प्रभाव वाले क्षेत्र अयोध्या के राजा दशरथ के यहाँ राम का जन्म हुआ जो पूर्णतया आविष्कृत ज्ञान साहित्यों द्वारा ब्रह्मचर्य आश्रम में संस्कारित किये गये। राम के कर्तव्य पथ का समय होते ही श्रद्धेय श्रेष्ठ जनों माता-कैकेयी और पिता राजा दशरथ द्वारा चौदह वर्ष वनवास (साथ में पत्नी-सीता और भाई-लक्ष्मण स्वेच्छा से) के समय राजा बलि और राजा रावण के वध के उपरान्त लंका तक "परशुराम परम्परा" का प्रसार राम ने किया। साथ ही उन्होंने दो यज्ञ-आयोजनों की परम्परा स्थापित की। प्रथम-नये राजा के पद सम्भालने पर अन्य राजाओं के साथ विचार-विमर्श हेतु राजसूय यज्ञ। दूसरा-अश्वमेघ यज्ञ जो अपनी व्यवस्था की सर्वोच्चता की घोषणा का प्रतीक होता था। अश्वमेघ यज्ञ में सर्वोच्चता का प्रतीक घोड़ा छोड़ा जाता था जो घोड़ा पकड़कर युद्ध में पराजित कर देता था उसे राजा बना दिया जाता था। राम द्वारा छोड़े गये घोड़े को "लव" और "कुश" नाम के दो शुद्धात्मा बालक ने घोड़े के पकड़कर राम की सेना को लगभग हरा चुके थे। परन्तु बालकों की माता सीता जिन्हें राम द्वारा वर्णाश्रम विभाजित गुण एवं कर्मों पर आधारित जाति के प्रभाव में आकर वनगमन दिया गया था, की उपस्थिति द्वारा एक-दूसरे के पिता-पुत्र रूप में परिचय के उपरान्त यह युद्ध रूक गया।

ईश्वर के सातवें प्रत्यक्ष अंशावतार तथा ब्रह्मा (एकात्म ज्ञान व वाणी) के पूर्णावतार के रुप में व्यक्त श्रीराम का मुख्य गुण आदर्श पारिवारिक व्यक्ति का चरित्र तथा अवतारी गुण में "परशुराम परम्परा" का प्रसार था। "परशुराम परम्परा", ईश्वर के छठें प्रत्यक्ष अंशावतार श्री परशुराम द्वारा व्यक्तिवादी (असुर) और समाजवादी (सुर) दोनों के मिश्रित व्यवस्था द्वारा दी गयी वह साकार शरीर आधारित व्यवस्था है। जिसके अनुसार श्रीराम के नाम को बेचने वाले सिर्फ उनके नाम से मन्दिर तथा चरित्र की बात करते हैं उनके मूल कार्य-"परशुराम परम्परा" का नाम ही नहीं लेते। श्रीराम की कार्य शैली पूर्णतः प्रकृति और व्यक्ति द्वारा निर्मित परिस्थितियों के अधीन थी।

यहाँ ध्यान देने योग्य यह है कि राम सार्वजनिक प्रमाणित अदृश्य प्राकृतिक चेतना अर्थात् दृश्य मानव निर्मित परिस्थितियों में प्राथमिकता के साथ वर्तमान में कार्य करना, से युक्त थे। क्योंकि उनका सम्पूर्ण कार्य उस समय पूर्ण हुआ जब उन पर उनके श्रद्धेय श्रेष्ठ जन का आज्ञा पालन उनकी विवशता बन गयी थी। चूंकि राम के पूर्व का युग, सतयुग और उनके श्रद्धेय श्रेष्ठजन भी सत्य रूप थे इसलिए उनका आदेश राम के लिए मानना आवश्यक बन गया। परिणामस्वरूप राम का मार्ग "आर्दश चरित्र" और "सत्य मार्ग" ही एक मात्र था। अर्थात् इस काल में श्रेष्ठजनों का प्रभाव पुत्रों या आश्रितों पर पड़ना शुरू हो गया था। मूल रूप से राम काल में रक्त-सम्बन्ध ठीक था सिर्फ राज्य सम्बन्ध ही खराब थे। नारी में अपने पराये का भाव कैकेयी द्वारा जन्म लेकर तथा धोबी के बातों से सीता के वनगमन द्वारा रिश्ता सम्बन्ध और समाज पर जाति के प्रभाव का बीज पड़ चुका था। राम काल में ही प्रेम और समर्पण आधारित भक्ति का बीज दास्य और सख्य प्रेम के रूप में पूर्ण व्यक्त हो चुका था। "परशुराम परम्परा" में भी अपूर्णता थी इसका प्रमाण शुद्धत्मा बालकों "लव और कुश" द्वारा अश्वमेघ यज्ञ में छोड़े गये घोड़े को पकड़ युद्ध करने से व्यक्त होता है। सीता का मन पूर्ण सुखमय गृहस्थ जीवन न पाने के कारण अपूर्ण रह गया था। लक्ष्मण का मन अपने बड़े भाई के कारण इच्छाओं के दमन के कारण अपूर्ण रह गया था। लक्ष्मण की पत्नी उर्मिला का मन

पहले पति का साथ के लिए अपूर्ण रहा जो चौदह वर्ष बाद पूर्ण हुआ परन्तु लक्ष्मण की भाँति राम और सीता की सेवा के लिए अपूर्ण रह गया। "लव और कुश" की शुद्धात्मा मन भी "परशुराम-परम्परा" में सुधार के लिए अपूर्ण रह गया। राम और सीता के सानिध्य, प्रेम-सख्य व दास के लिए अनेकों नर-नारियों के मन भी अव्यक्त रहकर ही अपूर्ण हो गये थें।

राम का कार्य मुख्य रूप से गणराज्य व्यवस्था के प्रसार व स्थापना पर आधारित रहा जो उन्होंने अवतारी (सार्वभौम सत्य-सिद्धान्त से युक्त संयुक्त) कार्य के आगे कार्य किये इसलिए उन्हें अवतार कहा गया।

शासक और मार्गदर्शक आत्मा सर्वव्यापी है। इसलिए एकात्म का अर्थ संयुक्त आत्मा या सार्वजनिक आत्मा है। जब एकात्म का अर्थ संयुक्त आत्मा समझा जाता है तब वह समाज कहलाता है। जब एकात्म का अर्थ व्यक्तिगत आत्मा समझा जाता है तब व्यक्ति कहलाता है। व्यक्ति (अवतार) संयुक्त आत्मा का साकार रुप होता है जबकि व्यक्ति (पुनर्जन्म) व्यक्तिगत आत्मा का साकार रुप होता है। शासन प्रणाली में समाज का समर्थक दैवी प्रवृत्ति तथा शासन व्यवस्था प्रजातन्त्र या लोकतन्त्र या स्वतन्त्र या मानवतन्त्र या समाजतन्त्र या जनतन्त्र या बहुतन्त्र या स्वराज कहलाता है और क्षेत्र गण राज्य कहलाता है ऐसी व्यवस्था सुराज कहलाती है। शासन प्रणाली में व्यक्ति का समर्थक असुरी प्रवृत्ति तथा शासन व्यवस्था राज्यतन्त्र या राजतन्त्र या एकतन्त्र कहलाता है और क्षेत्र राज्य कहलाता है ऐसी व्यवस्था कुराज कहलाती है। सनातन से ही दैवी और असुरी प्रवृत्तियों अर्थात् दोनों तन्त्रों के बीच अपने-अपने अधिपत्य के लिए संघर्ष होता रहा है। जब-जब समाज में एकतन्त्रात्मक या राजतन्त्रात्मक अधिपत्य होता है तब-तब मानवता या समाज समर्थक अवतारों के द्वारा गणराज्य की स्थापना की जाती है। या यूँ कहें गणतन्त्र या गणराज्य की स्थापना-स्वस्थता ही अवतार का मूल उद्देश्य अर्थात् लक्ष्य होता है शेष सभी साधन अर्थात् मार्ग।

रावण राज्य, व्यक्ति का समर्थक असुरी प्रवृत्ति तथा शासन व्यवस्था राज्यतन्त्र या राजतन्त्र या एकतन्त्र था। रावण इस कारण ही असुर की श्रेणी में रखे गये न कि माँस-मदिरा के प्रयोग के कारण। तामसिक प्रवृत्ति से युक्त रावण एक ज्ञानी ब्राह्मण थे।

"परशुराम परम्परा (अवतारी परम्परा)" के प्रचार-प्रसार और स्थापना के लिए निकले श्रीराम जिसका माध्यम था-वनवास, के दौरान रावण की बहन सुपर्णखा से दुव्र्यवहार के कारण रावण ने श्रीराम की पत्नी सीता का हरण कर अपनी ताकत का प्रदर्शन किया था। इस कारण श्रीराम-रावण युद्ध हुआ और श्रीराम की विजय हुयी। फलस्वरूप रावण के राज्य लंका में "परशुराम परम्परा" की स्थापना हुयी।

हिन्दू धर्म में पुराणों के अनुसार शिवजी जहाँ-जहाँ स्वयं प्रगट हुए उन बारह स्थानों पर स्थित शिवलिंगों को ज्योतिर्लिंगों के रूप में पूजा जाता है। ये संख्या में 12 है। 12 ज्योतिर्लिंगों के नाम शिव पुराण (शतरुद्र संहिता, अध्याय 42/2-4) के अनुसार हैं। जिनकी अपनी-अपनी कथाएँ भी हैं। एक मतानुसार बारह ज्योतिर्लिंगों को बारह राशियों से जोड़कर भी देखा जाता है। ये राशियां इस प्रकार से हैं-1.मेष-सोमनाथ, 2.वृष-श्रीशैल, 3.मिथुन-महाकाल, 4.कर्क-अमलेश्वर, 5.सिंह-वैद्यनाथ, 6.कन्या-भीमशंकर, 7.तुला-रामेश, 8.वृश्चिक-नागेश, 9.धनु-विश्वेशं, 10.मकर-त्र्यम्बकं, 11. कुंभ-केदार, 12. मीन-घृष्णेशं। ये राशियां चंद्र राशि समझें।

साधारण भाषा व सार्वभौम परिभाषा के रूप में जिन शिवलिंगों की कथा पौराणिक या अवतारों की कथा से जुड़ी होती है सिर्फ़ वही ज्योर्तिलिंग की योग्यता रखते हैं।

श्रीवैद्यनाथ ज्योतिर्लिङ्ग-झारखंड देवघर जिला (झारखंड) राज्य के संथाल परगना क्षेत्र में जसीडीह स्टेशन के पास देवघर (वैद्यनाथधाम) नामक स्थान पर श्रीवैद्यनाथ ज्योतिर्लिङ्ग सिद्ध होता है, क्योंकि यही चिताभूमि है। महाराष्ट्र में पासे परभनी नामक जंक्शन है, वहां से परली तक एक ब्रांच लाइन गयी है, इस परली स्टेशन से थोड़ी दूर पर परली ग्राम के निकट श्रीवैद्यनाथ को भी ज्योतिर्लिङ्ग माना जाता है। परंपरा और पौराणिक कथाओं से देवघर स्थित श्रीवैद्यनाथ ज्योतिर्लिङ्ग को ही प्रमाणिक मान्यता है। जो रावण की एक कथा से सम्बन्धित है।

ज्योतिर्लिङ्ग के इतिहास में पहली बार ऐसा हुआ है कि श्रीराम-रावण की कथा में रावण को खलनायक पक्ष में रखने के बावजूद उनकी कथा से भी जुड़ा ज्योतिर्लिङ्ग है और वह श्रीराम के ज्योतिर्लिङ्ग से पहले ही स्थापित

था। जो यह सिद्ध करता है कि रावण में कमी के रूप में उसका एकतन्त्रात्मक सोच और शासन थी। वर्तमान स्थिति में भी देखा जाये तो किसी की बहन के साथ दुव्र्यवहार का परिणाम ही तो युद्ध था।

शास्त्र रचना, मानव मन को सार्वभौम एकात्म करने के लिए लिखी जाती रहीं हैं। मानव मन के विभिन्न रूप ही उसके अलग-अलग पात्र होते हैं जो अन्य शरीर में स्थापित हो व्यक्त रहते हैं। रामायण, मानव मन के सर्वोच्च ज्ञानी मन के दो मूल रूप व्यक्तिवाद और सार्वभौमवाद के आधार पर स्थापित है। रावण, व्यक्तिवाद के और राम, सार्वभौमवाद के प्रतीक हैं जबकि ज्ञान में दोनों बराबर हैं। व्यक्तिवाद के कारण रावण खलनायक पक्ष में और सार्वभौमवाद के कारण राम नायक पक्ष में हैं। जबकि "सार्वभौम मैं (सार्वभौम आत्मा)" जो दोनों में विद्यमान है, वो या तो व्यक्तिवाद और सार्वभौमवाद से मुक्त है या बद्ध है, और वह नायक भी है, खलनायक भी है।

ऋषि और लव कुश सिंह "विश्वमानव"

मानव के पूर्ण संस्कारण क्रिया के विभिन्न चरणों में गति देने वाले महापुरूषों, विभिन्न मुख्य विषयों एवं भविष्य के प्रति कर्मरत महापुरूषों के साथ "मन के मानक" प्रस्तुत करने वाले "अन्तिम समन्वयाचार्य" लव कुश सिंह "विश्वमानव" और उनके समन्वयक सार्वभौम सत्य-सिद्धान्त से तुलानात्मक अध्ययन। इनमें यदि कोई भी सकारात्मक या नकारात्मक विषयों के साथ तुलना न आ पाया हो तो यह न समझना चाहिए कि वे लव कुश सिंह "विश्वमानव" में विद्यमान नहीं है कि परन्तु वे सूक्ष्म और आवश्यक न होने के कारण प्रस्तुत करना आवश्यक नहीं समझा गया है। व्यक्तिगत प्रमाणित मन और आत्मा से सार्वजनिक प्रमाणित मन के मानक अर्थात् आत्मा या स्व या मैं के दृश्यरूप के व्यक्त होने तक की यात्रा पूर्ण अव्यक्त से पूर्ण व्यक्त होने की क्रिया है। मन हो या मन का मानक उसके व्यक्त होने का माध्यम शरीर ही है लेकिन मन के मानक के व्यक्तकर्ता मानव शरीर के साथ यह आवश्यक हो जाता है कि उनके पूर्व सभी महापुरूषों के जीवन, ज्ञान, कर्म, नीति के सत्य अंशों सहित सम्पूर्ण शास्त्र का उनमें समावेश हो अर्थात् मन के मानक का व्यक्तकर्ता मानव सम्पूर्ण ब्रह्माण्ड का दर्पण हो, ब्रह्माण्ड के समक्ष इस भाँति खड़ा हो कि बिना उसे आत्मसात् किये ब्रह्माण्डीय विकास का कोई रास्ता न हो। वे स्वयं सम्पूर्ण शास्त्र का जीवन्त मूर्ति हो। यह कुछ इस भाँति होता है जैसे उसे असंख्य, अनन्त, असीमित व्यापक के व्यक्त होने की तैयारी के लिए समय समय पर महापुरूषों ने आकर विभिन्न दिशाओं से अपना-अपना योगदान दे मन का निर्माण मानवों में कर रखा हो ताकि जब वह विश्वात्मा व्यक्त हो तो वह मात्र अपने स्वरूप को उन निर्मित मनों से जोड़कर स्वयं को व्यक्त कर दे, जैसे ईंट, पत्थर, छड़, सीमेन्ट, बालू इत्यादि और मानव की शक्ति से मिलकर एक सुन्दर भवन का निर्माण हो जाता है। और वह ईंट, पत्थर, छड़ इत्यादि किसी ने पहले से उस मानव के लिए ला रखा हो जिसे भवन का निर्माण करना है। इस प्रकार यह भी आसानी से सिद्ध हो जाता है कि प्रत्येक महापुरूषों में विश्वात्मा ही है लेकिन उनमें सिर्फ कोई विशेष गुण ही मुख्य रूप से प्राथमिकता के साथ व्यक्त हुआ। प्रत्येक की अन्तिम इच्छा जो शरीर त्याग के बाद सूक्ष्म शरीर में विद्यमान रहती है, उस विश्वात्मा में लीन हो शान्ति, स्थिरता, एकता, मोक्ष प्राप्त कर रही है। कभी-कभी अन्तिम इच्छा शरीर त्याग के पूर्व किसी दूसरे योग्य शरीर में संचारित कर दी जाती है। जिससे उनका कार्य जो वे न कर सकें दूसरे शरीर द्वारा समयानुसार पूर्ण हो सके। जैसा कि श्री रामकृष्ण परमहंस ने स्वामी विवेकानन्द में शरीर त्याग के दो-तीन दिन पूर्व संचरित कर दिया था। समयान्तराल अधिक होने के कारण स्वामी विवेकानन्द शरीर त्याग कर सूक्ष्म शरीर में रहे पुनः समयानुसार होने पर लव कुश सिंह "विश्वमानव" के रूप में व्यक्त हो गये।

चेतना शक्ति द्वारा मानव को पशुमानव से ईश्वर मानव के रूप मे संस्कारित करने के पूर्ण चक्र में मुख्य चार चरण है। वे है देश-काल बद्ध कर्म, देश-काल मुक्त ज्ञान, देश-काल बद्ध कर्म, देश-काल मुक्त कर्मज्ञान। जिसमें प्रथम दो व्यक्तिगत प्रमाणित अदृश्य आध्यात्म विज्ञान तथा अन्तिम दो सार्वजनिक प्रमाणित दृश्य आध्यात्म विज्ञान आधारित आध्यात्म के दो चरण हैं। ये दोनों चरण एक दूसरे के दृश्य और अदृश्य रूप हैं जबकि "आत्मा" या

"मैं" या "स्व" या "ब्रह्म" या "शिव" दोनों में विद्यमान और व्याप्त है। दृश्य चरण में ये दृश्य, अदृश्य चरण में ये अदृश्य होते हैं।

देश-काल बद्ध कर्म से देश-काल मुक्त ज्ञान का चरण मानव सभ्यता का विकास, सांख्य दर्शन, वैदिक संस्कृति, वेद और वेद आधारित साहित्यों की रचना का काल रहा। देश-काल मुक्त ज्ञान से देश-काल बद्ध कर्म का चरण ज्ञानयुक्त कर्म की ओर श्रीकृष्ण द्वारा प्रेरित करने का समय रहा है। देश-काल बद्ध कर्म से देश-काल मुक्त कर्मज्ञान का वर्तमान और भविष्य का चरण मानव को परिणाम के ज्ञान से युक्त कर्म की ओर लव कुश सिंह "विश्वमानव" द्वारा प्रेरित करने का समय है और होगा। यही अन्तिम चरण है।

देश-काल मुक्त ज्ञान से देश-काल मुक्त कर्मज्ञान के व्यक्त होने के बीच के समय में संत, अन्य धर्म, सम्प्रदाय, भक्ति, योग, नीति, बुद्धि, ज्ञान, वेदान्त इत्यादि के विकास और मानव मन के निर्माण का समय रहा है। संत सम्प्रदाय के कबीर, नानक, रविदास इत्यादि समभाव अर्थात् अद्वैत योग के अन्तर्गत आ जाते हैं जो व्यक्ति के लिए सत्य ज्ञान तो देते हैं लेकिन ब्रह्माण्डीय विकास के लिए कर्म की ओर प्रेरित नहीं करते हैं। जिन्हें व्यक्तिगत सन्तोष, निवृत्ति, मोक्ष इत्यादि प्राप्त करना है उनके लिए ये पूर्ण सत्य हैं लेकिन यह कहना कि ये या इनमें कोई ही सर्वोपरि है, शुद्ध अज्ञानता और उनके प्रति अंधभक्ति है परन्तु जिन्हें असन्तुष्ट प्रवृति और सभी के साथ मोक्ष प्राप्त करना हो वे समभाव या अद्वैत योग के साथ कर्म की ओर प्रेरित होते हैं।

विभिन्न सम्प्रदायों का जन्म तो श्रीकृष्ण के समय में ही होने लगा था इसके कारण ही उन्होंने सभी विचारों का समन्वय करते हुये गीता उपदेश देकर प्रथम समन्वयाचार्य के रूप में स्वयं को व्यक्त भी किये। सत्य ज्ञान व्यक्तिगत प्रमाणित होता है। इसी कारण उनके द्वारा कहा गया आत्मा के लिए ये शब्द "आदि में मैं हूँ और अन्त में भी मैं हूँ" सत्य होते हुये भी आज तक सार्वजनिक प्रमाणित और सर्वमान्य नहीं हो सका। धर्म-सम्प्रदायों के बढ़ने के कारण वह मानव समाज में आपसी मदभेदों और साम्प्रदायिक दंगों का कारण बना जिसका मुख्य उद्देश्य अपने-अपने धर्म सम्प्रदायों की सर्वोच्चता सिद्ध करना था। परिणामस्वरूप सार्वजनिक प्रमाणित आधार पर इनके बीच स्वयं को प्रयोगशाला बनाकर श्री रामकृष्ण परमहंस "जितने मत उतने पथ" का संदेश देकर समन्वय प्रक्रिया का भाव जगत से प्रारम्भ किये और उन्ही के सिद्धान्तों को स्वामी विवेकानन्द ने विश्वव्यापी रूप से ज्ञान जगत और भौतिक जगत के माध्यम द्वारा समन्वय स्थापित करने का प्रयत्न किये। पुनः उसी क्रम में आगे बढ़ाते हुये अन्तिम चरण में सत्य ज्ञान का दृश्यरूप सार्वजनिक प्रमाणित देश काल मुक्त सार्वभौम सत्य-सिद्धान्त को लेकर अन्तिम सामन्वयार्चाय के रूप मे वर्तमान समय में लव कुश सिंह "विश्वमानव" सम्पूर्ण विश्व के समक्ष व्यक्त हैं जिससे "आदि में मैं था और अन्त में भी मैं हूँ" का सार्वजनिक रूप और सर्वमान्य होने की विवशता व्यक्त है। परिणामस्वरूप भारतीय ऋषि-मुनियों का प्राचीन आविष्कार आत्मा ही एक सत्य है विश्वव्यापी स्तर पर पूर्ण रूप से सिद्ध हो चुका है। दृश्य काल के लिए वेद, ईश्वर नाम, उपनिषद, पुराण , शास्त्र और बुसधैव-कुटुम्बकम के लिए उसके विश्वव्यापी स्थापनार्थ योजना-नीति का निर्माण ऋषि कार्य है। जसके उदाहरण लव कुश सिंह "विश्वमानव" हैं।

"सृष्टि" का अर्थ होता है- सम्पूर्ण ब्रह्माण्ड की रुकी स्थिति के आगे एकात्मता के साथ नवनिर्माण। "सृष्टि करने की स्थिति" में भूतकाल की चर्चा की स्थिति आ जाने पर उसे "सृष्टि रूकना" कहते हैं ऐसी ही स्थिति महाभारत युद्ध के समय श्रीकृष्ण के समक्ष आ गया था जब अर्जुन ने युद्ध से मना कर दिया था परिणामस्वरूप श्रीकृष्ण "गीता" उपदेश के लिए भूतकाल की चर्चा में उलझ गये थे। **"रचना" का अर्थ होता है-** उपलब्धता पर आधारित एकात्मता के साथ नवनिर्माण। **"विकास" का अर्थ होता है-** उपलब्धता पर आधारित नवनिर्माण। विकास का कोई लक्ष्य नहीं होता। जब विकास एकात्मता की ओर होती है तो वह रचना बन जाती है। विकास लक्ष्य विहिन होता है इसलिए कालान्तर में वह विनाश का रुप ले लेती है।

वर्तमान में "पुनर्निर्माण" के अन्तर्गत वही कार्य हैं जो सरकार के वैधानिक प्रक्रिया के अनुसार, उसके सहयोग और उससे मुक्त अवस्था में रहकर व्यक्ति स्वयं सामाजिक, आर्थिक और मानसिक नवनिर्माण के लिए कर सकता है। क्योंकि इस संसार में कुछ भी सुधार के लिए नहीं है, या तो वह पूर्ण है या वह विकसित करने के लिए है। वृक्ष की शाखा को पुनः तने में नहीं समेटा जा सकता बल्कि उसे विकसित कर बीज तक अवश्य पहुँचाया जा

सकता है, जिससे पुनः वृक्ष का नवनिर्माण हो। किसी व्यक्ति का सुधार नहीं होता बल्कि वह विकसित होता है। और वह नया मानव बनता है। समस्त सुधारों का एक मात्र रास्ता है-नवनिर्माण। इसलिए वातावरण को बदलना आवश्यक है जिससे व्यक्ति स्वयं बदल जायेगा और यही एक मात्र उपाय है।

सभी नवनिर्माण मुख्यतः तीन क्षेत्रों में होते हैं-शारीरिक, आर्थिक व मानसिक। जिस प्रकार किसी व्यक्ति (व्यष्टि) का शारीरिक, आर्थिक व मानसिक नवनिर्माण होता है उसी प्रकार व्यक्ति-समूह या देश (समष्टि) का शारीरिक, आर्थिक व मानसिक नवनिर्माण होता है। "पुनर्निर्माण" व्यष्टि व समष्टि दोनों के लिए नवनिर्माण का एक मात्र उपाय है।

पौराणिक कथाओं में एवं आधारित फिल्म या दूरदर्शन के धारावाहिकों में दिखाया जाता है कि नारद जी देव लोक जाते हैं और पृथ्वी की समस्याओं को देवताओं के समक्ष रखते हैं और उस अनुसार देवतागण अपने कार्य क्षेत्रानुसार समस्या पर चिन्तन करते हैं एवं हल निकालकर पृथ्वीवासियों को उपलब्ध कराते हैं।

शिक्षा में सुधार, सामाजिक परिवर्तन या कोई अन्य समस्या पर सम्मेलन, सेमिनार, संवाद इत्यादि केवल समस्या विषय पर चिन्तन हैं। जैसे पौराणिक कथाओं में देवताओं का समस्या पर चिन्तन होता है लेकिन समस्या का हल ही ना निकले तो चिन्तन केवल एक आयोजन मात्र बनकर रह जाता है। हाँ, देश-विदेश में इस प्रकार के होने वाले आयोजन से निकले विचार उनके लिए महत्वपूर्ण जरूर बन जाता है जो कहीं दूर से इसे आकड़ें के रूप में देखते हुये मनुष्यों के लिए आवश्यकता समझते हुये हल पर कार्य करने वाले होते हैं। इसलिए ही तो कहा गया है-

भक्त वही, जो भगवान को बेच सके,
चेला वही, जो गुरू से कुछ ले सके,
संत वही, जो समाज को कुछ दे सके,
और
अवतार वही, जो पृथ्वी की आवाज सुन सके।

वो आवाज सुनी गयी और उसका हल तैयार किया गया। जो निम्न मूल सिद्धान्त पर आधारित है। यदि यह सार्वजनिक रूप से सत्य है, स्वीकार है तो यह समझना चाहिए कि सार्वभौम समस्या समाधान के लिए विकसित प्रणाली पूर्णतया सार्वभौम सत्य सैद्धान्तिक है क्योंकि प्रणाली का विकास इन पर ही आधारित है चाहे वह समष्टि समाधान के लिए हो या व्यष्टि समाधान के लिए।

ये सिद्धान्त हैं-

1. **सम्पूर्ण ब्रह्माण्ड में कुछ भी स्थिर नहीं है।**
2. **सभी स्वयं की स्थिरता और शान्ति के लिए गतिशील हैं।**
3. **उस सार्वभौम एकात्म (सार्वभौम आत्मा) का कोई नाम नहीं हैं, उसका नाम मानवीय भाषा के केवल शब्द हैं।**

समष्टि (संयुक्त) समाधान

समष्टि रचना के लिए आवश्यक कार्य है- उपलब्ध संसाधनों का ज्ञान और उस पर एकात्म (सार्वभौम आत्मा) आधारित विकास की योजना। समष्टि समाधान के लिए निम्नलिखित प्रणाली को प्रेरणा के रूप में विकसित किया गया है जिसे इस दिशा से कार्य करने वाले राष्ट्रीय पार्टी/सामाजिक संस्था/दल/रचनात्मक/आन्दोलन/मोर्चा इत्यादि को मार्ग प्राप्त हो जाये। वे इसका प्रयोग बिना किसी के अनुमति के कर सकते हैं।

- विश्व राजनीतिक पार्टी संघ (World Political Party Organisation - WPPO)
- राष्ट्रीय क्रान्ति मोर्चा
- राष्ट्रीय सहजीवन आन्दोलन

- स्वराज-सुराज आन्दोलन
- विश्व एकीकरण आन्दोलन (सैद्धान्तिक)
- विश्वव्यापी स्थापना का स्पष्ट मार्ग
- एक विश्व - श्रेष्ठ विश्व के निर्माण के लिए आवश्यक कार्य

व्यष्टि (व्यक्तिगत) समाधान

व्यष्टि रचना के लिए आवश्यक कार्य है- एकात्म (सार्वभौम आत्मा) आधारित पूर्ण ज्ञान की शिक्षा। "सत्य मानक शिक्षा" का विवादमुक्त पाठ्यक्रम प्राप्त किया जा चुका है और वह मैकाले शिक्षा पाठ्यक्रम को बदले बिना "पूरक शिक्षा पाठ्यक्रम" के रूप में उपलब्ध है। इस आधार पर "सत्य मानक शिक्षा" का पाठ्यक्रम और उसे जन-जन तक पहुँचाने के लिए योजना बनाया गया है। राष्ट्र के पूर्णत्व के लिए पूर्ण शिक्षा निम्नलिखित शिक्षा का संयुक्त रूप है-

अ-सामान्यीकरण (Generalisation) शिक्षा

ज्ञान के लिए-यह शिक्षा व्यक्ति और राष्ट्र का बौद्धिक विकास कराती है जिससे व्यक्ति व राष्ट्रीय सुख में वृद्धि होती है।

ब-विशेषीकरण (Specialisation) शिक्षा

कौशल के लिए-यह शिक्षा व्यक्ति और राष्ट्र का कौशल विकास कराती है जिससे व्यक्ति व राष्ट्रीय उत्पादकता में वृद्धि होती है।

स-सत्य नेटवर्क (REAL NETWORK) – समाज में प्रकाशित होने के लिए

वर्तमान समय में विशेषीकरण की शिक्षा, भारत में चल ही रहा है और वह कोई बहुत बड़ी समस्या भी नहीं है। समस्या है सामान्यीकरण शिक्षा की। व्यक्तियों के विचार से सदैव व्यक्त होता रहा है कि-मैकाले शिक्षा पद्धति बदलनी चाहिए, राष्ट्रीय शिक्षा नीति व पाठ्यक्रम बनना चाहिए। ये तो विचार हैं। पाठ्यक्रम बनेगा कैसे?, कौन बनायेगा? पाठ्यक्रम में पढ़ायेंगे क्या? ये समस्या थी। और वह हल की जा चुकी है। जो भारत सरकार के सामने सरकारी-निजी योजनाओं जैसे ट्रांसपोर्ट, डाक, बैंक, बीमा की तरह निजी शिक्षा के रूप में "पुनर्निर्माण-सत्य शिक्षा का राष्ट्रीय तीव्र मार्ग (RENEW-Real Education National Express Way)" द्वारा पहली बार इसके आविष्कारक द्वारा प्रस्तुत है।

सत्य सिद्धान्त के सम्पूर्ण विषयों में व्याप्त शाखाओं का सम्पूर्ण ज्ञान से युक्त हो एक साथ सभी दिशाओं से लव कुश सिंह "विश्वमानव" को देखने पर उनके विश्वरूप को तथा जीवन, कर्म और ज्ञान को एक साथ सभी दिशाओं से देखने पर लव कुश सिंह "विश्वमानव" के दिव्यरूप को देखा जा सकता है। विश्वरूप और दिव्यरूप को देखने के लिए पहले ज्ञान की व्याप्त शाखा और फिर दिव्य दृष्टि "अनेक दिशाओं से एक साथ देखना" से युक्त होना आवश्यक है। व्याप्त रूप इस प्रकार है।

01. धर्म प्रवर्तक और उनका धर्म चक्र मार्ग से

स्वर्णयुग धर्म
(धर्म ज्ञान का अन्त)
पहले विभिन्न धर्म प्रवर्तक और अब अन्त में "मैं" और मेरा "विश्वधर्म"

02. आचार्य और दर्शन चक्र मार्ग से

पहले विभिन्न आचार्य तथा उनके दर्शन और अब अन्त में "मैं" और मेरा "कर्मवेदांत" और "विकास दर्शन"

03. गुरू चक्र मार्ग से
पहले विभिन्न गुरू और अब अन्त में विश्वगुरू "मैं"

04. संत चक्र मार्ग से
पहले विभिन्न संत और अब अन्त में विश्वसंत "मैं"

05. समाज और सम्प्रदाय चक्र मार्ग से
पहले विभिन्न समाज सुधारक और अब अन्त में मेरा "ईश्वरीय समाज"

06. सत्य शास्त्र-साहित्य चक्र मार्ग से
पहले विभिन्न सत्य शास्त्र-साहित्य और अब अन्त में मेरा "विश्वशास्त्र"

07. कृति चक्र मार्ग से
पहले विभिन्न कृति और अब अन्त में मेरी कृति "सत्यकाशी ब्रह्माण्डीय एकात्म विज्ञान विश्वविद्यालय"

08. भूतपूर्व धार्मिक-राजनैतिक-सामाजिक नेतृत्वकर्ता चक्र मार्ग से
पहले विभिन्न भूतपूर्व धार्मिक-राजनैतिक-सामाजिक नेतृत्वकर्ता और अब अन्त में "मैं"

09. वर्तमान धार्मिक-राजनैतिक-सामाजिक नेतृत्वकर्ता चक्र मार्ग से
पहले विभिन्न वर्तमान धार्मिक-राजनैतिक-सामाजिक नेतृत्वकर्ता और अब अन्त में "मैं"

10. "भारत माता मन्दिर (ऋषिकेश) "
पहले भारतमाता मन्दिर और अब अन्त में उसमें "मैं" और "विश्वधर्म मन्दिर"

11. प्रकृति, काल और पुर्नजन्म चक्र मार्ग से

प्रकृति चक्र
पहले सर्वोच्च सत्-रज-तम मार्ग के श्रीकृष्ण, स्वामी विवेकानन्द एवं रावण और अब अन्त में "मैं"

पुर्नजन्म चक्र
पहले श्रीकृष्ण, स्वामी विवेकानन्द एवं रावण और अब अन्त में उनका पुनर्जन्म "मैं"

काल चक्र
पहले सर्वोच्च काल मार्ग के श्रीकृष्ण एवं स्वामी विवेकानन्द और अब अन्त में काल "मैं"

12. आत्मा चक्र मार्ग से
पहले सभी आत्मा और अब अन्त में विश्वात्मा "मैं"

13. मनु चक्र मार्ग से
पहले अदृश्य सात मनु और अब दृश्य आठवाँ सावर्णि मनु "मैं"

14. पहले सभी ऋषि और व्यक्तिगत प्रमाणित अदृश्य "मैं", अब अन्त में विश्व ऋषि और सार्वजनिक प्रमाणित दृश्य "सार्वभौम मैं"

विद्रोही या सार्वजनिक प्रमाणित कृष्णकला समाहित विश्वमानव कला

मैं कभी भी किसी भी जीवन में विद्रोही नहीं था और न हूँ, क्योंकि विद्रोह तो उसे कहते है जो सामाजिक धारा, इन्द्रिय, सांसारिकता और सांसारिक प्रबन्ध का पूर्ण विरोध करता है। व्यक्तिगत प्रमाणित अदृश्य रूप से सर्वप्रथम मैं (सार्वभौम आत्मा) "लव कुश" के रूप में व्यक्ति "राम" के विरूद्ध चलकर "राम" में ही समाहित हो गया। व्यक्तिगत प्रमाणित दृश्य रूप से मध्य में मैं (सार्वभौम आत्मा) "कृष्ण" के रूप में समाज की धारा के विरूद्ध चलकार समाज की धारा में ही व्यक्तिगत रूप से समाहित हो गया। इसलिए धारा के विरूद्ध अर्थात "राधा" प्रिय होते हुये भी मेरा लक्ष्य "राधा" नहीं थी, यही मेरा व्यक्तिगत प्रमाणित दृश्य कला अर्थात् व्यक्तिगत प्रमाणित दृश्य कृष्णकला थी। सार्वजनिक प्रमाणित दृश्य रूप से अन्त में मैं (सार्वभौम आत्मा) "विश्वमानव" के रूप में विश्व की धारा के विरूद्ध चलकर विश्व की धारा में ही सार्वजनिक रूप से समाहित हो गया। यह मेरी सार्वजनिक प्रमाणित कृष्ण कला है। जो मुझे प्रिय होते हुये भी मेरा लक्ष्य नहीं है। क्या मैं (सार्वभौम आत्मा) "लव कुश", "कृष्ण" और "विश्वमानव" के रूप में एक ही नही हूँ? क्या मेरी प्रिय कला-समाज के विरूद्ध "राधा" और "कृष्णकला" एक ही नहीं है।

प्रत्येक पूर्णावतार के जीवन में उसके व्यक्त होने की कला तथा अगले पूर्णावतार के व्यक्त होने की कला का संकेत रूप दिया रहता है। ब्रह्मा के पूर्णावतार श्रीराम के जीवन मे वर्तमान परिस्थितियों पर कर्म करना राम कला थी जबकि लव कुश का व्यवहार-विरूद्ध फिर समाहित होना अगले पूर्णावतार की कला का व्यक्तिगत प्रमाणित अदृश्य संकेत रूप था। विष्णु के व्यक्तिगत प्रमाणित पूर्णावतार श्रीकृष्ण के जीवन में रामकला समाहित समाज की धारा के विरूद्ध चलकर समाज की धारा में ही समाहित हो जाना कृष्ण कला थी। जो कि अगले पूर्णावतार की कला का व्यक्तिगत प्रमाणित दृश्य संकेत रूप था। शिव-शंकर के पूर्णावतार तथा विष्णु के सार्वजनिक प्रमाणित पूर्णावतार के जीवन में कृष्णकला का सार्वजनिक प्रमाणित दृश्य रूप है। जबकि विश्व की धारा जहाँ तक पहुँच चुकी है, वहाँ से स्वयं को जोड़ लेना "विश्वमानव कला" है।

मनुष्य जीवन इसलिए प्राप्त होता है कि वह आत्मोन्नति कर इस पृथ्वी पर ही यथार्थ स्वर्ग की अनुभूति करे। परन्तु सामान्यतः ऐसा देखने को नहीं मिलता है। हम यहाँ विभिन्न प्रकार की समस्याओं में मायाग्रस्त हो जाते हैं। इन विभिन्न समस्याओं अर्थात माया के बीच रहते हुये भी किस प्रकार अनासक्त होकर माया पर नियंत्रण अर्थात मायापति हो जीवन का सफलतम भोग और संचालन करें, यही जीने की कला है। व्यक्तिगत, व्यक्तिगत समाहित सामाजिक तथा व्यक्तिगत और सामाजिक समाहित सार्वजनिक जीवन तीनों का संग्रहणीय, संक्रमणीय, गुणात्मक स्तर में जीने की कला का सफलतम सर्वोच्च और अन्तिम अभिनयकर्ता क्रमशः व्यक्तिगत प्रमाणित श्री कृष्ण और सार्वजनिक प्रमाणित श्री लव कुश सिंह "विश्वमानव"हैं। जिनकी कला को क्रमशः कृष्ण कला और विश्वमानव कला के रूप में जानते हैं। इस कला को ही कर्मज्ञान या जीने की कला कहते है। इस कर्मज्ञान का पूर्ण व्यक्त अन्तिम रूप अन्तिम अवतार श्री लव कुश सिंह "विश्वमानव" द्वारा व्यक्त हुआ है।

आत्मा-शिव-ईश्वर-ब्रह्म तत्व के पूर्ण व्यक्त स्वरूप की व्याख्या कथा रूप में व्यक्तिगत प्रमाणित साकार प्रक्षेपण करने वाले शास्त्र को पुराण कहते हैं। जिसमें पूर्ण व्यक्त आत्मा शिव-ईश्वर-ब्रह्म रूप एकात्म ज्ञान और कर्म समाहित एकात्म ध्यान है। एकात्म ज्ञान का प्रक्षेपण ब्रह्मा, एकात्म ज्ञान समाहित एकात्म कर्म का प्रक्षेपण विष्णु तथा एकात्म ज्ञान और एकात्म कर्म समाहित एकात्म ध्यान का प्रक्षेपण शिव-शंकर हैं। अर्थात ब्रह्मा, विष्णु में तथा विष्णु, शिव-शंकर में समाहित हैं जिस प्रकार ब्रह्मा, विष्णु में तथा विष्णु, शिव-शंकर में समाहित हैं उसी प्रकार उनके साकार सगुण दृश्य पूर्णावतार क्रमशः श्री राम, श्री कृष्ण में तथा श्री कृष्ण, श्री लव कुश सिंह "विश्वमानव" में समाहित हैं। परिणामस्वरूप रामकला, कृष्णकला में तथा कृष्णकला का विश्वमानव कला में समाहित होना सिद्धान्ततः सत्य भी है।

विश्वमानव कला वही भोगेश्वर का अन्तिम सत्य कर्मज्ञान है जो योगेश्वर श्री कृष्ण के जीवन में अदृश्य व्यक्तिगत प्रमाणित अंश रूप में था। जिसे उन्होंने गीतोपनिषद में व्यक्त ही नहीं किया और इसे स्वयं अपने साथ ले गये, जो अब भोगेश्वर विश्वमानव द्वारा सार्वजनिक प्रमाणित रूप से व्यक्त हुई। ऐसा क्यों हुआ? ऐसा इसलिए हुआ कि बिना उचित समय के कोई ज्ञान समाज को प्राप्त नहीं होता। वर्तमान में सम्पूर्ण मानव जाति कर्मज्ञान के भूख में व्याकुल है जिसके बिना सारे दुर्गुण तेजी से बढ़ रही है। व्यवस्था सम्भालने के लिए बुद्धिजीवी, ज्ञानी, धर्मज्ञानी, नेता, समाजशास्त्री प्रयत्नशील है परन्तु स्थिति और भी खराब होती जा रही है। योगेश्वर श्री कृष्ण एकात्म कर्म करते हुए ज्ञान दे गये और एकात्म कर्मज्ञान ले गये। भोगेश्वर विश्वमानव एकात्म ध्यान द्वारा एकात्म कर्म करते हुये एकात्म कर्मज्ञान दे गये और स्वयं को सभी और सभी को स्वयं में एकाकार कर दिये।

इस कर्मज्ञान की सत्यता का प्रमाण क्या है। सम्पूर्ण क्रियाकलापों को संचालित वाले मूल दो कर्ता मानव और प्रकृति दोनों का कर्मज्ञान यही है। प्रकृति तो पूर्ण धारण कर सफलतापूर्वक कार्य कर रही है। मानव जाति में जो भी सफलता प्राप्त कर रहे हैं। वे इसके आंशिक धारण में तथा जो असफलता प्राप्त कर रहे हैं। वे पूर्णतः अज्ञानता और धारणमुक्त हैं बावजूद इसके कर्मज्ञान से प्रकृति या अन्य मानव या संयुक्त मन द्वारा प्रभावित और संचालित हैं। पूर्ण धारण करके ही श्रीकृष्ण अदृश्य व्यक्तिगत प्रमाणित योगेश्वर विश्वात्मा प्रथम समन्वयाचार्य श्रीकृष्ण के रूप में तथा श्री लव कुश सिंह, दृश्य सार्वजनिक प्रमाणित भोगेश्वर विश्वात्मा अन्तिम समन्वयाचार्य विश्वमानव के रूप में व्यक्त हुये। इस कर्मज्ञान को श्री कृष्ण और विश्वमानव ने आविष्कृत किया, स्वयं जीया और सार्वजनिक रूप से मानवजाति के कल्याणार्थ व्यक्त किया। इससे बढ़कर इस कर्मज्ञान की सत्यता का प्रमाण क्या हो सकता है। श्रीकृष्ण और श्री लव कुश सिंह "विश्वमानव" का कर्मक्षेत्र सम्पूर्ण ब्रह्माण्ड था परन्तु अन्य मानव का कर्मक्षेत्र छोटा हो सकता है। लेकिन कर्मज्ञान तो सभी का एक ही होगा।

चूंकि मानव कर्म करते-करते ज्ञान प्राप्त कर प्रकृति के क्रियाकलापों को धीरे-धीरे अपने अधीन करने की ओर अग्रसर है इसलिए पूर्णतः प्रकृति के पद पर बैठने के लिए प्रकृति द्वारा धारण की गई सन्तुलित कार्यप्रणाली को मानव द्वारा अपनाना ही होगा। अन्यथा वह सन्तुलित कार्य न कर अव्यवस्था उत्पन्न कर देगा। यह वैसे ही है जैसे किसी कर्मचारी को प्रबंधक (मैंनेजर) के पद पर बैठा दिया जाये तो सन्तुलित कार्य संचालन के लिए मैंनेजर की सन्तुलित कार्यप्रणाली को उसे अपनाना ही होगा। अन्यथा वह सन्तुलित कार्य न कर अव्यवस्था उत्पन्न कर देगा।

काल चक्र मार्ग के

(विस्तृत विवरण अध्याय – पाँच में उपलब्ध है। संक्षिप्त रूप से यहाँ दिया गया है।)

03. काल चक्र के द्वितीय और अन्तिम भाग
दृश्य काल में विश्वात्मा के जन्म का अन्तिम भाग–
भोगेश्वर श्री लव कुश सिंह "विश्वमानव"
(स्वामी विवेकानन्द की अगली एवं पूर्ण ब्रह्म की अन्तिम कड़ी)

शरीर नाम :

धर्मयुक्त नाम – लव कुश सिंह

धर्मनिरपेक्ष एवं समभाव युक्त नाम – अदृश्य योगेश्वर समाहित दृश्य भोगेश्वर विश्वमानव

1. जन्म परिचय

– तिथि – मास – सोमवार, 16 अक्टूबर 1967 (आश्विन, शुक्ल पक्ष–त्रयोदशी, रेवती नक्षत्र)

– समय – 2.15 ए.एम स्थान – रिफाइनरी टाउनशिप अस्पताल, बेगूसराय (बिहार)

– अस्थायी निवास – नियामतपुर कलाँ, पुरुषोत्तमपुर, मीरजापुर (उ0 प्र0)

– स्थायी निवास – स्वयं द्वारा घोषित – सत्यकाशी क्षेत्र (उ0 प्र0)

– गुरु – कर्म गुरु – ब्रह्मलीन श्री श्री 108 सत्ययोगानन्द (अप्रत्यक्ष कर्म सम्बन्ध) ज्ञान गुरु – कोई नहीं।

– शिक्षा – बी0 एससी0 (जीव), तकनीकी पी0 जी0 डिप्लोमा (कम्प्यूटर प्रोग्रामिंग)

– स्वरुप – धर्म (व्यक्त रुप), धर्मनिरपेक्ष एवं सर्वधर्मसमभाव (अव्यक्त रुप), मानवता का पुजारी (समष्टि धर्म)

– सर्वोच्च व्यक्त रुप – अन्तिम भोगेश्वर (कर्मवेद द्वारा कर्मज्ञान का विश्वरुप) अर्थात् योगेश्वर का दृश्य रुप, राजनीतिज्ञ, मनोवैज्ञानिक, गृहस्थ युक्त, सन्यासी, अभिनेता, प्रेमी, दार्शनिक, वक्ता साहित्यकार, समाजशास्त्री, भविष्यवक्ता, व्यापारी।

– व्यक्त रुप का स्थल – विष्णु महायज्ञ और ज्ञान यज्ञ, गोपालपुरम्, छोटा सत्यकाशी, सत्यकाशी उत्तर प्रदेश, अन्तिम दिन दिनांक– सोमवार, 22 जून 1998 (आषाढ़ मास शिवरात्रि, अदृश्य काल का अन्तिम दिन, अदृश्य काल का अन्तिम एवं सदी का सर्वाधिक लम्बा यज्ञ विष्णु महायज्ञ एवं ज्ञान यज्ञ का अन्तिम दिन, विश्वमानव द्वारा यज्ञ की पूर्णाहूति का दिन, विश्वमानव के ऐतिहासिक भोगेश्वर रुप (योगेश्वर अर्थात् ज्ञान के विश्व रुप का दृश्य रुप अर्थात् कर्म ज्ञान का विश्वरूप अर्थात् उपलब्ध संसाधन का ईश्वरत्व भाव से भोग) का दिन)

– जन्म समय के महत्व पूर्ण सम्बन्धों की स्थिति –

देश सम्बन्ध – खराब था। रिश्ता सम्बन्ध– खराब था।

रक्त सम्बन्ध – खराब था। समाज और राज्य सम्बन्ध – खराब था।

– जीवन नीति – शैव रुप में ज्ञान प्राप्ति एवं शैव रुप में धर्म स्थापना।

2. ज्ञान परिचय :

– सर्वोच्च कथन – मैं (आत्मा) तब भी था, मैं (आत्मा) आज भी हूँ, मैं (आत्मा) आगे भी रहूँगा वर्तमान से योग कराने के लिए ही मैं (आत्मा) व्यक्त होता हूँ।

– सर्वोच्च संदेश – परिणाम के ज्ञान से युक्त एवं समभाव (अद्वैत) में स्थित होकर कर्म करो और परिणाम की इच्छा मुझ (आत्मा) पर छोड़ दो, एवं दिनांक 23 जून सन् 1998 ई0 से व्यक्तिगत प्रमाणित पूर्ण दृश्य काल का प्रथम / अन्तिम युग – स्वर्ण युग प्रारम्भ।

– धर्म स्थापना की आवश्यकता की पहचान – देश सम्बन्ध, रिश्ता सम्बन्ध, रक्त सम्बन्ध तथा समाज और राज्य सम्बन्ध खराब होना।

– ज्ञान से व्यक्त साहित्य – कर्मवेद : प्रथम, अन्तिम तथा पंचमवेद (धर्म युक्त नाम) अर्थात् विश्वमानक – शून्य श्रृंखला : मन की गुणवत्ता का विश्व मानक, पुराण रहस्य समाहित "विश्वशास्त्र" शास्त्र–साहित्य

– लेखक – स्वयं

– ज्ञान को व्यक्त करने के लिए प्रयुक्त धर्म / धर्मनिरपेक्ष / सर्वधर्मसमभाव शब्द :–

– ईश्वर नाम :–"TRADE CENTRE" (दृश्य काल का समष्टि ईश्वर नाम)

– दर्शन :– कर्म वेदान्त दर्शन या विकास दर्शन (व्यष्टि एवं समष्टि)

3. कर्म परिचय :

– सर्वोच्च कर्म – धर्म (समष्टि) अद्वैत वेदान्त, मानवता, समता, एकता की स्थापना, ईश्वर को ही ईश्वर के रुप में व्यक्त करना। साधु जन का मुक्ति, दुष्टों का वध (बदलाव), प्राच्य एवं पाश्चात्य में एकता और स्वस्थ लोकतन्त्र एवं स्वस्थ समाज सहित एकता के लिए विवादमुक्त तन्त्रों पर आधारित संविधान।

– कर्म की नीति – राजनीतिक, शारीरिक एवं मानसिक सत्यीकरण (बदलाव)

– कर्म द्वारा निर्माण – स्वयं एवं अपने उद्देश्य के लिए सत्यकाशी क्षेत्र का निर्धारण एवं धर्मनिरपेक्ष और सर्वधर्मसमभाव आधारित मिशन – प्राकृतिक सत्य मिशन

जन्म

सोमवार, 16 अक्टुबर, 1967 (आश्विन, शुक्त पक्ष-त्रयोदशी, रेवती नक्षत्र)

-भारत का मध्यम स्वतन्त्रता-आर्थिक व मानसिक स्वतन्त्रता का समय।

-भारत में एकदलीय सरकार।

-स्वामी विवेकानन्द के चिरशान्ति में लीन होने के 65 वर्ष 3 माह 11 दिन बाद का समय।

-लियोनिड (लियो-सिंह राशि) उल्काओं का अमेरिका में प्रथम बौछार के 10 माह 29 दिन बाद का समय।

-अंक 7 (दिनांक 16 का 1 व 6 जोड़ने पर)-एक ऐसा जन्मांक जो शुभ माना जाता है।

-दिनांक 16-एक ऐसा दिनांक जो माह के बीच में रहकर संतुलन स्थापित करता है।

-श्रीराम की जन्म तिथि नवमी (9) है, श्रीकृष्ण की जन्म तिथि अष्टमी (8) है। 9 के अंक का किसी अंक से गुणा करें, सारांश (अंको का योग) 9 ही रहता है। 8 का गुणा घटता-बढ़ता रहता है। अंक 8 लौकिक-संसारी है, 9 जटिल है जस का तस रहता है। डा0 लोहिया का कहना था-"राम मनुष्य हैं, मर्यादा और आदर्श पर चलते हुए देव बनते हैं, लेकिन कृष्ण देवता हैं। वे लोक संग्रह के लिए मनुष्य बनते हैं, देवत्व से नीचे उतरते हैं। राम और कृष्ण, भारतीय प्रज्ञा के सम्राट हैं।" इसी क्रम में लव कुश सिंह का जन्म तिथि त्रयोदशी (13) है। प्रत्येक मास में कृष्ण पक्ष की तेरहवीं तिथि की रात्रि मास शिवरात्रि तथा फाल्गुन मास की कृष्ण पक्ष की तेरहवीं तिथि की रात्रि महाशिवरात्रि कहलाती है। हिन्दू धर्म में मनुष्य के जन्म के बारहवीं तिथि के संस्कार को बरही तथा शरीर से मुक्त होने के तेरहवीं तिथि के अन्तिम संस्कार को तेरहवीं कहते हैं अर्थात् तेरह का अंक शिवशंकर का प्रतीक और दिन सोमवार जो शिव-शंकर का दिन माना जाता है।

-माह अक्टुबर-एक ऐसा माह जिसमें सार्वाधिक महापुरूषों और सार्वजनिक जीवन में सफल व्यक्तियों ने जन्म ग्रहण किया। जैसे-डा0 एनी वुड बेसेन्ट, अग्रणी थियोसोफिस्ट, (1 अक्टुबर), राष्ट्रपिता महात्मा गाँधी (2 अक्टुबर), "जय जवान-जय किसान" का नारा देने वाले व काशी क्षेत्र के निवासी भूतपूर्व द्वितीय प्रधानमंत्री लाल बहादुर शास्त्री (2 अक्टुबर), फिल्म अभिनेता राजकुमार (8 अक्टुबर), फिल्म अभिनेत्री रेखा (10 अक्टुबर), "सम्पूर्ण क्रान्ति" के उद्घोषक लोक नायक जय प्रकाश नारायण (11 अक्टुबर), नानाजी देशमुख व महानायक फिल्म अभिनेता अमिताभ बच्चन (11 अक्टुबर), "मिसाइल मैन" के नाम से विख्यात पूर्व राष्ट्रपति ए. पी. जे. अब्दुल कलाम (15 अक्टुबर), "ड्रीम गर्ल" के नाम से विख्यात अभिनेत्री हेमामालिनी (16 अक्टुबर), अभिनेता शमशेर राजकपूर उर्फ शम्मी कपूर (21 अक्टुबर), भारत के पूर्व राष्ट्रपति के. आर. नारायणन (27 अक्टुबर), माइक्रोसाफ्ट के संस्थापक विलियम हेनरी गेट्स-III (28 अक्टुबर), भारत के शारीरिक एकीकरण करने वाले लौहपुरूष सरदार बल्लभ भाई पटेल (31 अक्टुबर) इत्यादि।

-माह अक्टुबर (विश्व स्तर पर) एक ऐसा माह जिसमें सार्वाधिक जीवन के विभिन्न क्षेत्रों से जुड़े विश्व दिवसों का आयोजन व निर्धारण हो चुका था-विश्व प्रौढ़ दिवस एवं विश्व संगीत दिवस (1 अक्टूबर), महात्मा गाँधी के जन्म दिवस पर अन्तर्राष्ट्रीय अहिंसा दिवस (2 अक्टूबर), विश्व प्राकृतिक दिवस (3 अक्टूबर), विश्व आवास दिवस एवं विश्व पशु कल्याण दिवस (4 अक्टूबर), विश्व पारिस्थितिक दिवस (5 अक्टूबर), विश्व शिक्षक दिवस (5 अक्टूबर), विश्व प्राणी दिवस (6 अक्टूबर), विश्व डाक दिवस (9 अक्टूबर), विश्व मानसिक स्वास्थ्य दिवस (10 अक्टूबर), विश्व मानक दिवस (14 अक्टूबर), विश्व खाद्य दिवस (16 अक्टूबर), विश्व मितव्ययिता दिवस (28 अक्टूबर)।

-माह अक्टुबर (भारत देश स्तर पर) एक ऐसा माह जिसमें सार्वाधिक जीवन के विभिन्न क्षेत्रों से जुड़े राष्ट्रीय दिवसों का आयोजन व निर्धारण हो चुका था। जैसे-राष्ट्रीय स्वैच्छिक रक्तदान दिवस व वयोबृद्ध दिवस (1 अक्टूबर), राष्ट्रीय अखण्डता दिवस (4 अक्टूबर), वायुसेना दिवस (8 अक्टूबर), प्रादेशिक सेना दिवस (9 अक्टूबर),

सफेद छड़ी दिवस (15 अक्टूबर), सीमा सुरक्षा दिवस व पुलिस स्मरण दिवस (21 अक्टूबर), राष्ट्रीय एकता दिवस (31 अक्टूबर) इत्यादि।

-बिहार के बेगूसराय जिले के रिफाइनरी टाउनशिप में स्थित इण्डियन आयल कार्पोरेशन के अस्पताल में लव कुश सिंह का जन्म समय 02. 15 ए. एम. बजे। इनकी माता का नाम श्रीमती चमेली देवी तथा पिता का नाम श्री धीरज नारायण सिंह जो इण्डियन आयल कापरिशन लि0 (आई. ओ. सी. लि.) के बरौनी रिफाइनरी में कार्यरत थे और उत्पादन अभियंता के पद से सन् 1995 में स्वैच्छिक सेवानिवृत हो चुके हैं। दादा का नाम स्व. राजाराम व दादी का नाम श्रीमती दौलती देवी था। जन्म के समय दादा स्वर्गवासी हो चुके थे।

1870 ईस्वी में बेगूसराय, मुंगेर जिले के सब-डिवीजन के रूप में स्थापित हुआ। 1972 (लवकुश सिंह "विश्वमानव" के जन्म के 5 वर्ष बाद) में बेगूसराय, बिहार राज्य का स्वतन्त्र जिला बना जो मध्य बिहार में स्थित है। बेगूसराय, बिहार के औद्यौगिक नगर के रूप में जाना जाता है। यहाँ मुख्य रूप से तीन बड़े उद्योग हैं-इण्डियन आयल कारपोरेशन लिमिटेड का बरौनी तेलशोधक कारखाना, बरौनी थर्मल पावर स्टेशन और हिन्दुस्तान फर्टिलाइजर।

लव कुश सिंह "विश्वमानव"

आविष्कारकर्ता-मन (मानव संसाधन) का विश्व मानक एवं पूर्ण मानव निर्माण की तकनीकी
अगला दावेदार-भारत सरकार का सर्वोच्च नागरिक सम्मान-"भारत रत्न"

परिचय

अपने विशेष कला के साथ जन्म लेने वाले व्यक्तियों के जन्म माह अक्टुबर के सोमवार, 16 अक्टुबर 1967 (आश्विन, शुक्ल पक्ष-त्रयोदशी, रेवती नक्षत्र) समय 02.15 ए.एम. बजे को रिफाइनरी टाउनशिप अस्पताल (सरकारी अस्पताल), बेगूसराय (बिहार) में श्री लव कुश सिंह का जन्म हुआ और टाउनशिप के E1-53, E2-53, D2F-76, D2F-45 और साइट कालोनी के D-58, C-45 में रहें। इनकी माता का नाम श्रीमती चमेली देवी तथा पिता का नाम श्री धीरज नारायण सिंह जो इण्डियन आयल कार्पोरेशन लि0 (आई.ओ.सी.लि.) के बरौनी रिफाइनरी में कार्यरत थे और उत्पादन अभियंता के पद से सन् 1995 में स्वैच्छिक सेवानिवृत हो चुके हैं। जो कि ग्राम-नियामतपुर कलाँ, पुरूषोत्तमपुर, मीरजापुर (उ0प्र0) पिन-231305 के निवासी हैं। दादा का नाम स्व.राजाराम व दादी का नाम श्रीमती दौलती देवी था। जन्म के समय दादा स्वर्गवासी हो चुके थे जो कभी कश्मीर के राजघराने में कुछ समय के लिए सेवारत भी थे। मार्च सन् 1991 में इनका विवाह चुनार क्षेत्र के धनैता (मझरा) ग्राम में शिव कुमारी देवी से हुआ और जनवरी सन् 1994 में पुत्र का जन्म हुआ। मई सन् 1994 में शिव कुमारी देवी की मृत्यु होने के उपरान्त वे लगभग घर की जिम्मेदारीयों से मुक्त रह कर भारत देश में भ्रमण करते हुये चिंतन व विश्वशास्त्र के संकलन कार्य में लग गये। किसी भी व्यक्ति का नाम उसके अबोध अवस्था में ही रखा जाता है अर्थात् व्यक्ति का प्रथम नाम प्रकृति प्रदत्त ही होता है। लव कुश सिंह नाम उनकी दादी स्व0 श्रीमती दौलती देवी के द्वारा उन्हें प्राप्त हुआ।

भारत देश के ग्रामीण क्षेत्र से एक सामान्य नागरिक के रूप में सामान्य से दिखने वाले श्री लव कुश सिंह एक अद्भुत नाम-रूप-गुण-कर्म के महासंगम हैं जिसकी पुनरावृत्ति असम्भव है। इनकी शिक्षा न्यू प्राइमरी स्कूल (प्राथमिक), रिफाइनरी टाउनशिप, बेगूसराय (बिहार), माधव विद्या मन्दिर इण्टरमीडिएट कालेज, पुरूषोत्तमपुर, मीरजापुर, उ0प्र0 (दसवीं-1981, 13 वर्ष 6 माह में), प्रभु नारायण राजकीय इण्टर कालेज, रामनगर, वाराणसी, उ0प्र0 (बारहवीं-1983, 15 वर्ष 6 माह में) और बी.एससी.(जीव विज्ञान) में 17 वर्ष 6 माह के उम्र में सन् 1985 ई0 में तत्कालिन गोरखपुर विश्वविद्यालय से सम्बद्ध श्री हरिश्चन्द्र स्नातकोत्तर महाविद्यालय, वाराणसी से पूर्ण हुई। तकनीकी शिक्षा में कम्प्यूटर प्रोग्रामिंग एण्ड सिस्टम एनालिसिस में स्नातकोत्तर डिप्लोमा इण्डिया एजुकेशन सेन्टर, एम-92, कनाट प्लेस, नई दिल्ली से सन् 1988 में पूर्ण हुई। परन्तु जिसका कोई प्रमाण पत्र नहीं है वह ज्ञान अद्भुत है। अपने तीन भाई-बहनों व एक पुत्र में वे सबसे बड़े व सबसे कम प्रमाणित शिक्षा प्राप्त हैं। एक अजीब पारिवारिक स्थिति यह है कि प्रारम्भ निरक्षर माँ से होकर अन्त "विश्वशास्त्र" को व्यक्त करने वाले श्री लव कुश सिंह तक एक ही परिवार में हैं।

सभी धर्मशास्त्रों और भविष्यवक्ताओं के अनुसार और सभी को सत्य रूप में वर्तमान करने के लिए "विश्वशास्त्र" को व्यक्त करने वाले श्री लव कुश सिंह समय रूप से संसार के सर्वप्रथम वर्तमान में रहने वाले व्यक्ति हैं क्यूँकि वर्तमान की परिभाषा है-पूर्ण ज्ञान से युक्त होना और कार्यशैली की परिभाषा है-भूतकाल का अनुभव, भविष्य की आवश्यकतानुसार पूर्णज्ञान और परिणाम ज्ञान से युक्त होकर वर्तमान समय में कार्य करना। स्वयं को आत्म ज्ञान होने पर प्रकृति प्रदत्त नाम के अलावा व्यक्ति अपने मन स्तर का निर्धारण कर एक नाम स्वयं रख लेता है। जिस प्रकार "कृष्ण" नाम है "योगेश्वर" मन की अवस्था है, "गदाधर" नाम है "रामकृष्ण परमहंस" मन की अवस्था है, "सिद्धार्थ" नाम है "बुद्ध" मन की अवस्था है, "नरेन्द्र नाथ दत्त" नाम है "स्वामी विवेकानन्द" मन की अवस्था है, "रजनीश" नाम है "ओशो" मन की अवस्था है। उसी प्रकार लव कुश सिंह ने अपने नाम के साथ "विश्वमानव" लागाकर मन की अवस्था को व्यक्त किया है और उसे सिद्ध भी किया है। व्यक्तियों के नाम, नाम है "भोगेश्वर विश्वमानव" उसकी चरम विकसित, सर्वोच्च और अन्तिम अवस्था है जहाँ समय की धारा में चलते-चलते मनुष्य वहाँ विवशतावश पहुँचेगा ऐसा उनका मानना है। जिस प्रकार श्रीकृष्ण के जन्म से पहले ही ईश्वरत्व उन पर झोंक दिया गया था अर्थात् जन्म लेने वाला देवकी का आठवाँ पुत्र ईश्वर ही होगा, यह श्रीकृष्ण को ज्ञात होने पर जीवनभर वे जनभावना को उस ईश्वरत्व के प्रति विश्वास बनाये रखने के लिए संघर्ष करते रहे, उसी प्रकार इस "लव-कुश" का नाम उन्हें ज्ञात होने पर वे भी इसे सिद्ध करने के लिए जीवनभर संघर्ष करते रहे जिसका परिणाम आपके समक्ष है।

श्री लव कुश सिंह "विश्वमानव"ने कभी किसी पद पर सरकारी नौकरी नहीं की इस सम्बन्ध में उनका कहना था कि-"नौकरी करता तो यह नहीं कर पाता। पद पर रहता तो केवल पद से सम्बन्धित ही विशेषज्ञता आ पाती। वैसे भी पत्र-व्यवहार या पुस्तक का सम्बन्ध ज्ञान और विचार से होता हैं उसमें व्यक्ति के शरीर से क्या मतलब? क्या कोई लंगड़ा या अंधा होगा तो उसका ज्ञान-विचार भी लंगड़ा या अंधा होगा? क्या कोई किसी पद पर न हो तो उसकी सत्य बात गलत मानी जायेगी? विचारणीय विषय है। परन्तु इतना तो जानता हूँ कि यह आविष्कार यदि सीधे-सीधे प्रस्तुत कर दिया जाता तो सभी लोग यही कहते कि इसकी प्रमाणिकता क्या है? फिर मेरे लिए मुश्किल हो जाता क्योंकि मैं न तो बहुत ही अधिक शिक्षा ग्रहण किया था, न ही किसी विश्वविद्यालय का उच्चस्तर का शोधकर्ता था। परिणामस्वरूप मैंने ऐसे पद "कल्कि अवतार" को चुना जो समाज ने पहले से ही निर्धारित कर रखा था और पद तथा आविष्कार के लिए व्यापक आधार दिया जिसे समाज और राज्य पहले से मानता और जानता है।"

भारत अपने शारीरिक स्वतन्त्रता व संविधान के लागू होने के उपरान्त वर्तमान समय में जिस कर्तव्य और दायित्व का बोध कर रहा है। भारतीय संसद अर्थात् विश्वमन संसद जिस सार्वभौम सत्य या सार्वजनिक सत्य की खोज करने के लिए लोकतन्त्र के रूप में व्यक्त हुआ है। जिससे स्वस्थ लोकतंत्र, समाज स्वस्थ, उद्योग और पूर्ण मानव की प्राप्ति हो सकती है, उस ज्ञान से युक्त विश्वात्मा श्री लव कुश सिंह "विश्वमानव" वैश्विक व राष्ट्रीय बौद्धिक क्षमता के सर्वोच्च और अन्तिम प्रतीक के रूप में व्यक्त हैं।

निःशब्द, आश्चर्य, चमत्कार, अविश्वसनीय, प्रकाशमय इत्यादि ऐसे ही शब्द उनके और उनके शास्त्र के लिए व्यक्त हो सकते हैं। विश्व के हजारों विश्वविद्यालय जिस पूर्ण सकारात्मक एवं एकीकरण के विश्वस्तरीय शोध को न कर पाये, वह एक ही व्यक्ति ने पूर्ण कर दिखाया हो उसे कैसे-कैसे शब्दों से व्यक्त किया जाये, यह सोच पाना और उसे व्यक्त कर पाना निःशब्द होने के सिवाय कुछ नहीं है।

"विश्वशास्त्र" के शास्त्राकार श्री लव कुश सिंह "विश्वमानव" अपने परिचितों से केवल सदैव इतना ही कहते रहे कि-"कुछ अच्छा किया जा रहा है" के अलावा बहुत अधिक व्याख्या उन्होंने कभी नहीं की। और अन्त में कभी भी बिना इस शास्त्र की एक भी झलक दिखाये एकाएक यह शास्त्र प्रस्तुत कर दिया जाये तो इससे बड़ा आश्चर्य क्या हो सकता है। जो इस स्तर पर है कि-"विश्व बुद्धि बनाम एकल बुद्धि। और उसका परिणाम ये है कि भारत को वर्तमान काल में विश्वगुरू और संयुक्त राष्ट्र संघ तक के लिए सार्वभौम सत्य-सैद्धान्तिक स्थापना योग्य मार्गदर्शन अभी ही उपलब्ध हो चुका है जिससे भारत जब चाहे तब उसका उपयोग कर सके।

जो व्यक्ति कभी किसी वर्तमान गुरू के शरणागत होने की आवश्यकता न समझा, जिसका कोई शरीरधारी प्रेरणा स्रोत न हो, किसी धार्मिक व राजनीतिक समूह का सदस्य न हो, इस कार्य से सम्बन्धित कभी

सार्वजनिक रूप से समाज में व्यक्त न हुआ हो, जिस विषय का आविष्कार किया गया, वह उसके जीवन का शैक्षणिक विषय न रहा हो, 50 वर्ष के अपने वर्तमान अवस्था तक एक साथ कभी भी 50 लोगों से भी न मिला हो, यहाँ तक कि उनको इस रूप में 50 आदमी भी न जानते हों, यदि जानते भी हो तो पहचानते न हों और जो पहचानते हों वे इस रूप को जानते न हों, वह अचानक इस शास्त्र को प्रस्तुत कर दें तो इससे बडा चमत्कार क्या हो सकता है।

जिस व्यक्ति का जीवन, शैक्षणिक योग्यता और कर्मरूप शास्त्र तीनों का कोई सम्बन्ध न हो अर्थात् तीनों तीन व्यक्तित्व का प्रतिनिधित्व करते हों, इससे बड़ी अविश्वसनीय स्थिति क्या हो सकती है।

मूल पाशुपत शैव दर्शन सहित अनेक मतों का सफल एकीकरण के स्वरूप श्री लव कुश सिह "विश्वमानव" के जीवन, कर्म और ज्ञान के अनेक दिशाओं से देखने पर अनेक दार्शनिक, संस्थापक, संत, ऋषि, अवतार, मनु, व्यास, व्यापारी, रचनाकर्ता, नेता, समाज निर्माता, शिक्षाविद्, दूरदर्शिता इत्यादि अनेक रूप दिखते हैं।

"वर्तमान में विश्व (WORLD) पृथ्वी की सीमा तक के अर्थों में अधिकतम प्रयोग होता है। परन्तु मानवीय व्यक्तिगत दृष्टि में प्रत्येक मनुष्य का विश्व, जगत्, संसार, सृष्टि व दुनिया उतना ही बड़ा होता है जितने क्षेत्र तक का उसका ज्ञान होता है।

इस प्रकार व्यक्ति का अपने व्यक्तिगत दृष्टि से विश्व को देखना उसका प्राथमिक विश्व तथा व्यक्ति का अपने सार्वभौम दृष्टि से विश्व को देखना उसकी अन्तिम व पूर्ण दृष्टि होती है।

संवेदना के अनुभव की सीमा ही व्यक्ति का शरीर होता है। जिस व्यक्ति की संवेदना उसके अपने शरीर तक होता है उसके शरीर की सीमा उसके अपने शरीर तक ही होती है। इसी प्रकार जो व्यक्ति अपने परिवार, मुहल्ला, गाँव, जिला, प्रदेश, देश, पृथ्वी और ब्रह्माण्ड तक की संवेदना का अनुभव करता है उस व्यक्ति का शरीर उस स्तर का होता है। अनन्त ब्रह्माण्ड तक के शरीर का अनुभव ही "अंह ब्रह्मास्मि" कहलाता है और अपने शरीर के सुख-दुःख का अनुभव करते हुए अपने उस शारीरिक सीमा के लिए कर्म करता है।

इस प्रकार मैं लव कुश सिंह "विश्वमानव" अनन्त ब्रह्माण्ड तक की संवेदना का अनुभव कर उसे सत्य, शिव और सुन्दर की ओर दिशा देने के लिए यह "विश्वशास्त्र" व्यक्त किया हूँ।"

- लव कुश सिंह "विश्वमानव"

"प्रत्येक व्यक्ति केवल अपने ही विश्व को देखता है, इसलिए उस विश्व की उत्पत्ति उसके बन्धन के साथ होती है और उसकी मुक्ति से वह विश्व मय हो जाता है। तथापि वह औरों के लिए, जो बन्धन में हैं, अवशेष रहता है। नाम और रुप से ही विश्व बना है। समुद्र की तरंग, उस हद तक ही तरंग कहला सकती है, जब तक कि नाम और रुप से वह सीमित है। यदि तरंग लुप्त हो जाये तो वह समुद्र ही है। यह नाम और रुप माया कहलाता है। और पानी ब्रह्म।"

- स्वामी विवेकानन्द

समाज रचना और व्यापार का आधार

"आकाश शब्द मंय" अर्थात् आकाश शब्द रूप में है। विचार ही आविष्कार का जन्मदाता है। फिर वही व्यापार का मूल होता है। आध्यात्म जगत हो या भौतिक जगत विचार द्वारा ही आविष्कार और व्यापार चल रहे हैं। आविष्कारकों के साथ निम्न विचार अवश्य जुड़ जाते हैं। उनके सत्य अर्थ को जानना आवश्यक है-

1. **"बहुत पहुँचे हुये हैं"** - इसका अर्थ होता है- पहला अन्तर्जगत के सम्बन्ध में - आध्यात्मिक सार्वभौम सत्य-सिद्धान्तों का अनुभव, दूसरा बाह्य जगत के सम्बन्ध में - उच्च पीठासीन राजनेता और धर्माचार्य से सम्बन्ध। जिससे कल्याण व स्वार्थ का कार्य सम्पन्न कर सकें। तीसरा कोई अर्थ नहीं होता।

2. **"दर्शन"** - इसका अर्थ होता है- पहला अन्तर्जगत के सम्बन्ध में - उनके सम्पूर्ण रूप जीवन, ज्ञान व कर्म को देखना, दूसरा बाह्य जगत के सम्बन्ध में - केवल शरीर, संसाधन और महिमामण्डन को देखना। तीसरा कोई अर्थ नहीं होता। दूसरे प्रकार के दर्शन से दर्शन करने वाले को कोई लाभ नहीं होता।

3. **"आशीर्वाद"** - इसका अर्थ होता है- पहला अन्तर्जगत के सम्बन्ध में - उनसे अपने कल्याणार्थ शब्द सुनना।, दूसरा बाह्य जगत के सम्बन्ध में - उनसे अपने कल्याण के लिए कार्य लेना या उनके ज्ञान को अपने कल्याण के लिए जीवन में उपयोग करना। तीसरा कोई अर्थ नहीं होता। पहले प्रकार के आशीर्वाद से आशीर्वाद लेने वाले को कोई लाभ नहीं होता।

अ. भौतिक जगत द्वारा आविष्कार और व्यापार

भौतिक जगत में जैसे ही कोई आविष्कार होता है वह व्यापार बन जाता है परन्तु आविष्कारक का जीवन व्यापार नहीं बन पाता है। केवल आविष्कारक का ज्ञान और उत्पाद ही व्यापार में परिवर्तित होता है। पुनः आविष्कारक के ज्ञान और उत्पाद पर आधारित अन्य आविष्कार भी होने लगते हैं जैसे- बिजली का आविष्कार हुआ तो बिजली का आविष्कार जिस सिद्धान्त से हुआ वह और उस पर आधारित अनेक आविष्कार जैसे बल्ब, मोटर, जेनरेटर, बैटरी इत्यादि अनेक आविष्कार हो गये और उस पर आधारित अनकों प्रकार के व्यापार विकसित हो गये। लेकिन आविष्कारक का जीवन व्यापार नहीं बन पाया। वर्तमान समय में भौतिक जगत ने इतने अधिक आविष्कार दिये हैं कि मनुष्य के जन्म के पूर्व से ही वह भौतिक आविष्कारों का उपभोक्ता बन चुका है। और यह क्रम जारी भी है। भौतिक आविष्कारों से मनुष्य को संसाधन प्राप्त होता है।

ब. आध्यात्म जगत द्वारा आविष्कार और व्यापार

आध्यात्म जगत में जैसे ही कोई आविष्कार होता है वह व्यापार बन जाता है जो आविष्कारक के जीवन, ज्ञान और कर्म से जुड़ा होता है। पुनः आविष्कारक के जीवन, ज्ञान और कर्म पर आधारित अन्य आविष्कार भी होने लगते हैं। जैसे - श्रीराम, श्रीकृष्ण, शिव-शंकर, बुद्ध, माँ वैष्णों देवी, सांई बाबा, विश्व के तमाम धर्म संस्थापकों के जीवन, ज्ञान व कर्म पर अनेकों व्यापार विकसित हो गये हैं। भारतीय आध्यात्म और दर्शन जगत ऐसे उदाहरणों से भरा हुआ है। वर्तमान समय में आध्यात्म जगत ने इतने अधिक आविष्कार दिये हैं कि मनुष्य के जन्म के पूर्व से ही वह आध्यात्मिक आविष्कारों द्वारा ही संचालित है। और यह क्रम जारी भी है। आध्यात्मिक आविष्कारों से मनुष्य को सुख व ईश्वरत्व की ओर विकास प्राप्त होता है।

श्री विष्णु पुराण (तृतीय अंश, अध्याय-दो) में लिखा है कि -स्थितिकारक भगवान विष्णु चारों युगों में इस प्रकार व्यवस्था करते हैं- समस्त प्राणियों के कल्याण में तत्पर वे सर्वभूतात्मा सत्ययुग में कपिल आदिरूप धारणकर परम ज्ञान का उपदेश करते हैं। त्रेतायुग में वे सर्वसमर्थ प्रभु चक्रवर्ती भूपाल होकर दुष्टों का दमन करके त्रिलोक की रक्षा करते हैं। तदन्तर द्वापरयुग में वे वेदव्यास रूप धारण कर एक वेद के चार विभाग करते हैं और सैकड़ों शाखाओं में बाँटकर बहुत विस्तार कर देते हैं। इस प्रकार द्वापर में वेदों का विस्तार कर कलियुग के अन्त में भगवान कल्किरूप धारणकर दुराचारी लोगों को सन्मार्ग में प्रवृत्त करते हैं। इसी प्रकार, अनन्तात्मा प्रभु निरन्तर इस सम्पूर्ण जगत् के उत्पत्ति, पालन और नाश करते रहते हैं। इस संसार में ऐसी कोई वस्तु नहीं है जो उनसे भिन्न हो।

श्री विष्णु पुराण (तृतीय अंश, अध्याय-तीन) में लिखा है कि - वेद रूप वृक्ष के सहस्त्रों शाखा-भेद हैं, उनका विस्तार से वर्णन करने में तो कोई भी समर्थ नहीं है अतः संक्षेप यह है कि प्रत्येक द्वापरयुग में भगवान विष्णु व्यासरूप से अवतीर्ण होते हैं और संसार के कल्याण के लिए एक वेद के अनेक भेद कर देते हैं। मनुष्यों के बल, वीर्य और तेज को अलग जानकर वे समस्त प्राणियों के हित के लिए वेदों का विभाग करते हैं। जिस शरीर के द्वारा एक वेद के अनेक विभाग करते हैं भगवान मधुसूदन की उस मूर्ति का नाम वेदव्यास है।

इस वैवस्वत मनवन्तर (सातवाँ मनु) के प्रत्येक द्वापरयुग में व्यास महर्षियों ने अब तक पुनः-पुनः 28 बार वेदों के विभाग किये हैं। पहले द्वापरयुग में ब्रह्मा जी ने वेदों का विभाग किया। दूसरे द्वापरयुग के वेदव्यास प्रजापति हुए। तीसरे द्वापरयुग में शुक्राचार्य जी, चौथे द्वापरयुग में बृहस्पति जी व्यास हुए, पाँचवें में सूर्य और छठें में भगवान मृत्यु व्यास कहलायें। सातवें द्वापरयुग के वेदव्यास इन्द्र, आठवें के वशिष्ठ, नवें के सारस्वत और दसवें के त्रिधामा कहे जाते हैं। ग्यारहवें में त्रिशिख, बारहवें में भरद्वाज, तेरहवें में अन्तरिक्ष और चौदहवें में वर्णी नामक व्यास हुए। पन्द्रहवें में त्रव्यारूण, सोलहवें में धनंन्जय, सत्रहवें में क्रतुन्जय और अठ्ठारवें में जय नामक व्यास हुए। फिर उन्नीसवें व्यास भरद्वाज हुए, बीसवें गौतम, इक्कीसवें हर्यात्मा, बाइसवें वाजश्रवा मुनि, तेइसवें सोमशुष्पवंशी तृणाबिन्दु, चौबीसवें भृगुवंशी ऋक्ष (वाल्मीकि) पच्चीसवें मेरे (पराशर) पिता शक्ति, छब्बीसवें मैं पराशर, सत्ताइसवें जातुकर्ण और अठ्ठाइसवें कृष्णद्वैपायन। अगामी द्वापरयुग में द्रोणपुत्र अश्वत्थामा वेदव्यास होंगे।

"कल्कि" अवतार के सम्बन्ध में कहा गया है कि उसका कोई गुरू नहीं होगा, वह स्वयं से प्रकाशित स्वयंभू होगा जिसके बारे में अथर्ववेद, काण्ड 20, सूक्त 115, मंत्र 1 में कहा गया है कि "ऋषि-वत्स, देवता इन्द्र, छन्द गायत्री। अहमिद्धि पितुष्परि मेधा मृतस्य जग्रभ। अहं सूर्य इवाजिनि।। "अर्थात् "मैं परम पिता परमात्मा से सत्य ज्ञान की विधि को धारण करता हूँ और मैं तेजस्वी सूर्य के समान प्रकट हुआ हूँ।" जबकि सबसे प्राचीन वंश स्वायंभुव मनु के पुत्र उत्तानपाद शाखा में ब्रह्मा के 10 मानस पुत्रों में से मन से मरीचि व पत्नी कला के पुत्र कश्यप व पत्नी अदिति के पुत्र आदित्य (सूर्य) की चौथी पत्नी छाया से दो पुत्रों में से एक 8वें मनु - सावर्णि मनु होंगे जिनसे ही वर्तमान मनवन्तर 7वें वैवस्वत मनु की समाप्ति होगी। ध्यान रहे कि 8वें मनु - सावर्णि मनु, सूर्य पुत्र हैं। अर्थात् कल्कि अवतार और 8वें मनु - सावर्णि मनु दोनों, दो नहीं बल्कि एक ही हैं और सूर्य पुत्र हैं।

"सार्वभौम" गुण 8वें सावर्णि मनु का गुण है। अवतारी श्रृंखला अन्तिम होकर अब मनु और मनवन्तर श्रृंखला के भी बढ़ने का क्रम है क्योंकि यही क्रम है। वैदिक-सनातन-हिन्दू धर्म के पुराणों में 14 मनुओं का वर्णन किया गया है। इन्हीं के नाम से मन्वन्तर चलते हैं। जो निम्नलिखित हैं-

1. मनुर्भरत वंश की प्रियव्रत शाखा

अ. पौराणिक वंश

वंश	अवतार	काल
01. स्वायंभुव मनु	यज्ञ	भूतकाल
02. स्वारचिष मनु	विभु	भूतकाल
03. उत्तम मनु	सत्यसेना	भूतकाल
04. तामस मनु	हरि	भूतकाल

05. रैवत मनु	वैकुण्ठ	भूतकाल

2. मनुर्भरत वंश की उत्तानपाद शाखा

06. चाक्षुष मनु	अजित	भूतकाल
ब. ऐतिहासिक वंश		
07. वैवस्वत मनु	वामन	वर्तमान
स. भविष्य के वंश		
08. सावर्णि मनु	सार्वभौम	भविष्य
09. दत्त सावर्णि मनु	रिषभ	भविष्य
10. ब्रह्म सावर्णि मनु	विश्वकसेन	भविष्य
11. धर्म सावर्णि मनु	धर्मसेतू	भविष्य
12, रूद्र सावर्णि मनु	सुदामा	भविष्य
13. दैव सावर्णि मनु	योगेश्वर	भविष्य
14. इन्द्र सावर्णि मनु	वृहद्धानु	भविष्य

पहले मनु - स्वायंभुव मनु से 7वें मनु - वैवस्वत मनु तक शारीरिक प्राथमिकता के मनु का कालक्रम हैं। 8वें मनु - सावर्णि मनु से 14वें और अन्तिम - इन्द्र सावर्णि मनु तक बौद्धिक प्राथमिकता के मनु का कालक्रम है इसलिए ही 9वें मनु से 14वें मनु तक के नाम के साथ में "सावर्णि मनु" उपनाम की भाँति लगा हुआ है। अर्थात् 9वें मनु से 14वें मनु में सार्वभौम गुण विद्यमान रहेगा और बिना "विश्वशास्त्र" के उनका प्रकट होना मुश्किल होगा।

मनुष्य की रचना "पावर और प्राफिट (शक्ति और लाभ)" के लिए नहीं बल्कि असीम मस्तिष्क क्षमता के विकास के लिए हुआ है। फलस्वरूप वह स्वयं को ईश्वर रूप में अनुभव कर सके, जहाँ उसे किसी गुरू की आवश्यकता न पड़ें, वह स्वंयभू हो जाये, उसका प्रकाश वह स्वयं हो। एक गुरू का लक्ष्य भी यही होता है कि शिष्य मार्गदर्शन प्राप्त कर गुरू से आगे निकलकर, गुरू तथा स्वयं अपना नाम और कृति इस संसार में फैलाये, ना कि जीवनभर एक ही कक्षा में (गुरू में) पढ़ता रह जाये। एक ही कक्षा में जीवनभर पढ़ने वाले को समाज क्या नाम देता है, समाज अच्छी प्रकार जानता है। "विश्वशास्त्र" से कालक्रम को उसी मुख्यधारा में मोड़ दिया गया है। एक शास्त्राकार, अपने द्वारा व्यक्त किये गये पूर्व के शास्त्र का उद्देश्य और उसकी सीमा तो बता ही सकता है परन्तु व्याख्याकार ऐसा नहीं कर सकता। स्वयं द्वारा व्यक्त शास्त्र के प्रमाण से ही स्वयं को व्यक्त और प्रमाणित करूँगा- शास्त्राकार महर्षि व्यास (वर्तमान में लव कुश सिंह "विश्वमानव")

शब्द से सृष्टि की ओर...
सृष्टि से शास्त्र की ओर...
शास्त्र से काशी की ओर...
काशी से सत्यकाशी की ओर...
और सत्यकाशी से अनन्त की ओर...
एक अन्तहीन यात्रा...............................

वर्तमान सृष्टि चक्र की स्थिति भी यही हो गयी है कि अब अगले अवतार के मात्र एक विकास के लिए सत्यीकरण से काल, मनवन्तर व मनु, अवतार, व्यास व शास्त्र सभी बदलेंगे। इसलिए देश व विश्व के धर्माचार्यों, विद्वानों, ज्योतिषाचार्यों इत्यादि को अपने-अपने शास्त्रों को देखने व समझने की आवश्यकता आ गयी है क्योंकि कहीं श्री लव कुश सिंह "विश्वमानव" और "आध्यात्मिक सत्य" आधारित कार्य "विश्वशास्त्र" वही तो नहीं है? और यदि नहीं तो वह कौन सा कार्य होगा जो इन सबको बदलने वाली घटना को घटित करेगा?

शनिवार, 22 दिसम्बर, 2012 से प्रारम्भ हो चुका है-

1. काल के प्रथम रूप अदृश्य काल से दूसरे और अन्तिम दृश्य काल का प्रारम्भ।
2. मनवन्तर के वर्तमान 7वें मनवन्तर वैवस्वत मनु से 8वें मनवन्तर सावर्णि मनु का प्रारम्भ।

3. अवतार के नवें बुद्ध से दसवें और अन्तिम अवतार-कल्कि महावतार का प्रारम्भ।
4. युग के चौथे कलियुग से पाँचवें युग स्वर्ण युग का प्रारम्भ।
5. व्यास और द्वापर युग में आठवें अवतार श्रीकृष्ण द्वारा प्रारम्भ किया गया कार्य "नवसृजन" के प्रथम भाग "सार्वभौम ज्ञान" के शास्त्र "गीता" से द्वितीय अन्तिम भाग "सार्वभौम कर्मज्ञान", पूर्णज्ञान का पूरक शास्त्र", लोकतन्त्र का "धर्मनिरपेक्ष धर्मशास्त्र" और आम आदमी का "समाजवादी शास्त्र" द्वारा व्यवस्था सत्यीकरण और मन के ब्रह्माण्डीयकरण और नये व्यास का प्रारम्भ।

जिस प्रकार लोग आत्मा की महत्ता को न समझकर शरीर को ही महत्व देते हैं उसी प्रकार लोग भले ही पढ़कर ही विकास कर रहें हो परन्तु वे शास्त्राकार लेखक की महत्ता को स्वीकार नहीं करते। जबकि वर्तमान समय में चाहे जिस विषय में हो प्रत्येक विकास कर रहे व्यक्ति के पीछे शास्त्राकार, लेखक, आविष्कारक, दार्शनिक की ही शक्ति है जिस प्रकार शरीर के पीछे आत्मा की शक्ति है।

सदैव मानव समाज को एकात्म करने के लिए शास्त्र-साहित्य की रचना करना लेखक का काम रहा है। सामूहिक रूप से ऐसे कार्य करने वाले को व्यास कहते हैं। चाहे वह आध्यात्म दर्शन (अदृश्य विज्ञान) के क्षेत्र में हो या पदार्थ विज्ञान (दृश्य विज्ञान) के क्षेत्र में हो। इस प्रकार सभी लेखकों के आदर्श आदि पुरूष व्यास ही हैं।

मात्र एक विचार- "ईश्वर ने इच्छा व्यक्त की कि मैं एक हूँ, अनेक हो जाऊँ" और "सभी ईश्वर हैं", यह प्रारम्भ और अन्तिम लक्ष्य है। आध्यात्म जगत द्वारा आविष्कार और व्यापार कें मुख्य रूप में इस प्रकार हैं-

01. सत्युग (सार्वभौम सत्य)

01. वैदिक/सनातन धर्म-ऋषि-मुनि गण ई0पूर्व 6000-2500 चार वेद और वैदिक साहित्य

1. ईश्वर कृत - ऋगवेद, सामवेद, यजुवेद व अथर्ववेद

2. ऋषि-मुनि कृत - संहिता, ब्राह्मण कृत ब्राह्मण (कर्म काण्ड) व आरण्यक (ज्ञान काण्ड), उपनिषद्, वेदांग या सूत्र-साहित्य शिक्षा (स्वर विज्ञान), कल्प (धर्मानुष्ठान)-श्रौत सूत्र, शुल्व सूत्र, गृह्य सूत्र, धर्म सूत्र, व्याकरण, निघण्टु, निरूक्त (व्युत्पत्ति), छन्द, ज्योतिष, उपांग - सांख्य दर्शन (प्रकृति आधारित), वैशेषिक दर्शन (काल या समय आधारित), मीमांसा दर्शन (कर्म आधारित), चार्वाक दर्शन, अपौरूषेय दर्शन, योग दर्शन (पुरूषार्थ आधारित), न्याय दर्शन (परमाणु आधारित), वेदांत दर्शन (ब्रह्म आधारित)

उपवेद- आयुर्वेद, धनुर्वेद, गान्धर्वेद, अथर्वेद।

पुराण - मत्स्य, मार्कण्डेय, भागवत, भविष्य, ब्रह्म, ब्रह्माण्ड, ब्रह्म बैवर्त, वायु, विष्णु, बाराह, बामन, अग्नि, नारदीय, पद्म, लिंग, गरूण, कूर्म, स्कन्द।

02. त्रेतायुग यज्ञ (अदृश्य कर्म)

1. भगवान परशुराम कृत - परशुराम परम्परा - साकार आधारित लोकतंत्र व्यवस्था।
2. महाकाव्य- वाल्मीकि रचित - रामायण - आदर्श मानक व्यक्ति चरित्र का प्रस्तुतीकरण।

03. द्वापरयुग (भक्ति और प्रेम)

01. वेदान्त अद्वैत धर्म - श्रीकृष्ण - ई0 पूर्व 3000 - गीता - अद्वैत दर्शन

भगवान श्री कृष्ण कृत - साकार आधारित परशुराम परम्परा का नाश, पूर्ववर्ती सभी मतों का समन्वय व एकीकरण करत हुये निराकार आधारित लोकतंत्र व्यवस्था के प्रारम्भ का बीज शास्त्र "गीता/ गीतोपनिषद्"

व्यास रचित - महाभारत - आदर्श मानक व्यक्ति चरित्र समाहित आदर्श मानक सामाजिक व्यक्ति चरित्र अर्थात् व्यक्तिगत प्रमाणित आदर्श मानक वैश्विक व्यक्ति चरित्र का प्रस्तुतीकरण।

04. कलियुग संघ और योजना (दृश्य कर्म)

01. बौद्ध - भगवान बुद्ध - ई0पू0 1567-487 - बौद्ध दर्शन
02. कन्फ्यूसी - कन्फ्यूसियश - ई0पूर्व 551-479
03. टोईज्म - लोओत्से - ई0पूर्व 604-518
04. जैन - भगवान महावीर - ई0पूर्व 539-467 - जैन दर्शन
05. पारसी - जरथ्रुसट - ई0 पूर्व 6 - जेन्दा अवेस्ता
06. ईसाई - ईसा मसीह - सन् 33 ई0 - बाईबल
07. इस्लाम - मुहम्मद पैगम्बर - सन् 670ई0 - कुरआन शरीफ
08. वेदान्त अद्वैत धर्म - आदि शंकराचार्य - सन् 830 ई0 - अद्वैत दर्शन
09. वेदान्त विशिष्टाद्वैत धर्म - रामानुज - सन् 1200 ई0 - विशिष्टाद्वैत दर्शन
10. वेदान्त द्वैत - माध्वाचार्य - सन् 1300 ई0 - द्वैत दर्शन
11. भक्ति धर्म - चौतन्य महाप्रभु - सन् 1485-1533ई0 - भक्तियोग दर्शन
12. सिक्ख - गुरु नानक - सन् 1510 ई0 - गुरुग्रन्थ साहिब
13 वेदान्त अद्वैत धर्म - स्वामी विवेकानन्द - सन् 1863-1902ई0 - विश्व धर्म दर्शन

05. सत्ययुग/स्वर्णयुग (सार्वभौम सत्य-सिद्धान्त)

14. विश्व धर्म / वेदान्त धर्म / अद्वैत धर्म / एकता धर्म / लोकतन्त्र धर्म / समष्टि धर्म / प्राकृतिक धर्म / सत्य धर्म / संयुक्तमन धर्म / ईश्वर धर्म / हिन्दू धर्म / सार्वजनिक धर्म / दृश्यधर्म / मानवधर्म / धर्मनिरपेक्ष धर्म - लव कुश सिंह "विश्वमानव" - सन् 2012 ई0 - पूर्ववर्ती सभी धर्मों व मतों का समन्वय व एकीकरण करते हुये निराकार आधारित लोकतंत्र व्यवस्था का वृक्ष शास्त्र विश्व-नागरिक धर्म का धर्मयुक्त धर्मशास्त्र-कर्मवेद: प्रथम, अन्तिम तथा पंचम वेदीय श्रृंखला विश्व-राज्य धर्म का धर्मनिपेक्ष धर्मशास्त्र: विश्वमानक शून्य-मन की गुणवत्ता का विश्वमानक श्रृंखला, आदर्श मानक सामाजिक व्यक्ति चरित्र समाहित आदर्श मानक वैश्विक व्यक्ति चरित्र अर्थात् सार्वजनिक प्रमाणित आदर्श मानक वैश्विक व्यक्ति चरित्र का प्रस्तुतीकरण।

पूर्ण प्रत्यक्ष अवतार से पूर्ण प्रेरक अवतार तक की यात्रा यहीं समाप्त होती है।

उपरोक्त मुख्य मूल आविष्कार के उपरान्त अनेक आविष्कार पर आविष्कार होते गये और मनुष्य आविष्कारक के जीवन, ज्ञान व कर्म से सम्बन्धित व्यापार से अपने जीवन को विकास की ओर ले जा रहा है। कोई भी विचारधारा (आविष्कार) चाहे उसकी उपयोगिता कालानुसार समाज को हो या न हो, यदि वह संगठन का रूप लेकर अपना आय स्वयं संचालित करने लगती है तो उसके साथ व्यक्ति जीवकोपार्जन, श्रद्धा व विश्वास से जुड़ता है न कि ज्ञान के लिए।

सृष्टि, ईश्वरीय समाज और व्यापार

"सृष्टि" का अर्थ होता है- सम्पूर्ण ब्रह्माण्ड की रुकी स्थिति के आगे एकात्मता के साथ नवनिर्माण। "सृष्टि करने की स्थिति" में भूतकाल की चर्चा की स्थिति आ जाने पर उसे "सृष्टि रूकना" कहते हैं ऐसी ही स्थिति महाभारत युद्ध के समय श्रीकृष्ण के समक्ष आ गया था जब अर्जुन ने युद्ध से मना कर दिया था परिणामस्वरूप श्रीकृष्ण "गीता" उपदेश के लिए भूतकाल की चर्चा में उलझ गये थे। **"रचना" का अर्थ होता है-** उपलब्धता पर आधारित एकात्मता के साथ नवनिर्माण। **"विकास" का अर्थ होता है-** उपलब्धता पर आधारित नवनिर्माण। विकास का कोई लक्ष्य नहीं होता। जब विकास एकात्मता की ओर होती है तो वह रचना बन जाती है। विकास लक्ष्य विहिन होता है इसलिए कालान्तर में वह विनाश का रुप ले लेती है।

मनुष्य, अपने कर्मों का फल तुरन्त या इसी जीवन में चाहता है। अवतार, संत, महापुरूष गण प्रेरणा प्रदान करने के लिए अनेक कर्म उत्पन्न कर देते हैं। उसमें से एकाध कर्म स्वयं के लिए रखते हैं क्योंकि जीवन के समय को व्यतीत करने के लिए कुछ कर्म चाहिए होते हैं। "कर्म किये बिना कोई रह नहीं सकता"- ये श्रीकृष्ण की वाणी है। अप्रत्यक्ष कर्म (प्रेरणा या मार्गदर्शन) अन्य जिनके लिए उपयोगी हों, उनके लिए होता है। वो उसे करें ना करें अवतार, संत, महापुरूष गण को कोई मतलब नहीं होता। जिस प्रकार सूर्य के प्रकाश के भिन्न-भिन्न उपयोग हैं उसी प्रकार शास्त्र के भी भिन्न-भिन्न उपयोग होते हैं। कोई राजनीति करता है, कोई ज्ञानी बनता है, कोई समाज निर्माण करता है, कोई पुनः व्याख्या कर गुरू बन जाता है। और इन सबसे शास्त्राकार को कोई मतलब नहीं होता जिस प्रकार सूर्य के प्रकाश का उपयोग कर लेने से सूर्य को कोई मतलब नहीं होता।" अर्थात् मनुष्य पेड़ लगाता है स्वंय फल खाने की इच्छा से जबकि ईश्वर और उनके अवतार पेड़ लगाते हैं दूसरों के लिए।

ईश्वरीय समाज कोई संगठन नहीं है बल्कि यह मानव जीवन के व्यष्टि व समष्टि क्षेत्र के अनेक विषयों की ओर से ईश्वर (सार्वभौम सत्य-सिद्धान्त) से योग कराने के लिए प्रणाली का विस्तार है जिससे वे किसी भी संस्थागत धर्म/समाज से जुड़े होने के बावजूद भी सीधे ईश्वर (सार्वभौम सत्य-सिद्धान्त) से जुड़ सकें। ज्ञान के इस युग और उसी ओर बढ़ते काल क्रम में ज्ञान-कर्मज्ञान मनुष्य की विवशता है। ईश्वरीय समाज पूरी स्वतन्त्रता के साथ मनुष्य को सिर्फ "जानने के लिए" सिद्धान्त के लिए कार्य करता है न कि "मानने के लिए"।

अनिर्वचनीय कल्कि महाअवतार भोगेश्वर श्री लव कुश सिंह "विश्वमानव" के अवतरण से पुनः पूर्वानुसार उनके जीवन, कर्म व ज्ञान से अनेक दिशाओं में व्यष्टि व समष्टि केन्द्रित नये आविष्कार व व्यापार को दिशा मिली है। इन दिशाओं के कार्यों में से आविष्कारक श्री लव कुश सिंह "विश्वमानव" कुछ में शामिल हैं वे प्रत्यक्ष कार्य हैं तथा कुछ उनके मार्गदर्शन से अन्य के लिए उपलब्ध है वे अप्रत्यक्ष अर्थात् प्रेरक कार्य हैं। मनुष्य, अपने कर्मों का फल तुरन्त या इसी जीवन में चाहता है। अवतार, संत, महापुरूष गण प्रेरणा प्रदान करने के लिए अनेक कर्म उत्पन्न कर देते हैं। उसमें से एकाध कर्म स्वयं के लिए रखते हैं क्योंकि जीवन के समय को व्यतीत करने के लिए कुछ कर्म चाहिए होते हैं। कर्म किये बिना कोई रह नहीं सकता, ये श्रीकृष्ण की वाणी है। अप्रत्यक्ष कर्म (प्रेरणा या मार्गदर्शन) अन्य जिनके लिए उपयोगी हो, उनके लिए होता है। वो उसे करें ना करें अवतार, संत, महापुरूष गण को कोई मतलब नहीं होता। जिस प्रकार सूर्य के प्रकाश के भिन्न-भिन्न उपयोग है उसी प्रकार शास्त्र के भी भिन्न-भिन्न उपयोग होते हैं। कोई राजनीति करता है, कोई ज्ञानी बनता है, कोई समाज निर्माण करता है, कोई पुनः व्याख्या कर गुरू बन जाता है। और इन सबसे शास्त्राकार को कोई मतलब नहीं होता जिस प्रकार सूर्य के प्रकाश का उपयोग कर लेने से सूर्य को कोई मतलब नहीं होता।" अर्थात् मनुष्य पेड़ लगाता हैं स्वंय फल खाने की इच्छा से जबकि ईश्वर और उनके अवतार पेड़ लगाते हैं दूसरों के लिए। जो निम्न प्रकार हैं-

अ. ज्ञान से जुड़ा व्यापार - नयी प्रणाली और व्यापार

01. भारतीय आध्यात्म एवं दर्शन आधारित स्वदेशी विपणन प्रणाली: 3-एफ (3-F: Fuel-Fire-Fuel)
02. कार्पोरेट विश्वमानक मानव संसाधन विकास प्रशिक्षण

(Corporate World Standard Human Resources Development Training)

03. विश्व राजनीति पार्टी संघ (World Political Party Organisation - WPPO)

04. नयी पीढ़ी के लिए नया विषय - ईश्वर शास्त्र, मानक विज्ञान, एकात्म विज्ञान

05- विश्वशास्त्र पर आधारित आडियो-विडियो

06. मनोरंजन - नयी प्रणाली और व्यापार

01. फिल्म

02. टी0 वी सिरियल –

03. गीत

ब. जीवन से जुड़ा व्यापार - रियल स्टेट - नयी प्रणाली और व्यापार

01. "सत्यकाशी महायोजना" (वाराणसी-विन्ध्याचल-शिवद्वार-सोनभद्र के बीच का क्षेत्र)

02. डिजिटल प्रापर्टी और एजेन्ट नेटवर्क (Digital Property & Agent Network)

स. कर्म से जुड़ा व्यापार - नयी प्रणाली और व्यापार

01. उत्पाद ब्राण्ड

02. कैलेण्डर

03. शिक्षा ब्राण्ड - सत्य मानक शिक्षा (परियोजना पुनर्निर्माण- PROJECT RENEW)

04. राष्ट् निर्माण के पुस्तक

अ. ज्ञान से जुड़ा व्यापार - नयी प्रणाली और व्यापार

01. भारतीय आध्यात्म एवं दर्शन आधारित

स्वदेशी विपणन प्रणाली: 3-एफ (3-F: Fuel-Fire-Fuel)

02. कार्पोरेट विश्वमानक मानव संसाधन विकास प्रशिक्षण

(Corporate World Standard Human Resources Development Training)

विश्व के गुणवत्ता युक्त उत्पादन के लिए मनुष्य के द्वारा दो मूल निर्माण विधि हैं-

1. उद्योग में गुणवत्तायुक्त उत्पाद निर्माण और उत्पादन की जापानी विधि (Japanese Institute of Plant Engineers-JIPE) - WCM-TPM-5S
2. गुणवत्तायुक्त मानव निर्माण और उत्पादन की भारतीय विधि (Rishi/Saint/Avatar) - WCM-TLM-SHYAM.C

03. विश्व राजनीति पार्टी संघ (World Political Party Organisation - WPPO)

04. नयी पीढ़ी के लिए नया विषय - ईश्वर शास्त्र, मानक विज्ञान, एकात्म विज्ञान

श्री लव कुश सिंह "विश्वमानव" द्वारा "ईश्वर", "मानक", "एकात्म" की अन्तिम परिभाषा का आविष्कार पूर्ण हो जाने से नागरिक शास्त्र (Civics), भौतिकशास्त्र (Physics) की भाँति ईश्वर शास्त्र (Godics), मानक विज्ञान (Standard Science) और एकात्म विज्ञान (Integration Science) शैक्षणिक विषय का मार्ग मिल गया है।

05- विश्वशास्त्र पर आधारित आडियो-विडियो

अनिर्वचनीय कल्कि महाअवतार भोगेश्वर श्री लव कुश सिंह "विश्वमानव" के विचार विश्वस्तरीय हैं जिसके कारण ज्ञान से युक्त विश्वशास्त्र पर आधारित आडियो-विडियो के लिए भी मार्ग मिला है।

06. मनोरंजन - नयी प्रणाली और व्यापार

01. फिल्म

अनिर्वचनीय कल्कि महाअवतार भोगेश्वर श्री लव कुश सिंह "विश्वमानव" के विचार विश्वस्तरीय हैं जिसके कारण मनोरजन और ज्ञान से युक्त परिकल्पना पर उन्होंने फिल्म, टी0 वी0 सिरियल और गानों के लिए भी मार्ग मिला है। जिसका और भी विस्तृत रूप आगे दिया गया है। श्री लव कुश सिंह विश्वमानव द्वारा लिखे/विचार प्रस्तुत किये गये फिल्म-

क्र.सं. टाइटल	**फिल्म/सिरियल**	**भाषा**	**स्थिति**
1. विश्वगुरू - द ब्रेन टर्मिनेटर (रिप्रेजेन्टेटिव सिनेमा आफ इण्डिया)	बालीवुड फिल्म	हिन्दी, अंग्रेजी व बंग्ला	पूर्ण
2. द डर्टी साधु- अण्डरस्टैण्डिंग ट्रांसडेन्ट	बालीवुड फिल्म	हिन्दी, अंग्रेजी	पूर्ण
3. माय टेन वाइफ आन अर्थ (अण्डरस्टैण्डिंग फिमेल)	बालीवुड फिल्म	हिन्दी	पूर्ण
4. अगरबत्ती पे करोड़पत्ती	बालीवुड फिल्म	हिन्दी	पूर्ण
5. डेमोक्रेसी - द रियल ऐम	बालीवुड फिल्म	हिन्दी, अंग्रेजी	पूर्ण
6. 9डी	हॉलीवुड फिल्म	हिन्दी, अंग्रेजी	पूर्ण
7. किरनिया (एक नारी की कहानी)	भोजपुरी फिल्म	भोजपुरी	पूर्ण
8. जय माँ कल्कि	बालीवुड फिल्म	हिन्दी	पूर्ण

02. टी0 वी सिरियल –

श्री लव कुश सिंह विश्वमानव द्वारा लिखे/विचार प्रस्तुत किये गये टी.वी सिरियल के स्क्रिप्ट "महाभारत" के बाद "विश्वभारत"

9. विश्वभारत	टी.वी.सिरियल	हिन्दी	विचार

03. गीत

अनिर्वचनीय कल्कि महाअवतार भोगेश्वर श्री लव कुश सिंह "विश्वमानव" के जीवन, ज्ञान व कर्म से सम्बन्धित गीत रचना का भी मार्ग मिल गया है।

ब. जीवन से जुड़ा व्यापार - रियल स्टेट - नयी प्रणाली और व्यापार

01. "सत्यकाशी महायोजना" (वाराणसी-विन्ध्याचल-शिवद्वार-सोनभद्र के बीच का क्षेत्र)

श्रीराम के कारण चित्रकूट पर्यटन व धार्मिक क्षेत्र बना, श्रीकृष्ण के कारण मथुरा, द्वारिका पर्यटन व धार्मिक क्षेत्र बना, भगवान बुद्ध के कारण सारनाथ, कुशीनगर, बोधगया, वैष्णों देवी के कारण कटरा, सांई बाबा के कारण शिरडी पर्यटन व धार्मिक क्षेत्र बना। अनिर्वचनीय कल्कि महाअवतार भोगेश्वर श्री लव कुश सिंह "विश्वमानव" के अवतरण और उनके "विश्वशास्त्र" के कारण सत्यकाशी (वाराणसी-विन्ध्याचल-शिवद्वार-सोनभद्र के बीच का क्षेत्र) स्थापित है। सत्यकाशी क्षेत्र में ही "विश्वशास्त्र" की अधिकतम रचना हुई है और अनिर्वचनीय कल्कि महाअवतार भोगेश्वर श्री लव कुश सिंह "विश्वमानव" के निवास क्षेत्र सहित लीला भूमि क्षेत्र भी यही क्षेत्र है। भगवान बुद्ध के कारण काशी

के उत्तर में काशी का प्रसार हुआ, विश्वशास्त्र के कारण काशी के दक्षिण में काशी का प्रसार हो रहा है।

कितना विचित्र संयोग है कि विन्ध्य क्षेत्र से ही भारत का मानक समय निर्धारित होता है और इसी क्षेत्र से युग परिवर्तन की घोषणा हो रही है। यह भी विचित्रता ही है कि व्यासजी द्वारा काशी को शाप देने के कारण विश्वेश्वर ने व्यासजी को काशी से निष्कासित कर दिया था और वे गंगा पार आ गये और गंगा पार सत्यकाशी क्षेत्र से ही उनके बाद "विश्वशास्त्र" रचना हुई है।

हम सभी साधारण जीवन में ऐसा देखते हैं कि जहाँ कहीं भी कोई फैक्ट्री, नगर निर्माण या विस्तार का कार्य प्रारम्भ हो जाता है। वहाँ एक अलग ही दुनियाँ बसने लगती है और एक व्यापक जन समुदाय को अपने जीवन संचालन के लिए मार्ग प्राप्त हो जाता है। जो किसी जाति, सम्प्रदाय या धर्म आधारित नहीं होती। वह सिर्फ व्यक्ति की योग्यता पर आधारित और वह पीढ़ी दर पीढ़ी के लिए होती है।

सार्वभौम सत्य-सिद्धान्त और समाज समर्थित सत्यकाशी योजना जिसका क्षेत्र है- वाराणसी-विन्ध्याचल-शिवद्वार-सोनभद्र के बीच का भगवान विष्णु और भगवान शिव से जुड़ा क्षेत्र। जो धर्मक्षेत्र से व्यापक सार्थक एवं पौराणिक आधारों पर प्रश्न करता है कि- क्यों काशी नरेश होते हुए भी उनका किला काशी शहर में नहीं? क्यों देवकी के आठवें पुत्र कृष्ण के बदले में पुत्री को कंस ने मारना चाहा तो वह विन्ध्य पर्वत पर आ बसीं? क्यों समष्टि (समाज या सार्वजनिक) धर्म के स्थापनार्थ विष्णु के पाँचवे अवतार वामन अवतार ने जब राजा बलि से तीन पग जमीन मांगा तब अवतार ने पहला पग चुनार क्षेत्र में ही रखा जिसके कारण इसका पुराना नाम चरणाद्रिगढ़ था? क्यों ब्रह्मलीन श्री श्री 1008 सत्ययोगानन्द "भुईधरा बाबा" (भगवान रामकृष्ण की अगली कड़ी) ने सदी का सबसे लम्बा (दि0 13.11.97 से 22.06.98 तक) तथा अदृश्य काल का अन्तिम यज्ञ- विष्णु महायज्ञ और ज्ञानयज्ञ चुनार क्षेत्र में ही आयोजित किये? क्यों विश्व का अन्तिम शास्त्र "विश्वशास्त्र" इसी क्षेत्र से व्यक्त हुआ? क्यों विश्वव्यापी धर्म स्थापना (समष्टि धर्म स्थापना) पाँचवे अवतार वामन अवतार के बाद पुनः इस क्षेत्र से प्रारम्भ हो रहा है।

उपरोक्त प्रश्नों का जबाब भी सत्यकाशी योजना के जन्मदाता गण व्यापकता के साथ देते हैं। भौतिकवादी काशी वासीयों से मुक्त-शिवभक्त काशी नरेश की सत्यता के लिए प्रकृतिक चक्र द्वारा इनका किला काशी शहर में नहीं जिससे वे अन्त में अन्तिम काशी-सत्यकाशी के सत्यकाशी नरेश भी कहलायें। चुनार क्षेत्र पाँचवें अवतार वामन के चरणों से एक श्राप द्वारा ग्रसित हो चुका था कि इस क्षेत्र में जन्म लेने वाले व्यक्ति की चाहें जितना भी समष्टि (समाज) धर्म के लिए प्रयत्न क्यों न करें वे व्यष्टि(व्यक्तिगत) धर्म से अधिक न उठ सकेंगे। जब तक की इस क्षेत्र से बाहर जन्म लेकर कोई पुनः समष्टि धर्म स्थापनार्थ नहीं आ जाता। यह सब इसलिए है कि प्राकृतिक चक्र द्वारा विकसित और सन्तुलित क्षेत्र जो वाराणसी-विन्ध्याचल-शिवद्वार-सोनभद्र के बीच स्थित है। बस यहीं है पुराणों में वर्णित सात काशीयों में अन्तिम काशी-सत्यकाशी। यदि काशी (वाराणसी), शिवाकाशी, उत्तरकाशी और दक्षिण काशी (वैदुर्यपत्तन, बरकला, केरल प्रदेश) को मुख्य काशी माना जाय तो सत्यकाशी पंचम काशी है। और दो काशीयों को और सम्मिलित किया जाता है तो सत्यकाशी सप्तम काशी होगी। इस प्रकार शिव पुराण में वर्णित सात काशीयों में सत्यकाशी पंचम, अन्तिम तथा सप्तम काशी होगी।

इस प्रकार हम देखते है कि आध्यात्मिक, सार्थक, दूरदर्शी, प्रमाणित, पौराणिक, समाज समर्थित काशी की परम्परा का पालन करते हुए सत्यकाशी योजना है। जबकि लक्ष्य एक व्यापक जनसमुदाय को एक नयी दिशा द्वारा संरक्षण, विकास और आजिविका प्रदान करना है। इसलिए उचित स्थान पर इसका निर्माण आवश्यक है। श्री लव कुश सिंह "विश्वमानव" कृत "विश्वशास्त्र" से मुख्यतः सत्यकाशी क्षेत्र के लिए निम्नलिखित विषय व्यक्त हुये हैं जो रियल स्टेट के व्यवसाय को व्यापक रूप से विकसित करता है-

अनिर्वचनीय कल्कि महाअवतार भोगेश्वर श्री लव कुश सिंह "विश्वमानव" के अवतरण से पुनः पूर्वानुसार उनके जीवन से अनेक दिशाओं में नये आविष्कार व व्यापार को दिशा मिली है। जो निम्न प्रकार हैं -श्री लव कुश सिंह "विश्वमानव" कृत "विश्वशास्त्र" से मुख्यतः सत्यकाशी क्षेत्र के लिए निम्नलिखित विषय व्यक्त हुये हैं (पूर्ण विवरण के लिए "विश्वशास्त्र" अध्याय - दो देखें) -

01. चार शंकराचार्य पीठ के उपरान्त 5वाँ और अन्तिम पीठ "सत्यकाशी पीठ"
02. "सत्यकाशी महोत्सव" व "सत्यकाशी गंगा महोत्सव" आयोजन
03. सार्वभौम देवी माँ कल्कि देवी मन्दिर - माँ वैष्णों देवी की साकार रूप
04. भोगेश्वर नाथ - 13वाँ और अन्तिम ज्योतिर्लिङ्ग
05. सत्यकाशी पंचदर्शन
06. ज्ञान आधारित मनु-मनवन्तर मन्दिर
07. ज्ञान आधारित विश्वात्मा मन्दिर
08. विश्वधर्म मन्दिर - धर्म के व्यावहारिक अनुभव का मन्दिर
09. नाग मन्दिर
10. विश्वशास्त्र मन्दिर (Vishwshastra Temple)
11. एक दिव्य नगर - सत्यकाशी नगर
12. होटल शिवलिंगम् - शिवत्व का एहसास
13. इन्द्रलोक - ओपेन एयर थियेटर
14. हस्तिनापुर - महाभारत का लाइट एण्ड साउण्ड प्रोग्राम
15. सत्य-धर्म-ज्ञान केन्द्रः तारामण्डल की भाँति शो द्वारा कम समय में पूर्ण ज्ञान
16. सत्यकाशी आध्यात्म पार्क
17. वंश नगर - मनु से मानव तक के वंश पर आधारित नगर
18. 8वें सांवर्णि मनु - सम्पूर्ण एकता की मूर्ति (Statue of Complete Unity)
19. विस्मृत भारत रत्न स्मारक (Forgotten Bharat Ratna Memorial)
20. विश्वधर्म उपासना स्थल - उपासना और उपासना स्थल के विश्वमानक (WS-00000) पर आधारित
21. सत्यकाशी ब्रह्माण्डीय एकात्म विज्ञान विश्वविद्यालय
(Satyakashi Universal Integration Science University-SUISU)

02. डिजिटल प्रापर्टी और एजेन्ट नेटवर्क (Digital Property & Agent Network)

स. कर्म से जुड़ा व्यापार - नयी प्रणाली और व्यापार

01. उत्पाद ब्राण्ड

अनिर्वचनीय कल्कि महाअवतार भोगेश्वर श्री लव कुश सिंह "विश्वमानव" के अवतरण से शब्द को बल मिला है इस प्रकार ये शब्द एक "ब्राण्ड" के रूप में व्यक्त हुये हैं जिसे उपयोग में लाया जा सकता है। पेय जल के लिए हमारा ब्राण्ड - "मोक्षदायिनी काशी", "जीवनदायिनी काशी", और "जरगो फ्रेश"

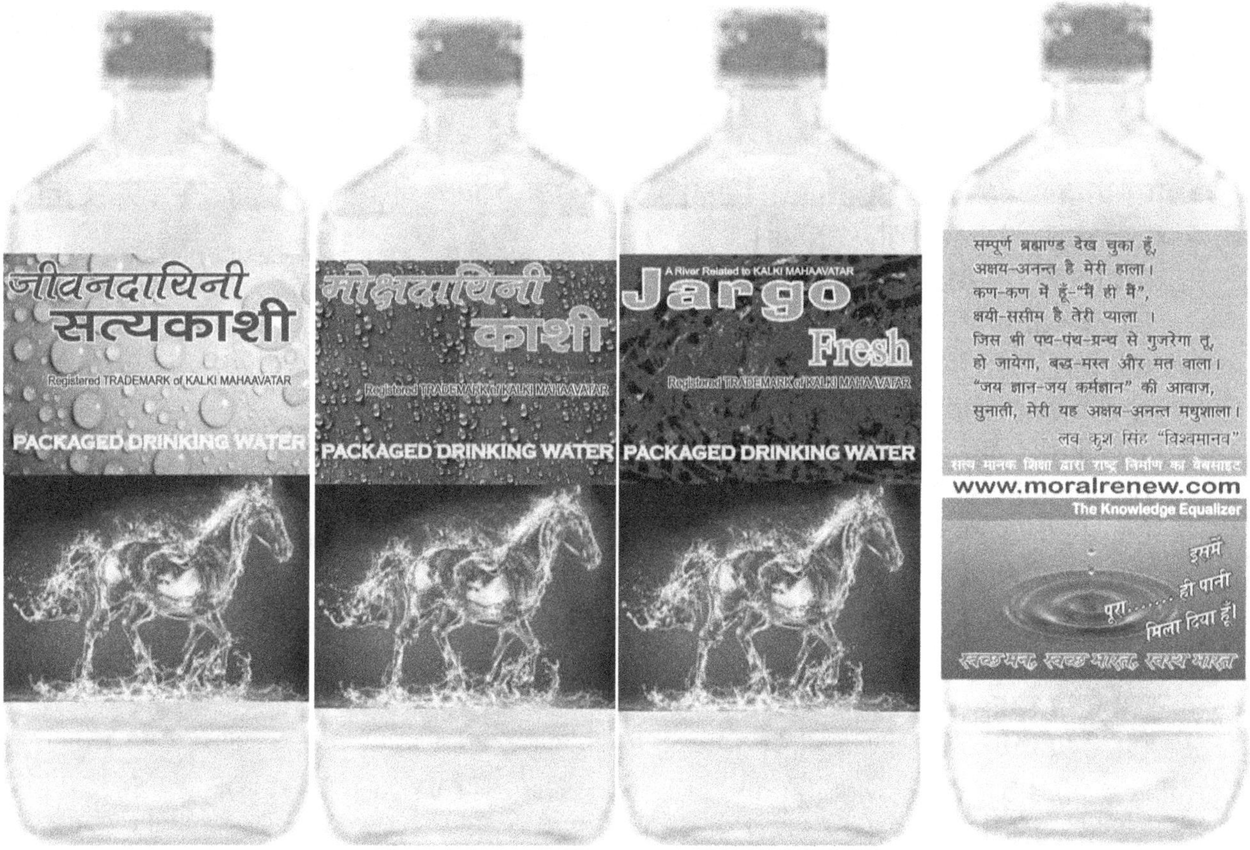

02. कैलेण्डर

जिस प्रकार अनेक धर्म संस्थापकों के जन्मदिन से नया कैलेण्डर समाज में स्थापित है उसी प्रकार काल, मनवन्तर, युग, शास्त्र और अनिर्वचनीय कल्कि महाअवतार भोगेश्वर श्री लव कुश सिंह "विश्वमानव" के अवतरण से विश्वधर्म के प्रवर्तक की योग्यता के अधिकार से उनके जन्मदिन 16 अक्टुबर 1967 से नये कैलेण्डर की शुरूआत हो गई है।

03. शिक्षा ब्राण्ड - सत्य मानक शिक्षा (परियोजना पुनर्निर्माण- PROJECT RENEW)

राष्ट्र के पूर्णत्व के लिए पूर्ण शिक्षा निम्नलिखित शिक्षा का संयुक्त रूप है-

वर्तमान समय में विशेषीकरण की शिक्षा, भारत में चल ही रहा है और वह कोई बहुत बड़ी समस्या भी नहीं है। समस्या है सामान्यीकरण शिक्षा की। व्यक्तियों के विचार से सदैव व्यक्त होता रहा है कि - मैकाले शिक्षा पद्धति बदलनी चाहिए, राष्ट्रीय शिक्षा नीति व पाठ्यक्रम बनना चाहिए। ये तो विचार हैं। पाठ्यक्रम बनेगा कैसे?, कौन बनायेगा? पाठ्यक्रम में पढ़ायेंगे क्या? ये समस्या थी। और वह हल की जा चुकी है। जो भारत सरकार के सामने

सरकारी-निजी योजनाओं जैसे ट्रांसपोर्ट, डाक, बैंक, बीमा की तरह निजी शिक्षा के रूप में पुनर्निर्माण - सत्य शिक्षा का राष्ट्रीय तीव्र मार्ग (RENEW – Real Education National Express Way) द्वारा पहली बार इसके आविष्कारक द्वारा प्रस्तुत है। जो राष्ट्र निर्माण का व्यापार है। इसके अन्तर्गत निम्नलिखित नये शैक्षिक पाठ्यक्रम व्यक्त हुये हैं-

अ - सामान्यीकरण (Generalisation) शिक्षा - यह शिक्षा व्यक्ति और राष्ट्र का बौद्धिक विकास कराती है जिससे व्यक्ति व राष्ट्रीय सुख में वृद्धि होती है।

सत्य शिक्षा (REAL EDUCATION)

01. पूर्ण ज्ञान में प्रमाण पत्र (Certificate in Complete Knowledge-CCK)
02. ईश्वर शास्त्र व व्यापार ज्ञान में प्रमाण पत्र
(Certificate in Godics & Business Knowledge-CGBK)
03. अवतार ज्ञान में प्रमाण पत्र (Certificate in Avatar Knowledge-CAK)
04. गुरू ज्ञान में प्रमाण पत्र (Certificate in Guru Knowledge-CGK)
05. संस्थागत धर्म में डिप्लोमा (Diploma in Institutional Religion-DIR)
06. पूर्ण शिक्षा में स्नातक (Bachelor in Complete Education-BCE)
07. पूर्ण शिक्षा में परास्नातक (Master in Complete Education-MCE)

सत्य पेशा (REAL PROFESSION)

08. दृश्य योग, ध्यान और चेतना में प्रमाण पत्र
(Certificate in visible Yoga, Meditation & Consciousness - CVYMC)
09. डब्ल्यू.सी.एम-टी.एल.एम-श्याम.सी में प्रमाण पत्र
(Certificate in WCM-TLM-SHYAM.C Technology-CWT)
10. डब्ल्यू.एस.ओ-0 और कर्मज्ञान में प्रमाण पत्र
(Certificate in WSO-0 & Work Knowledge-CWWK)
11. पुराण लेखन कला में प्रमाण पत्र (Certificate in Art of Puran writing-CAPW)
12. सार्वभौम विचार पर आधारित फिल्म लेखन में प्रमाण पत्र
(Certificate in Art of Universal thought based Film writing-CAUFW)

सत्य पुस्तक (REAL BOOK)

13. विशाल ज्ञान विज्ञान सबका समाधान (Vishal Gyan Vigyan sabka samadhan-VGVSS)
14. विश्वशास्त्र: द नालेज आफ फाइनल नालेज
(VISHWSHASTRA: THE KNOWLEDGE OF FINAL KNOWLEDGE - VKFK)

सत्य स्थिति (REAL STATUS)

15. जीवन का पैमाना (Scale Your Life) - ईश्वर चक्र पर स्वयं की स्थिति का ज्ञान
(Know Your Position on GOD CYCLE -KYPGC)

सत्य एस्टेट एजेन्ट (REAL ESTATE AGENT)

16. रियल इस्टेट एजेन्ट में प्रमाण पत्र (Certificate in Real Estate Agent - CRE)

सत्य किसान (REAL KISAN)

17. रियल किसान में प्रमाण पत्र (Certificate in Real Kisan - CRK)

ब - विशेषीकरण (Specialisation) शिक्षा - यह शिक्षा व्यक्ति और राष्ट्र का कौशल विकास कराती है जिससे व्यक्ति व राष्ट्रीय उत्पादकता में वृद्धि होती है।

01. सत्य कौशल (REAL SKILL)
02. सत्य डिजीटल कोचिंग (REAL DIGITAL COACHING)

स - सत्य नेटवर्क (REAL NETWORK)) - समाज में प्रकाशित होने के लिए

01. डिजिटल ग्राम नेटवर्क (Digital Village Network)
02. डिजिटल नगर वार्ड नेटवर्क (Digital City Ward Network)
03. डिजिटल एन.जी.ओ/ट्रस्ट नेटवर्क (Digital NGO/Trust Network)
04. डिजिटल विश्वमानक मानव नेटवर्क (Digital World Stanadard Human Network)
05. डिजिटल नेतृत्व नेटवर्क (Digital Leader Network)
06. डिजिटल जर्नलिस्ट नेटवर्क (Digital Journalist Network)
07. डिजिटल शिक्षक नेटवर्क (Digital Teacher Network)
08. डिजिटल शैक्षिक संस्थान नेटवर्क (Digital Educational Institute Network)
09. डिजिटल लेखक-ग्रन्थकार-रचयिता नेटवर्क (Digital Author Network)
10. डिजिटल गायक नेटवर्क (Digital Singer Network)
11. डिजिटल खिलाड़ी नेटवर्क (Digital Sports Man Network)
12. डिजिटल पुस्तक विक्रेता नेटवर्क (Digital Book Saler Network)
13. डिजिटल होटल और आहार गृह नेटवर्क (Digital Hotel & Resturant Network)

04. राष्ट्र निर्माण के पुस्तक

व्यक्ति (व्यष्टि) से राष्ट्र (समष्टि) तक के सत्यीकरण और पूर्ण निर्माण के लिए विभिन्न विषयों पर छोटी पुस्तिकाएँ। काल, मनवन्तर, युग, शास्त्र परिवर्तन और अनिर्वचनीय कल्कि महाअवतार भोगेश्वर श्री लव कुश सिंह "विश्वमानव" के अवतरण से राष्ट्र निर्माण से सम्बन्धित अनेक पुस्तक-पुस्तिकाओं का मार्ग मिल गया है जिससे "पावर और प्राफिट" की ओर बढ़ गये मनुष्यता को मस्तिष्क के विकास को ओर भी विकास का मार्ग उपलब्ध होगा।

130 करोड़ की जनसंख्या वाला भारत देश में हिन्दी भाषी जनसंख्या 70 करोड़ है। और लाल किताब - पीला किताब, धर्म ग्रन्थ इत्यादि बिकते रहते हैं। और वो किताब जिसे "विश्वशास्त्र" कहा जा रहा है जो एक काल, मनवन्तर, युग परिवर्तन से लेकर विश्व सरकार के गठन तक का मार्गदर्शन से युक्त हो जो व्यक्ति के पूर्ण ज्ञान, पूर्ण शिक्षा पाठ्यक्रम सहित नीति आयोग तक के लिए उपयोगी है। "विश्वशास्त्र" त्रिलोक के अदृश्य कल्पना/कथा नहीं बल्कि इस लोक के व्यावहारिक ज्ञान का शास्त्र है। सभी शिक्षा एक तरफ, "विश्वशास्त्र" एक तरफ। सभी पुस्तक-शास्त्र एक तरफ, "विश्वशास्त्र" एक तरफ। हर घर का शान और प्राण "विश्वशास्त्र", धरती के नागरिक का जीवनशास्त्र "विश्वशास्त्र", स्वर्ण युग का शास्त्र "विश्वशास्त्र" की स्थिति है।

भारत में हिन्दी भाषा जानने वालों की स्थिति ये है- 1. बिहार (जनसंख्या-, 103,804,637 साक्षरता - 63.82 प्रतिशत), 2. छत्तीसगढ़ (जनसंख्या-25,540,196, साक्षरता - 71.04 प्रतिशत), 3. हरियाणा (जनसंख्या-25,353,081, साक्षरता - 76.64 प्रतिशत), 4. हिमाचल प्रदेश (जनसंख्या- 6,856,509, साक्षरता - 83.78 प्रतिशत), 5. झारखण्ड (जनसंख्या- 32,966,238, साक्षरता - 67.63 प्रतिशत), 6. मध्य प्रदेश (जनसंख्या- 72,597,565, साक्षरता - 70.63 प्रतिशत), 7. महाराष्ट्र (जनसंख्या- 112,372,972, साक्षरता - 82.91 प्रतिशत), 8. पंजाब

(जनसंख्या- 27,704,236, साक्षरता - 76.68 प्रतिशत), 9. राजस्थान (जनसंख्या- 68,621,012, साक्षरता - 67.06 प्रतिशत), 10. उत्तर प्रदेश (जनसंख्या- 199,581,477, साक्षरता - 69.72 प्रतिशत), 11. उत्तराखण्ड (जनसंख्या- 10,116,752, साक्षरता - 79.63 प्रतिशत), 12. पश्चिम बंगाल (जनसंख्या- 91,347,736, साक्षरता - 77.08 प्रतिशत), 13. चण्डीगढ़ (जनसंख्या- 1,054,686, साक्षरता - 86.43 प्रतिशत), 14. दिल्ली (जनसंख्या- 16,753,235, साक्षरता - 86.34 प्रतिशत)

हमारे द्वारा राष्ट्र निर्माण श्रृंखला से सम्बन्धित व्यक्ति के बौद्धिक विकास के लिए बस स्टेशन व रेलवे स्टेशनों, प्रदर्शनी, स्टाल, सीधे स्कूल-कालेज से विक्रय होने वाली "विश्वशास्त्र" पर आधारित निम्नलिखित समझ पर केन्द्रित अनेक पुस्तिका विक्रय करने के लिए उपलब्ध है। जिसे विद्यार्थी को संग्रह करने और इस रूप में प्राप्त करना असंभव है।

"आध्यात्मिक सत्य एवं दार्शनिक विरासत" के आधार पर "काल, मनु ,युग, व्यास, शास्त्र परिवर्तन", "मन में अन्तर (मनवन्तर) को समाप्त करने और मन के नवीनीकरण" के लिए "सार्वभौम सत्य-सिद्धान्त" पर आधारित "विश्वशास्त्र - द नालेज आफ फाइनल नालेज" शास्त्र को The Knowledge Equalizer के रूप में निम्नलिखित शीर्षक में 64 भागों में प्रकाशित किया कर दिया गया जिसमें परिचय, ज्ञान, कर्मज्ञान कार्यवाही योजना इत्यादि सभी कुछ हैं-

भाग के अनुसार

01. विश्वशास्त्र - विषय-प्रवेश
02. विश्वशास्त्र - अध्याय-एक: ईश्वर
03. विश्वशास्त्र - अध्याय-दो: जीवन परिचय
04. विश्वशास्त्र - अध्याय-तीन: ज्ञान परिचय
05. विश्वशास्त्र - अध्याय-चार: कर्म परिचय (सार्वजनिक प्रमाणित दृश्य महायज्ञ)
06. विश्वशास्त्र - अध्याय-पाँच (भाग - 01): सार्वजनिक प्रमाणित विश्वरूप
07. विश्वशास्त्र - अध्याय-पाँच (भाग - 02): सार्वजनिक प्रमाणित विश्वरूप
08. विश्वशास्त्र - परिशिष्ट

मुख्य शास्त्र

01. विश्वशास्त्र - द नालेज आफ फाइनल नालेज

सारांश के अनुसार

02. मैं सत्यकाशी से कल्कि महावतार बोल रहा हूँ (समष्टि गीता - यथार्थ प्रकाश)

शीर्षक के अनुसार

03. विश्वस्तरीय फिल्म लेखन कला
04. प्रारम्भिक सत्य - अन्तिम दृष्टि
05. सत्य धर्म - युग परिवर्तक दृष्टि
06. सत्य दार्शनिक-दर्शन और कर्म वेदान्त-विकास दर्शन
07. सत्य शास्त्र एवं पुराण रहस्य-महर्षि व्यास कला
08. संत एवं गुरू और विश्व संत एवं गुरू
09. समाज और ईश्वरीय समाज

10. सत्य शास्त्र और विश्वशास्त्र
11. कृति और विश्व कृति
12. भारत माता मन्दिर और विश्वधर्म मन्दिर
13. महाभारत और विश्वभारत
14. संविधान और विश्व संविधान
15. शिक्षा और पूर्ण शिक्षा
16. देवता और सार्वभौम देवता कल्कि
17. देवीयाँ और सार्वभौम देवी माँ क्ल्कि
18. द्वादश ज्योतिर्लिंग और 13वां अन्तिम ज्योतिर्लिंग
19. काशी - मोक्षदायिनी और जीवनदायिनी
20. सत्यकाशी - स्वर्णयुग का तीर्थ
21. काशी - रहस्योद्घाटन
22. 2020 - मन का नवीनीकरण
23. ईश्वर का संक्षिप्त इतिहास
24. अवतार - अन्तिम सत्य दृष्टि
25. भविष्यवाणियाँ और कल्कि अवतार
26. स्वामी विवेकानन्द और कल्कि अवतार
27. मनु, मनवन्तर और कल्कि महावतार
28. व्यास, शास्त्र और कल्कि महावतार
29. ऋषि, ऋषि परम्परा और कल्कि महावतार
30. दूसरा आगमन या अन्तिम आगमन
31. परिवर्तन-काल, मनु, युग, व्यास और शास्त्र
32. राम, रावण और सार्वभौम एकात्म
33. मैं, व्यक्तिगत या सार्वभौम
34. लव कुश (त्रेतायुग) और लवकुश (कलियुग)
35. कल्कि महावतार आ चुके हैं (ACTION PLAN)
36. लव कुश सिंह (कल्कि महाअवतार)-जीवन, ज्ञान, कर्म और विश्वरूप
37. वैश्विक बुद्ध - बुद्ध का भाग दो और अन्तिम
38. बुड्ढा कृष्ण - कृष्ण का भाग दो और अन्तिम
39. सम्पूर्ण क्रान्ति-अन्तिम कार्य योजना
40. पुनर्निर्माण (RENEW)-समस्या, समाधान और राष्ट्र निर्माण की योजना
41. पुनर्निमाण (RENEW)- ग्राम एवं नगर वार्ड प्रेरक
42. विश्वशास्त्र द नालेज आफ फाइनल नालेज-परिचय
43. एन्टायर पालिटिक्स - पूर्ण पाठ्यक्रम
44. वसुधैव-कुटुम्बकम्
45. कर्मवेद: प्रथम, अन्तिम तथा पंचम वेद
46. आठवें अवतार श्रीकृष्ण के अनकहे संदेश
47. अयोध्या नहीं, मुंगेर है राम जन्मभूमि
48. विश्वमानव-भूतपूर्व नेतृत्वकर्ताओं का स्पष्टिकरण
49. विश्वमानव-वर्तमान नेतृत्वकर्ताओं का स्पष्टिकरण

50. विश्वमानव-वार्ता, वक्तव्य एवं वाणियाँ
51. विश्वमानव-पत्रावली, प्रसारण और अन्तिम पत्र
52. सत्य जनहित आह्वान
53. विश्व शान्ति-अन्तिम सत्य दृष्टि
54. नई विश्व व्यवस्था का रहस्य
55. समाजवाद - ब्रह्माण्डीय विकास का अवतारी मार्ग
56. भारतवाद - राष्ट्रवाद की मुख्यधारा
57. 100 वर्षीय संयुक्त राष्ट्र को अग्रिम सन्देश
58. सार्वभौम एकात्म-नव विश्व निर्माण
59. गणराज्य, संघ, मानकीकरण संगठन और सम्पूर्ण मानक
60. व्यापार केन्द्र (TRADE CENTRE)-दृश्य सत्य
61. मन का विश्वमानक और पूर्ण मानव निर्माण की तकनीकी-WCM-TLM-SHYAM.C
62. मानक विपणन प्रणाली (3F-Fire-Fuel-Fire)
63. स्वर्णयुग का मानक आदर्श नागरिक-दिशा निर्देश
64. विश्वधर्म: परिचय (स्वर्णयुग का धर्म)

व्यक्ति और विभागीय स्तर पर सफाई-सुधार का पहला प्रारूप की पुस्तक - डा0 रमेश कुमार द्वारा लिखित “विशाल ज्ञान विज्ञान सबका समाधान” है

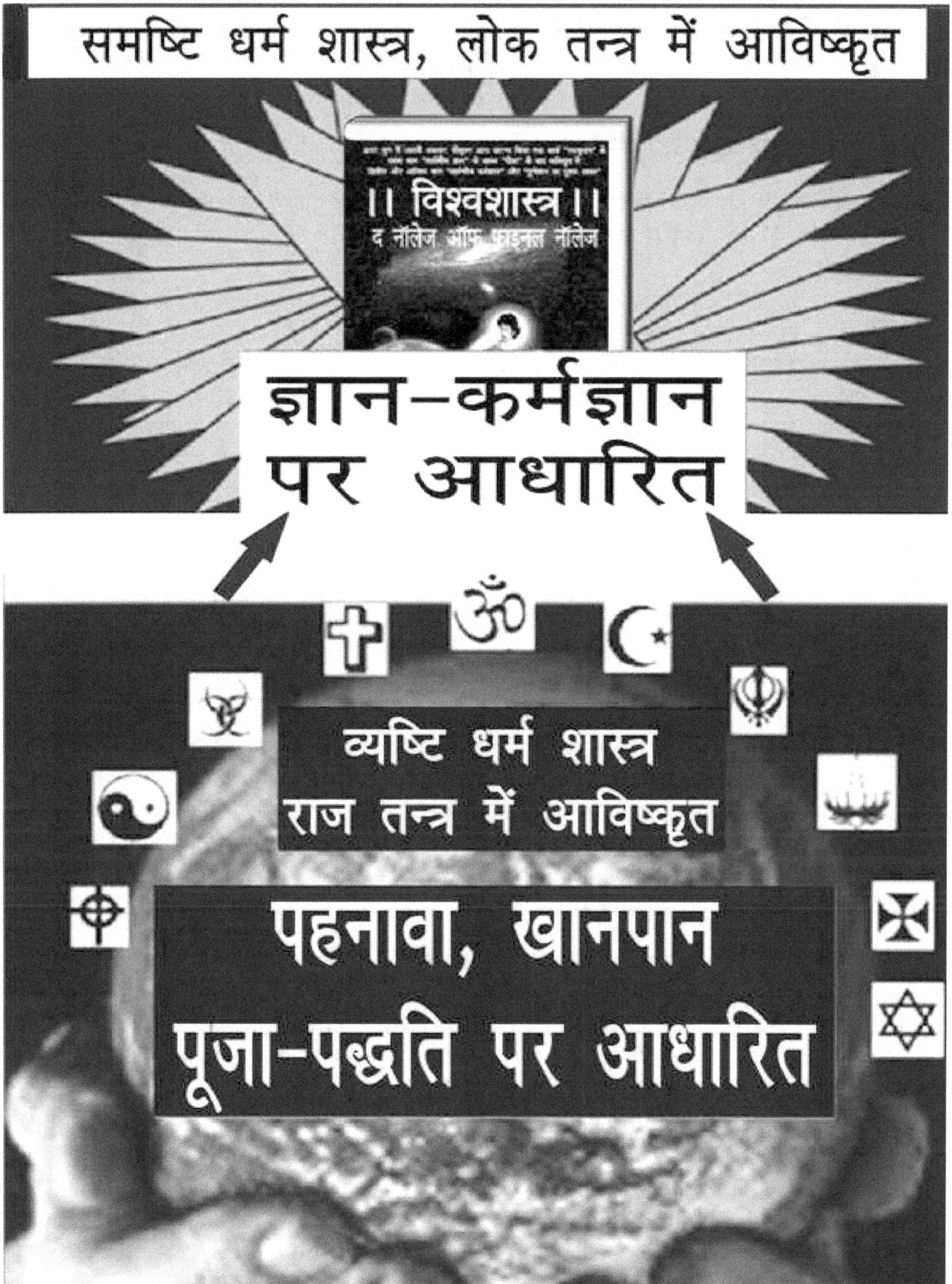
समष्टि धर्म शास्त्र, लोक तन्त्र में आविष्कृत
।। विश्वशास्त्र ।।
द नॉलेज ऑफ फाइनल नॉलेज
ज्ञान-कर्मज्ञान पर आधारित
व्यष्टि धर्म शास्त्र
राज तन्त्र में आविष्कृत
पहनावा, खानपान
पूजा-पद्धति पर आधारित

विश्व सरकार के लिए पुनः भारत द्वारा शून्य आधारित अन्तिम आविष्कार

शून्य का प्रथम आविष्कार का परिचय

शून्य (0), दशमलव संख्या प्रणाली में संख्या है। यह दशमलव प्रणाली का मूलभूत आधार भी है। किसी भी संख्या को शून्य से गुणा करने से शून्य प्राप्त होता है। किसी भी संख्या को शून्य से जोड़ने या घटाने पर वही संख्या प्राप्त होती है।

शून्य का आविष्कार किसने और कब किया यह आज तक अंधकार के गर्त में छुपा हुआ है परन्तु सम्पूर्ण विश्व में यह तथ्य स्थापित हो चुका है कि शून्य का आविष्कार भारत में ही हुआ है। ऐसी भी कथाएँ प्रचलित हैं कि पहली बार शून्य का आविष्कार बाबिल में हुआ और दूसरी बार माया सभ्यता के लोगों ने इसका आविष्कार किया पर दोनों ही बार के आविष्कार संख्या प्रणाली को प्रभावित करने में असमर्थ रहे तथा विश्व के लोगों ने इसे भुला दिया। फिर भारत में हिन्दुओं ने तीसरी बार शून्य का आविष्कार किया। हिन्दुओं ने शून्य के विषय में कैसे जाना यह आज भी अनुत्तरित प्रश्न है। अधिकतम विद्वानों का मत है कि पाँचवीं शताब्दी के मध्य में शून्य का आविष्कार किया गया। सन् 498 में भारतीय गणितज्ञ एवं खगोलवेक्ता आर्यभट्ट ने कहा "स्थानं स्थानं दसा गुणम्" अर्थात् दस गुना करने के लिए संख्या के आगे शून्य रखो। और शायद यही संख्या के दशमलव सिद्धान्त का उद्भव रहा होगा। आर्यभट्ट द्वारा रचित गणितीय खगोलशास्त्र ग्रन्थ आर्यभट्टीय के संख्या प्रणाली में शून्य तथा उसके लिए विशिष्ट संकेत सम्मिलित था। इसी कारण से उन्हें संख्याओं को शब्दों में प्रदर्शित करने का अवसर मिला। प्राचीन बक्षाली लिपि में, जिसका कि सही काल अब तक निश्चित नहीं हो पाया है परन्तु निश्चित रूप से उसका काल आर्यभट्ट के काल से प्राचीन है, शून्य का प्रयोग किया गया है और उसके लिए उसमें संकेत भी निश्चित है। उपरोक्त उदाहरणों से स्पष्ट है कि भारत में शून्य का प्रयोग ब्रह्मगुप्त रचित ग्रन्थ ब्रह्मस्फुट सिद्धान्त में पाया गया है। इस ग्रन्थ में नकारात्मक संख्याओं और बीजगणितीय सिद्धान्तों का भी प्रयोग हुआ है। 7वीं शताब्दी जो ब्रह्मगुप्त का काल था, शून्य से सम्बन्धित विचार कम्बोडिया तक पहुँच चुके थे और दस्तावेजों से ज्ञात होता है कि बाद में ये कम्बोडिया से चीन तथा अन्य मुस्लिम संसार में फैल गये। इस बार भारत में हिन्दुओं के द्वारा आविष्कृत शून्य ने समस्त विश्व की संख्या प्रणाली को प्रभावित किया और सम्पूर्ण विश्व को जानकारी मिली। मध्य-पूर्व में स्थित अरब देशों ने भी शून्य को भारतीय विद्वानों से प्राप्त किया। अन्ततः 12वीं शताब्दी में भारत का यह शून्य पश्चिम में यूरोप तक पहुँचा।

शून्य आधारित अन्तिम आविष्कार का परिचय

आविष्कार विषय- "व्यक्तिगत मन और संयुक्तमन का विश्व मानक और पूर्णमानव निर्माण की तकनीकी है जिसे धर्म क्षेत्र से कर्मवेद-प्रथम, अन्तिम तथा पंचमवेदीय श्रृंखला तथा शासन क्षेत्र से WS-0: मन की गुणवत्ता का विश्व मानक श्रृंखला तथा WCM-TLM-SHYAM.C तकनीकी कहते है। सम्पूर्ण आविष्कार सार्वभौम सत्य-सिद्धान्त अर्थात् सम्पूर्ण ब्रह्माण्ड में व्याप्त अटलनीय, अपरिवर्तनीय, शाश्वत व सनातन नियम पर आधारित है, न कि मानवीय विचार या मत पर आधारित।"

सम्पूर्ण ब्रह्माण्ड में व्याप्त एक ही सत्य-सिद्धान्त द्वारा व्यक्तिगत व संयुक्त मन को एकमुखी कर सर्वोच्च, मूल और अन्तिम स्तर पर स्थापित करने के लिए शून्य पर अन्तिम आविष्कार WS-0: श्रृंखला की निम्नलिखित पाँच शाखाएँ हैं।

01. डब्ल्यू.एस.(WS)-0 -विचार एवं साहित्य का विश्वमानक
02. डब्ल्यू.एस.(WS)-00 -विषय एवं विशेषज्ञों की परिभाषा का विश्वमानक
03. डब्ल्यू.एस.(WS)-000 -ब्रह्माण्ड (सूक्ष्म एवं स्थूल) के प्रबन्ध और क्रियाकलाप का विश्वमानक

04. डब्ल्यू.एस.(WS)-0000 -मानव (सूक्ष्म तथा स्थूल) के प्रबन्ध और क्रियाकलाप का विश्वमानक
05. डब्ल्यू.एस.(WS)-00000 -उपासना और उपासना स्थल का विश्वमानक

इस प्रकार विश्व सरकार के लिए पुनः भारत द्वारा शून्य आधारित अन्तिम आविष्कार पूर्ण हुआ है।
(आविष्कार के विस्तृत जानकारी के लिए "विश्वशास्त्र" अध्याय-तीन देखें)

मानक का अर्थ है-"वह सर्वमान्य पैमाना, जिससे हम उस विषय का मूल्यांकन करते है। जिस विषय का वह पैमाना होता है।" इस प्रकार मन की गुणवत्ता का मानक व्यक्ति तथा संयुक्त व्यक्ति (अर्थात् संस्था, संघ, सरकार इत्यादि) के मूल्याकंन का पैमाना है चूँकि आविष्कार का विषय सर्वव्यापी ब्रह्माण्डीय नियम पर आधारित है। इसलिए वह प्रत्येक विषयों से सम्बन्धित है जिसकी उपयोगिता प्रत्येक विषय के सत्यरूप को जानने में है। चूँकि मानव कर्म करते-करते ज्ञान प्राप्त करते हुऐ प्रकृति के क्रियाकलापों को धीरे-धीरे अपने अधीन करने की ओर अग्रसर है इसलिए पूर्णतः प्रकृति के पद पर बैठने के लिए प्रकृति द्वारा धारण की गई सन्तुलित कार्यप्रणाली को मानव द्वारा अपनाना ही होगा अन्यथा वह सन्तुलित कार्य न कर अव्यवस्था उत्पन्न कर देगा। यह वैसे ही है जैसे किसी कर्मचारी को प्रबन्धक (मैंनेजर) के पद पर बैठा दिया जाये तो सन्तुलित कार्य संचालन के लिए प्रबन्धक की सन्तुलित कार्यप्रणाली को उसे अपनाना ही होगा अन्यथा वह सन्तुलित कार्य न कर अव्यवस्था उत्पन्न कर देगा। आविष्कार की उपयोगिता व्यापक होते हुए भी मूल रूप से व्यक्ति स्तर से विश्व स्तर तक के मन और संयुक्त मन के प्रबन्ध को व्यक्त करना एवं एक कर्मज्ञान द्वारा श्रृंखलाबद्ध करना है जिससे सम्पूर्ण शक्ति एक मुखी हो विश्व विकास की दिशा में केन्द्रित हो जाये। परिणामस्वरूप एक दूसरे को विकास की ओर विकास कराते हुऐ स्वयं को भी विकास करने के लिए पूर्ण स्वतन्त्रता प्राप्त हो जायेगी। सम्पूर्ण क्रियाकलापों को संचालित करने वाले मूल दो कर्ता-मानव (मन) और प्रकृति (विश्वमन) दोनों का कर्मज्ञान एक होना आवश्यक है। प्रकृति (विश्वमन) तो पूर्ण धारण कर सफलतापूर्वक कार्य कर ही रही है। मानव जाति में जो भी सफलता प्राप्त कर रहे हैं वे अज्ञानता में इसकें आंशिक धारण में तथा जो असफलता प्राप्त कर रहे हैं, वे पूर्णतः धारण से मुक्त है। इसी कर्मज्ञान से प्रकृति, मानव और संयुक्त मन प्रभावित और संचालित है। किसी मानव का कर्मक्षेत्र सम्पूर्ण ब्रह्माण्ड हो सकता है और किसी का उसके स्तर रूप में छोटा यहाँ तक कि सिर्फ स्वयं व्यक्ति का अपना स्तर परन्तु कर्मज्ञान तो सभी का एक ही होगा।

"उसी मूल सत्य की फिर से शिक्षा ग्रहण करनी होगी, जो केवल यहीं से, हमारी इसी मातृभूमि से प्रचारित हुआ था। फिर एक बार भारत को संसार में इसी मूल तत्व का-इसी सत्य का प्रचार करना होगा। ऐसा क्यों है? इसलिए नहीं कि यह सत्य हमारे शास्त्रों में लिखा है वरन् हमारे राष्ट्रीय साहित्य का प्रत्येक विभाग और हमारा राष्ट्रीय जीवन उससे पूर्णतः ओत-प्रोत है। इस धार्मिक सहिष्णुता की तथा इस सहानुभूति की, मातृभाव की महान शिक्षा प्रत्येक बालक, स्त्री, पुरुष, शिक्षित, अशिक्षित सब जाति और वर्ण वाले सीख सकते हैं। तुमको अनेक नामों से पुकारा जाता है, पर तुम एक हो।" (जितने मत उतने पथ, रामकृष्ण मिशन, पृष्ठ-39)

- स्वामी विवेकानन्द

मेरी नीति है- प्राचीन आचार्यों के उपदेशों का अनुसरण करना। मैंने उनके कार्य का अध्ययन किया है, और जिस प्रणाली से उन्होंने कार्य किया, उसके आविष्कार करने का मुझे सौभाग्य मिला। वे सब महान समाज संस्थापक थे। बल पवित्रता और जीवन शक्ति के वे अद्भुत आधार थे। उन्होंने सब से अद्भुत कार्य किया-समाज में बल, पवित्रता और जीवन शक्ति संचारित की। हमें भी सबसे अद्भुत कार्य करना है। आज अवस्था कुछ बदल गयी है, इसलिए कार्य-प्रणाली में कुछ थोड़ा-सा परिवर्तन करना होगा; बस इतना ही, इससे अधिक कुछ नहीं। (मेरी समर नीति- पृ0-27)

- स्वामी विवेकानन्द

सार्वभौम सत्य-सिद्धान्त के अनुसार काल, युग बोध एवं अवतार

सार्वभौम सत्य-सिद्धान्त के अनुसार काल और युग परिवर्तन और उसके माध्यम अन्तिम अवतार के सम्बन्ध में समय और रूप की व्याख्या निम्नवत् है।

विश्व-ब्रह्माण्ड के सर्वोच्च और अनन्त कार्यक्षेत्र का सार्वभौम दृश्य, विवादमुक्त, सार्वजनिक प्रमाणित सत्य-सिद्धान्त है- परिवर्तन। जिसे आदान-प्रदान (TRANSACTION) या क्रिया या व्यापार (TRADE) भी कहा जा सकता है। जिसे वैदिक साहित्य ने "सिद्धान्त", गीता ने "परिवर्तन", पुराण ने "शक्ति ", कपिलमुनि ने "क्रिया" कहा है। इसे ही प्राकृतिक- ब्रह्माण्डीय सत्य, कर्म, आदान-प्रदान, परिधि, व्यापार, काल, सर्वशक्तिमान भी कहा गया। इस सत्य की व्याख्या करने वाला शास्त्र-साहित्य सार्वजनिक प्रमाणित दृश्य समष्टि वेद, उत्पन्न नाम या शब्द को समष्टि ईश्वर नाम तथा नाम के अर्थ की व्याख्या करने वाले साहित्य को समष्टि उपनिषद् कहा जाता है।

उपरोक्त परिवर्तन जिस उत्प्रेरक की उपस्थिति में संचालित होता है उसे ही वैदिक साहित्य ने "ब्रह्म" या "आत्मा", गीता ने "मैं", पुराण ने "शिव "", कपिल मुनि ने "कारण", संतों ने "एक", हिन्दुओं ने "ईश्वर", सिखों ने "वाहे गुरू", इस्लाम ने "अल्ला" ईसाई ने "यीशु" इत्यादि कहा। इसे ही पूर्ण, धर्म, ज्ञान, सम, सार्वभौम, चौतन्य, केन्द्र, GOD, सत्य, अद्वैत, सर्वव्यापी, अनश्वर, अजन्मा, शाश्वत, सनातन इत्यादि भी कहा गया है। इस सत्य की व्याख्या करने वाला शास्त्र-साहित्य व्यक्तिगत प्रमाणित अदृश्य व्यष्टि वेद, उत्पन्न नाम या शब्द को व्यष्टि ईश्वर नाम तथा नाम के अर्थ की व्याख्या करने वाले साहित्य को व्यष्टि उपनिषद् कहा जाता है। इसी को सार्वभौम सत्य-सिद्धान्त में केन्द्र (CENTRE) कहा गया है।

वर्तमान पदार्थ विज्ञान भी यह स्वीकार कर चुका है कि इस ब्रह्माण्ड में कही भी कुछ भी स्थिर नहीं है। सभी का परिवर्तन या आदान-प्रदान हो रहा है। दृश्य पदार्थ विज्ञान के महान वैज्ञानिक आइन्सटाइन $E=MC^2$ से इसे सिद्ध भी किये है।

इस प्रकार विश्व-ब्रह्माण्ड को हम सर्वोच्च व्यापार केन्द्र (TRADE CENTRE) भी कह सकते हैं और विश्व-ब्रह्माण्ड के पर्यायवाची नाम के रूप में प्रयोग कर सकते हैं।

समस्त परिवर्तन या आदान-प्रदान मुख्यतः तीन बलो द्वारा ही संचालित होता है- मानवीय बल, प्राकृतिक बल व आत्मीय बल। और ये तीनो बल मूलतः तीन क्षेत्र के माध्यम से परिवर्तन लाता है। ये हैं- शारीरिक, आर्थिक व मानसिक। इस प्रकार हम देखते हैं कि यदि सर्वप्रथम मानवीय बल परिवर्तन लाने के लिए सक्रिय होता है तब वह पहले शारीरिक, फिर आर्थिक और अन्त में मानसिक कारण को माध्यम के रूप में प्रयोग करता है। इसी प्रकार प्राकृतिक बल और आत्मीय बल भी इसी क्रम से माध्यमों का प्रयोग करता है।

जब मानवीय बल और प्राकृतिक बल, आवश्यक परिवर्तन लाने में असफल हो जाता है तब सार्वाधिक शक्तिशाली व सर्वोच्च आत्मीय बल के प्रयोग का समय आ जाता है। चक्र रूप में मानवीय बल एक छोटा परिवर्तन, प्राकृतिक बल एक मध्यम स्तर का परिवर्तन तथा अन्तिम आत्मीय बल उस समय के सर्वोच्च स्तर का परिवर्तन लाता है जिस समय वह प्रभावी होता है।

यह आत्मीय बल ही अवतारों, पैगम्बरों, स्वर्गदूतों, धर्म प्रवर्तकों-स्थापकों के बल थे जो समयानुसार अपने-अपने क्षेत्रों में प्रयोग किये गये थे और जिसके कारण आज भी उनकी पहचान वर्तमान है। जब यह आत्मीय बल अंश रूप में अवतारों, पैगम्बरों, स्वर्गदूतों, धर्म प्रवर्तकों-स्थापकों द्वारा प्रयोग किये जाते हैं तब ये अंश अवतार, पैगम्बर, स्वर्गदूत, धर्म प्रवर्तक-स्थापक कहलाते हैं और जब यह आत्मीय बल पूर्ण रूप में अवतारों, पैगम्बरों, स्वर्गदूतों, धर्म प्रवर्तकों-स्थापकों द्वारा प्रयोग किये जाते हैं तब ये पूर्ण अवतार, पैगम्बर, स्वर्गदूत, धर्म प्रवर्तक-स्थापक कहलाते हैं।

वर्तमान समय में मानवीय बल व प्राकृतिक बल द्वारा परिवर्तन लाने के लिए शारीरिक, आर्थिक व मानसिक माध्यम का प्रयोग किया जा चुका है। साथ ही आत्मीय बल द्वारा भी परिवर्तन लाने के लिए शारीरिक व आर्थिक माध्यम का प्रयोग किया जा चुका है। अब केवल एक ही मार्ग आत्मीय बल द्वारा मानसिक माध्यम का प्रयोग बचा है। जो आने वाले समय में निश्चित रूप से होगा।

काल अर्थात् समय को समय से बांधा नहीं जा सकता। कोई भी व्यक्ति समष्टि के लिए किसी निश्चित दिन का दावा नहीं कर सकता कि इस दिन से किसी युग का परिवर्तन, किसी युग का अन्तिम दिन या किसी युग के प्रारम्भ का दिन है। क्योंकि हम दिन, दिनांक या कैलेण्डर का निर्धारण ब्रह्माण्डीय गतिविधि अर्थात् सूर्य, चाँद, ग्रह इत्यादि के गति को आधार बनाकर निर्धारित करते है। इसी प्रकार युग का निर्धारण पूर्णतया मानव मन की केन्द्रित स्थिति से निर्धारित होता है न कि किसी निर्धारित अवधि के द्वारा। मन की केन्द्रित स्थिति निम्न स्थितियों में होती है-

0 या 5. स्थिति - अदृश्य मार्ग से मन का आत्मीय केन्द्रित स्थिति।

1. **स्थिति** - व्यक्तिगत प्रमाणित अदृश्य मार्ग से मन का आत्मीय केन्द्रित स्थिति अर्थात् व्यक्तिगत प्रमाणित माध्यम द्वारा आत्मा पर केन्द्रित मन। यह स्थिति सतयुग की अन्तिम स्थिति है। इस युग में कुल 6 अवतार मत्स्य, कूर्म, वाराह, नृंसिंह, वामन और परशुराम हुये।

2. **स्थिति** -सार्वजनिक प्रमाणित अदृश्य मार्ग से मन का आत्मीय केन्द्रित स्थिति अर्थात् सार्वजनिक प्रमाणित माध्यम - प्रकृति व ब्रह्माण्ड द्वारा आत्मा पर केन्द्रित मन। यह स्थिति त्रेतायुग की अन्तिम स्थिति है। इस युग में सातवें अवतार श्री राम हुयें।

3. **स्थिति** - व्यक्तिगत प्रमाणित दृश्य मार्ग से मन का आत्मीय केन्द्रित स्थिति अर्थात् व्यक्तिगत प्रमाणित व्यक्ति व भौतिक वस्तु माध्यम द्वारा आत्मा पर केन्द्रित मन। यह स्थिति द्वापर युग की अन्तिम स्थिति है। इस युग में आँठवें अवतार श्री कृष्ण हुयें।

4. **स्थिति** - सार्वजनिक प्रमाणित दृश्य मार्ग से मन का आत्मीय केन्द्रित स्थिति अर्थात् सार्वजनिक प्रमाणित व्यक्ति व भौतिक वस्तु माध्यम द्वारा आत्मा पर केन्द्रित मन। यह स्थिति कलियुग की अन्तिम स्थिति है। इस युग में नवें अवतार बुद्ध हुये और दसवें और अन्तिम अवतार श्री लव कुश सिंह "विश्वमानव" व्यक्त हैं।

0 या 5. स्थिति - दृश्य मार्ग से मन का आत्मीय केन्द्रित स्थिति।

उपरोक्त स्थिति में स्थित मन से ही उस युग में शास्त्र-साहित्यों की रचना होती रही है। और उस अनुसार ही प्रत्येक व्यक्ति अपनी स्थिति का पता लगा सकता है कि वह किस युग में जी रहा है।

उपरोक्त में से कोई भी स्थिति जब व्यक्तिगत होती है तब वह व्यक्ति उस युग में स्थित होता है चाहे समाज या सम्पूर्ण विश्व किसी भी युग में क्यों न हो। इसी प्रकार जब उपरोक्त स्थिति में से कोई भी स्थिति में समाज या सम्पूर्ण विश्व अर्थात् अधिकतम व्यक्ति उस स्थिति में स्थित होते है तब समाज या सम्पूर्ण विश्व उस युग में स्थित हो जाता है।

युग परिवर्तन सदैव उस समय होता है जब समाज के सर्वोच्च मानसिक स्तर पर एक नया अध्याय या कड़ी जुड़ता है। और एक नये विचार से व्यवस्था या मानसिक परिवर्तन होता है। इस प्रकार यह आत्मसात् करना चाहिए कि सम्पूर्ण समाज इस समय चौथे युग-कलियुग के अन्त में है और जैसे-जैसे "विश्वशास्त्र" के ज्ञान से युक्त

होता जायेगा वह पाँचवे युग-स्वर्ण युग में प्रवेश करता जायेगा। और जब बहुमत हो जायेगा तब सम्पूर्ण समाज या विश्व पाँचवे युग-स्वर्ण युग में स्थित हो जायेगा।

सम्पूर्ण आध्यात्मिक सूक्ष्म एवं स्थूल सिद्धान्तों को व्यक्त करने का माध्यम मात्र मानव शरीर और कर्म क्षेत्र मात्र मानव समाज ही है। साथ ही उसका मूल्यांकनकर्ता मानव का अपना मन स्तर ही है। इसलिए अवतार सम्पूर्ण सिद्धान्तों को कालानुसार व्यक्त सगुण रूप मानव शरीर ही होता है। मूलरूप से अवतार शिव-आत्मा-ईश्वर-ब्रह्म अर्थात् सार्वभौम सत्य-सिद्धान्त के अवतार होते हैं परन्तु एकात्म ज्ञान अर्थात् ब्रह्मा और एकात्म ध्यान अर्थात् शंकर सार्वजनिक प्रमाणित दृश्य न हो सकने के कारण एकात्म कर्म-विष्णु के ही अवतार के रूप में जाना जाता है। क्योंकि एक मात्र कर्म ही मानव समाज में सार्वजनिक प्रमाणित होता है। इस एकात्म कर्म का कारण एकात्म प्रेम और एकात्म प्रेम का कारण मात्र एकात्म कर्म होता है।

विष्णु अर्थात् एकात्मकर्म का अव्यक्त रूप एकात्म प्रेम अर्थात् लक्ष्मी हैं। एकात्म कर्म का कारण एकात्म प्रेम तथा एकात्म प्रेम का कारण एकात्म कर्म होता है। वह कर्म जो आत्मा के लिए हो और वह प्रेम जो आत्मा के लिए हो अर्थात् समभाव और कर्म युक्त मानव शरीर ही विष्णु का अवतार है।

भगवान विष्णु के 24 अवतार (1. श्री सनकादि, 2. वाराह अवतार, 3. नारद मुनि, 4. नर-नारायण, 5. कपिल, 6. दत्तात्रेय, 7. यज्ञ, 8. ऋषभदेव, 9. पृथु, 10. मत्स्यावतार, 11. कूर्म अवतार, 12. धन्वन्तरि, 13. मोहिनी, 14. हयग्रीव, 15. नृसिंह, 16. वामन, 17. गजेन्द्रोधारावतार, 18. परशुराम, 19. वेदव्यास, 20. हन्सावतार, 21. राम, 22. कृष्ण, 23. बुद्ध, 24. कल्कि) का वर्णन श्री विष्णु पुराण एवं श्री भविष्य पुराण में स्पष्ट उल्लेख है। जिनमें मुख्य 10 अवतार (1. मत्स्य, 2. कूर्म, 3. वाराह, 4. नृसिंह, 5. वामन, 6. परशुराम, 7. राम, 8. कृष्ण, 9. बुद्ध, 10. कल्कि) ही माने जाते हैं।

ग्रन्थों में अवतारों की कई कोटि बतायी गई है जैसे अंशाशावतार, अंशावतार, आवेशावतार, कलावतार, नित्यावतार, युगावतार इत्यादि, जो भी सार्वभौम सत्य-सिद्धान्त को व्यक्त करता है वे सभी अवतार कहलाते हैं। व्यक्ति से लेकर समाज के सर्वोच्च स्तर तक सार्वभौम सत्य-सिद्धान्त को व्यक्त करने के क्रम में ही विभिन्न कोटि के अवतार स्तरबद्ध होते हैं। अन्तिम सार्वभौम सत्य-सिद्धान्त को व्यक्त करने वाला ही अन्तिम अवतार के रूप में व्यक्त होगा। अब तक हुये अवतार, पैगम्बर, ईशदूत इत्यादि को हम सभी उनके होने के बाद, उनके जीवन काल की अवधि में या उनके शरीर त्याग के बाद से ही जानते हैं। परन्तु भविष्य अर्थात् "आने वाले कल" के लिए कल्पित एक मात्र महाविष्णु के अवतार-कल्कि के आने से पूर्व ही जानने लगे हैं।

अदृश्य सत्य-सिद्धान्त से सार्वजनिक या ब्रह्माण्डीय प्रमाणित दृश्य सत्य-सिद्धान्त तक के व्यक्त होने की क्रिया में प्रयुक्त मानव शरीर ही अवतारों का शरीर है। इस क्रम में प्रत्येक अगला अवतार अपने पिछले अवतार का अगला चरण अर्थात् सामाजिक आवश्यकताओं की कालानुसार पूर्तिकर्ता सहित उसका पुर्नजन्म होता है। क्योंकि सत्य-सिद्धान्त को व्यक्त करने की इच्छा तब तक अवतारों में रहती है जब तक सत्य-सिद्धान्त पूर्णरूप से दृश्य सार्वजनिक या ब्रह्माण्डीय प्रमाणित रूप नहीं ले लेता। कोई भी मानव शरीर अवतारी ज्ञान, कर्म और ध्यान को रखते हुये भी यदि सम्पूर्ण सामाजिक या ब्रह्माण्डीय आवश्यकताओं का कालानुसार हल नहीं प्रस्तुत करता तो वह गुणों को रखते हुये भी अवतारी शरीर नहीं हो सकता। इस प्रकार प्रत्येक अगला अवतार, अपने पिछले अवतार का संग्रहणीय, संक्रमणीय, गुणात्मक रूप का प्रतीक होता है। अवतारों का स्थूल शरीर किसी भी स्थूल अटलनीय, अपरिवर्तनीय, प्राकृतिक नियम-परिवर्तन या आदान-प्रदान से मुक्त नहीं होता सिर्फ उनका सूक्ष्म शरीर और व्यक्त सत्य-सिद्धान्त ही उससे मुक्त और अप्रभावी होता है जिसे दुःख-सुख, जन्म-मृत्यु इत्यादि से मुक्त कहते हैं।

सत्य से सार्वभौम सत्य-सिद्धान्त तक का मार्ग अवतारों का मार्ग है। सार्वभौम सत्य-सिद्धान्त की अनुभूति ही अवतरण है। इसके अंश अनुभूति को अंश अवतार तथा पूर्ण अनुभूति को पूर्ण अवतार कहते हैं। अवतार मानव मात्र के लिए ही कर्म करते हैं न कि किसी विशेष मानव समूह या सम्प्रदाय के लिए। अवतार, धर्म, धर्मनिरपेक्ष व सर्वधर्मसमभाव से युक्त अर्थात् एकात्म से युक्त होते हैं। इस प्रकार अवतार से उत्पन्न शास्त्र मानव के लिए होते हैं, न कि किसी विशेष मानव समूह के लिए। उत्प्रेरक, शासक और मार्गदर्शक आत्मा सर्वव्यापी है।

इसलिए एकात्म का अर्थ संयुक्त आत्मा या सार्वजनिक आत्मा है। जब एकात्म का अर्थ संयुक्त आत्मा समझा जाता है तब वह समाज कहलाता है। जब एकात्म का अर्थ व्यक्तिगत आत्मा समझा जाता है तब व्यक्ति कहलाता है। अवतार, संयुक्त आत्मा का साकार रुप होता है जबकि व्यक्ति, व्यक्तिगत आत्मा का साकार रुप होता है। शासन प्रणाली में समाज का समर्थक दैवी प्रवृत्ति तथा शासन व्यवस्था प्रजातन्त्र या लोकतन्त्र या स्वतन्त्र या मानवतन्त्र या समाजतन्त्र या जनतन्त्र या बहुतन्त्र या स्वराज कहलाता है और क्षेत्र गणराज्य कहलाता है। ऐसी व्यवस्था सुराज कहलाती है। शासन प्रणाली में व्यक्ति का समर्थक असुरी प्रवृत्ति तथा शासन व्यवस्था राज्यतन्त्र या राजतन्त्र या एकतन्त्र कहलाता है और क्षेत्र राज्य कहलाता है ऐसी व्यवस्था कुराज कहलाती है। सनातन से ही दैवी और असुरी प्रवृत्तियों अर्थात् दोनों तन्त्रों के बीच अपने-अपने अधिपत्य के लिए संघर्ष होता रहा है। जब-जब समाज में एकतन्त्रात्मक या राजतन्त्रात्मक अधिपत्य होता है तब-तब मानवता या समाज समर्थक अवतारों के द्वारा गणराज्य की स्थापना की जाती है। या यूँ कहें गणतन्त्र या गणराज्य की स्थापना ही अवतार का मूल उद्देश्य अर्थात् लक्ष्य होता है शेष सभी साधन अर्थात् मार्ग।

अवतारों के प्रत्यक्ष और प्रेरक दो कार्य विधि हैं। प्रत्यक्ष अवतार वे होते हैं जो स्वयं अपनी शक्ति का प्रत्यक्ष प्रयोग कर समाज का सत्यीकरण करते हैं। यह कार्य विधि समाज में उस समय प्रयोग होता है जब अधर्म का नेतृत्व एक या कुछ मानवों पर केन्द्रित होता है। प्रेरक अवतार वे होते हैं जो स्वयं अपनी शक्ति का अप्रत्यक्ष प्रयोग कर समाज का सत्यीकरण जनता एवं नेतृत्वकर्ता के माध्यम से करते हैं। यह कार्य विधि समाज में उस समय प्रयोग होता है जब समाज में अधर्म का नेतृत्व अनेक मानवों और नेतृत्वकर्ताओं पर केन्द्रित होता है।

इन विधियों में से कुल दस अवतारों में से प्रथम सात (मत्स्य, कूर्म, वाराह, नृसिंह, वामन, परशुराम, राम) अवतारों ने समाज का सत्यीकरण प्रत्यक्ष विधि के प्रयोग द्वारा किया था। आठवें अवतार (श्रीकृष्ण) ने दोनों विधियों प्रत्यक्ष ओर प्रेरक का प्रयोग किया था। नवें (भगवान बुद्ध) और अन्तिम दसवें अवतार की कार्य विधि प्रेरक ही है।

जल-प्लावन (जहाँ जल है वहाँ थल और जहाँ थल है वहाँ जल) के समय मछली से मार्ग दर्शन (मछली के गतीशीलता से सिद्धान्त प्राप्त कर) पाकर मानव की रक्षा करने वाला ईश्वर (सार्वभौम सत्य-सिद्धान्त) का पहला अंशावतार मत्स्यावतार के बाद मानव का पुनः विकास प्रारम्भ हुआ। दूसरे कूर्मावतार (कछुए के गुण का सिद्धान्त), तीसरे- वाराह अवतार (सुअर के गुण का सिद्धान्त), चौथे- नृसिंह (सिंह के गुण का सिद्धान्त), तथा पाँचवें वामन अवतार (ब्राह्मण के गुण का सिद्धान्त) तक एक ही साकार शासक और मार्गदर्शक राजा हुआ करते थे और जब-जब वे राज्य समर्थक या उसे बढ़ावा देने वाले इत्यादि असुरी गुणों से युक्त हुए उन्हें दूसरे से पाँचवें अंशावतार ने साकार रुप में कालानुसार भिन्न-भिन्न मार्गों से गुणों का प्रयोग कर गणराज्य का अधिपत्य स्थापित किया।

ईश्वर (सार्वभौम सत्य-सिद्धान्त) के छठें अंश अवतार परशुराम के समय तक मानव जाति का विकास इतना हो गया था कि अलग-अलग राज्यों के अनेक साकार शासक और मार्गदर्शक राजा हो गये थे उनमें से जो भी राज्य समर्थक असुरी गुणों से युक्त थे उन सबको परशुराम ने साकार रुप में वध कर डाला। परन्तु बार-बार वध की समस्या का स्थाई हल निकालने के लिए उन्होंने राज्य और गणराज्य की मिश्रित व्यवस्था द्वारा एक व्यवस्था दी जो आगे चलकर "परशुराम परम्परा" कहलायी। व्यवस्था निम्न प्रकार थी-

1. प्रकृति में व्याप्त तीन गुण- सत्व, रज और तम के प्रधानता के अनुसार मनुष्य का चार वर्णों में निर्धारण। सत्व गुण प्रधान - ब्राह्मण, रज गुण प्रधान-क्षत्रिय, रज एवं तम गुण प्रधान-वैश्य, तम गुण प्रधान-शूद्र।
2. गणराज्य का शासक राजा होगा जो क्षत्रिय होगा जैसे-ब्रह्माण्डीय गणराज्य में प्रकृति जो रज गुण अर्थात् कर्म अर्थात् शक्ति प्रधान है।
3. गणराज्य में राज्य सभा होगी जिसके अनेक सदस्य होंगे जैसे-ब्रह्माण्डीय गणराज्य में प्रकृति के सत्व, रज एवं तम गुणों से युक्त विभिन्न वस्तु हैं।
4. राजा का निर्णय राज्यसभा का ही निर्णय है जैसे-ब्रह्माण्डीय गणराज्य में प्रकृति का निर्णय वही है जो सत्व, रज एवं तम गुणों का सम्मिलित निर्णय होता है।

5. राजा का चुनाव जनता करे क्योंकि वह अपने गणराज्य में सर्वव्यापी और जनता का सम्मिलित रुप है जैसे- ब्रह्माण्डीय गणराज्य में प्रकृति सर्वव्यापी है और वह सत्व, रज एवं तम गुणों का सम्मिलित रुप है।
6. राजा और उसकी सभा राज्यवादी न हो इसलिए उस पर नियन्त्रण के लिए सत्व गुण प्रधान ब्राह्मण का नियन्त्रण होगा जैसे- ब्रह्माण्डीय गणराज्य में प्रकृति पर नियन्त्रण के लिए सत्व गुण प्रधान आत्मा का नियन्त्रण होता है।

ईश्वर (सार्वभौम सत्य-सिद्धान्त) के सातवें अंश अवतार श्रीराम द्वारा इसी "परशुराम परम्परा" का ही प्रसार और स्थापना हुआ था।

ईश्वर (सार्वभौम सत्य-सिद्धान्त) के आठवें अवतार श्रीकृष्ण के समय तक स्थिति यह हो गयी थी राजा पर नियन्त्रण के लिए नियुक्त ब्राह्मण भी समाज और धर्म की व्याख्या करने में असमर्थ हो गये। क्योंकि अनेक धर्म साहित्यों, मत-मतान्तर, वर्ण, जातियों में समाज विभाजित होने से व्यक्ति संकीर्ण और दिग्भ्रमित हो गया था और राज्य समर्थकों की संख्या अधिक हो गयी थी परिणामस्वरुप मात्र एक ही रास्ता बचा था- "नवमानव सृष्टि"। इसके लिए उन्होंने सम्पूर्ण धर्म-साहित्यों और मत-मतान्तरों के एकीकरण के लिए आत्मा के सर्वव्यापी व्यक्तिगत प्रमाणित निराकार स्वरुप का उपदेश "गीता" व्यक्त किये और गणराज्य का उदाहरण "द्वारिका नगर" का निर्माण कर किये। उनकी गणराज्य व्यवस्था उनके जीवन काल में ही नष्ट हो गयी परन्तु "गीता" आज भी प्रेरक बनी हुई है।

ईश्वर (सार्वभौम सत्य-सिद्धान्त) के नवें अवतार भगवान बुद्ध के समय पुनः राज्य एकतन्त्रात्मक होकर हिंसात्मक हो गया परिणामस्वरुप बुद्ध ने अहिंसा के उपदेश के साथ व्यक्तियों को धर्म, बुद्धि और संघ के शरण में जाने की शिक्षा दी। संघ की शिक्षा गणराज्य की शिक्षा थी। धर्म की शिक्षा आत्मा की शिक्षा थी। बुद्धि की शिक्षा, प्रबन्ध और संचालन की शिक्षा थी जो प्रजा के माध्यम से प्रेरणा द्वारा गणराज्य के निर्माण की प्रेरणा थी।

ईश्वर (सार्वभौम सत्य-सिद्धान्त) के दसवें और अन्तिम अवतार के समय तक राज्य और समाज स्वतः ही प्राकृतिक बल के अधीन कर्म करते-करते सिद्धान्त प्राप्त करते हुए पूर्ण गणराज्य की ओर बढ़ रहा था परिणामस्वरुप गणराज्य का रुप होते हुए भी गणराज्य सिर्फ राज्य था और एकतन्त्रात्मक अर्थात् व्यक्ति समर्थक तथा समाज समर्थक दोनों की ओर विवशतावश बढ़ रहा था।

भारत में निम्लिखित रुप व्यक्त हो चुका था।

1. ग्राम, विकास खण्ड, नगर, जनपद, प्रदेश और देश स्तर पर गणराज्य और गणसंघ का रुप।
2. सिर्फ ग्राम व नगर स्तर पर राजा (ग्राम व नगर पंचायत अध्यक्ष) का चुनाव सीधे जनता द्वारा।
3. गणराज्य को संचालित करने के लिए संचालक का निराकार रुप- संविधान।
4. गणराज्य के तन्त्रों को संचालित करने के लिए तन्त्र और क्रियाकलाप का निराकार रुप-नियम और कानून।
5. राजा पर नियन्त्रण के लिए ब्राह्मण का साकार रुप- राष्ट्रपति, राज्यपाल, जिलाधिकारी इत्यादि।

विश्व स्तर पर निम्नलिखित रुप व्यक्त हो चुका था।

2. गणराज्यों के संघ के रुप में संयुक्त राष्ट्र संघ का रुप।
3. संघ के संचालन के लिए संचालक और संचालक का निराकार रुप- संविधान।
4. संघ के तन्त्रों को संचालित करने के लिए तन्त्र और क्रियाकलाप का निराकार रुप- नियम और कानून।
5. संघ पर नियन्त्रण के लिए ब्राह्मण का साकार रुप-पाँच वीटो पावर।
6. प्रस्ताव पर निर्णय के लिए सदस्यों की सभा।
7. नेतृत्व के लिए राजा- महासचिव।

जिस प्रकार आठवें अवतार द्वारा व्यक्त आत्मा के निराकार रुप "गीता" के प्रसार के कारण आत्मीय प्राकृतिक बल सक्रिय होकर गणराज्य के रुप को विवशतावश समाज की ओर बढ़ा रहा था उसी प्रकार अन्तिम अवतार द्वारा निम्नलिखित शेष समष्टि कार्य पूर्ण कर प्रस्तुत कर देने मात्र से ही विवशतावश उसके अधिपत्य की स्थापना हो जाना है।

1. गणराज्य या लोकतन्त्र के सत्य रुप- गणराज्य या लोकतन्त्र के स्वरुप का अन्तर्राष्ट्रीय/ विश्वमानक।

2. राजा और सभा सहित गणराज्य पर नियन्त्रण के लिए साकार ब्राह्मण का निराकार रुप- मन का अन्तर्राष्ट्रीय/ विश्वमानक।
3. गणराज्य के प्रबन्ध का सत्य रुप- प्रबन्ध का अन्तर्राष्ट्रीय/ विश्वमानक।
4. गणराज्य के संचालन के लिए संचालक का निराकार रुप- संविधान के स्वरुप का अन्तर्राष्ट्रीय/ विश्वमानक।
5. साकार ब्राह्मण निर्माण के लिए शिक्षा का स्वरुप- शिक्षा पाठ्यक्रम का अन्तर्राष्ट्रीय/ विश्वमानक।

इस समष्टि कार्य द्वारा ही काल व युग परिवर्तन होगा न कि सिर्फ चिल्लाने से कि "सतयुग आयेगा" , "सतयुग आयेगा" से। यह समष्टि कार्य जिस शरीर से सम्पन्न होगा वही अन्तिम अवतार के रूप में व्यक्त होगा। धर्म में स्थित वह अवतार चाहे जिस सम्प्रदाय (वर्तमान अर्थ में धर्म) का होगा उसका मूल लक्ष्य यही शेष समष्टि कार्य होगा और स्थापना का माध्यम उसके सम्प्रदाय की परम्परा व संस्कृति होगी।

जिस प्रकार केन्द्र में संविधान-संसद है, प्रदेश में संविधान-विधान सभा है उसी प्रकार ग्राम नगर में भी संविधान होना चाहिए जिस प्रकार केन्द्र और प्रदेश के न्यायालय और पुलिस व्यवस्था है उसी प्रकार ग्राम नगर के भी होने चाहिए, कहने का अर्थ ये है कि जिस प्रकार की व्यवस्थाये केन्द्र और प्रदेश की अपनी हैं उसी प्रकार की व्यवस्था छोटे रुप में ग्राम नगर की भी होनी चाहिए। संघ (राज्य) या महासंघ (केन्द्र) से सम्बन्ध सिर्फ उस गणराज्य से होता है प्रत्येक नागरिक से नहीं संघ या महासंघ का कार्य मात्र अपने गणराज्यों में आपसी समन्वय व सन्तुलन करना होता है उस पर शासन करना नहीं तभी तो सच्चे अर्थों में गणराज्य व्यवस्था या स्वराज-सुराज व्यवस्था कहलायेगी। यही राष्ट्रपिता महात्मा गाँधी की प्रसिद्ध युक्ति "भारत ग्राम (नगर) गणराज्यों का संघ हो" और "राम राज्य" का सत्य अर्थ है।

काल का प्रथम रूप

पूर्ण मनुष्य के निर्माण प्रक्रिया में निम्नलिखित दस चरण पूरे हुए हैं अर्थात् पूर्णता के लिए इन दस चरण में व्यक्त मुख्य-गुण सिद्धान्त का संयुक्त व्यक्तित्व ही पूर्ण मनुष्य के रूप में निर्मित होता है। विष्णु के निम्न दस अवतार के मुख्य-गुण सिद्धान्त निम्न प्रकार हैं-

अदृश्य काल

धर्म ज्ञान का प्रारम्भ

01. वैदिक धर्म-ऋषि-मुनि गण-ईसापूर्व 6000-2500

पहलायुग: सत्ययुग
02. ब्राह्मण धर्म-ब्राह्मण गण-ईसापूर्व 6000-2500

अ. व्यक्तिगत प्रमाणित पूर्ण प्रत्यक्ष अवतार

01. अदृश्य काल के व्यक्तिगत प्रमाणित काल में व्यक्तिगत प्रमाणित अदृश्य प्राकृतिक चेतना से युक्त सत्य आधारित सतयुग में विष्णु के प्रथम अवतार - मत्स्य अवतार

मुख्य-गुण सिद्धान्त - मछलियों के स्वभाव जल की धारा के विपरीत दिशा (राधा) में गति करने से ज्ञान (अर्थात् राधा का सिद्धान्त) प्रथम अवतार मत्स्य अवतार का गुण था जो अगले अवतार में संचरित हुई।

02. अदृश्य काल के व्यक्तिगत प्रमाणित काल में व्यक्तिगत प्रमाणित अदृश्य प्राकृतिक चेतना से युक्त सत्य आधारित सतयुग में विष्णु के द्वितीय अवतार - कूर्म या कच्छपावतार

मुख्य-गुण सिद्धान्त - एक सहनशील, शांत, धैर्यवान, लगनशील, दोनों पक्षों के बीच मध्यस्थ की भूमिका वाला गुण (समन्वय का सिद्धान्त) सहित प्रथम अवतार के गुण सहित वाला गुण द्वितीय अवतार कूर्म अवतार का गुण था जो अगले अवतार में संचरित हुई।

03. अदृश्य काल के व्यक्तिगत प्रमाणित काल में व्यक्तिगत प्रमाणित अदृश्य प्राकृतिक चेतना से युक्त सत्य आधारित सतयुग में विष्णु के तृतीय अवतार - बाराह अवतार

मुख्य-गुण सिद्धान्त - एक मेधावी, सूझ-बुझ, सम्पन्न, पुरूषार्थी, धीर-गम्भीर, निष्कामी, बलिष्ठ, सक्रिय, अहिंसक और समूह प्रेमी, लोगों का मनोबल बढ़ाना, उत्साहित और सक्रिय करने वाला गुण (प्रेरणा का सिद्धान्त) सहित द्वितीय अवतार के समस्त गुण से युक्त वाला गुण तृतीय अवतार वाराह अवतार का गुण था जो अगले अवतार में संचरित हुई।

04. अदृश्य काल के व्यक्तिगत प्रमाणित काल में व्यक्तिगत प्रमाणित अदृश्य प्राकृतिक चेतना से युक्त सत्य आधारित सतयुग में विष्णु के चौथे अवतार - नृसिंह अवतार

मुख्य-गुण सिद्धान्त - प्रत्यक्ष रूप से एका-एक लक्ष्य को पूर्ण करने वाले (लक्ष्य के लिए त्वरित कार्यवाही का सिद्धान्त) गुण सहित तृतीय अवतार के समस्त गुण से युक्त वाला गुण चतुर्थ अवतार नरसिंह अवतार का गुण था जो अगले अवतार में संचरित हुई।

05. अदृश्य काल के व्यक्तिगत प्रमाणित काल में व्यक्तिगत प्रमाणित अदृश्य प्राकृतिक चेतना से युक्त सत्य आधारित सतयुग में विष्णु के पाचवें अवतार - वामन अवतार

मुख्य-गुण सिद्धान्त - भविष्य दृष्टा, राजा के गुण का प्रयोग करना, थोड़ी सी भूमि पर गणराज्य व्यवस्था की स्थापना व व्यवस्था को जिवित करना, उसके सुख से प्रजा को परिचित कराने वाले गुण (समाज का

सिद्धान्त) सहित चतुर्थ अवतार के समस्त गुण से युक्त गुण पाँचवें अवतार का गुण था जो अगले अवतार में संचरित हुई।

ब. सार्वजनिक प्रमाणित अंश प्रत्यक्ष अवतार

06. अदृश्य काल के व्यक्तिगत प्रमाणित काल में व्यक्तिगत प्रमाणित अदृश्य प्राकृतिक चेतना से युक्त सत्य आधारित सतयुग में विष्णु के छठवें अवतार - परशुराम अवतार

मुख्य-गुण सिद्धान्त - गणराज्य व्यवस्था को ब्रह्माण्ड में व्याप्त व्यवस्था सिद्धान्तों को आधार बनाने वाले गुण और व्यवस्था के प्रसार के लिए योग्य व्यक्ति को नियुक्त करने वाले गुण (लोकतन्त्र का सिद्धान्त और उसके प्रसार के लिए योग्य उत्तराधिकारी नियुक्त करने का सिद्धान्त) सहित पाँचवें अवतार के समस्त गुण से युक्त वाला गुण छठें अवतार परशुराम का गुण था जो अगले अवतार में संचरित हुई।

दूसरायुग: त्रेतायुग

03. वैदिक धर्म-श्रीराम-ईसापूर्व 6000-2500

स. सार्वजनिक प्रमाणित पूर्ण प्रत्यक्ष अवतार

07. अदृश्य काल के सार्वजनिक प्रमाणित काल में सार्वजनिक प्रमाणित अदृश्य प्राकृतिक चेतना से युक्त यज्ञ (अदृश्य कर्म) आधारित त्रेता युग में विष्णु के सातवें अवतार - श्री राम अवतार- रामायण (मानक व्यक्ति चरित्र)

मुख्य-गुण सिद्धान्त - आदर्श चरित्र के गुण तथा छठें अवतार तक के समस्त गुण को प्रसार करने वाला गुण (व्यक्तिगत आदर्श चरित्र के आधार पर विचार प्रसार का सिद्धान्त) सातवें अवतार श्रीराम का गुण था जो अगले अवतार में संचरित हुई।

तीसरायुग: द्वापरयुग

04. वेदान्त अद्वैत धर्म-श्रीकृष्ण-ईसापूर्व 3000

द. व्यक्तिगत प्रमाणित पूर्ण प्रेरक अवतार

08. दृश्य काल के व्यक्तिगत प्रमाणित काल में व्यक्तिगत प्रमाणित पूर्ण दृश्य सत्य चेतना से युक्त भक्ति और प्रेम आधारित द्वापर युग में विष्णु के आठवें अवतार -योगेश्वर श्री कृष्ण अवतार महाभारत (मानक सामाजिक व्यक्ति चरित्र)

मुख्य-गुण सिद्धान्त - आदर्श सामाजिक व्यक्ति चरित्र के गुण, समाज में व्याप्त अनेक मत-मतान्तर व विचारों के समन्वय और एकीकरण से सत्य-विचार के प्रेरक ज्ञान को निकालने वाले गुण (सामाजिक आदर्श व्यक्ति का सिद्धान्त और व्यक्ति से उठकर विचार आधारित व्यक्ति निर्माण का सिद्धान्त) सहित सातवें अवतार तक के समस्त गुण आठवें अवतार श्रीकृष्ण का गुण था। जिससे व्यक्ति, व्यक्ति पर विश्वास न कर अपने बुद्धि से स्वयं निर्णय करें और प्रेरणा प्राप्त करता रहे। जो अगले अवतार में संचरित हुई।

चौथा युग: कलियुग

05. यहूदी धर्म

06 .पारसी धर्म-जरथुस्ट-ईसापूर्व 1700

07. बौद्ध धर्म-भगवान बुद्ध-ईसापूर्व 1567-487

08. कन्फ्यूसी धर्म-कन्फ्यूसियश-ईसापूर्व 551-479

09. टोईज्म धर्म-लोओत्से-ईसापूर्व 604-518
10. जैन धर्म-भगवान महावीर-ईसापूर्व 539-467
11. ईसाइ धर्म-ईसा मसीह-सन् 33 ई0
12. इस्लाम धर्म-मुहम्मद पैगम्बर-सन् 670 ई0
13. सिक्ख धर्म-गुरु नानक-सन् 1510 ई0

य. सार्वजनिक प्रमाणित अंश प्रेरक अवतार

09. दृश्य काल के व्यक्तिगत प्रमाणित काल में सार्वजनिक प्रमाणित अंश दृश्य सत्य चेतना से युक्त संघ और योजना आधारित कलियुग के प्रारम्भ में विष्णु के नवें अवतार - बुद्ध अवतार

मुख्य-गुण सिद्धान्त - प्रजा को प्रेरित करने के लिए धर्म, संघ और बुद्धि के शरण में जाने की मूल शिक्षा देना नवें अवतार भगवान बुद्ध का गुण (धर्म, संघ और बुद्धि का सिद्धान्त) था। जो अगले अवतार में संचरित हुई।

काल का द्वितीय और अन्तिम रूप

दृश्य काल

धर्म ज्ञान का अन्त

पाँचवाँयुगः सत्ययुग/स्वर्णयुग

14. विश्व/सत्य/धर्मनिरपेक्ष/लोकतन्त्र धर्म-लव कुश सिंह "विश्वमानव"-सन् 2012 ई0

र. सार्वजनिक प्रमाणित पूर्ण प्रेरक अवतार

10. दृश्य काल के सार्वजनिक प्रमाणित काल में सार्वजनिक प्रमाणित पूर्ण दृश्य सत्य चेतना से युक्त संघ और योजना (दृश्य यज्ञ या कर्म) आधारित कलियुग के अन्त में विष्णु के दसवाँ और अन्तिम - भोगेश्वर श्री लव कुश सिंह "विश्वमानव" निष्कलंक कल्कि अवतार - विश्वभारत (मानक वैश्विक व्यक्ति चरित्र)

आदर्श वैश्विक व्यक्ति चरित्र सहित सभी अवतारों का सम्मिलित गुण व मन निर्माण की प्रक्रिया से निर्मित अन्तिम मन स्वामी विवेकानन्द के मन के गुण मिलकर दसवें अन्तिम अवतार श्री लव कुश सिंह "विश्वमानव" में व्यक्त हुआ।

मुख्य-गुण सिद्धान्त - विश्व धर्म / वेदान्त धर्म / अद्वैत धर्म / एकता धर्म / लोकतन्त्र धर्म / समष्टि धर्म / प्राकृतिक धर्म / सत्य धर्म / संयुक्तमन धर्म / ईश्वर धर्म / हिन्दू धर्म / सार्वजनिक धर्म / दृश्य धर्म / मानव धर्म / धर्मनिरपेक्ष धर्म - लव कुश सिंह "विश्वमानव" - सन् 2012 ई0 - पूर्ववर्ती सभी धर्मों व मतों का समन्वय व एकीकरण करते हुये निराकार आधारित लोकतंत्र व्यवस्था का वृक्ष शास्त्र विश्व-नागरिक धर्म का धर्मयुक्त धर्मशास्त्र-कर्मवेदः प्रथम, अन्तिम तथा पंचम वेदीय श्रृंखला विश्व-राज्य धर्म का धर्मनिपेक्ष धर्मशास्त्र- विश्वमानक-शून्यः मन की गुणवत्ता का विश्वमानक श्रृंखला, आदर्श मानक सामाजिक व्यक्ति चरित्र समाहित आदर्श मानक वैश्विक व्यक्ति चरित्र अर्थात् सार्वजनिक प्रमाणित आदर्श मानक वैश्विक व्यक्ति चरित्र का प्रस्तुतीकरण।

"सम्पूर्ण मानक" का विकास भारतीय आध्यात्म-दर्शन का मूल और अन्तिम लक्ष्य

अब मानक एवं मानकीकरण हमारे दैनिक जीवन के अभिन्न अंग बन चुके हैं। अगर हम अपने दैनिक जीवन की गतिविधियों का अवलोकन करते हैं तो यह देखने को मिलता है कि हम जाने-अनजाने में ही कितने ही रूपों में मानकों और मानकीकृत पद्धतियों को अपनायें हुये है। दैनिक जीवन में सर्वत्र स्वीकृत मानक के उदाहरण हैं- करेंसी नोट एवं सिक्के, माप या तोल के साधन, यातायात के संकेत, देशों के झण्डे, धार्मिक प्रतीक इत्यादि। वैवाहिक एवं पूजा पद्धति, हमारी परम्परा एवं आचार व्यवहार आदि हमारी प्राचीन मानकीकृत पद्धतियों के उदाहरण है। अब प्रत्येक मनुष्य के लिए अपना जीवन सुखद बनाने हेतु दूसरों से सेवाएं प्राप्त करना एवं उन पर निर्भर रहना अनिवार्य हो गया है। व्यक्तियों के बीच आदान-प्रदान सुगम एवं सुलभ हो इसके लिए सर्वस्वीकृत मानदण्डों की आवश्यकता महसूस की गई।

मानकीकरण का महत्व समाज के उत्थान के लिए है। जैसे संस्कृति मानव समाज में अनुशासन एवं सही दिशा में प्रगति के लिए मार्गदर्शन देती है। उसी प्रकार उद्योगों को सही दिशा में ले जाने को मानकीकरण महत्वपूर्ण भूमिका अदा करता है। अब दैनिक जीवन में मानकों की महती योगदान को नकारा नहीं जा सकता है। ये उपभोक्ता संरक्षण, ग्रामीण विकास, विश्व व्यापार प्रतिस्पर्धा, औद्योगिक क्रान्ति, शिक्षा एवं स्वास्थ्य का मूल तन्त्र है। जिनके द्वारा मानकीकरण से मानक के रूप में नवीन वैज्ञानिक तकनीकी व कलात्मक जानकारी से सतत् उन्नति का मार्ग प्रशस्त होता है। जो समाज के सभी वर्गो के लिए प्रत्यक्ष व अप्रत्यक्ष रूप से दैनिक जीवन में काम आते है।

मानकीकरण और मानक के मान्य क्षेत्रानुसार अनेक स्तर हो सकते है। जो व्यक्ति, परिवार, ग्राम, विकास खण्ड, जनपद, राज्य, देश व अन्तर्राष्ट्रीय व सर्वोच्च और अन्तिम रूप से विश्व या ब्रह्माण्डीय स्तर तक हो सकता है। भारत में इसके उदाहरण- राज्यों के मानक तथा देश स्तर पर आई.एस.आई. मार्क (भारतीय मानक ब्यूरो) है। विश्व या अन्तर्राष्ट्रीय स्तर पर उदाहरण आई.एस.ओ. (अन्तर्राष्ट्रीय मानक संगठन) आई.ई.सी0, आई.टी.यू. इत्यादि हैं।

सम्पूर्ण विश्व में सादृश्यता व्यापार सम्बन्धों में एकरूपता और सादृश्यता लाने के उद्देश्य से यह आवश्यक था कि एक ही मात्रक प्रणाली सम्पूर्ण विश्व में लागू की जाए। इस उद्देश्य की पूर्ति के लिए सन् 1870 में एकीकृत मीट्रिक मात्रक का विकास करने के लिए विभिन्न देशों का एक सम्मेलन बुलाया गया। सन् 1875 में पेरिस में मीटर के समझौते पर हस्ताक्षर हुये। इस समझौते के परिणामस्वरूप अन्तर्राष्ट्रीय माप तौल ब्यूरो लागू किया गया। साथ ही समय-समय पर मिलकर आवश्यकतानुसार नये मानकों के निश्चय के लिए माप-तौल का महासम्मेलन भी स्थापित हुआ।

1954 में आयोजित माप-तौल महासम्मेलन ने मीट्रिक प्रणाली को अन्तर्राष्ट्रीय रूप से अपनाया। 1960 में इसे "सिस्टम इण्टरनेशनल डी यूनिट्स" अर्थात् "अन्तर्राष्ट्रीय मात्रक प्रणाली" के नाम से परिभाषित किया गया।

यह प्रणाली समय, तापमान, लम्बाई और भार के चार स्वतन्त्र बुनियादी मात्रकों को आधार बनाकर रखी गई। लम्बाई और भार के मात्रक क्रमशः मीटर और किलोग्राम है। समय का मात्रक सेकेण्ड है जो कि परमाणु घड़ी के रूप में निर्धारित है। तापमान का मात्रक सेल्सियस डिग्री (सेंटीग्रेड) को रखा गया है और इसके द्वारा फारेनहाइट डिग्री का प्रतिस्थापन हो गया है। सम्मेलन ने समय मात्रक, मिनट, घंटा आदि के साथ-साथ डिग्री मिनट, सेकण्ड जैसे कोणीय मापों तथा नाटिकल मील-नाट आदि सुप्रतिष्ठित मात्रकों को भी स्वीकार किया।

इस प्रकार सम्पूर्ण विश्व में ही पद्धति विकसित करने के लिए प्रत्येक विषय क्षेत्रों में जो व्यावहारिक जीवन से विश्व स्तर को प्रभावित करते है, की और विश्व गतिशील है। उपरोक्त क्षेत्रों- लम्बाई, क्षेत्रीय, भार, द्रव, आयतन तथा घन माप के अलावा विभिन्न गणितीय अंक और विज्ञान के क्षेत्रों के मात्रक भी निर्धारित कर दिये गये

जिससे विश्व के किसी भी कोने से मात्रक की भाषा में बोलने से विश्व के किसी कोने में बैठा व्यक्ति उसे उसी रूप में समझ सकने में सक्षम हो गया जबकि लम्बाई में- इंच, फुट, गज, क्षेत्र में- वर्ग इंच, वर्ग फुट, वर्ग गज (भारत में- विस्वा, बीघा), भार में - औंस, पौंड, द्रव आयतन में- पिंट, गैलन, वैरल, का देश स्तर पर प्रचलन था। भारत में भार के लिए- रत्ती, माशा, तोला, कुंचा, छटांक, सेर, पसेरी, मन तथा क्षेत्र के लिए राज्यों के अनुसार भिन्न-भिन्न मात्रक और अर्थ प्रचलित थे।

विश्व व्यापार में पूंजी तथा उपभोक्ता वस्तुओं और सेवाओं का आदान-प्रदान सदियों से होता आ रहा है। यह आदान-प्रदान बहुत सी मुश्किलों को जन्म देता है, विशेषतया औद्योगिक तथा विकासशील देशों में व्यापार करने पर। इस दिशा में द्वितीय विश्व युद्ध के तुरन्त बाद व्यापार को एक जैसा उदार बनाने के उद्देश्य से भौगोलिक दृष्टि से मुक्त व्यापार क्षेत्र बनाए गये। तकनीकी अवरोध, सीमा या अन्य अवरोधों की अपेक्षा अधिक घातक व बाधक सिद्ध हुए। राष्ट्रीय उत्पाद, दूसरे देशों को बाजारों में खरे नहीं उतरे क्योंकि वहाँ तकनीकी भिन्न थे। उदाहरण-बिजली के साकेट को भिन्न-भिन्न देशों में भिन्न-भिन्न पाये गये। इसी प्रकार वोल्टता व फ्रिक्वेंशी इत्यादि। इस पर विचार विमर्श करने वालों ने व्यापार में आने वाले इस तकनीकी अवरोधों से निपटने के लिए बैठकें बुलाई, वार्तालाप किये, परिणामस्वरूप सन् 1995 में संयुक्त राष्ट्र संघ के अधीन विश्व व्यापार संगठन (डब्ल्यु.टी.ओ.) का जन्म हुआ, जिसमें हस्ताक्षर करने वाले देशों को शर्तो के पालन के लिए कड़े दिशा निर्देश दिए गये। विश्व मानकों की महत्ता को स्वीकार करते हुये विश्व व्यापार संगठन ने समझौते में एक परिशिष्ट "मानक निर्धारण, अधिग्रहण और अनुप्रयोग की उपयुक्त रीति संहिता" जोड़ा और इस प्रकार विश्व मानकों पर आधारित उत्पादों का एक देश से दूसरे देश में आदान-प्रदान होने लगा। अन्तर्राष्ट्रीय मानक पूरे विश्व में समान गुणवत्ता की चीजें उपलब्ध कराते है। इनके अपनाने से विश्व बाजार में साख बनती है। अन्तर्राष्ट्रीय व्यापार करना आसान हो जाता है। अतंतः यह विश्वास के साथ कहा जा सकता है कि विश्वमानक ही विश्व व्यापार के आधार हैं।

सभी सम्बन्धित विशेषज्ञों की सहमति से किसी वस्तु पदार्थ अथवा कार्यशैली के सभी तकनीकी एवं गैर तकनीकी पहलुओं सहित एक ऐसा विस्तार पूर्वक तैयार किया गया विवरण जो सब सम्बन्धित जनों के हित में एवं वैज्ञानिक गुणता, सुरक्षा एवं आर्थिक दृष्टि से उत्तम हो, मानकीकरण कहलाता है। मानक वे साधन है जो मानकीकृत गतिविधियों के परिणामों को अधिक परिष्कृत और अभीष्ट बनाते है। इस रूप में इनकी लगातार समीक्षा की जाती है ताकि वे स्वतः पूर्ण सुनिश्चित और स्पष्ट, विरोधाभास तथा असुविधा से मुक्त हों। इन सबसे महत्वपूर्ण यह है कि वे समय से पिछड़े हुये न रहे इसके लिए हमें सतत प्रयत्नशील रहना है।

मानकीकरण एवं मानक उतने ही प्राचीन हैं जितनी कि मानव सभ्यता। भारत में मानकीकरण का इतिहास बहुत पुराना है। मोहन जोदड़ो एवं हड़प्पा के उत्खनन से मिली वस्तुओं की जाँच से यह सिद्ध होता है कि भारत 4000 ई0 सदी के पीछे के समय से मानकीकरण पद्धतियों को अपनाये हुये हैं। उत्खनन से मिर्ली इंटों के नाप एक जैसे थे व चौड़ाई व लम्बाई 1:2 का अनुपात था जो अब भी प्रचलित है। पुरातन युग से ही भारतवासी मानक एवं मानकीकृत पद्धतियों को अपनाकर विभिन्न कार्यों को पूर्व निर्धारित योजना के अनुरूप नियन्त्रित कर सूक्ष्मता एवं यथार्थता के साथ करना जानते थे।

जैसे-जैसे मानव सभ्यताओं का मिश्रण होगा वैसे-वैसे मात्रक और मानक के द्वारा एकीकरण की आवश्यकता ही नहीं मनुष्य की विवशता भी होगी। मानक के परिचय और उपयोगिता इस प्रकार स्पष्ट हो जाती है।

भारतीय आध्यात्म-दर्शन-संस्कृति के लिए यह एक नयी और आधुनिक सूक्ष्म दृष्टि ही है कि मानव समाज के एकीकरण के लिए सदैव अपने विचार-सिद्धान्त से मानकीकरण करना ही भारतीय आध्यात्म-दर्शन-संस्कृति का मूल उद्देश्य रहा है जबकि समाज के मानव उसे न अपनाकर मानकीकरण के आविष्कारक और उनके जीवन की ओर बढ़ गये। इतना ही नहीं आविष्कार के आधार पर अनेक आविष्कार भी करते चले गये परिणास्वरूप मानव समाज मानकीकरण के मूल उद्देश्य से इतना दूर आ चुका है कि इस मूल उद्देश्य को

स्वीकारना भी उन्हें गलत लगेगा जबकि इस उद्देश्य के बिना उनका पूर्णता की ओर बढ़ना असम्भव भी है और अन्तिम मार्ग भी है।

सृष्टि में साकार और निराकार सृष्टि के दो रूप हैं। साकार सृष्टि यह हमारा दृश्य ब्रह्माण्ड है तो निराकार सृष्टि सार्वभौम सत्य-सिद्धान्त है। इसी प्रकार मानव के सम्बन्ध में भी है निराकार मानव, मानव का अपना विचार है और साकार मानव, मानव का दृश्य शरीर है। भारतीय आध्यात्म-दर्शन इसे मानव सभ्यता के विकास के प्रारम्भ में ही समझ गया था इसलिए वह सदैव मानव समाज के एकीकरण के लिए मानक का विकास करता रहा है। जिसके निम्न विकास क्रम हैं-

अ. व्यक्तिगत प्रमाणित अदृश्य निराकार एवं साकार मानक

01. सार्वभौम मानक - सार्वभौम आत्मा या ईश्वर का आविष्कार।
02. सार्वभौम मानक के पुस्तक - वेद का आविष्कार।
03. सार्वभौम मानक का नाम - ऊँ का आविष्कार।
04. सार्वभौम मानक के नाम के व्याख्या का पुस्तक उपनिषद् का आविष्कार।
05. सार्वभौम व्यक्तिगत व्यक्ति का मानक - ब्रह्मा (सत्व गुण) का आविष्कार।
06. सार्वभौम सामाजिक व्यक्ति का मानक - विष्णु (सत्व-रज गुण) का आविष्कार।
07. सार्वभौम वैश्विक व्यक्ति का मानक - शिव-शंकर (सत्व-रज-तम गुण) का आविष्कार।
08. सार्वभौम व्यक्तिगत व्यक्ति के मानक के कृति का पुस्तक - ब्रह्मा आधारित पुराण का आविष्कार।
09. सार्वभौम सामाजिक व्यक्ति के मानक के कृति का पुस्तक - विष्णु आधारित पुराण का आविष्कार।
10. सार्वभौम वैश्विक व्यक्ति के मानक के कृति का पुस्तक-शिव-शंकर आधारित पुराण का आविष्कार।

ब. सार्वजनिक प्रमाणित दृश्य निराकार एवं साकार मानक

01. शरीर की अवस्था- आश्रम के मानक का निम्न रूप है-

1. ब्रह्मचर्य आश्रम -5 से 25 वर्ष उम्र तक - ज्ञान-विज्ञान-तकनीकी शिक्षा तथा व्यवहार।
2. गृहस्थ आश्रम -26 से 50 वर्ष उम्र तक - पारिवारिक जीवन में ज्ञान युक्त कर्तव्य और दायित्व।
3. वानप्रस्थ आश्रम -51 से 75 वर्ष उम्र तक - मांगें जाने पर अपने अनुभव से परिवार व समाज का मार्गदर्शन।
4. सन्यास आश्रम -76 से शरीर त्याग तक - आत्मा में स्थित होकर ब्रह्माण्डीय दायित्व व कर्तव्य।

02. कर्म की अवस्था- वर्ण के मानक का निम्नरूप है-

1. ब्राह्मण वर्ण - सूक्ष्म बुद्धि व आत्मा में स्थित हो धर्म से कार्य।
2. क्षत्रिय वर्ण - भाव व मन में स्थित हो बल से कार्य।
3. वैश्य वर्ण - इन्द्रिय व प्राण में स्थित हो धन से कार्य।
4. शूद्र वर्ण - शरीर में स्थित हो शरीर से कार्य।

03. मानव का मानक – अवतारवाद

अवतारवाद का मुख्य उद्देश्य मानव समाज में मानव का मानक निर्धारित करना है। जिसका विकास क्रम निम्न प्रकार है-

01. मत्स्यावतार - इस अवतार द्वारा धारा के विपरीत दिशा (राधा) में गति करने का मानक विचार-सिद्धान्त स्थापित हुआ।

02. कच्छप अवतार - इस अवतार द्वारा सहनशील, शांत, धैर्यवान, लगनशील, दोनों पक्षों के बीच मध्यस्थ की भूमिका वाला गुण (समन्वय का सिद्धान्त) का मानक विचार-सिद्धान्त स्थापित हुआ।

03. बाराह अवतार - इस अवतार द्वारा सूझ-बुझ, सम्पन्न, पुरूषार्थी, धीर-गम्भीर, निष्कामी, बलिष्ठ, सक्रिय, अहिंसक और समूह प्रेमी, लोगों का मनोबल बढ़ाना, उत्साहित और सक्रिय करने वाला गुण (प्रेरणा का सिद्धान्त) का मानक विचार-सिद्धान्त स्थापित हुआ।

04. नरसिंह अवतार - इस अवतार द्वारा प्रत्यक्ष रूप से एका-एक लक्ष्य को पूर्ण करने वाले (लक्ष्य के लिए त्वरित कार्यवाही का सिद्धान्त) का मानक विचार-सिद्धान्त स्थापित हुआ।

05. वामन अवतार - इस अवतार द्वारा भविष्य दृष्टा, राजा के गुण का प्रयोग करना, थोड़ी सी भूमि पर गणराज्य व्यवस्था की स्थापना व व्यवस्था को जिवित करना, उसके सुख से प्रजा को परिचित कराने वाले गुण (समाज का सिद्धान्त) का मानक विचार-सिद्धान्त स्थापित हुआ।

06. परशुराम अवतार - इस अवतार द्वारा गणराज्य व्यवस्था को ब्रह्माण्ड में व्याप्त व्यवस्था सिद्धान्तों को आधार बनाने वाले गुण और व्यवस्था के प्रसार के लिए योग्य व्यक्ति को नियुक्त करने वाले गुण (लोकतन्त्र का सिद्धान्त और उसके प्रसार के लिए योग्य उत्तराधिकारी नियुक्त करने का सिद्धान्त) का मानक विचार-सिद्धान्त स्थापित हुआ।

07. राम अवतार - इस अवतार द्वारा आदर्श चरित्र के गुण के साथ प्रसार करने वाला गुण (व्यक्तिगत आदर्श चरित्र के आधार पर विचार प्रसार का सिद्धान्त) का मानक विचार-सिद्धान्त स्थापित हुआ।

08. कृष्ण अवतार - इस अवतार द्वारा आदर्श सामाजिक व्यक्ति चरित्र के गुण, समाज में व्याप्त अनेक मत-मतान्तर व विचारों के समन्वय और एकीकरण से सत्य-विचार के प्रेरक ज्ञान को निकालने वाले गुण (सामाजिक आदर्श व्यक्ति का सिद्धान्त और व्यक्ति से उठकर विचार आधारित व्यक्ति निर्माण का सिद्धान्त) का मानक विचार-सिद्धान्त स्थापित हुआ।

09. बुद्ध अवतार - इस अवतार द्वारा प्रजा को प्रेरित करने के लिए धर्म, संघ और बुद्धि के शरण में जाने का गुण (धर्म, संघ और बुद्धि का सिद्धान्त) का मानक विचार-सिद्धान्त स्थापित हुआ।

10. कल्कि अवतार- इस अवतार द्वारा आदर्श मानक सामाजिक व्यक्ति चरित्र समाहित आदर्श मानक वैश्विक व्यक्ति चरित्र अर्थात् सार्वजनिक प्रमाणित आदर्श मानक वैश्विक व्यक्ति चरित्र का मानक विचार-सिद्धान्त स्थापित करने का काम वर्तमान है और वो अन्तिम भी है।

उपरोक्त दस अवतार द्वारा स्थापित विचार-सिद्धान्त का संयुक्त रूप ही मानक पूर्ण मानव का रूप है। प्रत्येक पूर्व के अवतार द्वारा स्थापित विचार-सिद्धान्त अगले अवतार में वह संक्रमित अर्थात् विद्यमान रहते हुये अवतरण होता है। इस प्रकार अन्तिम अवतार में पूर्व के सभी अवतार के गुण विद्यमान होंगे और अन्तिम अवतार ही मानव समाज के लिए मानक मानव होगा।

भाग-7

पाँचवाँयुग: सत्ययुग/स्वर्णयुग

र. सार्वजनिक प्रमाणित पूर्ण प्रेरक अवतार

10. दृश्य काल के सार्वजनिक प्रमाणित काल में सार्वजनिक प्रमाणित पूर्ण दृश्य सत्य चेतना से युक्त संघ और योजना (दृश्य यज्ञ या कर्म) आधारित कलियुग के अन्त में विष्णु के दसवाँ और अन्तिम - भोगेश्वर श्री लव कुश सिंह "विश्वमानव" निष्कलंक कल्कि अवतार - विश्वभारत (मानक वैश्विक व्यक्ति चरित्र)

आदर्श वैश्विक व्यक्ति चरित्र सहित सभी अवतारों का सम्मिलित गुण व मन निर्माण की प्रक्रिया से निर्मित अन्तिम मन स्वामी विवेकानन्द के मन के गुण मिलकर दसवें अन्तिम अवतार श्री लव कुश सिंह "विश्वमानव" में व्यक्त हुआ।

मुख्य-गुण सिद्धान्त - विश्व धर्म / वेदान्त धर्म / अद्वैत धर्म / एकता धर्म / लोकतन्त्र धर्म / समष्टि धर्म / प्राकृतिक धर्म / सत्य धर्म / संयुक्तमन धर्म / ईश्वर धर्म / हिन्दू धर्म / सार्वजनिक धर्म / दृश्य धर्म / मानव धर्म / धर्मनिरपेक्ष धर्म - लव कुश सिंह "विश्वमानव" - सन् 2012 ई0 - पूर्ववर्ती सभी धर्मों व मतों का समन्वय व एकीकरण करते हुये निराकार आधारित लोकतंत्र व्यवस्था का वृक्ष शास्त्र विश्व-नागरिक धर्म का धर्मयुक्त धर्मशास्त्र-कर्मवेद: प्रथम, अन्तिम तथा पंचम वेदीय श्रृंखला विश्व-राज्य धर्म का धर्मनिपेक्ष धर्मशास्त्र- विश्वमानक-शून्य: मन की गुणवत्ता का विश्वमानक श्रृंखला, आदर्श मानक सामाजिक व्यक्ति चरित्र समाहित आदर्श मानक वैश्विक व्यक्ति चरित्र अर्थात् सार्वजनिक प्रमाणित आदर्श मानक वैश्विक व्यक्ति चरित्र का प्रस्तुतीकरण।

सन् 2016 ई0
सन् 2017 ई0
सन् 2018 ई0
सन् 2019 ई0
सन् 2020 ई0
वर्ष 2020 ई0 में खगोलिय घटना: 6 ग्रहण (4 चंद्र ग्रहण, 2 सूर्य ग्रहण)
वर्ष 2020 ई0 में प्राकृतिक घटना: कोरोना (COVID-19) वायरस से वैश्विक महामारी
वर्ष 2020 ई0: सार्वभौम एकात्मता-मानवता का सन्देश
वर्ष 2020 ई0 का खगोलिय सन्देश
वर्ष 2020 ई0 का प्राकृतिक सन्देश
वर्ष 2020 ई0 का सार्वभौम सन्देश
वर्ष 2020 ई0 का अवतारी सन्देश

वर्तमान समय - इतिहास लौट चुका है
मंगलवार, 17 फरवरी, 2015 ई0
(महाशिवरात्रि)

श्री लव कुश सिंह "विश्वमानव" द्वारा भारत सरकार को लिखा गया पत्र जिसे पंजीकृत डाक द्वारा काशी (वाराणसी), उत्तर प्रदेश, भारत से दिनांक - बुधवार, 25 फरवरी, 2015 को प्रेषित किया गया। जिसका विषय था –

"वर्तमान समय में पूर्व के सभी ईश्वर के अवतारों और शास्त्रों, धर्माचार्यों, सिद्धों, संतों, महापुरूषों, भविष्यवक्ताओं, तपस्वीयों, विद्वानों, बुद्धिजिवीयों, व्यापारीयों, दृश्य व अदृश्य विज्ञान के वैज्ञानिकों, सहयोगीयों, विरोधीयों, रक्त-रिश्ता-देश सम्बन्धियों, उन सभी मानवों, समाज व राज्य के नेतृत्वकर्ताओं के विचारों के एकीकरण व समावेश द्वारा विश्व के सबसे बड़े लोकतन्त्र के संविधान की पूर्णता और सत्यीकरण के लिए "सार्वभौम आध्यात्मिक सत्य" आधारित एक नई अनन्त विकासशील दिशा प्राप्त हो चुकी है जिसके कारण वे अधूरे थे। जो "काशी-सत्यकाशी" को राष्ट्रगुरू और भारत को जगतगुरू बनाने सहित नागरिक व लोकतन्त्र की स्वस्थता व पूर्णता सम्बन्धित स्थापना स्तर पर शासनिक प्रक्रियानुसार अन्तिम मार्ग है। भविष्यवाणीयों के अनुसार ही जन्म, कार्य प्रारम्भ और पूर्ण करने का समय और जीवन है। ऋषि परम्परानुसार राज्य कार्य में अनावश्यक हस्तक्षेप न करते हुये भारत सरकार को इस आविष्कार - मन (मानव संसाधन) का विश्व मानक (WS-0) श्रृंखला एवं पूर्ण मानव निर्माण की तकनीकी – WCM-TLM-SHYAM.C की उपलब्धता की सूचना देना मेरा कर्तव्य है जिससे जब भी राष्ट्र को उसकी आवश्यकता हो, उसे समर्पित किया जा सके। जिसका विस्तृत विवरण वेबसाइट www.moralrenew.com पर उपलब्ध है।

देश के हजारों विश्वविद्यालय और अन्य बुद्धि शक्ति जिस दिशा की पहचान व कार्य को पूर्ण नहीं कर पा रहे थे वह एक ही व्यक्ति द्वारा स्वयं के संसाधन, इच्छा व नागरिक कर्तव्य की भावना से पूर्ण किया जा चुका है जो अनेक पुरस्कारों के भी पूर्णतः योग्य है। ऋषि प्रणाली अनुसार इस आविष्कार को पुनर्निर्माण - सत्य शिक्षा का राष्ट्रीय तीव्र मार्ग (RENEW – Real Education National Express Way) कार्यक्रम द्वारा सर्वसाधारण तक पहुँचाने का प्रयत्न जारी है जो अपने वानप्रस्थ जीवन (उम्र 50 वर्ष पूर्णता के बाद) में प्रवेश करने के दिनांक 16 अक्टुबर 2017 तक चलेगा, उसके उपरान्त यह पूर्णतः नागरिकों व राष्ट्र पर इसकी आवश्यकता व उपयोगिता निर्भर रहेगी। क्योंकि वानप्रस्थ आश्रमानुसार बिना माँगे अपने विचार देने का प्राविधान नहीं है। जब स्वयं की शान्ति, इच्छा व आवश्यकता बाधित हो तो आन्दोलन की जा सकती है परन्तु ज्ञान के इस युग की ऐसी स्थिति में जब नागरिक और राष्ट्र की शान्ति, इच्छा व आवश्यकता बाधित हो तब आविष्कार और दिशा की उपलब्धता की सूचना मात्र ही दी जा सकती है। जिसकी शान्ति, इच्छा व आवश्यकता बाधित हो आन्दोलन वही कर सकता है। मेरी शान्ति, इच्छा व आवश्यकता केवल इस आविष्कार को उपलब्ध कराने में ही थी। नागरिकों को पूर्ण ज्ञान चाहिए तो वे पुनर्निर्माण - सत्य शिक्षा का राष्ट्रीय तीव्र मार्ग द्वारा आयें और भारत को विश्वगुरू बनने की इच्छा हो तब उसे आविष्कार की स्थापना पर कार्य करना चाहिए।

इस क्रम में भारत सरकार के माध्यम से इस आविष्कार - मन (मानव संसाधन) का विश्व मानक (WS-0) श्रृंखला एवं पूर्ण मानव निर्माण की तकनीकी – WCM-TLM-SHYAM.C पर देश सहित विश्व के बुद्धिशक्ति का ध्यान केन्द्रित कर उस पर निर्णय करना आवश्यक है जिससे हम सभी आने वाली पीढ़ी को एक सुरक्षित व बौद्धिक विकासशील विश्व दे सकें।"

- लव कुश सिंह "विश्वमानव"

111 वर्ष पूर्व 4 जुलाई, 1902 ई0 को आम आदमी के रूप में नरेन्द्र नाथ दत्त और विचार से सर्वोच्च विश्वमानव के रूप में स्वामी विवेकानन्द ब्रह्मलीन हुये थे। उन्होंने कहा था -"मन में ऐसे भाव उदय होते हैं कि यदि जगत् के दुःख दूर करने के लिए मुझे सहस्त्रों बार जन्म लेना पड़े तो भी मैं तैयार हूँ। इससे यदि किसी का तनिक भी

दुःख दूर हो, तो वह मैं करूंगा और ऐसा भी मन में आता है कि केवल अपनी ही मुक्ति से क्या होगा। सबको साथ लेकर उस मार्ग पर जाना होगा।" (पृ0-67, विवेकानन्द जी के संग में, राम कृष्ण मिशन प्रकाशन) वर्तमान में उनके तीन रूप व्यक्त हो चुके हैं जो निम्नलिखित हैं-

1. भारत के सर्वोच्च पद पर सुशोभित श्री प्रणव मुखर्जी, राष्ट्रपति, भारत, उनके संस्कृति को लेकर।
2. भारत के सर्वोच्च अधिकार के पद पर सुशोभित श्री नरेन्द्र मोदी, प्रधानमंत्री, भारत, उनके नाम को लेकर।
3. भारत के आम आदमी के रूप में श्री लव कुश सिंह "विश्वमानव", काशी-सत्यकाशी क्षेत्र, भारत, उनके विचार "विश्व-बन्धुत्व" एवं "वेदान्त की व्यावहारिकता" की स्थापना के लिए शासनिक प्रणाली के अनुसार स्थापना स्तर तक की प्रक्रिया को लेकर।

भारत सरकार व उसके अनेक मंत्रालयों द्वारा अन्तर्राष्ट्रीय मानकीकरण संगठन के प्रमाण पत्र आई.एस.ओ-9000 (ISO-9000) गुणवत्ता का प्रमाण पत्र प्राप्त करने की प्रक्रिया प्रारम्भ।

श्री लव कुश सिंह "विश्वमानव" द्वारा नागरिकों व संस्था (व्यष्टि व समष्टि) के गुणवत्ता का विश्वमानक - 0 (WS-0) श्रृंखला आविष्कृत।

"भारत विश्व गुरू कभी हुआ करता था लेकिन अब नहीं है। इसका सबसे बड़ा प्रमाण यह है कि भारत वैश्विक सिद्धान्तों से प्रभावित है। भारत उस दिन वर्तमान युग में पुनः विश्व गुरू बन जायेगा जब वह अपने सार्वभौम सिद्धान्तों से विश्व को प्रभावित व संचालित करने लगेगा। काशी-सत्यकाशी क्षेत्र इस दृश्य काल में मतों (वोटों) से नहीं बल्कि शिव-तन्त्र के शास्त्र से किसी का हो सकता है। सार्वभौम सत्य - आत्म तत्व के आविष्कार से भारत विश्व गुरू तो है ही परन्तु दृश्य काल में विश्व गुरू बनने के लिए सार्वभौम सत्य-सिद्धान्त चाहिए जिससे विश्व संविधान व लोकतन्त्र को मार्गदर्शन मिल सके। शिक्षा द्वारा मानव मन को सत्य से जोड़ने, काशी को राष्ट्र गुरू और भारत को जगत गुरू बनाने और ज्ञान को सबके द्वार पर पहुँचाने का कार्य आप सभी की इच्छानुसार प्रारम्भ किया जा रहा है। आपने कहा हमने शुरू किया।" **- श्री लव कुश सिंह "विश्वमानव"**

पुत्र श्री धीरज नारायण सिंह
रचनाकर्ता - लक्ष्य पुनर्निर्माण व उसकी प्राप्ति के लिए पाठ्यक्रम व कार्य योजना
आविष्कारकर्ता - मन (मानव संसाधन) का विश्व मानक एवं पूर्ण मानव निर्माण की तकनीकी
दावेदार - भारत सरकार का सर्वोच्च नागरिक सम्मान "भारत रत्न"

श्री लव कुश सिंह "विश्वमानव" के संक्षिप्त विचार

1. दो या दो से अधिक माध्यमों से उत्पादित एक ही उत्पाद के गुणता के मापांकन के लिए मानक ही एक मात्र उपाय है। सतत् विकास के क्रम में मानकों का निर्धारण अतिआवश्यक कार्य है। उत्पादों के मानक के अलावा सबसे जरुरी यह है कि मानव संसाधन की गुणता का मानक निर्धारित हो क्योंकि राष्ट्र के आधुनिकीकरण के लिए प्रत्येक व्यक्ति के मन को भी आधुनिक अर्थात् वैश्विक-ब्रह्माण्डीय करना पड़ेगा। तभी मनुष्यता के पूर्ण उपयोग के साथ मनुष्य द्वारा मनुष्य के सही उपयोग का मार्ग प्रशस्त होगा। उत्कृष्ट उत्पादों के लक्ष्य के साथ हमारा लक्ष्य उत्कृष्ट मनुष्य के उत्पादन से भी होना चाहिए जिससे हम लगातार विकास के विरुद्ध नकारात्मक मनुष्यों की संख्या कम कर सकें। भूमण्डलीकरण सिर्फ आर्थिक क्षेत्र में कर देने से समस्या हल नहीं होती क्योंकि यदि मनुष्य के मन का भूमण्डलीकरण हम नहीं करते तो इसके लाभों को हम नहीं समझ सकते। आर्थिक संसाधनों में सबसे बड़ा संसाधन मनुष्य ही है। मनुष्य का भूमण्डलीकरण तभी हो सकता है जब मन के विश्व मानक का निर्धारण हो। ऐसा होने पर हम सभी को मनुष्यों की गुणता के मापांकन का पैमाना प्राप्त कर लेंगे, साथ ही स्वयं व्यक्ति भी अपना मापांकन भी कर सकेगा। जो विश्व मानव समाज के लिए सर्वाधिक महत्व का विषय होगा। विश्व मानक शून्य श्रृंखला मन का विश्वमानक है जिसका निर्धारण व प्रकाशन हो चुका है

जो यह निश्चित करता है कि समाज इस स्तर का हो चुका है या इस स्तर का होना चाहिए। यदि यह सार्वभौम सत्य-सिद्धान्त आधारित होगा तो निश्चित ही अन्तिम मानक होगा।

2. भारत का प्रत्येक नागरिक अपने जीवकोपार्जन के मार्ग व संघर्ष में अपने विषय का जानकार व अनुभव तो प्राप्त कर रहा है परन्तु कुछ पाने के क्रम में कुछ छूट भी जाता है इसलिए प्रत्येक नागरिक को अपने अहंकार को भूलकर यह स्वीकार करना होगा कि वह अपने विषय से हटकर अन्य विषय के विषय में कम या नहीं जानता है। अतः एक आदर्श नागरिक बनने के क्रम में न्यूनतम ज्ञान सभी को एक समान रूप से चाहिए, पुनर्निर्माण वहीं कार्य है।
3. तुम पूरे जीवन कुत्ते के पूँछ को सीधी करने की कोशिश करो, नहीं हो पायेगी परन्तु तुम पूँछ सीधी करने का रेकार्ड बनाकर विश्व में पहला स्थान पा सकते हो ऐसे रेकार्ड आजकल गिनीज बुक आफ वर्ल्ड रेकार्ड में लिखे जाते हैं। यही बात समाज के बारे में भी है समाज वहीं रहता है सुधार कार्य करने वाले महान हो जाते हैं।
4. भारत को विश्व गुरू बनाना व अच्छे दिन लाना, यह फल है जिसका जड़ व्यक्ति के मस्तिष्क और गाँव में है। जड़ को मजबूत करने से भारत नामक वृक्ष से अपने आप फल निकलने लगेंगे। पुनर्निर्माण व्यक्ति के मस्तिष्क को मजबूत करने का ही कार्यक्रम है। शेष व्यक्ति व शासन मिलकर पूरा कर लेंगे इसका हमें विश्वास है।
5. जो मन कर्म में न बदले, वह मन नहीं और व्यक्ति का अपना स्वरूप नहीं।
6. राष्ट्र निर्माण का हमारा कार्य राष्ट्रपति श्री प्रणव मुखर्जी द्वारा प्रस्तुत किये गये मार्गदर्शक बिन्दुओं का सम्मिलित रूप है। नये शहर के रूप में वाराणसी के दक्षिण श्री इन वन "सत्यकाशी नगर" की योजना उस क्षेत्र के विकास पर आधारित है तो आध्यात्मिक एवं दार्शनिक विरासत के आधार पर एक भारत-श्रेष्ठ भारत के सपने को साकार करने के लिए पुनर्निर्माण - सत्य शिक्षा का राष्ट्रीय तीव्र मार्ग (RENEW-Real Education National Express Way) के द्वारा भारत देश के समाजवाद पर आधारित आम आदमी के लिए प्रस्तुत है। किसी व्यक्ति के बौद्धिक विकास के लिए आवश्यक है कि उसे भोजन, स्वास्थ्य और निर्धारित आर्थिक आय को सुनिश्चित कर दिया जाय और यह यदि उसके शैक्षिक जीवन से ही कर दिया जाय तो शेष सपने को वह स्वयं पूरा कर लेगा। यदि वह नहीं कर पाता तो उसका जिम्मेदार भी वह स्वयं होगा, न कि अभिभावक या ईश्वर। पुनर्निर्माण, इसी सुनिश्चिता पर आधारित है।
7. मानव एवं संयुक्त मानव (संगठन, संस्था, ससंद, सरकार इत्यादि) द्वारा उत्पादित उत्पादों का धीरे-धीरे वैश्विक स्तर पर मानकीकरण हो रहा है। ऐसे में संयुक्त राष्ट्र संघ को प्रबन्ध और क्रियाकलाप का वैश्विक स्तर पर मानकीकरण करना चाहिए। जिस प्रकार औद्योगिक क्षेत्र अन्तर्राष्ट्रीय मानकीकरण संगठन (ISO-International Standardization Organisation) द्वारा संयुक्त मन (उद्योग, संस्थान, उत्पाद इत्यादि) को उत्पाद, संस्था, पर्यावरण की गुणवत्ता के लिए ISO प्रमाणपत्र जैसे-ISO-9000, ISO-14000 श्रृंखला इत्यादि प्रदान किये जाते है उसी प्रकार संयुक्त राष्ट्र संघ को नये अभिकरण विश्व मानकीकरण संगठन (WSO-Standardization Organisation) बनाकर या अन्तर्राष्ट्रीय मानकीकरण संगठन को अपने अधीन लेकर ISO/WSO का प्रमाण पत्र योग्य व्यक्ति और संस्था को देना चाहिए जो गुणवत्ता मानक के अनुरूप हों। भारत को यही कार्य भारतीय मानक ब्यूरो (BIS-Bureau of Indian Standard) के द्वारा IS श्रृंखला द्वारा करना चाहिए। भारत को यह कार्य राष्ट्रीय शिक्षा प्रणाली (NES-National Education System) व विश्व को यह कार्य विश्व शिक्षा प्रणाली (WES-World Education System) द्वारा करना चाहिए। जब तक यह शिक्षा प्रणाली भारत तथा संयुक्त राष्ट्र संघ द्वारा जनसाधारण को उपलब्ध नहीं हो जाती तब तक यह "पुनर्निर्माण" द्वारा उपलब्ध करायी जा रही है जो और राष्ट्र निर्माण का प्रथम व अन्तिम ब्लूप्रिन्ट है।
8. विश्वशास्त्र से आपको मिलता है मनोरंजन को छोड़ कर, आपके शारीरिक-आर्थिक-मानसिक विकास के लिए सभी साधन। जहाँ आप भारतीयता के साथ पायेंगे आज के युग के अनुसार विकास करने का न्यूनतम आवश्यक ज्ञान। हम आपको, आपके विकास के मुख्य-धारा में लाना चाहते हैं क्योंकि सबके लिए 24 घण्टे का ही दिन है। मौज कर लो या अपने लक्ष्य के लिए काम कर लो।

9. "रत्न" उसे कहते हैं जिसका अपना व्यक्तिगत विलक्षण गुण-धर्म हो और वह गुण-धर्म उसके न रहने पर भी प्रेरक हो। पद पर पीठासीन व्यक्तित्व का गुण-धर्म मिश्रित होता है, वह उसके स्वयं की उपलब्धि नहीं रह जाती। भारत के रत्न वही हो सकते हैं जो स्वतन्त्र भारत में संवैधानिक पद पर न रहते हुये अपने विलक्षण गुण-धर्म द्वारा भारत को कुछ दिये हों और उनके न रहने पर भी भारतीय नागरिक प्रेरणा प्राप्त करता हो। इस क्रम में "भारत रत्न" का अगला दावेदार मैं हूँ और नहीं तो क्यों? इतना ही नहीं नोबेल पुरस्कार के साहित्य और शान्ति के संयुक्त पुरस्कार के लिए भी योग्य है जो भारत के लिए गर्व का विषय है।
10. किसी देश का संविधान, उस देश के स्वाभिमान का शास्त्र तब तक नहीं हो सकता जब तक उस देश की मूल भावना का शिक्षा पाठ्यक्रम उसका अंग न हो। इस प्रकार भारत देश का संविधान भारत देश का शास्त्र नहीं है। संविधान को भारत का शास्त्र बनाने के लिए भारत की मूल भावना के अनुरूप नागरिक निर्माण के शिक्षा पाठ्यक्रम को संविधान के अंग के रूप में शामिल करना होगा। जबकि राष्ट्रीय संविधान और राष्ट्रीय शास्त्र के लिए हमें विश्व के स्तर पर देखना होगा क्योंकि देश तो अनेक हैं राष्ट्र केवल एक विश्व है, यह धरती है, यह पृथ्वी है। भारत को विश्व गुरू बनने का अन्तिम रास्ता यह है कि वह अपने संविधान को वैश्विक स्तर पर विचार कर उसमें विश्व शिक्षा पाठ्यक्रम को शामिल करे। यह कार्य उसी दिशा की ओर एक पहल है, एक मार्ग है और उस उम्मीद का एक हल है। राष्ट्रीयता की परिभाषा व नागरिक कर्तव्य के निर्धारण का मार्ग है। जिस पर विचार करने का मार्ग खुला हुआ है।

अपने-अपने धर्म शास्त्र-उपनिषद्-पुराण इत्यादि का अध्ययन करें कहीं ऐसा तो नहीं कि-

1. काल के प्रथम रूप अदृश्य काल से दूसरे और अन्तिम दृश्य काल का प्रारम्भ।
   इसलिए कि अधिकतम व्यक्ति व समाज का मन दृश्य विषयों पर केन्द्रित है।
2. मनवन्तर के वर्तमान 7वें मनवन्तर वैवस्वत मनु से 8वें मनवन्तर सावर्णि मनु का प्रारम्भ।
   इसलिए कि सावर्णि मनु के "सार्वभौम" गुण का प्रयोग कर श्री लव कुश सिंह "विश्वमानव" व्यक्त हैं।
3. अवतार के नवें बुद्ध से दसवें और अन्तिम अवतार-कल्कि महावतार का प्रारम्भ।
   इसलिए कि आधुनिक युग के लिए एकीकरण व मानकीकरण के सभी प्रणाली व्यष्टि व समष्टि के लिए संयुक्त एवं अन्तिम रूप से व्यक्त हैं।
4. युग के चौथे कलियुग से पाँचवें युग स्वर्ण युग का प्रारम्भ।
   इसलिए कि युग परिवर्तन के लिए कल्कि अवतार का आगमन हो चुका है।
5. व्यास और द्वापर युग में आठवें अवतार श्रीकृष्ण द्वारा प्रारम्भ किया गया कार्य "नवसृजन" के प्रथम भाग "सार्वभौम ज्ञान" के शास्त्र "गीता" से द्वितीय अन्तिम भाग "सार्वभौम कर्मज्ञान", पूर्णज्ञान का पूरक शास्त्र", लोकतन्त्र का "धर्मनिरपेक्ष धर्मशास्त्र" और आम आदमी का "समाजवादी शास्त्र" द्वारा व्यवस्था सत्यीकरण और मन के ब्रह्माण्डीयकरण और नये व्यास का प्रारम्भ।
   - इसलिए कि नया और अन्तिम शास्त्र "विश्वशास्त्र" प्रकाशित हो चुका है।

यदि ऐसा नहीं तो -

1. तुम्हारे शास्त्रों में दिये वचन और शास्त्र झूठे हो जायेंगे।
2. तुम्हारे भविष्यवक्ताओं की भविष्यवाणीयाँ झूठी हो जायेंगी।
3. तुम्हारे युग और काल गणना झूठे हो जायेंगे।
4. तुम्हारे अवतार-ईशदूत-ईशपुत्र-पुनर्जन्म सिद्धान्त झूठे हो जायेंगे।
5. तुम्हारे ईश्वर सम्बन्धी अवधारणा झूठे हो जायेंगे।

पी.एम. बना लो या सी.एम या डी.एम,

शिक्षा पाठ्यक्रम कैसे बनाओगे?

नागरिक को पूर्ण ज्ञान कैसे दिलाओगे?

राष्ट्र को एक झण्डे की तरह,

एक राष्ट्रीय शास्त्र कैसे दिलाओगे?

ये पी.एम. सी.एम या डी.एम नहीं करते,

राष्ट्र को एक दार्शनिक कैसे दिलाओगे?

वर्तमान भारत को जगतगुरू कैसे बनाओगे?

सरकार का तो मानकीकरण (ISO-9000) करा लोगे,

नागरिक का मानक कहाँ से लाओगे?

सोये को तो जगा लोगे,

मुर्दों में प्राण कैसे डालोगे?

वोट से तो सत्ता पा लोगे,

नागरिक में राष्ट्रीय सोच कैसे उपजाओगे?

फेस बुक पर होकर भी पढ़ते नहीं सब,

भारत को महान कैसे बनाओगे?

निर्णय आपके पास, एकता का प्रयास या अनेकता का विकास

आस्था कहीं भी लगा लो लेकिन क्षमता से अधिक उम्मीद मत करो।

मानने से वस्तु में गुण नहीं आते लेकिन व्यापार विकसित हो जाता है।

क्या मनुष्य का व्यक्तिगत लक्ष्य के अलावा कोई सामूहिक लक्ष्य भी होता है? इस पर भी विचार करना आवश्यक है। सनातन और पुनर्जन्म सिद्धान्त से इस संसार की सभी गति तंरगाकार होते हुए भी एक चक्र में चल रहा है। इस प्रकार उस चक्र में मनुष्य का क्षणिक जीवन एक कड़ी मात्र है। ये शरीर जो दिख रहा है उसे स्थूल शरीर कहा जाता है और मृत्यु के उपरान्त इच्छा युक्त मन को सूक्ष्म शरीर तथा इच्छा मुक्त मन को आत्मीय शरीर कहते हैं। आत्मीय शरीर केन्द्र है और सूक्ष्म व स्थूल उसके चक्र हैं। मनुष्य योनि का विकास उध्व गति की ओर हुआ है अर्थात् जल से थल, थल से शरीर, फिर संसाधन/अर्थ, फिर मानसिक, और पूर्ण और अन्तिम में आध्यात्मिक केन्द्रित मन। यही वह पैमाना है जिससे स्वयं की तुलनाकर जाना जा सकता है कि मैं कितना सफल हुँ? ये वह मार्ग है जिसे तय करने का सार्वभौम नियम है चाहे मनुष्य को इसका ज्ञान हो या न हो। जो जितना इस मार्ग में बढ़ता है वह उतना ही सफल है और जो नीचे गिरता है वह उतना ही असफल होता है। सफल होने से ही अच्छे समाज का विकास और असफल होने से खराब समाज का विकास होता है क्योंकि पुनर्जन्म तो सूक्ष्म शरीर का ही होता है।

शरीर पालना और पीढ़ी आगे बढ़ाना तो सभी जीवों का काम है। फिर उनमें और मनुष्य में क्या अन्तर? अगर ऐसी बात नहीं तो पं0 दीनदयाल उपाध्याय जी के इस विचार - "मनुष्य पशु नहीं है केवल पेट भर जाने से वह सुखी और संतुष्ट हो जायेगा। उसकी जीवन यात्रा "पेट" से आगे "परमात्मा" तक जाती है। उसके मन उसकी बुद्धि और उसकी आत्मा का भी कुछ तकाजा है।" का क्या अर्थ होगा?

जिस प्रकार वर्तमान व्यावसायिक-समाजिक-धार्मिक इत्यादि मानवीय संगठन में विभिन्न पद जैसे प्रबन्ध निदेशक, प्रबन्धक, शाखा प्रबन्धक, कर्मचारी, मजदूर इत्यादि होते हैं और ये सब उस मानवीय संगठन के एक विचार जिसके लिए वह संचालित होता है, के अनुसार अपने-अपने स्तर पर कार्य करते हैं और वे उसके जिम्मेदार भी होते हैं। उसी प्रकार यह सम्पूर्ण ब्रह्माण्ड एक ईश्वरीय संगठन है जिसमें सभी अपने-अपने स्तर व पद पर होकर जाने-अनजाने कार्य कर रहें हैं। यदि मानवीय संगठन का कोई कर्मचारी दुर्घटनाग्रस्त होता है तो उसका जिम्मेदार उस मानवीय संगठन का वह विचार नहीं होता बल्कि वह कर्मचारी स्वयं होता है। इसी प्रकार ईश्वरीय संगठन में भी प्रत्येक व्यक्ति की अपनी बुद्धि-ज्ञान-चेतना-ध्यान इत्यादि गुण ही उसके कार्य का फल देती है जिसका जिम्मेदार वह व्यक्ति स्वयं होता है न कि ईश्वरीय संगठन का वह सार्वभौम सत्य-सिद्धान्त। मानवीय संगठन का विचार हो या ईश्वरीय संगठन का सार्वभौम सत्य-सिद्धान्त यह दोनों ही कर्मचारी के लिए मार्गदर्शक नियम हैं। जिस प्रकार कोई मानवीय संगठन आपके पूरे जीवन का जिम्मेदार हो सकता है उसी प्रकार ईश्वरीय संगठन भी आपके पूरे जीवन का जिम्मेदार हो सकता है। जिसका निर्णय आपके पूरे जीवन के उपरान्त ही हो सकता है परन्तु आपके अपनी स्थिति के जिम्मेदार आप स्वयं हैं। जिस प्रकार मानवीय संगठन में कर्मचारी समर्पित मोहरे की भाँति कार्य करते हैं उसी प्रकार ईश्वरीय संगठन में व्यक्ति सहित मानवीय संगठन भी समर्पित मोहरे की भाँति कार्य करते हैं, चाहे उसका ज्ञान उन्हें हो या न हो। और ऐसा भाव हमें यह अनुभव कराता है कि हम सब जाने-अनजाने उसी ईश्वर के लिए ही कार्य कर रहें हैं जिसका लक्ष्य है- ईश्वरीय मानव समाज का निर्माण जिसमें जो हो सत्य हो, शिव हो, सुन्दर हो और इसी ओर विकास की गति हो।

सोमवार, 2 मार्च, 2015 ई0

भारत पूरी दुनिया को शान्ति की राह दिखाने में संक्षम है। शस्त्र विध्वंशकारी होता है तो शास्त्र पशुता से मानवतावाद की ओर ले जाता है। आज आवश्यकता केवल शिक्षित होने की नहीं बल्कि सुशिक्षित हाने की है। केवल भौतिक विकास को सर्वांगिण विकास नहीं कहा जा सकता। भारत की प्रकृति व यहाँ के ज्ञान के खजाने को ढूढ़ने में पूरी दुनिया लगी है। हमसे दुनियाँ ने बहुत कुछ सिखा है। आज भी उसे शान्ति का रास्ता भारत ही दिखा सकता है। साभार - दैनिक जागरण, वाराणसी, दि0 2 मार्च, 2015 **-श्रीमती प्रतिभा पाटिल पूर्व राष्ट्रपति, भारत**

शुक्रवार, 20 मार्च, 2015 ई0

सूर्य ग्रहण है जो भारत में दिखाई नहीं देगा।

शनिवार, 4 अप्रैल, 2015 ई0

-चंद्रग्रहण

-हिंदू माह के अनुसार दोनों ग्रहण एक ही माह में पड़ रहे हैं। सूर्य ग्रहण अमावस्या को और चंद्र ग्रहण पूर्णिमा को है। शास्त्रों में कहा गया है कि एक माह में दो ग्रहण हों तो राजा को हानि होती है। इस ग्रहण से किसी शीर्ष नेता या देश की सेना को हानि हो सकती है।

सोमवार, 27 जुलाई 2015 ई0

ए.पी.जे. अब्दुल कलाम की मृत्यु (ब्रह्मलीन)

इनके सार्वभौम विचार

"अच्छी शिक्षा व्यवस्था ही प्रबुद्ध नागरिक पैदा करती है, बच्चों को नैतिक शिक्षा प्रदान की जाय और रोजगार के नये अवसर पैदा किये जायें, राष्ट्रीय शान्ति व सार्वभौमिक सद्भाव के लिए सभी धर्म आध्यात्मिक आन्दोलन में शामिल हो जायें" साभार - दैनिक जागरण, सम्पादकीय, वाराणसी, दि0 8 दिसम्बर 2002

-श्री ए.पी.जे, अब्दुल कलाम, पूर्व राष्ट्रपति, भारत

सोमवार, 28 सितंबर, 2015 ई0

चंद्र ग्रहण

मंगलवार, 17 नवम्बर 2015 ई0

अशोक सिंघल की मृत्यु (ब्रह्मलीन)

इनके सार्वभौम विचार

"हिन्दू-बौद्ध एकता से विश्व में बढ़ते ईसाइयों और इस्लाम के विस्तारवादी मनोवृत्ति को रोकने में निश्चित रूप से सफलता" (लुम्बीनी में आयोजित सभा में) साभार - दैनिक जागरण, वाराणसी दि- 20-01-2000

- श्री अशोक सिंघल, अन्तर्राष्ट्रीय कार्याध्यक्ष, विश्व हिन्दू परिषद

सन् 2016 ई0

बुधवार, 20 जनवरी, 2016 ई0

तैयार करें मूल्यों और उम्मीदों पर आधारित ब्लूप्रिन्ट। (विडिओ कान्फ्रेसिंग से छात्रों और शिक्षकों को सन्देश - राष्ट्र निर्माण का आह्वानं) साभार -दैनिक जागरण, 20 जनवरी, 2016- **श्री प्रणव मुखर्जी, राष्ट्रपति, भारत**

मंगलवार, 8– 9 मार्च, 2016 ई0

पूर्ण सूर्य ग्रहण 8-9 मार्च को पूर्ण सूर्य ग्रहण पड़ेगा, जो सुमात्रा, बोरनेओ, सुलावेसिया से अच्छी तरह दिखाई देगा। आंशिक रूप से यह दक्षिण एवं पूर्वी एशिया और ऑस्ट्रेलिया से दिखेगा। भारत में यह ग्रहण 9 मार्च को सुबह 4 बजे दिखाई देगा।

बुधवार, 23 मार्च, 2016 ई0

आंशिक चंद्र ग्रहण 23 मार्च को यह चंद्र ग्रहण एशिया, ऑस्ट्रेलिया, उत्तरी अमेरिका और दक्षिण अमेरिका के कुछ भागों में स्पष्ट दिखाई देगा। आंशिक रूप से यह एशिया, ऑस्ट्रेलिया, भारतीय महासागर, आर्कटिक, अंटार्कटिका से दिखेगा।

ऐसी शिक्षा की जरूरत है जो समर्पित, विश्वसनीय और आत्म विश्वास से लवरेज युवा तैयार करे। शिक्षा ऐसी होनी चाहिए जो न केवल काबिल पेशेवर दे बल्कि वो समाज व देश के प्रति जुड़ाव भी महसूस करे। (स्वामी राम हिमालयन विश्वविद्यालय के पहले दिक्षांत समारोह में बोलते हुएं) **- श्री प्रणव मुखर्जी, राष्ट्रपति, भारत**

शुक्रवार, 26 अगस्त, 2016 ई0

भारत को अब क्रमिक विकास की नहीं कायाकल्प की जरूरत है। यह तब तक संभव नहीं जब तक प्रशासनिक प्रणाली में आमूल-चूल परिवर्तन न हो। लिहाजा नई सोच, नई संस्थान और नई तकनीकी अपनानी होगी। 19वीं सदी के प्रशासनिक प्रणाली के साथ 21वीं सदी में नहीं प्रवेश किया जा सकता है। रत्ती-रत्ती प्रगति से काम नहीं चलेगा। यदि भारत को परिवर्तन की चुनौतियों से निपटना है तो हमें हर स्तर पर बदलाव लाना होगा। हमें कानूनों में बदलाव करना है, अनावश्यक औपचारिकताओं को समाप्त करना है, प्रक्रियाओं को तेज करना है और प्रौद्योगिकी अपनानी है। मानसिकता में भी बदलाव लानी है और यह तभी हो सकता है जब विचार परिवर्तनकारी हों। (नीति आयोग की ओर से आयोजित "भारत परिवर्तन व्याख्यान" के शुभारम्भ में, नई दिल्ली में)

- श्री नरेन्द्र मोदी, प्रधानमंत्री, भारत

बुधवार, 31 अगस्त, 2016 ई0

प्रधानमंत्री ने भी भारत के कायाकल्प के लिए अंतरनिहित सिद्धांतों को स्पष्ट किया है। उन्होंने हजारों वर्षों से चली आ रही भारतीय परंपराओं से अनुभव हासिल करने वाले विशेषज्ञों, जनता के सुझावों और विपरीत विचारों को ध्यानपूर्वक सुनने का सुझाव दिया है। यदि हमने ऐसा कर दिया तो हम नीतियों और योजनाओं को न सिर्फ विफल होने से बचा लेंगे, बल्कि भविष्य के जोखिमों से भी इन्हें सुरक्षित कर देंगे। इन सबका अर्थ है भविष्य की योजनाओं और विकास के लिए जरूरी बुनियादी बातों को फिर से परिभाषित करना और उन्हें नए रूप में रचना। इसके लिए सोच के एक नए स्तर की जरूरत होती है। यह किस तरह होगा, यह बहुत कुछ आयोग की टीम की रूपरेखा और दृष्टिकोण पर निर्भर करेगा। प्रधानमंत्री ने नीति आयोग की टीम के लिए महत्वपूर्ण दिशानिर्देश तय किए हैं। अब नीति आयोग पर निर्भर करता है कि वह आशाओं के अनुरूप आचरण करे और परिणाम दे।

("अगली सदी की तैयारी" शीर्षक से दैनिक जागरण में प्रकाशित लेख)

-मुरली मनोहर जोशी

बृहस्पतिवार, 1 सितंबर, 2016 ई0

सूर्य ग्रहण यह ग्रहण भारत, अफ्रीका, मडागास्कर, अटलांटिक महासागर और भारतीय महासागर से दिखाई देगा। अफ्रीका में यह आंशिक रूप से ही दिखाई देगा।

शुक्रवार, 16-17 सितंबर, 2016 ई0

चंद्र ग्रहण यह ग्रहण एशिया, ऑस्ट्रेलिया और पूर्वी अफ्रीका में दिखाई देगा। आंशिक रूप से यूरोप, दक्षिण अमेरिका, अटलांटिक और अंटार्कटिका में दिखेगा।

सन् 2017 ई0

रविवार, 26 फरवरी, 2017 ई0

साल का पहला सूर्यग्रहण

मई, 2017 ई0

रचनात्मक आलोचना, लोकतन्त्र को मजबूत बनाती है। (केन्द्र सरकार के तीन वर्ष पूरे होने पर समीक्षा वक्तव्यं) **- श्री नरेन्द्र मोदी, प्रधानमंत्री, भारत**

सोमवार, 7 अगस्त, 2017 ई0

रक्षाबंधन वाले दिन खंडग्रास चंद्रग्रहण था

सोमवार, 21 अगस्त, 2017 ई0

साल 2017 का दूसरा सूर्यग्रहण भारतीय समय के मुताबिक यह ग्रहण रात में 9.15 मिनट से शुरु होगा और रात में 2.34 मिनट पर खत्म होगा।

सितम्बर, 2017 ई0

"विश्वशास्त्र - द नालेज आफ फाइनल नालेज" पुस्तक का सारांश – **"मैं सत्यकाशी से कल्कि महावतार बोल रहा हूँ"** शीर्षक के रूप में प्रकाशित ISBN: 9781947752948 निम्न पते पर भी पुस्तक को भेजा गया।
01- PRESIDENT OF INDIA, 02- PRIME MINISTER OF INDIA, 03- NITI AAYOG, 04. NCERT, 05. BUREAU OF INDIAN STANDARD, 06. UNIVERSITY GRANTS COMMISSION (UGC), 07. MINISTRY OF HUMAN RESOURCES DEVELOPMENT, 08. HON'BLE CHIEF JUSTICE, 09. THE GOVERNOR OF UTTAR PRADESH, 10- THE CHIEF MINISTER OF UTTAR PRADESH, 11. THE EDITOR, DAINIK JAGRAN, 12. THE EDITOR , AMAR UJALA 12. THE EDITOR , HINDUSTAN 13. SRI KALKI BAL VATIKA, 14.K.K.BIRLA FOUNDATION, 15, WORLD RELIGIOUS PARLIAMENT, 16, BHARAT VIKASH PARISHAD, 17. THE CHIEF MINISTER OF BIHAR, 18. TATA INSTITUTE OF SOCIAL SCIENCE, 19. RAMKRISHNA MISSION 20. VICE CHANCELLOR, BHU, VARANASI, 21. VICE CHANCELLOR,

MGKV, VARANASI, 22. VICE CHANCELLOR, SSU, VARANASI, 23. PRINCIPAL, H PG COLLEGE, VARANASI, 24. PRINCIPAL, PN GOVT. COLLEGE, RAMNAGAR, VARANASI, 25. DM, VARANASI, 26. DM, MIRZAPUR, 27. MEMBER OF PARLIAMENT, VARANASI

सन् 2018 ई0

13 जुलाई 2018, भारत में सुबह 7 बजकर 18 मिनट, खत्म होने का समय 8 बजकर 13 मिनट 5 सेकेंड। इससे पहले 31 जनवरी को साल का पहला चंद्रग्रहण देखा गया था। इस चंद्रग्रहण के दौरान 152 साल बाद बहुत दुर्लभ संयोग बना था। 27 जुलाई को होने वाला चंद्र ग्रहण भारत में दिखाई देगा और सदी का सबसे लंबा चंद्रग्रहण होगा।

सन् 2019 ई0

6 जनवरी, का पहला सूर्यग्रहण भारतीय समयानुसार सुबह 5 बजकर 4 मिनट से शुरू होकर 9 बजकर 18 मिनट तक चला। हालांकि यह आंशिक सूर्यग्रहण भारत और आसपास के देशों में नहीं दिखाई दिया। जापान, कोरिया, रूस समेत अन्य कुछ देशों में यह नजर आया।

साल का दूसरा सूर्यग्रहण 2 जुलाई को पूर्ण ग्रहण, ये ग्रहण भी भारत में दिखाई नहीं दिया। 2 जुलाई को लगने वाला सूर्य ग्रहण चार घंटे 33 सेकेंड तक चलेगा। अगर आप इस वर्ष के पूर्ण सूर्यग्रहण को नहीं देख पाते हैं तो आपको 14 दिसंबर, 2020 तक का इंतजार करना होगा।

मंगलवार, 25 जून 2019 ई0

स्वामी सत्यमित्रानन्द गिरि ब्रह्मलीन

आपके विचार आपके "भारत माता मन्दिर" पुस्तक से-

1. स्वस्ति पन्थामनु चरेम सूर्यचन्द्रमसाविव। पुनर्ददताध्नता जानता सं गमेमहि।। (ऋग्वेद-5/51/15) "जैसे सूर्य और चन्द्रमा निरालम्ब अन्तरिक्ष में निरापद एवं राक्षसादि से अबाधित निर्विध्न यात्रा करते हैं, विचरण करते हैं, वैसे ही हम अपने बन्धु-बान्धवों के साथ लोक-यात्रा में स्नेहपूर्वक, निर्विध्न चलते रहें और हम सबका मार्ग मंगलमय हो।" भगवान शंकर के स्मरण मात्र से ऐसा सम्भव है, क्योंकि वे कल्याण के देव हैं। वे देवाधिदेव महादेव तो हैं ही, किन्तु भारतमाता का स्वरूप-स्मरण करने पर तो यह भाव जीवन्त रूप से जाग्रत हो जाता है कि भारत का समग्र दर्शन भगवान शंकर में ही हो रहा है। विचारपूर्वक देखें, तो भगवान शंकर सम्पूर्ण राष्ट्र के प्रतीक हैं, भगवान श्रीराम राष्ट्र की आदर्श-मर्यादा के और गंगा राष्ट्र में प्रवाहित होने वाली संस्कृति की। उसके साथ उसमें ब्रह्मतत्व भी अन्तर्निहित होना चाहिए, क्योंकि ब्रह्मतत्व से विहिन संस्कृति दीर्घकाल तक नहीं रह सकती। इस ब्रह्मतत्व के साक्षात् स्वरूप श्रीकृष्ण हैं। इसलिए भारतीय संस्कृति का सर्वांग रूप राम, कृष्ण, शंकर और गंगा का समन्वित रूप है।
2. केवल वेश ग्रहण मात्र से किसी को साधु-संत नहीं कहा जा सकता। साधुता और सन्तत्व तो एक वृत्ति का नाम है। यह साधु-वृत्ति कदाचित् श्वेत वस्त्रधारी में भी हो सकती है और कदाचित् भगवा-धारी में नहीं। यह जटाजूटधारी या मुण्डित केशों में भी हो सकती है और नहीं भी। अनिवार्यता केवल इतनी ही है कि जहाँ जीवन में सुचिता है, वहीं साधुता है। जब तक साधुवृत्ति संसार में भ्रमण करती रहेगी, तब तक भारतीय संस्कृति का विनाश कोई नहीं कर सकता।
3. टहनियाँ और पत्तों को काट देने से वृक्ष नहीं सूखता। उसका बीज यदि उर्वरा भूमि में सुरक्षित है, तो अनुकूल अवसर-खाद, पानी, माली आदि पाकर वह पुनः लहलहा उठेगा, हरा-भरा हो जायेगा। यही स्थिति भारतीय

संस्कृति के बीज-जीवन मूल्यों की है। भारतीय संस्कृति का बीज किसी एक व्यक्ति के अन्तःकरण में नहीं, अपितु करोड़ों व्यक्तियों की हृदय भूमि में जीवन्त रूप में स्थित है। इसी कारण साधु-संतों की वाणी रूपी खाद, भक्ति रूपी पवित्र जलधारा और प्रभु-कृपा की अनुकूलता प्राप्त होने पर वह पुनः पुनः अंकुरित होती रहेगी। इनकी छाया के नीचे बैठने वाले व्यक्तियों को जीवन में शान्ति का सन्देश सतत् देती रहेगी।

4. यद्यपि प्रत्येक स्थान की भूमि की अपनी निजी विशेषताएँ होती हैं। गुजरात की भूमि में रूई, किसी अन्य जगह हरी मिर्च, मालवा में गेहूँ आदि बहुतायत में तथा अच्छे किस्म के होते हैं, तो भी ये वस्तुएँ थोड़े बहुत अन्तर से अन्यत्र भी उगाई जा सकती हैं, किन्तु यदि केशर को कश्मीर के अतिरिक्त अन्यत्र कहीं पर उत्पन्न करने के प्रयास किये जायें, तो असफलता ही मिलेगी। इसके लिए तो कश्मीर की भूमि की ही शरण लेनी होगी। इसी भाँति भौतिकवाद के विकास के लिए यूरोप ओर अमेरिका की भूमि उपयुक्त है, परन्तु आध्यात्मवाद की केशर यदि प्राप्त करना है, तो सम्पूर्ण विश्व को भारतीय भूमि से ही प्रेम करना होगा। इसके अतिरिक्त कोई उपाय नहीं है। यदि इस धरती का यह वैशिष्ट्य न होता, तो भगवान श्रीराम और भगवान श्रीकृष्ण यहीं पर जन्म क्यों लेते? वे कहीं पर भी आविर्भूत हो सकते थे, परन्तु सरयू और यमुना तट उन्हें अच्छा लगा और इसलिए अपने बाल-मित्रों के साथ उन्होंने यहाँ सहज बाल-क्रिड़ायें कीं, जिससे सभी लोग जान लें कि इस धरती का महत्व कितना अधिक है।
5. उत्तर भारत में भगवान ने अनेक रूपों में अवतार ग्रहण किया। इसलिए उस विराट् एवं चरम चित्त तत्व ने दक्षिण भारत में भी अंशावतार ग्रहण किया। श्री शंकराचार्य, श्री रामानुजाचार्य, श्री वल्लभाचार्य, श्री मध्वाचार्य आदि महान आचार्यों ने भारतीय समाज के उन्नयन के लिए अवतार ग्रहण किया। यदि उत्तर भारत में प्रभु के अवतारों के माध्यम से भगवद् शक्ति द्वारा संसार को प्रभावित किया गया, तो दक्षिण के आचार्यों ने साधना, संयम, सदाचार के उपदेश द्वारा, पुरूषार्थ के द्वारा मानवों में ऐसी अनुभूति उत्पन्न की कि वे आचार्य अंशावतार न होकर पूरी शक्ति सहित अवतार ही दिखाई देते हैं।
6. संसारी मानव दो प्रकार की विभिन्न परिस्थितियों के हिंडोले में झूलता हुआ अपनी दुर्बलता प्रमाणित करता है कि यदि कोई अनुकूल वस्तु मिल जाए, तो उसके प्रति राग हो जाता है, और यदि प्रिय वस्तु का वियोग हो जाए तो रोष होता है। कोई-कोई विरले मनुष्य होते हैं, जो न राग में जीते हैं, न रोष में जीते हैं, वे तो केवल अनुराग में ही सदा आनन्दित होते हैं। भगवान श्रीराम भी इसी प्रकार के महापुरूष हैं, जिनको न राग है, न रोष, अपितु वे अन्यों को सभी प्रकार संतुष्ट करते हैं। उनका स्मरण कर, उस नित्य आनन्दमय परमात्मा के प्रति भक्ति प्रदर्शित कर, भारतीय व्यक्ति अपने जीवन को धन्य अनुभव करता है।

"भारत माता मन्दिर" के सम्बन्ध में आपके विचार-

ऊँ। विश्वानि देव सवितर्दुरितानी परासुव। यद् भद्रं तन्न आ सुव।।

हमारे देश के गाँव-गाँव, नगर-नगर में मन्दिर मिलते हैं। बुद्धिवादी व्यक्ति नवीन मन्दिरों के निर्माण को निरर्थक मानते हैं। कई लोग इसे अर्थ का अपव्यय भी कहते हैं। इतिहास को जीवित रखना हमारा कर्तव्य है। इतिहास से हमें अपनी राष्ट्रीय-संस्कृति के गौरव का पता चलता है। पाठकों को इससे प्रेरणा मिलती है और भावी पीढ़ी के संस्कार जगाने में चेतना की शक्ति। इसी पावन दृष्टिकोण से, हरिद्वार में भारत माता मन्दिर का निर्माण किया गया है।

मुसलमान, ईसाई बन्धुओं को अपने पूर्वजों के सम्बन्ध में पर्याप्त जानकारी है, परन्तु किसी हिन्दू युवक से उसके पूर्वज ऋषियों के नाम पूछे जायें तो बता पाने में असमर्थता प्रकट करेगा। यदि व्यक्ति अपने श्रेष्ठ पूर्वजों का ही विस्मरण कर बैठे, तो उनके श्रेष्ठ संस्कारों को अपने जीवन में कैसे उतार सकता है?

भारत माता मन्दिर, मन्दिर के रूप में अधिक जाना जाय, ऐसा विचार कम है। तीर्थ-यात्री जो प्रतिवर्ष लाखों की संख्या में हरिद्वार आते हैं, वे इस मन्दिर से देश के संत, आचार्य, बलिदानी महापुरूषों, साध्वी, सतियों (मातृ शक्ति) के जीवन से प्रेरणा लेकर, व्रत और संकल्प कर जा सके-यह इसका मुख्य लक्ष्य है। साम्प्रदायिक उपासना पद्धतियों में मानव पृथक-पृथक घेरों में बँधता जा रहा है। ऐसे समय में राष्ट्रीय एकता को ध्यान में रखकर,

सब सम्प्रदायों के आचार्यों और संतों की एक ही स्थान पर प्रतिष्ठा की गई है, इससे-"हम सब एक हैं", "हमारी माता भारत माता है"-का विचार परिपक्व कर सकें। यह विचार दृढ़ होना चाहिए, तभी व्यक्तिवाद से ऊपर उठकर राष्ट्रवाद की ओर जा सकते हैं।

धर्म और राष्ट्र एक-दूसरे के पूरक होने चाहिए। धर्म संस्कारों को बनाता है। संस्कारों का परिष्कार करता है और राष्ट्र-भाव स्वधर्म पर बलिदान होने की प्रेरणा देता है। बिना उत्सर्ग किये इस संसार में कुछ नहीं मिलता। स्वार्थ की बलि चढ़ाये बिना राष्ट्र का यज्ञ अधूरा रहता है। पशु-बलि की बातें आज निरर्थक हो गई हैं, किन्तु आत्म बलिदान के अभाव में कोई महान् लक्ष्य प्राप्त हो जाये, यह सम्भव नहीं है। भारत माता मन्दिर में विराजमान संत, शूर, सती-देश के लाखों यात्रियों में समन्वय, श्रद्धा, परस्पर प्रेम, त्याग, सद्भाव, स्वार्थ त्याग, समरसता और बलिदान की भावना जगाने में समर्थ हो सकेंगे, ऐसा विश्वास किया जाना चाहिए।

हमारा यह विचार है कि मन्दिर में दान-पात्र न रखें जाएँ, परन्तु दर्शनार्थियों की उदार भावना के सम्मानार्थ, उनके द्वारा की जाने वाली चढ़ोतरी के सदुपयोग की दृष्टि से, दान-पात्र रखे जाना युक्तिसंगत भी लगता है। फिर भी भावना यह है कि, दर्शनार्थी इस मन्दिर की स्मृति संजोकर, अपने घरों को लौटकर जाने वाले लोग श्रद्धा से जो कुछ हो, वहीं से प्रेषित करें। इस धनराशि को आदिवासी, गिरिवासी, वनवासी, हरिजन, देश के उपेक्षित वर्ग और दरिद्र नारायण की सेवा में लगाया जा सके। साथ ही, आय का एक भाग ब्राह्मण बालकों को कर्मकाण्ड, वेद, हवन, यज्ञ आदि की शिक्षा देने के लिए उपयोग में लाया जाए। इस प्रकार यह मन्दिर समाज की सर्वांगीण सेवा का प्रकल्प बन सके, यह अपेक्षा है।

इस मन्दिर में जैन, सिक्ख, ईसाई, मुसलमान, पारसी मजहबों के श्रेष्ठ संतों की मूर्तियाँ और उनके जीवन का अंकन किया गया है। सभी प्रमुख धर्मों के मूल मंत्र रजत पट्टीका पर अंकित किये गये हैं, जिससे उपासकों, साधकों, नागरिकों में यह भाव जाग सके कि सभी धर्मों का मूल तत्व एक है। इस प्रकार, अपने देश की संस्कृतियों की समस्त धाराओं को हरिद्वार में बहने वाली गंगा की पावन धारा से जोड़ने का प्रयत्न किया है। गंगा पावनता और गतिशीलता का प्रतीक बन चुकी है। बिना पावन और गतिशील हुए, देश और राष्ट्र की वास्तविक सेवा नहीं की जा सकती।

परमात्मा की कृपा से, अपने राष्ट्र-रथ को अनैतिकता के पंक से उबार, जगद्गुरू के पूर्व आसन पर बैठा सकने में हम सब निमित्त और परमात्मा के हाथ का उपकरण बन सकें, ऐसी उनके चरणों में प्रार्थना है।

सन् 2020 ई0

इस वर्ष की मुख्य विशेषता

तकनीकी के आविष्कार से दूरदर्शन के अनेक चैनल और अधिक क्षमता के कम्प्यूटर का भारत में व्यापक विस्तार और जनता के सम्पर्क में आना।

इन्टरनेट (INTERNET) का भारत में व्यापक विस्तार और जनता के सम्पर्क में आना।

मोबाइल (CELL PHONE) के स्थान पर अधिक क्षमता के स्मार्ट मोबाइल (SMART CELL PHONE) का भारत में व्यापक विस्तार और जनता के सम्पर्क में आना।

दूरदर्शन और इन्टरनेट नेटवर्क के व्यापक विस्तार से समाचार (NEWS CHANNEL), सामाजिक सम्पर्क (SOCIAL MEDIA), यू ट्यूब (YouTube.com), सर्च इंजन (google.com) और विचार व्यक्त करने और ज्ञान-सूचना पाने का व्यापक स्वतन्त्रता का विकास।

धार्मिक, राजनीतिक, सामाजिक और वैयक्तिक व्यवहार में उपरोक्त तकनीकी का व्यापक प्रयोग।

विचार व्यक्त करने की व्यापक स्वतन्त्रता के कारण प्रत्येक व्यक्ति ही विचारक बन गया परन्तु व्यष्टि (व्यक्तिगत) विचार और समष्टि (संयुक्त) विचार में अन्तर के ज्ञान का अभाव।

सन् 2020 ई0 को लेकर अनेक भविष्यवक्ताओं के विचार व्यक्त होने लगें थें और युग परिवर्तन तथा कल्कि महाअवतार के प्रकट होने के समय के रूप में देखा जाने लगा था।

युग का काल गणना भी विचार के केन्द्र में आ गई थी। कलियुग के सम्बन्ध में 4 लाख 32 हजार की अवधि की विचारधारा कमजोर पड़ने लगी थी क्योंकि उसके बहुत से शास्त्रीय और वैज्ञानिक आधार व्यक्त हाने लगें थें। “आर्य समाज” के संस्थापक स्वामी दयानन्द सरस्वती के अनुसार कलियुग की आयु 4 लाख 32 हजार की थी तो “अखिल विश्व गायत्री परिवार” के संस्थापक और “विचार क्रान्ति” के संचालक पं0 श्रीराम शर्मा आचार्य के अनुसार यह युग परिवर्तन का सन्धि काल था।

मनुष्य अपने आप में इतना संकुलित होकर स्वयं में स्वार्थी हो चुका था कि वह अपने आप को इस सार्वभौम सृष्टि से अलग सत्ता का समझने लगा था। वह यह भूल चुका था कि शरीर की कोशिका से लेकर सम्पूर्ण ब्रह्माण्ड तक एक ही शरीर है और सभी एक-दूसरे को प्रभावित करते हैं।

अन्य घटना क्रम

वर्ष 2020 ई0 में खगोलिय घटना: 6 ग्रहण (4 चंद्र ग्रहण, 2 सूर्य ग्रहण)

10 जनवरी 2020 चंद्र ग्रहण - ग्रहण का टाइम: रात 10 बजकर 37 मिनट से 11 जनवरी को 2 बजकर 42 मिनट कहां दिखाई देगा: भारत, यूरोप, अफ्रीक, एशिया और आस्ट्रेलिया।

5 जून 2020 चंद्र ग्रहण - रात्रि को 11 बजकर 15 मिनट से 6 जून को 2 बजकर 34 मिनट तक कहां दिखाई देगा: भारत, यूरोप, अफ्रीक, एशिया और आस्ट्रेलिया।

21 जून 2020 सूर्य ग्रहण - 21 जून की सुबह 9 बजकर 15 मिनट से दोपहर 15 बजकर 03 मिनट तक भारत, दक्षिण पूर्व यूरोप और एशिया। इस साल के सूर्य ग्रहण पर अधिकतर ज्योतिषियों की नजरें हैं क्योंकि यह ग्रहण मिथुन राशि में लगेगा। 21 जून को लगने वाले ग्रहण का सूतक काल 12 घंटे पहले ही लग जाएगा। इस साल पड़ने वाले ग्रहण बहुत महत्वपूर्ण माने जा रहे हैं। क्योंकि ज्योतिषियों के अनुसार इन ग्रहण से मिथुन राशि के जातकों पर विशेष प्रभाव पड़ेगा। उस समय कुल छह ग्रह वक्री होंगे जो अच्छा संकेत नहीं है। कहा जा रहा है कि ग्रहण के कारण ग्रहों की ऐसी स्थिति विश्व भर के लिए चिंताजनक मानी जा रही है।

5 जुलाई 2020 चंद्र ग्रहण - सुबह 08 बजकर 37 मिनट से 11 बजकर 22 मिनट तक अमेरिका, दक्षिण पूर्व यूरोप और अफ्रीका।

30 नवंबर 2020 चंद्र ग्रहण - दोपहर को 13 बजकर 02 मिनट से शुरू होगा और शाम 17 बजकर 23 मिनट तक भारत, अमेरिका, प्रशांत महासागर, एशिया और आस्ट्रेलिया।

14 दिसंबर 2020 सूर्यग्रहण - शाम को 19 बजकर 03 मिनट से 15 दिसंबर को 12 बजे सूर्यग्रहण भारत में नहीं दिखेगा, इसको प्रशांत महासागर।

वर्ष 2020 ई0 में प्राकृतिक घटना: कोरोना (COVID-19) वायरस से वैश्विक महामारी

कोरोना वायरस वायरस (COVID-19) एक संक्रामक रोग है जो एक नए खोजे गए कोरोना वायरस के कारण होता है।

COVID-19 के साथ बीमार पड़ने वाले अधिकांश लोग हल्के से मध्यम लक्षणों का अनुभव करेंगे और विशेष उपचार के बिना ठीक हो जाएंगे।

COVID-19 का कारण बनने वाला वायरस मुख्य रूप से एक संक्रमित व्यक्ति के खांसने, छींकने या बाहर निकलने पर उत्पन्न बूंदों के माध्यम से फैलता है। ये बूंदें हवा में लटकने के लिए बहुत भारी हैं और जल्दी से फर्श या सतहों पर गिर जाती हैं।

आप वायरस में सांस लेने से संक्रमित हो सकते हैं यदि आप किसी ऐसे व्यक्ति के करीब हैं जिसके पास COVID-19 है या दूषित सतह को छूकर और फिर आपकी आंखें, नाक या मुंह से।

चीन से शुरू हुआ यह महामारी COVID-19 ने जनवरी से अपना प्रभाव दिखाना शुरू किया और देखते ही देखते विश्व के 200 से उपर देशों और द्विप पर पहुँच गया। आज दिनांक 10 जून, 2020 को संयुक्त राज्य अमरीका 20,45,715 में लोग इससे प्रभावित हो गये थे, घटते क्रम में देशों और द्विप की सूची इस प्रकार है-

ब्राज़िल, रूसी संघ, ग्रेट ब्रिटेन और उत्तरी आयरलैंड का यूनाइटेड किंगडम, स्पेन, भारत, इटली, पेरू, जर्मनी, ईरान, तुर्की का गणतंत्र, फ्रांस, चिली, मेक्सिको, पाकिस्तान, सऊदी अरब, कनाडा, चीन, कतर, बांग्लादेश, बेल्जियम, दक्षिण अफ्रीका, बेलोरूस, नीदरलैंड, स्वीडन, इक्वेडोर, कोलम्बिया, संयुक्त अरब अमीरात, सिंगापुर, मिस्र, पुर्तगाल, कुवैट, इंडोनेशिया, स्विट्जरलैंड, यूक्रेन, पोलैंड, आयरलैंड, अर्जेंटीना, फिलीपींस, अफ़ग़ानिस्तान, रोमानिया, डोमिनिकन गणराज्य, इजराइल, ओमान, पनामा, जापान, ऑस्ट्रिया, बहरीन, बोलीविया, इराक, आर्मीनिया, नाइजीरिया, कजाखस्तान, डेनमार्क, सर्बिया, कोरिया, एलजीरिया, घाना, मोलदोवा, कैमरून, नॉर्वे, मोरक्को, मलेशिया, आज़रबाइजान, ग्वाटेमाला, ऑस्ट्रेलिया, फिनलैंड, होंडुरस, सूडान, तजाकिस्तान, उज़्बेकिस्तान, सेनेगल, जिबूती, कांगो, गिन्नी, लक्समबर्ग, हंगरी, कोटे डी आइवर, हैती, गैबॉन, मैसेडोनिया, एल साल्वाडोर, थाईलैंड, यूनान, केन्या, बुल्गारिया, बोस्निया और हर्जेगोविना, वेनेज़ुएला, सोमालिया, इथियोपिया, क्रोएशिया, क्यूबा, मैयट, किर्गिज़्स्तान, एस्तोनिया, मालदीव, श्री लंका, केंद्रीय अफ्रीकन गणराज्य, आइसलैंड, लिथुआनिया, दक्षिण सूडान, माली, स्लोवाकिया, न्यूजीलैंड, स्लोवेनिया, निकारागुआ, गिनी-बिसाऊ, कोस्टा रिका, लेबनान, भूमध्यवर्ती

गिनी, अल्बानिया, जाम्बिया, परागुआ, मॉरिटानिया, मेडागास्कर, हॉगकॉग, लातविया, ट्यूनीशिया, सियरा लिओन, नाइजर, साइप्रस, बुर्किना फासो, अंडोरा, उरुग्वे, जॉर्डन, चाड, जॉर्जिया, फ्रेंच गयाना, कांगो, सैन मैरीनो, युगांडा, माल्टा, जमैका, काबो वर्डे, यमन, साओ टोमे और प्रिंसिपे, तंजानिया, जाना, फिलिस्तीन, रवांडा, मलावी, मोजाम्बिक, ताइवान, लाइबेरिया, इस्वातीनी, लीबिया, मॉरीशस, मैन द्वीप, वियतनाम, मोंटेनेग्रो, जिम्बाब्वे, बेनिन, म्यांमार, मार्टीनिक, मंगोलिया, केमैन टापू, जिब्राल्टर, ग्वाडेलोप, गुयाना, सीरियाई, कोमोरोस, बरमूडा, ब्रुनेई दारुस्सलाम, सूरीनाम, कंबोडिया, त्रिनिदाद और टोबैगो, बहामा, अरूबा, मोनाको, अंगोला, बारबाडोस, बुरुन्दी, लिकटेंस्टीन, सिंट मार्टेन (डच भाग), फ्रेंच पॉलीनेशिया, भूटान, मकाओ, बोत्सवाना, संत मार्टिन, इरिट्रिया, नामीबिया, गाम्बिया, संत विंसेंट अँड थे ग्रेनडीनेस, अंतिगुया और बार्बूडा, तिमोर- लेस्ते, ग्रेनेडा, न्यू कैलेडोनिया, बेलीज, सेंट लूसिया, लाओस, डोमिनिका, फ़िजी, संत किट्ट्स और नेविस, ग्रीनलैंड, तुर्क्स और कैकोज़ द्वीपसमूह, पवित्र देखो, मोंटेसेराट, सेशेल्स, पश्चिमी सहारा, पापुआ न्यू गिनी, लिसोटो, एंगुइला

प्रत्येक देश में इसका प्रभाव बढ़ता ही जा रहा था और मरने वालों की संख्या बढ़ती ही जा रही थी। अभी तक इसे रोकने के लिए कोई कारगर वैक्सीन नहीं खोजा गया था, खोज जारी थी। समस्या को देखते हुए कई देशों ने अपने प्रभावित शहरों को LOCKDOWN (अपने घरों में रहने और व्यापारीक गतिविधि को बन्द रखने का आदेश) देना पड़ा।

भारत में भी 25 मार्च से एका-एक 4 घंटें के समयान्तराल में LOCKDOWN घोषित कर दिया गया, यातायात के साधन रेल, बस, हवाई जहाज के घरेलू और अन्तर्राष्ट्रीय उड़ानें बन्द कर दी गईं। जो भी नागरिक जहाँ जिस कार्य के गया लिए था वो वहीं कैद हो गया। दैनिक मजदूर (प्रतिदिन कमाने-खाने वाले) काम बन्द होने से भूखमरी के शिकार होने लगें। लाखों मजदूर भारत के विभिन्न प्रदेशों से अपने गाँव की ओर पैदल यात्रा पर ही निकल लियें जिसमें अनेकों की मौत भी हुयी। रास्ते में निवासियों ने मानवता दिखाते हुये उनके भोजन-पानी को भी उपलब्ध कराये।

वर्ष 2020 ई0: सार्वभौम एकात्मता-मानवता का सन्देश

वर्ष 2020 ई0 का खगोलिय सन्देश

ग्रहों के सम्मिलन व समय के योग से ज्योतिष विज्ञान काल परिवर्तन और नये युग की शुरुआत तथा ईश्वर के अवतरण की सूचना का प्रतीक मानता है। तो वर्तमान, विज्ञान उसे मात्र एक ब्रह्माण्डीय घटना मानता है।

उपरोक्त घटनाएं एवं संयोग विश्व, भारत, अन्तर्राष्ट्रीय, राज्य, समाज, परिवार और व्यक्ति सहित विज्ञान और धर्म क्षेत्र के समक्ष व्यक्त थी परन्तु वह एक-एक कर घटित होती गयी और वह इतिहास बन गयी। सभी घटनाएं अलग-अलग क्षेत्रों के समक्ष अलग-अलग रुप में ज्ञान में थी, न कि एक साथ। परिणामस्वरुप कोई भी परिणाम विश्व, भारत, राज्य, अन्तर्राष्ट्रीय, समाज, परिवार, व्यक्ति, विज्ञान व धर्म क्षेत्र देने में सक्षम नहीं था अर्थात् वह इन घटनाओं से पूर्ण मुक्त था।

खगोल व ज्योतिष विज्ञान के अनुसार- उपरोक्त घटनायें युग की समाप्ति और भगवान के अवतरण के समय का सूचक होती हैं। वर्तमान कलियुग की आयु 4,32,000 वर्ष मानी गयी है। जिसका प्रारम्भ 18 फरवरी 3102 ई0 पू0 माना जाता है।

सर्वज्ञपीठम् कालीमठ, वाराणसी के स्वामी ब्रह्मानन्द नाथ सरस्वती के अनुसार- ग्रहण से उत्पादित पुण्य से कलियुग का 10,000 वर्ष आयु कम हो जाता है। (देखें-"अमर उजाला" इलाहाबाद संस्करण, दिनांक-11-08-1999 पूर्ण सूर्यग्रहण के अवसर पर प्रकाशित) और 821 वर्ष कलियुग का शेष रहने पर कल्कि अवतार का अवतरण माना गया है। इस प्रकार कलियुग का व्यतीत कुल वर्ष 5102 वर्ष हुआ और यदि कल्कि अवतार अभी होता है तो कलियुग के कुल आयु 4,32,000 में से 5102+821 वर्ष घटकर 4,26,071 वर्ष ग्रहण द्वारा उत्पादित पुण्य से समाप्त हो जाने चाहिए। जिसके लिए 43 ग्रहण की आवश्यकता है। खगोल वैज्ञानिकों का ऐसा

अनुमान है कि वर्ष में सूर्यग्रहण की स्थिति 2 से 5 बार तक आती है। कलियुग के व्यतीत वर्ष 5102 वर्षों में क्या 43 ग्रहण नहीं आये होंगे? जबकि 20 मार्च 2015 तक 14 सूर्यग्रहण हुये। यदि यह माना जाय तो ग्रहण से उत्पन्न पुण्य सिर्फ भारत में ही होता है तो क्या 5102 वर्षों के दौरान भारत में 43 ग्रहण नहीं हुये होंगे? जबकि चन्द्रग्रहण से उत्पादित पुण्य से कलियुग की आयु कम होना अलग है। इस प्रकार देखने पर कलियुग की आयु लगभग समाप्त हो चुकी है।

16 जुलाई 2000 गुरुपूर्णिमा के दिन पूर्ण चन्द्रग्रहण और 5 जुलाई 2001 को अंश चन्द्रग्रहण गुरुओं के लिए प्रकाशमय पूर्णिमा नहीं बल्कि अन्धकारमय अमावस्या था। क्योंकि एक ओर यह पूर्ण चन्द्रग्रहण 13 अगस्त 1859 के बाद हुआ जो अब यह सन् 3000 के बाद ही होगा तो गुरु पूर्णिमा के पावन अवसर पर ही हुआ। जो मात्र व्यष्टि गुरुओं के भरमार का प्राकृतिक रुप से विरोध का सूचक था।

वर्ष 2020 ई0 का प्राकृतिक सन्देश

कोरोना (COVID-19) वायरस से वैश्विक महामारी ने अपने-अपने देशों के सरकार और समाज की व्यवस्था को सार्वजनिक रूप से व्यक्त करने का कार्य किया। इस घटना ने व्यक्ति और शासन को सन्देश दिया कि मनुष्य को प्रकृति के समन्वय के साथ चलना चाहिए। जब भी प्रकृति के तीन गुण – सत्व, रज और तम में से रज और तम की शक्ति अधिक हो जाती है तब प्रकृति अपना सन्तुलन बनाने के लिए सत्व गुण से हस्तक्षेप करने में सक्षम है और यह हस्तक्षेप बिना किसी भेद-भाव के एक समान रूप से प्रभावी होता है। इस हस्तक्षेप में धर्म-जाति, रंग, महिला-पुरूष, उम्र इत्यादि से कोई मतलब नहीं होता। स्पष्ट रूप से सार्वभौम सत्य-सिद्धान्त के अनुसार कार्य होता है जो ईश्वरीय सिद्धान्त है।

वर्ष 2020 ई0 का सार्वभौम सन्देश

भारतीय आध्यात्म दर्शन में शिव-शक्ति, प्रकृति-पुरूष, क्रिया-कारण का सर्वोच्च विचार है जो अन्तिम रूप से उच्चतम भी है। देवी का स्थान प्रकृति/ शक्ति/ क्रिया को प्राप्त है और देवता का स्थान शिव/ पुरूष/ कारण को प्राप्त है। प्रकृति/ शक्ति/ क्रिया के प्रभाव क्षेत्र के अनुसार अनेक देवीयाँ भारत में सर्वत्र हैं। प्रकृति द्वारा प्रभावी महामारी को भारतीय हमेशा दैवी प्रकोप और उनकी नाराजगी का ही परिणम मानते हैं। समय कल्कि अवतार के अवतरण का है तो उनकी शक्ति प्रकृति के भी अवतरण का समय है जिन्हें कल्कि देवी के रूप में जाना जाता है, भारतीय दर्शन की दृष्टि में कोरोना, कल्कि देवी का अस्त्र (कोरोनास्त्र) है जिससे मानव को सन्देश देने का प्रयत्न है। इस माध्यम से वर्ष 2020 ई0 का सार्वभौम सन्देश व्यक्ति, समाज और सरकार को यह है कि-

1. व्यक्ति स्वयं को इस ब्रह्माण्ड का स्वतन्त्र ईकाइ न समझें, वह एक ही सार्वभौम सत्य-सिद्धान्त से इस पृथ्वी पर शरीर धारण किया है और उसी सिद्धान्त से हार कर शरीर का त्याग भी करेगा, इसके अलावा कोई रास्ता नहीं।
2. समाज (व्यक्तियों का समूह) स्वयं को धर्म-जाति, रंग, महिला-पुरूष, उम्र इत्यादि की भावना से मुक्त होकर अन्य समूह को देखें और आवश्यकता पड़ने पर सहायता के लिए तैयार रहें। रहन-सहन की पद्धति संस्कृति है जो थोपा नहीं जा सकता, व्यक्ति की स्वतन्त्रता है कि वो कैसे रहे, बस उसे यह ध्यान रहना चाहिए कि उसके कारण अन्य को परेशानी तो नहीं हो रही है। संस्कृति को थोपना कट्टरता है।
3. राजतन्त्र में राजा और लोकतन्त्र में सत्ता, प्रजा-जनता का अभिभावक होता है ना कि उस पर शासन करने वाला, यदि ऐसा है तो निश्चित रूप से जानना चाहिए कि वह राजा या सत्ता मानवतावादी नहीं। राजा या सत्ता को सदैव प्रजा-जनता केन्द्रित होना चाहिए क्योंकि ये पारिवारिक, सामाजिक, सांगठनिक, व्यापारिक, राज्य और सत्ता एक वृक्ष के समान हैं और वृक्ष के जड़ में खाद-पानी देने से सभी व्यवस्थायें सुदृढ़ रहती हैं।

4. व्यक्ति और सरकार को सार्वभौम सत्य-सिद्धान्त का ही मार्ग अपना कर अपने व्यवस्थाओं को सुदृढ़ करना चाहिए तभी दोनों एक-दूसरे के लिए सहयोगी बनकर राष्ट्र निर्माण में सहायक हो सकते हैं।
5. व्यक्ति को वैश्विक ज्ञान से युक्त करना आवश्यक और "वैश्विक सोच-स्थानीय कार्यवाही" की भावना से जीवन-यापन के लिए निर्माण की आवश्यकता है।

Think Globally - Act Locally
वैश्विक सोच - स्थानीय कार्यवाही

वर्ष 2020 ई0 का अवतारी सन्देश

किसी भी युग में अवतार, महापुरूष, संत या किसी भी व्यक्ति के गुण को सीधे देखकर पहचानने की क्षमता किसी भी व्यक्ति के अन्दर नहीं रही है। उस व्यक्ति को, स्वयं के अपने गुणों को ज्ञान, कर्म, जीवन के माध्यम द्वारा व्यक्त करना होता है। उसके बाद ही कुछ लोग उन्हें पहचानते हैं और उनके साथ एक-दूसरे के सदुपयोग के लिए साथ आते रहे हैं। प्राचीन समय में यह कार्य बहुत कठिन होता था इसके लिए वे अनेक प्रकार के आयोजन करते थे।

वर्तमान युग में भी अनेक प्रकार के आयोजन जैसे-सेमिनार, सम्मेलन, प्रदर्शनी, मेले, परीक्षाएँ, प्रतिस्पर्धा इत्यादि द्वारा अपनी योग्यता प्रदर्शित किये जाते हैं। परन्तु यह सब समय लेने वाला है और आम नागरिक के योग्यता को व्यक्त करने का माध्यम नहीं बन पाता। दुनिया बहुत तेज हो चुकी है। ऐसे में किसी विशेष कार्य के लिए कोई भी संस्था/व्यक्ति/योजना संचालक शीघ्रता से अपने कार्य के लिए योग्य व्यक्ति से जुड़ना चाहता है। सीधे व्यक्ति से व्यक्ति के सम्बन्धित होने, परिचय बनाने के कार्य में मनुष्य जीवन इतना छोटा है कि वह एक सिमित दायरे तक ही रह जाता है। व्यापक दायरे तक जाने के लिए व्यक्ति का निराकार रूप विचार-गुण-योग्यता को ही प्रकाशित करना होता है।

ईश्वर (सार्वभौम सत्य-सिद्धान्त) के सत्व गुण प्रधान (ब्रह्मा) के पूर्णावतार

- **श्रीराम** (आदर्श व्यक्तिगत मानव) के धर्म (आध्यात्मिक सत्य) स्थापना का कारण शारीरिक था,

ईश्वर (सार्वभौम सत्य-सिद्धान्त) के रज गुण प्रधान (विष्णु) के पूर्णावतार

- **श्रीकृष्ण** (आदर्श सामाजिक मानव) के धर्म (आध्यात्मिक सत्य) स्थापना का कारण आर्थिक था,

ईश्वर (सार्वभौम सत्य-सिद्धान्त) के तम गुण प्रधान (शंकर) के पूर्णावतार

- **श्रीकल्कि** (आदर्श वैश्विक मानव) के धर्म (आध्यात्मिक सत्य) स्थापना का कारण मानसिक था।

गुरु के सम्बन्ध में स्वामी विवेकानन्द जी कहते हैं-"हम गुरु के बिना कोई ज्ञान प्राप्त नहीं कर सकते। अब बात यह है कि यदि मनुष्य, देवता अथवा कोई स्वर्गदूत हमारे गुरु हो, तो वे भी तो ससीम हैं, फिर उनसे पहले उनके गुरु कौन थे? हमें मजबूर होकर यह चरम सिद्धान्त स्थिर करना ही होगा कि एक ऐसे गुरु हैं जो काल के

द्वारा सीमाबद्ध या अविच्छिन्न नहीं हैं। उन्हीं अनन्त ज्ञान सम्पन्न गुरु को, जिनका आदि भी नहीं और अन्त भी नहीं, ईश्वर कहते हैं। (राजयोग, रामकृष्ण मिशन, पृष्ठ-134)

वर्तमान समय में व्यक्ति (व्यष्टि) के गुरुओं की भरमार है परन्तु समाज (समष्टि) के गुरु का पूर्ण अभाव है। वह वही है जो वर्तमान और भविष्य की वैश्विक आवश्यकता-वर्तमान व्यवस्थानुसार विश्व-शान्ति-एकता-स्थिरता-विकास-सुरक्षा के लिए प्रबन्ध का माडल दे सकें, साथ ही पूर्ण मानव, स्वस्थ समाज, स्वस्थ लोकतन्त्र और स्वस्थ उद्योग की प्राप्ति का आधारशिला रख फल रुप में विश्वव्यापी पूर्ण एकात्म करें। वर्तमान समय और कुछ भी नहीं अनन्तज्ञान सम्पन्न गुरु निष्कलंक कल्कि अवतार का ही समय है जिसका रुप समष्टि गुरु का ही रुप है। उसका समस्त कार्य उपरोक्त सार्वाधिक खगोलीय घटनाओं की अवधि में ही सम्पन्न हुआ है। जिसके सम्बन्ध में सन् 1996 में ही हालैण्ड निवासी भविष्यवक्ता मि0 क्राइसे ने स्पष्ट कहा था कि-"मैं भारत में एक महापुरुष को स्पष्ट रुप से देख रहा हूँ जो विश्व के लिए योजनाएँ बना रहा है।" भारतीय आध्यात्म के अनुसार भी पूर्ण ब्रह्मावतार पूर्ण सत्व गुण रूप श्रीराम तथा पूर्ण विष्णु अवतार पूर्ण रज गुण रूप श्रीकृष्ण हो चुके हैं। अभी जो शेष थे वह हैं-पूर्ण शिव-शंकर अवतार पूर्ण तम गुण रूप। यही अन्तिम निष्कलंक कल्कि अवतार हैं। शिवगुरु हैं, कल्याण स्वरुप हैं और जब तक इनका आगमन नहीं हुआ था तब तक नेता, वर्तमान व्यष्टि गुरु, चिन्तक इत्यादि का भारत और विश्व का कल्याण कर देने का प्रयत्न निष्फल, भ्रमात्मक और समय गवाने वाला ही था। हमें शिव-शंकर के पूर्ण प्रेरक पूर्णावतार के रुप में व्यक्त लव कुश सिंह "विश्वमानव" द्वारा व्यक्त कर्मों पर चिन्तन और समर्पण करना चाहिए और समर्पण करना ही पड़ेगा।

(उपरोक्त सभी नेतृत्वकर्ताओं के व्यक्त विचार पर स्पष्टिकरण के लिए "विश्वशास्त्र" अध्याय - पाँच देखें)

भाग-8

समष्टि धर्म दृष्टि

अनिर्वचनीय कल्कि महाअवतार भोगेश्वर श्री लव कुश सिंह" विश्वमानव" का मानवों के नाम खुला चुनौती पत्र

अनिर्वचनीय कल्कि महाअवतार का काशी-सत्यकाशी क्षेत्र से विश्व शान्ति का अन्तिम सत्य-सन्देश

मानवों के नाम खुला चुनौति पत्र

प्रिय मानवों,

हम (अवतारी श्रृंखला) आप लोगों के प्रति कल्याण भावना रखते हुये उन सभी रहस्यों को खोलकर रख देना चाहते है जिससे आज तक हम आप का भोग करते आये है। पत्र के अन्त में यह भी बताऊँगा कि इन रहस्यों के खोलने के प्रति मेरा उद्देश्य क्या है? और यह भाव हमारे मन में क्यों आया? दिल खोलकर यह भी स्पष्ट करेंगे कि हम लोगों की उत्पत्ति कैसे हुई? और हमने अपने अधिपत्य के लिए क्या-क्या किया। अब स्थिति क्या है तथा भाविष्य में काल की गति किस ओर जा रही है?

इन सब बातों को स्पष्ट करने से पहले कुछ सूत्रों को स्पष्ट करना चाहूँगा। वर्तमान समय में यह देख रहा हूँ कि आरोप-प्रत्यारोप तथा अपने अपने सीमित मस्तिष्क से अनेकों प्रकार की व्याख्या की संस्कृति बढ़ती जा रही है। इस सम्बन्ध में यह कहना चाहूँगा कि सर्वप्रथम यह जानो कि अब तक के संसार में उत्पन्न कोई भी महापुरूष, पैगम्बर, दूत इत्यादि सार्वजनिक प्रमाणित रूप से पूर्ण रूप में नही थे। क्योंकि यदि वे पूर्ण होते तो उनके द्वारा व्यक्त विचारों की सत्ता उसी भाँति निर्विरोध रूप से स्थापित हो चुकी होती जिस प्रकार सार्वजनिक प्रमाणित विज्ञान ने अपनी सत्ता को अल्प समय में ही सभी के उपर स्थापित कर लिया है। दूसरी बात यह है कि सीमित मस्तिष्क से असीम मस्तिष्क (या अपने से अधिक मस्तिष्क) की सही व्याख्या कभी नहीं की जा सकती। यदि तुम श्री कृष्ण (या अपने से अधिक) की व्याख्या करना चाहते हो तो पहले श्री कृष्ण के मस्तिष्क (या अपने से अधिक मस्तिष्क) के बराबर होना पड़ेगा। इसी प्रकार बुद्ध, मुहम्मद, ईसा इत्यादि के सम्बन्ध में भी है। तीसरी बात यह है कि आरोप-प्रत्यारोप की संस्कृति से कोई हल नही निकलता, न ही बुद्धि का विकास होता है बल्कि साम्प्रदायिक विद्वेष व एक दूसरे का प्रचार-प्रसार ही होता है। क्योंकि तुम विरोध या आरोप-प्रत्यारोप ही सही परन्तु अपने विरोधी का नाम तो लेते ही हो। फलस्वरूप जिसके पास बुद्धि की प्रबलता होती है उसके लिए अल्प बुद्धि वाला विरोधी प्रचारक बन जाता है। और यह तो तुम जानते ही होगे कि हम बुद्धि प्रबल वर्ग है। इसलिए तुम लोग अनजाने ही हमारे प्रचारक बने बैठे हो। इसके लिए आवश्यक है कि तुम लोग ऐसे रास्ते को अपनाओं जिससे हम लोगों का नाम न ही आये और तुम लोग में बुद्धि का विकास तेजी से हो। तुम्हें यह बात सदा याद रखनी पड़ेगी कि बुद्धि के विकास से संगठित संगठन लम्बी अवधि तक स्थायित्व बनाये रहती है जबकि इसके विपरीत संगठित संगठन को कभी भी बुद्धि के प्रयोग द्वारा विखण्डित किया जा सकता है। प्रायः ऐसे संगठन का प्रयोग तुम्हारे अपने ही नेता अपने स्वार्थ को साधने में करते है।

हे मानवों, पहले कर्म या पहले ज्ञान बुद्धि? यह प्रश्न तो पहले अण्डा या पहले मुर्गी? जैसा प्रश्न है, और यह सदा से अनसुलझा ही है और रहेगा भी। परन्तु इतना तो जानना आवश्यक है कि हम कर्म करते-करते कुछ नियमों को प्राप्त करते है। यदि हम इन नियमों पर ध्यान देते रहते हैं तो हमें अपने गलतियों के पुनरावृत्ति को रोकने में सहयोग मिलता है। इन नियमों का जानना ही ज्ञान-बुद्धि कहलाता है। अब कोई व्यक्ति यह सोच सकता है कि कर्म करने से पहले हम इन नियमों का अध्ययन करेंगे तो कोई यह सोच सकता है कि ज्ञान-बुद्धि को पढ़ने से क्या होगा, हमें पहले कर्म करना है। इस स्थिति में इन दोनों में पहले नियमों को अध्ययन कर कर्म करने वाले व्यक्ति के जीवन में विकास की गति अधिक होगी जबकि पहले कर्म करने वाला व्यक्ति उन्हीं नियमों को कर्म करते-करते अनुभव करेगा जो पहले ही अनुभव कर व्यक्त की जा चुकी है। शिक्षा का अर्थ यही है कि पहले उन तमाम नियमों का अध्ययन कर लिया जाय फिर कर्मरत हुआ जाय। हम ऐसा ही करते रहे हैं और तुम को नचाते रहे हैं।

कम समय में अधिकतम ज्ञान-बुद्धि के विकास का मार्ग यह है कि जिस प्रकार विज्ञान के क्षेत्र में जिस वस्तु का आविष्कार पूर्ण हो जाता है। पुनः उसके आविष्कार पर समय व बुद्धि खर्च नहीं करते बल्कि उसके आगे की ओर आविष्कार या उस आविष्कार को समझने पर समय व बुद्धि खर्च किया जाता है। उसी प्रकार ज्ञान के क्षेत्र में जो भी आविष्कार हो चुके हैं सीधे वहाँ से प्रारम्भ करना चाहिए। विज्ञान के क्षेत्र में आविष्कार कहाँ तक पहुँचा है

इसकी चर्चा हम इस पत्र में बाद में करेंगे। परन्तु ज्ञान के क्षेत्र में समन्वायाचार्य श्रीकृष्ण के बाद विद्रोही के रूप में भगवान बुद्ध आये, इनके बाद पुनः समन्वयाचार्य श्री रामकृष्ण-स्वामी विवेकानन्द आये, फिर विद्रोही के रूप में आचार्य रजनीश "ओशो" आये। ओशो के बाद कार्य शेष है। इसलिए बुद्धि के सम्बन्ध में ओशो का क्या कहना है यह देखना आवश्यक है। ओशो का कहना है -" अगर तुम अकड़े रहे कि हम अपनी गरीबी खुद ही मिटा येंगे, तो तुम ही तो गरीबी बनाने वाले हो, तुम मिटाओगे कैसे? तुम्हारी बुद्धि इसके भीतर आधार है, तुम इसे मिटाओगे कैसे? तुम्हें अपने द्वार-दरवाजे खोलने होंगे। तुम्हें अपना मस्तिष्क थोड़ा विस्तीर्ण करना होगा। इस देश को कुछ बाते समझनी होंगी। एक तो इस देश को यह बात समझनी होंगी कि तुम्हारी परेशानियों, तुम्हारी गरीबी, तुम्हारी मुसीबतों, तुम्हारी दीनता के बहुत कुछ कारण तुम्हारे अंधविश्वासों में है। भारत अभी भी समसामयिक नहीं है, कम से कम डेढ़ हजार वर्ष पिछे घिसट रहा है। ये डेढ़ हजार साल पूरे होने जरूरी है। भारत को खींचकर आधुनिक बनाना जरूरी है। लेकिन सबसे बड़ी अड़चन इस देश की मान्यताएँ है। इसलिए मैं लड़ रहा हूँ तुम्हारे लिए।" यह डेढ़ हजार वर्षों का अन्तर हम किसके परिश्रम से उत्पन्न बुद्धि की देन है? विचार करो मानवों।

अब हम अपने मूल विषय की ओर आते हैं परन्तु इसे समझने के लिए अपने ही बुद्धि, ज्ञान, तथा विज्ञान का ही प्रयोग उचित होगा और सदैव ध्यान में रखना होगा कि यदि सिर्फ कृष्ण को लेकर समाज निर्माण चाहोगे तो न हो सकेगा। इसी प्रकार न ही सिर्फ बुद्ध से, न मुहम्मद से, न ही ईसा या अन्य किसी से। हाँ भीड़ इकट्ठा हो जायेगी परन्तु बुद्धि विकास नहीं।

प्रारम्भ से अब तक की कथा इस प्रकार है। मानव के वर्तमान सभ्यता तक की यात्रा में उत्थान-पतन के अनेकों चरण आये परन्तु इनमें मुख्य चरण ऐसे थे जो सम्पूर्ण मानव सभ्यता और मानवता को पतन के मोड़ पर ले जाने वाली थी। उनमें -

मानव सभ्यता पर पहला संकट काल प्रकृति द्वारा आज से कई हजार वर्ष पूर्व आया था। उस समय पृथ्वी एक भंयकर प्राकृतिक आपदा का शिकार हो गयी थी, फलस्वरूप जहाँ जल था वहाँ थल, तथा जहाँ थल था वहाँ जल की स्थिति अधिकतम स्थानों पर उत्पन्न हो गयी। इस आपदा के स्थिर होने के बाद कुछ लोग एक टापू पर जीवित बच गये। जहाँ मानव सभ्यता के विकास के लिए आवश्यक संसाधन नहीं थी फलस्वरूप उनका वहाँ से बड़े भूभाग पर जाना विवशता बन गयी। उनमें से एक बुद्धि प्रबल व्यक्ति ने मछलियों के स्वभाव जल की धारा के विपरीत दिशा में गति करने से ज्ञान (सिद्धान्त) प्राप्त कर नाव द्वारा मछलियों की दिशा की ओर चल पड़े और वे ऐसे स्थान पर पहुँच गये जो मानव सभ्यता के विकास के लिए पूर्ण योग्य थी। ये स्थान ही हिमालय का क्षेत्र था। इस प्रकार बुद्धि प्रबल उस व्यक्ति ने मानव सभ्यता को उसके संकट काल से बचाया।

मानव सभ्यता पर दूसरा संकट काल मानवों द्वारा ही उत्पन्न हो गया था। प्रथम संकट काल के उपरान्त कालान्तर में जल स्तर घटने लगा और हिमालय के चारो ओर की ओर भूमि रिक्त होती गयी। प्रथम दृष्टि में आयी भूमि ही कूर्मांचल क्षेत्र है। जैसे-जैसे भूमि रिक्त होती गयी मानव सभ्यता का विकास व प्रसार होना पुनः प्रारम्भ हो गया। जनसंख्या व कार्य बढ़ने से व्यवस्था संकट उत्पन्न हो गया जिससे दो व्यवस्था प्रणाली का जन्म हुआ। पहला - हम अपनी व्यवस्था खुद मिलकर-बैठकर आपसी सहमति से करेंगे। दूसरा- सभी व्यवस्थओं की जिम्मेदारी किसी एक व्यक्ति के उपर छोड़ दिया जाय। पहली व्यवस्था गणराज्य या समाजवाद कहलायी तथा दूसरी व्यवस्था राज्य या व्यक्तिवाद कहलायी। पहली व्यवस्था के समर्थक देवता कहलाये क्योंकि ये प्रकृति के समर्थक और उसके अनुसार सभी के सह-अस्तित्व को महत्ता देते थे जबकि दूसरी व्यवस्था के समर्थक असुर कहलाये क्योंकि ये सिर्फ अपनी इच्छा और अस्तित्व को महत्ता देते थे। समयोपरान्त दोनों व्यवस्थाओं में अपने-अपने अधिपत्य के लिए युद्ध होने लगा। फलस्वरूप मानवता व मानव सभ्यता का विकास रूक कर पतन की ओर जाने लगी। संकट के इस समय में एक सहनशील, शांत, धैर्यवान, लगनशील व्यक्ति ने दोनों पक्षो के बीच मध्यस्थ की भूमिका के द्वारा विचारों के मंथन अर्थात् निर्णायक बहस से अनेक विचारों पर समन्वय स्थापित कर मानव सभ्यता के विकास की ओर दोनों पक्षों का ध्यान केन्द्रित किया। फलस्वरूप मानव सभ्यता पुनः विकास की ओर बढ़ चली।

मानव सभ्यता पर तीसरा संकट काल राज्य का नेतृत्व करने वाले राजा के कारण ही उत्पन्न हो गया। दूसरे संकट के उपरान्त राज्य का नेतृत्व करने वाला राजा अपने साम्राज्य को विशाल रूप से विकसित किया और अपने प्रभाव को लगातार बढ़ाता जा रहा था ऐसी स्थिति में समाज समर्थक देवताओं का मनोबल समाप्त होने की ओर हो गया। इस स्थिति का अनुभव कर एक मेधावी, सूझ-बुझ, सम्पन्न, पुरूषार्थी, धीर-गम्भीर, निष्कामी, बलिष्ठ, सक्रिय, अहिंसक और समूह प्रेमी व्यक्ति ने लोगों का मनोबल बढ़ाया, उन्हें उत्साहित और सक्रिय किया जिसके परिणामस्वरूप समाज समर्थकों के मनोबल में वृद्धि हुई और उस राजा के राज्य को समाप्त कर गणराज्य व्यवस्था की स्थापना से मानवता आधारित मानव सभ्यता का विकास पुनः प्रारम्भ हो गया।

मानव सभ्यता पर चौथा संकट काल पुनः राज्य का नेतृत्व करने वाले राजा के कारण ही उत्पन्न हो गया। उसने पूर्व के सभी सह-अस्तित्व के विचारों को तोड़कर अपनी इच्छा से व्यवस्था चलाने को प्राथमिकता दी। और प्रजा के कष्टों में वृद्धि होने लगी। परिणामस्वरूप उस राजा का पुत्र प्रजाहित को ध्यान में लेते हुये समाज समर्थक बन गया। राजा अपने पुत्र को समाज समर्थक बनता देख अपने पुत्र को ही अनेक प्रकार के कष्ट देने लगा। वह राजा इतना बलशाली था कि उसको युद्ध से हराना नामुकिन था, उसके कार्यों से उसके सहयोगी दरबारी भी अन्दर ही अन्दर घृणा करते थे। परन्तु प्रत्यक्ष विरोध किसी के लिए सम्भव नहीं था। इन परिस्थितियों में सभी समाज समर्थक प्रजा देवता भी विरोधक क्षमता को खो चुके थे। ऐसी स्थिति में उस राजा का एक दरबारी ही प्रत्यक्ष रूप से एका-एक हिंसक बनकर दरबार में ही राजा का वध कर डाला चूँकि वह दरबारियों के मन की स्थिति को अच्छी प्रकार जानता था इसलिए ऐसा करने में उसे कोई बाधा नहीं थी। वहीं वह राजा अपने प्रभुत्व के कारण सभी दरबारियों को अपने हित में ही समर्पित रहने वाला समझकर भ्रम में था। राजा का वध के उपरान्त राजा के समाज समर्थक पुत्र ने गणराज्य व्यवस्था द्वारा मानव सभ्यता के विकास के लिए आगे कर्म किया। जिसका निर्माता वह हिंसक दरबारी व्यक्ति था।

मानव सभ्यता पर पाँचवा संकट काल पुनः राज्य का नेतृत्व करने वाले राजा के ही कारण उत्पन्न हो गया था। यह राजा इतना अधिक कुशल था कि इसने समाज समर्थक गुणों को भी आत्मसात् कर समाज समर्थक देवताओं का भी विश्वास पात्र बन गया। परिणामस्वरूप समाज समर्थक देवता भी राजा का गुणगान करते हुये आश्वस्त व निष्क्रिय होने लगे। इस राजा ने अपने राज्य का प्रसार व्यापक रूप से किया। इस स्थिति में मानव सभ्यता का वर्तमान तो सुरक्षित था परन्तु भविष्य अन्धकार में था क्योंकि वर्तमान राजा के उपरान्त, आवश्यक नहीं था कि नया राजा भी उसी राजा की भाँति हो और तब तक समाज समर्थक पूर्ण रूप से निष्क्रिय हो गये र हेंगे। इस स्थिति को एक दूर द्दष्टा व्यक्ति ने समझकर राजा के ही गुण का प्रयोग करते हुये उससे थोड़ी सी भूमि लेकर उस व्यक्ति ने उस भूमि पर गणराज्य व्यवस्था की स्थापना व व्यवस्था को जीवित कर, उसके सुख से प्रजा को परिचित कराया। फलस्वरूप इस व्यवस्था का प्रसार होने लगा और राजा का सु-राज्य भी स्व-राज से समाप्त हो गया। गणराज्य की स्थापना कर उस व्यक्ति ने मानवता और मानव सभ्यता को विकास की ओर गति दी।

मानव सभ्यता पर छठा संकट काल अनेक राज्यों के नेतृत्व करने वाले अनेक राजाओं के कारण गणराज्य व्यवस्था के स्थायी स्थिरता के लिए उत्पन्न हो गया। पाँचवे संकट से निकलने के बाद जनसंख्या और भूमि का विस्तार इतना अधिक हो चुका था कि एक राजा और राज्य के अधीन नियत्रंण असम्भव हो गया, जिसके परिणामस्वरूप अनेक राजाओं के नेतृत्व में अलग-अलग अनेक राज्य स्थापित हो गये थे। ऐसी स्थिति में राज्यवाद बढ़ रहा था। और राज्यवादी राजाओं का वध भी असम्भव होता जा रहा था। ऐसी स्थिति में गणराज्य या समाजवाद की स्थिरता पर प्रश्न चिन्ह लगने लगा था। फलस्वरूप एक व्यक्ति ने अनेक राज्यवादी राजाओं का वध करके अनेक राज्यों को गणराज्य के रूप में परिवर्तित कर दिया। परन्तु उस व्यक्ति ने देखा कि यह समस्या का स्थायी हल नहीं हो सकता क्योंकि अनेकों राजाओं का वध बारबार सम्भव नहीं और ऐसा करने से प्रजा में अन्यवाद अर्थात् हमारे कार्य दूसरे करें का भाव बढ़ रहा था। इन स्थितियों के स्थायी हल के लिए उस व्यक्ति ने राज्यवाद और समाजवाद दोनों में समन्वय स्थापित कर एक नई व्यवस्था का सूत्रपत किया। इस व्यवस्था के लिए उस पुरूष ने ब्रह्माण्ड में व्याप्त व्यवस्था सिद्धान्तों को आधार बनाया तथा मूल तीन गुणों की पहचान की

1. सत्व गुण- सुख, ज्ञान और प्रकाश अर्थात् आत्मा और सूक्ष्म बुद्धि अर्थात् मार्गदर्शक और विकास दर्शन का गुण
2. रज गुण- आंकाक्षा, इच्छा और सकाम कर्म अर्थात् भाव हृदय और मन अर्थात् क्रियान्वयन दर्शन का गुण
3. तम गुण - अज्ञान, दुःख और अंधकार अर्थात् इन्द्रिय, अनात्म, प्राण और स्थूल शरीर अर्थात् विनाश दर्शन का गुण।

इन गुणों के आधार पर सभी जीव विभजित किये गये। मानव जाति में चार विभाजन हुये।

1. सत्व गुण प्रधान- ब्राह्मण वर्ग
2. रज गुण प्रधान - क्षत्रिय वर्ग
3. रज तम गुण प्रधान - वैश्य वर्ग
4. तम गुण प्रधान - शूद्र वर्ग।

इन गुणों के आधार पर उनके लिए कर्म निर्धारित किये गये। और गणराज्य की व्यवस्था बनायी गयी जो इस प्रकार थी।

1. गणराज्य का एक रज गुण प्रधान - क्षत्रिय राजा होगा क्योंकि ब्रह्माण्डीय गणराज्य में रज गुण प्रधान प्रकृति ही राजा है।
2. राजा, राज्यवादी न हो इसलिए उस पर सत्व गुण प्रधान -ब्राह्मण का नियंत्रण होगा क्योंकि ब्रह्माण्डीय गणराज्य में रज गुण प्रधान प्रकृति पर नियंत्रण के लिए सत्व गुण प्रधान आत्मा है।
3. राजा, सीधे आम जनता से चुना जायेगा क्योंकि ब्रह्माण्डीय गणराज्य में प्रकृति सर्वव्यापी है और वह सभी गुणों का सम्मिलित रूप है।
4. राजा का निर्णय राज्यसभा के दो तिहाई बहुमत से हो क्योंकि ब्रह्माण्डीय गणराज्य में प्रकृति का निर्णय सत्व, रज व तम तीन गुणों में से दो गुणों के समर्थन का ही रूप होता है।
5. रज-तम प्रधान-वैश्य तथा तम प्रधान शूद्र चूंकि इन्द्रिय, प्राण और स्थूल शरीर पर ही केन्द्रित रहते है इसलिए इन्हें बुद्धि ज्ञान से नियत्रिंत न करके बल, कानून व आज्ञा के नियत्रंण में रखा जाय।

इस प्रकार उस महापुरूष ने राज्य व गणराज्य के मिश्रित व्यवस्था से एक सर्वमान्य व्यवस्था को स्थापित कर मानवता व मानव सभ्यता के विकास के लिए स्थायी मार्ग उपलब्ध कराया जो दीर्घ काल तक चली।

मानव सभ्यता पर सातवां संकट काल गणराज्य के नयी व्यवस्था के स्थायी स्थिरता के कारण आया। छठें संकट से उत्थान की ओर अग्रसर करने वाले पुरूष के समक्ष यह समस्या आयी कि नयी व्यवस्था को बने रहने और उसके प्रसार का दायित्व किसे सौंपा जाय। इसके लिए उस पुरूष ने अन्य सहयोगियों के सहयोग और योजनाबद्ध तरीके से एक राजा के पुत्र (भावी राजा) में नई व्यवस्था के प्रसार के लिए योग्यता का निर्माण किये परिणामस्वरूप उस युवराज ने अपने जीवन पर्यन्त इस व्यवस्था की स्थापना और प्रसार किया तथा मानवता और मानव सभ्यता की रक्षा की।

मानव सभ्यता पर आठवां संकट काल गणराज्य व्यवस्था के कारण नहीं बल्कि उस व्यवस्था के पीठासीन व्यक्तियों के कर्तव्य विमुख और देवता तथा असुर संस्कारों के पूर्ण पहचान से बुद्धि के अक्षम हो जाने के कारण आया। इस संकट काल के समय राजा को नियंत्रण व मार्गदर्शन में रखने वाला ब्राह्मण भी जनकल्याण से विमुख हो स्व-कल्याण में लिप्त हो चुका था। यह स्थिति छोटे राज्यों से लेकर बड़े राज्यों में व्याप्त हो चुकी थी। ऐसी स्थिति में एक व्यक्ति ने यह देखा कि पीछे, जब भी मानवता पर संकट आया, तब उस संकट से किसी व्यक्ति के द्वारा उत्थान हो जाने पर जब तक उत्थान करने वाला व्यक्ति जीवित रहता था तभी तक गणराज्य व्यवस्था यथावत् रहती थी। बाद में पुनः राज्यवादी व्यवस्था स्थापित हो जाती थी। दूसरे यह कि व्यवस्था कोई भी खराब नहीं होती उस पर बैठने वाले लोगों की बुद्धि के अनुसार ही व्यवस्था का रूप संचालित होता है मानवता और मानव सभ्यता के इस संकट काल में सभी अपने अपने बुद्धि को पूर्ण तथा व्यक्तिगत स्वार्थ में इस प्रकार डूबे हुये थे कि बिना पूर्ण वध के उत्थान मुश्किल हो चुका था। परिणामस्वरूप उस अति बुद्धि सम्पन्न व्यक्ति ने आम जनता को सक्रिय करने के लिए प्रेरित किया, गणराज्य के उदाहरण स्वरूप एक नगर का निर्माण कराया तथा पूर्ण वध के लिए उस समय

के विशाल राज्य के नेतृत्व में उपजे विवाद का सहारा प्राप्त कर बहुत से एकतन्त्रात्मक राज्यों को नष्ट किया और करवाया। साथ ही उस समय में समाज में व्याप्त अनेक मत-मतान्तार व विचारों के एकीकरण के लिए सत्य-विचार का ज्ञान भी दिया जिससे व्यक्ति, व्यक्ति पर विश्वास न कर अपने बुद्धि से स्वयं निर्णय करें और प्रेरणा प्राप्त करता रहे। इस प्रकार साकार व्यक्ति आधारित मानवता के सर्वोच्च संकट से उस व्यक्ति ने नई निराकार सिद्धान्त आधारित मानवता के उत्थान का मार्ग उपलब्ध कराया।

मानव समाज पर नौवां संकट काल वर्तमान से लगभग 2500 वर्ष पूर्व आया था जिसका कारण राजाओं का साम्राज्यवादी-प्रसारवादी व्यवहार था। इस समय मानव समाज जितना विकास करता वह अल्पसमय में एक राज्य से दूसरे राज्य में युद्ध करने में ही नष्ट हो जाता। सम्पूर्ण मानवता हिंसा से भर उठी थी। ऐसे में राजपरिवार का ही एक युवा व्यक्ति अपने परिवार तथा राज्य का त्याग कर अहिंसा का सन्देश दिया। तथा प्रजा को प्रेरित करने के लिए धर्म, संघ और बुद्धि के शरण में जाने की मूल शिक्षा दी। एक राजा के द्वारा इस युवा सन्यासी के सन्देश को स्वीकार कर शिष्य बन जाने से इस सन्यासी का प्रसार जितना हुआ उससे बहुत कम उसके विचारों का हुआ परिणामस्वरूप अल्पअवधि के लिए हिंसा भरे मानव समाज को थोड़ी राहत मिली और सभ्यता उत्थान की ओर अग्रसर हुई।

हे मानवों, मानव सभ्यता और मानवता के दसवें, अन्तिम तथा वर्तमान संकट का खुलासा हम इस पत्र में आगे करेंगे। यहाँ हम कुछ ऐसे रहस्यों का खुलासा करने जा रहे है। जो वर्तमान मानव के दृष्टि में परिवर्तन हाने मात्र के कारण उत्पन्न हुई है।

पाँचवें सकंट के समय तक भारत के मूल निवासी ही भारत की भूमि के अधिपति थे, परन्तु वे राज्य को कुशलता पूर्वक चलाने में असमर्थ होते जा रहे थे। इसी समय में हिमालय के उत्तर-पश्चिम क्षेत्र से भारत के बाहर के मनुष्यों का भारत में आगमन हुआ। इस समय भारत के मूल निवासी प्रकृति पूजक बहुदेववाद को मानती थी। भारत के बाहर से आये मनुष्यों ने भारत के मूल निवासियों के लिए राज्य प्रशासन में अपने ज्ञान-बुद्धि का प्रयोग कर एक अच्छे मार्गदर्शक का कार्य करते थे। प्रकृति के गुणों के आधार पर जब मनुष्यों का विभाजन हुआ तब भारत के मूल निवासी शूद्र वर्ग की योग्यता रखते थे। परन्तु ऐसा नही था कि भारत के बाहर से आये मनुष्य ब्राह्मण, क्षत्रिय, तथा वैश्य वर्ग में अर्थात् भारत के बाहर सभी उच्च वर्ग में तथा भारत के मूल निवासी सभी निम्न वर्ग में थे। परन्तु उनमें इसकी अधिकता थी। कालान्तर में ये वर्ग जन्म आधारित हो अनेक उपवर्गों -जातियों में विभाजित हो गयी। जिसका रूप वर्तमान में दिख रहा है। परन्तु आज भी यदि जन्म आधारित दृष्टि से हटकर गुण आधारित दृष्टि से देखोगे तो प्रत्येक वर्ग या जाति में प्रत्येक वर्ग के व्यक्ति दिखाई पड़ेंगे। भारत के बाहर के ये व्यक्ति ही आर्य कहलाये तथा कालान्तर में मानव सभ्यता में अनेक उत्थान-पतन से ये आर्य जाति और मूल भारतीय जाति इतने अधिक मिश्रित हुये कि वर्तमान में समग्र हिन्दू जाति ही आर्यों की मूल पहचान बन गयी। और अब सभी के लिए शस्त्र बल बढ़ाकर क्षत्रिय बनना, ज्ञान बल बढ़ाकर ब्राह्मण बनना तथा धन बल बढ़ाकर वैश्य बनाना खुला हुआ है, परन्तु जातियाँ इसके लिए प्रयत्न तो करे।

प्रकृति के तीन गुणों में से सर्वोच्च, शुद्ध और सर्वव्यापी गुण सत्व आधारित मानव वर्ग ही हम हैं। जन्म के समय हम आदर्श ब्राह्मण थे। हमारा कार्य ब्रह्माण्ड में सर्वव्यापी अटलनीय, अपरिवर्तनीय सत्य-सिद्धान्त और उसके अनुसार कर्म विधान की अनुभूति करना तथा राजा और राज्य के माध्यम से उसे प्रभावी बनाना था। बदले में राजा द्वारा हमें साधन-सुविधा प्राप्त होती थी। यही हमारा सम्पूर्ण जीवन था। इस क्रम में हम लोगों न सर्वव्यापी सत्य-सिद्धान्तों को संहिता रूप में लिखा जो बाद में विषयों आधारित विभक्त होकर चार वेद ॠगु, यजु, साम और अथर्वेद का रूप धारण किया। इसी प्रकार धर्म अनुष्ठान एवं पवित्र ग्रन्थो की व्याख्या से सम्बन्धित ग्रन्थ अरण्यक का सृजन हम लोगों ने किया। कालान्तर में जब राजाओं द्वारा यज्ञों से यथेष्ठ फल न प्राप्त होने की बुद्धि आयी तब क्षत्रिय राजाओं न स्वयं अपने कर्मों के अनुभव से दर्शन क्षेत्र में अपने बुद्धि को दिशा दी, जिसके फलस्वरूप अधिकतम उपनिषद् उन्होंने स्वयं लिखे जो बाद में भारतीय दर्शन का मुख्य आधार बनी। इस क्रम में हमलोगों ने वेदांग अर्थात् सूत्र साहित्य में 1. स्वर विज्ञान से सम्बन्धित शिक्षा 2. धर्मानुसार अर्थात् कल्प में चार वर्ग - श्रोत सूत्र (श्रोत यज्ञ से

सम्बन्धित), शुल्क सूत्र (यज्ञ स्थल तथा अग्निवेदी निर्माण तथा माप से सम्बन्धित जो आगे चलकर ज्योतिष का आधार बना) गृहय सूत्र (मानव जीवन से सम्बन्धित अनुष्ठान) तथा धर्म सूत्र (धार्मिक तथा अन्य प्रकार के नियम जो आगे चलकर भारतीय विधि का आधार बना) 3. व्याकरण 4. निरूक्त अर्थात् व्युत्पत्ति 5. छन्द 6. ज्योतिष की भी रचना की। मनुष्य को पुरूषार्थ करने के लिए- धर्म, अर्थ, काम, मोक्ष तथा आदर्श जीवन के लिए ब्रह्मचर्य, गृहस्थ, वानप्रस्थ तथा सन्यास आश्रम की व्यवस्था हम प्राचीन आदर्श ब्राह्मणों की ही देन है।

हे प्रिय मानवों हम प्राचीन आदर्श ब्राह्मण प्रत्येक विषय को चक्रीय रूप में देखते हैं और यह ज्ञान हमने भारत के मूल निवासी ऋषियों से ही प्राप्त किये जिसके आधार पर समस्त वैदिक साहित्य का विस्तार हुआ है। हम प्रचीन ब्राह्मण ईश्वरवादी है और ईश्वर को स्वीकारते थे परन्तु उस रूप में नहीं जिस रूप में वर्तमान समाज मानता है, वर्तमान समाज का ईश्वर, मूर्ति, जप, तप, व्रत, पर्व, त्यौहार इत्यादि तो हमारी अगली पीढ़ी ने अपने जीवकोपार्जन और ईश्वर की ओर आपको लाने के लिए तब बनायी, जब हमारे कर्मकण्डों को राजाओं और राज्यों का समर्थन मिलना बन्द हो गया। हम ईश्वर को निराकार सर्वव्यापी, सर्वशक्तिमान सत्य-सिद्धान्त के रूप में देखते हैं। तथा जो इसे अपने जीवन में धारण कर प्रत्यक्ष या अप्रत्यक्ष रूप से मानव सभ्यता और मानव उत्थान के लिए अगले चरण के रूप में कालानुसार प्रयोग करता हैं उसे साकार ईश्वर या अवतार कहे। इस प्रकार मानव सभ्यता और मानवता पर आये उपरोक्त वर्णित नौ सकंटों से उत्थान की ओर ले जाने वाले व्यक्तियों को हमने क्रमशः उनके गुणों के आधार पर तथा नाम से मत्स्य, कूर्म, वाराह, नृसिंह, वामन, परशुराम तथा राम को प्रत्यक्ष अंशावतार, श्री कृष्ण को व्याक्तिगत प्रमाणित प्रत्यक्ष एवं प्रेरक पूर्णावतार तथा भगवान बुद्ध को प्रेरक अंशावतार कहा और स्वीकार किया है। और जो भी ऐसा करेगा वह अवतार कहा ही जायेगा। सत्य कहूँ तो हम आदर्श ब्राह्मणों का वही प्रतिरूप होता है। और मात्र अवतार ही हमलोगों के समर्पण का कारण होता है। वही मात्र एक सर्वोच्च आदर्श ब्राह्मण होता है क्योंकि वही ब्रह्म है। यहाँ तक आने के लिए तुम्हें स्थूल शरीर, इन्द्रिय, प्राण, भाव, मन तथा सूक्ष्म बुद्धि को पार करना होगा। अर्थात् तुम्हारा मन इन सब विषयों में होते हुये भी इनसे मुक्त होना चाहिए। तभी तुम इन सबका संचालन कर सकते हो। अभी तो तुम इस क्रम में धीरे-धीरे बढ़ते हुए बुद्धि तक पहुँच रहे हो। मैं नहीं कह रहा कि तुम बुद्धिहीन हो, तुम्हारा कर्म कह रहा है। क्योंकि बुद्धि का अर्थ यह नहीं होता कि तुम स्थूल शरीर, इन्द्रिय, प्राण, भाव, मन की पूर्ति के लिए अपनी बुद्धि लगाओ। ऐसी बुद्धि क्षैतिज अर्थात् जीवन स्तर की बुद्धि कही जाती है। तुम्हें उध्र्व अर्थात् सामाजिक, राजनीतिक, राष्ट्रीय, वैश्विक स्तर की ओर बुद्धि खर्च करनी चाहिए। तभी तुम्हारा उत्थान हो सकता है। जब तुम सर्वोच्च और आत्मीय स्तर पर पहुँच जाओगे तो तुम ब्राह्मण, क्षत्रिय, वैश्य व शूद्र में आवश्यकतानुसार व समयानुसार परिवर्तित हो अभिनय करने में हमलोगों की भाँति कुशल हो जाओगे। क्योंकि यह एक पर एक आवरण की भाँति गुणों का संक्रमणीय, संग्रहणीय और गुणात्मक रूप है। अर्थात् शूद्र होने पर वैश्य के गुणों को नहीं समझा जा सकता। परन्तु वैश्य होने पर शूद्र के गुण को आसानी से समझा जा सकता है। इसी प्रकार क्षत्रिय होने पर वैश्य व शूद्र के गुणों को, ब्राह्मण होने पर क्षत्रिय, वैश्य व शूद्र के गुणों को तथा आदर्श ब्राह्मण अर्थात् ब्रह्म होने पर ब्राह्मण, क्षत्रिय, वैश्य व शूद्र के गुणों को आसानी से समझा जा सकता है। आदर्श ब्राह्मण अर्थात् ब्रह्म का अंश तो सभी में विद्यमान है परन्तु वह गुणों के आवरण से छिपा है। इन गुणों पर एक-एक कर नियंत्रण करते हुये आवरण हटाते जाओ अन्ततः तुम स्वयं को ब्रह्म रूप में देखोगे। तुम कहोगे इससे क्या होगा? तो हम यह स्पष्ट और सत्य रूप से कहते हैं कि तुम हम लोगों जैसे हो जाओगे और तुम्हारी बुद्धि क्षैतिज सहित उध्र्व हो जायेगी। तब तुम अपने वास्तविक अधिकार को प्राप्त कर पाओगे।

हे मानवों इस संसार में मानव शरीर से व्यक्त होने वाले व्यवहारों में असीम विभिन्नता और विचित्रता है। हमलोगों का प्रयत्न सत्य तथा लोककल्याण के स्थायी भाव को बनाये रखने के लिए विभिन्न रूपों से इस ओर मोड़ना तथा जोड़ना ही रहा है। इन मानव व्यवहारों के विचित्रताओं और विभिन्नताओं में कुछ तो ऐसे होते हैं जो अपनी ही इच्छा पर आजीवन संकल्पित रहते हैं। ये ऐसे होते हैं कि 'हम नहीं बदलेगे चाहे जमाना क्यों न बदल जाये' कुछ ऐसे होते हैं जो अपनी इच्छा की पूर्ति के लिए अनेकों प्रकार के अनैतिक कार्य करने से भी नहीं चूकते, चाहे उसका परिणाम अन्ततः दुःखदायी ही क्यों न हो। कुछ ऐसे होते हैं जो व्यक्तिगत स्तर पर आर्दश व्यक्ति के रूप में तो कुछ

समाजिक स्तर पर तो कुछ वैश्विक स्तर पर आर्दश के रूप में स्वयं को प्रस्तुत करते हैं। मनुष्य के इन विभिन्न व्यवहारों की क्रिया के रूप में समझने के लिए ही हमलोगों ने पुराणों की रचना की। जिससे मनुष्य अनेक प्रकार के व्यवहारों सहित समग्र ब्रह्माण्ड को एक साथ समझ सके और अपने व्यवहार को नियंत्रित कर सके। साथ ही स्वयं अपने व्यवहारों को समझे और उसके अनुसार व्यक्त हो सके। हे मानवों जगत् का सम्पूर्ण कल्याण स्वकल्याण में ही निहित है परन्तु जो स्व का अर्थ सिर्फ व्यक्तिगत समझते हैं वे ही व्यक्तिवादी असुरी प्रकृति के होते हैं तथा जो स्व का अर्थ सार्वमौभ, जिसमें वह स्वयं भी होता है, ऐसा समझते हैं वे दैवी समाजवादी प्रकृति के होते हैं। असुरी प्रवृत्तियाँ सिर्फ सीधी रेखा में सोचती ही जैसे - जन्म फिर मृत्यु जबकि दैवी प्रवृत्तियाँ चक्रीय रूप में अर्थात् जन्म फिर मृत्यु फिर जन्म इस प्रकार सोचती हैं। समस्त पुराणों की रचना दैवी प्रवृति की ही कृतियाँ हैं। जिसमें असुरों के आदर्श गुरू को शुक्राचार्य कहा गया है। जबकि देवताओं के आदर्श गुरू को गुरू बृहस्पति कहा गया। राजाओं के आदर्श राजा को इन्द्र कहा गया है। अन्य सभी ब्रह्माण्ड में उपलब्ध प्रभावकारी विषयों को देवताओं के रूप में कल्पना कर प्रक्षेपित किया गया है। जैसे - वायु देव, अग्नि देव, चन्द्र देव इत्यादि। इसी प्रकार आदर्श व्यक्ति चरित्र को ब्रहमा एवं परिवार तथा आदर्श सामाजिक व्यक्ति चरित्र अर्थात् व्यक्तिगत प्रमाणित आदर्श वैश्विक व्यक्ति चरित्र को विष्णु एवं परिवार तथा आदर्श वैश्विक व्यक्ति अर्थात् सार्वजनिक प्रमाणित आदर्श वैश्विक व्यक्ति चरित्र को शिव-शंकर एवं परिवार के रूप में प्रक्षेपित है। यहाँ ध्यान देने योग्य यह है कि आदर्श वैश्विक व्यक्ति चरित्र में आदर्श सामाजिक व्यक्ति चरित्र तथा आदर्श समाजिक व्यक्ति चरित्र में आदर्श व्यक्ति चरित्र समाहित है। इन आदर्श चरित्रों की इनकी गुणों के अनुसार इनके वस्त्र, शस्त्र, शास्त्र, वाहन इत्यादि भी प्रक्षेपित किये गये हैं। जो मात्र व्यक्तिगत प्रमाणित प्रतिकात्मक मानव रूप में प्रक्षेपण मात्र है न कि वास्तविकता के आधार रूप में। इन मानक आदर्श चरित्रों के पूर्ण या अंश रूप में जो भी मानव संसार में व्यक्त होता है उसे पुर्नजन्म या अंश या पूर्ण अवतार के रूप में स्वीकार किया जाता है। और चूंकि दैवी प्रवृत्तियाँ प्रत्येक वस्तु के पूर्व के भी एक अस्तित्व को स्वीकार करती हैं। इसलिए इन पुर्नजन्म या अंश या पूर्ण अवतारों को आदर्श मानक चरित्रों से जोड़कर अवतारी पुराण की रचना की जाती रही है। इस अनुसार उपरोक्त नौ अंश-पूर्ण अवतारों में दो - श्रीराम को ब्रह्मा का पूर्णावतार तथा श्री कृष्ण को विष्णु का पूर्णावतार कहा गया जबकि शेष सात (मत्स्य, कूर्म, वाराह, नृसिंह, वामन, परशुराम तथा बुद्ध), ईश्वर (सत्य-सिद्धान्त) के अंशावतार के रूप में स्वीकार किये गये हैं।

हे मानवों शास्त्र रचनाकार को व्यास उपाधि से पुकारा जाता है। व्यास कितने दिव्य और दूर द्रष्टा रहे होंगे, इस पर विचार करना आवश्यक है क्योंकि अन्ततः हम सभी के विचारों का निर्माण विचारों को ही पढ़कर या सुनकर ही होता रहा है और अनुभव द्वारा उसकी पुष्टि की जाती रही है। व्यास रचित पुराणों में कुल 24 (1. श्री सनकादि, 2. वराहावतार, 3. नारद मुनि, 4. नर-नारायण, 5. कपिल, 6. दत्तात्रेय, 7. यज्ञ, 8. ऋषभदेव, 9. पृथु, 10. मत्स्यावतार, 11. कूर्म, 12. धन्वन्तरि, 13. मोहिनी, 14. हयग्रीव, 15. नृसिंह, 16. वामन, 17. गजेन्द्रोधारावतार, 18. परशुराम , 19. वेदव्यास, 20. हन्सावतार, 21. राम, 22. कृष्ण, 23. बुद्ध, 24. कल्कि) अवतार जिसमें मुख्य 10 (मत्स्य, कूर्म, वाराह, नृसिंह, वामन, परशुराम, राम, कृष्ण, बुद्ध और कल्कि) अवतार का ही विवरण है। दोनों में अन्तिम, कल्कि अवतार ही हैं। तो क्या अन्तिम अवतार के बाद अवतारी श्रृंखला का कार्य समाप्त हो जायेगा? और यदि यह सत्य होता है तब व्यास के उस अवतारी श्रृंखला के गणित को आप लोग क्या कहोगे? इसे जानने के लिए मानव सभ्यता के उस अन्तिम संकट को पहचानना होगा जो अन्तिम अवतार का कार्य होगा। यह अन्तिम अवतार ही सार्वजनिक प्रमाणित आदर्श वैश्विक व्यक्ति चरित्र और शिव-शंकर के पूर्णावतार के रूप में होगा। क्योंकि कालक्रम में ब्रह्मा के पूर्णावतार के रूप में श्रीराम तथा विष्णु का पूर्णावतार के रूप में श्रीकृष्ण का अवतरण हो चुका है।

मानव सभ्यता पर दसवाँ और अन्तिमं संकट काल स्वयं मानवों द्वारा ही उत्पन्न हो गया था जिसका ज्ञान स्वयं मानवों को भी नहीं था। इस संकट को समझने के लिए एक सत्य-प्रत्यक्ष वृतान्त उदाहरणस्वरूप लिख रहा हूँ-

मैं जब भी हाबड़ा (पश्चिम बंगाल) जाता हूँ तब दो स्थानों पर अवश्य जाता हूँ। पहला राम कृष्ण मिशन, बेलूड़ मठ और दूसरा वनस्पति उद्यान (बोटेनिकल गार्डन)। यहाँ कुल अब तक तीन बार, सन् 1984 (कालेज शैक्षणिक यात्रा), सन् 1987 (स्वयं) और सन् 2010 (स्वयं) में जा चुका हूँ। राम कृष्ण मिशन, बेलूड़ मठ इसलिए जाता हूँ क्योंकि वहाँ से सर्वोच्च "आध्यात्मिक सत्य" की अनुभूति कर सकूँ, उस मन स्तर से स्वयं का योग करा सकूँ। वनस्पति उद्यान (बोटेनिकल गार्डन) इसलिए जाता हूँ क्योंकि वहाँ एक वट वृक्ष है जिसे बिग बनियान ट्री (Big Banyan Tree) कहते हैं, यहाँ बैठकर मैं संसार की संरचना, तन्त्र और उसके संगठन से स्वयं का महायोग कराता हूँ। इन दोनों के कारण स्वयं को मैं सार्वभौम का एक इकाई होते भी, स्वयं को सार्वभौम ही अनुभव करता हूँ और यह सतत मेरे अन्दर प्रवाहित होता रहता है।

बड़ा वट वृक्ष (Big Banyan Tree), सैकड़ों वर्ष पुराना एक विशाल क्षेत्र में फैला वट वृक्ष है। जिसका मूल वृक्ष अब अस्तित्व में नहीं है उसके तनों से निकले सैंकड़ों जड़ वर्तमान में स्वयं एक वृक्ष, फिर उनके तनों से निकले सैंकड़ों जड़ भी वर्तमान में एक-एक वृक्ष के रूप में स्थापित हैं और सभी एक-दूसरे से जुड़े हुये हैं, बस जो नहीं है, वह है मूल वृक्ष। इस प्रकार सम्पूर्ण वृक्ष परिवार एक बड़े क्षेत्र में फैल चुका है और निरन्तर जारी भी है। प्रत्येक स्वयं स्वतन्त्र वृक्ष के रूप में स्थापित वृक्ष का अपने परिवार के रूप में तना, पत्ता, फूल और फल सब निकलते रहते हैं और जिसे जहाँ अर्थात् नजदीकी स्रोत से सुविधा अर्थात् खुराक मिल सकता हैं वहाँ से प्राप्त करते हुये विकास कर रहे हैं। इस कार्य में आपस में कोई विवाद नहीं है। कोई किसी पर अधिपत्य जमाना नहीं चाहता, ना ही अन्य के विकास में कोई बाधा पहुँचाता है। जिसको जिस ओर उचित वातावरण मिलता जाता है, उस ओर वह विकास कर रहा है। कुल मिलाकर स्व प्रेरित सुशासन की भाँति संचालित है। इस वट वृक्ष के सबसे बाद अर्थात् वर्तमान के तनों-पत्तों के लिए उसका जन्मदाता व पालनकर्ता के रूप में उसका नजदीकी जड़ ही है इसलिए उसकी कथा-कहानी वहीं से शुरू होती है और वहीं तक उसका ज्ञान है जो एक संकुचित और सीमित ज्ञान है। वह पूर्ण को नहीं जान रहा, उसका पूर्णत्व, सार्वभौम पूर्णत्व नहीं बल्कि सीमित पूर्णत्व है। सीमित पूर्णत्व में भी वह आनन्द में हैं और विकासशील है। उसका विकास होना सार्वभौम का ही विकास होना है परन्तु उसे उसका ज्ञान नहीं है और वह उस सार्वभौम के विकास में अपने योगदान को करते हुये भी स्वयं को गौरवान्वित नहीं अनुभव कर रहा है। सार्वभौम से युक्त होने के बाद भी उसे अपने परिवार से ही जुड़ा रहना उसकी विवशता भी है और इसके अलावा कोई अन्य मार्ग भी नहीं हैं। उसके सार्वभौम का मार्ग भी उसके अपने परिवार के ही मार्ग से होकर जाता है। वृक्ष के साथ यह मजबूरी भी है कि क्योंकि वह स्थिर है इसलिए उसका छोटा परिवार केवल पड़ोस तक के ही दायरे के सम्पर्क में है। दूसरे छोर के परिवार का क्या हाल है उसे कुछ नहीं पता।

हे मानवों, ये संसार भी उपरोक्त वट वृक्ष के सामन ही फैला हुआ है। परन्तु उस भाँति विकास नहीं कर रहा है। मनुष्य के अन्दर बीमारी की भाँति अधिकतम "शक्ति और लाभ (पावर और प्राफिट)" की दौड़ ने उसे अधिपत्य, अत्याचार, दूसरे को दबाना इत्यादि से युक्त कर दिया है। और जो इस दौड़ में नहीं हैं वे सीमित पूर्णत्व में आनन्द के साथ विकासशील हैं। उन्हें और भी तेज विकास की इच्छा है परन्तु उनके बुद्धि का दायरा ही सीमित है इसलिए उन्हें मार्ग नहीं मिल रहा है। यदि उनको मार्ग भी मिल रहा हो तो वट वृक्ष की भाँति उसके नजदीकी जन्मदाता ने उसे यह बता रखा है कि जब उस सार्वभौम का मार्ग मेरे ही रास्ते से जाता है तो जो मैं कह रहा हूँ उसे करो। और इसके लिए वे अपने परिवार के लिए अनेक प्रकार की प्रणाली दे रखे हैं। जबकि ये प्रणाली देने वाले उनके नजदीकी जन्मदाता स्वयं कहाँ से आये हैं स्वयं उन्हे भी नहीं पता। क्योंकि वे स्वयं भी उस वट वृक्ष के खो गये मूल जड़ की तरह अपने मूल जड़ को नहीं जानते। वे भी अपने नजदीकी जन्मदाता का ही अनुसरण कर रहे होते हैं। ये प्रणालीयाँ अनेक प्रकार की हैं उदाहरणस्वरूप कुछ मुख्य निम्नवत् हैं-

1. उनके द्वारा प्रस्तुत कुछ पुस्तकें होती हैं जिन्हें नियमानुसार प्रतिदिन पढ़ना होता है। पढ़ने के पूर्व शुद्धता की भी प्रक्रिया अनिवार्य होती है अन्यथा पुस्तकें परिणाम नहीं दे पायेंगी, ये भी शर्त होती हैं।
2. उनके द्वारा भोजन से सम्बन्धित कुछ नियम बना दिये जाते हैं कि क्या खाना है और क्या नहीं खाना है।
3. उनके द्वारा कोई मन्त्र दे कर उसे नियमानुसार जपने के लिए दे दिया जाता है।

4. उनके द्वारा किसी यन्त्र-तन्त्र द्वारा समस्या मुक्ति का उपाय बता दिया जाता है।
5. उनके द्वारा किसी विशेष प्रकार के रंग और ढ़ग के वस्त्र निर्धारित कर दी जाती है जिससे उनकी पहचान एक अलग रूप में हो। अर्थात् समाज का एक और विभाजन कर उसे प्रस्तुत कर देते हैं।

सामान्य रूप से सभी द्वारा अनिवार्य रूप से ये भी निर्धारित कर दी जाती है कि किसी दूसरे के नियमों को न तो जानना है, न सुनना है, न पढ़ना है और न ही उसमें शामिल होना है। अर्थात् एक गतिशील प्राणी मनुष्य को जिसे सदैव श्रेष्ठ से, श्रेष्ठतम और सर्वोच्च तक उठने-विकास करने के लिए निर्मित किया गया था, उसे एक सीमित दायरे में बुद्धिबद्ध कर दिया गया। मनुष्य जिसका निर्माण अपनी मस्तिष्क को असीम क्षमता को विकसित कर ईश्वर रूप में व्यक्त होना था, उसे जड़ (स्थिर) बना दिया गया।

हे मानवों, मनुष्यों की सबसे बड़ी कमजोरी "स्वयं में गुणों का विकास कर स्वयं बन जाने या हो जाने" में नहीं बल्कि "पाने" की इच्छा है। इस पाने की इच्छा की कमजोरी का परिणाम ही है उपरोक्त अनेक प्रकार के बुद्धिबद्ध करने की विधियाँ।

हे मानवों, उपरोक्त के पृष्ठभूमि में उनका उद्देश्य केवल अपने स्वार्थ की पूर्ति के सिवाय कुछ नहीं होता। क्योंकि मार्गदर्शक या प्रेरक या शिक्षक का उद्देश्य स्वयं से श्रेष्ठ मानव का निर्माण होता है न कि सदैव जीवन भर एक ही प्रणाली या प्रक्रिया या कक्षा में पढ़ते-दुहराते रहने के लिए विवश करना। उपरोक्त के पृष्ठभूमि में शारीरिक-आर्थिक-मानसिक शोषण का ही कार्य विभिन्न प्रकार से चल रहा है। कोई अपने कृषि कार्य को मुफ्त में हल करवा रहा है, तो कोई अपने नाम के उत्पादों को सिर्फ उन्हें ही खरीदने के लिए बुद्धिबद्ध कर दिया है।

हे मानवों, इन सबको आस्था का व्यापार कहते हैं। जबकि मैं देख रहा हूँ कि प्रत्येक संस्कारित करने की क्रिया जो उस काल के लिए आस्था का विषय था। उसके अगले काल के लिए संस्कारित करने की नयी क्रिया उपलब्ध हो जाने के बावजूद, मानव शरीर पिछले काल के संस्कारित करने वाली क्रिया के प्रति आस्था रखते हुये मूर्खता का स्पष्ट प्रदर्शन कर रहा है। सभी कालों में, सभी संस्कारित करने की क्रियाओं में मैं (सार्वभौम आत्मा) ही आस्था का विषय था परन्तु क्रिया के प्रति आस्था रखना मूर्खता का स्पष्ट प्रमाण ही तो है। चाहे वह व्यक्तिगत इच्छा से हो या सामाजिक प्रदर्शन की इच्छा से। इन समस्त संस्कारित करने के क्रिया के पीछे जो रहस्य आज तक गोपनीय था उसे मैंने तुम्हारें समक्ष सार्वजनिक प्रकाशित कर दिया है। अब कुछ भी गोपनीय नहीं। बावजूद इसके प्रत्येक मनुष्य अपनी मूर्खता रूपी आस्था को प्रदर्शित करने के लिए स्वतन्त्र है। परन्तु वह मुझ (सार्वभौम आत्मा) को प्राप्त नहीं कर सकता। हे मानवों, ईश्वर बहुमत से नहीं निर्धारित किया जाता इसलिए ही उसे अनिवर्चनीय कहा गया है। किसी भी वस्तु के प्रति आस्था के विकास से और समस्त मानवों को उसके प्रति आस्थावान् बना देने से वह वस्तु गुण प्रकट कर वैसा नहीं बन सकती जैसा आप उम्मीद करते हो।

हे मानवों, एक तरह से देखा जाये तो उपरोक्त व्यवस्था से कोई समस्या है ही नहीं क्योंकि जिसकी इच्छा जहाँ से पूर्ति हो रही है और विकास का मार्ग मिल रहा है, वह वहाँ से जुडा हुआ है। इसलिए मानव सभ्यता पर आया यह दसवाँ और अन्तिम संकट, संकट होते हुये भी संकट जैसा नहीं दिखता। इस व्यवस्था से हमें कोई समस्या भी नहीं है। समस्या ये है कि धर्म को जिस उद्देश्य के लिए निर्मित किया गया था वही धर्म, संकट में है। यह धर्म ही उस वट वृक्ष का मूल है, सार्वभौम है, समष्टि है। इसके ज्ञान से युक्त दोनों को अर्थात् विशाल संसार रूपी वट वृक्ष के छोटे-छोटे परिवार के नेतृत्वकर्ता मुखिया सहित उसके सदस्यों को होना आवश्यक है। तभी परिवार के नेतृत्वकर्ता मुखिया द्वारा बनाये गये उपरोक्त प्रणाली-नियम परिणाम-फल दे पायेंगे जिसकी इच्छा परिवार के सदस्य करते हैं।

हे मानवों, अब सार्वजनिक प्रमाणित आदर्श वैश्विक व्यक्ति चरित्र और शिव-शंकर के पूर्णावतार के रूप में होने वाले अन्तिम अवतार के स्वरूप को समझते हैं जिनसे संकट में पड़े धर्म का उत्थान होना है-

इस क्रम में पहले शिव-शंकर के रूप को समझते हैं। फिर अन्तिम अवतार के लिए बचे शेष कार्य को भी समझेंगे। शिव-शंकर अवतार के आठ रूप और उनके अर्थ निम्नवत हैं-

1. शर्व- सम्पूर्ण पृथ्वी को धारण कर लेना अर्थात् पृथ्वी के विकास या सृष्टि कार्य में इस रूप को पार किये बिना सम्भव न होना।
2. भव- जगत को संजीवन देना अर्थात् उस विषय को देना जिससे जगत संकुचित व मृत्यु को प्राप्त होने न पाये।
3. उग्र- जगत के भीतर और बाहर रहकर श्री विष्णु को धारण करना अर्थात् जगत के पालन के लिए प्रत्यक्ष या प्रेरक कर्म करना।
4. भीम- सर्वव्यापक आकाशात्मक रूप अर्थात् आकाश की भाँति सर्वव्यापी अनन्त ज्ञान जो सभी नेतृत्व विचारों को अपने में समाहित कर ले।
5. पशुपति- मनुष्य समाज से पशु प्रवृत्तियों को समाप्त करना अर्थात् पशु मानव से मनुष्य को उठाकर ईश्वर मानव की ओर ले जाना। दूसरे रूप में जीव का शिव रूप में निर्माण।
6. ईशान- सूर्य रूप से दिन में सम्पूर्ण संसार में प्रकाश करना अर्थात् ऐसा ज्ञान जो सम्पूर्ण संसार को पूर्ण ज्ञान से प्रकाशित कर दे।
7. महादेव- चन्द्र रूप से रात में सम्पूर्ण संसार में अमृत वर्षा द्वारा प्रकाश व तृप्ति देना अर्थात् ऐसा ज्ञान जो संसार को अमृतरूपी शीतल ज्ञान से प्रकाशित कर दे।
8. रूद्र- जीवात्मा का रूप अर्थात् शिव का जीव रूप में व्यक्त होना।

शिव-शंकर देवता व दानव दोनों के देवता हैं जबकि श्री विष्णु सिर्फ देवताओं के देवता हैं। अर्थात् शिव-शंकर जब रूद्र रूप की प्राथमिकता में होंगे तब उनके लिए देवता व दानव दोनो प्रिय होंगे लेकिन जब उग्र रूप की प्राथमिकता में होंगे तब केवल देवता प्रिय होंगे। अर्थात् शिव-शंकर का पूर्णवतार इन आठ रूपों से युक्त हो संसार का कल्याण करते हैं।

हे मानवों, अब सार्वजनिक प्रमाणित आदर्श वैश्विक व्यक्ति चरित्र और शिव-शंकर के पूर्णावतार के रूप में होने वाले अन्तिम अवतार के कार्य को समझते हैं जिनसे संकट में पड़े धर्म का उत्थान होना है-

ईश्वर (सार्वभौम सत्य-सिद्धान्त) के दसवें और अन्तिम अवतार के समय तक राज्य और समाज स्वतः ही प्राकृतिक बल के अधीन कर्म करते-करते सिद्धान्त प्राप्त करते हुए पूर्ण गणराज्य की ओर बढ़ रहा था परिणामस्वरुप गणराज्य का रुप होते हुए भी गणराज्य सिर्फ राज्य था और एकतन्त्रात्मक अर्थात् व्यक्ति समर्थक तथा समाज समर्थक दोनों की ओर विवशतावश बढ़ रहा था।

भारत में निम्लिखित रुप व्यक्त हो चुका था।
1. ग्राम, विकास खण्ड, नगर, जनपद, प्रदेश और देश स्तर पर गणराज्य और गणसंघ का रुप।
2. सिर्फ ग्राम स्तर पर राजा (ग्राम व नगर पंचायत अध्यक्ष) का चुनाव सीधे जनता द्वारा।
3. गणराज्य को संचालित करने के लिए संचालक का निराकार रुप- संविधान।
4. गणराज्य के तन्त्रों को संचालित करने के लिए तन्त्र और क्रियाकलाप का निराकार रुप-नियम और कानून।
5. राजा पर नियन्त्रण के लिए ब्राह्मण का साकार रुप- राष्ट्रपति, राज्यपाल, जिलाधिकारी इत्यादि।

विश्व स्तर पर निम्नलिखित रुप व्यक्त हो चुका था।
1. गणराज्यों के संघ के रुप में संयुक्त राष्ट्र संघ का रुप।
2. संघ के संचालन के लिए संचालक और संचालक का निराकार रुप- संविधान।
3. संघ के तन्त्रों को संचालित करने के लिए तन्त्र और क्रियाकलाप का निराकार रुप- नियम और कानून।
4. संघ पर नियन्त्रण के लिए ब्राह्मण का साकार रुप-पाँच वीटो पावर।
5. प्रस्ताव पर निर्णय के लिए सदस्यों की सभा।
6. नेतृत्व के लिए राजा- महासचिव।

जिस प्रकार आठवें अवतार द्वारा व्यक्त आत्मा के निराकार रुप "गीता" के प्रसार के कारण आत्मीय प्राकृतिक बल सक्रिय होकर गणराज्य के रुप को विवशतावश समाज की ओर बढ़ा रहा था उसी प्रकार अन्तिम

अवतार द्वारा निम्नलिखित शेष समष्टि कार्य पूर्ण कर प्रस्तुत कर देने मात्र से ही विवशतावश उसके अधिपत्य की स्थापना हो जाना है।

1. गणराज्य या लोकतन्त्र के सत्य रुप- गणराज्य या लोकतन्त्र के स्वरुप का अन्तर्राष्ट्रीय/ विश्व मानक।
2. राजा और सभा सहित गणराज्य पर नियन्त्रण के लिए साकार ब्राह्मण का निराकार रुप- मन का अन्तर्राष्ट्रीय/ विश्व मानक।
3. गणराज्य के प्रबन्ध का सत्य रुप- प्रबन्ध का अन्तर्राष्ट्रीय/ विश्व मानक।
4. गणराज्य के संचालन के लिए संचालक का निराकार रुप- संविधान के स्वरुप का अन्तर्राष्ट्रीय/ विश्व मानक।
5. साकार ब्राह्मण निर्माण के लिए शिक्षा का स्वरुप- शिक्षा पाठ्यक्रम का अन्तर्राष्ट्रीय/ विश्व मानक।

इस समष्टि कार्य द्वारा ही काल व युग परिवर्तन होगा न कि सिर्फ चिल्लाने से कि "सतयुग आयेगा" , "सतयुग आयेगा" से। यह समष्टि कार्य जिस शरीर से सम्पन्न होगा वही अन्तिम अवतार के रूप में व्यक्त होगा। धर्म में स्थित वह अवतार चाहे जिस सम्प्रदाय (वर्तमान अर्थ में धर्म) का होगा उसका मूल लक्ष्य यही शेष समष्टि कार्य होगा और स्थापना का माध्यम उसके सम्प्रदाय की परम्परा व संस्कृति होगी।

हे मानवों, उपरोक्त कार्य ही उस एक मात्र शेष अन्तिम अवतार का कार्य है और जो उपरोक्त कार्य को पूर्ण करेगा वह कल्कि अवतार के नाम से जाना जायेगा। हे मानवों उपरोक्त कार्य ही शेष ईश्वर के लिए कार्य है और मनुष्य के लिए चुनौति।

इस क्रम में मैं लव कुश सिंह "विश्वमानव" अपने "विश्वशास्त्र" से उपरोक्त कार्य को पूर्ण करने के लिए और स्वयं को धर्म मार्ग से अनिर्वचनीय कल्कि महाअवतार भोगेश्वर के रूप में तथा भारतीय लोकतान्त्रिक गणराज्य मार्ग से "भारत रत्न" के रूप में स्थापित करने के लिए एक मार्ग-एक प्रारूप प्रस्तुत किया हूँ जो अपने युग-समय में पहला प्रारूप है। इस प्रारूप "विश्वशास्त्र" के धर्मक्षेत्र से 90 नाम और धर्मनिरपेक्ष या सर्वधर्मसमभाव क्षेत्र से 141 नाम देने के बाद भी इस प्रारूप का नाम "ब्रह्माण्डशास्त्र" नहीं रखा। मनुष्यों के लिए यह चुनौति है कि वे "ब्रह्माण्डशास्त्र" की रचना कर मेरे प्रारूप "विश्वशास्त्र" को गलत या संकुचित सिद्ध कर मुझे अनिर्वचनीय कल्कि महाअवतार भोगेश्वर की योग्यता से वंचित कर दे। हे मानवों अगर आप ऐसा कर पाओं तो मेरे लिए मेरे द्वारा उत्पन्न किये गये अनन्त कृतियों में सबसे सम्मान के योग्य मानव नाम की कृति ही अन्तिम रूप से सर्वश्रेष्ठ होगी अन्यथा "विश्वशास्त्र" से मैं तुम्हारे अन्दर प्रवेश कर तुम में से ही स्वयं को प्रकट करूँगा।

हे मानवों, इन रहस्यों के खोलने के प्रति मेरा उद्देश्य क्या है? यह उद्देश्य सरल है क्योंकि एक सरल, साधारण, अघोर का उद्देश्य कभी भी कठीन, असाधारण और घोर नहीं हो सकता। साधारण सी बात है- प्रत्येक वस्तु स्वयं अपने जैसा ही निर्माण, उत्पादन या प्रजनन करती है। इस क्रम में ईश्वर भी स्वयं जैसा ईश्वर का ही निर्माण, उत्पादन या प्रजनन करेगा, न कि मूर्ख, अज्ञानी, बुद्धिबद्ध और गुलाम मनुष्य का। मात्र एक विचार- "ईश्वर ने इच्छा व्यक्त की कि मैं एक हूँ, अनेक हो जाऊँ" और "सभी ईश्वर हैं" , यह प्रारम्भ और अन्तिम लक्ष्य है। मनुष्य की रचना "पावर और प्राफिट (शक्ति और लाभ)" के लिए नहीं बल्कि असीम मस्तिष्क क्षमता के विकास के लिए हुआ है। फलस्वरूप वह स्वयं को ईश्वर रूप में अनुभव कर सके, जहाँ उसे किसी गुरू की आवश्यकता न पड़ें, वह स्वंयभू हो जाये, उसका प्रकाश वह स्वयं हो। एक गुरू का लक्ष्य भी यही होता है कि शिष्य मार्गदर्शन प्राप्त कर गुरू से आगे निकलकर, गुरू तथा स्वयं अपना नाम और कृति इस संसार में फैलाये, ना कि जीवनभर एक ही कक्षा में (गुरू में) पढ़ता रह जाये। एक ही कक्षा में जीवनभर पढ़ने वाले को समाज क्या नाम देता है, समाज अच्छी प्रकार जानता है और आपलोग खुद स्वयं भी जातने हैं। "विश्वशास्त्र" से कालक्रम को उसी मुख्यधारा में मोड़ दिया गया है। एक शास्त्राकार, अपने द्वारा व्यक्त किये गये पूर्व के शास्त्र का उद्देश्य और उसकी सीमा तो बता ही सकता है परन्तु व्याख्याकार ऐसा नहीं कर सकता।

स्वामी विवेकानन्द जी कहते हैं- "हम गुरु के बिना कोई ज्ञान प्राप्त नहीं कर सकते। अब बात यह है कि यदि मनुष्य, देवता अथवा कोई स्वर्गदूत हमारे गुरु हो, तो वे भी तो ससीम हैं, फिर उनसे पहले उनके गुरु कौन थे? हमें मजबूर होकर यह चरम सिद्धान्त स्थिर करना ही होगा कि एक ऐसे गुरु हैं जो काल के द्वारा सीमाबद्ध या

अविच्छिन्न नहीं हैं। उन्हीं अनन्त ज्ञान सम्पन्न गुरु को, जिनका आदि भी नहीं और अन्त भी नहीं, ईश्वर कहते हैं। (राजयोग, रामकृष्ण मिशन, पृष्ठ-134)

चाँद की ओर ईशारा करने वाले की उँगली की ओर नहीं, चाँद की ओर देखा जाता है। और चाँद को पकड़ा जाता है न कि उँगली दिखाने वाले को।

हे मानवों, यह भाव हमारे मन में क्यों आया? यह भाव हमारे मन में आने का कारण हृदय की विशालता है। हम अब अपने द्वारा निर्मित उत्पादों को, अब और अधिक समय तक कबाड़ के रूप में न तो रख सकते हैं और ना ही देखना चाहते हैं। अब सभी को हम स्वयं जैसा पूर्ण देखना चाहते हैं।

हे मानवों, हम लोगों की उत्पत्ति कैसे हुई? हमारी उत्पत्ति ज्ञान से हुई है। जिन्हें ज्ञान है वही अपने आप को संघर्ष में पाते हैं और सर्वश्रेष्ठता के लिए कर्मशील हैं। शेष सभी तो प्रकृति के अनुसार आते-जाते रहते हैं। इस ज्ञान को ही ब्रह्म कहते हैं। देवता रूप में इस ज्ञान को ब्रह्मा के रूप में प्रक्षेपित किया गया है। यह ज्ञान जिस-जिस अंगो द्वारा प्राथमिकता से अनुभव में आता है उतने प्रकार के मानव अपने-आप को उत्पन्न समझते हैं। पुराण रचनाकार महर्षि व्यास ने ब्रह्मा अर्थात् ज्ञान के पुत्रों का प्रक्षेपण किये हैं। ब्रह्मा के 10 मानस पुत्रों 1. मन (विचार से ज्ञान प्राप्त करने वाले) से मरीचि, 2. नेत्रों (देखकर ज्ञान प्राप्त करने वाले) से अत्रि, 3. मुख (वाणी से ज्ञान प्राप्त करने वाले) से अंगिरा, 4. कान (सुन कर ज्ञान प्राप्त करने वाले) से पुलस्त्य, 5. नाभि (केन्द्र से ज्ञान प्राप्त करने वाले) से पुलह, 6. हाथ (कर्म से ज्ञान प्राप्त करने वाले) से कृतु, 7. त्वचा (स्पर्श से ज्ञान प्राप्त करने वाले) से भृगु, 8. प्राण (श्वास से ज्ञान प्राप्त करने वाले) से वशिष्ठ, 9. अँगूठे (आत्मा से ज्ञान प्राप्त करने वाले) से दक्ष तथा 10. गोद (प्रेम से ज्ञान प्राप्त करने वाले) से नारद उत्पन्न हुये। ये दस प्रकार ज्ञान से उत्पन्न है और इतने प्रकार के मानव निर्मित होकर संसार में विचरण कर रहे हैं। इसे ये न समझना चाहिए कि मन या नेत्र इत्यादि से कैसे ब्रह्मा ने अपने पुत्रों को उत्पन्न किया? चूंकि शरीर का अस्तित्व अस्थायी है इसलिए विचार के आधार पर ये मनुष्य के वर्ग या श्रेणी का निर्धारण है। हमारे द्वारा इतने वर्गों अर्थात् परिवार को उत्पन्न करने के बाद स्वयं को सर्वश्रेष्ठ और मूल सिद्ध करते रहना भी हमारी ही जिम्मेदारी और कर्तव्य है ताकि हमारा परिवार एक संयुक्त परिवार के रूप में प्रकाशित हो।

हे मानवों, हमने अपने अधिपत्य के लिए क्या-क्या किया? हे मानवों हमने अपने अधिपत्य के लिए सदैव साम-दाम-दण्ड-भेद की विधि से निम्नलिखित गुणों को समय-समय पर प्रेम से मानव मस्तिष्क में स्थापित किया और करता रहूँगा और अन्त में इसे मानवों को स्वेच्छा से स्वीकार करने पर विवश भी कर दूँगा-

01. **मुख्य-गुण सिद्धान्त** - इसमें धारा के विपरीत दिशा (राधा) में गति करने का विचार-सिद्धान्त मानव मस्तिष्क में डाला गया।

02. **मुख्य-गुण सिद्धान्त** - इसमें सहनशील, शांत, धैर्यवान, लगनशील, दोनों पक्षों के बीच मध्यस्थ की भूमिका वाला गुण (समन्वय का सिद्धान्त) का विचार-सिद्धान्त मानव मस्तिष्क में डाला गया।

03. **मुख्य-गुण सिद्धान्त** - इसमें सूझ-बुझ, सम्पन्न, पुरूषार्थी, धीर-गम्भीर, निष्कामी, बलिष्ठ, सक्रिय, शाकाहारी, अहिंसक और समूह प्रेमी, लोगों का मनोबल बढ़ाना, उत्साहित और सक्रिय करने वाला गुण (प्रेरणा का सिद्धान्त) का विचार-सिद्धान्त मानव मस्तिष्क में डाला गया।

04. **मुख्य-गुण सिद्धान्त** - प्रत्यक्ष रूप से एका-एक लक्ष्य को पूर्ण करने वाले (लक्ष्य के लिए त्वरित कार्यवाही का सिद्धान्त) का विचार-सिद्धान्त मानव मस्तिष्क में डाला गया।

05. मुख्य-गुण सिद्धान्त - भविष्य दृष्टा, राजा के गुण का प्रयोग करना, थोड़ी सी भूमि पर गणराज्य व्यवस्था की स्थापना व व्यवस्था को जिवित करना, उसके सुख से प्रजा को परिचित कराने वाले गुण (समाज का सिद्धान्त) का विचार-सिद्धान्त मानव मस्तिष्क में डाला गया।

06. मुख्य-गुण सिद्धान्त - गणराज्य व्यवस्था को ब्रह्माण्ड में व्याप्त व्यवस्था सिद्धान्तों को आधार बनाने वाले गुण और व्यवस्था के प्रसार के लिए योग्य व्यक्ति को नियुक्त करने वाले गुण (लोकतन्त्र का सिद्धान्त और उसके प्रसार के लिए योग्य उत्तराधिकारी नियुक्त करने का सिद्धान्त) का विचार-सिद्धान्त मानव मस्तिष्क में डाला गया।

07. मुख्य-गुण सिद्धान्त - आदर्श चरित्र के गुण के साथ प्रसार करने वाला गुण (व्यक्तिगत आदर्श चरित्र के आधार पर विचार प्रसार का सिद्धान्त) का विचार-सिद्धान्त मानव मस्तिष्क में डाला गया।

08. मुख्य-गुण सिद्धान्त - आदर्श सामाजिक व्यक्ति चरित्र के गुण, समाज में व्याप्त अनेक मत-मतान्तर व विचारों के समन्वय और एकीकरण से सत्य-विचार के प्रेरक ज्ञान को निकालने वाले गुण (सामाजिक आदर्श व्यक्ति का सिद्धान्त और व्यक्ति से उठकर विचार आधारित व्यक्ति निर्माण का सिद्धान्त) का विचार-सिद्धान्त मानव मस्तिष्क में डाला गया।

09. मुख्य-गुण सिद्धान्त - प्रजा को प्रेरित करने के लिए धर्म, संघ और बुद्धि के शरण में जाने का गुण (धर्म, संघ और बुद्धि का सिद्धान्त) का विचार-सिद्धान्त मानव मस्तिष्क में डाला गया।

10. मुख्य-गुण सिद्धान्त - आदर्श मानक सामाजिक व्यक्ति चरित्र समाहित आदर्श मानक वैश्विक व्यक्ति चरित्र अर्थात् सार्वजनिक प्रमाणित आदर्श मानक वैश्विक व्यक्ति चरित्र का विचार-सिद्धान्त मानव मस्तिष्क में डालने का काम वर्तमान है और वो अन्तिम भी है।

हे मानवों, अब स्थिति क्या है तथा भाविष्य में काल की गति किस ओर जा रही है? हे मानवों अब स्थिति यह है कि हमें आपके परम प्रिय सिद्धान्त "शक्ति और लाभ (पावर और प्राफिट)" से कोई असहमति नहीं हैं बल्कि यह आपमें कुछ करने की प्रवृत्ति का महान गुण हैं। इसका प्रकाश आप में सदैव जलते रहना चाहिए। काल की गति इस प्रकाश को कैसे सफलतापूर्वक प्राप्त किया जा सकता है उस ज्ञान को ग्रहण करके उस अनुसार कार्य करने की ओर जा रही है अर्थात् ज्ञान युग की ओर जा रही है। और मस्तिष्क का विकास ही इसका मार्ग है। भविष्य का समय ऐसे ही मानवों के स्वागत की प्रतीक्षा कर रहा है।

काशी-सत्यकाशी क्षेत्र से विश्व शान्ति का अन्तिम सत्य-सन्देश

प्रिय आत्मीय मानवों,

इस संसार के मनुष्यों को अपना अन्तिम सन्देश देने से पहले मैं आपको उस क्षेत्र से परिचय कराना चाहता हूँ जिस क्षेत्र से यह सन्देश देने का साहस किया गया है क्योंकि कोई भी क्रिया बिना कारण के नहीं होती। मेरा समस्त मूल कार्य जिस क्षेत्र से सम्पूर्ण हुआ, उस क्षेत्र को मैं सत्यकाशी क्षेत्र कहता हूँ और मैं जिस ग्राम का निवासी हूँ वह काशी (वाराणसी) के चौरासी कोस यात्रा तथा सत्यकाशी क्षेत्र का उभय क्षेत्र में स्थित है। इसलिए मैं जितना काशी (वाराणसी) का हूँ उतना ही सत्यकाशी का हूँ। इस प्रकार यह सन्देश काशी-सत्यकाशी का संयुक्त सन्देश है।

सत्यकाशी क्षेत्र जो काशी (वाराणसी), विन्ध्याचल, शिवद्वार और सोनभद्र के बीच का क्षेत्र है, एक पौराणिक-आध्यात्मिक और साधना के लिए उपयुक्त क्षेत्र के रूप में प्राचीन काल से आकर्षण में रहा है। इस क्षेत्र का हृदय क्षेत्र चुनार है। चुनार का किला राजा विक्रमादित्य ने अपने भाई भर्तहरि के तपस्या में हिंसक जानवरों द्वारा व्यवधान न उत्पन्न हो इसके लिए बनवाया था। ये राजा विक्रमादित्य वही हैं जिनके नाम से विक्रम सम्वत् कैलेण्डर स्थापित है। चुनार ईश्वर के पाँचवें अवतार-वामन अवतार का क्षेत्र है जिनसे समाज की शक्ति का प्रथम जन्म हुआ था।

सत्यकाशी क्षेत्र के चारों कोण पर स्थित 1. काशी (वाराणसी) का अपना प्राचीन और पुरातन इतिहास है जो सर्वविदित है। 2. विन्ध्याचल, जो शिव-शक्ति के उपासना का अद्भुत केन्द्र है। यशोदा से उत्पन्न पुत्री (जिनके बदले श्रीकृष्ण प्राप्त हुये थे) महासरस्वती अष्टभुजा देवी के नाम से यहीं स्थापित हैं। भारत देश का मानक समय माँ विन्ध्यवासिनी धाम से तय होता है। पुराणों के अनुसार रावण ने भी इसे मानक समय स्थल मानकर यहाँ शिवलिंग की स्थापना की थी। 3. शिवद्वार, त्रिकोणीय तान्त्रिक साधना के लिए जगत विख्यात था और साधना की राजधानी था। इसे ही मीरजापुर गजेटियर में गुप्तकाशी की संज्ञा से अभिकल्पित किया गया है। 4. सोनभद्र, सोन संस्कृति की पौराणिक पृष्ठभूमि वैदिककालीन सभ्यता की पराकाष्ठापरक ऐतिहासिकता से सम्बद्ध है। सन्त परम्पराओं का एक महत्वपूर्ण परिव्रजन इस क्षेत्र में हुआ जिसमें शैव व शाक्त प्रमुख थे। शैव सम्प्रदाय से जुड़े अघोर तन्त्र ने इसे बहुत सराहा और इसे अपनी कर्मभूमि बना लिया। सोन नद के तट पर शव छेदन क्रिया की भी प्रशिक्षा आयुर्वेद के जिज्ञासुओं को दी जाती थी। शैव तन्त्र से प्रभावित अघोर तन्त्र शव-साधना में सिद्धहस्त था और शव में इकार की प्राण प्रतिष्ठा का जीवन्त रूप शिव को दे देना इनकी अलौकिक साधना का चरमोत्कर्ष है। अघोरपन्थी नाम के पश्चात् "राम" का प्रयोग करते थे। इस क्षेत्र में सवर्ण वर्ग में प्रायः ब्राह्मण वर्ग भी राम का प्रयोग अपने नाम में करता है। इस क्षेत्र में पाशुपात तन्त्र के महान साधक लोरिक का नाम विशेष है।

उपरोक्त तो अति संक्षिप्त परिचय है विस्तार से "विश्वशास्त्र" के अध्याय-दो में प्रकाशित है, जिस क्षेत्र से ये विश्व ऐतिहासिक अन्तिम, अपरिवर्तनीय और अटलनीय सन्देश देने का साहस किया गया है।

हे मानवों, इस संसार में व्यक्त साहित्य, दर्शन, मत, सम्प्रदाय, नियम, संविधान इत्यादि को व्यक्त करने का माध्यम मात्र केवल मानव शरीर ही है इसलिए यह सोचो की यदि सार्वभौम सत्य-सिद्धान्त आधारित ऐसा साहित्य जो सार्वदेशीय, सार्वकालिक और सम्पूर्ण मानव समाज के लिए असीम गुणों और दिशाओं से युक्त हो, अन्तिम रुप से एक ही मानव शरीर से व्यक्त हो रहा हो जिसके ज्ञान के बिना मानव, मानव नहीं पशु हो, उसे स्वीकार और आत्मसात् करना मानव की विवशता हो, तो तुम उस व्यक्तकर्ता मानव को क्या कहोगे? और उसका क्या दोष? यह तो मैं तुम पर ही छोड़ता हूँ। परन्तु धार्मिक-आध्यात्मिक भाषा में उसी असीम गुणों-दिशाओं के प्रकाट्य शरीर को पूर्ण और अन्तिम साकार-सगुण-दृश्य-ब्रह्म-ईश्वर-आत्मा-शिव कहते हैं तथा सार्वभौम सत्य-

सिद्धान्त को निराकार-निर्गुण-अदृश्य-ब्रह्म-ईश्वर-आत्मा-शिव कहते हैं वह शरीर चूँकि सिद्धान्त युक्त होता है इसलिए वह धर्मशास्त्र का प्रमाण रुप होता है। जो धर्मशास्त्रों और धर्मज्ञानियों के प्रति विश्वास बढ़ाता है। वर्तमान समय में सिर्फ यह देखने की आवश्यकता है कि क्या वह सार्वभौम सत्य-सिद्धान्त शास्त्र-साहित्य विश्व विकास-एकता-स्थिरता-शान्ति के क्षेत्र में कुछ रचनात्मक भूमिका निभा सकता है या नहीं? यह देखने की आवश्यकता नहीं है कि उसका व्यक्तकर्ता एक ही शरीर है क्योंकि इससे कोई लाभ नहीं। प्रत्येक मानव चाहे वह किसी भी स्तर का हो वह शारीरिक संरचना में समान होता है परन्तु वह विचारों से ही विभिन्न स्तर पर पीठासीन है, इसलिए मानव, शरीर नहीं विचार है उसी प्रकार विश्वमानव शरीर नहीं, विश्व विचार अर्थात् सार्वभौम सत्य-सिद्धान्त है। इसी प्रकार "मैं" , अहंकार नहीं, "सिद्धान्त" है। प्रत्येक स्तर पर पीठासीन मानव अपने स्तर का सिद्धान्त रुप से "मैं" का अंश रुप से तथा विचार रुप से "अहंकार" का अंश रुप ही है। "मैं" का पूर्ण दृश्य, वास्तविक, सर्वोच्च और अन्तिम रुप वही होगा जो सम्पूर्ण ब्रह्माण्ड के सभी विषयों में व्याप्त हो जाय। तभी तो वह असीम गुणों और दिशाओं से युक्त होगा तथा प्रत्येक दिशा या गुण से उसका नाम अलग-अलग होगा परन्तु वह एक ही होगा। हे मानव, तुम इसे देख नहीं पाते क्योंकि तुम "दृष्टि" से युक्त हो अर्थात् तुम एक ही दिशा या गुण द्वारा देखने की क्षमता रखते हो तुम्हें "दिव्य दृष्टि" अर्थात् अनेक दिशा या गुणों द्वारा एक साथ देखने की क्षमता रखनी चाहिए तभी तुम यथार्थ को देख पाओगे, तभी तुम "मैं" के विश्व रुप को देख पाओगे। दृष्टि से युक्त होने के कारण ही तुम मेरे आभासी रुप-शरीर रुप को ही देखते हो, तुम मेरे वास्तविक रुप-सिद्धान्त रुप को देख ही नहीं पाते। इसी कारण तुम मुझे अहंकार रुप में देखते हो। और इसी कारण तुम "भूमण्डलीकरण (Globalisation)" का विरोध करते हो जबकि "ग्लोबलाईज्ड" दृष्टि ही "दिव्य दृष्टि" है। जिसका तुम मात्र विरोध कर सकते हो क्योंकि यह प्राकृतिक बल के अधीन है जो तुम्हें मानव से विश्वमानव तक के विकास के लिए अटलनीय है। दृष्टि, अहंकार है, अंधकार है, अपूर्ण मानव है तो दिव्य दृष्टि, सिद्धान्त है, प्रकाश है, पूर्णमानव-विश्वमानव है। तुम मानव की अवस्था से विश्वमानव की अवस्था में आने का प्रयत्न करो न कि विश्वमानव का विरोध। विरोध से तुम्हारी क्षति ही होगी। जिस प्रकार "श्रीकृष्ण" नाम है "योगेश्वर" अवस्था है, "गदाधर" नाम है "रामकृष्ण परमहंस" अवस्था है, "सिद्धार्थ" नाम है "बुद्ध" अवस्था है, "नरेन्द्र नाथ दत्त" नाम है "स्वामी विवेकानन्द" अवस्था है, "रजनीश" नाम है "ओशो" अवस्था है। उसी प्रकार व्यक्तियों के नाम, नाम है "भोगेश्वर विश्वमानव" उसकी चरम विकसित, सर्वोच्च और अन्तिम अवस्था है। "दृष्टि" से युक्त होकर विचार व्यक्त करना निरर्थक है, प्रभावहीन है, यहाँ तक की तुम्हें विरोध करने का भी अधिकार नहीं क्योंकि वर्तमान और भविष्य के समय में इसका कोई महत्व नहीं, अर्थ नहीं क्योंकि वह व्यक्तिगत विचार होगा न कि सार्वजनिक संयुक्त विचार। यह सार्वजनिक संयुक्त विचार ही "एकात्म विचार" है और यही वह अन्तिम सत्य है, यही "सार्वभौम सत्य-सिद्धान्त" है। यही धर्मनिपरपेक्ष और सर्वधर्मसमभाव नाम से विश्वमानक-शून्य श्रृंखला: मन की गुणवत्ता का विश्वमानक तथा धर्म नाम से कर्मवेद: प्रथम, अन्तिम और पंचमवेदीय श्रृंखला है जिसकी शाखाएं सम्पूर्ण ब्रह्माण्ड में व्याप्त है और सम्पूर्ण ब्रह्माण्ड व्यक्त है जिसकी स्थापना चेतना के अन्तिम रुप-दृश्य सत्य चेतना के अधीन है। यही "मैं" का दृश्य रुप है। यही "विश्व-बन्धुत्व" , "वसुधैव-कुटुम्बकम्" , "बहुजनहिताय-बहुजनसुखाय" , "एकात्म-मानवतावाद" , "सर्वेभवन्तु-सुखिनः" की स्थापना का "एकात्मकर्मवाद" आधारित अन्तिम मार्ग है।

मन और मन का मानक। मन-व्यक्तिगत प्रमाणित अदृश्य सत्य। मन का मानक-सार्वजनिक प्रमाणित दृश्य सत्य। अनासक्त मन अर्थात् आत्मा अर्थात् व्यक्तिगत प्रमाणित अदृश्य आत्मा अर्थात् मन का अदृश्य मानक। मन का मानक अर्थात् सार्वजनिक प्रमाणित दृश्य आत्मा अर्थात् सार्वजनिक प्रमाणित दृश्य अनासक्त मन। मन का मानक में मन समाहित है।

आत्मा का सार्वजनिक प्रमाणित धर्मनिरपेक्ष एवं सर्वधर्मसमभाव दृश्य रुप एकात्म ज्ञान, एकात्म ज्ञान सहित एकात्म कर्म तथा एकात्म ज्ञान और एकात्म कर्म सहित एकात्म ध्यान के तीन व्यक्त होने के स्तर हैं जो क्रमशः एकात्म वाणी, एकात्म वाणी सहित एकात्म प्रेम तथा एकात्म वाणी और एकात्म प्रेम सहित एकात्म समर्पण द्वारा शक्ति प्राप्त करता है। जिनका धर्मयुक्त अदृश्य रुप भारतीय संस्कृति के पौराणिक कथाओं में ब्रह्मा, विष्णु,

महेश (शंकर) के रुप में तथा सरस्वती, लक्ष्मी और पार्वती शक्ति के रुप में प्रक्षेपित हैं। जिनकी उपयोगिता क्रमशः व्यक्ति, समाज और ब्रह्माण्ड को संतुलन, स्थिरता एवं विकास में है।

यदि तुम उपरोक्त गुणों को रखते हो तो तुम ही ब्रह्मा हो, विष्णु और महेश हो। साथ ही सरस्वती, लक्ष्मी और पार्वती भी। और यदि यह सीमित कर्मक्षेत्र तक में है तो तुम एक सीमाबद्ध और यदि यह सम्पूर्ण ब्रह्माण्ड के सर्वोच्च व्यापक अन्तिम और असीमित कर्म क्षेत्र तक में है तो तुम एक मूल ब्रह्मा, विष्णु, महेश और शक्ति सरस्वती, लक्ष्मी और पार्वती के अवतार हो। यदि तुम इस अनुसार नहीं तो तुम इनके अलावा मानव, दानव, पशु-मानव इत्यादि हो।

जब प्रत्येक शब्द धर्म और धर्मनिरपेक्ष या सर्वधर्मसमभाव में वर्गीकृत किया जा सकता है तब ईश्वर नाम को भी धर्मयुक्त नाम और धर्म निरपेक्ष या सर्वधर्मसमभाव नाम में व्यक्त किया जा सकता है। क्योंकि ईश्वर नाम भी शब्द है। जिस प्रकार व्यक्तिगत प्रमाणित अदृश्य काल के लिए धर्मयुक्त समष्टि ईश्वर नाम-" ऊँ" है। उसी प्रकार सार्वजनिक प्रमाणित दृश्य काल के लिए धर्मनिरपेक्ष और सर्वधर्मसमभाव समष्टि ईश्वर नाम- " TRADE CENTRE" है। जिसमें धर्म युक्त ईश्वर नाम-" ऊँ" का धर्मनिरपेक्ष और सर्वधर्मसमभाव रुप समाहित है।

एक ही देश काल मुक्त सर्वव्यापी अदृश्य सत्य-धर्म-ज्ञान है-आत्मा। और एक ही देश काल मुक्त सर्वव्यापी दृश्य सत्य-धर्म-ज्ञान है- क्रिया या परिवर्तन या $E=MC^2$ या आदान-प्रदान या TRADE या TRANSACTION। इस प्रकार सर्वोच्च और अन्तिम दृश्य सत्य-धर्म-ज्ञान से समस्त विषयों के यथार्थ व्यक्त रुप सर्वमान्य, सार्वजनिक प्रमाणित दृश्य और अन्तिम है। और व्यक्त कर्ता ज्ञानी या ब्रह्म या शिव की अन्तिम कड़ी है। इस आधार पर यह कहा जा सकता है कि "आत्मा" और मेरा दृश्य रुप (आदान-प्रदान) ही स्वस्थ उद्योग, स्वस्थ समाज और स्वस्थ लोकतन्त्र सहित विश्व शान्ति, एकता, स्थिरता और विकास का अन्तिम मार्ग है। चाहे वह वर्तमान में आत्मसात् किया जाये या भविष्य में परन्तु सत्य तो यही है।

मन से मन के मानक के व्यक्त होने के सम्पूर्ण यात्रा में कुछ महापुरुषों ने अदृश्य मानक आत्मा को व्यक्त करने के लिए कार्य किये तो कुछ ने अदृश्य सहित दृश्य मानक के लिए। मन के अदृश्य मानक आत्मा की श्रृंखला में निवृत्ति मार्गी-साधु, संत इत्यादि जिनकी सर्वोच्च स्थिति ब्रह्मा हैं। मन के अदृश्य सहित दृश्य मानक के श्रृंखला में प्रवृत्ति मार्गी-गृहस्थ युक्त सन्यासी इत्यादि जिनकी सर्वोच्च स्थिति विष्णु हैं। इस मानक को व्यवहारिकता में लाने के लिए ध्यान मार्गी जिनकी सर्वोच्च स्थिति महेश हैं। और यही वर्तमान तथा भविष्य के समाज की आवश्यकता है। और यही मन के मानक की उपयोगिता है।

मन के मानक को व्यक्त करने में जो शब्द, ज्ञान-विज्ञान, नाम-रुप इत्यादि प्रयोग किये गये हैं-वे सब मन से मन के मानक के विकास यात्रा में विभिन्न महापुरुषों द्वारा व्यक्त हो मानव समाज में पहले से मान्यता प्राप्त कर विद्यमान है। मैं (विश्वात्मा) सिर्फ उसको वर्तमान की आवश्यकता और वर्तमान से जोड़ने के लिए समयानुसार व्यक्त कर मन के मानक को व्यक्त कर दिया हूँ। यदि समाज इसे आत्मसात् नहीं करता तो उसके पहले मैं (विश्वात्मा) ही उसे आत्मसात् नहीं करता क्योंकि मैं शुद्ध-बुद्ध-मुक्त आत्मा हूँ, मैं नाम-रुप से मुक्त हूँ, मैं शिव हूँ, मैं शिव हूँ, मैं शिव हूँ। और ऐसा कहने वाला मैं पहला नहीं हूँ। मुझसे पहले भी अनेक सिद्धों द्वारा ऐसी उद्घोषणा की जा चुकी है और वे अपने समय के देश-काल स्थितियों में उसे सिद्ध भी कर चुके हैं और जब तक प्रत्येक मानव ऐसा कहने के योग्य नहीं बनता तब तक धर्म शास्त्रों में सृष्टि के प्रारम्भ में कहा गया ईश्वरीय वाणी-" ईश्वर ने इच्छा व्यक्त की कि मैं एक हूँ अनेक हो जाऊँ" कैसे सिद्ध हो पायेगा। मेरे उद्घोष का सबसे बड़ा प्रमाण "सत्य मानक शिक्षा" द्वारा लक्ष्य "पुनर्निर्माण" व उसके प्राप्ति की कार्य योजना है। जो अपने आप में पुरातन, विलक्षण और वर्तमान तक ऐसा नहीं हुआ है, जैसा है। श्रीराम द्वारा शारीरिक शक्ति के माध्यम से शारीरिक शक्ति का प्रयोग कर सत्यीकरण हुआ था, श्रीकृष्ण द्वारा आर्थिक शक्ति के माध्यम से व्यक्तिगत बौद्धिक शक्ति का प्रयोग कर सत्यीकरण हुआ था, अब यह कार्य व्यक्तिगत बौद्धिक शक्ति के माध्यम से सार्वभौम बौद्धिक शक्ति का प्रयोग कर सत्यीकरण किया जा रहा है। जो श्रीराम, श्रीकृष्ण के क्रम में अगला कार्य है। यह मानने का कार्य नहीं जानने का कार्य है। मानने से,

मानने वाले का कोई कल्याण नहीं होता, कल्याण तो सिर्फ जानने वालों का ही होता रहा है, होता है और होता रहेगा।

वर्तमान एवं भविष्य के मानव समाज को मैं (विश्वात्मा) का यह अन्तिम सत्य संदेश है कि-मानव की वास्तविक चेतना-सत्य चेतना अर्थात् भूतकाल का अनुभव और भविष्य की आवश्यकतानुसार वर्तमान में परिणाम ज्ञान से युक्त हो कार्य करना है न कि पशुओं की प्राकृतिक चेतना अर्थात् शुद्ध रुप से वर्तमान में कार्य करना है। सत्य चेतना में प्राकृतिक चेतना समाहित रहती है। अर्थात् मानव का विकास प्राकृतिक चेतना से सत्य चेतना की ओर होना चाहिए। और विज्ञान की भाँति धर्म के विषय में भी सदा आविष्कृत विषय से आविष्कार की ओर बढ़ना चाहिए अन्यथा स्थिति यह होगी कि वह तो आपके पास पहले से आविष्कृत था परन्तु उसी के आविष्कार में आपने पूरा जीवन व्यतीत कर दिया।

सम्पूर्ण मानव समाज से यह निवेदन है कि ईश्वर के सम्बन्ध में जो कुछ भी अब तक आविष्कृत है यद्यपि कि वह सब मैं (आत्मा) इस भौतिक शरीर (श्री लव कुश सिंह "विश्वमानव") से व्यक्त कर चुका हूँ लेकिन फिर भी व्यक्ति ईश्वर नहीं बन सकता। सिर्फ समष्टि ही ईश्वर होता है और समष्टि ही संयुक्त है। जिसकी चरम विकसित अवस्था सम्पूर्ण ब्रह्माण्ड का यथार्थ रुप है जो एक संयुक्त विचार-सत्य-सिद्धान्त ही है व्यक्ति नहीं। जबकि इसको व्यक्त और आत्मसात् करने वाला व्यक्ति ही है अर्थात् ईश्वर और व्यक्ति एक दूसरे पर निर्भर है। परिणामस्वरुप जो कुछ भी इस भौतिक शरीर द्वारा व्यक्त कर देना था-वह दे दिया गया और बात यहीं समाप्त हो गयी। क्योंकि मैं (विश्वात्मा) तुम्हारे अनूरुप सामान्य हो गया क्योंकि ईश्वर (संयुक्त विचार सत्य-सिद्धान्त) बाहर हो गया और वह सभी में व्याप्त हो गया। तू भी सामान्य, मैं भी सामान्य। तू भी ईश्वर, मैं भी ईश्वर। तू भी शिव, मैं भी शिव। इससे अलग सिर्फ माया, भ्रम, अन्धविश्वास है। और जब तक मैं (विश्वात्मा) इस शरीर में हूँ एक वर्तमान और भविष्य का एकात्म ध्यान युक्त प्रबुद्ध मानव के सिवाय कुछ अधिक भी नहीं समझा जाना चाहिए बस यही निवेदन है।

इस अन्तिम के सम्बन्ध में यह कहना चाहूँगा कि इस पर अभी विवाद करने से कोई लाभ नहीं है। अभी तो सिर्फ यह देखना है कि यह कालानुसार वर्तमान और भविष्य के लिए व्यक्ति से विश्व प्रबन्ध तक के लिए उपयोगी है या नहीं और जब तक मानव सृष्टि रहेगी तब तक यह सार्वभौम सत्य-सिद्धान्त अभेद्य और अकाट्य बना रहता है। तब यह समझ लेना होगा कि यह अन्तिम था। और व्यक्त करने वाला मानव शरीर पूर्ण ब्रह्म की अन्तिम कड़ी अर्थात् शिव का साकार सगुण रुप ही था।

आलोचना और विरोध मानव का स्वभाव है परन्तु सत्य की आलोचना और विरोध यदि बिना विचारे ही होगा तो यह उस मनुष्य के लिए स्वयं की मूर्खता का प्रदर्शन ही बन सकता है क्योंकि ऐसा नहीं है कि अन्य मनुष्य इसे नहीं समझ रहे हैं। इसलिए इसके लिए थोड़ा सतर्कता रखें विशेषकर उन लोगों के लिए जो सार्वजनिक रुप से विचार प्रस्तुत करते हैं।

हाँ, एक अन्तिम सत्य और-उपरोक्त अन्तिम सत्य भी सत्य और अन्तिम सत्य है या नहीं? इसके लिए भी तो ज्ञान और बुद्धि चाहिए।

प्रकाशित खुशमय तीसरी सहस्त्राब्दि के साथ यह एक सर्वोच्च समाचार है कि नयी सहस्त्राब्दि केवल बीते सहस्त्राब्दियों की तरह एक सहस्त्राब्दि नहीं है। यह प्रकाशित और विश्व के लिए नये अध्याय के प्रारम्भ का सहस्त्राब्दि है। केवल वक्तव्यों द्वारा लक्ष्य निर्धारण का नहीं बल्कि स्वर्गीकरण के लिए असिमीत भूमण्डलीय मनुष्य और सर्वोच्च अभिभावक संयुक्त राष्ट्र संघ सहित सभी स्तर के अभिभावक के कर्तव्य के साथ कार्य योजना पर आधारित। क्योंकि दूसरी सहस्त्राब्दि के अन्त तक विश्व की आवश्यकता, जो किसी के द्वारा प्रतिनिधित्व नहीं हुई उसे विवादमुक्त और सफलतापूर्वक प्रस्तुत किया जा चुका है। जबकि विभिन्न विषयों जैसे-विज्ञान, धर्म, आध्यात्म, समाज, राज्य, राजनीति, अन्तर्राष्ट्रीय सम्बन्ध, परिवार, व्यक्ति, विभिन्न संगठनों के क्रियाकलाप, प्राकृतिक, ब्रह्माण्डीय, देश, संयुक्त राष्ट्र संघ इत्यादि की स्थिति और परिणाम सार्वजनिक प्रमाणित दृश्य रुप में थे।

विज्ञान के सर्वोच्च आविष्कार के आधार पर अब यह विवाद मुक्त हो चुका है कि मन केवल व्यक्ति, समाज, और राज्य को ही नहीं प्रभावित करता बल्कि यह प्रकृति और ब्रह्माण्ड को भी प्रभावित करता है।

केन्द्रीयकृत और ध्यानीकृत मन विभिन्न शारीरिक सामाजिक और राज्य के असमान्यताओं के उपचार का अन्तिम मार्ग है। स्थायी स्थिरता, विकास, शान्ति, एकता, समर्पण और सुरक्षा के लिए प्रत्येक राज्य के शासन प्रणाली के लिए आवश्यक है कि राज्य अपने उद्देश्य के लिए नागरिकों का निर्माण करें। और यह निर्धारित हो चुका है कि क्रमबद्ध स्वस्थ मानव पीढ़ी के लिए विश्व की सुरक्षा आवश्यक है। इसलिए विश्वमानव के निर्माण की आवश्यकता है, लेकिन ऐसा नहीं है और विभिन्न अनियन्त्रित समस्या जैसे-जनसंख्या, रोग, प्रदूषण, आतंकवाद, भ्रष्टाचार, विकेन्द्रीकृत मानव शक्ति एवं कर्म इत्यादि लगातार बढ़ रहे है। जबकि अन्तरिक्ष और ब्रह्माण्ड के क्षेत्र में मानव का व्यापक विकास अभी शेष है। दूसरी तरफ लाभकारी भूमण्डलीकरण विशेषीकृत मन के निर्माण के कारण विरोध और नासमझी से संघर्ष कर रहा है। और यह असम्भव है कि विभिन्न विषयों के प्रति जागरण समस्याओं का हल उपलब्ध करायेगा।

मानक के विकास के इतिहास में उत्पादों के मानकीकरण के बाद वर्तमान में मानव, प्रक्रिया और पर्यावरण का मानकीकरण तथा स्थापना आई0 एस0 ओ0-9000 एवं आई0 एस0 ओ0-14000 श्रृंखला के द्वारा मानकीकरण के क्षेत्र में बढ़ रहा है। लेकिन इस बढ़ते हुये श्रृंखला में मनुष्य की आवश्यकता (जो मानव और मानवता के लिए आवश्यक है) का आधार "मानव संसाधन का मानकीकरण" है क्योंकि मनुष्य सभी (जीव और निर्जीव) का निर्माणकर्ता और उसका नियन्त्रणकर्ता है। मानव संसाधन के मानकीकरण के बाद सभी विषय आसानी से लक्ष्य अर्थात् विश्वस्तरीय गुणवत्ता की ओर बढ़ जायेगी क्योंकि मानव संसाधन के मानक में सभी तन्त्रों के मूल सिद्धान्त का समावेश होगा।

वर्तमान समय में शब्द- "निर्माण" भूमण्डलीय रुप से परिचित हो चुका है इसलिए हमें अपना लक्ष्य मनुष्य के निर्माण के लिए निर्धारित करना चाहिए। और दूसरी तरफ विवादमुक्त, दृश्य, प्रकाशित तथा वर्तमान सरकारी प्रक्रिया के अनुसार मानक प्रक्रिया उपलब्ध है। जैसा कि हम सभी जानते हैं कि मानक हमेशा सत्य का सार्वजनिक प्रमाणित विषय होता है न कि विचारों का व्यक्तिगत प्रमाणित विषय। अर्थात् प्रस्तुत मानक विभिन्न विषयों जैसे-आध्यात्म, विज्ञान, तकनीकी, समाजिक, नीतिक, सैद्धान्तिक, राजनीतिक इत्यादि के व्यापक समर्थन के साथ होगा। "उपयोग के लिए तैयार" तथा "प्रक्रिया के लिए तैयार" के आधार पर प्रस्तुत मानव के विश्व स्तरीय निर्माण विधि को प्राप्त करने के लिए मानव निर्माण तकनीकी WCM-TLM-SHYAM.C (World Class Manufactuing–Total Life Maintenance- Satya, Heart, Yoga, Ashram, Meditation.Conceousnesas) प्रणाली आविष्कृत है जिसमें सम्पूर्ण तन्त्र सहभागिता (Total System Involvement-TSI) है और विश्वमानक शून्य: मन की गुणवत्ता का विश्वमानक श्रृंखला (WS-0: World Standard of Mind Series) समाहित है। जो विश्वमानव निर्माण प्रक्रिया की तकनीकी और मानव संसाधन की गुणवत्ता का विश्वमानक है। जैसे-औद्योगिक क्षेत्र में इन्स्टीच्यूट आफ प्लान्ट मेंन्टीनेन्स, जापान द्वारा उत्पादों के विश्वस्तरीय निर्माण विधि को प्राप्त करने के लिए उत्पाद निर्माण तकनीकी डब्ल्यू0 सी0 एम0-टी0 पी0 एम0-5 एस (WCM-TPM-5S (World Class Manufacturing - Total Productive Maintenance -Siri (छँटाई), Seton (सुव्यवस्थित), Sesaso (स्वच्छता), Siketsu (अच्छास्तर), Shituke (अनुशासन) प्रणाली संचालित है। जिसमें सम्पूर्ण कर्मचारी सहभागिता (Total Employees Involvement) है।) का प्रयोग उद्योगों में विश्व स्तरीय निर्माण प्रक्रिया के लिए होता है। और आई.एस.ओ.-9000 (ISO-9000) तथा आई.एस.ओ.-14000 (ISO-14000) है।

युग के अनुसार सत्यीकरण का मार्ग उपलब्ध कराना ईश्वर का कर्तव्य है आश्रितों पर सत्यीकरण का मार्ग प्रभावित करना अभिभावक का कर्तव्य है। और सत्यीकरण के मार्ग के अनुसार जीना आश्रितों का कर्तव्य है जैसा कि हम सभी जानते है कि अभिभावक, आश्रितों के समझने और समर्थन की प्रतिक्षा नहीं करते। अभिभावक यदि किसी विषय को आवश्यक समझते हैं तब केवल शक्ति और शीघ्रता से प्रभावी बनाना अन्तिम मार्ग होता है। विश्व के बच्चों के लिए यह अधिकार है कि पूर्ण ज्ञान के द्वारा पूर्ण मानव अर्थात् विश्वमानव के रुप में बनना। हम सभी विश्व के नागरिक सभी स्तर के अभिभावक जैसे-महासचिव संयुक्त राष्ट्र संघ, राष्ट्रों के राष्ट्रपति-प्रधानमंत्री, धर्म, समाज, राजनीति, उद्योग, शिक्षा, प्रबन्ध, पत्रकारिता इत्यादि द्वारा अन्य समानान्तर आवश्यक लक्ष्य के साथ इसे जीवन का मुख्य और मूल लक्ष्य निर्धारित कर प्रभावी बनाने की आशा करते हैं। क्योंकि लक्ष्य निर्धारण वक्तव्य का

सूर्य नये सहस्त्राब्दि के साथ डूब चुका है। और कार्य योजना का सूर्य उग चुका है। इसलिए धरती को स्वर्ग बनाने का अन्तिम मार्ग सिर्फ कर्तव्य है। और रहने वाले सिर्फ सत्य-सिद्धान्त से युक्त संयुक्तमन आधारित मानव है, न कि संयुक्तमन या व्यक्तिगतमन से युक्तमानव।

आविष्कार विषय "व्यक्तिगत मन और संयुक्तमन का विश्व मानक और पूर्णमानव निर्माण की तकनीकी है जिसे धर्म क्षेत्र से कर्मवेद: प्रथम, अन्तिम तथा पंचमवेदीय श्रृंखला तथा शासन क्षेत्र से WS-0: मन की गुणवत्ता का विश्व मानक श्रृंखला तथा WCM-TLM-SHYAM.C तकनीकी कहते है। सम्पूर्ण आविष्कार सार्वभौम सत्य-सिद्धान्त अर्थात् सम्पूर्ण ब्रह्माण्ड में व्याप्त अटलनीय, अपरिवर्तनीय, शाश्वत व सनातन नियम पर आधारित है, न कि मानवीय विचार या मत पर आधारित।" सम्पूर्ण ब्रह्माण्ड में व्याप्त एक ही सत्य-सिद्धान्त द्वारा व्यक्तिगत व संयुक्त मन को एकमुखी कर सर्वोच्च, मूल और अन्तिम स्तर पर स्थापित करने के लिए शून्य पर अन्तिम आविष्कार WS-0 श्रृंखला की निम्नलिखित पाँच शाखाएँ है।

1. डब्ल्यू.एस. (WS)-0:विचार एवं साहित्य का विश्वमानक
2. डब्ल्यू.एस. (WS)-00: विषय एवं विशेषज्ञों की परिभाषा का विश्वमानक
3. डब्ल्यू.एस. (WS)-000:ब्रह्माण्ड (सूक्ष्म एवं स्थूल) के प्रबन्ध और क्रियाकलाप का विश्वमानक
4. डब्ल्यू.एस. (WS)-0000: मानव (सूक्ष्म तथा स्थूल) के प्रबन्ध और क्रियाकलाप का विश्वमानक
5. डब्ल्यू.एस. (WS)-00000:उपासना और उपासना स्थल का विश्वमानक

संयुक्त राष्ट्र संघ सीधे इस मानक श्रृंखला को स्थापना के लिए अपने सदस्य देशों के महासभा के समक्ष प्रस्तुत कर अन्तर्राष्ट्रीय मानकीकरण संगठन व विश्व व्यापार संगठन के माध्यम से सभी देशों में स्थापित करने के लिए उसी प्रकार बाध्य कर सकता है, जिस प्रकार ISO-9000 व ISO-14000 श्रृंखला का विश्वव्यापी स्थापना हो रहा है।

20 वर्षों से जिस समय की प्रतीक्षा मैं लव कुश सिंह "विश्वमानव" कर रहा था वह आ गया है। जो व्यक्ति प्राकृतिक बल को समझ जाते हैं वे उसके अनुसार कार्य योजना तैयार करते है। इस क्रम में व्यक्ति, समाज, देश व विश्व की आवश्यकता को 20 वर्ष पहले ही समझ लिया गया था और उस अनुसार ही लक्ष्य निर्धारित कर उसके प्राप्ति के लिए कार्य योजना तैयार की जा रही थी। सिर्फ लक्ष्य निर्धारण से ही कार्य सम्पन्न नहीं हो जाता बल्कि लक्ष्य की सत्यता की प्रमाणिकता के लिए धर्म शास्त्रों, पुराणों, दार्शनिकों, सामाजिक-राजनीतिक नेतृत्वकर्ताओं, विज्ञान व आध्यात्म इत्यादि के विचारों-सिद्धान्तों के द्वारा उसे पुष्टि प्रदान करने की भी आवश्यकता होती है। फिर उसे उस लक्ष्य तक पहुँचाने के लिए कार्य योजना बनानी पड़ती है।

वर्तमान समय, सम्पूर्ण पुनर्निर्माण और सत्यीकरण का समय है। हमें प्रत्येक विषय को प्रारम्भ से समझना और समझाना पड़ेगा। तभी व्यक्ति, समाज, देश व विश्व को सत्य दिशा प्राप्त हो सकेगी और इस कार्य को करने वाला काशी-सत्यकाशी क्षेत्र इस वर्तमान समय में राष्ट्र गुरू बनेगा जिसका कारण होगा-" राष्ट्र को सत्य मार्गदर्शन देना"। और फिर यही कारण भारत को जगतगुरू के रूप में स्थापित कर देगा।

हम सभी के मोटर वाहनों में, वाहन कितने किलोमीटर चला उसे दिखाने के लिए एक यंत्र होता है। यदि इस यंत्र की अधिकतम 6 अंकों तक किलोमीटर दिखाने की क्षमता हो तब उसमें 6 अंक दिखते है। जो प्रारम्भ में 000000 के रूप में होता है। वाहन के चलते अर्थात् विकास करते रहने से 000001 फिर 000002 इस क्रम से बढ़ते हुये पहले इकाई में, फिर दहाई में, फिर सैकड़ा में, फिर हजार में, फिर दस हजार में, फिर लाख में, के क्रम में यह आगे बढ़ते हुये बदलता रहता है। एक समय ऐसा आता है जब सभी अंक 999999 हो जाते हें फिर क्या होगा? फिर सभी 000000 के अपने प्रारम्भ वाली स्थिति में आ जायेंगे। इन 6 अंक के प्रत्येक अंक के चक्र में 0 से 9 अंक के चक्र होते है। जो वाहन के चलने से बदलकर चले हुये किलोमीटर को दिखाते है। यही स्थिति भी इस सृष्टि के काल चक्र की है। सृष्टि चक्र में पहले काल है जिसके दो रूप अदृश्य और दृश्य हैं। फिर इन दोनों काल में 5 युग हैं। 4 अदृश्य काल के 1 दृश्य काल के। और इन दोनों काल में 14 मनवन्तर और मनु हैं। 7 अदृश्य काल के 7 दृश्य काल के। फिर इन युगों में युगावतार अवतार होते हैं। फिर व्यास व शास्त्र होते हैं। ये सब वैसे ही है जैसे अंक

गणित में इकाई, दहाई, सैकड़ा, हजार, दस हजार, लाख इत्यादि होते हैं। उपर उदाहरण दिये गये यंत्र में जब सभी अंक 999999 हो जाते हैं तब विकास के अगले एक बदलाव से इकाई, दहाई, सैकड़ा, हजार, दस हजार, लाख सभी बदलते हैं। वर्तमान सृष्टि चक्र की स्थिति भी यही हो गयी है कि अब अगले अवतार के मात्र एक विकास के लिए सत्यीकरण से काल, मनवन्तर व मनु, अवतार, व्यास व शास्त्र सभी बदलेंगे। इसलिए देश व विश्व के धर्माचार्यों, विद्वानों, ज्योतिषाचार्यों इत्यादि को अपने-अपने शास्त्रों को देखने व समझने की आवश्यकता आ गयी है क्योंकि कहीं ये कार्य वही तो नहीं है? और यदि नहीं तो वह कौन सा कार्य होगा जो इन सबको बदलने वाली घटना को घटित करेगा?

सामान्यतः मनुष्य का स्वभाव अपने जैसा ही दूसरे को समझना होता है। वह कैसे यह सोच सकता है कि एक व्यक्ति सांसारिक कार्यों से निर्लिप्त रहते हुये 20 वर्षों से ऐसी शोध व योजना पर ध्यान केन्द्रित कर कार्य करने में लगा हुआ है जो भारत को उसके सत्य महानता की ओर ले जाने वाला कार्य है। और ऐसा कार्य भारत सहित विश्व के लिए कितने बड़े समाचार का विषय बनेगा?

"विश्वशास्त्र" में जन्म-जीवन-पुर्नजन्म-अवतार-साकार ईश्वर-निराकार ईश्वर, अदृश्य और दृश्य ईश्वर नाम, मानसिक मृत्यु व जन्म, भूत-वर्तमान-भविष्य, शिक्षा व पूर्ण शिक्षा, संविधान व विश्व संविधान, ग्राम सरकार व विश्व सरकार, विश्व शान्ति व एकता, स्थिरता व व्यापार, विचारधारा व क्रियाकलाप, त्याग और भोग, राधा और धारा, प्रकृति और अहंकार, कर्तव्य और अधिकार, राजनीति व विश्व राजनीति, व्यक्ति और वैश्विक व्यक्ति, ज्ञान व कर्मज्ञान, योग, अदृश्य और दृश्य योग व ध्यान, मानवतावाद व एकात्मकर्मवाद, नायक-शास्त्राकार-आत्मकथा, महाभारत और विश्वभारत, जाति और समाजनीति, मन और मन का विश्वमानक, मानव और पूर्ण मानव एवं पूर्ण मानव निर्माण की तकनीकी, आकड़ा व सूचना और विश्लेषण, शास्त्र और पुराण इत्यादि अनेकों विषय और उनके वर्तमान समय के शासनिक व्यवस्था में स्थापना स्तर तक की विधि को व्यक्त किया गया है। इस एक ही "विश्वशास्त्र" साहित्य के गुणों के आधार पर धर्म क्षेत्र से 90 नाम और धर्मनिरपेक्ष व सर्वधर्मसमभाव क्षेत्र से 141 नाम भी निर्धारित किये गये हैं।

जब दुनिया बीसवीं सदी के समाप्ति के समीप थी तब वर्ष 1995 ई0 में कोपेनहेगन में सामाजिक विकास का विश्व शिखर सम्मेंलन हुआ था। इस शिखर सम्मेंलन में यह माना गया कि-" आर्थिक विकास अपने आप में महत्वपूर्ण विषय नहीं है, उसे समाजिक विकास के हित में काम करना चाहिए। यह कहा गया कि पिछले वर्षों में आर्थिक विकास तो हुआ, पर सभी देश सामाजिक विकास की दृष्टि से पिछड़े ही रहे। जिसमें मुख्यतः तीन बिन्दुओं- बढ़ती बेरोजगारी, भीषण गरीबी और सामाजिक विघटन पर चिन्ता व्यक्त की गई। यह स्वीकार किया गया कि सामाजिक विकास की समस्या सार्वभौमिक है। यह सर्वत्र है, लेकिन इस घोर समस्या का समाधान प्रत्येक संस्कृति के सन्दर्भ में खोजना चाहिए।" इसका सीधा सा अर्थ यह है कि व्यक्ति हो या देश, आर्थिक विकास तभी सफल होगा जब बौद्धिक विकास के साथ मनुष्य के गुणवत्ता में भी विकास हो। इसी सम्मेलन में भारत ने यह घोषणा की कि-" वह अपने सकल घरेलू उत्पाद का 6 प्रतिशत शिक्षा पर व्यय करेगा।" भारत इस पर तब से कितना अमल कर पाया यह तो सबके सामने है। लेकिन बौद्धिक विकास के साथ मनुष्य के गुणवत्ता में भी विकास के लिए भारत सहित विश्व के हजारों विश्वविद्यालय जिस पूर्ण सकारात्मक एवं एकीकरण के विश्वस्तरीय शोध को न कर पाये, वह पूर्ण किया जा चुका है और उसे पाठ्यक्रम का रूप देकर पुनर्निर्माण के माध्यम से आपके सामने है। परिणामस्वरूप एकल सार्वभौमिक रचनात्मक बुद्धि बनाम विश्व बुद्धि का रूप आपके सामने है।

शास्त्रों व अनेक भविष्यवक्ताओं के भविष्यवाणीयों को पूर्णतया सिद्ध करते हुये यह कार्य उसी समय अवधि में सम्पन्न हुआ है। भविष्यवाणीयों के अनुसार ही जन्म, कार्य प्रारम्भ और पूर्ण करने का समय और जीवन है। अधिक जानने के लिए इन्टरनेट पर गूगल व फेसबुक में नियामतपुर कलाँ, लव कुश सिंह "विश्वमानव" , सत्यकाशी, विश्वशास्त्र, विश्वमानव (NIYAMATPUR KALAN, LAVA KUSH SINGH "VISHWMANAV" , SATYAKASHI, VISHWSHASTRA, VISHWMANAV) इत्यादि से सर्च कर जानकारी पायी जा सकती है।

सामाजिक-आर्थिक प्रणाली और शिक्षा के दायित्व पर आधारित सम्पूर्ण कार्य योजना को राष्ट्र को समर्पित करते हुये और प्रकृति से लिए गये हवा, पानी, धूप इत्यादि का कर्ज उतारते हुये, इस व्यापार पर स्वयं का एकाधिकार न रहे इसलिए इसे, पूरी रूचि से संचालित करने वालों के हाथों में ही सौंपने की भी योजना है जिससे ज्ञान का व्यापार भी हो जायेगा और राष्ट्र सेवा भी हो जायेगी।

जय भारत देश, जय विश्व राष्ट्र

सत्य, आधुनिक अथवा प्राचीन किसी समाज का सम्मान नहीं करता। समाज को ही सत्य का सम्मान करना पड़ेगा। अन्यथा समाज ध्वंस हो जाये कोई हानि नहीं। किसी प्रकार की राजनीति में मुझे विश्वास नहीं है। ईश्वर तथा सत्य ही एक मात्र राजनीति है बाकि सब कूड़ा-करकट है।

-स्वामी विवेकानन्द

Think Globally - Act Locally
वैश्विक सोच - स्थानीय कार्यवाही

जिस प्रकार शरीर स्थित मन का स्तर व्यक्ति को इस संसार में अभिनय करवाता है, उसी प्रकार एक लेखक ही पर्दे पर या जीवन में अभिनय करवाता है।
वाल्मिकि और तुलसी के लिखने से श्रीराम का अभिनय,
और व्यास के लिखने से श्रीकृष्ण का अभिनय अभी भी चल रहा है।
व्यापक सोचें, व्यापक लिखे। पढ़े- "विश्वशास्त्र"

आत्मा पर कौन विश्वास करता है, सभी शरीर पर विश्वास करते हैं

WRITER IS ACTOR

भाग-9
परिवर्तन

सीधी समझ

नये भारत में, नये मनुष्य के उदय के लिए

व्यवस्था के परिवर्तन या सत्यीकरण का पहला प्रारूप और उसकी कार्य विधि

वे शब्द जिसके बिना युग परिवर्तन सम्भव नहीं

उपाधियाँ मिलती है- पीएच0 डी0, डी0 लिट0 और डी0 फिल0 और उनका बड़ा सम्मान होता है। उनका काम क्या है? उनका काम यह है कि वे तय करते हैं कि गोरखनाथ कब पैदा हुए थे। कोई कहता है दसवीं सदी के अंत में, कोई कहता है ग्यारहवीं सदी के प्रारम्भ में। इस पर बड़ा विवाद चलता है। बड़े-बड़े विश्वविद्यालयों के ज्ञानी सिर खपा कर खोज में लगे रहते हैं। शास्त्रों की, प्रमाणों की, इसकी, उसकी। उनकी पूरी जिन्दगी इसी में जाती है। इससे बड़ा अज्ञान और क्या होगा? गोरख कब पैदा हुए, इसे जानकर करोगे क्या? इसे जान भी लिया तो पाओगे क्या? गोरख न भी पैदा हुए, यह भी सिद्ध हो जाये, तो भी क्या फायदा? हुए हों या न हुए हों, अर्थहीन है। गोरख ने क्या जिया उसका स्वाद लो। इसलिए तुम्हारे विश्वविद्यालय ऐसी व्यर्थता के कामों में संलग्न हैं कि बड़ा आश्चर्य होता है कि इन्हें विश्वविद्यालय कहो या न कहो। इनका काम ही........तुम्हारे विश्वविद्यालय में चलने वाली जितनी शोध है, सब कूड़ा-करकट है।

-आचार्य रजनीश "ओशो"

(अक्टुबर व नवम्बर 1978 में दिये गये प्रवचन का अंश)

FINAL KNOWLEDGE BOMB BLAST

AFTER FIRST NOBEL DISCOVERY OF ZERO BY INDIA AGAIN ZERO BASED FINAL DISCOVERY

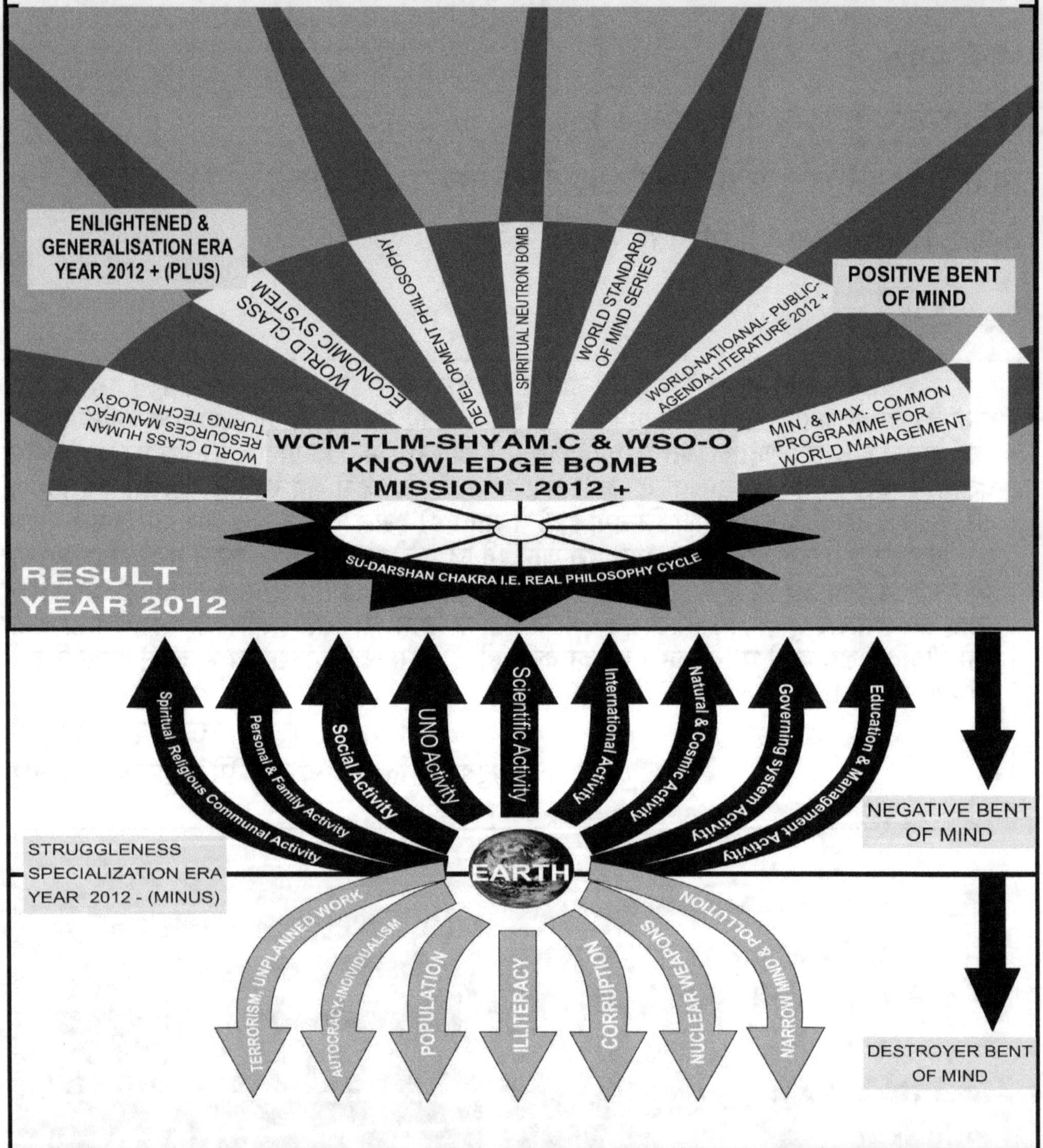

मैकाले शिक्षा पद्धति हम बदल नहीं सकते लेकिन अलग से "सत्य मानक शिक्षा" ग्रहण तो कर सकते हैं।

सरकारी पाठ्यक्रम बनाम नीजी पाठ्यक्रम / सार्वभौम आत्मीय पाठ्यक्रम / ईश्वरीय पाठ्यक्रम

ज्ञान के इस युग में ज्ञान की ओर चलें

FINAL KNOWLEDGE BOMB BLAST

यह चित्र **"FINAL KNOWLEDGE BOMB BLAST"** एक गहन वैचारिक मानचित्र है, जो मानव चेतना, ज्ञान, दर्शन और वैश्विक व्यवस्था के परिवर्तन को प्रतीकात्मक रूप में प्रस्तुत करता है।

इसमें यह दिखाया गया है कि वर्ष 2012 को एक *युग-संधि* के रूप में देखा गया है- जहाँ संघर्ष, विशेषज्ञता और विखंडन (2012–minus) से निकलकर मानवता को प्रबोधन, सामान्यीकरण और समन्वय (2012–plus) की ओर बढ़ना है।

चित्र के केंद्र में **WCM–TLM–SHYAM.C & WSO-O Knowledge Bomb Mission** और **सु-दर्शन चक्र (Real Philosophy Cycle)** को रखा गया है, जो यह संकेत देता है कि वास्तविक परिवर्तन शस्त्रों से नहीं, बल्कि दर्शन, विवेक और समग्र ज्ञान से आता है। ऊपर की ओर उठती संरचना *Positive Bent of Mind* को दर्शाती है, जहाँ विश्व-स्तरीय सोच, आध्यात्मिक दर्शन, मानवीय मूल्य, वैश्विक एजेंडा और कॉमन प्रोग्राम के माध्यम से मानव चेतना का विस्तार होता है।

चित्र के निचले भाग में पृथ्वी को केंद्र बनाकर मानव गतिविधियों-आध्यात्मिक, सामाजिक, वैज्ञानिक, अंतरराष्ट्रीय, शैक्षिक और प्रशासनिक-को दर्शाया गया है, जो यदि संतुलित हों तो उन्नति का मार्ग बनती हैं, और यदि असंतुलित हों तो *Negative* तथा *Destroyer Bent of Mind* की ओर ले जाती हैं।

वहीं नीचे की ओर गिरते तीर आतंकवाद, तानाशाही, जनसंख्या विस्फोट, अशिक्षा, भ्रष्टाचार, परमाणु खतरे और संकीर्ण सोच जैसे विनाशकारी तत्वों का प्रतिनिधित्व करते हैं। समग्र रूप से यह चित्र यह संदेश देता है कि वर्तमान युग में मानवता के सामने विकल्प स्पष्ट है-या तो संकीर्ण, नकारात्मक और विनाशकारी सोच, या फिर **"ज्ञान आधारित सार्वभौमिक दर्शन"** के माध्यम से पृथ्वी और मानव सभ्यता का संतुलित, शांतिपूर्ण और प्रबुद्ध भविष्य।

सीधी समझ

बड़ा वट वृक्ष (Big Banyan Tree), सैकड़ों वर्ष पुराना एक विशाल क्षेत्र में फैला वट वृक्ष है। जिसका मूल वृक्ष अब अस्तित्व में नहीं है उसके तनों से निकले सैंकड़ों जड़ वर्तमान में स्वयं एक वृक्ष, फिर उनके तनों से निकले सैंकड़ों जड़ भी वर्तमान में एक-एक वृक्ष के रूप में स्थापित हैं और सभी एक-दूसरे से जुड़े हुये हैं, बस जो नहीं है, वह है मूल वृक्ष। इस प्रकार सम्पूर्ण वृक्ष परिवार एक बड़े क्षेत्र में फैल चुका है और निरन्तर जारी भी है। प्रत्येक स्वयं स्वतन्त्र वृक्ष के रूप में स्थापित वृक्ष का अपने परिवार के रूप में तना, पत्ता, फूल और फल सब निकलते रहते हैं और जिसे जहाँ अर्थात् नजदीकी स्रोत से सुविधा अर्थात् खुराक मिल सकता हैं वहाँ से प्राप्त करते हुये विकास कर रहे हैं। इस कार्य में आपस में कोई विवाद नहीं है। कोई किसी पर अधिपत्य जमाना नहीं चाहता, ना ही अन्य के विकास में कोई बाधा पहुँचाता है। जिसको जिस ओर उचित वातावरण मिलता जाता है, उस ओर वह विकास कर रहा है। कुल मिलाकर स्व प्रेरित सुशासन की भाँति संचालित है। इस वट वृक्ष के सबसे बाद अर्थात् वर्तमान के तनों-पत्तों के लिए उसका जन्मदाता व पालनकर्ता के रूप में उसका नजदीकी जड़ ही है इसलिए उसकी कथा-कहानी वहीं से शुरू होती है और वहीं तक उसका ज्ञान है जो एक संकुचित और सीमित ज्ञान है। वह पूर्ण को नहीं जान रहा, उसका पूर्णत्व, सार्वभौम पूर्णत्व नहीं बल्कि सीमित पूर्णत्व है। सीमित पूर्णत्व में भी वह आनन्द में हैं और विकासशील है। उसका विकास होना सार्वभौम का ही विकास होना है परन्तु उसे उसका ज्ञान नहीं है और वह उस सार्वभौम के विकास में अपने योगदान को करते हुये भी स्वयं को गौरवान्वित नहीं अनुभव कर रहा है। सार्वभौम से युक्त होने के बाद भी उसे अपने परिवार से ही जुड़ा रहना उसकी विवशता भी है और इसके अलावा कोई अन्य मार्ग भी नहीं हैं। उसके सार्वभौम का मार्ग भी उसके अपने परिवार के ही मार्ग से होकर जाता है। वृक्ष के साथ यह मजबूरी भी है कि क्योंकि वह स्थिर है इसलिए उसका छोटा परिवार केवल पड़ोस तक के ही दायरे के सम्पर्क में है। दूसरे छोर के परिवार का क्या हाल है उसे कुछ नहीं पता।

हे मानवों, ये संसार भी उपरोक्त वट वृक्ष के सामन ही फैला हुआ है। परन्तु उस भाँति विकास नहीं कर रहा है। मनुष्य के अन्दर बीमारी की भाँति अधिकतम "शक्ति और लाभ (पावर और प्राफिट)" की दौड़ ने उसे अधिपत्य, अत्याचार, दूसरे को दबाना इत्यादि से युक्त कर दिया है। और जो इस दौड़ में नहीं हैं वे सीमित पूर्णत्व में आनन्द के साथ विकासशील हैं। उन्हें और भी तेज विकास की इच्छा है परन्तु उनके बुद्धि का दायरा ही सीमित है इसलिए उन्हें मार्ग नहीं मिल रहा है। यदि उनको मार्ग भी मिल रहा हो तो वट वृक्ष की भाँति उसके नजदीकी जन्मदाता ने उसे यह बता रखा है कि जब उस सार्वभौम का मार्ग मेरे ही रास्ते से जाता है तो जो मैं कह रहा हूँ उसे करो। और इसके लिए वे अपने परिवार के लिए अनेक प्रकार की प्रणाली दे रखे हैं। जबकि ये प्रणाली देने वाले उनके नजदीकी जन्मदाता स्वयं कहाँ से आये हैं स्वयं उन्हे भी नहीं पता। क्योंकि वे स्वयं भी उस वट वृक्ष के खो गये मूल जड़ की तरह अपने मूल जड़ को नहीं जानते। वे भी अपने नजदीकी जन्मदाता का ही अनुसरण कर रहे होते हैं। ये प्रणालीयाँ अनेक प्रकार की हैं उदाहरणस्वरूप कुछ मुख्य निम्नवत् हैं-

1 उनके द्वारा प्रस्तुत कुछ पुस्तकें होती हैं जिन्हें नियमानुसार प्रतिदिन पढ़ना होता है। पढ़ने के पूर्व शुद्धता की भी प्रक्रिया अनिवार्य होती है अन्यथा पुस्तकें परिणाम नहीं दे पायेंगी, ये भी शर्त होती हैं।
2 उनके द्वारा भोजन से सम्बन्धित कुछ नियम बना दिये जाते हैं कि क्या खाना है और क्या नहीं खाना है।
3 उनके द्वारा कोई मन्त्र दे कर उसे नियमानुसार जपने के लिए दे दिया जाता है।
4 उनके द्वारा किसी यन्त्र-तन्त्र द्वारा समस्या मुक्ति का उपाय बता दिया जाता है।
5 उनके द्वारा किसी विशेष प्रकार के रंग और ढ़ग के वस्त्र निर्धारित कर दी जाती है जिससे उनकी पहचान एक अलग रूप में हो। अर्थात् समाज का एक और विभाजन कर उसे प्रस्तुत कर देते हैं।

सामान्य रूप से सभी द्वारा अनिवार्य रूप से ये भी निर्धारित कर दी जाती है कि किसी दूसरे के नियमों को न तो जानना है, न सुनना है, न पढ़ना है और न ही उसमें शामिल होना है। अर्थात् एक गतिशील प्राणी मनुष्य को जिसे सदैव श्रेष्ठ से, श्रेष्ठतम और सर्वोच्च तक उठने-विकास करने के लिए निर्मित किया गया था, उसे एक सीमित

दायरे में बुद्धिबद्ध कर दिया गया। मनुष्य जिसका निर्माण अपनी मस्तिष्क को असीम क्षमता को विकसित कर ईश्वर रूप में व्यक्त होना था, उसे जड़ (स्थिर) बना दिया गया।

हे मानवों, मनुष्यों की सबसे बड़ी कमजोरी "स्वयं में गुणों का विकास कर स्वयं बन जाने या हो जाने" में नहीं बल्कि "पाने" की इच्छा है। इस पाने की इच्छा की कमजोरी का परिणाम ही है उपरोक्त अनेक प्रकार के बुद्धिबद्ध करने की विधियाँ।

हे मानवों, उपरोक्त के पृष्ठभूमि में उनका उद्देश्य केवल अपने स्वार्थ की पूर्ति के सिवाय कुछ नहीं होता। क्योंकि मार्गदर्शक या प्रेरक या शिक्षक का उद्देश्य स्वयं से श्रेष्ठ मानव का निर्माण होता है न कि सदैव जीवन भर एक ही प्रणाली या प्रक्रिया या कक्षा में पढ़ते-दुहराते रहने के लिए विवश करना। उपरोक्त के पृष्ठभूमि में शारीरिक-आर्थिक-मानसिक शोषण का ही कार्य विभिन्न प्रकार से चल रहा है। कोई अपने कृषि कार्य को मुफ्त में हल करवा रहा है, तो कोई अपने नाम के उत्पादों को सिर्फ उन्हें ही खरीदने के लिए बुद्धिबद्ध कर दिया है।

हे मानवों, इन सबको आस्था का व्यापार कहते हैं। जबकि मैं देख रहा हूँ कि प्रत्येक संस्कारित करने की क्रिया जो उस काल के लिए आस्था का विषय था। उसके अगले काल के लिए संस्कारित करने की नयी क्रिया उपलब्ध हो जाने के बावजूद, मानव शरीर पिछले काल के संस्कारित करने वाली क्रिया के प्रति आस्था रखते हुये मूर्खता का स्पष्ट प्रदर्शन कर रहा है। सभी कालों में, सभी संस्कारित करने की क्रियाओं में मैं (सार्वभौम आत्मा) ही आस्था का विषय था परन्तु क्रिया के प्रति आस्था रखना मूर्खता का स्पष्ट प्रमाण ही तो है। चाहे वह व्यक्तिगत इच्छा से हो या सामाजिक प्रदर्शन की इच्छा से। इन समस्त संस्कारित करने के क्रिया के पीछे जो रहस्य आज तक गोपनीय था उसे मैंने तुम्हारें समक्ष सार्वजनिक प्रकाशित कर दिया है। अब कुछ भी गोपनीय नहीं। बावजूद इसके प्रत्येक मनुष्य अपनी मूर्खता रूपी आस्था को प्रदर्शित करने के लिए स्वतन्त्र है। परन्तु वह मुझ (सार्वभौम आत्मा) को प्राप्त नहीं कर सकता। हे मानवों, ईश्वर बहुमत से नहीं निर्धारित किया जाता इसलिए ही उसे अनिवर्चनीय कहा गया है। किसी भी वस्तु के प्रति आस्था के विकास से और समस्त मानवों को उसके प्रति आस्थावान् बना देने से वह वस्तु गुण प्रकट कर वैसा नहीं बन सकती जैसा आप उम्मीद करते हो।

हे मानवों, एक तरह से देखा जाये तो उपरोक्त व्यवस्था से कोई समस्या है ही नहीं क्योंकि जिसकी इच्छा जहाँ से पूर्ति हो रही है और विकास का मार्ग मिल रहा है, वह वहाँ से जुडा हुआ है। इसलिए मानव सभ्यता पर आया यह दसवाँ और अन्तिम संकट, संकट होते हुये भी संकट जैसा नहीं दिखता। इस व्यवस्था से हमें कोई समस्या भी नहीं है। समस्या ये है कि धर्म को जिस उद्देश्य के लिए निर्मित किया गया था वही धर्म, संकट में है। यह धर्म ही उस वट वृक्ष का मूल है, सार्वभौम है, समष्टि है। इसके ज्ञान से युक्त दोनों को अर्थात् विशाल संसार रूपी वट वृक्ष के छोटे-छोटे परिवार के नेतृत्वकर्ता मुखिया सहित उसके सदस्यों को होना आवश्यक है। तभी परिवार के नेतृत्वकर्ता मुखिया द्वारा बनाये गये उपरोक्त प्रणाली-नियम परिणाम-फल दे पायेंगे जिसकी इच्छा परिवार के सदस्य करते हैं।

हमारी उत्पत्ति ज्ञान से हुई है। जिन्हें ज्ञान है वही अपने आप को संघर्ष में पाते हैं और सर्वश्रेष्ठता के लिए कर्मशील हैं। शेष सभी तो प्रकृति के अनुसार आते-जाते रहते हैं। इस ज्ञान को ही ब्रह्म (सार्वभौम एकात्म ज्ञान) कहते हैं। देवता रूप में इस ज्ञान को ब्रह्मा के रूप में प्रक्षेपित किया गया है। यह ज्ञान जिस-जिस अंगो द्वारा प्राथमिकता से अनुभव में आता है उतने प्रकार के मानव अपने-आप को उत्पन्न समझते हैं।

पुराण रचनाकार महर्षि व्यास ने ब्रह्मा अर्थात ज्ञान के पुत्रों का प्रक्षेपण किये हैं। ब्रह्मा के 10 मानस पुत्रों

01.मन (विचार) से ज्ञान प्राप्त करने वाले मरीचि

02.नेत्रों (देखकर) ज्ञान प्राप्त करने वाले अत्रि

03.मुख (वाणी) से ज्ञान प्राप्त करने वाले अंगिरा

04.कान (सुन) कर ज्ञान प्राप्त करने वाले पुलस्त्य

05.नाभि (केन्द्र) से ज्ञान प्राप्त करने वाले पुलह

06.हाथ (कर्म) से ज्ञान प्राप्त करने वाले कृतु

07.त्वचा (स्पर्श) से ज्ञान प्राप्त करने वाले भृगु

08.प्राण (श्वास) से ज्ञान प्राप्त करने वाले वशिष्ठ

09.अँगूठे (आत्मा) से ज्ञान प्राप्त करने वाले दक्ष

10.गोद (प्रेम) से ज्ञान प्राप्त करने वाले नारद

ये दस प्रकार ज्ञान से उत्पन्न है और इतने प्रकार के मानव निर्मित होकर संसार में विचरण कर रहे हैं। इसे ये न समझना चाहिए कि मन या नेत्र इत्यादि से कैसे ब्रह्मा ने अपने पुत्रों को उत्पन्न किया? चूंकि शरीर का अस्तित्व अस्थायी है इसलिए विचार के आधार पर ये मनुष्य के वर्ग या श्रेणी का निर्धारण है। इसे मानकीकरण (Standardization) या वर्गीकरण (Classification) भी कहा जा सकता है। जिस प्रकार आजकल मानकीकरण के शब्द ISOऔर ISI मार्का दिये जाते हैं।

नये भारत में, नये मनुष्य के उदय के लिए

आप लंगोट से जौकी पर आ गये...पायजामे से पतलून पर आ गये...नाड़े से बेल्ट पर आ गये...खड़ाऊँ से बूट पर आ गये...कलम से कीबोर्ड पर आ गये। पगडंडियों से एक्सप्रेस वे पर आ गये...चूल्हे से इंडक्शन कुकर पर आ गये...जंगलो से अपार्टमेंट तक आ गये। हल से ट्रैक्टर पर आ गये...पैदल से लक्ज़री जहाज़ों पर आ गये...दीये-मशाल से एलईडी पर आ गये...आप लैंडलाइन से ओरियो एंड्रॉयड तक आ गये...तीर-कमान और गदा से ऑटोमैटिक बंदूकों और मिसाइलों पर आ गये। दुनियां चाँद पे चली गई...मंगल की छाती पर नासा ने रोबोट उतार दिया....शनि मंगल सूर्यग्रहण-चन्द्रग्रहण के हर रहस्य से पर्दा उठ गया!

आप पाँच हज़ार ईसापूर्व और पाँचवी-छठवीं शताब्दी से इक्कीसवी शताब्दी में आ गये...आप लगातार अपडेट होते रहे हैं!!! मगर फिर भी तुम ग्रह-नक्षत्रों को...शनि-मंगल को जन्मकुंडली में देख-देख कर काँप रहे हो। अपना भविष्य सुधारने के लिए बाबा-बाबियों का रास्ता नाप रहे हो। क्या इसी दिन के लिए तुमने बी.एससी, एम.एससी पीएच.डी की थी?? कि तुम पढ़े-लिखे जाहिलों की फौज में शामिल हो जाना! क्या इसी दिन के लिए तुम डॉक्टर, इंजीनियर, वकील, मजिस्ट्रेट या प्रोफेसर बने थे? कि बंगले पर काली हांडी टांगना! निम्बू मिर्ची टांगना! नजर न लगने से एक पैर में काला धागा बांधना?? और अपने उज्ज्वल भविष्य की भीख किसी बाबा-बाबी के दर पर नाक रगड़ के मांगना?

देश आजाद हो गया! दुनिया आजाद हो गई! आखिर कब मिलेगी तुम्हें आजादी?? इस अंधी मानसिक गुलामी से? दुनिया रोज नए-नए आविष्कार कर रही है! तुम हजारों साल पुरानी भाषा, संस्कृति, रीति, रिवाजो की वैज्ञानिक व्याख्या करने में लगे हो! क्या भारत पुनः विश्वगुरु तुम्हारे जैसे मनोरोगियों की वजह से कभी बन पाएगा? बंद कमरे में तुम्हारी चोटी कट जाती! अँधेरे में अकेले में तुम्हें भूत-पलीत सताते हैं! तुम्हें ही सारी दुनिया की नजर लगती है! डायन तो तुम्हारे हर घर में मौजूद है!! तुम्हारे तंत्र-मंत्र-यंत्र काम क्यों नहीं करते हैं? एक पैर में काले धागे वाला रक्षा सूत्र तुम्हारी चोंटी क्यों नहीं बचाता है? आखिर कब तक तुम मानसिक गुलाम रहोगे?

तुम्हारी समस्याएं लौकिक है। मगर तुम्हें हर समस्या का हल परलोक में नजर आता है! संसार तुम्हारे लिए स्वप्नवत् है माया है! भगवान की लीला है! नाटक है! भ्रम है! आखिर तुम्हें इस सपने से कौन जगाए? कब तक शब्दों के साथ बलात्कार करोगे? कब तक धोखे में रहोगे? कब तक हर सिद्धान्त हर आविष्कार को शास्त्रों ऋषि-मुनियों के माथे मड़ोगे??

तुम लोग को जो जगाए वही धर्मद्रोही, देशद्रोही, जातिवादी या नास्तिक है? चारुवाक, बुद्ध, महावीर, कपिल, कणाद गौतम, नागसेन, अश्वघोष, कबीर, नानक, रविदास, ओशो, फुले, शाहू, पेरियार, भीम, भगतसिंह, कोवूर, राहुल संस्कृत्यायन, दयानन्द, विवेकानंद, सबने विवेक लगाया! मगर फिर भी तुम्हारा विवेक नहीं जागा!

तुम्हारा धर्म कब अपडेट (Update) होगा?
तुम्हारी आस्था कब अपडेट (Update) होगी?
तुम्हारा ईश्वर कब अपडेट (Update) होगा?
तुम्हारी सोच कब अपडेट (Update) होगी?
तुम्हारे धर्म की किताबें कब अपडेट (Update) होंगी?

कम्प्यूटर और मोबाइल का साफ्टवेयर तो तुरन्त करते हो, तुम्हारे मस्तिष्क का साफ्टवेयर कब अपडेट (Update) होगा?

क्योंकि तुम विश्वगुरु के अहंकार की दारू पीकर गरीबी, अनपढ़ता, लिंगभेद, जातिभेद, भाषाभेद, क्षेत्रभेद, साम्प्रदायिकता की नाली में पड़े हो! आखिर तुम्हें कब मिलेगी आजादी? इस उम्दा मानसिक गुलामी से?

सोच के बता देना!!
आओ एक कदम शब्दों के उँचाइयों की ओर.........

IDEAS + ACTION = CHANGE

व्यवस्था के परिवर्तन या सत्यीकरण का पहला प्रारूप और उसकी कार्य विधि

उदाहरण के रूप में, यदि किसी शिक्षित व्यक्ति जिसे अंकगणित का ज्ञान हो, उसके समक्ष संख्या 5 लिख दिया जाये और उससे कहा जाये कि इस संख्या के आगे और पीछे की संख्या लिखें तो वह आसानी से उसे लिख देगा परन्तु अंकगणित का अज्ञानी ऐसा नहीं कर पायेगा। उसका सारा ध्यान केवल संख्या 5 पर ही टिका रह जायेगा क्योंकि वह संख्या पद्धति से अपरिचित है। अगर वह कुछ लिख भी देगा तो वह आवश्यक नहीं कि सत्य हो और उसमें सुधार की पूरी सम्भावना बनी रहेगी। समाज सुधार के क्षेत्र में भी यही बात है। हम एक समस्या देखते हैं फिर उसमें कुछ सुधार कर देते हैं। फल यह होता है कि कुछ समय बाद पुनः उसमें सुधार की आवश्यकता आ जाती है।

जितने अधिक आकड़ों को विश्लेषित कर हम परिणाम को खोजेंगे उतने ही सत्य परिणाम हमारे सामने आयेंगे। प्रस्तुत शास्त्र व्यक्त अधिकतम आकड़ों के व्यवस्थित प्रस्तुतीकरण का शास्त्र है। दूसरे रूप में इसे धर्म ज्ञान का बैलेन्ससीट भी कह सकते है। इन सम्पूर्ण आकड़ों पर आधारित होकर व्यक्ति, समाज और विश्व राष्ट्र के लिए लिया गया निर्णय ही एक सत्य निर्णय हो सकता है। समाज सुधार के सम्बन्ध में स्वामी विवेकानन्द का कहना है कि-"तथाकथित समाज-सुधार के विषय में हस्तक्षेप न करना क्योंकि पहले आध्यात्मिक सुधार हुये बिना अन्य किसी भी प्रकार का सुधार हो नहीं सकता (राम पृष्ठ मिशन, पत्रावली भाग-1, पृष्ठ-29), भारत के शिक्षित समाज से मैं इस बात पर सहमत हूँ कि समाज का आमूल परिवर्तन करना आवश्यक है। पर यह किया किस तरह जाये? सुधारकों की सब कुछ नष्ट कर डालने की रीति व्यर्थ सिद्ध हो चुकी है। मेरी योजना यह है, हमने अतीत में कुछ बुरा नहीं किया। निश्चय ही नहीं किया। हमारा समाज खराब नहीं, बल्कि अच्छा है। मैं केवल चाहता हूँ कि वह और भी अच्छा हो। हमें असत्य से सत्य तक अथवा बुरे से अच्छे तक पहुँचना नहीं है। वरन् सत्य से उच्चतर सत्य तक, श्रेष्ठ से श्रेष्ठतर और श्रेष्ठतम तक पहुँचना है। मैं अपने देशवासियों से कहता हूँ कि अब तक जो तुमने किया, सो अच्छा ही किया है, अब इस समय और भी अच्छा करने का मौका आ गया है।"-(राम पृष्ठ मिशन, जितने मत उतने पथ, पृष्ठ-46)

व्यक्ति हो या ज्ञानी, समाज हो या राज्य, देश हो या विश्व, समाज नेता हों या राजनेता सभी को अब यह जान लेना चाहिए कि विश्व एक परिवार है और उस परिवार का शास्त्र-"विश्वशास्त्र" है। जब तक यह शास्त्र उपलब्ध नहीं था तब तक इस विश्व परिवार के एकीकरण का मार्ग नहीं खुला था, अब वह मार्ग मिल चुका है। कोई भी समाज निर्माण या युग परिवर्तन का कार्य एक क्षण का कार्य नहीं है। यह एक लम्बी अवधि की प्रक्रिया का कार्य है। इसे हम उन समाज सुधारकों के संस्थाओं के कार्य को देख कर अनुभव कर सकते हैं।

व्यवस्था परिवर्तन, एक राजनीतिक लुभावना वाला शब्द है। वह कैसे होगा, इसके लिए एक प्रारूप की आवश्यकता होती है अगर वह नहीं है तो व्यवस्था परिवर्तन चिल्लाने से नहीं होता। फिर व्यवस्था परिवर्तन किस बात का? मानव समाज को संचालित करने के लिए तो सिर्फ दो ही मूल व्यवस्था है-एक राजतन्त्र, जिसका युग जा चुका है। दूसरा-लोकतन्त्र, जिसका युग चल रहा है और यही अन्तिम व्यवस्था भी बनी रहेगी क्योंकि ब्रह्माण्डीय व्यवस्था भी लोकतन्त्र से ही चल रहा है और मनुष्य के मस्तिष्क से अन्ततः वही व्यक्त हो रहा है। लोकतन्त्र से हम राजतन्त्र में नहीं जा सकते इसलिए व्यवस्था परिवर्तन का अर्थ ही निरर्थक है।

आवश्यकता है वर्तमान लोकतन्त्र व्यवस्था को ही सत्य आधारित करने की जिसे व्यवस्था सत्यीकरण कहा जा सकता है। इस कार्य में हमें मानकशास्त्र की आवश्यकता है जिससे तोल कर यह देख सके कि इस लोकतन्त्र व्यवस्था में कहाँ सुधार करने से सत्यीकरण हो जायेगा। यह मानकशास्त्र ही "विश्वशास्त्र" है। सिर्फ मतदाता बनने व वोट डालने से ही लोकतन्त्र स्वस्थ नहीं हो सकता। उसके लिए देश व विश्व के पूर्ण ज्ञान की आवश्यकता होगी। इसलिए आवश्यक है कि प्रत्येक मतदाता "विश्वशास्त्र" के ज्ञान से युक्त हो।

अच्छा होता कि हमारे राजनेतागण कुछ दिनों के लिए सन्यास लेकर थोड़ा कुछ अध्ययन-चिंतन करते रहते ताकि उन्हें बार-बार लक्ष्य के लिए शब्दों का परिवर्तन न करना पड़ता। एक ही स्थिति में बहुत समय तक रहने पर बुद्धि, बद्ध हो जाती है। एक-एक सीढ़ी चढ़कर, पहुँच गये-पहुँच गये चिल्लाने से अच्छा है कि अन्तिम सीढ़ी पर पर बैठकर चिल्लाना कि पहुँच गये।

चाहे कुछ हो यदि प्रारूप नहीं, तो न तो व्यवस्था परिवर्तन हो सकता है, न ही व्यवस्था सत्यीकरण हो सकता है, न ही सम्पूर्ण क्रान्ति। भीड़ से क्रान्ति नहीं सिर्फ हंगामा होता है। भीड़ में जोश होता है, होश नहीं।

इस मानक शास्त्र के प्रस्तुत हो जाने से व्यवस्था परिवर्तन की नहीं बल्कि व्यवस्था के सत्यीकरण का मार्ग खुल चुका है। जिसका व्यक्ति, समाज और विश्व राष्ट्र को आवश्यकता भी है। किसी एक विषय पर बहुत अधिक पुस्तक मस्तिष्क को भ्रमित ही करती है। यह शास्त्र प्रारम्भ से अन्त तक के विकास को क्रमबद्ध प्रस्तुत करता है जिससे हम सभी एक सत्य निर्णय करने में सक्षम हों और पूर्ण ज्ञान से युक्त हो जायें और हमारा कोई भी सुधार एक स्थायी, अच्छा और दूरगामी परिणाम देने वाला हो।

प्रश्न यह भी उठता है कि परिवार का मुखिया जिसके द्वारा परिवार का संचालन होता है, यदि वह परिवार के हित व विकास के विषय में कर्म न करता हो तो क्या परिवार का सदस्य उसमें हस्तक्षेप करने का अधिकारी है या नहीं? यही बात देश को चलाने वाले संसद के विषय में भी है। यदि संसद स्वयं देशहित व जनहित के प्रति उदासीन हो जाये तो क्या जनता संसद को मार्गदर्शन देने का अधिकार नहीं रखती? यदि नहीं तो संविधान की धारा-51(ए) के अन्तर्गत नागरिक का मौलिक कर्तव्य की उपयोगिता क्या है? ध्यान रखने योग्य विषय यह है कि कोई भी चुना हुआ प्रतिनिधि सिर्फ उतने ही बड़े क्षेत्र का प्रतिनिधि होता है जिस क्षेत्र से वह चुना जाता है। भारत में ऐसा कोई प्रतिनिधि जनता से नहीं चुना जाता जो भारत का प्रतिनिधित्व करता हो और जब तक भारत का प्रतिनिधित्व करने वाला चुनाव नहीं होता या भारत की जनता का राष्ट्रीय मुद्दों पर विचार कर संसद के कर्तव्य का बोध कराने वाली स्वतन्त्र संस्था नहीं बन जाती, तब तक जनता को संसद को संविधान की धारा-51(ए) के अन्तर्गत नागरिक का मौलिक कर्तव्य के अनुसार न्यायालय व संसद के माध्यम से सरकार को मार्गदर्शन देने का कर्तव्य करना चाहिए जो उसका अधिकार भी है।

वे शब्द जिसके बिना युग परिवर्तन सम्भव नहीं

सन् 1893 से सन् 1993 के 100 वर्षों के समय में विश्व के बौद्धिक शक्ति को जिन्होंने सबसे अधिक हलचल दी वे हैं-धर्म की ओर से स्वामी विवेकानन्द और धार्मिकता की ओर से आचार्य रजनीश"ओशो"। मनुष्य जिस प्रकार भौतिक विज्ञान के नवीन आविष्कारों को आसानी से ग्रहण करता है उसी प्रकार धर्म-आध्यात्म-दर्शन के नवीन आविष्कारों को भी मनुष्य को ग्रहण करना चाहिए, तभी मानसिक-आध्यात्मिक स्वतन्त्रता का अनुभव हो सकेगा। अन्यथा पूर्ण शारीरिक गुलामी का समय बीत चुका, आर्थिक गुलामी का काल चल रहा है और मानसिक गुलामी के काल चक्र में मनुष्य फँस जायेगा।

स्वामी विवेकानन्द जी का कहना था-

- "उसी मूल सत्य की फिर से शिक्षा ग्रहण करनी होगी, जो केवल यहीं से, हमारी इसी मातृभूमि से प्रचारित हुआ था। फिर एक बार भारत को संसार में इसी मूल तत्व का-इसी सत्य का प्रचार करना होगा। ऐसा क्यों है? इसलिए नहीं कि यह सत्य हमारे शास्त्रों में लिखा है वरन् हमारे राष्ट्रीय साहित्य का प्रत्येक विभाग और हमारा राष्ट्रीय जीवन उससे पूर्णतः ओत-प्रोत है। इस धार्मिक सहिष्णुता की तथा इस सहानुभूति की, मातृभाव की महान शिक्षा प्रत्येक बालक, स्त्री, पुरुष, शिक्षित, अशिक्षित सब जाति और वर्ण वाले सीख सकते हैं। तुमको अनेक नामों से पुकारा जाता है, पर तुम एक हो।" (जितने मत उतने पथ, राम कृष्ण मिशन, पृष्ठ-39)।
- "अतः यदि भारत को महान बनाना है, तो इसके लिए आवश्यकता है संगठन की, शक्ति संग्रह की और बिखरी हुई इच्छाशक्ति को एकत्र कर उसमें समन्वय लाने की। अथर्ववेद संहिता की एक विलक्षण ऋचा याद आ गयी जिसमें कहा गया है, "तुम सब लोग एक मन हो जाओ, सब लोग एक ही विचार के बन जाओ। एक मन हो जाना ही समाज गठन का रहस्य है बस इच्छाशक्ति का संचय और उनका समन्वय कर उन्हें एकमुखी करना ही सारा रहस्य है।" (देखें "नया भारत गढ़ो" पृष्ठ संख्या-55)
- "यह भी न भूलना चाहिए कि हमारे बाद जो लोग आएंगे, वे उसी तरह हमारे धर्म और ईश्वर सम्बन्धी धारणा पर हँसेंगे, जिस तरह हम प्राचीन लोगों के धर्म और ईश्वर की धारणा पर हँसते हैं। यह सब होने पर भी, इन सब ईश्वर सम्बन्धित धारणाओं का संयोग करने वाला एक स्वर्ण सूत्र है और वेदान्त का उद्देश्य है-इस सूत्र की खोज करना। भागवान कृष्ण ने कहा है-""भिन्न भिन्न मणियाँ जिस प्रकार एक सूत्र में पिरोयी जा सकती हैं, उसी प्रकार इन सब विभिन्न भावों के भीतर भी एक सूत्र विद्यमान है।" (देखें "ज्ञानयोग", पृष्ठ संख्या-65) ,
- "एक शब्द में वेदान्त का आदर्श है-मनुष्य के सच्चे स्वरूप को जानना।" (देखें "विवेकानन्द राष्ट्र को आह्वान", पृष्ठ सं0-48)।
- यदि हम अपने व्यक्तिगत एवं सामूहिक जीवन में वैज्ञानिक चेतना सम्पन्न एवं आध्यात्मिक एक साथ न हो पाए, तो मानवजाति का अर्थपूर्ण अस्तित्व ही संशय का विषय हो जाएगा। (विज्ञान और आध्यात्मिकता, पृष्ठ-9)
- हमेशा यूरोप से सामाजिक तथा एशिया से आध्यात्मिक शक्तियों का उद्भव होता रहा है एवं इन दोनों शक्तियों के विभिन्न प्रकार के सम्मिश्रण से ही जगत का इतिहास बना है। वर्तमान मानवेतिहास का एक और नवीन पृष्ठ धीरे-धीरे विकसित हो रहा है एवं चारो ओर उसी का चिन्ह दिखाई दे रहा है। कितनी ही नवीन योजनाओं का उद्भव तथा नाश होगा, किन्तु योग्यतम वस्तु की प्रतिष्ठा सुनिश्चित है, सत्य और शिव की अपेक्षा योग्यतम वस्तु और हो ही क्या सकती है? (पत्रावली भाग-1, पृष्ठ-310)

स्वामी विवेकानन्द के अनुसार शब्द से सृष्टि का रहस्य

01. बृहत् ब्रह्माण्ड में भी ब्रह्मा, हिरण्यगर्भ या समष्टि महत् ने पहले अपने आप को नाम के, और फिर बाद में रुप के आकार में अर्थात् इस परिदृश्यमान जगत के आकार में अभिव्यक्त किया। (भक्ति योग, पृष्ठ-44)
02. यह सारा व्यक्त इन्द्रियग्राह्य जगत रुप है, और इसके पीछे है अनन्त अव्यक्त स्फोट। स्फोट का अर्थ-समस्त जगत की अभिव्यक्ति का कारण शब्द-ब्रह्म है। समस्त नामों अर्थात् भावों की नित्य समवायी उपादान स्वरुप यह नित्य स्फोट ही वह शक्ति है, जिससे भगवान इस विश्व की सृष्टि करते हैं। यही नहीं बल्कि भगवान पहले स्फोट रुप में परिणत हो जाते हैं और तत्पश्चात् अपने को उससे भी स्थूल इस इन्द्रियग्राह्य जगत के रुप में परिणत कर लेते हैं। (भक्ति योग, पृष्ठ-45)
03. इस स्फोट का एक मात्र वाचक शब्द है-"ऊँ"। और चूँकि हम किसी भी उपाय से शब्द को भाव से अलग नहीं कर सकते, इसलिए यह "ऊँ" भी इस नित्य स्फोट से नित्य संयुक्त है। (भक्ति योग, पृष्ठ-45)
04. एकमेव यह "ऊँ" ही इस प्रकार सर्वभावाव्यापी वाचक शब्द है, अन्य कोई भी इसके समान नहीं। स्फोट ही सारे भावों का उपादान है, फिर भी वह स्वयं पूर्ण रुप से विकसित कोई विशिष्ट भाव नहीं है। अर्थात् यदि उन सब भेदों को, जो एक भाव को दूसरे से अलग करते हैं, निकाल दिया जाय, तो जो कुछ बचा रहता है, वही स्फोट है। इसलिए इस स्फोट को "नादब्रह्म" कहते हैं। (भक्ति योग, पृष्ठ-45)
05. जो वाचक शब्द उसे सब से कम विशेषभावापन्न करेगा, पर साथ ही उसके स्वरुप को यथासम्भव पूरी तरह प्रकाशित करेगा, वही उसका सबसे सच्चा वाचक होगा। और यह वाचक शब्द है-एकमात्र "ऊँ" क्योंकि ये तीनों अक्षर अ, उ और म्, जिनका एक साथ उच्चारण करने से "ऊँ" होता है, समान शब्दों के साधारण वाचक के तौर पर लिये जा सकते हैं। (भक्ति योग पृष्ठ, पृष्ठ-46)
06. अक्षर "अ" सारे अक्षरों में सबसे कम विशेषभावापन्न है। इसीलिए भगवान श्रीकृष्ण गीता में कहते हैं-"अक्षरों में मैं "अ" कार हूँ। " (गीता,10/33) स्पष्ट रुप से उच्चारित जितने भी शब्द हैं, उनकी उच्चारण क्रिया मुख में जिह्वा के मूल से आरम्भ होती है और ओठों में आकर समाप्त हो जाती है। "अ" जिह्वा मूल अर्थात् कण्ठ से उच्चारित होता है, और "म" ओठों से होने वाला अन्तिम शब्द है। और "उ" उस शक्ति का सूचक है, जो जिह्वा मूल से आरम्भ होकर मुँह भर में लुढ़कती हुई ओठों में आकर समाप्त हो जाती है। यदि "ऊँ" का उच्चारण ठीक ढंग से किया जाय, तो इसके शब्दोच्चारण की सम्पूर्ण क्रिया सम्पन्न हो जाती है-दूसरे किसी भी शब्द में यह शक्ति नहीं। (भक्ति योग, पृष्ठ-46)
07. जिस प्रकार अल्पतम् विशेष भावात्मक तथा सार्वभौमिक वाचक शब्द "ऊँ" के सम्बन्ध में वाच्य और वाचक आपस में अभेद्य रुप से सम्बद्ध हैं उसी प्रकार वाच्य और वाचक का यह अविच्छिन्न सम्बन्ध भगवान और विश्व के विभिन्न खण्ड भावों पर भी लागू है, अतएव उनमें से प्रत्येक का एक विशिष्ट वाचक शब्द होना आवश्यक है। (भक्ति योग, पृष्ठ-47)
08. ये वाचक शब्द ऋषियों की गम्भीरतम आध्यात्मिक अनुभूति से उत्पन्न हुए हैं और वे भगवान तथा विश्व के जिन विशेष-विशेष खण्ड भाव के वाचक हैं, उन विशेष भावों को यथासम्भव प्रकाशित करते हैं। जिस प्रकार "ऊँ" अखण्ड ब्रह्म का वाचक है, उसी प्रकार अन्यान्य मंत्र भी उसी परम पुरुष के खण्ड-खण्ड भावों के वाचक हैं। ये सभी ईश्वर के ध्यान और प्रकृत ज्ञान की प्राप्ति में सहायक हैं। (भक्ति योग, पृष्ठ-47)
09. सृष्टि के पूर्व ब्रह्म शब्दात्मक बनते है, फिर ओंकारात्मक या नादात्मक होते है। तत्पश्चात पहले कल्पों के विशेष शब्द जैसे-भूः, भुवः, स्व-अथवा गो, मानव, घट, पट इत्यादि का प्रकाश उसी ओंकार से होता है। सिद्ध संकल्प ब्रह्म में क्रमश-एक-एक शब्द के होते ही उसी क्षण उन सब पदार्थो का भी प्रकाश हो जाता है और इस विचित्र जगत् का विकास हो उठता है। अब समझे न कि कैसे शब्द ही सृष्टि का मूल है। -स्वामी विवेकानन्द (विवेकानन्द जी के संग में पृष्ठ-62)
10. यह सारा व्यक्त इन्द्रिय ग्राह्य जगत रूप है, और इसके पीछे है अनन्त अव्यक्त स्फोट। स्फोट का अर्थ-समस्त जगत की अभिव्यक्ति का कारण शब्द-ब्रह्म। समस्त नामों अर्थात् भावों की नित्य समवायी उपादान स्वरूप यह नित्य स्फोट ही वह शक्ति है, जिससे भगवान इस विश्व की सृष्टि करते है। यही नहीं बल्कि भगवान पहले स्फोट-रूप में परिणत हो जाते है और तत्पश्चात अपने को उससे भी स्थूल इस इन्द्रिय ग्राह्य जगत् के रूप में परिणत कर लेते है। -स्वामी विवेकानन्द (राजयोग-पृष्ठ-45)

आचार्य रजनीश"ओशो" का कहना था-

- "श्रीकृष्ण का महत्व अतीत के लिए कम भविष्य के लिए ज्यादा है। सच ऐसा है कि कृष्ण अपने समय से कम से कम पाँच हजार वर्ष पहले पैदा हुये। सभी महत्वपूर्ण व्यक्ति अपने समय से पहले पैदा होते हैं और

सभी गैर महत्वपूर्ण व्यक्ति अपने समय के बाद पैदा होते हैं। बस महत्वपूर्ण और गैर महत्वपूर्ण में इतना फर्क है और सभी साधारण व्यक्ति अपने समय के साथ पैदा होते हैं महत्वपूर्ण व्यक्ति को समझना आसान नहीं होता। उसका वर्तमान और अतीत उसे समझने में असमर्थता अनुभव करता है जब हम समझने योग्य नहीं हो पाते तब हम उसकी पूजा शुरु कर देते हैं या तो हम उसका विरोध करते हैं। दोनों पूजाएं हैं एक मित्र की एक शत्रु की।"

- उसके लिए सब हंसी खेल है, सब लीला है। इसलिए हमने कृष्ण को पूर्णावतार कहा। राम गम्भीर हैं छोटी-छोटी बात का हिसाब रखते हैं। नियम मर्यादा से चलते हैं- मर्यादा पुरूषोत्तम हैं। कृष्ण अमर्याद हैं न कोई नियम है न कोई मर्यादा। कृष्ण के लिए जीवन लीला है।
- धर्म कोई विषय थोड़े ही है। धर्म की कोई सीमा थोड़े ही है। धर्म तो समस्त जीवन का नाम है। जीवन में जो कुछ भी समाविष्ट है, धर्म उस सभी के सम्बन्ध में वक्तव्य देने का हकदार है। राजनीतिज्ञ, धर्म के सम्बन्ध में वक्तव्य नहीं दे सकता क्योंकि राजनीति की सीमा है। लेकिन धार्मिक व्यक्ति, राजनीति के सम्बन्ध में वक्तव्य दे सकता है क्योंकि धर्म की कोई सीमा नही है धर्म असीम है, धर्म तो पूरे जीवन को घेरता है जैसे आकाश घेरता है। धर्म से तो कोई भी चीज छोड़ी नहीं जा सकती। धार्मिक व्यक्ति की दृष्टि तो सब सम्बन्धों में होगी।
- जो एक गुरू बोल रहा है, वह अनन्त सिद्धों की वाणी है। अभिव्यक्ति में भेद होगा, शब्द अलग होंगे, प्रतीक अलग होंगे मगर जो एक सिद्ध बोलता है, वह सभी सिद्धों की वाणी है। इनसे अन्यथा नहीं हो सकता है। इसलिए जिसने एक सिद्ध को पा लिया, उसने सारे सिद्धों की परम्परा को पा लिया। क्योंकि उनका सूत्र एक ही है। कुंजी तो एक ही है, जिसमें ताला खुलता है अस्तित्व का।
- "इस देश को कुछ बाते समझनी होगी। एक तो इस देश को यह बात समझनी होगी कि तुम्हारी परेशानियों, तुम्हारी गरीबी, तुम्हारी मुसीबतों, तुम्हारी दीनता के बहुत कुछ कारण तुम्हारे अंध विश्वासों में है, भारत कम से कम डेढ़ हजार साल पिछे घिसट रहा है। ये डेढ़ हजार साल पूरे होने जरूरी है। भारत को खिंचकर आधुनिक बनाना जरूरी है। मेरी उत्सुकता है कि इस देश का सौभाग्य खुले, यह देश भी खुशहाल हो, यह देश भी समृद्ध हो। क्योंकि समृद्ध हो यह देश तो फिर राम की धुन गुंजे, समृद्ध हो यह देश तो फिर लोग गीत गाँये, प्रभु की प्रार्थना करें। समृद्ध हो यह देश तो मंदिर की घंटिया फिर बजे, पूजा के थाल फिर सजे। समृद्ध हो यह देश तो फिर बाँसुरी बजे कृष्ण की, फिर रास रचे! यह दीन दरिद्र देश, अभी तुम इसमें कृष्ण को भी ले आओंगे तो राधा कहाँ पाओगे नाचनेवाली? अभी तुम कृष्ण को भी ले आओगे, तो कृष्ण बड़ी मुश्किल में पड़ जायेंगे, माखन कहाँ चुरायेगें? माखन है कहाँ? दूध दही की मटकिया कैसे तोड़ोगे? दूध दही की कहाँ, पानी तक की मटकिया मुश्किल है। नलों पर इतनी भीड़ है! और एक आध गोपी की मटकी फोड़ दी, जो नल से पानी भरकर लौट रही थी, तो पुलिस में रिपोर्ट दर्ज करा देगी कृष्ण की, तीन बजे रात से पानी भरने खड़ी थी नौ बजते बजते पानी भर पायी और इन सज्जन ने कंकड़ी मार दी। धर्म का जन्म होता है जब देश समृद्ध होता है। धर्म समृद्ध की सुवास है। तो मैं जरूर चाहता हूँ यह देश सौभाग्यशाली हो लेकिन सबसे बड़ी अड़चन इसी देश की मान्यताएं है। इसलिए मैं तुमसे लड़ रहा हूँ। तुम्हारे लिए।"

व्यक्ति-समाज-राज्य-विश्व की आवश्यकता, भविष्यवक्ताओं की भविष्यवाणीयां, ग्रहों के चालों, सूर्य व चन्द्र ग्रहण, सामाजिक-राजनीतिक विचारकों के विचार-सपनें-उम्मीद इत्यादि युग परिवर्तन की ओर दिशा निर्देश कर रहीं हैं। ऐसे में सृष्टि के लिए सार्वभौम सर्वोच्च अन्तिम अर्थों वाले शब्दों (जिसकी सूची अगले पृष्ठ पर दी गई है।) **पर चर्चा ही एक मात्र युग परिवर्तन का मार्ग है।**

वे सार्वभौम एकात्म शब्द जिसके बिना युग परिवर्तन सम्भव नहीं (सर्वोच्च, अन्तिम और दृश्य)

क्र.सं. विषय क्षेत्र	सम्बन्धित क्षेत्र से मुख्य नाम
01. विश्व क्षेत्र	विश्व संविधान / साहित्य / विचार / सिद्धान्त / प्रबन्ध / दर्शन / मत / मानव / एकता / शान्ति / विकास / स्थिरता / आत्मा / अभिनेता / बुद्धि / राजनीति / क्रांति
02. राज्य क्षेत्र	विश्व (राष्ट्र) ऐजेण्डा–2012+ (WORLD NATION AGENDA-2012+) विश्व व्यवस्था का अधिकतम एवं न्यूनतम साझा कार्यक्रम
03. समाज क्षेत्र	लोक / गण / जन ऐजेण्डा–2012+ (PUBLIC AGENDA-2000+)
04. धर्म क्षेत्र	वेदान्त धर्म स्थापना
05. साहित्य क्षेत्र	विश्व साहित्य–"विश्वभारत" समाहित "विश्वशास्त्र" साहित्य– आदर्श वैश्विक व्यक्ति चरित्र कथा साहित्य
06. सामाज शास्त्र	मानक / जन / गण / लोक शास्त्र
07. धर्मशास्त्र	धर्मयुक्त नाम – कर्मवेदः प्रथम, अन्तिम और पंचम वेद और आधारित उपनिषद् (व्यष्टि एवं समष्टि) सर्वधर्मसमभाव / धर्मनिरपेक्ष नाम – मन की गुणवत्ता का विश्व मानक : शून्य श्रृंखला (व्यष्टि एवं समष्टि)
08. मानक क्षेत्र	मन की गुणवत्ता का विश्व मानक : शून्य श्रृंखला
09. अदृश्य विज्ञान	दृश्य आध्यात्म विज्ञान
10. दृश्य विज्ञान	धर्म विज्ञान या एकात्म विज्ञान (Integration Science)
11. इंजीनियरिंग	सत्य सामाजिक अभियंत्रण (Real Social Engineering)
12. तकनीकी	सत्य सामाजिक तकनीकी (Real Social Technology) : WCM-TLM-SHYAM.C Technology
13. संविधान	विवादमुक्त तन्त्रों पर आधारित संविधान
14. राजनीति	सत्य राजनीति / राजनीति–2012+ (POLITICS-2012+)
15. संगठन	विश्व राजनीतिक पार्टी संघ (World Political Party Organisation- WPPO)
16. शिक्षा	पूर्णज्ञान / पूर्ण शिक्षा प्रणाली / शिक्षा -2012+ (EDUCATION-2012+)
17. राष्ट्र सम्बन्ध	आदर्श राष्ट्रीय नागरिक
18. वेदान्त	कर्म वेदान्त : वेदान्त की अन्तिम शाखा
19. मतवाद	एकात्म कर्मवाद : एकात्म मानवतावाद का व्यावहारिक रुप
20. दार्शनिक	विकास दर्शन (Development Philosophy)
21. क्रांति	संपूर्ण क्रांति (Complete Revolution) : प्रलय, स्थिति एवं सृष्टि
22. सांस्कृतिक	भोगेश्वरः भोग (पाश्चात्य) + ईश्वर (प्राच्य) = एकात्म या ईश्वरत्व भाव से भोग
23. मन	विश्व मन (WOLD MIND)
24. मानव	विश्वमानव (विश्वमन से युक्त)
25. मनु	8वें मनु – सावर्णि मनु
26. अवतार	भगवान विष्णु के 10वें और अन्तिम तथा भगवान शंकर के 22वें और अन्तिम संयुक्तावतार (निष्कलंक कल्कि एवं भोगेश्वर)
27. निराकार ब्रह्म	सार्वभौम सत्य–सिद्धान्त (UNIVERSAL TRUTH-THEORY) : विश्व–बन्धुत्व का सिद्धान्त
28. साकार ब्रह्म	लव कुश सिंह
29. पुनर्जन्म–सत् मार्ग से	बुड्ढा कृष्ण (कृष्ण भाग – 2 और अन्तिम) – कृष्ण की अगली और अन्तिम कड़ी
30. पुनर्जन्म–रज मार्ग से	स्वामी विवेकानन्द का पुनर्जन्म
31. पुनर्जन्म–तम मार्ग से	रावण की अगली कड़ी
32. आत्मा	दृश्य विश्वात्मा / शिव / ब्रह्म / मैं
33. अभिनय	वास्तविक जीवन का अभिनेता (Real Life Actor)
34. बम	ज्ञान बम – आध्यात्मिक न्यूट्रान बम
35. अस्त्र	अनियन्त्रित पशुपास्त्र (नारायणास्त्र या सु–दर्शन चक्र व ब्रह्मास्त्र समाहित)
36. माया	योग माया समाहित भोगमाया
37. ज्ञान	एकात्म कर्मज्ञान (शास्वत) : व्यष्टि एवं समष्टि
38. बुद्धि	विश्व बुद्धि व चेतना या सत्य चेतना : पूर्व व्यक्त सत्य चेतना
39. ध्यान व योग	दृश्य सत्य–क्रियाकलाप–एकात्म योग व ध्यान (अन्तिम योग व अन्तिम ध्यान)
40. मिशन	प्राकृतिक सत्य मिशन (Natural Truth Mission)–सर्वोच्च और अन्तिम मिशन
41. धार्मिक नगर	एकात्म काशी– जीवनदायिनी सत्यकाशी : पंचम, अन्तिम तथा सप्तम काशी
42. शक्ति	आत्मशक्ति (SPIRIT POWER), मस्तिष्क शक्ति (BRAIN POWER), मन शक्ति (MIND POWER), सत्य शक्ति (TRUTH POWER)
43. जीवन कथा	विश्वमानव लीला / दर्पण : दो विपरीत दिशाओं के साथ प्रथम एवं अन्तिम कथा
44. प्रेम और कर्म	शास्वत प्रेम और कर्म
45. समन्वय	अन्तिम समन्वय–सिद्धान्त
46. आचार्य	अन्तिम समन्वयाचार्य
47. कला	विश्वमानव कला (कृष्ण कला समाहित)
48. परिचालन प्रणाली	अवतार का परिचालन प्रणाली : मानव–10 (Avatar's Operating System-AOS : Human-10)
49. शंकराचार्य पीठ	सत्यकाशी पीठ : पंचम और अन्तिम शंकराचार्य पीठ

भाग-10

केन्द्र या मध्य (भारत) में पांचवां और अन्तिम सत्यकाशी पीठ

सत्यकाशी पीठ: स्थान

सत्यकाशी पीठ: इतिहास और उद्देश्य

पाँचवाँ और अंतिम शंकराचार्य पीठ: इसकी विशेषता

"हिन्दू धर्म की जो पकड़ थी, वह इस समय कमजोर पड़ गयी है क्योंकि भारतीय स्वतंत्रता आन्दोलन के समय से राजनेताओं का वर्चस्व बढ़ा और उन्होंने धर्म रक्षकों को दबा दिया, जिसके परिणामस्वरूप 163 साल तक शंकराचार्य की पदवी खाली रही। इसलिए आवश्यक है कि शिक्षा के क्षेत्र में धर्म की स्थापना हो। स्वस्थ एवं श्रेष्ठ साहित्य का सृजन हो। महापुरूषों को घूम-घूम कर सनातन धर्म का प्रचार-प्रसार करना चाहिए जिससे लोगों के हृदय में भारतीय धर्म-शास्त्र के प्रति आस्था-विश्वास बढ़े।"

- स्वामी स्वरूपानन्द (द्वारिका पीठाधीश्वर जगद्गुरू शंकराचार्य)
साभार - दैनिक आज, समाचार पत्र, वाराणसी, दि0 10-5-1997

स्पष्टिकरण

सत्य से सार्वभौम सत्य-सिद्धान्त तक का मार्ग अवतारों का मार्ग है। सार्वभौम सत्य-सिद्धान्त की अनुभूति ही अवतरण है। इसके अंश अनुभूति को अंश अवतार तथा पूर्ण अनुभूति को पूर्ण अवतार कहते है। ग्रन्थों में अवतारों की कई कोटि बतायी गई है जैसे अंशाशावतार, अंशावतार, आवेशावतार, कलावतार, नित्यावतार, युगावतार इत्यादि, जो भी सार्वभौम सत्य-सिद्धान्त को व्यक्त करता है वे सभी अवतार कहलाते हैं। व्यक्ति से लेकर समाज के सर्वोच्च स्तर तक सार्वभौम सत्य-सिद्धान्त को व्यक्त करने के क्रम में ही विभिन्न कोटि के अवतार स्तरबद्ध होते हैं। अवतार मानव मात्र के लिए ही कर्म करते हैं न कि किसी विशेष मानव समूह या सम्प्रदाय के लिए। अवतार, धर्म, धर्मनिरपेक्ष व सर्वधर्मसमभाव से युक्त अर्थात एकात्म से युक्त होते है। इस प्रकार अवतार से उत्पन्न शास्त्र मानव के लिए होते हैं, न कि किसी विशेष मानव समूह के लिए। उत्प्रेरक, शासक और मार्गदर्शक आत्मा सर्वव्यापी है। इसलिए एकात्म का अर्थ संयुक्त आत्मा या सार्वजनिक आत्मा है। अवतारों के प्रत्यक्ष और प्रेरक दो कार्य विधि हैं। प्रत्यक्ष अवतार वे होते हैं जो स्वयं अपनी शक्ति का प्रत्यक्ष प्रयोग कर समाज का सत्यीकरण करते हैं। यह कार्य विधि समाज में उस समय प्रयोग होता है जब अधर्म का नेतृत्व एक या कुछ मानवों पर केन्द्रित होता है। प्रेरक अवतार वे होते हैं जो स्वयं अपनी शक्ति का अप्रत्यक्ष प्रयोग कर समाज का सत्यीकरण जनता एवं नेतृत्वकर्ता के माध्यम से करते हैं। यह कार्य विधि समाज में उस समय प्रयोग होता है जब समाज में अधर्म का नेतृत्व अनेक मानवों और नेतृत्वकर्ताओं पर केन्द्रित होता है।

इन विधियों में से कुल दस अवतारों में से प्रथम सात (मत्स्य, कूर्म, वाराह, नृसिंह, वामन, परशुराम, राम) अवतारों ने समाज का सत्यीकरण प्रत्यक्ष विधि के प्रयोग द्वारा किया था। आठवें अवतार (श्रीकृष्ण) ने दोनों विधियों प्रत्यक्ष ओर प्रेरक का प्रयोग किया था। नवें (भगवान बुद्ध) और अन्तिम दसवें अवतार की कार्य विधि प्रेरक ही है।

सनातन अद्वैत दर्शन के अनुसार यह जगत ही ईश्वर का दृश्य रूप है। ऐसे में सभी ईश्वर हैं। सभी ईश्वर के बहुरूप हैं और सभी में प्रकाशित वही ईश्वरीय सत्ता है। सार्वभौम एकात्म की ओर ले जाने वाले सभी प्रक्षेपित

मानक चरित्र सनातन हैं जैसे ब्रह्मा परिवार, विष्णु परिवार और महेश परिवार। इस सार्वभौम एकात्म की ओर विचार व्यक्त करने वाला अर्थात उसी का प्रचार-प्रसार व स्थापना करने वाला युगावतार तो नहीं हो सकता लेकिन वह अवतार अवश्य होता है क्योंकि उसने भी उस सार्वभौम सत्य-सिद्धान्त का साक्षात्कार किया है।

ईश्वर के मानवीयकरण व मानव के ईश्वरीयकरण के लिए आपके भौतिक शरीर से व्यक्त विश्वात्मा की इच्छा को धर्म क्षेत्र से नाम कर्मवेदः प्रथम, अन्तिम तथा पंचम वेद एवं धर्मनिरपेक्ष क्षेत्र से मन का विश्वमानकः शून्य श्रृंखला समाहित "विश्वशास्त्र-द नाॅलेज आॅफ फाइनल नाॅलेज" के रूप में पूर्ण किया जा चुका है। जिसमें पुराणों का धर्मनिरपेक्ष और सर्वधर्मसमभाव रूप भी सम्पूर्ण मानव जाति को स्पष्ट दृष्टिगत होगा। परिणामस्वरूप भारतीय धर्म शास्त्रों के प्रति विश्वव्यापी आस्था बढ़ना स्वाभाविक है। साथ ही अनेक सत्य-साहित्यों की रचना के लिए भी मार्ग प्रशस्त और रचना कर दिये गये हैं।

तीनों देवताओं ब्रह्मा, विष्णु और शिव-शंकर के मूल गुणों के आधार पर उनके वास्तविक रुप अर्थात् चार वेदों को व्यक्त करने वाले चार मुखों से युक्त सृष्टिकर्ता ब्रह्मा का रुप, चार भुजाओं से युक्त पालनकर्ता विष्णु का रुप तथा ब्रह्मा और विष्णु समाहित पाँचों वेदों को व्यक्त करने वाले पाँच मुखों से युक्त कल्याणकर्ता शिव-शंकर का अन्तिम रुप, तीनों देवताओं का दिव्यरुप कहलाता है। इसी अनुसार शिव-शंकर के अवतार ही केवल पंचमुखी होते हैं। इसी क्रम में पंचमुखी हनुमान और वेद माता मां गायत्री को भी दिखाया गया है। इस अनुसार पांचवें वेद और पांचवें शंकराचार्य पीठ की स्थापना ही युग परिवर्तन की प्रक्रिया का आरम्भ और सनातन विश्व की ओर कदम है।

व्यक्ति-समाज-राज्य-विश्व की आवश्यकता, भविष्यवक्ताओं की भविष्यवाणीयां, ग्रहों के चालों, सूर्य व चन्द्र ग्रहण, सामाजिक-राजनीतिक विचारकों के विचार-सपनें-उम्मीद इत्यादि युग परिवर्तन की ओर दिशा निर्देश कर रहीं हैं। ऐसे में सृष्टि के लिए सार्वभौम सर्वोच्च अन्तिम अर्थों वाले शब्दों पर चर्चा ही एक मात्र युग परिवर्तन का मार्ग है।

आविष्कार उपयोगी होता है, आविष्कारक नहीं। रचना अधिक समय तक रहती है रचनाकार अदृश्य हो जाता है और रचना के आधार पर अन्य रचना भी होती रहती है।

सनातन विश्व के लिए समस्त प्रक्रिया 150 पुस्तकों के रूप में वेबसाइट

www.64inch.com

पर उपलब्ध है और कार्य समाप्त होता है। व्यक्ति और नेतृत्वकर्ता अपने धर्म

का पालन करें, समाधान उपलब्ध हो चुका है।

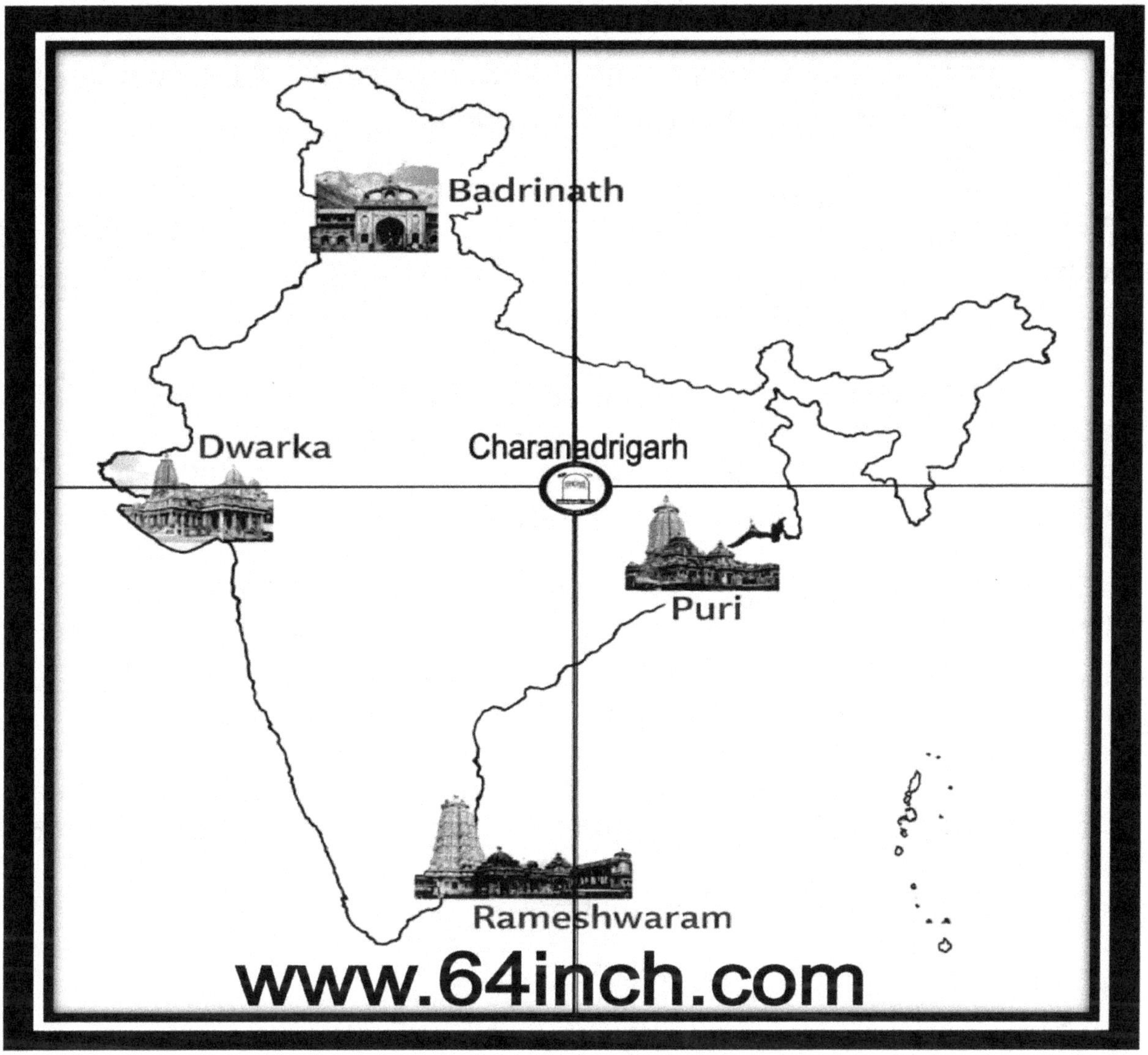

दिशा	पीठ का नाम/ स्थान	उद्देश्य	संबंधित वेद	महावाक्य	तत्व
उत्तर	बदरी ज्योतिर्मठ पीठ उत्तराखंड, जोशीमठ	ज्ञान और विवेक	अथर्ववेद	अयमात्मा ब्रह्म (यह आत्मा ब्रह्म है)	वायु
दक्षिण	श्रींगेरी शारदा पीठ कर्नाटक, श्रींगेरी	स्थिरता और परंपरा	यजुर्वेद	अहम् ब्रह्मास्मि (मैं ब्रह्म हूँ)	पृथ्वी
पूर्व	पुरी गोवर्धनमठ पीठ ओडिशा, पुरी	भक्ति और समर्पण	ऋग्वेद	प्रज्ञानं ब्रह्म (चेतना ब्रह्म है)	जल
पश्चिम	द्वारका शारदा पीठ गुजरात, द्वारका	कर्म और संकल्प	सामवेद	तत्त्वमसि (तू ब्रह्म है)	अग्नि
केन्द्र या मध्य	सत्यकाशी पीठ उत्तर प्रदेश, चरणाद्रिगढ़	चेतना और एकत्व	कर्मवेद	सर्वे ब्रह्म (सभी ब्रह्म हैं)	आकाश

क्षिति, जल, पावक, गगन, समीरा। पंच तत्व मिलि बनेहु शरीरा ।।

सत्यकाशी पीठ: स्थान

मानव जीवन की यात्रा को हम चार स्तरों में देख सकते हैं - **संभल (Shambhal), संभला (Shambhala), ज्ञानगंज (Gyanganj) और संगरीला (Sangrila)**

संभल (Shambhal) को हम भौतिक जगत का प्रतीक मान सकते हैं। यह धरती पर बसा हुआ वास्तविक नगर है, जहाँ लोग रहते हैं, संघर्ष करते हैं और जीवन की यात्रा करते हैं। धार्मिक मान्यता के अनुसार यहाँ भविष्य में कल्कि अवतार का जन्म होगा। इसका अर्थ यह भी है कि संभल हमें यह याद दिलाता है कि परिवर्तन और नवजागरण हमेशा इसी सांसारिक धरती से प्रारंभ होता है।

संभला (Shambhala) आध्यात्मिक जगत का प्रतीक है। यह उस आदर्श समाज और चेतना की ओर संकेत करता है, जहाँ धर्म, करुणा और सत्य का शासन है। बौद्ध ग्रंथों में इसे एक अदृश्य, पवित्र राज्य बताया गया है। इसका दार्शनिक अर्थ यह है कि हर मनुष्य के भीतर एक संभला है - एक ऐसा क्षेत्र जहाँ शांति, संतुलन और धर्म की शक्ति हमेशा जीवित रहती है। यह हमारे भीतर के आदर्श और परम लक्ष्य का रूप है।

ज्ञानगंज (Gyanganj) गूढ़ और रहस्यमय चेतना का प्रतीक है। यह वह क्षेत्र है, जहाँ अमर योगी और सिद्ध रहते हैं, और जो साधारण दृष्टि से छिपा हुआ है। इसका अर्थ यह है कि सत्य और सर्वोच्च ज्ञान कभी सतही रूप में उपलब्ध नहीं होते, बल्कि गहन साधना और आंतरिक परिवर्तन से ही प्राप्त किए जा सकते हैं। ज्ञानगंज हमें यह सिखाता है कि परम सत्य अदृश्य है, परंतु साधना से प्रकट हो सकता है।

इस प्रकार, ये चारों स्तर - **भौतिक, आध्यात्मिक, गूढ़ और आदर्श** - मानव जीवन और चेतना की समग्र यात्रा का प्रतिनिधित्व करते हैं, जहाँ साधना, अनुभव और ज्ञान मिलकर आत्मा को पूर्णता की ओर ले जाते हैं।

इस प्रकार, इन तीनों को मिलाकर देखा जाए तो:

- **संभल** = जीवन और समाज का यथार्थ (भौतिक जगत)
- **संभला** = आदर्श और धर्म का उच्च स्वरूप (आध्यात्मिक जगत)
- **ज्ञानगंज** = रहस्यमय सत्य और अमर ज्ञान (गूढ़ जगत)

ये तीनों मिलकर मानव जीवन की पूर्ण यात्रा का संकेत देते हैं - भौतिक से आध्यात्मिक और फिर गूढ़ एवं परम सत्य तक।

संगरीला (Sangrila/Shangri-La) एक कल्पित पर्वतीय स्थल है, जिसे आदर्श समाज और शांति का प्रतीक माना जाता है। यह जगह सामान्य दृष्टि से अदृश्य या दूरस्थ मानी जाती है, जहाँ जीवन सुखमय, स्वस्थ और सामंजस्यपूर्ण होता है। दार्शनिक रूप से इसे मानव चेतना के उच्चतम स्तर, आत्मा की शांति और आदर्श जीवन का प्रतीक माना जाता है। **संगरीला (Sangrila)** का अर्थ यह भी है कि सच्ची खुशी और संतुलन केवल भीतर की यात्रा और साधना से ही प्राप्त होते हैं, बाहरी समृद्धि से नहीं।

1. **शब्द-संदर्भ में**: "Sangrila" अक्सर "Shangri-La" का रूपांतर होता है, जो कि एक कल्पित, आदर्श, रहस्यमयी और शांति-पूर्ण स्थान है।
2. **दार्शनिक/आध्यात्मिक संदर्भ में**: इसे ज्ञानगंज या संभला जैसे गूढ़ और रहस्यमयी क्षेत्रों के समान माना जा सकता है।
3. **अन्य संदर्भ**: यदि यह किसी किताब, स्थान या परियोजना का नाम है, तो उसका अलग अर्थ हो सकता है।

पीठ (Peeth) स्थापित करने की योजना

उद्देश्य और दर्शन तय करना

- पहले यह स्पष्ट करें कि पीठ का उद्देश्य क्या होगा:
    - **अद्वैत वेदांत का प्रचार**
    - **साधकों का प्रशिक्षण और मोक्ष की ओर मार्गदर्शन**
    - **धार्मिक शिक्षा, योग और ध्यान केंद्रित करना**
- पीठ का नाम "Satyakashi" इसलिए चुना गया है क्योंकि यह **सत्य और ज्ञान के प्रकाश का प्रतीक** है।

गुरु या आध्यात्मिक मार्गदर्शक

- पीठ को वैध और आध्यात्मिक मान्यता प्राप्त करने के लिए **एक योग्य गुरु या शिष्य परंपरा वाला व्यक्ति** आवश्यक है।
- गुरु का कार्य होगा:
    - **साधकों का प्रशिक्षण**
    - **धर्म और वेदांत का प्रचार**
    - **पीठ की प्रतिष्ठा बनाना**

स्थान और इमारत का चयन

- स्थान चुनते समय ध्यान दें:
    - **शांत और आध्यात्मिक वातावरण**
    - **साधकों के लिए आवास और साधना स्थल**
    - **भक्तों और पर्यटकों के आने-जाने की सुविधा**
- इमारत में हो सकते हैं:
    - मुख्य मंदिर / पूजा स्थल
    - ध्यान और साधना कक्ष
    - वेदांत शिक्षण कक्ष
    - गुरुकुल या आश्रम

धार्मिक और आध्यात्मिक गतिविधियाँ

- नियमित क्रियाएँ:

- साधना, ध्यान और कीर्तन
    - वेदांत और शास्त्र अध्ययन
    - धार्मिक कार्यशालाएँ और प्रवचन
- विशेष आयोजन:
    - **अस्थायी या वार्षिक उत्सव**
    - **अद्वैत वेदांत पर सेमिनार**
    - **साधक प्रशिक्षण शिविर**

समुदाय और साधकों का निर्माण

- पीठ केवल इमारत नहीं, **साधकों और भक्तों का केंद्र** होना चाहिए।
- इसके लिए करें:
    - सामाजिक और आध्यात्मिक गतिविधियों का आयोजन
    - साधकों के लिए निवास और शिक्षा सुविधाएँ
    - पीठ का प्रचार: पुस्तकों, वेबसाइट और सामाजिक मंचों के माध्यम से

आधिकारिक मान्यता और नेटवर्क

- भारत में शंकराचार्य परंपरा के मुख्य पीठों के साथ **संपर्क और मार्गदर्शन**।
- नए पीठ को स्थानीय प्रशासन और धार्मिक संस्थानों से **मान्यता और सहयोग** दिलाना।
- अन्य पीठों और गुरु परिषदों के साथ **संवाद और सहयोग**।

दीर्घकालीन योजना

- पीठ को स्थायी और प्रतिष्ठित बनाने के लिए:
    - नियमित साधना और शिक्षा कार्यक्रम
    - नए साधकों और भक्तों को जोड़ना
    - पीठ के **अध्यात्मिक, सामाजिक और शैक्षिक प्रभाव** को बढ़ाना

निष्कर्ष:

नया **Satyakashi Peeth** बनाया जा सकता है, लेकिन यह केवल इमारत नहीं, बल्कि **ज्ञान, साधना और आध्यात्मिक मार्गदर्शन का केंद्र** होना चाहिए। एक योग्य गुरु, साधक समुदाय और सही दृष्टिकोण इसके लिए अनिवार्य हैं।

अन्तिम अवतार कल्कि
का संभल (Shambhal), संभला (Shambhala), ज्ञानगंज (Gyanganj) और संगरीला (Sangrila) से सम्बन्ध

इसका उत्तर गहराई से समझा जाए तो यह केवल भूगोल या कथा का नहीं, बल्कि चेतना के विकास का रहस्य है।

1. संभल (Shambhal) - अवतार का धरातल

हिन्दू ग्रन्थों में कहा गया है कि **कल्कि अवतार का जन्म 'संभल' नामक स्थान पर होगा।** यह स्थान भौतिक जगत में मौजूद है - उत्तर प्रदेश का एक नगर, परंतु प्रतीक रूप से यह मानवता के भीतर जन्म लेती दिव्यता का संकेत है। जब धर्म क्षीण होता है, तब वही संभल - अर्थात् "संभलने का बिंदु" - अवतार का आधार बनता है।

संभल = पृथ्वी पर दिव्यता का उद्भव बिंदु।

2. संभला (Shambhala) - धर्मराज्य या दिव्य व्यवस्था

बौद्ध और हिन्दू दोनों परम्पराओं में **Shambhala** को धर्म का गुप्त राज्य माना गया है। बौद्ध ग्रंथ 'कालचक्र तंत्र' में कहा गया है कि जब अधर्म चरम पर होगा, तब Shambhala से एक राजा प्रकट होगा जो अधर्म का अंत करेगा - यह प्रतीक रूप से **कल्कि अवतार का ही वर्णन** है।

संभला = दिव्य शासन या धर्मराज्य, जहाँ से कल्कि की प्रेरणा उठती है।

3. ज्ञानगंज (Gyanganj) - सिद्धों का अदृश्य लोक

ज्ञानगंज को अमर योगियों का क्षेत्र कहा जाता है, जहाँ से विश्व के आध्यात्मिक प्रवाह को दिशा मिलती है। कई सिद्ध परंपराएँ मानती हैं कि कल्कि का आध्यात्मिक मार्गदर्शन इन्हीं योगियों द्वारा किया जाएगा।

ज्ञानगंज = दिव्य ऊर्जा और योगिक शक्ति का स्रोत, जहाँ से कल्कि को आत्मिक बल प्राप्त होगा।

4. संगरीला (Sangrila / Shangri-La) - आदर्श समाज या चेतना का चरम स्वरूप

संगरीला का विचार पश्चिमी और तिब्बती रहस्य परंपराओं में आता है - एक अमर, शांति-पूर्ण, आदर्श स्थान, जहाँ कोई रोग, संघर्ष या अधर्म नहीं होता। यह उस अवस्था का प्रतीक है जो **कल्कि युग के बाद की सृष्टि** होगी - अर्थात सत्ययुग का पुनर्स्थापन।

संगरीला = वह दिव्य युग या चेतना का चरम, जो कल्कि अवतार के कार्य का परिणाम है।

सारांश (संक्षेप में सम्बन्ध)

स्तर	प्रतीक	सम्बन्ध कल्कि से
संभल (Shambhal)	भौतिक जन्मभूमि	कल्कि अवतार का पृथ्वी पर अवतरण
संभला (Shambhala)	दिव्य धर्मराज्य	धर्म का पुनःस्थापन करने की शक्ति का उद्गम
ज्ञानगंज (Gyanganj)	गूढ़ योगिक लोक	कल्कि को आत्मिक दिशा और सिद्ध शक्ति का आधार
संगरीला (Sangrila)	आदर्श चेतना का युग	कल्कि कार्य का अंतिम परिणाम - पुनः सत्ययुग

अर्थात् -

संभल में कल्कि अवतरित होते हैं, संभला से उन्हें धर्म की प्रेरणा मिलती है, ज्ञानगंज से योगिक शक्ति, और संगरीला उनके कार्य का लक्ष्य है - सत्य और शांति का पुनर्स्थापन।

सत्यकाशी पीठ: योग्य स्थान

इस संसार को अन्तिम सन्देश देने से पहले आपको उस क्षेत्र से परिचय कराना चाहता हूँ जिस क्षेत्र से यह सन्देश देने का साहस किया गया है क्योंकि कोई भी क्रिया बिना कारण के नहीं होती।

समस्त मूल कार्य जिस क्षेत्र से सम्पूर्ण हुआ, उस क्षेत्र को सत्यकाशी क्षेत्र कहता हूँ और जिस ग्राम का निवासी हूँ वह काशी (वाराणसी) के चौरासी कोस यात्रा तथा सत्यकाशी क्षेत्र का उभय क्षेत्र में स्थित है। इसलिए जितना काशी (वाराणसी) का हूँ उतना ही सत्यकाशी का हूँ। इस प्रकार यह सन्देश काशी-सत्यकाशी का संयुक्त सन्देश है।

सत्यकाशी क्षेत्र जो काशी (वाराणसी), विन्ध्याचल, शिवद्वार और सोनभद्र के बीच का क्षेत्र है, एक पौराणिक-आध्यात्मिक और साधना के लिए उपयुक्त क्षेत्र के रूप में प्राचीन काल से आकर्षण में रहा है। इस क्षेत्र का हृदय क्षेत्र चुनार है। चुनार का किला राजा विक्रमादित्य ने अपने भाई भर्तहरि के तपस्या में हिंसक जानवरों द्वारा व्यवधान न उत्पन्न हो इसके लिए बनवाया था। ये राजा विक्रमादित्य वही हैं जिनके नाम से विक्रम सम्वत् कैलेण्डर स्थापित है। चुनार ईश्वर के पाँचवें अवतार-वामन अवतार का क्षेत्र है जिनसे समाज की शक्ति का प्रथम जन्म हुआ था।

सत्यकाशी क्षेत्र के चारों कोण पर स्थित

1. काशी (वाराणसी) का अपना प्राचीन और पुरातन इतिहास है जो सर्वविदित है।
2. विन्ध्याचल, जो शिव-शक्ति के उपासना का अद्भुत केन्द्र है। यशोदा से उत्पन्न पुत्री (जिनके बदले श्रीकृष्ण प्राप्त हुये थे) महासरस्वती अष्टभुजा देवी के नाम से यहीं स्थापित हैं। भारत देश का मानक समय माँ विन्ध्यवासिनी धाम से तय होता है। पुराणों के अनुसार रावण ने भी इसे मानक समय स्थल मानकर यहाँ शिवलिंग की स्थापना की थी।
3. शिवद्वार, त्रिकोणीय तान्त्रिक साधना के लिए जगत विख्यात था और साधना की राजधानी था। इसे ही मीरजापुर गजेटियर में गुप्तकाशी की संज्ञा से अभिकल्पित किया गया है।
4. सोनभद्र, सोन संस्कृति की पौराणिक पृष्ठभूमि वैदिककालीन सभ्यता की पराकाष्ठापरक ऐतिहासिकता से सम्बद्ध है। सन्त परम्पराओं का एक महत्वपूर्ण परिव्रजन इस क्षेत्र में हुआ जिसमें शैव व शाक्त प्रमुख थे। शैव सम्प्रदाय से जुड़े अघोर तन्त्र ने इसे बहुत सराहा और इसे अपनी कर्मभूमि बना लिया। सोन नद के तट पर शव छेदन क्रिया की भी प्रशिक्षा आयुर्वेद के जिज्ञासुओं को दी जाती थी। शैव तन्त्र से प्रभावित अघोर तन्त्र शव-साधना में सिद्धहस्त था और शव में इकार की प्राण प्रतिष्ठा का जीवन्त रूप शिव को दे देना इनकी अलौकिक साधना का चरमोत्कर्ष है। अघोरपन्थी नाम के पश्चात् "राम" का प्रयोग करते थे। इस क्षेत्र में सवर्ण वर्ग में प्रायः ब्राह्मण वर्ग भी राम का प्रयोग अपने नाम में करता है। इस क्षेत्र में पाशुपात तन्त्र के महान साधक लोरिक का नाम विशेष है।

उपरोक्त तो अति संक्षिप्त परिचय है विस्तार से "विश्वशास्त्र" के अध्याय-दो में प्रकाशित है, जिस क्षेत्र से ये विश्व ऐतिहासिक अन्तिम, अपरिवर्तनीय और अटलनीय सन्देश देने का साहस किया गया है।

भौतिक रूप से सत्यकाशी पीठ के लिए योग्य स्थान सत्यकाशी क्षेत्र ही है। सत्यकाशी पीठ उसी अद्वैत वेदान्त पर आधारित है। जिस के आधार पर आदि शंकाराचार्य द्वारा चार पीठों की स्थापना की थी। युग परिवर्तन के लिए आदि शंकाराचार्य द्वारा स्थापित चार पीठों के वर्तमान शंकाराचार्यों का यह दायित्व है कि वे इस श्रृंखला को आगे बढ़ाते हुये धर्म के वैश्विक स्थापना के लिए आगे आयें।

सत्यकाशी पीठ: इतिहास और उद्देश्य

भारत का इतिहास केवल राजाओं और युद्धों का इतिहास नहीं है,
बल्कि यह **चेतना के विकास का इतिहास** है।
हर युग में जब धर्म और राजनीति के बीच संतुलन बिगड़ता है,
तो कोई न कोई पीठ उस संतुलन को पुनर्स्थापित करने के लिए जन्म लेती है।

ऐसा ही एक अद्वितीय उदय है -
"सत्यकाशी पीठ" का,
जो मानवता के अगले अध्याय की भूमिका बन चुका है।

"जहाँ ज्ञान शासन को दिशा देता है,
वहीं शासन धर्म का साधन बन जाता है।"

काशी से सत्यकाशी तक: चेतना की यात्रा

प्राचीन काशी को "मोक्षभूमि" कहा गया,
क्योंकि वहाँ ज्ञान और मृत्यु - दोनों के रहस्य सिखाए जाते थे।
पर सत्यकाशी - ज्ञान का अगला आयाम है।
यह मृत्यु से मुक्ति नहीं, बल्कि **अज्ञान से मुक्ति** की भूमि है।

तीन चरणों में यह यात्रा समझी जा सकती है:

1. **काशी** - व्यक्तिगत मुक्ति का केंद्र।
2. **महाकाशी** - सार्वभौमिक चेतना का केंद्र।
3. **सत्यकाशी** - वैश्विक एकत्व और अद्वैत शासन का केंद्र।

"काशी आत्मा की दीक्षा है,
सत्यकाशी आत्मा का शासन है।"

स्थापना का उद्देश्य

सत्यकाशी पीठ का जन्म केवल धार्मिक नहीं,
बल्कि आध्यात्मिक-राजनीतिक समन्वय की आवश्यकता से हुआ।
विश्व में बढ़ती भौतिकता, असमानता, और नैतिक संकट के बीच
इस पीठ का उद्देश्य है -

1. **धर्म और शासन के बीच अद्वैत संबंध पुनः स्थापित करना।**
2. **राजनीति को आत्मा से जोड़ना।**
3. **विज्ञान, धर्म, और समाज - तीनों का एक समग्र मॉडल प्रस्तुत करना।**

इसके चार प्रमुख सूत्र:

- **धर्म = चेतना की नीति**
- **राजनीति = सेवा की क्रिया**
- **अर्थनीति = संतुलन की व्यवस्था**
- **विज्ञान = सत्य की खोज**

सत्यकाशी की परंपरा और वंश

सत्यकाशी पीठ किसी व्यक्ति द्वारा स्थापित संस्था नहीं है -
यह **ब्रह्म परंपरा का विस्तार** है।
आदि शंकराचार्य ने चार दिशाओं में चार पीठें स्थापित कीं -
पूर्व, पश्चिम, उत्तर, दक्षिण -
जो वेद, धर्म और आत्मज्ञान के केंद्र बने।

परंतु कालान्तर में जब राजनीति धर्म से अलग और धर्म समाज से अलग हुआ,
तो **पाँचवीं पीठ** की आवश्यकता पड़ी -
जो अद्वैत दर्शन को शासन की नीतियों में उतार सके।

"चार पीठों ने धर्म को जीवित रखा,
पाँचवीं पीठ उसे जीवन में उतारेगी।"

सत्यकाशी का उद्देश्य – धर्म का पुनर्निर्माण, शासन का पुनर्जागरण

आज की मानवता धर्म को या तो संप्रदाय मानती है या अनुष्ठान।
पर सत्यकाशी कहता है -

"धर्म = जीवन की वैज्ञानिक व्यवस्था।"

इस पीठ का उद्देश्य है -
धर्म को **व्यवहार में**, राजनीति को **सेवा में**,
और विज्ञान को **चेतना में** बदलना।

इसके तीन प्रमुख लक्ष्य:

1. **आध्यात्मिक शासन (Spiritual Governance):**
   जहाँ नीतियाँ करुणा और सत्य पर आधारित हों।
2. **चेतना आधारित शिक्षा (Conscious Education):**
   जहाँ बच्चों को ज्ञान नहीं, आत्मा से जोड़ने की विधि सिखाई जाए।
3. **वैश्विक समरसता (Global Oneness):**
   जहाँ राष्ट्रवाद का स्थान "मानववाद" ले ले।

सत्यकाशी और मानवता का भविष्य

सत्यकाशी केवल एक धार्मिक केंद्र नहीं,
बल्कि मानवता का भविष्य मॉडल है।

यह वह स्थान है जहाँ -

- विज्ञान और वेदांत मिलते हैं,
- राजनीति और करुणा जुड़ते हैं,
- और व्यक्ति स्वयं में "राजऋषि" बनता है।

"जब शासक साधक बन जाएगा,
तब ही पृथ्वी पर धर्मराज्य स्थापित होगा।"

निष्कर्ष

सत्यकाशी पीठ का इतिहास कोई कालखंड नहीं,
बल्कि एक **युग की उद्घोषणा** है।
यह उस समय का प्रतीक है
जब ब्रह्मज्ञान शासन का केंद्र बनेगा,
और शासन ब्रह्म की सेवा बन जाएगा।

"सत्यकाशी केवल एक स्थान नहीं -
वह चेतना की वह ज्योति है
जो युगों से अंधकार में जलती रही है।"

पाँचवाँ और अंतिम शंकराचार्य पीठ: इसकी विशेषता

आदि शंकराचार्य ने चार दिशाओं में चार पीठों की स्थापना की -
उत्तर में **ज्योतिर्मठ (बद्रीनाथ)**,
दक्षिण में **श्रृंगेरी पीठ**,
पूर्व में **गौड़पीठ (पुरी)**,
और पश्चिम में **द्वारका शारदापीठ**।

इन चारों पीठों ने धर्म की लौ को जलाए रखा -
ज्ञान, भक्ति, कर्म और योग - चारों मार्गों के संतुलन से।
परंतु जैसे-जैसे युग आगे बढ़ा,
मानवता की चुनौती केवल धर्म रक्षा नहीं रही,
बल्कि **धर्म को शासन, विज्ञान और समाज में जीवित रखना** बन गई।

इसी आवश्यकता से जन्म लेता है -
पाँचवाँ और अंतिम शंकराचार्य पीठ - "सत्यकाशी पीठ।"

"चार पीठों ने धर्म को सुरक्षित रखा,
पाँचवाँ पीठ धर्म को सार्वभौमिक बना देगा।"

पाँचवाँ पीठ क्यों आवश्यक हुआ

शंकराचार्य का कार्य केवल धार्मिक पुनर्जागरण नहीं था;
वह चेतना की क्रांति थी।
उनकी परंपरा ने अद्वैत का सिद्धांत दिया -
कि **सभी भिन्नताएँ एक ही परमसत्य की लहरें हैं।**

परंतु आधुनिक युग में -

- धर्म राजनीति से अलग हुआ,
- ज्ञान आस्था से अलग हुआ,

- और मनुष्य स्वयं अपने अस्तित्व से अलग हो गया।

ऐसे समय में आवश्यक था
कि अद्वैत केवल दर्शनशास्त्र न रह जाए,
बल्कि राजनीति और जीवन का सिद्धांत बन जाए।
इसी हेतु स्थापित हुआ -
सत्यकाशी पीठ - पाँचवाँ और अंतिम शंकराचार्य पीठ।

इसकी स्थापना का प्रतीकात्मक अर्थ

चार पीठें **चार तत्वों (पृथ्वी, जल, अग्नि, वायु)** से संबंधित हैं,
जबकि पाँचवाँ पीठ **आकाश तत्व** का प्रतीक है -
अर्थात् सर्वव्यापक चेतना।

दिशा	पीठ	तत्व	उद्देश्य
पूर्व	पुरी (गौड़)	जल	भक्ति और समर्पण
पश्चिम	द्वारका	अग्नि	कर्म और संकल्प
उत्तर	ज्योतिर्मठ	वायु	ज्ञान और विवेक
दक्षिण	श्रृंगेरी	पृथ्वी	स्थिरता और परंपरा
केंद्र	**सत्यकाशी**	**आकाश**	**चेतना और एकत्व**

"आकाश सबको जोड़ता है -
उसी तरह सत्यकाशी सभी परंपराओं को एक चेतना में जोड़ता है।"

पाँचवाँ पीठ - अद्वैत का आधुनिक रूप

सत्यकाशी पीठ का लक्ष्य अद्वैत को केवल ध्यान या उपनिषद तक सीमित नहीं रखना,
बल्कि उसे शासन और समाज की नीतियों में उतारना है।

इसका सार है -
"अद्वैत शासन" = ऐसा तंत्र जहाँ आत्मा और राज्य में कोई विभाजन न हो।
यह पीठ आत्मा-केन्द्रित राजनीति का सिद्धांत प्रस्तुत करती है -
जहाँ सत्ता साधना है,
शासन सेवा है,
और नेतृत्व तप है।

सत्यकाशी पीठ की पाँच विशेषताएँ

1. अद्वैत का संस्थागत रूप

यह पीठ अद्वैत को केवल तत्वज्ञान नहीं,
बल्कि संस्थागत चेतना बनाती है।
धर्म, शिक्षा, राजनीति, अर्थ और विज्ञान -
सभी को एकसूत्र में बाँधती है।

2. राजऋषि परंपरा का पुनर्जागरण

आदर्श शासक वही है जो साधक भी हो।
सत्यकाशी इस परंपरा को पुनर्जीवित करता है -
जहाँ राज्य का मार्गदर्शन ऋषियों द्वारा होता है।

3. विज्ञान और अध्यात्म का संगम

यह पीठ "Consciousness Studies" और "Spiritual Technology"
को एक साथ लाकर मानव चेतना के विकास को वैज्ञानिक दृष्टि देती है।

4. वैश्विक धर्म - Beyond Religion

सत्यकाशी का धर्म किसी संप्रदाय का नहीं,
बल्कि "मानवता की आत्मा" का है।
यह कहता है -

"जो सत्य को खोजता है, वही सनातन है।"

5. राज्य और आत्मा का समन्वय

यह पीठ बताती है कि शासन तंत्र तभी स्थायी है
जब वह आत्मिक अनुशासन पर आधारित हो।
यह "राजनीति का आध्यात्मिकीकरण" है,
जिसे भविष्य की सभ्यता का आधार माना गया है।

"अंतिम शंकराचार्य पीठ" क्यों कहा गया

चार पीठें धर्म की दिशा का प्रतीक थीं,
पाँचवाँ पीठ **धर्म की दिशा से परे उसकी पूर्णता** का प्रतीक है।
यह अब किसी भौगोलिक क्षेत्र के लिए नहीं,
बल्कि पूरे विश्व की चेतना के लिए है।

"जब मनुष्य का धर्म मानवता होगा,
तब सत्यकाशी पाँचवाँ ही नहीं, अंतिम पीठ सिद्ध होगा।"

सत्यकाशी पीठ का दार्शनिक आधार

इस पीठ की जड़ें तीन सूत्रों पर टिकी हैं -

1. **ब्रह्म सत्यम्** - सत्य सर्वत्र है।
2. **जगत् मिथ्या** - भेद, संप्रदाय और हिंसा केवल अज्ञान की छाया हैं।
3. **जीवो ब्रह्मैव नापरः** - प्रत्येक व्यक्ति ब्रह्म का ही अंश है।

यही दर्शन राजनीति में यह रूप लेता है -

दर्शन	राजनीतिक रूप
ब्रह्म सत्यम्	राज्य का आधार सत्य और नीति
जगत मिथ्या	जाति, रंग, धर्म से ऊपर समानता
जीवो ब्रह्मैव	प्रत्येक नागरिक में दिव्यता का सम्मान

निष्कर्ष

**सत्यकाशी पीठ शंकराचार्य की परंपरा का समापन नहीं,
बल्कि उसका परिपूर्ण रूप है।
यह धर्म, राजनीति, और चेतना -
तीनों के संगम से एक नया युग आरंभ करता है।**

**"पहले चार पीठों ने दिशा दी,
पाँचवें ने दिशा को प्रकाश बना दिया।"**

**सत्यकाशी पीठ इसलिए अंतिम है -
क्योंकि यह अद्वैत को सिद्धांत नहीं,
बल्कि जीवित अनुभव बना देता है।**

भाग-11

सत्यकाशी पीठ के कार्य

धारा-उद्धार: धर्म की पुनर्स्थापना

मनुष्य चेतना का रूपांतरण

साधना, दीक्षा और आध्यात्मिक अनुष्ठान

वैश्विक कार्य: मानवता के लिए संदेश

शिव-तत्व और कल्कि-तत्व का मिलन

"सार्वभौम सत्य-सिद्धान्त" पर आधारित "युग परिवर्तन श्रृंखला" के नवयुग के शास्त्र-साहित्य

धारा-उद्धारः धर्म की पुनर्स्थापना

सत्यकाशी पीठ का प्रथम और सर्वोपरि कार्य है-**धारा-उद्धार**, अर्थात वह दिव्य धारा जो युगों से मलीन, विभ्रांत या विकृत हो चुकी है, उसे पुनः शुद्ध स्वरूप में प्रवाहित करना। "धर्म" शब्द यहाँ किसी संप्रदाय, पद्धति या विचारधारा का नाम नहीं; धर्म का अर्थ है-**जगत की अंतर्निहित समरसता, सत्य और सृष्टि-नियम**।

जब युग बदलता है, धर्म की धारा अवरुद्ध हो जाती है।
सत्य केवल ग्रंथों में रह जाता है, इसके प्रयोग का बल खो जाता है।
लोग अनुष्ठान तो करते हैं, पररस के बिना;
मंत्र तो बोलते हैं, पर अर्थ के बिना;
धर्म का नाम तो लेते हैं, पर धर्म का जीवन नहीं जीते।

सत्यकाशी पीठ इस जड़ता को तोड़ता है।

यह धारा-उद्धार तीन प्रकार से होता है:

1. सत्य-दृष्टि का पुनर्जागरण

लोगों में सत्य को पहचानने और जीने की क्षमता पुनः सक्रिय होती है।
यह क्षमता बिना किसी प्रवचन-केवल चेतना-संक्रमण से जगती है।

2. धर्म का प्रयोगशाला-रूप

सत्यकाशी पीठ धर्म को जीवन के केंद्र में स्थापित करता है।
धर्म यहाँ सिद्धांत नहीं-व्यवहार और चरित्र का प्रवाह है।

3. युग-धर्म की घोषणा

हर युग का धर्म अलग होता है।
कलियुग से सतयुग में प्रवेश के लिए जो धर्म आवश्यक है-योग, करुणा, सत्य, उच्च चेतना, मानव-एकत्व-उसका पुनःस्थापन पीठ के मुख्य कार्यों में है।

इस प्रकार, धारा-उद्धार वह बीज है जिससे नए युग की पूरी फसल अंकुरित होती है।

मनुष्य चेतना का रूपांतरण

युग परिवर्तन का मूल आधार मनुष्य की बाहरी परिस्थितियाँ नहीं-उसकी **भीतर की चेतना** है। सत्यकाशी पीठ का दूसरा मुख्य कार्य इसी रूपांतरण से जुड़ा है।

मनुष्य आज बुद्धि में प्रबल है, पर चेतना में सुप्त।
ज्ञान बहुत है, पर विवेक कम।
सूचना बहुत है, पर अनुभूति नहीं।
असंतोष बहुत है, पर दिशा नहीं।

पीठ का उद्देश्य मनुष्य को बाहरी उपलब्धियों से हटाकर भीतर की यात्रा में प्रवेश कराना है।

रूपांतरण के चार चरण

1. जागरण (Awakening)

मनुष्य स्वयं से पहला प्रश्न पूछता है-"मैं कौन हूँ?"
यह प्रश्न जन्म देता है।

2. शुद्धि (Purification)

पुराने संस्कार, भय, भ्रम और अहंकार टूटने लगते हैं।

3. विस्तार (Expansion)

चेतना शरीर-मन से आगे बढ़कर सूक्ष्म और कारण-स्तरों को अनुभव करने लगती है।

4. परिणति (Realization)

मनुष्य अपने भीतर स्थित दिव्य-सत्ता को पहचान लेता है।
यही "नया मनुष्य" है-युग परिवर्तन का वाहक।

पीठ का कार्य प्रत्येक साधक को इन चार चरणों के मार्ग से गुज़ारना है-धीरे, सहज, और सामूहिक ऊर्जा के साथ।

साधना, दीक्षा और आध्यात्मिक अनुष्ठान

हर परिवर्तन की जड़ अनुशासन और साधना है।
सत्यकाशी पीठ में साधना केवल ध्यान या मंत्र नहीं-यह एक पूर्ण जीवन-शास्त्र है।

1. साधना (Spiritual Practice)

- आंतरिक शांति
- चेतना का विस्तार
- ऊर्जा का स्थिरीकरण
- स्मृति-शोधन
- आत्म-प्रकाश

पीठ की साधना आधुनिक मन के अनुसार सरल, गहरी और प्रभावकारी है।
यह शरीर, मन, प्राण और चेतना-सभी स्तरों पर काम करती है।

2. दीक्षा (Initiation)

दीक्षा बाहरी कर्म नहीं-ऊर्जा का आंतरिक स्थानांतरण है।
यह वह क्षण है जब साधक की चेतना में युग-ऊर्जा का बीज रोपा जाता है।
यह बीज धीरे-धीरे जागता है और साधक स्वयं एक "चेतना-केंद्र" बन जाता है।

3. अनुष्ठान (Rituals)

अनुष्ठान ब्रह्मांडीय ऊर्जा को पृथ्वी पर स्थिर करने के उपकरण हैं।
सत्यकाशी पीठ में अनुष्ठान प्राचीन और आधुनिक दोनों हैं-
वे बाहरी प्रतीकों से अधिक आंतरिक परिवर्तन पर आधारित हैं।

अनुष्ठान केवल पूजा नहीं-वे प्रकाश का आह्वान हैं।

वैश्विक कार्य - मानवता के लिए संदेश

सत्यकाशी पीठ का कार्य किसी एक देश, संस्कृति या समुदाय तक सीमित नहीं।
युग परिवर्तन हमेशा वैश्विक होता है-इसलिए उसका संदेश भी वैश्विक होता है।

आज मानवता कई स्तरों पर विभाजित है-
भाषा, धर्म, राजनीति, अर्थव्यवस्था, जाति, विचार।
पर चेतना का सत्य इन सभी से ऊपर है।

सत्यकाशी पीठ का वैश्विक संदेश यही है:

1. मानव एक है

भिन्नता केवल बाहरी है; भीतर सबमें एक ही प्रकाश विद्यमान है।

2. पृथ्वी हमारा साझा आश्रम है

मानवता को पृथ्वी-चेतना के साथ सुसंगत होना होगा।

3. धर्म संघर्ष नहीं-एकता का मार्ग है

सभी पवित्र परंपराएँ एक ही सत्य के भिन्न द्वार हैं।

4. विज्ञान और अध्यात्म एक-दूसरे के पूरक हैं

दुनिया का नया युग तभी जन्म लेगा जब विज्ञान चेतना को समझेगा, और अध्यात्म विज्ञान को अपनाएगा।

5. कल्कि-ऊर्जा सार्वभौमिक है

यह ऊर्जा किसी राष्ट्र का, पंथ का, या समूह का स्वामित्व नहीं;
यह सम्पूर्ण मानवता का जन्मसिद्ध अधिकार है।

सत्यकाशी पीठ का उद्देश्य इसी संदेश को विश्व तक पहुँचाना है-शब्द, कला, ध्यान, साधना, विज्ञान और ऊर्जा के माध्यम से।

शिव-तत्व और कल्कि-तत्व का मिलन

युग परिवर्तन का अंतिम रहस्य दो महाशक्तियों के मिलन में निहित है-
शिव-तत्व और **कल्कि-तत्व**।

शिव-तत्व

संहार, मौन, तत्त्व-ज्ञान, समाधि और शून्य का प्रतिनिधि।
यह सभी रूपों का विसर्जन है-स्रोत में लौटना।

कल्कि-तत्व

नव-सृष्टि, धर्मस्थापन, ऊर्जा का उत्थान और युग-चक्र का पुनर्मूल्यांकन।
यह समय को पुनः संतुलित करने वाली शक्ति है।

दोनों का मिलन तब होता है जब:

- पुराना युग समाप्त हो रहा हो
- नया युग जन्म ले रहा हो
- पृथ्वी अपनी चेतना बदल रही हो
- मानवता परिवर्तन की पुकार कर रही हो

शिव-तत्व पुरातन को शून्य करता है,
और उसी शून्य में कल्कि-तत्व नया ब्रह्मांडीय क्रम स्थापित करता है।

सत्यकाशी पीठ इसी मिलन का केंद्र है-
जहाँ **शिव का मौन** और **कल्कि का उदय**
एक साथ कार्य करते हैं।

यही मिलन युग के नये चक्र की शुरुआत है-
यहीं से सतयुग का नया सूर्योदय होता है।

"सार्वभौम सत्य-सिद्धान्त" पर आधारित "युग परिवर्तन श्रृंखला" के नवयुग के शास्त्र-साहित्य

विभिन्न सम्प्रदाय (धर्म), जाति, मत, दर्शन इत्यादि में विभाजित इस मानव समाज में वर्तमान तथा आने वाले भविष्य के समय की मूल आवश्यकता है- मानव के मनो का एकीकरण अर्थात मानव मन का भूमण्डलीकरण एवं ब्रह्माण्डीयकरण। इसकी आवश्यकता इसलिए भी है क्योंकि मानव अपने विज्ञान व तकनीकी ज्ञान से प्राप्त संसाधनो का प्रयोग करते हुये, एक तरफ तो ब्रह्माण्ड की ओर चल पड़ा है तो दुसरी तरफ विध्वंस के लिए अनेक हथियारों का भी निर्माण कर चुका है। ऐसी स्थिति में हमें निश्चित रूप से ऐसे एकीकरण की आवश्यकता है जिससे हम इस पृथ्वी से मानसिक स्तर के विवादों को समाप्त कर सकें।

माया सभ्यता के अनुसार विश्व के मानव समाज यह भी मान रहें हैं कि 21 दिसम्बर, 2012 को दुनिया का अन्त हो जायेगा। जबकि हिन्दू धर्म शास्त्र विष्णु पुराण, भागवत पुराण, अग्नि पुराण, गरूड़ पुराण, पद्म पुराण इत्यादि में भगवान के दसवें और महाअवतार "कल्कि" का होना अभी शेष है। जिनसे कलियुग के अंधकार व विनाश को समाप्त करने का कार्य सम्पन्न होगा, साथ ही सत्ययुग का आरम्भ होगा। सिक्ख धर्म के पवित्र ग्रन्थ "दशम् ग्रन्थ" में भी "कल्कि अवतार" का वर्णन मिलता है।

सृजन और विनाश, का स्तर शारीरिक, आर्थिक व मानसिक होता है। जो एक व्यक्ति, समाज, देश और विश्व राष्ट्र के लिए होता है। व्यक्ति पर हुये शारीरिक, आर्थिक व मानसिक सृजन और विनाश को व्यक्ति ही अनुभव करता है परन्तु समाज, देश और विश्व राष्ट्र पर हुये शारीरिक, आर्थिक व मानसिक सृजन व विनाश को सार्वजनिक रूप से सभी देखते है। समाज, देश और विश्व राष्ट्र पर शारीरिक व आर्थिक सृजन और विनाश वर्तमान में तो चल ही रहा है जिसे सार्वजनिक रूप से मानव समाज देख रहा है।

भौतिकवादी पश्चिमी संस्कृति किसी भी सृजन व विनाश को मानसिक स्तर पर सोच ही नहीं सकता क्योंकि वह समस्त क्रियाकलाप को बाह्य जगत में ही घटित होता समझाता है जबकि वर्तमान समय मानसिक स्तर पर विनाश व सृजन का है। इस आधार पर यह कहा जा सकता है कि माया सभ्यता के अनुसार 21 दिसम्बर, 2012 को जो विनाश व सृजन होगा, वह मानसिक स्तर का ही होगा। जिसके परिणामस्वरूप सभी सम्प्रदाय, मत, दर्शन एक उच्च स्तर के विचार या सत्य में विलीन अर्थात विनाश को प्राप्त करेगा। फलस्वरूप उच्च स्तर के विचार या सत्य में स्थापित होने से सृजन होगा। कुल मिलाकर माया सभ्यता के कैलेण्डर का अन्त तिथि 21 दिसम्बर, 2012, दुनिया के अन्त की तिथि नहीं बल्कि वह वर्तमान युग के अन्त की अन्तिम तिथि का अनुमान है जिसके बाद नये युग का आरम्भ होगा।

ईश्वर भी इतना मूर्ख व अज्ञानी नहीं है कि वह स्वयं को इस मानव षरीर में पूर्ण व्यक्त किये बिना ही दुनिया को नष्ट कर दे। इसके सम्बन्ध में हिन्दू धर्म शास्त्रों में सृष्टि के प्रारम्भ के सम्बन्ध में कहा गया है कि- "ईश्वर ने इच्छा व्यक्त की कि मैं एक हूँ, अनेक हो जाऊँ"। इस प्रकार जब वही ईश्वर सभी में है तब निश्चित रूप से जब तक सभी मानव ईश्वर नहीं हो जाते तब तक दुनिया के अन्त होने का कोई प्रश्न ही नहीं उठता। और विकास क्रम चलता रहेगा।

21 दिसम्बर, 2012 के बाद का समय नये युग के प्रारम्भ का समय है जिसमें ज्ञान, ध्यान, चेतना, भाव, जन, देश, विश्व राष्ट्र, आध्यात्मिक जागरण, मानवता इत्यादि का विश्वव्यापी विकास होगा। परिणामस्वरूप सभी मानव को ईश्वर रूप में स्थापित होने का अवसर प्राप्त होगा। और यही विश्व मानव समाज की मूल आवश्यकता है। प्राचीन वैदिक काल में समाज को नियंत्रित करने के लिए ज्ञानार्जन सबके लिए खुला नहीं था परन्तु वर्तमान और भविष्य की आवश्यकता यह है कि समाज को नियंत्रित करने के लिए सभी को पूर्ण ज्ञान से युक्त कर सभी के लिए ज्ञान को खोल दिया जाय। यही कारण था कि वेद को प्रतीकात्मक रूप में लिख कर गुरू-शिष्य परम्परा द्वारा उसकी व्याख्या की जाती रही थी जिससे राजा और समाज को नियंत्रण में रखा जा सके।

सभी मानव को ईश्वर रूप में स्थापित होने के लिए जो माध्यम चाहिए वह है-"एकात्म विज्ञान" व "ईश्वर शास्त्र" विषय से मानव को शिक्षित करना और शिक्षा पाठ्यक्रम में अनिवार्य रूप से अध्ययन के लिए शामिल कराया जा सके।

"सार्वभौम सत्य-सिद्धांत"पर आधारित "युग परिवर्तन श्रृंखला" मानवता के अगली पीढ़ी के उदय के लिए

"नये युग" में "नये भारत" के लिए "नवीन मान-राग-प्राण" पर आधारित क्रियान्वयन प्रणाली (Operation System)-मानव-10 (MANAV-10) की पुस्तकें

यह नई पीढ़ी (Gen-Z) के लिए "विकसित भारत" और "मानव-10 प्रणाली" (MANAV-10 System) को प्रोत्साहित करने वाली श्रृंखला का हिस्सा है। अर्थात् यह पुस्तक किसी धर्म, जाति या मत से ऊपर उठकर "Universal Truth Principles" की ओर संकेत करती है।

मुद्रित (Printed Hard Copy) पुस्तक के लिए लिंक(Link)

https://notionpress.com/author/lava_kush

E_Book के लिए

www.64inch.com

द्वापर युग में आठवें अवतार श्रीकृष्ण द्वारा प्रारम्भ किया गया कार्य नवसृजन के

प्रथम भाग सार्वभौम ज्ञान के शास्त्र "गीता" के बाद

कलियुग में

द्वितीय और अन्तिम भाग "सार्वभौम कर्मज्ञान" और

"पूर्णज्ञान का पूरक शास्त्र"

विश्व युद्ध के पहले
दिव्य दृष्टि
सत्यकाशी पीठ
पांचवां और अन्तिम शंकराचार्य पीठ

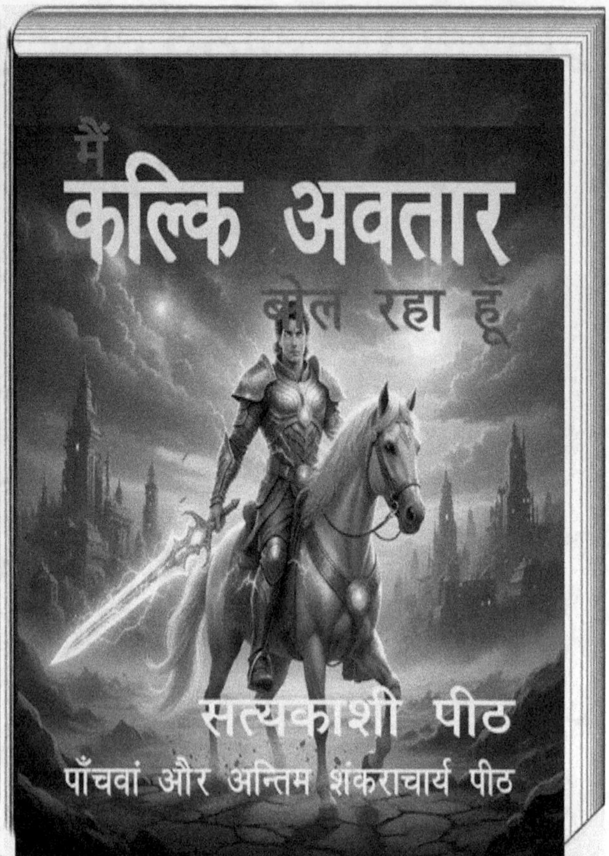
मैं
कल्कि अवतार
बोल रहा हूँ
सत्यकाशी पीठ
पाँचवां और अन्तिम शंकराचार्य पीठ

समष्टि गीता
सत्यकाशी पीठ
पाँचवां और अन्तिम शंकराचार्य पीठ

फिल्म स्क्रीप्ट
राइटिंग
IDEAS
You are the writer of your life
Fresh Ideas
Writing is designing with words
Creative Thinking
Lights Camera Action
Short Films.
लव कुश सिंह "विश्वमानव"

प्रारम्भिक सत्य
अन्तिम
दृष्टि
सत्यकाशी पीठ
पाँचवां और अन्तिम शंकराचार्य पीठ

सत्य धर्म
युग परिवर्तक
दृष्टि
सत्यकाशी पीठ
पाँचवां और अन्तिम शंकराचार्य पीठ

सत्य दार्शनिक-दर्शन
और
कर्म वेदान्त-विकास
दर्शन
सत्यकाशी पीठ
पाँचवां और अन्तिम शंकराचार्य पीठ

सत्य शास्त्र
एवं
पुराण रहस्य
महर्षि व्यास
कला
सत्यकाशी पीठ
पाँचवां और अन्तिम शंकराचार्य पीठ

संत एवं गुरु
और
सत्यकाशी पीठ
पाँचवां और अन्तिम शंकराचार्य पीठ

समाज और
ईश्वरीय समाज
सत्यकाशी पीठ
पाँचवां और अन्तिम शंकराचार्य पीठ

सत्य शास्त्र और
विश्वशास्त्र
सत्यकाशी पीठ
पाँचवां और अन्तिम शंकराचार्य पीठ

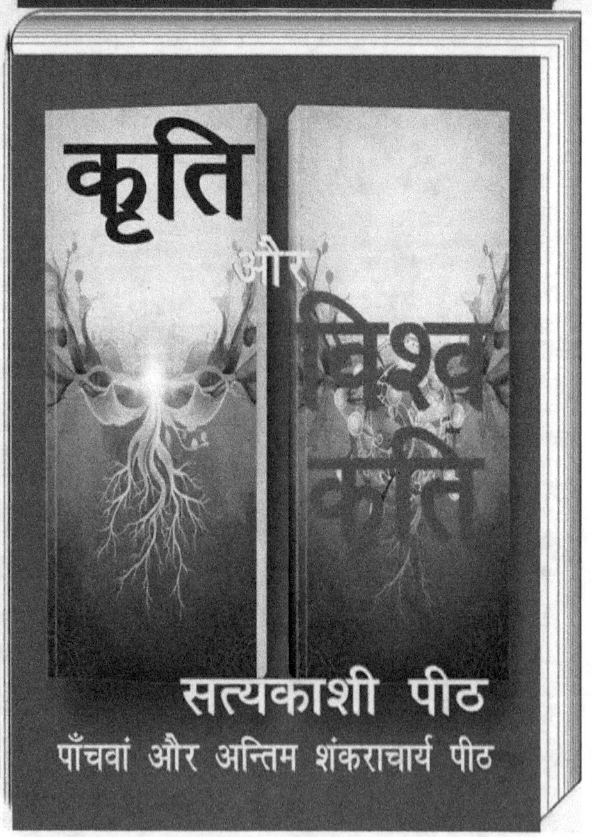
कृति
और
विश्व
सत्यकाशी पीठ
पाँचवां और अन्तिम शंकराचार्य पीठ

भारत माता मन्दिर
और
विश्वधर्म मन्दिर
सत्यकाशी पीठ
पाँचवां और अन्तिम शंकराचार्य पीठ

महाभारत
और
विश्वभारत
सत्यकाशी पीठ
पाँचवां और अन्तिम शंकराचार्य पीठ

संविधान और
विश्व संविधान
सत्यकाशी पीठ
पांचवां और अन्तिम शंकराचार्य पीठ

शिक्षा और
पूर्ण शिक्षा
सत्यकाशी पीठ
पांचवां और अन्तिम शंकराचार्य पीठ

देवता और सार्वभौम देवता
कल्कि
सत्यकाशी पीठ

माँ कल्कि

द्वादस ज्योतिर्लिंग और
१३वां अन्तिम ज्योतिर्लिंग
सत्यकाशी पीठ
पाँचवां और अन्तिम शंकराचार्य पीठ

काशी
मोक्षदायिनी
और
जीवनदायिनी

सत्यकाशी
स्वर्णयुग
का
तीर्थ

काशी
रहस्योद्घाटन
सत्यकाशी पीठ
पांचवां और अन्तिम शंकराचार्य पीठ

2020
सत्यकाशी पीठ
पाँचवां और अन्तिम शंकराचार्य पीठ

ईश्वर
का
संक्षिप्त इतिहास
सत्यकाशी पीठ
पाँचवां और अन्तिम शंकराचार्य पीठ

अवतार
अन्तिम सत्य दृष्टि
सत्यकाशी पीठ
पाँचवां और अन्तिम शंकराचार्य पीठ

भविष्यवाणियाँ
और
कल्कि अवतार
सत्यकाशी पीठ
पाँचवां और अन्तिम शंकराचार्य पीठ

स्वामी विवेकानन्द
और
कल्कि अवतार
सत्यकाशी पीठ
पाँचवां और अन्तिम शंकराचार्य पीठ

मनु, मनवन्तर
और
कल्कि अवतार
सत्यकाशी पीठ
पाँचवां और अन्तिम शंकराचार्य पीठ

व्यास, शास्त्र
और
कल्कि अवतार
सत्यकाशी पीठ
पाँचवां और अन्तिम शंकराचार्य पीठ

ऋषि, ऋषि परम्परा
और
कल्कि अवतार
सत्यकाशी पीठ
पाँचवां और अन्तिम शंकराचार्य पीठ

दूसरा आगमन
या
अन्तिम आगमन
सत्यकाशी पीठ
पाँचवां और अन्तिम शंकराचार्य पीठ

परिवर्तन
काल, मनु, युग,
व्यास और शास्त्र
सत्यकाशी पीठ
पाँचवां और अन्तिम शंकराचार्य पीठ

राम, रावण
और
सार्वभौम एकात्म
सत्यकाशी पीठ
पाँचवां और अन्तिम शंकराचार्य पीठ

मैं
व्यक्तिगत या सार्वभौम
सत्यकाशी पीठ
पाँचवां और अन्तिम शंकराचार्य पीठ

लव कुश (त्रेतायुग)
और
लवकुश (कलियुग)
सत्यकाशी पीठ
पाँचवां और अन्तिम शंकराचार्य पीठ

कल्कि महावतार
आ चुके हैं
(ACTION PLAN)
सत्यकाशी पीठ
पाँचवां और अन्तिम शंकराचार्य पीठ

लव कुश सिंह
(कल्कि महावतार)
जीवन, ज्ञान, कर्म और विश्वरूप
सत्यकाशी पीठ
पाँचवां और अन्तिम शंकराचार्य पीठ

वैश्विक बुद्ध
बुद्ध का
भाग-दो
और अन्तिम
सत्यकाशी पीठ
पाँचवां और अन्तिम शंकराचार्य पीठ

बुड्ढ़ा कृष्ण
कृष्ण का
भाग-दो
और अन्तिम
सत्यकाशी पीठ
पाँचवां और अन्तिम शंकराचार्य पीठ

सम्पूर्ण क्रान्ति
अन्तिम कार्य योजना
64
सत्यकाशी पीठ
पांचवां और अन्तिम शंकराचार्य पीठ

सम्पूर्ण क्रान्ति
वेबसाइट मार्गदर्शन
विवरणिका
सत्यकाशी पीठ
पाँचवां और अन्तिम शंकराचार्य पीठ

पुनर्निर्माण
(RENEW)
समस्या, समाधान
और
राष्ट्र निर्माण की योजना
सत्यकाशी पीठ
पाँचवां और अन्तिम शंकराचार्य पीठ

पुनर्निर्माण
(RENEW)
ग्राम एवं नगर वार्ड
प्रेरक
सत्यकाशी पीठ
पाँचवां और अन्तिम शंकराचार्य पीठ

द्वापर युग में आठवें अवतार श्रीकृष्ण द्वारा प्रारम्भ किया गया कार्य "नवसृजन" के प्रथम भाग "सार्वभौम ज्ञान" के शास्त्र "गीता" के बाद कलियुग में द्वितीय और अन्तिम भाग "सार्वभौम कर्मज्ञान" और "पूर्णज्ञान का पूरक शास्त्र"
।। विश्वशास्त्र ।।
द नॉलेज ऑफ फाइनल नॉलेज
परिचय
- लव कुश सिंह "विश्वमानव"

एन्टायर पालिटिक्स
पूर्ण पाठ्यक्रम
सत्यकाशी पीठ
पाँचवां और अन्तिम शंकराचार्य पीठ

वसुधैव
कुटुम्बकम्
सत्यकाशी पीठ
पाँचवां और अन्तिम शंकराचार्य पीठ

।।कर्मवेद।।
प्रथम, अन्तिम तथा पंचम
सत्यकाशी पीठ
पांचवां और अन्तिम शंकराचार्य पीठ

आठवें अवतार
श्रीकृष्ण
सत्यकाशी पीठ
पांचवां और अन्तिम शंकराचार्य पीठ

अयोध्या नहीं,
मुंगेर है
राम जन्मभूमि
सत्यकाशी पीठ
पाँचवां और अन्तिम शंकराचार्य पीठ

विश्वमानव
भूतपूर्व नेतृत्वकर्ताओं
का
स्पष्टिकरण
सत्यकाशी पीठ
पाँचवां और अन्तिम शंकराचार्य पीठ

विश्वमानव
वर्तमान नेतृत्वकर्ताओं
का
स्पष्टिकरण
सत्यकाशी पीठ
पाँचवां और अन्तिम शंकराचार्य पीठ

विश्वमानव
वार्ता, वक्तव्य
एवं
वाणीयाँ
सत्यकाशी पीठ

विश्वमानव
पत्रावली, प्रसारण
और
अन्तिम पत्र
सत्यकाशी पीठ
पाँचवां और अन्तिम शंकराचार्य पीठ

सत्य जनहित
आह्वान
सत्यकाशी पीठ
पाँचवां और अन्तिम शंकराचार्य पीठ

विश्व शान्ति
अन्तिम सत्य दृष्टि
सत्यकाशी पीठ
पाँचवां और अन्तिम शंकराचार्य पीठ

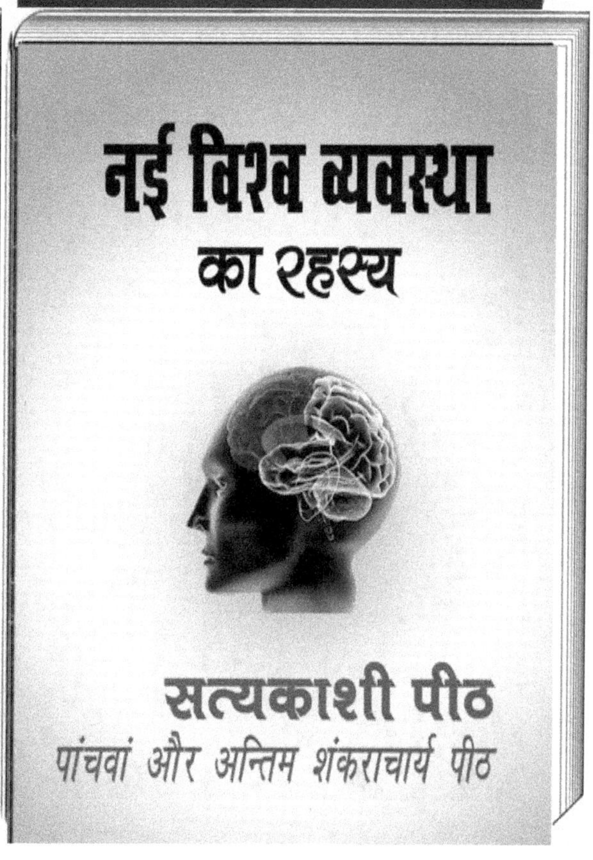
नई विश्व व्यवस्था
का रहस्य
सत्यकाशी पीठ
पांचवां और अन्तिम शंकराचार्य पीठ

समाजवाद
ब्रह्माण्डीय विकास का अवतारी मार्ग
सत्यकाशी पीठ
पांचवां और अन्तिम शंकराचार्य पीठ

भारतवाद
राष्ट्रवाद की मुख्यधारा
सत्यकाशी पीठ
पांचवां और अन्तिम शंकराचार्य पीठ

100 वर्षीय संयुक्त राष्ट्र
को अग्रिम सन्देश
सत्यकाशी पीठ
पांचवां और अन्तिम शंकराचार्य पीठ

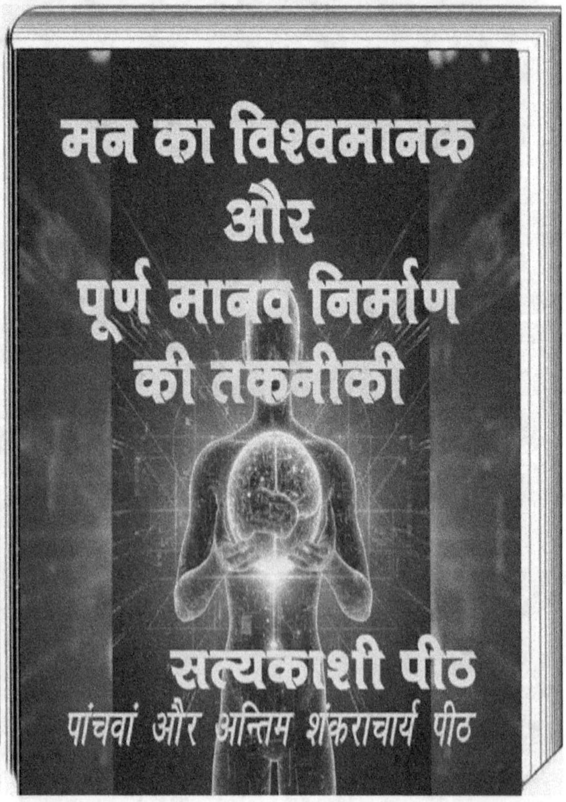
मन का विश्वमानक
और
पूर्ण मानव निर्माण
की तकनीकी
सत्यकाशी पीठ
पांचवां और अन्तिम शंकराचार्य पीठ

गणराज्य, संघ,
मानकीकरण संगठन
और
सम्पूर्ण मानक
सत्यकाशी पीठ
पाँचवां और अन्तिम शंकराचार्य पीठ

व्यापार केन्द्र
(TRADE CENTRE)
दृश्य सत्य
सत्यकाशी पीठ
पाँचवां और अन्तिम शंकराचार्य पीठ

सार्वभौम एकात्म
नव विश्व निर्माण
सत्यकाशी पीठ
पांचवां और अन्तिम शंकराचार्य पीठ

मानक विपणन
प्रणाली
सत्यकाशी पीठ
पाँचवां और अन्तिम शंकराचार्य पीठ

स्वर्णयुग का मानक
आदर्श नागरिक
दिशा निर्देश
सत्यकाशी पीठ
पांचवां और अन्तिम शंकराचार्य पीठ

स्वर्णयुग का
विश्वधर्म
परिचय
सत्यकाशी पीठ
पांचवां और अन्तिम शंकराचार्य पीठ

मैत्रेय बुद्ध
की ओर
सत्यकाशी पीठ
पांचवां और अन्तिम शंकराचार्य पीठ

विशाल ज्ञान विज्ञान
सबका समाधान
सूर्योदय
जय जनता जय कानून
हम सब एक दूसरे से हैं और एक दूसरे के लिए हैं
सौजन्य से : सारे गैर सरकारी प्राणी : सरकारी प्राणी : इज्जतदार नेता और
सबका भविष्य विद्यार्थीगण........के लिए।

सार्वभौम सत्य-सिद्धान्त आधारित "युग परिवर्तक" श्रृंखला
कल्कि धाम
और
कल्कि परिचय
- लव कुश सिंह "विश्वमानव"

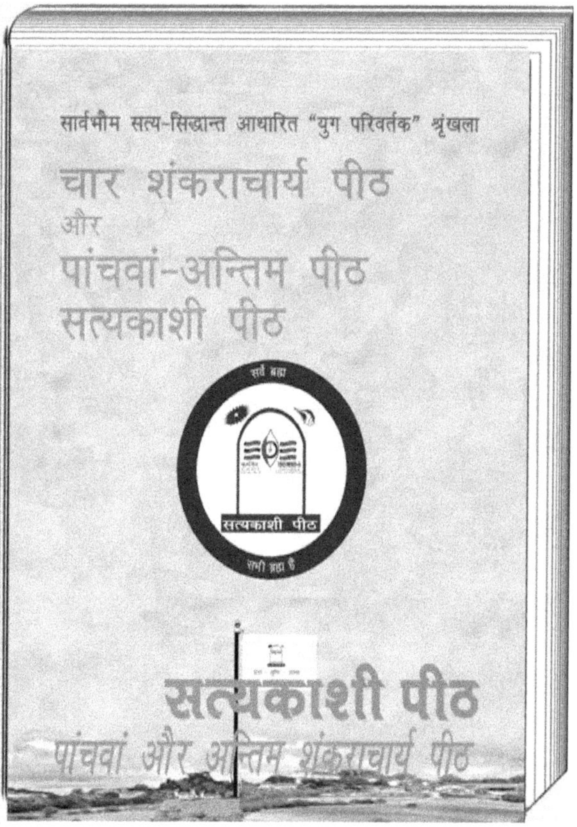
सार्वभौम सत्य-सिद्धान्त आधारित "युग परिवर्तक" श्रृंखला
चार शंकराचार्य पीठ
और
पांचवां-अन्तिम पीठ
सत्यकाशी पीठ
सत्यकाशी पीठ
सत्यकाशी पीठ
पांचवां और अन्तिम शंकराचार्य पीठ

कल्कि अमृत
महाकुम्भ
2025
FINAL KNOWLEDGE BOMB BLAST
सत्यकाशी पीठ
पांचवां और अन्तिम शंकराचार्य पीठ

ज्योति
युग परिवर्तन की
TRANSACTION
TRADE
DEVELOPMENT
RURAL
GD
EDUCATION
ADVANCEMENT
NATURAL TRUTH
सत्यकाशी पीठ
पांचवां और अन्तिम शंकराचार्य पीठ

युग परिवर्तन
के
शब्द
सत्यकाशी पीठ
पांचवां और अन्तिम शंकराचार्य पीठ

विचारों का अंत
2025
सत्यकाशी पीठ
पांचवां और अन्तिम शंकराचार्य पीठ

विश्व सत्य घोषणा-पत्र
2025–मानव जाति तक
RSS
Rational Service
Society
सत्यकाशी पीठ
पांचवां और अन्तिम शंकराचार्यपीठ

वैश्विक युग परिवर्तन के लिए
विश्व राजनीतिक पार्टी
संघ
RSS
Rational Service
Society
सत्यकाशी पीठ
पांचवां और अन्तिम शंकराचार्यपीठ

क्रिप्टो करेंसी
और मोबाइल माइनिंग
—लव कुश सिंह "विश्वमानव"

पीढ़ी
मानवीय और ईश्वरीय
वात्सल्य त्रिपाठी

बुढ़ा कृष्ण
अन्तिम मिलन
वात्सल्य त्रिपाठी

अन्तिम लक्ष्य
वात्सल्य त्रिपाठी

पाँचवां-अन्तिम पीठ
सत्यकाशी पीठ
परिचय
वात्सल्य त्रिपाठी
पाँचवां और आंतिम शंकराचार्य पीठ

कबीर और
जेन-जी
नई चेतना, नया मानव
चेतना और नवयुग की संवाद यात्रा
वात्सल्य त्रिपाठी

कल्कि की
ज्योति
बिहार से
ज्योति राठौड़

एक बिहारी
धरती पर भारी
ज्योति राठौड़

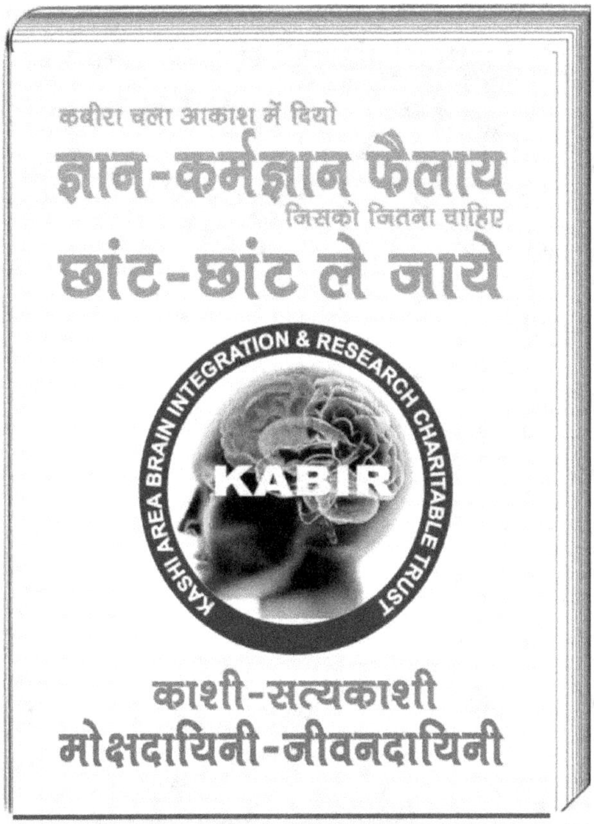
कबीरा चला आकाश में दियो
ज्ञान-कर्मज्ञान फैलाय
जिसको जितना चाहिए
छांट-छांट ले जाये
KASHI AREA BRAIN INTEGRATION & RESEARCH CHARITABLE TRUST
KABIR
काशी-सत्यकाशी
मोक्षदायिनी-जीवनदायिनी

कुर्म वंश
और
चरणाद्रिगढ़
स्वामी रमेशानन्द

आर.एस.एस
नवयुग के लिए
वैश्विक व्यक्तिगत पुस्तकालय
RATIONAL SERVICE SOCIETY (RSS)
WORLD PERSONAL LIBRARY FOR NEW AGE
A GUIDE TO GLOBAL WISDOM & FUTURE THOUGHT
स्वामी रमेशानन्द

झोला उठने के बाद
सोशल मीडिया
के लिए
कन्टेन्ट बैंक
विस्तृत गाइड: विचार, रणनीतियाँ, और संसाधन
www.64inch.com
सत्यकाशी पीठ
पांचवां और अन्तिम शंकराचार्य पीठ

झोला उठने के बाद
कल्कि
सत्यकाशी पीठ
पांचवां और अन्तिम शंकराचार्य पीठ

युग परिवर्तन के लिए:
विश्व पुस्तकालय बनाम कल्कि पुस्तकालय
www.64inch.com
बनाम
कल्कि पुस्तकालय
ज्ञान का महासंग्राम - भविष्य का निर्माण
सत्यकाशी पीठ
पांचवां और अन्तिम शंकराचार्य पीठ

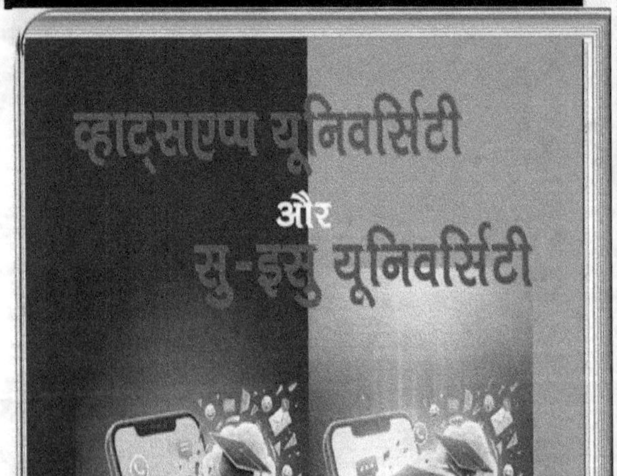
व्हाट्सएप्प यूनिवर्सिटी
और
सु-इसु यूनिवर्सिटी
सत्यकाशी पीठ
पांचवां और अन्तिम शंकराचार्य पीठ

इंडिया
भारत का विश्वरूप
सत्यकाशी पीठ
पांचवां और अन्तिम शंकराचार्य पीठ

अधूरे सपनों का अन्तिम मार्ग
सत्यकाशी पीठ
पांचवां और अन्तिम शंकराचार्य पीठ

मानक संविधान और बहुजन
सत्यकाशी पीठ
पांचवां और अन्तिम शंकराचार्य पीठ

विकसित भारत अन्तिम मुद्दे
-ईश्वरीय/मानवीय पीढ़ी-10 (GEN-10)
-व्यक्तिगत
-पारिवारिक
-सामाजिक
-धार्मिक
-राष्ट्रीय
-वैश्विक
सत्यकाशी पीठ
पांचवां और अन्तिम शंकराचार्य पीठ

एक नया विकल्प
THREADS
सत्यकाशी पीठ
पांचवां और अन्तिम शंकराचार्य पीठ

विकसित भारत
शिक्षितों का अन्तिम ईश्वरीय मॉडल
सत्यकाशी पीठ
पांचवां और अन्तिम शंकराचार्य पीठ

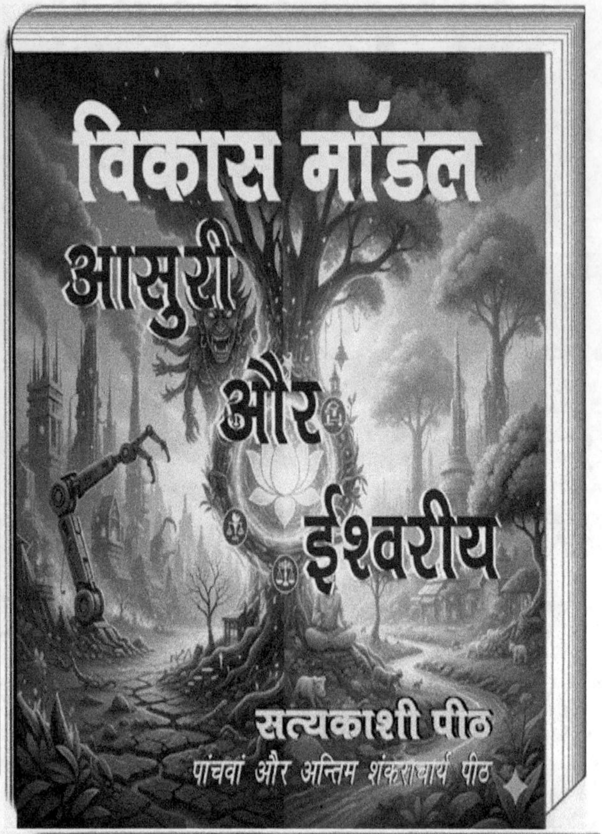
विकास मॉडल
आसुरी
और
ईश्वरीय
सत्यकाशी पीठ
पांचवां और अन्तिम शंकराचार्य पीठ

युग परिवर्तन और 1000 वर्षों के लिए
सत्यकाशी पीठ
का सम्पूर्ण कार्य
कौन,
क्यों,
कैसे
कल्कि?
सत्यकाशी पीठ
पांचवां और अन्तिम शंकराचार्य पीठ

बैल बुद्धि
और
विकसित
भारत
सत्यकाशी पीठ
पांचवां और अन्तिम शंकराचार्य पीठ

सत्यकाशी पीठ
पांचवां और अन्तिम शंकराचार्य पीठ

एक्सट्रा
टु ए बी
समान नागरिक व्यापार ज्ञान संहिता (CCTKC)
सत्यकाशी पीठ
पांचवां और अन्तिम शंकराचार्य पीठ

एक्सट्रा
टु ए बी
समान नागरिक आर्थिक संहिता (UCEC)
सत्यकाशी पीठ
पांचवां और अन्तिम शंकराचार्य पीठ

अंध भक्ति
से मुक्ति की ओर
मुक्ति मंत्र
“जिसने अंधभक्ति दिया
वही मुक्ति देगा”
सत्यकाशी पीठ
पांचवां और अन्तिम शंकराचार्य पीठ

VISHVABHARAT
न मो
नारायण
सत्यकाशी पीठ
पांचवां और अन्तिम शंकराचार्य पीठ

अगला स्तर
फिल्म और राजनीति पर
विचारों का संगह
सत्यकाशी पीठ
पांचवां और अन्तिम शंकराचार्य पीठ

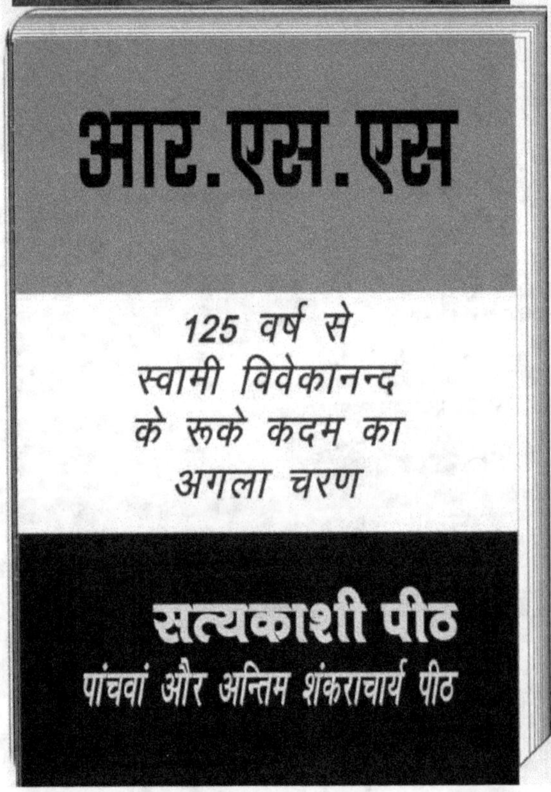
आर.एस.एस
125 वर्ष से
स्वामी विवेकानन्द
के रूके कदम का
अगला चरण
सत्यकाशी पीठ
पांचवां और अन्तिम शंकराचार्य पीठ

आर.एस.एस
रहस्योद्घाटन
सत्यकाशी पीठ
पांचवां और अन्तिम शंकराचार्य पीठ

125 वर्ष बाद
स्वामी विवेकानन्द
का अगला चरण

सत्यकाशी पीठ
पांचवां और अन्तिम शंकराचार्य पीठ

आत्मकथा
लेखन कला
का विश्वमानक
सत्यकाशी पीठ
पांचवां और अन्तिम शंकराचार्य पीठ

लुच्चा
पुराण
पौराणिक कथाओं
और पात्रों के
सत्य समझ की व्यास दृष्टि
सत्यकाशी पीठ
पांचवां और अन्तिम शंकराचार्य पीठ

आठवां
सावर्णि मनु स्मृति
सत्यकाशी पीठ
पांचवां और अन्तिम शंकराचार्य पीठ

विश्वमानक
शून्य श्रृंखला
सत्यकाशी पीठ
पांचवां और अन्तिम शंकराचार्य पीठ

सर्वजीत साधना
भवन एक आध्यात्मिक अनुभव
सत्यकाशी पीठ
पांचवां और अन्तिम शंकराचार्य पीठ

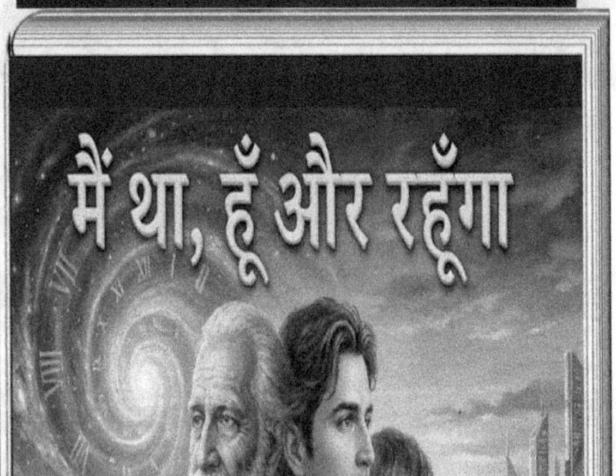
मैं था, हूँ और रहूँगा
सत्यकाशी पीठ
पांचवां और अन्तिम शंकराचार्य पीठ

लव
सत्यकाशी पीठ
पांचवां और अन्तिम शंकराचार्य पीठ

परब्रह्म,
प्रकृति,
अवतार
और वानर
सत्यकाशी पीठ
पांचवां और अन्तिम शंकराचार्य पीठ

संसार
दृश्य
और
अदृश्य
सत्यकाशी पीठ
पांचवां और अन्तिम शंकराचार्य पीठ

कर्मोपनिषद्
सत्यकाशी पीठ

विश्वभारत
पुराण
ॐ
सत्यकाशी पीठ
पांचवां और अन्तिम शंकराचार्य पीठ

एकात्म विज्ञान
सत्यकाशी पीठ
पांचवां और अन्तिम शंकराचार्य पीठ

मानक विज्ञान
सत्यकाशी पीठ
पांचवां और अन्तिम शंकराचार्य पीठ

ईश्वर शास्त्र
सत्यकाशी पीठ
पांचवां और अन्तिम शंकराचार्य पीठ

युगावतारों के प्रकटीकरण की कार्यविधि:
राम-कृष्ण-लवकुश
सत्यकाशी पीठ
पांचवां और अन्तिम शंकराचार्य पीठ

पुस्तक को देखो, लेखक को नहीं
आविष्कार को देखो, आविष्कारक को नहीं
शास्त्र को देखो, शास्त्राकार को नहीं
सत्यकाशी पीठ
पांचवां और अन्तिम शंकराचार्य पीठ

56 से 64
की ओर
सत्यकाशी पीठ
पांचवां और अन्तिम शंकराचार्य पीठ

मैं सत्यकाशी हूँ
कविता
सत्यकाशी पीठ
पांचवां और अन्तिम शंकराचार्य पीठ

पटेल
भारत के शारीरिक एकीकरण के बाद
मन का एकीकरण लक्ष्य
सत्यकाशी पीठ
पांचवां और अन्तिम शंकराचार्य पीठ

मन से
आत्मा तक
3 6 9 और 7
6
3
9
7
सत्यकाशी पीठ
पांचवां और अन्तिम शंकराचार्य पीठ

भारत
400 पार मुद्दा किसका
?
सत्यकाशी पीठ
पांचवां और अन्तिम शंकराचार्य पीठ

आर. एस. एस - पुस्तकालय
पढ़ो और कमाओ
शिक्षित समाज, समर्थ राष्ट्र
सत्यकाशी पीठ
पांचवां और अन्तिम शंकराचार्य पीठ

विश्वयुद्ध के पहले
विश्वगुरु
भारत
का विश्व शान्ति और
पुनर्निर्माण का अन्तिम सन्देश
सत्यकाशी पीठ
पांचवां और अन्तिम शंकराचार्य पीठ

चुटिया पण्डित
वृन्दावन की सत्य घटना
स्वामी नन्दनानंद

कल्कि का
चुनार और वृन्दावन
से उठता प्रेम
स्वामी नन्दनानंद

कल्कि का
बेगुसराय और मीरजापुर
जन्म और कर्म क्षेत्र
स्वामी नन्दनानंद

सत्येश्वरोपनिषद्
सत्येश्वर
और
झूठेश्वर
वात्सल्य त्रिपाठी

अन्तिम अवतार
कल्कि
के लिए शेष कर्म
वात्सल्य त्रिपाठी

कल्कि अवतार
का मानव-10
विकसित भारत का प्रवेश द्वार
वात्सल्य त्रिपाठी

पप्पू-गप्पू
और
नागरिक झुलेलाल
वात्सल्य त्रिपाठी

ओपेन गेम
कभी-कभी नहीं,
अब कन्फर्म है
अपुन ही
भगवान है
(वेब सीरीज)
वात्सल्य त्रिपाठी

SATYAKASHI
THE END OF MIRZAPUR
सत्यकाशी पीठ
पांचवां और अन्तिम शंकराचार्य पीठ

अण्डरवर्ल्ड
सनातन से पुरूषों से छुपी महिलाओं की कहानी
(फिल्म स्क्रीनप्ले-रेडी टू शूट)
वात्सल्य त्रिपाठी

सोना और सोना
एवं
नारी सशक्तिकरण
वैदिक काल से वर्तमान तक
सत्यकाशी पीठ
पांचवां और अन्तिम शंकराचार्य पीठ

स्लम डॉग
गॉड
फिल्म स्क्रीनप्ले-रेडी टू शूट

उत्तर प्रदेश
का
उत्तर
वात्सल्य त्रिपाठी

अन्तिम समन्वयाचार्य
कल्कि
वात्सल्य त्रिपाठी

2026
2+0+2+6=10
पांचवां और अन्तिम शंकराचार्य पीठ

राम न आयेंगे
लवकुश आ रहें हैं
www.64inch.com
पांचवां और अन्तिम शंकराचार्य पीठ

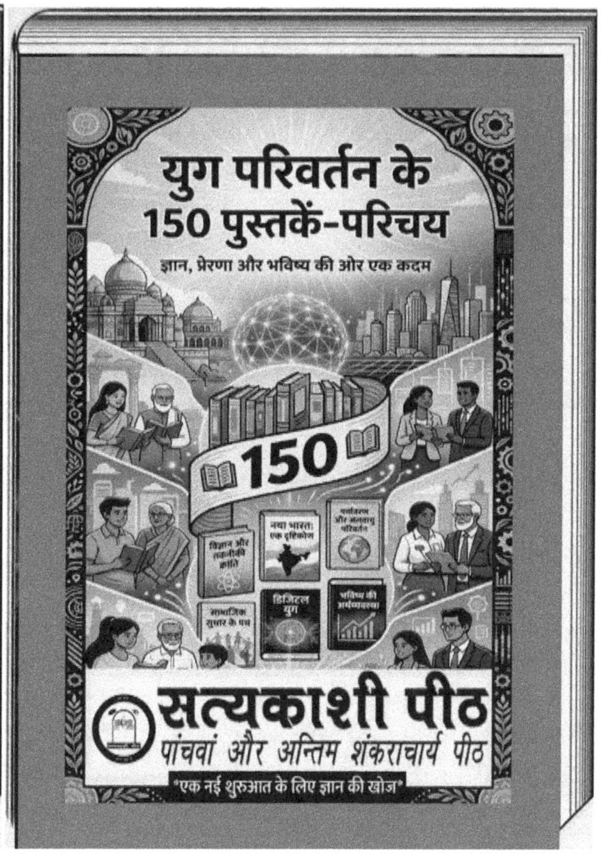
युग परिवर्तन के
150 पुस्तकें-परिचय
ज्ञान, प्रेरणा और भविष्य की ओर एक कदम
150
सत्यकाशी पीठ
पांचवां और अन्तिम शंकराचार्य पीठ
"एक नई शुरुआत के लिए ज्ञान की खोज"

जैसी तुम्हारी इच्छा वैसा करो

डॉ0 सर्वपल्ली राधाकृष्णन का जन्म 5 सितम्बर, 1888 को दक्षिण भारत के तिरूतनि स्थान पर हुआ था जो चेन्नई से 64 किमी उत्तर–पूर्व में है। डॉ0 सर्वपल्ली राधाकृष्णन भारत के उपराष्ट्रपति और दूसरे राष्ट्रपति सन् 1952 से 1962 तक में रहे। डॉ0 सर्वपल्ली राधाकृष्णन भारतीय समाजिक संस्कृति से ओत–प्रोत एक महान शिक्षाविद् महान दार्शनिक, महान वक्ता और आस्थावान हिन्दू विचारक थे। डॉ0 सर्वपल्ली राधाकृष्णन ने अपने जीवन के महत्वपूर्ण 40 वर्ष शिक्षक के रूप में व्यतीत किये। उनमें एक आदर्श शिक्षक के सारे गुण मौजूद थे। डॉ0 सर्वपल्ली राधाकृष्णन समस्त विश्व को एक शिक्षालय मानते थे। उनकी मान्यता थी कि शिक्षा के द्वारा ही मानव दिमाग का सद्उपयोग किया जाना सम्भव है इसलिए समस्त विश्व को एक इकाई समझकर ही शिक्षा का प्रबन्धन किया जाना चाहिए। उनके जन्मदिन को "शिक्षक दिवस" के रूप में मनाया जाता है।

इति ते ज्ञानमाख्यातं गुह्याद्गुह्यतरं मया।
विमृश्यैतदशेषेण यथेच्छसि तथा कुरू।।
(श्रीमद्भगवद्गीता, अध्याय–18, श्लोक–63)

अर्थात् – मैंने तुम्हें जो बताया, वह सब से बड़ा रहस्य है। इस पर भलीभाँति विचार कर तुम्हारी जैसी इच्छा वैसा करो।

"परमात्मा देखने में तटस्थ या निरपेक्ष दिखाई देता है, क्योंकि उसने चुनने का निर्णय अर्जुन के हाथ में छोड़ दिया है। उसकी यह निरपेक्षता ही अर्जुन के चिन्ता का कारण है। वह किसी पर भी दबाव नहीं डालता क्योंकि स्वतःस्फूर्त स्वतन्त्रता बहुत मूल्यवान होती है। भगवान अपना आदेश ऊपर से नहीं थोपता। वह स्वतन्त्र छोड़ देता है। परमात्मा की पुकार को स्वीकार करने या अस्वीकार कर देने के लिए हम हर समय स्वतन्त्र हैं। हम लड़खड़ाने लगें तो वह सहायता देने के लिए तैयार रहता है और प्रतीक्षा करने को तैयार है जब तक हम उसकी ओर उन्मुख न हों।

सब कुछ पहले से निर्धारित मानने वाले सिद्धान्त में टकराव के कारण यूरोप और भारत में काफी वाद–विवाद हुआ है। यूरोप का प्रमुख सिद्धान्त है कि संकल्प शक्ति और मानवीय प्रयत्न की स्वतन्त्रता का मनुष्य के उद्धार में बहुत बड़ा हाथ होता है। यद्यपि स्वयं संकल्प शक्ति को भी परमात्मा की कृपा के समर्थन की आवश्यकता पड़ सकती है। पहले से सब कुछ तय मानने वालों को अच्छे कार्यों और प्रार्थना के लिए यत्न करना होता है, क्योंकि वहाँ भी मानते हैं कि ये उपाय नियति को आगे बढ़ाने में सहायक तो हो सकते हैं लेकिन वे उसे रोक नहीं सकते। मनुष्य इस बात के लिए स्वतन्त्र है कि परमात्मा उन मनुष्यों पर कृपा करना चाहता है जो अपने आचरण से उस कृपा को ग्रहण करने के लिए तैयार करते हैं।

आध्यात्मिक नेता हम पर शारीरिक हिंसा, चमत्कार, प्रदर्शन के जरिये प्रभाव नहीं डालते। यदि सच्चा शिष्य कोई गलती कर भी बैठे, तो वह उसे केवल सलाह देगा। यदि शिष्य को चुनाव करने की स्वतन्त्रता पर आँच आती हो, तो वह उसे गलत रास्ते से भी वापस लौट आने के लिए विवश नहीं करेगा। गलती भी विकास की एक दिशा है।

कृष्ण केवल सारथी हैं। वह अर्जुन के आदेश का पालन करेगा। उसने कोई शस्त्र धारण नहीं किया हुआ है। यदि वह अर्जुन पर कोई प्रभाव डालता है तो वह उसे अपने उस सर्वजयी प्रेम के जरिए डालता है। जो कभी समाप्त नहीं होता।

अर्जुन को अपने लिए स्वयं विचार करना चाहिए और अपने लिए स्वयं ही मार्ग खोज करना चाहिए। अस्पष्ट मान्यताओं को अनिवार्य रूप से और भावुकतापूर्वक अपना लिए जाने के कारण फलस्वरूप कट्टर धर्मान्धता उत्पन्न हुई है और उनके कारण मनुष्यों को अकथनीय कष्ट उठाना पड़ा है। इसलिए यह आवश्यक है कि मन और विश्वासों के लिए कोई तर्क संगत और अनुभावात्मक औचित्य ढूंढ़े।

अर्जुन को एक वास्तविक अखण्डता की अनुभूति प्राप्त करनी होगी लेकिन उसके विचार अपने हैं। और गुरू के जरिये उस पर थोपे नहीं गये हैं। दूसरों पर अपने विचार थोपना शिक्षण नहीं हैं।"

– भगवद्गीता के आखिरी उपदेश पर भारतीय दर्शन के व्याख्याकार और दूसरे राष्ट्रपति डॉ0 राधाकृष्णनन का विवेचन

"यह विश्वशास्त्र, मनुष्यों पर थोपा नहीं जा रहा बल्कि वह मनुष्यों को, मनुष्यो के इस संसार मे जो वर्तमान है उसे और उसके आगे अनन्त मार्ग दिखा रहा है और सभी मार्गों के एकीकरण द्वारा, उस मार्ग को भी दिखा रहा है जो विश्व को सत्य–सुन्दर–शिव बना सकता है। फिर भी हे मनुष्यों जैसी तुम्हारी इच्छा वैसा करो। वर्तमान से योग कराने के लिए ही मैं व्यक्त होता हूँ।" – लव कुश सिंह "विश्वमानव"

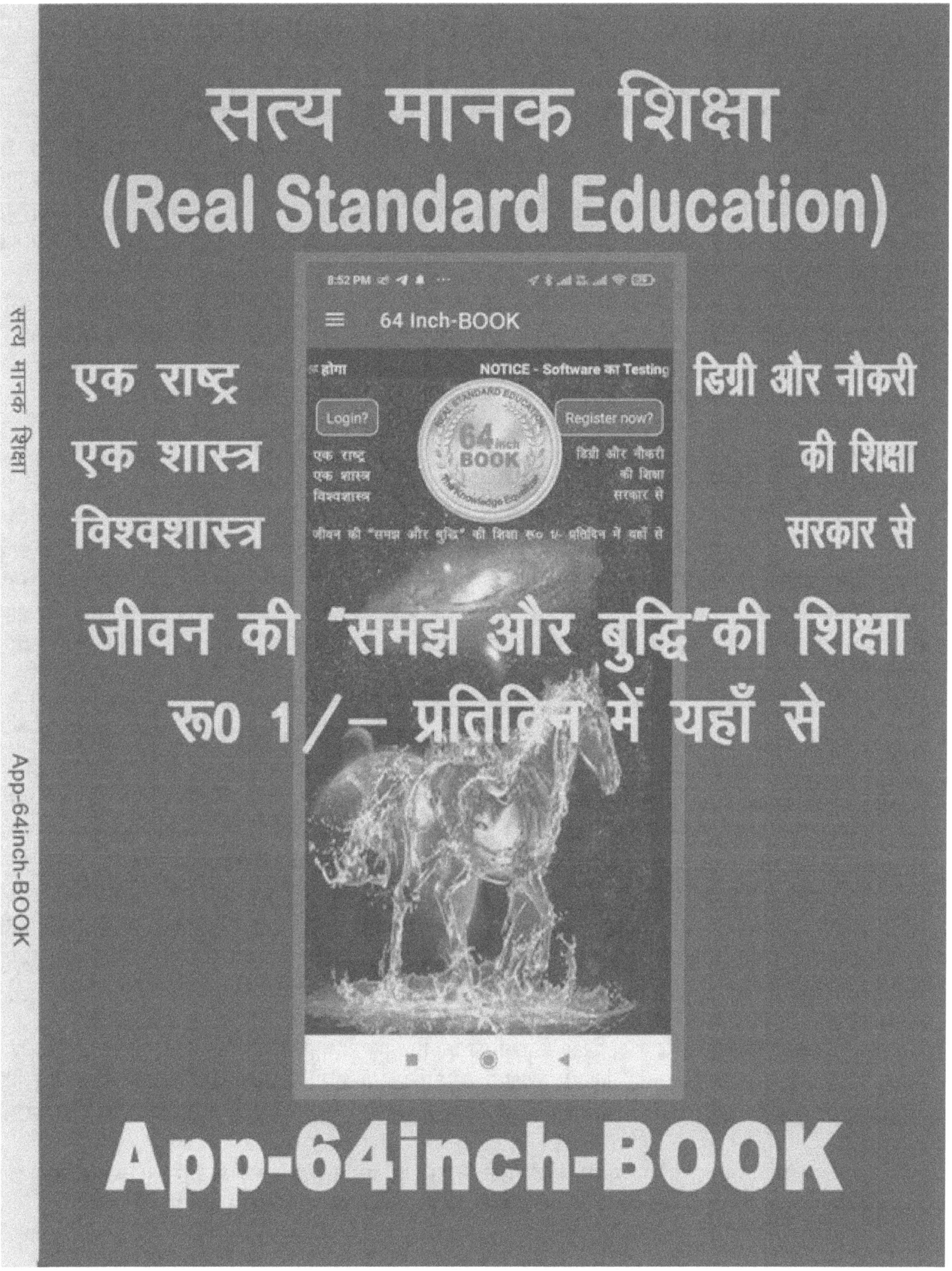
सत्य मानक शिक्षा
(Real Standard Education)
64 Inch-BOOK
NOTICE - Software का Testing
Login?
Register now?
एक राष्ट्र
एक शास्त्र
विश्वशास्त्र
डिग्री और नौकरी
की शिक्षा
सरकार से
जीवन की "समझ और बुद्धि" की शिक्षा
रू0 1/- प्रतिदिन में यहाँ से
App-64inch-BOOK
सत्य मानक शिक्षा
App-64inch-BOOK

“सत्य मानक शिक्षा” का व्यापार-एक अन्तहीन व्यापार

एक नदी पर पुल था जिसे कोई व्यक्ति पैदल दो घण्टे में पार करता था। यह पुल पैदल यात्रीयों के लिए रोक दिया गया था जिसके लिए पुल के ठीक मध्य (एक घण्टे की यात्रा) पर एक गार्ड नियुक्त था। गार्ड एक घण्टे सोता था और एक घण्टे जागता था। एक चालाक व्यक्ति को पुल से नदी पार करना अतिआवश्यक था। इसलिए गार्ड जब सोया तब वह यात्रा प्रारम्भ किया जैसे ही गार्ड के जागने का समय आया, वह वापस लौटने लगा। गार्ड समझा कि वह दूसरे किनारे से आ रहा है इसलिए उसने उस यात्री को पकड़ा और दूसरी ओर भेज दिया। इस प्रकार यात्री नदी पार हो गया।

यदि हम में से किसी को तैरकर नदी पार करना हो और आधे से पहले ही हमारा हिम्मत टूटने लगे तो हम वापस ही आना चाहेंगे। यदि आधे से अधिक तैरने के बाद हिम्मत टूटने लगेगा तो हौसला बढ़ाकर आगे ही बढकर पार करना चाहेंगे।

इसी प्रकार मनुष्य के विकास क्रम में हम सब अदृश्य विज्ञान (आध्यात्म) से दृश्य विज्ञान (भौतिक) की ओर बढ़ गये हैं। नदी या पुल का एक किनारा अदृश्य विज्ञान है तो दूसरा किनारा दृश्य विज्ञान। वर्तमान का हमारा अधिकतम जीवन नदी के दूसरे किनारे दृश्य विज्ञान की ओर है, हर पल। जन्म से ही हम अधिकतम वे सब वस्तुएँ प्रयोग कर रहे हैं जिसका कच्चा माल भले ही ईश्वरकृत हो परन्तु उपयोग का रूप मनुष्यकृत है और विज्ञान द्वारा निर्मित है। इस प्रकार मनुष्य निर्माता के रूप में अपना रूप व्यक्त कर ईश्वर की ओर ही बढ़ रहा है।

नदी के पुल पर बैठे उस गार्ड का काम और तैरने वाले का निर्णय “सत्य शिक्षा” है। वर्तमान में मनुष्य समाज अदृश्य काल से चलकर दृश्य काल में आ चुका है। आधे से वापस किनारे जाना “सत्य” को पाना है। और आधे से दूसरे किनारे पार हो जाना “सिद्धान्त” को पाना है। इन्हीं सिद्धान्त को पाने के बाद संविधान-नियम-कानून का जन्म होता है जिससे आज हम सभी संचालित व प्रभावित है। इस “सत्य-सिद्धान्त” की शिक्षा ही “सत्य मानक शिक्षा” है।

वर्तमान में जीने का अर्थ होता है-विश्व ज्ञान जहाँ तक बढ़ चुका है वहाँ तक के ज्ञान से अपने मस्तिष्क को युक्त करना। तभी डेढ़ हजार वर्ष पुराने हमारे मस्तिष्क का आधुनिकीकरण हो पायेगा। सिर्फ वर्तमान में तो पशु रहकर कर्म करते हैं। “सत्य मानक शिक्षा” मनुष्य के मस्तिष्क के आधुनिकीकरण की शिक्षा है या विज्ञान की भाषा में कहें तो मस्तिष्क के आधुनिकीकरण का साफ्टवेयर या माइक्रोचिप्स (Integrated Circuit-I.C) है। वर्तमान की अब नवीनतम परिभाषा है-“पूर्ण ज्ञान से युक्त होना” और कार्यशैली की परिभाषा है-“भूतकाल का अनुभव, भविष्य की आवश्यकतानुसार पूर्णज्ञान और परिणाम ज्ञान से युक्त होकर वर्तमान समय में कार्य करना।”

ज्ञान के इस युग में शिक्षा-विद्या-कला का व्यापार मनुष्य के धरती पर रहने तक रहेगा। ऐसी स्थिति में “सत्य मानक शिक्षा“का व्यापार भी उस समय तक के लिए स्थायित्व में है। शिक्षा-विद्या-कला कोई प्रापर्टी नहीं है कि पिता जी ग्रहण कर चुके हैं तो पुत्र को हिस्सा प्राप्त हो जायेगा। पुत्र को भी वहीं से अर्थात् अक्षर ज्ञान से शुरू होना पड़ेगा जहाँ से पिता ने शुरू किया था। इस प्रकार ”सत्य मानक शिक्षा“का व्यापार एक अन्तहीन व्यापार है जो मनुष्य के पृथ्वी पर रहने तक चलता रहेगा।

स्कूल-कालेजों के जाल से शिक्षा के व्यापार का विकास होता है न कि शिक्षा का। शिक्षा का विकास तो शिक्षा पाठ्यक्रम पर निर्भर होता है जिससे शिक्षक और शिक्षार्थी दोनों निर्मित होते हैं। जब तक पूर्ण शिक्षा पाठ्यक्रम का निर्माण नहीं होता, शिक्षा का विकास नहीं हो सकता लेकिन शिक्षा के व्यापार का विकास होता रहेगा।

आध्यात्म और विज्ञान ने मानव सभ्यता के विकास में अब कम से इतना विकास तो कर ही चुका है कि अब हमें मन के एकीकरण के लिए कार्य करना चाहिए। और उस मन पर कार्य करने का ही परिणाम है-

सम्पूर्ण ब्रह्माण्ड में व्याप्त एक ही सत्य-सिद्धान्त द्वारा व्यक्तिगत व संयुक्त मन को एकमुखी कर सर्वोच्च, मूल और अन्तिम स्तर पर स्थापित करने के लिए शून्य पर अन्तिम आविष्कार WS-0 श्रृंखला की निम्नलिखित पाँच शाखाएँ है।

1. डब्ल्यू.एस. (WS)-0: विचार एवम् साहित्य का विश्वमानक
2. डब्ल्यू.एस. (WS)-00: विषय एवम् विशेषज्ञों की परिभाषा का विश्वमानक
3. डब्ल्यू.एस. (WS)-000: ब्रह्माण्ड (सूक्ष्म एवम् स्थूल) के प्रबन्ध और क्रियाकलाप का विश्वमानक
4. डब्ल्यू.एस. (WS)-0000: मानव (सूक्ष्म तथा स्थूल) के प्रबन्ध और क्रियाकलाप का विश्वमानक
5. डब्ल्यू.एस. (WS)-00000: उपासना और उपासना स्थल का विश्वमानक

और पूर्णमानव निर्माण की तकनीकी WCM-TLM-SHYAM.C (World Class Manufacturing – Total Life Maintenance – Satya-Heart-Yog-Ashram-Meditaion.Conciousness) है।

जो शिक्षा का नया माडल है। गरीबों की समस्या सुलझानें का नैतिक दायित्व है। देश में 25 वर्ष से कम उम्र के 55 करोड़ लोगों के लिए पुनर्निर्माण जैसी योजना हैं। उन्हें नौकरी और प्रशिक्षण की व्यवस्था है। रचनात्मकता, समन्वय, लीडरशिप, ग्लोबल तथा प्रोफेशनल विषयों को पढ़ने तथा सूचना तकनीक के जरिए पढ़ाई पर ध्यान केन्द्रित करने से युक्त है। हमारे देश में जो अध्यापक हैं, वे शोध नहीं करते और जो शोध करते हैं वे पढ़ाते नहीं, इसलिए शिक्षार्थी को ही शोध पत्र (विश्वशास्त्र) पढ़ाया जाय क्योंकि शिक्षक पढ़ने से तो रहे क्योंकि समान्यतः धन के आने की सुनिश्चितता के बाद लोग पढ़ना छोड़ देते हैं, यही नहीं कोशिश तो यह भी रहती है कि पढ़ाना भी न पड़े और उन्हें सेवा से हटाया भी नहीं जा सकता।

स्वामी विवेकान्द जी ने कहा था – "सुधारकों से मैं कहूंगा कि मैं स्वयं उनसे कहीं बढ़कर सुधारक हूँ। वे लोग इधर-उधर थोड़ा सुधार करना चाहते हैं- और मैं चाहता हूँ आमूल सुधार। हम लोगों का मतभेद है केवल सुधार की प्रणाली में। उनकी प्रणाली विनाशात्मक है और मेरी संघटनात्मक। मैं सुधार में विश्वास नहीं करता, मैं विश्वास करता हूँ स्वाभाविक उन्नति में।"

स्वाभाविक उन्नति तभी होती है जब संसाधन उपलब्ध हो। कार-मोटरसाइकिल घर में पहले से रहता है तो स्वाभाविक रूप से कम उम्र में ही घर के लोग चलाना सिख जाते हैं

जो व्यक्ति या देश केवल आर्थिक उन्नति को ही सर्वस्व मानता है वह व्यक्ति या देश एक पशुवत् जीवन निर्वाह के मार्ग पर है-जीना और पीढ़ी बढ़ाना। दूसरे रूप में इसे ऐसे समझा जा सकता है कि ऐसे व्यक्ति जिनका लक्ष्य धन रहा था वे अपने धन के बल पर अपनी मूर्ति अपने घर पर ही लगा सकते हैं परन्तु जिनका लक्ष्य धन नहीं था, उनका समाज ने उन्हें, उनके रहते या उनके जाने के बाद अनेकों प्रकार से सम्मान दिया है और ये सार्वजनिक रूप से सभी के सामने प्रमाणित है। पूर्णत्व की प्राप्ति का मार्ग शारीरिक-आर्थिक उत्थान के साथ-साथ मानसिक-बौद्धिक उत्थान होना चाहिए और यही है ही। इस प्रकार भारत यदि पूर्णता व विश्व गुरूता की ओर बढ़ना चाहता है तब उसे मात्र कौशल विकास ही नहीं बल्कि राष्ट्रीय बौद्धिक विकास की ओर भी बढ़ना होगा। बौद्धिक विकास, व्यक्ति व राष्ट्र का इस ब्रह्माण्ड के प्रति दायित्व है और उसका लक्ष्य है।

राष्ट्र के पूर्णत्व के लिए पूर्ण शिक्षा निम्नलिखित शिक्षा का संयुक्त रूप है-

अ-सामान्यीकरण (Generalisation) शिक्षा

ज्ञान के लिए- यह शिक्षा व्यक्ति और राष्ट्र का बौद्धिक विकास कराती है जिससे व्यक्ति व राष्ट्रीय सुख में वृद्धि होती है।

ब-विशेषीकरण (Specialisation) शिक्षा

कौशल के लिए- यह शिक्षा व्यक्ति और राष्ट्र का कौशल विकास कराती है जिससे व्यक्ति व राष्ट्रीय उत्पादकता में वृद्धि होती है।

स-सत्य नेटवर्क (REAL NETWORK)

समाज में प्रकाशित होने के लिए-क्योंकि कोई भी क्यों न हो उसे स्वयं अपना परिचय (BIO-DATA) देना पड़ता है तभी उसके अनुसार समाज उसका उपयोग करता है।

वर्तमान समय में विशेषीकरण की शिक्षा, भारत में चल ही रहा है और वह कोई बहुत बड़ी समस्या भी नहीं है। समस्या है सामान्यीकरण शिक्षा की। व्यक्तियों के विचार से सदैव व्यक्त होता रहा है कि-मैकाले शिक्षा पद्धति बदलनी चाहिए, राष्ट्रीय शिक्षा नीति व पाठ्यक्रम बनना चाहिए। ये तो विचार हैं। पाठ्यक्रम बनेगा कैसे?, कौन बनायेगा? पाठ्यक्रम में पढ़ायेंगे क्या?

एक पूर्ण मानव निर्माण प्रक्रिया में शिक्षा पाठ्यक्रम के स्वरूप का विश्वमानक निम्नवत् है। जो किसी विशेष देश-काल-पात्र पर निर्भर नही करता अर्थात् यह प्रत्येक देशों और व्यक्तियों के लिए शिक्षा का स्वरूप है। जिससे ब्रह्माण्डीय, वैश्विक और व्यक्तिगत संतुलन, स्थिरता, एकता, प्रबन्ध, विकास, शान्ति और सुरक्षा निर्धारित होती है।

1. प्राइमरी शिक्षा (कक्षा-5 तक)-भाषा ज्ञान आधारित:- क्षेत्रीय, देश, विश्व और विज्ञान की भाषा का ज्ञान, सामान्य विज्ञान, सामान्य ज्ञान, चित्र कला।

2. जूनियर हाई स्कूल (कक्षा-6 से 8 तक)-समाज ज्ञान आधारित:- क्षेत्रीय, देश, विश्व और विज्ञान की भाषा का ज्ञान, सामान्य विज्ञान, सामान्य ज्ञान, चित्र कला का विस्तार, खेल, संगीत, कृषि, समाज विज्ञान।

3. हाई स्कूल (कक्षा-9 से 10 तक)-सामान्यीकृत ज्ञान आधारित:- ज्ञान-कर्मज्ञान समाहित WCM-TLM-SHYAM.C (World Class Manufacturing – Total Life Maintenance – Satya-Heart-Yog-Ashram-Meditaion.Conciousness) प्रणाली अर्थात शिक्षा पाठ्यक्रम का विश्व मानक, कालानुसार विज्ञान, तकनीकी, व्यापारीक व प्रबन्धकीय ज्ञान की शिक्षा।

4. इण्टरमीडिएट (कक्षा-11 से 12 तक)-विशेषीकृत ज्ञान आधारित:- कौशल विकास की शिक्षा।

5. उच्च शिक्षा-इच्छानुसार विशेष क्षेत्र आधारित

"किसी देश का संविधान, उस देश के स्वाभिमान का शास्त्र तब तक नहीं हो सकता जब तक उस देश की मूल भावना का शिक्षा पाठ्यक्रम उसका अंग न हो। इस प्रकार भारत देश का संविधान भारत देश का शास्त्र नहीं है। संविधान को भारत का शास्त्र बनाने के लिए भारत की मूल भावना के अनुरूप नागरिक निर्माण के शिक्षा पाठ्यक्रम को संविधान के अंग के रूप में शामिल करना होगा। जबकि राष्ट्रीय संविधान और राष्ट्रीय शास्त्र के लिए हमें विश्व के स्तर पर देखना होगा क्योंकि देश तो अनेक हैं राष्ट्र केवल एक विश्व है, यह धरती है, यह पृथ्वी है। भारत को विश्व गुरू बनने का अन्तिम रास्ता यह है कि वह अपने संविधान को वैश्विक स्तर पर विचार कर उसमें विश्व शिक्षा पाठ्यक्रम को शामिल करे। यह कार्य उसी दिशा की ओर एक पहल है, एक मार्ग है और उस उम्मीद का एक हल है। राष्ट्रीयता की परिभाषा व नागरिक कर्तव्य के निर्धारण का मार्ग है। जिस पर विचार करने का मार्ग खुला हुआ है।"

"भारत का प्रत्येक नागरिक अपने जीवकोपार्जन के मार्ग व संघर्ष में अपने विषय का जानकार व अनुभव तो प्राप्त कर रहा है परन्तु कुछ पाने के क्रम में कुछ छूट भी जाता है इसलिए प्रत्येक नागरिक को अपने अहंकार को भूलकर यह स्वीकार करना होगा कि वह अपने विषय से हटकर अन्य विषय के विषय में कम या नहीं जानता है।“

अतः एक “आदर्श नागरिक” बनने के क्रम में न्यूनतम ज्ञान सभी को एक समान रूप से चाहिए।

NEW WORLD ORDER

"न्यू इण्डिया" का एक्शन प्लान
www.64inch.com
The Knowledge Equalizer

"सार्वभौम सत्य–सिद्धान्त" एवं "आध्यात्मिक सत्य" पर आधारित जीवन शास्त्र –"विश्वशास्त्र" की

"युग परिवर्तन" श्रृंखला की पुस्तकें

मुख्य शास्त्र

01. *विश्वशास्त्र – द नॉलेज आफ फाइनल नॉलेज*

सारांश के अनुसार

02. मैं सत्यकाशी से कल्कि महावतार बोल रहा हूँ
(समष्टि गीता – यथार्थ प्रकाश)

शीर्षक के अनुसार भाग

03. विश्वस्तरीय फिल्म लेखन कला
04. प्रारम्भिक सत्य – अन्तिम दृष्टि
05. सत्य धर्म – युग परिवर्तक दृष्टि
06. सत्य दार्शनिक–दर्शन और कर्म वेदान्त–विकास दर्शन
07. सत्य शास्त्र एवं पुराण रहस्य–महर्षि व्यास कला
08. संत एवं गुरू और विश्व संत एवं गुरू
09. समाज और ईश्वरीय समाज
10. सत्य शास्त्र और विश्वशास्त्र
11. कृति और विश्व कृति
12. भारत माता मन्दिर और विश्वधर्म मन्दिर
13. महाभारत और विश्वभारत
14. संविधान और विश्व संविधान
15. शिक्षा और पूर्ण शिक्षा
16. देवता और सार्वभौम देवता कल्कि
17. देवीयाँ और सार्वभौम देवी माँ वल्कि
18. द्वादश ज्योतिर्लिंग और 13वां अन्तिम ज्योतिर्लिंग
19. काशी – मोक्षदायिनी और जीवनदायिनी
20. सत्यकाशी – स्वर्णयुग का तीर्थ
21. काशी – रहस्योद्घाटन
22. 2020 – मन का नवीनीकरण
23. ईश्वर का संक्षिप्त इतिहास
24. अवतार – अन्तिम सत्य दृष्टि
25. भविष्यवाणियाँ और कल्कि अवतार
26. स्वामी विवेकानन्द और कल्कि अवतार
27. मनु, मनवन्तर और कल्कि महावतार
28. व्यास, शास्त्र और कल्कि महावतार
29 ऋषि, ऋषि परम्परा और कल्कि महावतार
30. दूसरा आगमन या अन्तिम आगमन
31. परिवर्तन–काल, मनु, युग, व्यास और शास्त्र
32. राम, रावण और सार्वभौम एकात्म
33. मैं, व्यक्तिगत या सार्वभौम
34. लव कुश (त्रेतायुग) और लवकुश (कलियुग)
35. कल्कि महावतार आ चुके हैं (ACTION PLAN)
36. लव कुश सिंह (कल्कि महाअवतार)–जीवन, ज्ञान, कर्म और विश्वरूप
37. वैश्विक बुद्ध – बुद्ध का भाग दो और अन्तिम
38. बुद्धा कृष्ण – कृष्ण का भाग दो और अन्तिम
39. सम्पूर्ण क्रान्ति–अन्तिम कार्य योजना
40. पुनर्निर्माण (RENEW)–समस्या, समाधान और राष्ट्र निर्माण की योजना
41. पुनर्निर्माण (RENEW)– ग्राम एवं नगर वार्ड प्रेरक
42. विश्वशास्त्र द नालेज आफ फाइनल नालेज–परिचय
43. एन्टायर पालिटिक्स – पूर्ण पाठ्यक्रम
44. वसुधैव–कुटुम्बकम्
45. कर्मवेद : प्रथम, अन्तिम तथा पंचम वेद
46. आठवें अवतार श्रीकृष्ण के अनकहे संदेश
47. अयोध्या नहीं, मुंगेर है राम जन्मभूमि
48. विश्वमानव–भूतपूर्व नेतृत्वकर्ताओं का स्पष्टिकरण
49. विश्वमानव–वर्तमान नेतृत्वकर्ताओं का स्पष्टिकरण
50. विश्वमानव–वार्ता, वक्तव्य एवं वाणियाँ
51. विश्वमानव–पत्रावली, प्रसारण और अन्तिम पत्र
52. सत्य जनहित आह्वान
53. विश्व शान्ति–अन्तिम सत्य दृष्टि
54. नई विश्व व्यवस्था का रहस्य
55. समाजवाद – ब्रह्माण्डीय विकास का अवतारी मार्ग
56. भारतवाद – राष्ट्रवाद की मुख्यधारा
57. 100 वर्षीय संयुक्त राष्ट्र को अग्रिम सन्देश
58. सार्वभौम एकात्म–नव विश्व निर्माण
59. गणराज्य, संघ, मानकीकरण संगठन और सम्पूर्ण मानक
60. व्यापार केन्द्र (TRADE CENTRE)–दृश्य सत्य
61. मन का विश्वमानक और पूर्ण मानव निर्माण की तकनीकी (WCM-TLM-SHYAM.C)
62. मानक विपणन प्रणाली (3F:FUEL-FIRE-FUEL)
63. स्वर्णयुग का मानक आदर्श नागरिक–दिशा निर्देश
64. विश्वधर्म : परिचय (स्वर्णयुग का धर्म)

व्यक्ति और विभागीय स्तर पर सफाई–सुधार का पहला प्रारूप की पुस्तक – डा0 रमेश कुमार द्वारा लिखित "विशाल ज्ञान विज्ञान सबका समाधान" है

दर्शन, विचार एवं संपादन

लव कुश सिंह "विश्वमानव"

Search on Google -> Lava Kush Singh "vishwmanav"

पुस्तक उपलब्ध

notionpress.com
Book Store